"十二五"国家重点图书出版规划项目

当代财经管理名著译库
工商管理经典译丛

STRATEGIC CORPORATE SOCIAL RESPONSIBILITY

Stakeholders, Globalization, and Sustainable Value Creation

David Chandler   William B. Werther, Jr.

Third Edition

U0656928

中国版

战略企业社会责任

利益相关者、全球化和可持续的价值创造

第3版

（美）戴维·钱德勒   小威廉·B.沃瑟
（中）杨伟国   黄伟   编著

东北财经大学出版社
Dongbei University of Finance & Economics Press
大连

辽宁省版权局著作权合同登记号：图字 06-2013-246 号

图书在版编目（CIP）数据

战略企业社会责任：利益相关者、全球化和可持续的价值创造 ／（美）钱德勒（Chandler, D.）等编著.
—大连：东北财经大学出版社，2014.9
（工商管理经典译丛）
ISBN 978-7-5654-1636-1

Ⅰ. 战… Ⅱ.①钱… ②沃… ③杨… ④黄… Ⅲ. 企业责任-社会责任-研究 Ⅳ. F270

中国版本图书馆 CIP 数据核字（2014）第 176524 号

东北财经大学出版社出版发行
　　大连市黑石礁尖山街 217 号　邮政编码　116025
　　教学支持：(0411) 84710309
　　营 销 部：(0411) 84710711
　　总 编 室：(0411) 84710523
　　网　　址：http://www.dufep.cn
　　读者信箱：dufep@dufe.edu.cn
大连图腾彩色印刷有限公司印刷

幅面尺寸：185mm×260mm　　字数：649 千字　　印张：27 1/2
2014 年 9 月第 1 版　2014 年 9 月第 1 次印刷
　　责任编辑：刘东威　吉　扬　石真珍　　　责任校对：辛　宁　孙　洋
　　封面设计：冀贵收　　　　　　　　　　　版式设计：钟福建
　　定价：66.00 元

Preface to the Chinese edition

by

David Chandler

May 28, 2014

At some point this decade, China will overtake the U. S. to become the largest economy in the world, as measured by GDP. This is natural, given that China has the world's largest population, one of the largest land masses, is the largest exporter of goods worldwide, and has a rapidly growing middle-class that will increasingly drive domestic consumption, along with demand for goods produced overseas.

With this great economic success, however, comes the potential for great social and environmental harm. Already, for example, China is the largest global emitter of carbon dioxide into the atmosphere. Managing the country's growth in a way that balances greater prosperity with greater societal wellbeing, therefore, will remain one of the immense challenges of governing such a large and important global power.

This is a challenge that needs to be embraced. China's economic growth presents many opportunities for China's businesses to innovate and lead the world in ways that benefit us all. This is partly because China's industrialization is recent and, as such, is not associated with the aging infrastructure that constrains many western countries. In addition, China's leaders are more likely to be scientists and engineers than politicians or lawyers. This is a great advantage as scientific innovation will provide many of the answers to the problems that increasingly accompany global growth. Already, for example, China is the leading country in terms of clean energy investment and is quickly becoming a world leader in renewable energy technology, such as carbon sequestration, clean-burning coal, and wind and solar energies.

Clearly, China is an immensely important economy in the global system. And it is because of this importance, both today and increasingly in the future, that it is essential that corporate social responsibility (CSR) is taught in China's business schools and universities and practiced by China's businesses.

The world is growing and an increasing strain is being placed on the planet's resources:

"The first billion people accumulated over a leisurely interval, from the origins of humans hundreds of thousands of years ago to the early 1800s. Adding the second took another 120 or so years. Then, in the last 50 years, humanity more than doubled, surging from three billion in 1959 to four billion in 1974, five billion in 1987 and six billion in 1998. ···The United Nations Population Division anticipates 8 billion people by 2025, 9 billion by 2043 and 10 billion by 2083. "[1]

China's leaders recognize this and are responding. As described by Gordon Conway, co-Chair of the China Council for International Co-operation on Environment and Development from 2007–2011 (the other co-Chair was Li Keqiang, currently Premier of the PRC), China's twelfth five-year plan (2011–2015) outlines the country's economic response to the shifting economic and social reality of business in the twenty-first century:

"Chinese leaders are moved by a sense of urgency. Following the traditional economic model is not an option: resource, social and environmental constraints make it impossible. They are also aware of the danger that rapid growth will lockChina into industrial and urban structures that will become a liability in a low-carbon world. ···The Chinese plan is to reduce energy consumption per unit of GDP by 75 – 85 per cent by 2050. ··· During the 12th five-year plan, energy-saving measures and new energy sources could reduce carbon emissions per unit of gross domestic product by 20–23 per cent or possibly more. "[2]

In spite of this commitment, human history teaches us that societal progress advances most quickly when market forces determine how limited resources are allocated. I always tell my students that the most important question we face as a society is: What is the role of the for-profit firm? For-profit firms are the most important organizational form that humans have invented. They are the most efficient means we have developed to convert scarce and valuable resources into goods and services in demand. Look around you – virtually everything you see has been made by a for-profit firm.

But, do for-profit firms optimize value for society by focusing on profit alone, or do they optimize value for society by adopting a broader set of responsibilities and considerations in their decision making? This is a very complex question that requires knowledge gained from economics, sociology, psychology, and many other academic disciplines to address. As a result, it incites very passionate debates about the extent to which firms are part of the problem or part of the solution.

At its core, this is the debate in which this book seeks to participate. As a group, for-profit firms add an amazing amount of value, but there is also significant room for improvement. To the extent that individual firms add or detract from that value has huge ramifications for the quality of our lives today and the condition of the planet that we leave to future generations.

This is why the concept of *strategic CSR* is particularly important. Essentially, strategic CSR seeks to redefine CSR as *sustainable value creation*. By defining CSR in this way, I believe it moves from being something that is peripheral to strategy and operations (and, as such,

① Joel E. Cohen, '7 Billion,' *The New York Times*, October 24, 2011, p. A19.
② Gordon Conway, 'Beijing seeks a head start in the race to go green,' *Financial Times*, November 12, 2009, p. 11.

something the CEO/executive team can ignore, if they so choose), to being central to the value creating function of the business (something that cannot be ignored) .

Equally important, this books seeks to present CSR as a joint responsibility. Firms have a responsibility to listen to their stakeholders and seek to meet their needs and expectations, but stakeholders have an equal (if not more important) responsibility to hold firms to account for their actions. This applies to all stakeholders - consumers, shareholders, the government, the media, suppliers, distributors, non-governmental organizations, and all aspects of civil society.

It is this link between the firm and its stakeholders that makes CSR a strategic perspective that is central to value creation. If stakeholders execute their responsibility to hold firms to account, then firms will have an economic self-interest to meet those expectations. If the system works as it should, those firms that meet society's expectations will survive and those that do not will fail, and society will progress.

In essence, therefore, the concept of *strategic CSR* has radical consequences for both business practice and business education. But, any concept is empty without advocates to ensure its realization.

That is why you, the Chinese university student, are so important to the future of the global economy. It is essential that you understand the power of business to produce immense value, but also inflict considerable harm. It is also essential that you have a plan to help you build companies that seek the former and avoid the latter. The goal of this book is to help you build that plan.

Good luck in your studies and your future, shaping the global economy!

中国版编著者序

21世纪的中国企业正在深刻地影响着经济全球化的进程。2014年，《财富》杂志发布世界500强排行榜名单，中国上榜企业数量高达100家。在迅速创造、积累财富的同时，中国企业需要承担其应负的社会责任，这既是中国政府的要求，也是在华投资者的要求。此外，中国企业正在加快海外投资的步伐，在"走出去"的过程中，更需要履行社会责任，遵守当地的法律法规和社会规范，满足相关利益者的要求。履行企业社会责任，是中国企业积极参与全球经济，增强国际竞争力的必由之路，也是实现中华民族伟大复兴的中国梦的必然要求。

中国企业近年来愈加重视在社会责任方面的表现，越来越多的中国企业发布企业社会责任年度报告。然而，现实的情况是，中国企业在履行社会责任时缺乏"战略性"，充满"盲目性"。许多企业不了解社会责任对于企业战略管理具有何种意义，不清楚采取何种方式以使得社会责任达到最佳效果，不知道如何实现企业社会责任的战略性和可持续性，因而无法有效率地分配企业对CSR的资源投入。

我们一贯主张，企业履行社会责任，需要具备"战略视角"，实践"战略企业社会责任"。如果我们把企业比作一艘商船，企业CEO是船长，企业社会责任便是船板。缺乏战略视角的企业，在履行企业社会责任时，往往忽视了船身最薄弱的部位。当船体遭受撞击，船身破洞进水，盲目的"船长"还是在执拗地加固船身完好的部位。持续对企业社会责任的某一方面投入，不仅无法全面提高社会责任绩效，而且还会有损企业的总体竞争优势。战略企业社会责任的作用在于，为企业打造成不沉之舰，助推企业乘风破浪，扬帆远航。

2013年，中国人力资本审计研究所开始制作《中央企业战略社会责任审计报告》，我们希望借此机会将战略视角植入企业社会责任绩效评估中。在撰写报告的过程中，我们意外地发现美国SAGE出版公司有一部名为《战略企业社会责任》的专著。我们的一些想法与该书的观点不谋而合。该书作者之一戴维·钱德勒教授在与我们接触后，表达了出版该书中国版的强烈愿望。英文著作固然"洋气"，但更要接"地气"。尤其是在履行企业社会责任方面，中国企业既要符合国际规范，又要适应中国社会和企业的发展阶段。我们欣然接受了钱德勒教授的提议，并成为该书中国版的合著者。我们希望本书能够为中国企业履行社会责任提供助力，促进企业可持续竞争力的提升。

在翻译、编写本书的过程中，杨伟国负责中文版的撰写思路和框架设计，黄伟负责总体协调和分工、校对稿件、与原书作者联络、与SAGE出版公司联系引进版权，并与出版社进行沟通。吕默撰写了第6章"实施战略企业社会责任：中国"，以及第8章8.8节中国案例。魏薇负责总体的翻译组织和质量检查工作。翻译部分具体分工如下：张梦茹，第

1 章及第 9 章 9.2.2 至 9.4.5 节；张丹阳，第 2 章，第 8 章 8.7.1 至 8.7.6 节，以及第 9 章 9.1 至 9.2.1 节；张晗，第 3 章及第 8 章 8.4 至 8.7.1 节；王笑颜，第 4 章，第二部分开篇及第 7 章 7.1 至 7.2.1 节；郭琳，第 7 章 7.2.2 至 7.4.1 节；赵金，第 7 章 7.4.2 至 7.7.2 节；王隋强，第 7 章 7.7.3 至第 8 章 8.3.6 节；杨玥，第 5 章及第 9 章 9.5 至 9.6.6 节。李贞负责对部分章节的翻译检查工作。

　　东北财经大学出版社的编辑、SAGE 出版公司中国区经理孙素青女士为本书的顺利出版奉献了宝贵的时间和精力，我们在此表示诚挚谢意。

杨伟国

黄伟

2014 年 9 月 16 日于求是楼

企业社会责任[1]

在企业社会责任领域，关于定义、标签和词汇的一致性一直存在着广泛的争议。术语的不一致性可能会给高管、学界、记者和其他学习企业社会责任的学生带来困惑。在我们的研究中，例如，我们经常把企业社会责任视为有以下不同定义：

- 企业责任或商业责任
- 自觉资本主义或可持续商业
- 企业公民或全球商业公民
- 企业社区参与或战略慈善
- 可持续性或企业环境责任
- 社会责任或企业社会绩效或企业社会行动

在很多案例中，作者使用了不同的定义来象征非常相似的事物，但是不同的人在使用这个术语时采用的方法不同。我们不再在定义上争执，而是直接使用了广为传播的"企业社会责任"这个术语。为了澄清困惑，并在本书中使用一致的词汇，我们在下面详细列出关于核心企业社会责任概念的定义。这些术语在企业社会责任的文献中被广泛讨论并贯穿于本书中。

企业社会责任——术语、概念和定义

Accountability（责任）：一家公司满足其主要利益相关者需求的程度（见"透明度"）。

Activism（行动主义）：由个人、非营利组织或非政府组织设计的，为追求更高的社会、政治或环境目标而采取行动（例如：运动、联合抵制、抗议）。

Advocacy advertising（宣传广告）：公司传播其政治、社会或商业理念，以获得公众的认可，或者说服反对者认同他们的观点。

Benefit corporation（福利企业）：福利企业指的是具有一定的管理结构，可将其信托责任扩大至满足更广泛的相关利益者的需求，而不仅仅是考虑股东利益的公司。"福利企业是经过非营利 B 实验室（B Lab）认证的，满足社会与环境绩效、责任和透明度等方面严格标准的企业"。[2]

Business citizenship（商业公民身份）：公司为强调其作为社会中建设性成员的角色而设计的面向社会的行为。

Business ethics（商业伦理）：在商业决策中融入伦理与道德理论。

Cash mob（快钱族）：指一群人为了支持当地的商业，通过社会媒介相约在某一时间

聚集在一起购买当地某一家商店的商品。

Cause-related marketing（事业关联营销）：企业通过承担一定社会责任来吸引顾客购买该公司的商品和服务，例如将销售额的一部分捐助给慈善项目。

Civic engagement（公民参与）：雇员为了促进当地社会进步而做出的努力。

Clicktivism（点击主义）：一种通过互联网发起社会或环境抗议的形式——通过鼠标点击（例如，签署网上请愿书）。

Clicktivists（点击主义者）：践行点击主义的社会积极分子（见"点击主义"）。

Coalitions（联合）：公司、利益相关者或个人为实现共同的目标而通力合作。不要将本概念与非法的卡特尔混淆。

Community advocacy panels（CAPS）（社区倡导小组）：正式或非正式的公民团体，主张组织应考虑该区域的共同利益。议题很广泛，但可被统一归纳为公司的行为会影响当地社区的特定领域。

Conscious capitalism（自觉资本主义）："指具有在提高企业绩效的同时提升大众生活质量潜力的资本形式。"[3]与战略企业社会责任同义，依据以下四原则鼓励发展基于价值观的商业：更高的目标、相互依赖的利益相关者、自觉的领导力、自觉的文化（见基于价值观的商业）。

Consumer activism（消费者行动主义）：消费者在公司的政策和决策制定中表达其观点的努力随着这些行为越来越组织化，我们更倾向于称之为"消费者运动"，主张在消费者权利和法律方面产生更大的变化。

Consumer boycott（消费者联合抵制）：消费者会根据他们所看重的绩效表现而回避某一特定产业、公司或产品。[4]

Consumer buycott（消费者联合购买）：消费者根据他们所看重的绩效表现，通过购买决策来积极主动地支持某一特定产业、公司或产品。

Corporate citizenship（企业公民）：见"商业公民身份"。

Corporate philanthropy（企业慈善）：公司为相关利益者及社区做出贡献，通常通过向非营利组织进行现金或实物捐赠的方式。

Corporate responsibility（企业责任）：与企业社会责任含义相似，但被更多公司接受。

Corporate social opportunity（企业社会机会）：一种企业社会责任的方法，关注公司追求企业社会责任能够获得的收益，有利于消除公司践行企业社会责任会付出高成本的认知。[5]

Corporate social performance（企业社会绩效）：公司通过履行其企业社会责任计划而获得的收益（通常使用传统的财政或会计方法测量）。

Corporate social responsibility（CSR）（企业社会责任）：一种关于企业及其社会角色的观点，认为公司应当承担追求除利润最大化以外其他目标的责任，企业的利益相关者应承担保证该公司对其行为负责的责任（见"战略企业社会责任"）。

Corporate social responsiveness（企业社会回应）：公司为实现其企业社会责任目标，满足特定利益相关者群体需求而采取的行动。

Corporate stakeholder responsibility（企业利益相关者责任）：企业的利益相关者应承担的保证公司对其行为负责的责任。

　　Corporate sustainability（企业可持续发展）：在不破坏生态环境的前提下长期连续的商业运作（见可持续发展）。

　　Downcycling（下降性循环）：随着时间的流逝会降低可回收材料质量的回收过程（见"上升性循环"）。

　　Eco-efficiency（生态效率）：以"用更少的资源做更多的事"为特点，以"减量、再利用、再循环"为标语的商业方法。

　　Ecopreneur（环保企业家）："受环境、社会和经济目标驱使的献身于环境和社会事业的企业家"[6]（见社会企业家）。

　　Enlightened self-interest（明智的自利）：认识到企业能够在不放弃追求经济目标的前提下，在社会中以自觉的方式运行，进而取得财务上的成功。

　　Ethics（伦理道德）：基于社会规范和（植入文化定义的）是非对错的道德行为指南。

　　Externality（外部效应）："某一产业或商业行为带来的副作用或影响，其影响效应并不反映在所涉及的产品或服务成本中，而是一种社会成本或收益。"[7]

　　Fair trade（公平贸易）：为保证生产者的最低生活工资和宝贵原材料的可持续供给而以高于市场价格进行的商品贸易（通常是国际贸易）。

　　Garbology（垃圾学）：研究我们所扔掉的东西。[8]

　　Glocalization（全球本土化）：通过无数微小的或个体的行为来解决宏大的全球化的问题。[9]

　　Greenwash（漂绿）："误导迷惑消费者因为公司所谓的环保行为而购买产品或服务的行为。"[10]

　　Human rights（人权）：人类不可剥夺的权利。[11]

　　Impact investing（影响力投资）：一种除了为投资者带来经济回报，更追求社会效益最大化的投资工具（例如，互惠基金、低息贷款、债券和半开放式基金）（见社会融资）。

　　Integrated reporting（综合报告）：在一个统一的文件中发布一家公司三重底线（经济、环境和社会方面的）绩效表现（见三重底线）。

　　Islamic finance（伊斯兰金融）：一种以伊斯兰教法为原则的投资哲学。"符合伊斯兰教法的基金禁止向销售酒、猪肉产品、色情出版物、赌博、军需或武器的公司提供投资。"[12]

　　Iron law of social responsibility（企业社会责任铁律）：那些滥用权力的人最终会失去他们继续按此方式行事的能力，这是一条公理。[13]

　　Living wage（生存工资）：满足一个雇员温饱水平以上的基本生活标准的工资支付水平。"生存工资"是社会定义的，通常水平会高于法定意义上的"最低工资"。

　　Moral hazard（道德风险）：为了个人利益而承担巨大的风险。就这点而言，道德风险鼓励违背契约精神的行为。在金融危机期间，这一效应被形容为"获益私有化，损失社会化"，这句话原本是用来批评金融业的。

　　Natural Corporate Management（NCM）（自然的企业管理）：根据遗传、进化、神经科学的原理来帮助企业管理，包括处理行为、组织、生态环境关系等的一套商业哲学。[14]

　　Nongovernmental organizations（NGOs）（非政府组织）：只追求社会公益而不营利，或追求政府的政治目标的组织（虽然许多非政府组织的活动都是政府资助的）。例如，一个非政府组织可能会救助灾民，虽然这项活动在其他社会或其他条件下会被视为是政府的职责（见非营利组织）。

Nonprofits（非营利组织）：为满足社会需求而不是为所有者谋利或为了政府的政治目的而存在的组织。非营利组织与非政府组织的不同通常在于是关注国内而不是国际。

Philanthropy（慈善）：由个人或组织向慈善机构或慈善项目进行的捐赠。

Pinkwash（名不副实的关爱女性健康的形象包装）：一家公司促销粉红丝带商品，并声称关注乳腺癌，然而仍会出售导致疾病或伤害的产品（见"漂绿"）。[15]

Public policy（公共政策）：为有益于社会（或减少伤害）的行为制定规则和指导方针的政府决策。

Renewable energy（可再生能源）：不是以碳为基础的能量来源（例如太阳能、风能、潮汐能）。也被称为"替代能源"。

Social entrepreneur（社会企业家）：利用以营利为目的的商业活动来实现社会和环境目标的企业家（见"环保企业家"）。

Social finance（社会融资）：通过多重投资标准（例如道德的、诚信为本的、环境的），既强调投资的社会回报，也为投资者寻求可靠的经济回报的一种融资方式。

Social innovation（社会创新）：公司研发新产品和服务不仅满足顾客的技术需求，还满足他们作为公民的更广泛的愿望的商业手段。

Social license（社会许可）：一个以营利为目的的公司由于获得社会的许可而得以继续运作的能力。

Socially Responsible Investing（SRI）（社会责任投资）：通过投资追求社会责任目标的企业或项目来获得回报的投资组合策略。

Stakeholders（利益相关者）：一个组织的利益相关者指的是任何会影响或被组织目标成就影响的群体或个人。

Strategic corporate social responsibility（战略企业社会责任）：将一个整体的企业社会责任的理念纳入公司的战略计划和核心业务之中，便于公司致力于满足更广泛的利益相关者的利益，并在中长期内实现经济和社会价值最大化。

Sustainability（可持续发展）："可持续发展指的是指既满足当代人的需求，又不损害后代人满足其需求的能力的发展。"

Sweatshops（血汗工厂）：雇用童工或不履行一定工作标准，不尊重人权的企业。与较发达社会的法定最低标准相比，工作条件通常被视为不安全不公正。

Transparency（透明度）：组织决策和运营过程公开或对外界可见的程度。（见"责任"）

Triple bottom line（三重底线）：综合评定公司财务、环境和社会绩效的商业评价标准。

Upcycling（上升性循环）：会随时间提高再利用材料的质量的循环过程。（见"下降性循环"）

Values（价值观）：对一定目标、行为和条件的看法。

Values-based Business（基于价值观的商业）：一个以营利为目的的企业，其愿景和使命是基于社会价值和定义自觉资本主义的其他四项原则（即更高的目标、相互依赖的利益相关者、自觉的领导、自觉的文化）基础之上的。（见"自觉资本主义"）

　　Whistleblower（告密者）：指控诉组织的不端行为，并将其错误行径泄漏给媒体、检查人员或其他人的内部知情人士。

战略

　　除了在整本书中使用的有关企业社会责任的术语，还有很多用来描述一个公司的策略或战略决策过程的专业术语。企业社会责任和公司战略之间的交叉对《战略企业社会责任》中陈述的观点极其重要。与一个公司的战略规划和实施相关的关键概念的简短定义如下：

战略——术语、概念和定义

　　Agents（代理）：公司的经理，所有者（委托人）任命经理来代表他们经营业务和保护投资（见委托人）。

　　Business strategy（业务层战略）：公司在特定的业务部门所使用的战略，它使得公司的产品在低成本或其他因素的基础上能够别具一格、与众不同，如拥有卓越的技术以创造可持续的竞争优势（见差异化和低成本）。[16]

　　Capabilities（能力）：公司能够开展的活动（如支付其账单），这些活动在生产过程中创造价值。

　　Company（公司）：被允许从事商业活动的法人组织。"公司"一词来自拉丁词 cum 和 panis 的组合，最初的字面含义是"将碎面包合到一起"。[17]

　　Competencies（竞争力）：公司做得很好的业务。

　　Competitive advantage（竞争优势）：使公司区别于其竞争对手并在一段时间内持续保持成功的能力、资源或技能。

　　Core competence（核心竞争力）：不仅是公司所擅长的业务，而且其他公司难以（或者至少要很长时间）在该领域超越。[18]

　　Core resource（核心资源）：一种独特的、难以复制的公司资产。

　　Corporate governance（公司治理）：在组织内部正式分配权力以及管理公司所有者（委托人）和经理（代理人）之间关系的结构和系统。[19]

　　Corporate strategy（公司层战略）：公司层面的战略，包括允许公司操纵其竞争环境的决策，分析公司将展开的业务以及是否通过合资、兼并或收购与其他公司合作（见业务层战略）。

　　Differentiation（差异化）：一种通过除价格以外的其他方法来寻求提供与众不同的产品的业务层策略（见低成本）。

　　Fiduciary（受托者）：责任的一方，基于与另一方形成的法律或道德的正式关系。责任是建立在信任基础上的，通常涉及金融交易。

　　Firm（公司）：商业性公司（或者企业、营利性公司）是集聚稀缺资源以生产产品或服务的组织，产品和服务以高于生产成本的价格出售给顾客或其他公司。

　　Five forces（五种驱动力）：对公司产业的竞争结构的宏观分析，表明公司的营利潜力（见产业视角）。[20]

　　Globalization（全球化）：由于通信技术和运输的迅速改善以及贸易和资本的流通催生

的过程。在这一过程中，公司的业务超越国界，并且世界范围内人与人、社会、文化以及政府之间的互动加强。

Industry perspective（产业视角）：说明公司运营（特别是其产业）所处环境为其主要竞争优势的一种外部视角（见五种动力和资源视角）。

Low cost（低成本）：公司基于更高效的运营，使其产品区别于其他公司产品所运用的业务策略（见差异化）。

Mission（使命）：陈述组织怎么实现自己的愿景。它说明了企业所要开展的活动（见愿景）。

Offshoring（外包）：为了降低劳动力成本将业务转移到海外。

Onshoring reshoring（业务回归）：为了创建更加灵活和响应更快速的供应链而撤回业务。

Principals（主要人员）：公司所有者、利益相关者及其代表、董事会（见代理）。

Resources perspective（资源视角）：一种说明公司的资源、能力和核心竞争力为其可持续竞争优势的决定因素的内部视角（见产业视角）。

Strategy（战略）：决定组织如何执行它的使命。它提出了企业为获得可持续竞争优势而经营其竞争环境的方法。

Strategic planning（战略规划）：公司为日后运营而制订或调整计划的过程（通常是年度的）。

Supply chain：（供应链）：一个公司为另一个公司提供生产所需的原料而形成的公司之间的关系链（见价值链）。

SWOT analysis（SWOT分析）：一种用来识别公司内部优势和劣势以及外部机会和威胁的工具。其目标是使公司的优势与机遇相匹配，同时弥补劣势，避免威胁。

Tactics（策略）：为实现公司战略的日常运营决策。

Value chain（价值链）：分析生产过程中的联系，识别其中的每一增值阶段。这种分析可能是在一个公司内部或多个公司之间。[21]

Vision（愿景）：回答组织为什么存在的一项声明。它表明公司为满足他人需求所追求的目标（见使命）。

前　言

企业社会责任为什么重要

在撰写本书第三版时，我们苦思冥想这本书的标题。特别是，我们觉得有必要反映有关企业社会责任争论的进展，并且表明关于"企业社会责任"和"可持续性"的含义尚无明确的共识，同时，我们希望保护已经形成的第一版至第三版的品牌价值。

乍一看，这似乎是小事一桩。但是从我们的角度来看，标题反映的是书的中心思想。因此，我们决定保持标题的一致，即"战略企业社会责任"，但改变了副标题，即"利益相关者、全球化和可持续的价值创造"。"战略企业社会责任：利益相关者、全球化和可持续的价值创造"体现了之前版本所陈述的核心观点——企业社会责任是公司日常运营和战略规划不可分割的部分。此外，本书还延伸了我们的论点，更多地论述企业社会责任是公司的总体目标（创造价值）的必要组成部分。企业社会责任涉及方方面面，其作为战略性资产的角色，能够在公司的运营中处于核心地位。虽然慈善等行为是企业社会责任的组成部分，但是它们却处于非重要的位置。企业社会责任与企业运营的相关性是本书的关注点。最重要的是，将企业社会责任视为公司战略和运营的核心直接关系到公司在全球竞争环境下中长期创造价值的能力。

价值创造是建立一个可持续发展的商业模式的基础。这关系到在商业准则的规制下，公司的核心是什么。"价值创造"是公司一切活动的前沿和中心，而且 CEO 应该时刻关注这一主题，但是先入为主的"企业社会责任"和"可持续性"的概念可能导致一些 CEO 预判或拒绝这些观点。为了反驳企业社会责任是公司成本的观点，需要举出企业社会责任在公司运营和战略相关性中的支持性论据——努力满足关键利益相关者的需求和要求。从广义上讲，即公司需要获得必要的"社会许可经营"。在这个过程中，企业社会责任从一种可有可无的附加条件，转变成对"公司是什么以及公司做什么"的认知。正是这种企业社会责任的信念引导着我们在第三版中提出如下观点——企业社会责任成为 21 世纪公司商业模式的中心。

遗憾的是，这种观点尚未被高管或商学院的学者们广泛接受。部分原因是，企业社会责任的缺失会更容易被识别出来，而企业建立了企业社会责任，却不容易被外界识别出来。虽然现在报纸的新闻头条会不断提醒我们企业社会责任缺失所带来的危害，但是在企业中很难用于避免危害的投资合理化。例如，2010 年的墨西哥湾深水地平线（Deepwater Horizon）钻油平台漏油事件提醒我们企业社会责任在公司日常运营中的重要性，而且当企业社会责任被破坏时，将会发生严重的后果（包括对公司和对社会的）。2008 年，以雷曼兄弟的破产为标志的金融危机爆发了，其造成的破坏性影响使世界各国政府的经济政策发生了改变。企业社会责任已经不再是一个抽象的概念或处于组织活动的外围，它应该在公司经营中处于一个核心的地位。

当今社会的联系越来越紧密，组织及其利益相关者之间的人为界限变得越来越没有意义。公司是由个人组成的，而这些个人构成了社会。作为一个社会，我们面临的最重要的问题是如何使福利最大化，即我们如何建立一种能激励人们平等地追求梦想的文化和环境？以营利为目的的公司是将稀缺且珍贵的资源转换成我们日常生活所必需的商品和服务的最有效的组织形式，同时也是我们建立这种文化和环境的关键所在。从根本上说，作为商学院的教授，我们强调企业在提高社会福利和经济繁荣方面的重要性。然而这并不意味着我们对现状感到满意。同样，这本书并不是为企业作辩解，而是强调以营利为目的的公司可以在我们的生活中扮演积极的角色，而且可以作为一个平台来提升这种作用。本书认可市场经济和企业的营利动机，但同时本书认为当被嵌入到价值观的框架中时，市场竞争可以使福利达到最大化。本书中的许多想法会对我们日常的观念形成挑战。我们将这种带来的挑战定义为实际的并可以实现的演变过程，而不是理想化的和不可及的革命过程。在这个过程中，人性是一个重要且不可被忽视的约束条件，而且经济体系的路径演变也是有原因的。本书是未来商业领袖实施变革的宣言。

因此，第三版《战略企业社会责任：利益相关者、全球化和可持续的价值创造》将是一本战略地图。它提供了一个可用于工作场所以及更广泛社会的框架。公司可以用这个框架来处理复杂的与企业社会责任有关的议题。我们之所以写作这本书，是因为希望未来的商业领袖可以创造一种反应更加迅速、更有责任感的商业文化。在这种文化里，以营利为目的的公司可以找到它们合适的位置来解决社会问题。但是我们仍有许多工作要做。可以清晰地看到企业社会责任是我们努力的核心。这一概念的提出既不是在经济繁荣时期假装殷勤地锦上添花，也不会在经济萧条时期故作沉默。相反，企业社会责任的提出是对目前已经创造了繁荣经济的市场模式的一种改良。企业社会责任对于那些想要使中长期利益最大化的企业而言是一种商业哲学。企业社会责任是基于战略的迫切需要，而这一需要是企业经营的核心。它的主要关注点是使增值或利益最大化，这也是CEO们每天关注的核心。企业社会责任并不是做生意的唯一方法，而是在这个全球化、信息化世界中做生意的重要途径。我们欢迎你加入这样一个为21世纪塑造的可持续的商业模式。

企业社会责任

理解企业社会责任是很重要的，因为它关乎我们对社会未来发展的定义。企业社会责任、企业责任、企业公民和可持续发展都很重要，它们都影响着商业的各个部分。并且，企业的重要性体现在它们给社会创造了许多财富和幸福。因此，企业社会责任对商业成功和社会成功都起到至关重要的作用。而企业社会责任概念的核心是决定公司如何在社会结构中找到自己的定位。通过定位商业道德、公司治理、环境问题和其他议题，社会创造了一种让公司运作其中的有活力的情境。这种情境之所以有活力，是因为商业目标和社会舆论能够持续地有机结合在一起。然而，一个复杂的问题产生了：一个商业组织为什么会存在？它的目标仅仅是使利益最大化还是通过利益最大化来达到其他目的？谁界定了私人利益和公共利益的界限？商业组织对运作其中的社会担负了什么义务？这些义务是自愿的还是应该由法律来规定？企业最终对谁负责——股东还是更为广泛的利益相关者？公司、所有者和其他的利益相关者的利益能否达成一致或者说它们的矛盾是与生俱来的？

　　当商业组织在绝大部分时候都致力于创造财富和推动社会发展时，它们并不是独自在运作的。政府也是关键因素。因为政府制定了社会和商业组织运作时必须遵守的规则和界限。此外，非营利组织和非政府组织也在为公共利益而奋斗。非政府组织并不追求利润也不用履行政府组织的义务，而是进入那些不涉足政治和利益的领域。但是，如果没有资本激发的创新，那么社会和经济发展将会减慢。如果没有商业组织生产大量的财富，那么政府和非营利组织运作必需的税收和捐赠也会随之消失，我们的生活水平也会下降到原始社会的水平。有一个简单的思维实验：环顾你的四周然后把所有由商业组织生产的东西减去，那么还剩下什么？或者另外一个实验：最贫穷和最富有的群体之间有什么差异？而这些差异难道不是扎根于社会背景下的竞争性商业组织的创新能力和生产率吗？

企业社会责任时事通讯：IBM

　　《经济学人》[22]中的一篇文章尝试进行一个有趣的练习：比较 IBM 和卡内基基金会在过去 100 年中的相对影响力。这两个组织都是成立于 1911 年，因此都在 2011 年庆祝成立 100 周年。《经济学人》的目标是找出哪个组织（营利或者非营利）在这 100 年里为社会做的贡献更多。通过阅读这篇文章可以发现：一、这不是一项严密的试验。尽管卡内基基金会在成立初期确实做了一些贡献，但是这些贡献在接下去的几十年里很快就消失了。而这篇文章的核心论点是——与卡内基基金会不同，目前 IBM 的影响力与过去相同，它的市值大约为 2 000 亿美元，拥有将近 427 000 名雇员并且大部分雇员都是生活在发展中国家。IBM 的企业慈善事业发展稳健，因此它每年的捐助金额已经超过了卡内基基金会。二、这篇文章讨论的项目多少取决于《经济学人》对企业社会责任的了解程度。10 年前的《经济学人》不会对这个问题产生兴趣，相反会将问题的答案看作预料之中的结论。然而，现在的《经济学人》勇敢地尝试比较这两个组织。而 10 年前的《经济学人》和现在的《经济学人》的差异也导致卡内基基金会运作的时间比它应有的时间更长。《经济学人》没有低估 IBM 的成就。相反，《经济学人》得出以下结论：在过去的 50 年里，IBM 的影响比卡内基基金会大得多——如果你把 IBM 未能成功地阻止比尔·盖茨创办微软公司也算作一项慈善事业的话。此外，IBM 的商业活动和信息管理有着非同寻常的巨大的社会效益，并且消耗的社会和环境成本相对较少。最后，证据有力地支持了 IBM。营利组织的优点在于它能不断地调整自身并持续创新，而卡内基基金会的热情却随时间逐渐消退。

　　卡内基的相对衰落的另一个理由可能是——对于一个慈善组织而言，100 年实在是太长了。20 世纪 90 年代早期，当 IBM 的现金流几乎要断裂时，Lou Gerstner 领导 IBM 进行了转型。当他们的竞争对手印度威胁要侵占他们的业务时，Palmisano 先生领导 IBM 再次进行了转型。相反，我们无从得知卡内基基金会的管理者是否有清醒的认识。时间破坏了卡内基基金会创始人的独特能力的基础。卡内基曾这样形容将来的基金会的领导者："他们应该通过自己的判断来与我的希望相一致。"而这些领导者确实做了很多，但是卡内基也许是在期许他们做得更好。

　　这篇文章是一次有趣的思维实验。但是最后我必须重申的是对于企业社会责任而言，尽管以营利为目的的企业存在很大的问题，但是它们也是解决问题的主要希望。

　　商业组织生产了我们社会中许多好的东西。然而同时，它们也造成了许多伤害，如污染、失业、生产事故和经济危机。当这些有毒的副产品对社会造成危害时，非营利组织也许可以做出一些改善，但是这些组织由于依赖于外来的资金支持，所以这常常制约了它们有效地发挥作用。而政府可以通过规制来遏制商业组织的过度伤害，但是政府的规则常常是滞后且不总是有效的。只有当受到舆论压力时，政治才倾向于顺从舆论。动态的商业利益和广泛的公众利益的有机结合可以创造出最优的结果，这也是在利益驱动下创造出来的一剂良药。

在企业制造出好东西或伤害之外更应考虑企业在社会中扮演的恰当的角色，特别是在全球化和科技创新扩展了跨国企业潜力和活动范围的大背景下。更重要的是，21世纪以来，高层审计丑闻和政府丑闻的频繁发生以及全球金融危机的出现都使得这种考虑重新得到重视。因此，企业的管理层面临着关于社会对企业角色期望的矛盾和混乱。例如，一方面，诺贝尔奖获得者经济学家弗里德曼认为：

除了尽力为股东赚取利润以外，很少有什么能像企业社会责任那样渗透到我们这个自由社会的最底层并被企业的工作人员所接受。[23]

而另一方面，企业又被期望能采用一种多项选择的方法，既迎合了雇员、股东、投资人和顾客的需求，同时又能对供应商、社会和更广泛的环境负责。哪个看法是理想化的？哪个看法是正确的？这两种情况是否会相互排斥呢？或者说，两者如何能够形成最优组合从而产生一个能够使公众利益和福利最大化的社会？战略企业社会责任为读者提供了一个可以用来探索和讨论这些问题的框架。本书阐明了企业社会责任的核心议题，围绕概念上的框架建立了模型并提供了研究这个重要话题的方法和资源。我们思考的角度是一种关于公司的战略性观点——我们关注在更大的环境中企业与其利益相关者之间的联系。正如这个复杂的网络关系展示的那样，如果明理的、受人尊敬的以及善意的人们针对一个问题进行争辩或积极讨论，那么即使是一个简单的问题也会因为真诚的讨论而出彩。

这个探索令人兴奋和值得研究的原因是，企业社会责任和那些新闻头条（如就业、失业、金融救助、创纪录利润、腐败和科学突破、污染和技术创新，以及个人的贪婪和企业的慈善事业）一样都是很重要的议题。这些议题都是通过不懈的创新变革来追求利润，我们称之为商业。就其本身而言，企业社会责任只能是前沿研究，企业竞争力塑造的经营战略使它能够与其他企业进行竞争，并且当它们在市场上竞争时，企业社会责任在不受节制的、难以预料的资本主义经济和受人为严格管制的经济中提供了一条可持续发展的道路。企业社会责任可以帮助企业优化利润目标和执行手段。此外，各种力量集合在一起，提高了优化平衡的重要性，这也使得对企业社会责任的思考在未来显得更加重要。

但问题是：在企业社会责任这一大主题之下，什么问题是要紧的？这个答案取决于行业的背景和企业的战略，或者说取决于企业如何传达它的价值理念给顾客。由于行业和战略差异很大，不同公司之间的问题不一样。并且，随着企业根据其特殊业务环境改变它们的战略和执行方式，这一系列问题也会改变。至于结果呢？不可能开出一个确切的企业社会责任药方来综合解决某一特定领域的问题。相反，我们认为，战略提供了最好的视角。从战略性的视角来看企业应该如何处理企业社会责任，可以通过企业社会责任战略的形成过程来适应它们的社会、文化和竞争环境。

从利益相关者的角度来看战略性企业社会责任，可以看到企业的外部环境是由多个利益相关者构成的。定义企业社会责任，首先要和企业的价值、运营环境有关，然后将企业社会责任的视角纳入企业的战略计划和整个组织中。情况发生变化，但相同的问题依然存在：谁是主要的利益相关者？哪些要求是合法的？那些利益相关者不会同意的决定，我们该怎么提出？我们该向谁增加什么样的价值？我们的业务是可持续的吗？这些和其他问题迫使企业思想家针对不同企业所在的行业和战略，从对利益相关者有利的角度出发来理解企业社会责任。

不管企业社会责任是否能成为一门独立的选修课程或作为商学院课程的主要组成部分，基于战略通过利益相关者的视角来考虑问题体现的是平衡各方势力冲突的复杂性。然而，两个额外的制约因素依然存在：我们应该如何在企业社会责任的名义下覆盖较为宽泛的主题但又不至于像一本百科全书？我们应该如何组织一本书，在网络和沟通不断发展的全球背景下最大限度地提高人们的学习兴趣？

我们的研究方法和相关的论著使得战略企业社会责任成为一种独到的分析工具，这种方法就是：探索是最好的学习形式。我们专注于技术创新，尤其是互联网，使得企业社会责任在今天更具重要性。在企业社会责任战略中，你会发现大量的问题、案例研究和网站。我们的感觉是，你会更喜欢通过搜集分析原始的资源来找到你想要的，而不是铺陈每个问题的细节。通过在网站上寻找资源，更容易参与和构建形成自己的观点。对于那些喜欢形成自己观点的人，战略企业社会责任可以提供指引。首先，它可以引发思考，然后提供解决问题的思路图、案例、案例研究，指导在网络上搜索解决方案和支持性案例。使用这种方法，我们旨在利用布洛姆（Bloom）学习方法，从记忆到创造的各个阶段（见附图I-1）。虽然我们不能在本书中涵盖每个主题的各个方面，但我们希望能提供一个出发点（通过关键的概念），沿着方法去探索（通过额外的资料和参考文献）。

附图 I-1　布洛姆的分类法学习

资料来源：Lorin W. Anderson & David R. Krathwohl, (eds.), A Taxonomy for Learning, Teaching, and Assessing: A Revision of Bloom's Taxonomy of Educational Objectives, New York: Longman, 2001.

在我们的研究中，我们发现没有简单纯粹的答案和绝对的真理。简单的解决方案制定后通常会产生不可设想的结果。每个公司都发现，很多答案与特定的行业和特定的情境相关。并且即使答案存在，它们必然是相互竞争的利益相关者的自由折中的结果，并且只有少部分的群体能够满意。相比提供绝对的答案，我们倾向于寻求最好的问题、考虑广泛的观点、鼓励激烈的辩论和进一步的研究。因此，这本书没有寻找解决如今紧迫的社会责任问题的方案。毫无疑问，这样的解决方法的推广是有限的。随着社会期望的不断变化很快就会过时。相反，我们提出了一个从利益相关者的角度出发来理解企业社会责任作为企业战略理念大局观的最有效的方法。理解了当前的问题和公司过去的错误以及拥有了一个从整体着眼的结构框架，能有效避免在未来犯相同的错误。

在本书中你即将开始一段旅程，这会帮助你的职业生涯加速提升。而企业社会责任在这个过程中将起到一个越来越重要的作用。作为一个思想者、未来企业的领导者和有智慧的公民，洞察这个广泛而充满活力的主题会增加你的理解力和思考深度。

祝好运！

戴维·钱德勒

小威廉·B. 沃瑟

2013 年 3 月

免责声明

这本书的一个重要特点是含有许多基于网络的链接。但是，依靠这些资源也存在着问题。由于互联网的性质，一些网站链接会随着时间改变或消失。[24] 这正是这个动态化的学科领域所表现出来的职业性危害。这也需要我们付出一些代价来应对这些变化的信息。所以在此书中我们提供了各种多样化的资源和相关的链接。这些引文并不是为任何特定的组织或信息提供支持，而是全方位地反映企业社会责任对企业的重要性。同时也显示出我们的心愿，希望给这场交流带来多样化的观点。

本书的规划

本书分为两个部分。第一部分着重介绍了企业社会责任的广度和深度；而第二部分提出了一系列实际问题和案例研究，以及在在线资源的基础上对问题作进一步的研究和课堂辩论。

第一部分的第 1 章和第 2 章中，通过定义企业社会责任和提供其出现的背景，对企业社会责任做更广泛的思考，为这本书打下基础。第 1 章介绍了企业社会责任，详细介绍了这个主题的起源和它随着时间的发展变化。在讨论它的演变时，分别从伦理、道德、理性和经济等四个不同方面进行论述。更重要的是，本章讨论了为什么企业社会责任日益受到学生和企业领导的关注。虽然企业是经济实体，它的存在满足了社会的需求，更多地获得了自身的利益，但我们认为，实现企业社会责任的最有效的方式，是要考虑与企业追求利益相关的广泛群体的需求和价值观。这些非股东的利益相关者是非常重要的，因为他们会影响企业的成功甚至是生存。尤其是在当今全球化的背景下，这一点对公司的运营尤为关键。

第 2 章中我们对战略企业社会责任进行了讨论，反映了利益相关者观念的重要性。纵观 21 世纪以来，商学院在全世界范围内的发展解释了企业经营环境的变化。我们相信，企业社会责任将成为课程中越来越重要的核心组成部分。但是，除了现有的有关核心课程，还可以从企业战略中找到企业社会责任。整合企业社会责任和战略的理念是一个从多方利益相关者视角出发的观点，能够使企业应对当今社会全球化和信息自由流动日益占主导地位的趋势。除了贯穿全书的利益相关者的视角，本章还解释了为什么传统的战略观点（主要是资源导向和产业视图）不足以成为一个有力的工具来帮助企业应对当今的全球商业环境。我们勾勒出一个利益相关者的模型，使企业能够识别和优先考虑它们的主要利益相关者，同时使企业的应对模式实现价值最大化和表达明确。

许多关于企业社会责任争论的焦点（由"企业社会责任"这一术语引起）是假设企业有责任追求利润最大化之外的目标。在第3章中，我们详细讨论这个假设，研究在有关企业社会责任的辩论中一些争议较多的元素。特别地，我们提出这样一些观点：企业社会责任团体对企业的期待太高；企业的反应比最初的时候有所提高；如果在一个社会中，我们断定企业应该表现出更多的社会责任感，那么对企业的利益相关者（特别是客户）都是平等的，如果企业没有表现出更多的责任感，利益相关者有责任要求企业的行为承担起更多的社会责任。更重要的是，他们需要表现出他们对这些行为的支持。为了让企业社会责任成为利益相关者的责任，利益相关者也要去关心企业社会责任。企业社会责任的先决条件是企业的经济优势，这是对社会纯粹的贡献。或者至少有这样一个信念，经济劣势对于任何公司而言都会对利益相关者造成负面影响。管理者作为广告活动和慈善活动的提倡者已经明白了这个逻辑。虽然很多人说他们喜欢负责任的公司，但是尽管社会和消费者愿意为这一结果付出，却依然存在很多限制。在针对企业社会责任的争论中，这种为社会责任付出的意愿是值得商榷的，它往往是辩论的焦点。如果没有足够多的利益相关者对企业社会责任行为感兴趣，那么企业参与企业社会责任的动机就会减弱。

第4章和第5章通过概述公司如何将企业社会责任融入公司的日常运作，总结了战略企业社会责任的第一部分。第4章将企业社会责任放在一个竞争的环境下，认为企业社会责任能自然地融入组织的战略框架内。在竞争的环境下，公司根据它的能力抓住机会，追求自己的使命，是为了能够走向它的愿望或愿景。企业社会责任是企业战略过程中的一个组成部分，因为它有助于实现企业与环境的相互作用和企业理念。虽然战略是寻求在竞争中获得成功。企业社会责任将作为一个屏障，既确认也保护企业追求利润和长期生存的能力。财富增长的全球趋势、全球化、互联网、大众媒体的聚集和品牌的结合，提高了战略企业社会责任在今天和可预见的未来的重要性。

最后，第5章探讨了将企业社会责任融入公司日常运作和组织文化的挑战。在这里，我们的目的是明确加强或阻挠在企业层面建立战略企业社会责任的因素。这个一体化进程的核心是高级管理人员的承诺。战略方向、使命宣言及核心经营实践都必须加强这一承诺，实现企业社会责任目标。最终，为了将企业社会责任融入公司战略和文化，领导者必须与关键利益相关者在组织内开展一个持续的对话，讨论公司的战略和企业社会责任的重要性。本章提供了在公司范围内的企业社会责任实施框架。

《战略企业社会责任》这本书的第二部分，反映了一系列在实践中界定企业社会责任的问题的广度。每个问题均涉及三大利益相关者群体中的一个（详见第2章）。三大利益相关者群体即组织利益相关者、经济利益相关者和社会利益相关者。第6章作为本书的亮点，两位中国作者介绍了中国企业履行社会责任的起源和发展情况。第7章主要阐释组织利益相关者的有关问题。第8章和第9章则分别对应经济利益相关者和社会利益相关者。在此章节中，我们会使用一则以公司为主导的实例研究和配套的论证材料来说明每一个问题。同时，作为补充，与书中主要观点相矛盾的观点，都可通过网络获得。就其本身而论，本书的第二部分显示了战略企业社会责任的独特本质。我们认为，企业社会责任的范围由一系列各式各样的问题拼接而成。这些现在或将来最重要的问题，将会与当今社会和竞争性环境中的变动一同发展。此外，考虑到个人兴趣，在第二部分中我们使用先介绍问题，再提供网络链接的方法来推动进一步的深入研究。

作为对书中内容的动态补充，作者亦将有关企业社会责任的时事通讯穿插在本书的第一部分和第二部分中。这些时事通讯取自每日新闻资讯，并呈现出一个除书中全部实例研究和网上资源之外的增值事例文库。这些时讯热点把握了企业社会责任讨论的宽度，为课堂讨论和学生们对这项复杂课题的调查研究提供了一个额外的维度。这些时讯热点与完整的时事通讯文库的访问入口，一并归档在了本书的博客中（http：//strategiccsr-sage. blogspot. com）。

除了构成《战略企业社会责任》的两部分，第三个版本附带一个交互式网站（http：//www. sagepub. com/strategiccsr）。一些材料在之前版本（如相关问题和实例研究）中存在，但在最新版中被替换了。这个网站则主要通过将这些材料归档来丰富本书的内容。同时，这个网站还为教师提供了此文本附带的教师指导手册和其他可在课堂上使用的相关时事材料的安全访问入口。我们设立该网站的目的是为《战略企业社会责任》提供一个额外的网络维度，以帮助课堂教学。

最后，从解释备注和额外的在线资源两方面来看，这本书大部分的价值体现在每章结尾处的注解和参考文献中。我们鼓励读者们研读探讨这些注解，并且将其作为进一步网上调查的基石。毫无疑问，如社会企业责任这般动态的热点问题，信息和观点的涌现是无止境的。我们写这些书注的目标是为了能把握住一个宽泛的概述，此外，亦是为了能与书的网站和博客一同为读者提供更详细地探索这个热门话题的有用工具。

教学和在线资源

教师资源网站

受密码保护的教师网站 www. sagepub. com/chandler3e 为老师提供了辅助课程的完整支持资源。教师网站提供以下资源：

• 多选题、真/假题和问答题等内容的试题库，试题库在电子化测试软件中采用 Word 格式。

• 授课用幻灯片，供老师讲课和复习使用。幻灯片集成了本书的独特功能，为课堂授课提供强大的教学工具。

• 教学笔记，提供更详细的每章总结和概要，以供教师作为教学材料参考。

• 为学期和季度课程提供的推荐案例摘要，丰富了围绕正文开展的课程。

• 更多的其他内容。

学生资源网站

为了最大限度地让学生理解企业社会责任，并促进批判性思维和积极学习，我们已经在学生学习网站上提供了宝贵的学习帮助。学生可以免费访问学生学习网站 www. sagepub. com/chandler3e 以获取更多知识。

致 谢

尽管我们对此书有最终的解释权和相应的责任，但这本书是许多友人和同事长期努力的共同结晶。

科罗拉多大学丹佛分校商学院和迈阿密大学工商管理学院的同事对这本书的创作起到了至关重要的作用。我们要感谢在科罗拉多大学丹佛分校工作的院长 Sueann Ambron、副院长 Cliff Young 以及副院长 J. C. Bosch。他们使商学院的各项工作和任务重新焕发生机，并且使学院在丹佛和整个落基山脉区域的商界和学术界的交叉领域建立起自己的地位。另外管理学院主任 Ken Bettenheusen 和金融学教授 John Byrd 还有可持续管理项目的一些成员，都明确表示企业社会责任和可持续性依然是学院工作的最重要的部分。我们还要感谢在迈阿密大学工作的 Paul Sugrue、Barbara Kahn 和 Eugene Anderson 三位院长的支持。同样，我们对以下人员在此次修订中给予的不断鼓励和支持表示谢意：Linda Neider，Yadong Luo，Haresh Gurnani 和 Jeff Kerr。他们都是管理系的主管。对于商法系的主管 Rene Sacasas 提供的早期帮助和支持，我们同样表示感谢！此外，我们还非常感谢一直为我们提供独到见解和珍贵友谊的两位在 UN 工作的战略管理教授，Jeff Kerr 和 John Mezias。如果没有这两个学院的支持和帮助，没有检验这些观点的教学实践和同事们的鼓励，这本书是不可能完成的。

此外，我们向以下两位表示我们真挚的感谢：Anita Cava 和 Ken Goodman。他们是迈阿密大学道德项目的项目主任，为我们创造了一个有助于新观点产生的环境，而这些观点有很多是我们这本书的基础。在与重要的社会活动家（如戴德县人性化服务联盟的 Daniella Levine）的合作中，他们连续取得的进展和革新，正在迈阿密形成一个大环境。在此环境中很多我们书中的观点得以实现。我们要特别感谢迈阿密大学商法部的 Anita Cava，她令这项计划成为可能发挥了重要作用。

这本书出版成为可能，有很大一部分原因是那些在企业社会责任领域领军学者们之前的以及仍在持续的工作。意识到这一点是很重要的。我们要特别答谢这些人开创性的工作：佐治亚大学的 Archie B. Caroll，匹兹堡大学的 William C. Frederick,[25]康奈尔大学的 Stuart L. Hart，华盛顿大学的 Thomas M. Jones，哈佛商学院的 Joshua D. Margolis，波士顿大学的 Jim Post，密西根大学的 C. K. Prahalad 以及波士顿学院的 Sandra Waddock 等。这些人的工作与其他人员的工作为企业社会责任/商业与社会的研究提供了基础，我们也是在此基础之上建立起理论的。来自伊利诺伊州立大学的 Dale Fitzgibbons 是本书早期的支持者。多年来，他一直在研究企业社会责任的课题，并且在课堂上讲授相关内容。他对我们书中的很多观点都持有富有价值的见解。我们会继续受益于他的观点并乐于与他分享渊博的知识。

同样，我们也非常感激第二版的评论员们。他们贡献了很多观点和评论，为我们准备这次的第三版提供了很有价值的指导。他们是：Mark A. Buchanan，博伊西州立大学；Terrence B. Dalton，阿克伦大学商业技术学院；M. Kenneth Holt，奥斯汀皮耶州立大学；Julie O'Neil，得克萨斯基督教大学；Janis Prewitt，杜瑞大学；LaDawn Schouten Marsters，博伊西州立大学。当我们正中问题要害时，他们给予我们鼓励；当我们的原稿有改进的可能时，他们督促我们更进一步探索。正因为有了他们的深刻见解和参与付出，这本书才变得更好。

SAGE 出版公司的 Patricia Quinlin、Lisa Cuevas Shaw、Liz Thornton、Katie Guarino、Mayan White 和 Gina Fenwick 一直是积极响应和支持这本书的编辑团队，他们保证了本书的及时更新。另外，Laura Barrett 监控了本书的整个生产流程，使之付梓。副总裁兼资深编辑 Michele Sordi 和执行编辑主任 Brenda Carter 以及参与此书出版的全体人员，他们在尽量不改变原内容的前提下，凭其专业知识和精神，对此书进行校对，指导我们向结稿努力。能与这样一个不仅投资于企业社会责任，而且每天都在实施本书所列出的价值观和实践的组织合作，对我们来说是非常好的一件事。

最后，我们还要感谢已故的 Leonard Turkel——我们的良师益友、社会活动家、社会企业家以及创办迈阿密大学非营利管理中心（http://nonprofit.miami.edu/）的共同主任。他致力于不断寻找更好的方法来改善他所在的社区，造福身边的人。

企业社会责任的时事通讯汇总

企业社会责任时事通讯是一个免费使用的资源，它由作者创建，作为对本书的一个动态补充。如果想要在秋季和春季学期收到常规企业社会责任通讯，请与作者戴维·钱德勒邮件联系，david. chandler@ ucdenver. edu。

注解和参考文献

1. 将企业社会责任的进展作为一门学科的综合评述见：Archie B. Carroll, 'Corporate Social Responsibility：Evolution of a Definitional Construct,' *Business and Society*, Vol. 38, No. 3, September 1999, pp. 268 – 295.

另外，传统教科书详细说明了这些问题，特别是：Anne T. Lawrence & James Weber, *Business and Society*：*Stakeholders, Ethics, Public Policy*, 13th edition, McGraw-Hill, 2010.

最后，William C Frederick, *Corporation Be Good*! *The Story of Corporate Social Responsibility*, Dog Ear Publishing, 2006 提供了一个全面的时间轴和关于企业社会责任的进展。

2. http：//www. bcorporation. net/

3. http：//www. consciouscapitalism. org/

4. Amy J. Hebard & Wendy S. Cobrda, 'The Corporate Reality of Consumer Perceptions：Bringing the Consumer Perspective to CSR Reporting,' *GreenBiz Reports*, February, 2009, p. 13.

5. 见：David Grayson & Adrian Hodges, 'Corporate Social Opportunity! Seven Steps to Make Corporate Social Responsibility Work for your Business,' *Greenleaf Publishing*, July, 2004.

6. 'Making Money and Sustainable Progress with Ecopreneurship,' *Network for Business Sustainability*, March 5, 2012, http：//nbs. net/knowledge/making-money-and-sustainable-progress-with-ecopreneurship/

7. 牛津大辞典第二版, 1989 (Oxford English Dictionary, Second Edition, 1989), http：//dictionary. oed. com/cgi/entry/50080908? single = 1&query _ type = word&queryword = externality&first = 1&max_to_show = 10

8. 见：A. J. Weberman, My Life in Garbology, Amazon Digital Services, Inc. , 2011 and Edward Humes, *Garbology*：*Our Dirty Love Affair With Trash*, Avery Publishing, 2012.

9. 'Effluence of affluence,' *The Economist*, January 7, 2012, p. 52.

10. 'The Seven Sins of Greenwashing,' Terrachoice Environmental Marketing, 2010, http：//sinsofgreenwashing. org/findings/greenwashing–report–2010

11. 对这些权利的描述，见于 1948 年 12 月 10 日联合国大会通过的联合国《世界人权宣言》（http：//www. un. org/en/documents/udhr/index. shtml）。

12. 投资百科全书（Investopedia），http：//www. investopedia. com/terms/s/shariah-compliant-funds. asp

13. Keith Davis，'The Case for and Against Business Assumption of Social Responsibilities，' *Academy of Management Journal*，Vol. 16，Issue 2，1973，pp. 312-322.

14. 这个概念经由 William C. Frederick 的发展而获得他的观点，即所有的商业活动都是自然进化过程的产物。该概念在 Bill 的网站中和他的书中有详细的解释：http：//www. williamcfrederick. com/business％26nature. html

Natural Corporate Management：*From the Big Bang to Wall Street*，Greenleaf Publishing Ltd. ，2012.

15. 传媒与民主中心. 引自：Andrew Adam Newman，'Good/Corps Aims to Help Business Meet Social Goals，' *The New York Times*，May 13，2011，p. B3.

16. Michael E. Porter，*Competitive Strategy*，The Free Press，1980.

17. John Micklethwait & Adrian Wooldridge，'The Company：A Short History of a Revolutionary Idea，' Modern Library，2003，p. 8.

18. C. K. Prahalad & Gary Hamel，'The Core Competence of the Corporation，' *Harvard Business Review*，May-June，1990，pp. 79-91；Gary Hamel & C. K. Prahalad，*Competing for the Future*，Harvard Business School Press，1994.

19. 在 21 世纪之交继互联网泡沫之后出现的一系列引人注目的公司丑闻使得公司治理（Corporate governance）在企业社会责任领域上升至重要地位，董事会所作出的大部分的立法回应都试图权衡管理层和股东之间的利益。这个问题又回到了负责人（所有者）和代理人（管理层或经理们）的基本冲突上。这个问题一直困扰着依 1982 年英国成立的《公司法》建立的有限责任股份公司（见 John Micklethwait & Adrian Woolridge，'The Company：A Short History of a Revolutionary Idea，' Modern Library，2003，pp. xvi & xviii）。

20. Michael E. Porter，'The Five Competitive Forces That Shape Strategy，' *Harvard Business Review*，January，2008，pp. 79-93；Michael E. Porter，*Competitive Strategy*，The Free Press，1980.

21. Michael E. Porter，*Competitive Advantage*，The Free Press，1985.

22. 'The Centenarians Square Up：IBM v Carnegie Corporation，' *The Economist*，June 11，2011，pp. 64-66.

23. Milton Friedman，*Capitalism and Freedom*，University of Chicago Press，1962，p. 133.

24. 从 1991 年 Tim Berners-Lee 发起到现在，大量的数字信息被上传到因特网上（并且每日持续更新）。将这些信息归档的尝试代表了一个对人文学科的持续挑战。为了这个目的，The Wayback Machine（http：//archive. org/web/web. php）力图复制每一个在网络上出现过的网站。同时，the Open Library（http：//openlibrary. org/）打算为每一本出版过的书建立一个网页。另见：'Lost in cyberspace，' The Economist：The Economist Technology Quarterly，September 1，2012，p. 11.

25. 见 http：//www. williamcfrederick. com/

目 录

第一部分

战略企业社会责任

战略企业社会责任（战略企业社会责任）的第一部分论证了企业社会责任的广度和深度。

第1章和第2章对企业社会责任和相关概念进行了界定，并且概括了这个学科领域是怎样随着时间演进的，为本书奠定了基础。第1章提供了核心定义，对有关企业社会责任的不同论证（伦理的、道德的、理性的、经济的）进行了识别，并且说明了为什么企业社会责任在大大小小的企业中越来越重要。尽管公司是为了实现其所有者的经济利益而存在的，但它们可以通过拓宽它们的视角、避免狭隘地关注短期利益来更有效地实现这一目标。如果公司没有理解其所处的更广泛社会环境的话，它就可能变成剥削的、反社会的和腐败的，从而丧失其合法性以及在中长期追求其所有者利益的能力。

第2章反映了利益相关者视角对战略企业社会责任的重要性。所有的组织就像器官一样，存活或者死亡取决于其怎样与其环境相互作用。相关利益者（包括内部的及外部的）是一个公司环境的关键组成要素。在这一章中，我们更加详细地探索了相关利益者是谁、是什么以及为什么他们的需求是想获得成功的公司最主要的考虑因素。特别地，我们不仅仅关注于定义利益相关者，还建立了一个可以帮助公司在利益争夺中获得优势的模型。本章解释了为什么个人多重利益相关者视角可以使一个公司在现今全球化多变的商业环境中制定最佳的竞争战略。

第3章审视了一些在企业社会责任的辩论中更加具有争议的元素。企业社会责任的期望在不同文化、不同公司、不同产业基础下有所不同。企业对企业社会责任的应用可以是员工自豪感的来源，并留住和激励员工，进而更可能获得外部利益相关者的支持。然而，这一章挑战了企业社会责任单纯是一个企业责任的假设，并且提出利益相关者在处理企业社会责任这个问题上即便没有更大的责任，也负有一定的责任。例如，如果消费者表示愿意为企业社会责任行为额外付费（不是根据调查显示他们认为公司应该更具责任感，而是主要根据价格来进行他们的购买决策），公司会很快地适应。然而，如果消费者不愿意支付额外的费用，本章提出了是否可以由公司承担生产这样的产品所产生的额外负担来符合社会利益最大化。

第4章和第5章通过描绘企业如何将企业社会责任整合进它们的战略计划和日常操作中，总结了第一部分。第4章首先将企业社会责任置于一个战略环境下。对公司使命的追求必须在经济目标和社会可接受的方法之间寻找平衡。也就是说，战略寻求在竞争中的成功，而企业社会责任则是作为一个过滤器来保证利润导向的行动不会伤害利益相关者以及公司长期的生存能力。本章还更详细地从战略角度分析了企业社会责任的五个驱动力。

最后，第5章给出了一个实施企业社会责任的计划，将原则和相关的实践整合贯穿到企业的文化以及日常运作当中。实施的关键是高管对企业社会责任真诚的认同。最终，如果要将企业社会责任作为公司文化的一部分，领导者必须与主要利益相关者（包括内部和外部的）建立一个关于企业社会责任战略的持续的以及可操作的重要性的对话。

第 1 章

什么是企业社会责任

人们建立组织是为了利用集体资源追求共同目标。由于组织追求这些目标，它们与一个叫做社会的大环境中的其他人相互作用。基于组织的目的，组织可以被分类为营利组织、政府和非营利组织。在最低程度，营利组织为其所有者寻求利益；政府为了制定全部组织都必须在其中运作的社会规则和结构而存在；[1]非营利组织（有时被称作 NGO——非政府组织）在政治意愿或利益动机不足以强调社会需求的时候做一些对社会有益的事情。[2]在整个社会中，这些不同组织中的每一个都意味着对资源的有力调动。比如，仅仅在美国，现在就有150 万个以上的非营利组织为了满足未能被政府和私有部门满足的需要而运作。[3]

因此，社会作为这些不同的组织形态的混合而存在。每一种组织都扮演着不同的角色，而每一个又依赖着其他的组织形式来提供一个完整的相互作用的混合（产品和服务，金融和社会资本等）从而形成一个运行良好的社会。例如，无论是被称为企业、公司，还是独资企业，营利组织都与政府、工会、供应商、NGO 以及社区中其他正在运作的群体持续相互作用，无论是正面的还是负面的。因此，这些群体或角色中的任何一个，都可以说是在公司的运作中的利益相关者。一些获益更多，一些更直接涉入其中，还有一些可能被公司的行动所伤害，然而所有这些群体在每天都与公司的行为有着某种联系。

R. 爱德华·弗里曼（Edward Freeman）将这些单独的角色或群体定义为利益相关者。他的定义反映了我们社会中营利行为的广泛性，并且将所有在某些方面与公司目标相关联的人包括在其中：[4]

一个公司的利益相关者

- 一个公司的利益相关者（定义）是任何可以影响公司目标的实现或者被公司目标的实现所影响的群体或个人。[5]

简而言之，一个公司的利益相关者包括在公司运作中有利害关系的个人和群体。然而这样一个宽泛的定义并没有确切的标准。随着商业对社会影响的增加，公司需要强调其需要的相关利益者的范围也在变动——从最开始将企业视作一个由政府授予特许保证社会许可的法律实体，到较狭窄的关注于其所有者（利益相关者）权益，到更大范围的组成（包括雇员和消费者），并且到 20 世纪末又回到了对不同利益相关者有失平衡的关注。然后慢慢地，企业重新采用更宽泛的利益相关者观点，将它们的视角扩展到包括它们运作其中的社区甚至自然环境这样的因素。现今，公司更可能意识到它们与这些群体之间的相互依赖程度，使公司更加难以忽略相关利益者迫切关注的问题。

仅仅由于个人或组织满足"利益成分（interested constituent）"并不能迫使公司（无论是法律上还是逻辑上）顺从于每个相关利益者的需求。然而，被影响的群体如果长时间被忽略，有可能会采取对抗公司的行动，比如产品联合抵制，[6]或者向政府寻求救济。在民主社会，法律（比如反歧视法规）、政府机构的规定（比如国内收入署对非盈利组织的免税规定）和司法解释（比如法庭对高管和董事会成员信托责任[7]所做的规定）提供了一个管制者初步达成共识的商业运行的最基本框架。然而，由于很多事情政府无法预料，立法手续需要花费时间，并且一个普遍共识的形成是缓慢的，规制力量的形成总是落后于对于规制行动的需要。这种情况在十分复杂和迅速变化的领域更为明显，比如生物伦理学和信息技术革命。因此，我们进入了法律制裁与公司领导每天所面对的社会期望之间的这样一个随意决策的区域，也即产生了两个作为企业社会责任研究来源的问题：

- 一个公司和其所处的社会是什么样的关系？
- 一个公司在追求利益时应该对社会负有什么样的责任来实现自我规制？

因此，企业社会责任是关键而又富有争议的。它很重要，因为营利部门是任何自由社会经济的最大且最具创新性的部门。公司以相互受益的方式与社会交织在一起，不断地促进社会进步和富裕。事实上，公司（company）这个词来源于拉丁文 *cum* 和 *panis* 的拼合，其原先的文学解释为"一起切面包（breaking bread together）"[8]。现在，公司的含义变得复杂了许多。公司提供了大部分的就业机会、财富以及创新，使社会变得繁荣。它们是食物、住房、药品、医疗服务和其他生活必需要素的基本交付系统。如果没有现今的企业，就业机会、税收、捐赠和其他支持政府和非营利组织的资源将会减少，并且对社会财富和良好运行产生负面影响。商业是社会的引擎，可以把我们向更好的未来推进。有一个有趣的想法试验：现今，如果你想在职业生涯中为社会做出最大的贡献，你应该进入公共服务部门（政府或非营利）还是应该进入商业领域？50 年前，你很可能会回答"公共服务部门"。但是现在这个答案就不一定了。

然而，企业社会责任依旧十分具有争议。大部分深入思考"商业公司为什么存在？"以及"商业公司在社会中的目的是什么？"这两个问题的人都不能达成共识。公司是否还负有除了提供经济成就之外的义务？尽管现在企业社会责任在企业高管、学者和政府官员心目中的重要性不断上升，还是有很多人同意诺贝尔奖获得者经济学家弗里德曼的观点。他认为企业社会责任使公司高管从经济目标上分神，应该予以反对。弗里德曼坚信"公司的唯一责任就是扩大它的利润"[9]——当公司关注于使自己的经济效益最大化时社会收益最多。然而，还有其他一些公司高管，比如 David Packard（惠普的创始人之一）持有不同的观点：

我认为许多人错误地认为一个公司是为了赚钱而存在的。虽然这是公司存在带来的重要结果，我们还需要更深入地寻求我们存在的理由。当我们研究此问题的时候，我们不可避免地得出了这样的结论：一群人聚集在一起并且作为一个我们称作公司机构而存在，是为了实现一些集体可以办到但个人无法做到的事——他们为社会做出贡献，一种听起来像陈词滥调但却是基本道理的说法。[10]

本书将尝试从这些迥然不同的观点中描述出一种既包含其对公司的战略价值又涉及社会价值的有关公司利益相关者视角的企业社会责任观点。[11]本书的目标是对企业社会责任做出一个全面评价。

1.1 企业社会责任

企业社会责任的整体含义可以从组成它的三个词——企业、社会和责任——分辨出。企业社会责任包含了企业（或其他营利组织）和它他在其中运作的社会二者之间的相互关系。企业社会责任还包含了这段关系中双方的内在责任。企业社会责任在广义范围上定义社会并在很多层面上是为了将所有在组织运行中拥有持续利益的利益相关者和组成群体包含其中。

企业社会责任[12]

● 一个假设公司有责任追求除了利益最大化之外的目标并且公司的利益相关者使公司需要对其行为负责的关于企业及其在社会中角色的观点。

利益相关者群体的范围从很明显被定义其中的消费者、雇员、供应商、债权人和监管当局，到其他较无形的组成成分，比如当地社区甚至自然环境。对公司来说，其必须在这些相对的利益之中折中妥协。在很多非营利组织中存在合法性和问责性的问题，比如表现在声称权威性和要求代表地位上。最终每个公司必须识别出组成它们的运作环境的那些利益相关者并且将其按照战略重要性排序。公司需要将其利益相关者群体所关心的问题放到全局战略当中，不然就会面临更多的社会合法性风险。企业社会责任给公司提供了一个框架，使其可以采纳这些决策并且调整其内部战略计划步骤从而使组织长期的生存活力最大化。

然而，这个框架是很宽泛的，关于责任和义务混合的定义也随着时间不断大幅变动。企业社会责任领域最受尊敬的学者之一阿奇·B. 卡罗尔（Archie B. Carroll）在 1979 年将企业社会责任定义如下：企业的社会责任包括在某一时间点上社会对企业经济的、法律的、伦理的和自发的期望。[13]图 1-1 将卡罗尔的概念模型用图形表示出来。

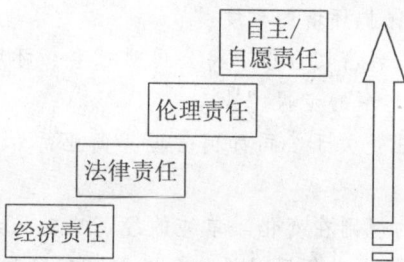

图 1-1　企业社会责任层级

资料来源：Archie B. Carroll, 'The Pyramid of Corporate Social Responsibility: Toward the Moral Management of Organizational Stakeholders,' *Business Horizons*, July-August, 1991, p. 42.

企业社会责任层级

● 阿奇·B. 卡罗尔是最早将不同种类的组织责任分开的学者之一。他将这种区别称作"企业社会责任金字塔（pyramid of corporate social responsibility）"[14]。

● 最基础的，一个企业的经济责任是使其所有者的投资产生合理的回报。

● 然而，法律责任的一个重要组成部分是在一个法治社会追求经济利益。法律责任指在政府和司法设定的法律框架内行动。

● 更深一步，企业有不伤害其利益相关者及其运作环境的伦理责任。

● 最后，企业有自发责任，这种责任代表了更多可以使公司或社会中某一方或者两方受益于前瞻性的、战略性的行为。

● 当一个公司沿着卡罗尔的金字塔攀爬，其责任也就从最基础的变得更加自发和自愿。一个对社会负责的企业会将全部四种责任包含在其文化、价值观和日常运行当中。

然而，这种分类并不是十分严格的。[15]关于这本书的一个核心争论之一是在卡罗尔的模型中什么是伦理的，什么是自发的。由于企业运作的环境不断变化，这个争论现今越来

6　　　　　战略企业社会责任

越重要了。同样，伦理责任在作为商业成功基础方面与经济和法律责任更趋向于平等。为了在当今全球化并且多变的背景下实现其对所有者最基础的经济义务，一个公司必须将更宽泛的利益相关者视角融入其战略当中。当社会对公司的期望上升，利益相关者对企业社会责任失效的惩罚将会变得更高。

因此，定义可能也确实在不断进化。在企业社会责任方面，在从许多已经出版的不同定义中识别出来的至少五个企业社会责任维度上，差异似乎是巨大的。这五个维度分别是：环境的、社会的、经济的、利益相关者和自发性。[16]当然，这种变化不仅体现在一个国家（地区）的不同时期中，也体现在不同国家（地区）和文化之间。

不同文化中的企业社会责任定义

- 中国香港："企业在利益之外寻求它们在社会中的角色的观念统称为企业社会责任（CSR）……它是指一个企业将其自身与伦理价值、透明度、雇员关系、遵守法律要求、对其运作之中的社区的整体尊重相联系。然而，由于企业社会责任是驱动器，也是战略决策制定、合作者选择、雇佣实践和最终影响品牌发展的企业哲学，它将不仅仅是偶尔的社区服务行动。"[17]
- 英国："企业社会责任是关于公司及其他组织在法律义务之外管理其对环境和社会的影响。尤其是可能包括组织与其员工、供应商、顾客和其运作之中的社区相互作用，也包括它们试图保护环境的程度。"[18]
- 欧盟："与其利益相关者密切合作，将公司对社会、环境和人权的关注整合进公司的商业运作和核心战略中的步骤。"[19]
- 美国："企业社会责任是关于公司如何管理其商业行为以期总体上对社会产生积极影响。"[20]
- 加拿大："现代商业的规则在变化。单纯的经济成功已经不够了。公司必须依旧保持经济成功，但是它们也必须用对社会负责并且其行为尊重自然环境的方式来达到经济成功……传统的关于公司的逻辑以及长期存在、竞争的框架和模型都在不断被挑战。人们不断意识到我们的企业实践必须是可以持续的并且我们的公司必须是良好的企业公民。"[21]
- 美国："企业社会责任（CSR）可以被理解为一个管理观念和一个将对社会和环境的关注整合到商业运作中的过程以及一个公司与其全部利益相关者相互作用。"[22]

因此，CSR 是一个变化的概念。十分重要的是，它既是一个途径又是一个结果。它是一个公司战略的整体要素——公司将其产品和服务传递到市场的方法（途径）。它还是通过将利益相关者放在显著位置来在一个更大社会环境中获取其行为合法性的方法（结果）。最终，一个公司成功与否直接与其将对利益相关者的关注整合到其商业模型中的能力有关。企业社会责任提供了一个通过评估企业、利益相关者群体、经济系统和企业运作其中的社区之间的相互关系的方法来将对利益相关者的关注整合到公司商业模型中。在1974 年彼得·德鲁克就阐述了没有有效管理这些相互关系的风险：

商业企业是一个社会和经济的产物，社会或者经济可以在一夜之间使任何一个公司不复存在……企业只有在社会和经济条件认为它的存在有必要、有用并且多产时才会容忍企业的存在。[23]

如此，企业社会责任有各种各样的问题，这些问题的重要性在不同公司不同时期都不一样。近来，比如伦理和企业治理越来越被社会关注。其产生的原因是由于缺乏广阔视野和经营决策制定错误而导致的 21 世纪第一个 10 年披露的会计丑闻以及随之而来的金融危机。企业对这个关注点的反应可以明显地由伦理和合规监管理人员协会（Ethics and Compliance Officers Association, ECOA）的快速兴起看出。图 1-2 显示了自 1992 年建立以来，ECOA 已经发展了 1 300 多个成员（http：//www. theecoa. org/）。[24]此外，ECOA 估计现今大约 60% 的《财富》500 强公司设有道德和合规监管人员职位（还有另外 30% 的公司设有合规监管人员），而这些变化大都发生在上一个 10 年中。

因此企业社会责任是讨论企业对其周围社会义务的一个媒介，一个发展实现这种义务途径的方式以及一个共同利益可被识别的工具。简单地说，企业社会责任强调了一个公司和其利益相关者的关系并且认定这种关系对公司的成功是至关重要的。特别地，它认为：

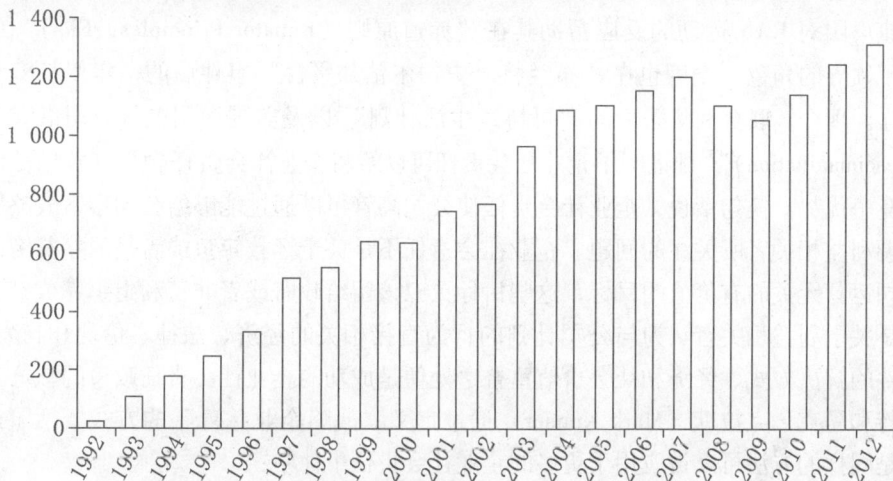

图 1-2　ECOA 成员的经济增长（1992—2012 年）

只有在立足于社区的情况下市场才能良好地运行；责任和企业并不是与市场经济对立的，而是市场经济的基础；创新的驱动力是多元主义和实验，并不是贪婪和垄断；企业只有从它们对其运作之中的社会所做出的贡献中才能获取到其合法性。[25]

因此，企业社会责任包含了影响公司经济绩效的经济、法律、伦理和自发行动。一个公司最基本的、明显的责任是遵守与其日常运作相关的法律法规要求。违反这些规程就是违反法律，这并不是社会责任行为的组成。显然，遵守法律是任何伦理组织重要的组成部分。但是，遵守法律仅仅是企业社会责任的最低标准。[26]战略企业社会责任更多地关注没有被那么精确定义也没有明确的社会共识的伦理和自发问题，这些问题是公司必须采纳的，而不是局限于关注一个公司的法律和规则义务层面。公司通过全面接受企业社会责任并且将其融入公司的战略计划过程中来达到这一目的（在最大化潜在利润的同时减少竞争风险）。

1.2　战略和企业社会责任

"战略"努力为公司提供保持竞争优势的资源。然而，要使任何战略优势可以维持，战略就必须在公司运营其中的大环境中能够被接受。因此，企业社会责任是企业战略的重要元素。用《经济学人》中的话说，企业社会责任仅仅是个好的商业行为（just good business）。[27]企业社会责任实施的效率，甚至在某些情况下完全被忽略，这都可能会损害一个公司在其所在的产业中拥有的竞争优势。比如，在 20 世纪初，标准石油公司通过压榨行业供应商的方式不公平地对待其竞争对手，其结果是导致了一场 1911 年美国最高法院案（221 U.S. 1, 1911），判该公司违反了《谢尔曼反垄断法》，致使标准石油公司解体成为几个独立的公司。[28] 现在，行动主义组织，比如绿色和平组织和雨林行动网络（Rainforest Action Network, RAN），以其认为对社会不负责的企业行为为目标。这些抗议和联合抵制能够导致企业政策的剧烈变动，对品牌造成损害，比如壳牌的变化当然与布兰特·史帕尔（Brent Spar）钻井平台的破裂有关，[29] 或者说花旗集团在向外借贷时将大范围的环境度量纳入其评价标准之中。

　　然而，就像布兰特·史帕尔钻井平台这些例子所证明的，企业社会责任不仅仅是关于避免对品牌的潜在威胁，采取企业社会责任的公司还有其他巨大的潜力。[30] 比如，在某种程度上，花旗集团对 RAN 运动的反应帮助其在"赤道原则（Equator Principles, EPs）"的产生中扮演了领导的角色。[31] 壳牌也在"布兰特·史帕尔钻井平台"事件后的一年使其商业模式重新振作。现今，联合利华采用的"可持续生活计划"[32]以及美国通用电气公司恪守"生态想象（ecoimagination）"[33]都证明了企业社会责任可以给将企业社会责任融入其营销战略的公司带来竞争优势。换句话说，企业社会责任使公司高管可以通过能够给公司带来战略收益的方式强调利益相关者所关注的问题。企业社会责任不是关于拯救鲸鱼或者是消除贫穷或者其他与公司运营无关的有价值的目标，这些目标更应该留给政府或者非营利组织完成。企业社会责任是关于利益相关者认为与公司计划的行为直接相关的经济、法律、伦理和自发事件。这些事件的解决方式、经济和社会价值重叠之处便是成功的企业社会责任政策的核心。迈克尔·波特和马克·克拉默（Mark Kramer）通过定义"战略企业慈善"的方式概括了这种方法，但是同样的方法可以被应用于更多的企业社会责任事件中：

　　　　对好的公司慈善的严峻考验是公司所希望的社会转变对公司的益处是否大到即使从来没有人知道它（公司）也会去追求这一转变。[34]

　　然而，在这些被期望的产出之外，便是用来实现这些转变的方法。结果（利润最大化和股价上升）通常会用来评价过程（公司忽略对广大利益相关者义务的运作方式）。一个寻求使用能够给公司带来战略利益的企业社会责任政策的公司会同时关注经济收益率（结果），同时更重要的是关注实现这些利润的途径。这些途径和结果的联系方式，即公司的运营过程，是战略企业社会责任以及社会责任其他部分的核心。

　　这些区别在讨论像伦理这样关于不同利益相关者诚实、有判断力、正直对待事件的时候变得明显起来。符合伦理的行为是战略企业社会责任的一个前提假设，这一点是没有任何争议的。然而，除了作为被影响的一个成分或是由于企业行为被社会定义为不合伦理而损伤企业合法性以及盈利潜力之外，伦理并不是战略企业社会责任的核心关注点。同样，其他的一些重要的社会事项也在战略企业社会责任关注点之外存在。这些关注点包括国内和国际收入不平等、性别问题、歧视、人权、精神和工作场所的宗教信仰、技术对土著居民的影响以及其他影响社会良好运行的事项。然而，除非公司的运营在这些领域直接影响了利益相关者，对这些话题的研究最好被归入伦理、公共政策、社会学或者发展经济学领域。这些负责并且对社会很重要的话题更适合在这些领域中探讨并且可以在这些领域中被更加深入地研究。

1.3　对企业社会责任的评估

企业对社会责任的呼吁并不是一个新的观念了。古代中国、埃及和苏美尔人的作品都描绘了为了促进贸易和保证广大的公共利益被考虑的贸易规则。从那时起，对商业和社会之间相互影响的关注就与企业行动成比例增加：

对东印度公司过分行为的关注在 17 世纪就被普遍地表达。慈善资本主义在英国已经有超过 150 年的传统。贵格会信徒（基督教教派），比如巴克莱银行和吉百利，以及恩格斯和莫里斯，用负担社会责任以及以价值观为基础的商业进行实验。维多利亚女王时代的慈善行为体现为对古老的市中心的很大一部分城市地貌的维护负责。[35]

社会行动主义试图影响组织行为的证据还可以回溯到几个世纪以前，反映了在以市场为基础的社会驱动力建立过程中公司立法及商业的发展：

第一场大规模的消费者联合抵制——17 世纪 90 年代英国对奴隶提供种植的糖的抵制。[36]

可以明确的是，这些早期消费者主导的抗议的实效性，最开始被认为是公共意识的崛起，但是很快就被认为是现实的立法改变：

在短短几年之间，30 万以上的英国人开始联合抵制糖——这种英国西部印第安奴隶种植园的主要产品。近 40 万人签署了请愿书希望议会要求奴隶贸易停止……1792 年，英国下议院成为世界上第一个投票禁止奴隶贸易的国家立法机关。[37]

尽管富有的实业家长期以来一直寻求他们公司的商业行为和个人及企业慈善之间的平衡，以作为对社会行动主义或其他要求的回应。最终当领导者将他们的角色视为资源（被利益相关者、更广泛的社会、环境所拥有）的管理者时，企业社会责任是最强有力的。已故的 Interface Carpets[38] 的创立者兼主席雷·C. 安德森（Ray Anderson）的话十分有教育意义：

有没有一种产品能够经久不衰……在这场旅行的早期，有一天我开始明白我运行 Interface 的方式是一种抢夺，抢夺一些不属于我的东西；一些属于这个地球上所有生物的东西。我对我自己说，我的老天，总有一天这种行为会是不合法的，当抢夺不再被允许……像我这样的人最终将会被关进监狱。世界上最大的公共机构，最富有、最有力、最普遍、最有影响力的机构是商业和产业的机构——公司，而公司当下却是一种破坏的工具。这必须被改变。[39]

像安德森[40]一样的领导者面对着一种平衡的做法。这种做法强调在雇用他们的所有者（利益相关者）、使他们的公司可能繁荣的社会以及给他们提供生产有价值产品和服务的原料的环境这三者之间达成适当的平衡。当社会的特定元素认为领导者及其公司没有能够满足社会的需要，行动主义就产生了。这在 18 世纪的英国和今天都是一样的。

如今，关于社会对于组织的企业社会责任缺乏所作出的行动主义反应的例子在晨报、电视新闻里都有，并且通过社会媒体、博客以及网站在线上传播。无论这样的反应是抗议者占领华尔街和世界上的大城市通过非暴力反抗来强调被全球金融扭曲的价值观，还是消费者对危害健康的产品的联合抵制，或是 NGO 主导的根除发展中国家与服装品牌签订的血汗工厂的运动，企业社会责任近年来都越来越成为在企业会议室、商学院教室、网络以及家庭客厅讨论的相关话题。企业社会责任是一个从工业社会开端就开始逐步形成并且至今仍在不断演变的话题。图 1-3 介绍了定义企业社会责任的历史及演进的一些关键事件。

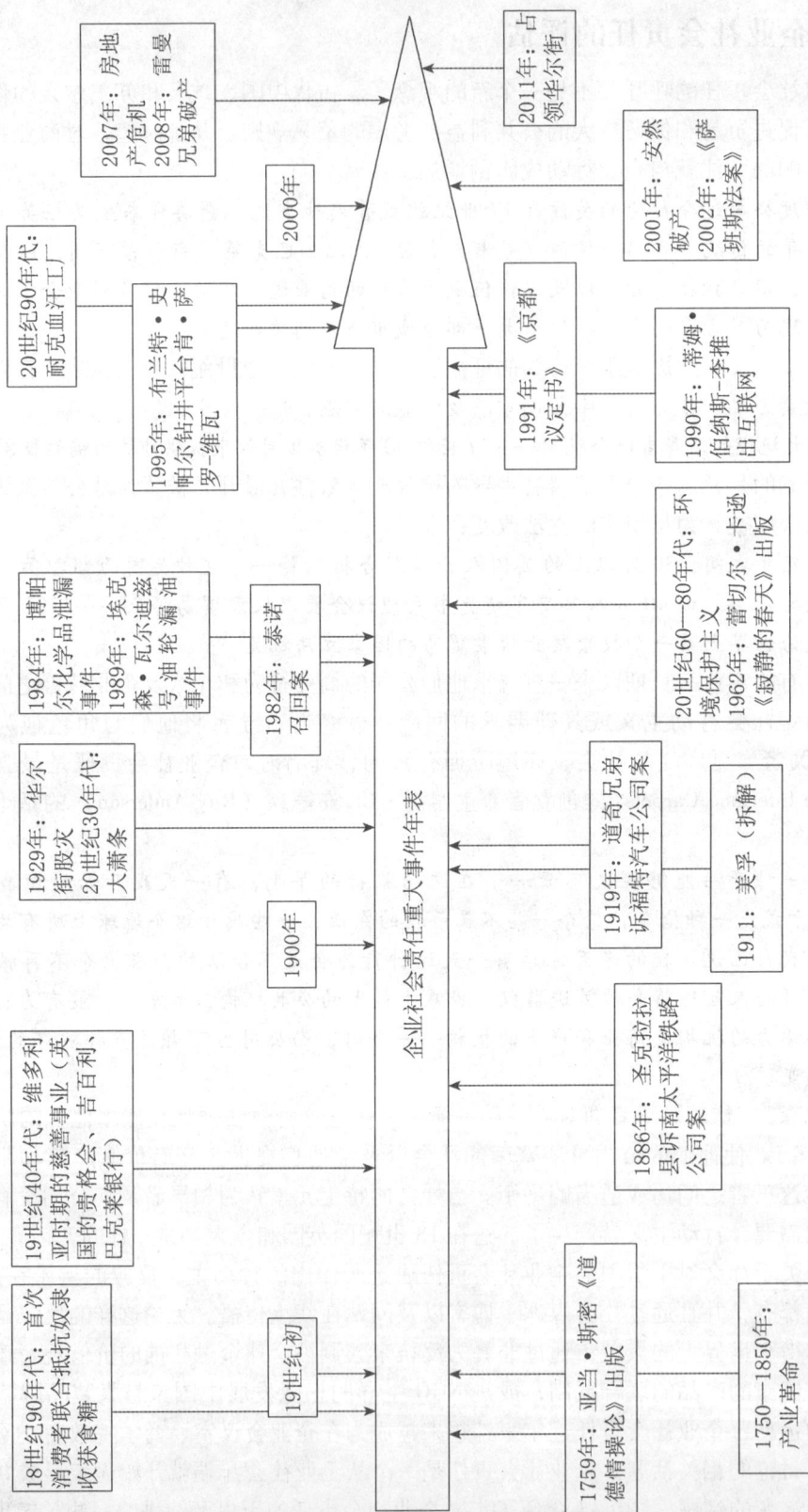

企业社会责任重大事件年表

- 2007年：房地产危机　2008年：雷曼兄弟破产
- 2011年：占领华尔街
- 20世纪90年代：耐克血汗工厂
- 1995年：布兰特·史帕尔钻井平台·萨罗-维瓦
- 2000年
- 2001年：安然破产　2002年：《萨班斯法案》
- 《京都议定书》1991年
- 1990年：蒂姆·伯纳斯-李推出互联网
- 1984年：博帕尔化学品泄漏事件　1989年：埃克森·瓦尔迪兹号油轮漏油事件
- 1982年：泰诺召回案
- 20世纪60—80年代：环保护主义　1962年：蕾切尔·卡逊《寂静的春天》出版
- 1929年：华尔街股灾　20世纪30年代：大萧条
- 1919年：道奇兄弟诉福特汽车公司案
- 1911：美孚（拆解）
- 1900年
- 19世纪40年代：维多利亚时期的慈善事业（英国的贵格会、吉百利、巴克莱银行）
- 1886年：圣克拉拉县诉南太平洋铁路公司案
- 18世纪90年代：首次消费者联合抵抗奴隶收获食糖
- 19世纪初
- 1759年：亚当·斯密《道德情操论》出版
- 1750—1850年：产业革命

图1-3　企业社会责任的历史和演变

除了摧毁公司销售和形象的公关惨败之外，在一个喜好诉讼的社会，企业社会责任失败的直接经济影响远远不止如此。普遍而言，之前被认为是自发或者是伦理关怀的长期产业实践，在带有侵略性质的法律起诉或者新社会行动下可以被认为是不合法或者不被社会所接受的。这种违例行为在强烈认同企业社会责任的公司中是不太可能出现的（图1-3）。例如，首先被《华尔街日报》[41]大量刊载的，过去广泛应用的公司员工认股权的重新运用，暗示着假设过去被接受的商业实践现在也会被其他人接受是存在风险的。现今企业是在一种被称作社会责任的千变万化的背景下运行的。

换句话说，企业社会责任不是一个停滞不前的概念。它是随着文化期望的变化不断演进的，是动态的。同时，这些千变万化的标准和期望构成了企业决策制定者面对的复杂环境。更糟糕的是，这些标准在不同社会中也有所不同；甚至是在同一社会的不同文化中都有所不同。还要糟糕的是，这些标准是随着时间不断演进的。面对这样一种不断演进标准构成的千变万化的背景，公司高管在实施决策时必须考虑各种各样的因素。

例如，在美国早期历史上，《境外侵权索赔法（the Alien Tort Claims Act）》最初是为了向欧洲保证刚发展起来的美国不会有海盗和刺杀行为。它允许外国人因违反国际法向美国法庭提起诉讼。[42]今天，这本1789年的法律被用来试图使美国公司及其合伙人（无论是其他公司或政府）对其海外行为负责。因此，在一个国家合法甚至被鼓励的行为可能会给另一个国家带来法律方面的影响。这并不是个例。像花旗银行、可口可乐、盖普、IBM、美国服饰百货公司、李维·史特劳斯、有限品牌、辉瑞、壳牌、德士古（美国石油公司）和优尼科（美国石油公司）这样的公司都面临着根据这些法律提起的诉讼。这类诉讼的规模可能会扩展到数百个其他国家的或者跨国公司。[43]优尼科公司关于此类诉讼的案件在美国法庭上最多。公司宣称，在2004年12月，在知道被起诉的前一夜，它们做了一个匿名的统计：

> 诉讼由15个缅甸乡村居民提起……他们说在20世纪90年代公司"无视"由士兵犯下的暴行，这些士兵是为了保卫公司及其合作者建立的输气管道……一份双方的联合声明指出，优尼科将支付原告数目不确定的金额以及投资项目来提高管道周围居民的生活条件。[44]

2008年，在依据《境外侵权索赔法》被审判的第一个案子中，德士古摆脱了在1998年射杀两名抗议该公司的一个石油平台的尼日利亚村民的责任。这两名村民是被公司叫来解决当时情况的警察及安全官员杀死的。然而，十分重要的是，德士古的案件为将来起诉在国外运营公司提供了先例：

> 尽管是这样的结果……这个审判依然对于人权社会是一个胜利，因为律师成功地根据《境外侵权索赔法》提起了诉讼并且得到了法庭的审判。[45]

2012年，壳牌在最高法院表态之前就发现尼日利亚的奥格尼人有权根据《境外侵权索赔法》向其提起诉讼。因尼日利亚政府为了保护壳牌在尼日利亚的运营，与壳牌公司共谋侵犯人权，所以奥格尼人指控壳牌公司：

> 联邦政府和法官在其他两个联邦上诉法院……都拒绝认为这个企业可以免除《境外侵权索赔法》所规定的责任。[46]

无独有偶，耐克对其利益相关者关于其在亚洲地区血汗工厂的指责做出反应，要求其供应商给员工提供与发达国家消费者期望所匹配的工资及工作条件——如果消费者认为耐克公司有不公平或不负责任的行为，便可以联合抵制耐克的产品。现今，苹果在与其中国台湾的供应商——富士康之间富有争议的关系上也受到了类似的批评。媒体和 NGO 活动者更多地指责工厂对发展中国家工人与美国和欧盟相比受到更差的待遇。当企业缺乏社会责任的时候，这将损害经济成果，并带来越来越复杂和危险的局面。

然而，另一方面，对经济成果的追求是绝对必要的。企业社会责任并不是（为了社会的利益）要废除营利组织必须运营其中的经济法则。下面莫尔登工厂（Malden Mills）的例子证明了无论一个公司在经济上如何可行，即使是最好的计划都不能使所有利益相关者实现其目标和最大化的社会价值。

莫尔登工厂[47]

- Aaron Feuerstein，莫尔登工厂（1906 年建立，家庭所有）的 CEO，是一个很好的雇主：

- 他是一个工会化但是没有罢工的工厂 CEO，他是一个将他的工人看做是他的公司成功的关键的老板。[48]

- 然而，1995 年，一场大火毁坏了他在马萨诸塞州劳伦斯的一个主要的纺织工厂。劳伦斯是在国家北边一个经济落后的地区。[49]

- 当保险赔付的 3 亿美元在手的时候，Feuerstein 可以选择将工厂转移到一个工资标准低一些的国家，或者退休。然而，他仍然在劳伦斯重建了工厂并且在工厂建设期间也付给雇员工资。

- 他因在公司重建时依然付给工人工资而被媒体所追捧……全国上下对 Feuerstein 行为的关注除了给他带来了商业伦理专家的赞誉之外，还使他的产品——对抓绒面料这种轻质羊毛产品需求量的增加。[50]

- 除了全部工资外，Feuerstein 还持续支付其雇员全部的医疗福利并且保证在工厂恢复生产的时候有他们的职位。

- 在劳伦斯重建工厂要花费 3 亿美元，在此期间支付 1 400 名失业工人全部工资长达 3 个月时间将会花费额外的 2 000 万美元。"我对工人负有责任，不管是蓝领工人还是白领工人，"Feuerstein 后来说，"我对社区有着同等的责任。（在圣诞的两周前）将 3 000 人抛弃在大街上并且给劳伦斯和梅休因带来致命打击是昧良心的。也许（现在）在报纸上我们的公司对于华尔街来说价值变低了，但是我可以告诉你们它（实际上）价值更高了。"[51]

- 但是 Feuerstein 的行动带来的对抓绒服饰需求的增加（http：//www.polartec.com）并没有产生足够的利润来抵消掉等待工厂重建期间的欠款：1 亿美元。[52]这种情况是市场不景气以及更加廉价的羊毛替代品席卷市场带来的。莫尔登工厂在 2001 年 12 月申请了破产保护。[53]

因此，利润是必要的，但是却不足以用来全面评价企业及其附加价值。仅仅因为可以赚更多的钱，并不意味着需要赚更多的钱。企业社会责任是一个公司商业决策需要经过的价值过滤网。企业社会责任是公司运营和战略视角的一个重要组成部分。然而，只有企业社会责任是不够的。它当然不能替代对有效的商业模式的需求，并且也不存在这样的公司，不管出于什么动机花一些不明确的钱。

应该怎么做取决于特定公司或者产业的许多相关因素，但也取决于公司所基于的社会以及决策的时间。比如，制造业设在海外低价的环境中依然是明智的战略决定，尤其是在全球化不断加深的商业世界。它是战略性的，因为它能够给一些公司带来竞争优势，比如苹果的升值。[54] 当其他一些公司比如 Master Lock[55] 和 Zara[56] 由于中国成本的上升以及更短、更快反应的供应链的优势而发现了在国内生产的战略价值：

> 曾经为了获取廉价劳动力，人们将工厂搬到低工资国家。但是劳动力成本正在变得越来越不重要：一个价值 499 美元的第一代 iPad 仅仅包含 33 美元的制造人工成本，这在中国总装成本仅需 8 美元。境外生产不断撤回到富裕的国家不是因为中国工资的上涨，而是因为公司现今想离消费者更近，以便可以更快地根据消费者的需要作出转变。并且有些产品十分精细复杂，最好能让它们的设计者和生产者在同一个地方。波士顿咨询集团估计在运输业、计算机、金属制品制造以及机械制造业这些行业中，现在美国从中国进口的 10% ~30% 的产品在 2020 年前可以在国内生产，这样美国每年将增加 200 亿 ~500 亿美元的产量。[57]

由于这些决定所带来的经济和社会影响，战略以及企业社会责任都必须被考虑在内。就像《经济学人》所提及的，虽然这些知识参数是令人信服的，但在实际实施中还有许多待改进的空间：

> 企业社会责任曾经是不切实际改良主义的客串表演，现在成了主流。但是现在极少有公司能把它做好。[58]

当社会重新考虑社会需求和经济进步之间的平衡时，企业社会责任的重要性和复杂性都会持续演进。并且，尽管这样的复杂性搅浑了制造财富的水平，对这种期望的意识将会给把它做得好的公司带来提升竞争优势的潜力。上面的例子也说明了文化背景对企业社会责任的理解和评价也至关重要。

1.4   文化和环境

就像已经讨论过的，公司是在社会大环境下运营的。其带来的相互作用要求公司采取企业社会责任视角以帮助公司获得其社会合法性。但是，社会是不同的，因此它们所认为可以接受的行为也是不同的。尽管从人类学和社会学到历史的和人口统计学都有很多不同，两个维度一直影响着企业社会责任的可见度：民主和经济。

不同社会定义商业和社会关系的方式不同。独特的期待来源于许多因素，富有的社会拥有更多的资源并且可能会有一些更高的期望，这些期望都来源于财富带来的更多选择。这个推理很简单：在贫穷的民主国家，一般社会福祉关注于生命的需求——食物、住所、交通、教育、医疗、社会秩序、工作以及类似的事情。政府或者自己附加的企业社会责任限制带来了贫穷社会无法负担的成本。然而当社会进步了，期望就变化了，一般社会福祉也就被重新定义了。这种发展的进步在马斯洛的需求层级论中被反映出来：

> 在最底层是我们生存所需求的东西——氧气、食物和水。最底层之上是安全的需要。一旦我们拥有了这些，我们就会需要爱、感情和归属感。在这之后，我们可能会追求尊严。在这些层级最顶端的是自我实现，或者说自我愿望的达成。[59]

社会期望的持续进化也带来了对其所作出反应的被接受程度的变化，就像这个智利空气污染和公共交通的例子所说明的：

智利圣地亚哥

● 在 20 世纪 80 年代，空气污染在智利圣地亚哥的城区是一个非常严重的问题，就像在加利福尼亚的洛杉矶一样。然而，这个问题在其与经济发展程度的关系上却在这两个污染聚集地被用不同的方式强调。在 20 世纪 80 年代期间，在洛杉矶盆地施行了严厉的法律。同一时间在智利，需求（包括廉价的交通）因为大范围的贫穷而有更高的重要性。然而，在十多年强劲的经济增长之后，智利人最终通过民主程序对进入圣地亚哥的车辆进行了限制并且提出了更加严格的污染标准。这种优先级的转变反映了社会需求和期望的变化，以及能够负担新规则和法律行为的财富增长。

富有和贫穷社会不同的期望涉及哪个需求更优先的问题。比如交通的需求，当一个社会变得更富有的时候会变成不会引起污染的交通方式的需求。尽管贫穷的社会对洁净空气的需求与其他人一样，但还有其他更重要的与之相抗衡的需求——其中之一是对廉价交通方式的需求。当社会经济繁荣时，新的期望推动生产者制造污染更小的车辆，这是一种重点的转变。随着时间的推移，这种期望可能会从自发的变成被强制（法律）的要求。对 20 世纪 80 年代的交通运输所体现的规则也适用于现今巴西圣保罗的回收利用之类的事情[60]，并且也适用于南美洲普遍的社会和政治发展：

当拉丁美洲人变得不那么贫穷时，他们想要更好的公共服务。拉丁美洲人对他们的民主、他们的体制及他们的政府会要求更多，他们几乎与担心经济问题一样担心犯罪，并且他们当中很少有人认为他们的国家正在进步。[61]

对于任何组织（营利的、非营利的或者政府的）来说，这样的讨论强化了一个观点：预测、反应并且努力满足其利益相关者不断变化的需求都是对它们保持成功最有利的。对于营利公司来说，它们最基本的利益相关者群体是它们的股东、顾客和雇员。如果没有这些人的支持，公司会失败。然而其他组成部分，从供应商到当地社区也十分重要。因此，如果一个公司想长期保持活力，就需要满足这些组成成分中最基本的群体。当不同利益相关者的期望有冲突的时候，企业社会责任就进入了一个灰色地带，管理人员需要平衡这些互相冲突的利益。由不同期待而产生的冲突的一个重要作用是可以帮助我们找到实施企业社会责任的不同方法。

1.5　企业社会责任的基础

当满足利益相关者的需求变成保持社会合法性（经济可行性）的关键时，企业社会责任代表了支持公司经济利益的一个理由。然而，关于企业社会责任社区的很多争论（和指责）都来自于一些从不同角度看同一问题的善意群体，他们常常打破哲学和思想路线。理解这些不同的视角也是理解企业社会责任深度和广度的一个重要方面。把对伦理、道德、理性和经济的强调引入企业社会责任也随之而来。

1.5.1　企业社会责任的一个伦理观点[62]

促进一个强调其对公司战略价值的企业社会责任的视角与其他关于企业社会责任讨论的区别在于许多其他关于企业社会责任的讨论都忽略了伦理和道德基础。制作企业社会责任的商业案例的好处是面对那些对扩大公司责任持怀疑态度的人时更有说服力并且能使企业社会责任更可能被实施。换句话说，商业案例只是权宜之计——它提供了更大的潜在收益，因为它会向最多的观众发出呼吁。然而，我们认识到，对企业社会责任的伦理和道德基础不予重视，就是忽略了许多人认为的对于完整理解企业社会责任十分重要的哲学基础。

　　植根于伦理学的核心问题是伦理价值是绝对的还是主观的，一个关于企业社会责任的伦理观点认为，伦理价值是主观的（也就是在不同文化中始终如一并且适用于全人类的不可剥夺的权利）而不是一个相对的（也就是对于不同个人不同文化是不同的）。绝对价值是容易被定义的，就像存在一个可以用来评估行为的标准一样。

　　尽管很多关于企业社会责任的讨论都假设其中有伦理成分，但是伦理和企业社会责任的准确关系却常常未被详细说明。同样，当已故的 Rushworth Kidder 问道"一个对社会负责的公司有没有可能是不符合伦理的"[63]的时候，他的答案是有可能。在阐释这一答案的时候，他说明了伦理与企业社会责任广泛概念之间关系的重要性。

- 企业社会责任时事通讯：企业社会责任与伦理
- 在新闻伦理（Ethics Newsline）的一篇文章中[64]，Rushworth Kidder 将对社会负责的公司和符合伦理的公司做出了有指导性的划分。Kidder 并不是客观的（他在为全球伦理研究所写作），但是这并不能损伤这一对话的价值。简而言之，Kidder 将企业社会责任概念化为广阔的伦理观念的子集：
- 责任……是世界上定义伦理概念的五个独特的核心价值观之一。作为一个伦理的必要不充分条件，它需要被其他四个价值观具体化：诚实、尊敬、公平和同情。伦理要求有五个价值观。因而，一个人或者企业可以有强烈的责任感但是没有必要的诚实吗？是的。相反的情况也可能出现，一个诚实的人可能被证明是不负责任的。这是两个完全不同的概念。
- 部分的，多件事情同时出现的这一特性反映出了现代公司的复杂性。没有公司是绝对好的或者坏的，并且任何其他衡量企业社会责任的方法都是不充分的。然而这是 Kidder 具有建设性的、更宽泛的观点。Kidder 暗中将关注点放在了被企业认为是企业社会责任工作的表面性质上，但是他也对企业社会责任社区完成这一工作的能力提出了质疑。这也解释了为什么安然公司和英国石油公司可以先被企业社会责任社区作为"最佳实践"组织的范例，之后又被曝光实际上是不合伦理（无企业社会责任）的公司。无论何时当一个第三方想要评价一个公司时，他们都可能会在某种程度上被迷惑或者扭曲：
- 诚然企业责任会吸引消费者；诚然这是好的交易；诚然这必须是完全符合伦理的。它们必须不仅仅是做对的事情（企业责任）而且需要把事情做对（符合伦理）。消费者越来越同时要求这两者，寻找聪明的有社会责任的企业来快速地将两者联系起来并且结合两者。
- 漂绿是一个太容易被扔得到处都是的标签，但是它提到了企业社会责任里的一个核心问题——利益相关者用可以在组织之间比较的方式定义和衡量我们认为是负责任行为的能力。这个答案很容易被概念化但是很难被实施。首先，我们需要寻找方法来准确地评估出那些真诚地用企业社会责任来指导商业的公司与那些仅仅是用企业社会责任来销售更多产品的公司性质上的不同。之后，我们需要教育公司的利益相关者，这些公司在对社会做出最有建设性的贡献所带来的对公司的回报之不同。两步对于保证充分的、有意义的改变都至关重要。

概括地说，支持企业社会责任的一个伦理理由可以依据两个哲学方法中的一个，即绝对推理和分类推理。[65]结果论（或目的论）将伦理性置于行动的产出之上。思想的主流与功利主义紧密相连，这是18世纪英国的政治哲学家所大力提倡的。"当一个行动促进了社会利益或者一个行动相比其他替代选择而言可以产出最大的社会净效益（或最小的净成本），那么这个行动依据结果论来看就是合乎伦理的。"[66]

与此相反，绝对法（或义务论）的道德推理"被定义为：是反映了对一个人责任或者义务考虑的行动具体化。"[67]同样，绝对推理代表的更多的是过程导向，而不是结果推理关注的结果导向。这个观点在康德的绝对命令（伦理学原则）中被最近似地描绘出来，但是还包含了一些诸如宗教教义和核心价值观比如信赖、诚实、忠诚、责任和公民意识（也就是表现出对大众福利负责的意识）这样的指导原则。

企业社会责任的一个伦理观点

- 企业社会责任是一个有两种伦理推理形式的观点——结果主义（功利主义）或绝对主义（康德学派）。结果主义的伦理推理用其产生的结果（对最多人最好的结果）来判断行为，而绝对的伦理推理用执行行为的原则（核心伦理原则的实施，无论结果如何）来评价行为。这两种哲学方法通过公司的行为准则或道德被编入组织并指导实践和政策。

在实践应用中，这两种哲学观点在社会规范中得以实现——"那些标准……已经被组织、行业、专家和社会作为企业的正常运行所必需而接受的标准"，并且已经用企业行为准则和道德的形式融入组织，后来作为评判"一个公司的行为在传统标准下是否符合伦理"的参照标准。[68]

尽管伦理准则不总是被编入教条或法律，但在伦理准则上建立的文化遗产也带来了对社会正义、人权和环境管理定义的提升，对这些的违反将被认为是在伦理上错误的或者对社会不负责的。这个逻辑是建立在对公司社会期望上的"社会契约"的基础上的，因为顺应期望与社会对于运行的许可直接相关。挑战这样的隐性伦理边界会使得合法性丧失，从而威胁到组织的长期生存能力。

1.5.2 企业社会责任的一个道德观点

尽管认识到利润是任何一个企业生存所必需的，营利组织只有在其所运营的环境中才能获取那些利润。企业社会责任在营利组织和社会之间这种相互作用、相互依赖的关系中产生。它被个人和社会的道德标准所塑造，而这些道德标准是用来定义当代人权和社会正义的。

因此，那么公司在多大程度上有义务使公司持续成功运行，回报社会所给予的好处呢？企业应该面临着什么样的道德责任呢？以及企业产生的利润、提供的职位、交付的税费在多大程度上已经履行了那些义务呢？作为一项学术研究，企业社会责任是一个回答这些问题的有组织的方法。作为一个应用学科，企业社会责任是其在多大程度上需要按照社会期望履行其义务。

企业社会责任的一个道德观点

- 企业社会责任是反映一个公司和公司运营其中的大社会所期望的原则相互之间关系的道德理性。它假设了企业能够认识到营利实体并不是在真空中存在的，并且其成果当中的很大一部分来自于与社会价值观和规范相一致的行为的部分与来自于公司内在因素的部分是一样多的。

查尔斯·汉迪（Charles Handy）提炼了一个有说服力的观点。他认为，企业除了利润最大化和在其他利益相关者之上满足股东这两个目标之外，还有道德义务去关注其他的事项：

> 一个公司的目的……不是盈利就可以了。而是去营利以便企业可以做一些更好的事情。这些事成为评价企业的真正标准……它是一个道德问题。闭关自守的方式是错误的，这被 Saint Augustine 称作是最大的罪恶之一……去问任何一个组织"如果这个组织不存在，那么我们会创造这样一个组织吗？""是不是只有它可以比其他组织做一些更好、更有用的事情"这样的问题都将是有益的，如果必须回答的话，利润可能都是通向最终答案的途径。[69]

彼得·德鲁克也被认为表达过类似的观点，他认为在单纯的追求利润中没有道德正义：

> 利润对于公司而言就像氧气对于人。如果你拥有的不够多，那么你就出局了。但是如果你认为你的生命就是为了呼吸的话，那么你真的错过了些什么。[70]

在某个层面上，企业社会责任的道德观点反映了一种基于公司价值和社会价值之间相纠缠的"给"和"拿"的方法。社会使企业的存在成为可能，并且直接或间接地提供了营利组织成功所需要的，这些需求从受过教育的健康工人到安全稳定的物质及法律基础设施；更不用说给其产品提供的一个消费者市场。由于社会的贡献使公司运营成为可能，那些公司对社会有回报的义务，它们需要按照被认为是负责任且有益的方式来运营。并且，由于企业是在社会环境下运营的，社会有权力和力量来对在这个范围内运营的企业提出期望：

> 《自由市场经济学家》常常将"创造财富"的公司描绘成独立于它们在其中进行贸易的社会而产生财富的不确定事物。这是相反的案例。在市场当中，由知识、人类和物质基础设施构建的成功的企业是社会的产物，而这个社会产物具有社会对话的特点，并具备建立有效社会制度和秩序的能力。[71]

因此对许多人来说，仅仅关注钱是令人沮丧的——"利润如此重要，但是它似乎不足以满足人们的渴求。"[72]换句话说，钱是一种途径而不是一个结果。根据这个逻辑，从某种程度上，钱是一种附带有归还义务的社会福利，那部分基于社会授予公司的优势而获得的经济收益应当回报给社会。就像亚当·斯密在[73]《国富论》中写道：

> 每个国家的主体都应该尽可能根据它们的能力回馈给政府的支持者。也就是说，根据它们在国家的保护之下各自享有税收比例。一个大国对个人的花销如同一个巨大资产的联合所有者管理的花费之类的花销，这些人都有义务按照他们各自在国家中的利润做出相应比例的贡献。[74]

在更深层次上，社会依赖于一个由宗教、风俗和习俗混合衍生的文化遗产。这种遗产带来了一种定义了人和组织在社会中可接受的行为边界的信仰系统。为了公众利益，社会中的每一个人都有支持这些规则的道德责任。

1.5.3　企业社会责任的一个理性观点

社会合法性的丧失会带来社会行动主义的抗衡力量、法律限制或者其他对公司追求经济或其他利益的限制。对伦理和自发标准的违反不仅仅是不适当的，而且会给企业社会责任提供一些理性的理由。

由于社会制裁（比如法律、罚款、禁例、联合抵制或社会行动）会影响公司战略目标，无论是伦理还是道德理性，做出试图满足社会期望的努力都是理性的。遵循社会期望很大程度上基于主观价值，依赖于避免制裁的理性观点——它可能是更划算的。比如，强调资源而不是等待基于政府或者司法行动的强制要求。比如 Archie Carroll 认为企业可以在法律强制要求之后做出响应。[75]这种反应方式可以使盈利公司忽略它们的伦理和道德义务，并且专注于利润最大化或者其他商业目标。然而，这会不可避免地带来一些局限——不仅仅需要强制遵守，而且可能会用一种对公司不好也没有效率的方式强迫企业。如果一个组织忽视了在短期内积极主动争取影响辩论的机会，那么它可能会发现其商业运营和战略在长期将会受阻。我们只需要考虑到在美国进行的平权行动，就能看到行动中的合理性：

平权行动

- 20 世纪 60 年代以前，企业可以对现在的雇员或潜在雇员有基于种族、性别、宗教、年龄、国籍、经验、怀孕、残障、性取向以及其他非价值基础的标准的歧视。撇开道德考虑不谈，即便不是符合伦理的，这么做也是合法的可自由支配的权利。社会行动主义者将这种符合伦理的自发的行为搬上了公共讨论的舞台，并且随着时间的推移，使之变成被法律禁止的。这给过去或者现在犯有歧视罪的公司带来的后果是它们需要实施平权行动来调整其劳动力中的种族或者其他不平衡。那些行动落后的公司发现它们成了新立法制度化的试验案件。
- 就像 Robert Kennedy 在民权运动中对那些不情愿改变的公司所说：
- 如果你们不愿意停止歧视是因为歧视是正确的，那么就这么做吧，因为它是对企业有好处的。[76]

我们不是说公司应该想办法让歧视一直是合法的。这么做会对抗社会进步的标准而且是一种从伦理上和道德上使公司社会合法性降低的退步行为。相反，合理的观点是提倡通过避免不可协调的冲突的发生来寻求自身的利益。许多公司没有采取积极主动的（或者至少是适应性的）措施来应对公平对待问题，结果它们的行为受到了法律的制裁甚至是惩罚。

企业社会责任的一个理性观点

- 企业社会责任是公司通过减少运营中受到的限制来达到绩效最大化的一种方式。在现今这个个人和行动组织都感到被允许促进改变的全球化世界，企业社会责任代表着一种预测并反映社会关注以减少对公司运营及金融限制的一种途径。

企业社会责任可以通过减少企业运营管理中的限制条件来使绩效最大化。在全球化的世界中，个人和活动家都有能力去改变，而企业社会责任体现的就是一种通过预测和反映社会问题来减少企业经营管理中的各种限制条件。（企业社会责任的一个理性观点）

企业社会责任的理性原因被社会责任铁律（Iron Law of Social Responsibility）所概括，即在一个自由社会，对社会责任的任意滥用最终会带来强制的解决办法。[77]也就是说，在一个民主社会，滥用权力的人会被剥夺权力。社会历史和政治的暴动——从克伦威尔在英国到美国和法国革命——都强调了那些滥用权力或特权的人为自己的毁灭播下了种子这一事实。

在商业舞台上也存在类似的情况。在 21 世纪，安然公司、世界通讯公司、埃德尔菲、南方保健及其他一些美国公司的金融丑闻带来了自由裁量权限制的法律和规定。比如 2002 年《萨班斯-奥克斯利法案》、2007/2008 年金融危机带来的在 2010 年通过的《多德-弗兰克华尔街改革和消费者保护法案》。这些犯罪行为导致了更严格的政治监察，从而使之前的一些自发的、伦理的事件进入了法律领域。类似地，那些对其 CEO 和高管支付过高薪酬的公司，尤其是在绩效表现不佳的时候，将面对来自需要对其利益相关者（投票的选民）有所交代的监管机构和政界人士的监察：

……市政机关是政府性机构：他们依赖公众的善意来获得经营成功。如果没有了善意，那么他们将会面对来自国会、监控者、检察官、养老基金、对冲基金、工会、非政府组织等的攻击。[78]

然而，通过采取企业社会责任的一个理性观点，公司试图解释变化的社会价值观和利益相关者期望，并且避免将来可能的制裁。比如，一个公司感觉到美国的公众意见可能会逐渐趋向于支持限制碳排放，它会组成团队去游说政府进行改变。"创新气候和能源政策商业计划（Business for Innovative Climate and Energy Policy，BICEP）"[79]是由五个积极跟踪记录企业社会责任行为的公司创建的——李维斯、耐克、星巴克、太阳微系统公司和天伯伦。然而，更令人惊讶的是，美国气候行动合作组织（United States Climate Action Partnership，USCAP）[80]"支持碳限制和交易……而这主要是由能源公司和工业制造商建立的。"然而，这些建立者可能会在这个领域对抗政府行动。[81]比如，通用汽车是第一个加入 USCAP 的汽车制造商。USCAP"追求在 2050 年前将经济领域的温室气体排放量减少 60% ~ 80%。"[82]

从理性的角度看，这些公司意识到参与规制比反对立法更有利。就像杜克能源的 CEO 詹姆斯·罗杰斯总结的，"如果谈判进行的时候你不在谈判桌上，那么你将会在菜单里。"[83]换句话说，用一种对社会负责任的主动行动来避免不可预期的介入或者帮助形成相关立法是一种理性的公司行为。大量的事实表明，公司的滥权行为将会导致决策决定自由的丧失并带来金融的负面影响。

1.5.4　企业社会责任的一个经济观点

将企业社会责任的前三种观点总结起来就是经济的观点。除了避免伦理的、道德的、法律的和其他社会制裁外，将企业社会责任纳入企业运营将带来一个潜在的区别点以及竞争市场优势，企业未来的成功可能会建立在此之上。[84]

企业社会责任的一个经济观点

企业社会责任是企业经济利益的一个实现途径。由于企业社会责任使公司能够反映其各种利益相关者的需求和关注，它增加了企业价值。一个公司这样做更可能保持其社会合法性以及最大化其中长期的生存活力。简单地说，企业社会责任是将企业运营和不断演变的社会价值观及期望相结合的一种方式。

企业社会责任影响一个公司日常运营的所有方面。组织所做的每一件事都使公司一个或者更多的利益相关者群体相互影响。因此，公司最好尽可能与大量的关键利益相关者建立起积极的关系。无论是雇员、生产者、购买者、供应者还是投资项目，一个公司的吸引力及成功与其组织价值观和文化越来越相关。比如，就社会责任投资（SRI）而言，"有良知的投资在过去十年中规模扩大了一倍多。"[85] 即便是对于那些认为企业唯一目的就是增加其所有者财富的人，也承认对社会不负责任的行为会使它们面临失去已经获得的显著（或正在增长）的份额和其成本的风险：

在 2010 年初，跟随 SRI 战略的被专业管理的资产达到 3.07 万亿美元，这比 1995 年的 6 390 亿美元增加了 380% 以上……在同一时间内，在专业管理之下的总资金从 7 万亿美元增加到 25.2 万亿美元，增加了 260%。金融危机时，从 2007—2010 年，在专业管理之下的总资产大概保持不变，然而 SRI 资产仍享受着稳健的增长。[86]

企业社会责任会影响到企业的内部运营。每一个领域都依赖其他的所有人，以便在利益相关者的监督之下建立公司。如果公司想在长期运营中保持活力，就必须满足这些主要群体的需求。重要的是，这么做使得公司各利益相关者传递的信息"不是与追求利益相关者的价值互不相容的。而是他们准许公司运营来追求这些价值。"[87]

战略企业社会责任解释了支持企业社会责任的经济原因。我们认为它是支持企业社会责任的四个观点（伦理的、道德的、理性的和经济的）中最清晰的，并且它强调了现今企业社会责任对公司的重要性。企业社会责任的经济观点建立在公司经济利益和社会普遍福利的交叉内容之上。这个视角提供了一个广义上以价值最大化为目标的行动计划。

能够帮助解释这个观点独特价值的一个重要区别是在一个有效的商业模式和一个更广阔、更持久的（所有的）商业模型之间的区别。以美体小铺（the Body Shop）为例，它应用了一个符合企业社会责任道德观点的商业模式。它能够从有意识的少数人中获取支持并且对进步的社会议程做出足够反应，还能将其转化为经济成果。相反，企业社会责任的经济观点支持一种商业模式，这种商业模式承认道德行动的作用是有限的，而需要通过寻求所有组织都能认同的最低标准。这种商业模式的最终结果是，公司会意识到企业社会责任的战略性意义，以及认识到利益相关者会有力地支持公司并使公司附加值达到最大。

1.6　企业社会责任的五个驱动力

企业社会责任会因影响一个公司运营的所有方面而显得十分重要。消费者希望从他们信任的公司购买产品；供应商愿意和能够靠得住的公司结为商业合作伙伴；雇员希望为他们尊敬的公司工作；大的投资资金愿意向那些对社会负责的公司给予支持；并且非营利组织和非政府组织也希望和拥有共同目标的公司一同工作。满足这些利益相关者群体（和其他人）的需求使得公司能够最大化地满足他们对股东（最终的利益相关者）的承诺，因为这些群体的需要被满足后，股东获益最多。

然而，这是一个比较抽象的观点。为了使战略企业社会责任更有说服力，我们必须将其放到一个在支持这个观点的当代环境下。我们相信企业社会责任对成功越来越重要，因为它赋予了公司团结各方主体的任务和战略。而且我们认为有一些力量的集合使这个观点特别重要。在当今的动态商业环境中，能够平衡好其各方利益相关者之间的利益冲突的公司是最有可能获得成功的。特别是由于五个明确的趋势（在 21 世纪会不断变得更加重要），企业社会责任作为战略不可分割的组成部分会对公司起到越来越重要的作用。[88]

1.6.1　富裕

一方面，一个贫穷的、需要就业和对内投资的社会，不太可能会推动严格的规定并且惩罚那些会将它们的公司和钱转移到其他地方的组织。另一方面，发达社会的消费者可以负担起他们所购买的产品，因而对他们购买商品的公司期望会更多。这种观念在 21 世纪前后的企业丑闻和当下的金融危机中不断加强。企业丑闻和金融危机减少了公众对公司和金融行业的信任，尤其是减少了对管制机构控制公司出格行为能力的信任。富裕影响并且带来了社会期望的变化。因此，在富裕社会中的公司，承受着需要证明其是对社会负责的压力。所以，全球富裕程度的增加会使企业社会责任在全球范围内逐渐被提上议程。

1.6.2　可持续性

社会普遍富裕的增加和变化的社会期望带来了对环境更多的关注。当阿拉斯加的输油管在 20 世纪 70 年代建立的时候，工作人员可以在硬化的冻土上一年开车超过 200 天。现在，气候变化使冻土每年只凝固 100 天，美国国家航空和宇宙航行局（NASA）的摄影作品揭示了北极冰盖自 1979 年"收缩了20%以上"[89]，这个退化速率还在加快[90]。原材料价格的上涨、两栖动物种群变异率的上升、生物多样性的减少和其他实证指标都支持了这一直觉——地球是有生态极限的。我们接近地球极限的速度和我们行动的潜在后果都是一些专业知识无法解释的复杂问题。然而，毫无疑问的是人类的经济活动正在消耗地球资源并且给地球大气层带来剧烈的变化——这些变化在短期内都是不可逆转的。因此，不关心环境责任的公司很可能被指责或惩罚。这样的例子包括法院罚款（瓦尔斯兹号）[91]、负面宣传（孟山都公司的基因改良食物）[92]，或群体对抗（地球之友组织）。[93]

1.6.3　全球化

企业逐渐地在一个全球化环境中经营生意。在多国多文化下经营极速加大了企业运作的复杂程度。不仅仅需要理解更多的法律和规则，而且需要掌握更多的社会规范和文化。此外，跨国公司需要负责的利益相关者的范围扩大了，其不同利益相关者需求之间潜在冲突的可能性也变大了。全球化增加了公司从跨国界生产中获取的效益，同时当公司行为没有符合当地社区需求和期望时，它也会引发全球的关注。

1.6.4　媒体

社会媒体影响力的增加使得公司任何企业社会责任倒退的行为会很快地被带到全球公众的视野中。丑闻就是新闻，过去的目击者现今被袖珍摄像机和手机所武装，可以通过视频、博客和即时短信提供证据。此外，互联网加快了行动群体和志趣相投的人之间的交流，使他们能够在协调集体行动的同时传播信息。这些技术已经超出了独裁政府所控制的范围并且使人们找到了新的转移及抗争的途径。

谷歌是不断发现使用这些新的交流方式的一家公司：[94]

企业社会责任时事通讯：谷歌

- 这两篇在《华尔街日报》及《纽约时报》的文章[95]证明了互联网重塑全球信息交流的力量。这种现象将会持续沿着我们（至少，我们这些没有在谷歌工作的人）现在甚至没有开始想象的方向发展：
- 你可以通过谷歌订旅馆、找航班和买书。现在你可能可以用谷歌来防流感。
- 这个互联网搜索公司的慈善机构（http：//www.google.org）能够提供一个在全国范围内与流感有关的网络搜索词汇（比如，"咳嗽"或"发烧"）并且通过这些信息来帮助识别潜在的疾病爆发的服务（http：//www.google.org/flutrends）。
- 它将结果显示在一张美国地图上，并且给出一张全国流感活动变化的图表。这些数据十分重要，因为做出流感趋势的谷歌机构发现了跟流感有关的互联网搜索数量与报告出有流感症状的人数之间有强相关关系。

- 这样的信息十分有用，因为它识别早期趋势的速度可以使政府机关和健康服务提供者对其做出反应。
- 根据谷歌所做的新的网络工具的试验，这个公司的慈善单位说其可能可以在疾病控制和预防中心报告前一周到十天检测到流感的局部暴发情况。
- 公司正开始关注这些将会影响它们运营和信誉的交流工具。然而，明显的是，这个影响是巨大的并且对其利益相关者不透明、不负责的公司最终将受到"惩罚"。

1.6.5　品牌

所有带来企业社会责任重要性的趋势都与一个公司的名誉和品牌的重要性相重合。品牌现今常常是企业成功的一个焦点。公司试图在消费者脑中建立一个流行的品牌，因为这样可以增加它们的竞争优势，从而带来更好的销售和利润。此外，消费者更可能为他们知道和信赖的品牌额外付款。然而，由于不断增加的利益相关者，其需求也不断增多，再加上在全球化背景下商业复杂性不断加强，个人和媒体将企业过失立即向全球传播的能力也在不断增加；当今，一个公司的名誉比以前任何时候都具有不确定性——难以建立并且容易丧失。生活方式品牌（基于呼吁消费者关注共同的价值观）依赖于企业传递给其消费者的观念。因此，就像国际品牌集团的年度品牌调查所证明的[96]，品牌比其他任何时候都有价值并且公司需要向前迈出一大步来保证其持续性发展。

1.7　下一步

除了在大环境中定位战略企业社会责任的五个驱动力之外，企业社会责任还必须在实践中应用。企业社会责任能使公司繁荣，同时作为利益相关者意见沟通的渠道。但是，企业应该怎样识别关键利益相关者并且在它们相互冲突的利益中选出优先级呢？企业社会责任对利益相关者重要吗？利益相关者愿意加入讨论并且在企业中发表看法吗？他们是否也负有一部分塑造企业行为的责任呢？还有，公司应该怎样将企业社会责任视角整合到它们的战略计划和日常运营中呢？

利益相关者模型在战略企业社会责任中的重要性将在第2章深入探讨。反对企业社会责任的观点（以及革命式的企业社会责任导致的无法预期的结果）将在第3章深入探讨。第4章将企业社会责任放入战略视角并且对企业社会责任日益增加的重要性和它对企业战略的影响进行拓展。在影响战略决策制定框架下对企业社会责任实施有所影响的事项是第5章所讨论的基础，第5章也是战略企业社会责任第一部分的总结。

1.8　问题讨论和回顾

1. 为什么公司要存在？公司为社会带来什么价值？
2. 定义**企业社会责任**。支持企业社会责任的观点中你认为哪一个最重要？企业社会责任与**战略企业社会责任**有何不同？
3. 阿奇·卡罗尔的"企业社会责任金字塔"中描述的企业的四种责任。用企业的实例来解释你对每一个层次的定义。
4. 米尔顿·弗里德曼认为，"企业高管对社会责任的接受而不是尽可能地为他们的股东赚钱，这种行为将会毁坏我们自由社会的基础，"[97]给出两个支持弗里德曼观点的证据以及两个反面的证据。

5. 简单定义和讨论企业社会责任的伦理、道德、理性和经济观点。

6. 哪五个驱动力使企业社会责任如今更加重要？

7. 在这五个因素中，你觉得哪个因素比其他更为重要？从你的经历和知识中举例来支持你的选择。

学生学习网站

访问学生学习网站www. sagepub. com/chandler3e 来获取额外的学习材料。

1.9　注释和参考文献

1. For an idea of the potential for government to work in relation to CSR, including its definition of corporate responsibility, see the UK government's CSR homepage at：http：//www. bis. gov. uk/policies/business-sectors/green-economy/sustainable-development/corporate-responsibility

2. 社会企业家建立的组织适用于此种分类法，这是个有趣的推测。追寻以商务实践实现社会目标的组织，既不是我们所熟知的营利性组织，也不是非营利组织。福利企业的出现进一步模糊了组织形式的传统定义。在此阶段，我们不认为这种混合型组织是被充分地明确定义了的，或者说我们不认为这种组织被广泛地认可为第四"类"组织。但是该种组织的演变是企业社会责任图景的重要组成部分。对此种组织更广泛深入的思考，请见：Corporate Governance and Issues：Social Entrepreneurship in Chapter 6.

3. National Center for Charitable Statistics（http：//nccs. urban. org/），Number of Nonprofit Organizations in the United States, 1999－2009, http：//nccsdataweb. urban. org/PubApps/profile1. php

4. Post, Preston 和 Sachs 为公司利益相关者提供了另一种更狭义的定义，将此团体或行为者与公司的运营更加直接地联系在一起：公司里的利益相关者指的是自愿或非自愿地在公司创造财富的能力和活动方面作出贡献的个人和团体，因此同时也是潜在的受益者和/或风险承担者。

5. R. Edward Freeman, Strategic Management：A Stakeholder Approach, Pitman, 1984, p. 46.

6. Libby Brooks, 'Power to the People,' *The Guardian*, December 20, 2002, http：//www. guardian. co. uk/world/2002/dec/20/debtrelief. development

7. "信托责任"在商务中应用广泛，却并不被广泛理解。最简单地，"信托责任"意味着一方由于与另一方之间正式的关系而所应承担的责任。此责任建立在信任的基础上，并且经常涉及财务事项。虽然这种责任可作为一种合法关系或契约关系的结果而存在，它还可以自一种伦理道德关系中产生，这就使"信托责任"在企业社会责任的讨论中更加有关联性。根据《牛津英语词典》记录，"信托责任"一词发源于 16 世纪末，来自于拉丁词 fiduciarius，意为"信任"。

8. John Micklethwait & Adrian Wooldridge, 'The Company：A Short History of a Revolutionary Idea,' Modern Library, 2003, p. 8.

9. Milton Friedman, 'The Social Responsibility of Business is to Increase its Profits,' *The*

New York Times Magazine, September 13, 1970.

10. Charles Handy, 'What's a Business For?' *Harvard Business Review*, December 2002, p. 54.

11. 当然, 此种讨论如今仍然持续。关于一场主持方不明但包含了来自 the Rainforest Action Network to G. E. 的不同观点的讨论, 想获取更多信息请见 'Corporate Social Pesponsibility: Good Citizenship of Investor Rip-off?' Big Issues: The Journal Report, *Wall Street Journal*, January 9, 2006, p. R6.

12. 企业社会责任作为一种学术科目的演变, 一个全面的回顾请见: Archie B. Carroll, 'Corporate Social Responsibility: Evolution of a Definitional Construct,' *Business and Society*, Vol. 38, No. 3, September 1999, pp. 268-295 and Herman Aguinis & Ante Glavas, 'What We Know and Don't Know About Corporate Social Responsibility: A Review and Research Agenda,' *Journal of Management*, Vol. 38, No. 4, July, 2012, pp. 932-968. Also, traditional textbooks elaborate on these issues, see: Anne T. Lawrence & James Weber, *Business and Society*: *Stakeholders*, *Ethics*, *Public Policy*, 13th edition, McGraw-Hill, 2010. Finally, William C Frederick, *Corporation Be Good*! *The Story of Corporate Social Responsibility*, Dog Ear Publishing, 2006, offers a comprehensive timeline and discussion of the evolution of CSR.

13. Archie B. Carroll, 'A Three - Dimensional Conceptual Model of Corporate Performance,' *Academy of Management Review*, 1979, Vol. 4, No. 4, p. 500.

14. Archie B. Carroll, 'The Pyramid of Corporate Social Responsibility: Toward the Moral Management of Organizational Stakeholders,' *Business Horizons*, July-August, 1991.

15. Carroll 对企业社会责任的金字塔模型的更新, 见 Mark S. Schwartz & Archie B. Carroll, 'Corporate Social Responsibility: A Three-domain Approach,' *Business Ehtics Quartery*, Vol. 13, 2003, pp. 503-530. 不同于四个层面的责任, Schwartz 和 Carroll 将企业社会责任划分为三个方面——经济的、合法的、道德的。此相互交叠的三者产生了七种"企业社会责任类别", 或者说是七种公司模式, 公司定位 (在不同方面不同的重视程度) 决定了其适合的类别。

16. 见 Alexander Dahlsrud, 'How Corporate Social Responsibility is Defined: An Analysis of 37 Definitions,' *Corporate Social Responsibility and Environmental Management*, 2006. 其他研究者已确认了在学术文献中广泛认可的企业社会责任调查的三个基本准线——相关利益者驱动, 绩效驱动和动机驱动。Kunal Basu & Guido Palazzo, 'Corporate Social Responsibility: A Process Model of Sensemaking,' *Academy of Management Review*, Vol. 33, No. 1, 2008, p. 122.

17. Michael McComb, 'Profit to Be Found in Companies That Care,' *South China Morning Post*, April 14, 2002, p. 5.

18. Ruth Lea, 'Corporate Social Responsibility: IoD Member Opinion Survey,' *The Institute of Directors*, UK, November, 2002, p. 10.

19. 'A renewed EU strategy 2011-14 for Corporate Social Responsibility,' *European Commission*, COM (2011) 681 final, Brussels, 25. 10. 2011, Clause 3. 1, p. 6, http: //eur-lex. europa. eu/LexUriServ/LexUriServ. do? uri=COM: 2011: 0681: FIN: EN: PDF

20. Mallen Baker, 'Corporate social responsibility: What does it mean?' 2012, http://www.mallenbaker.net/csr/definition.php

21. Canadian Center for Corporate Responsibility, 2012, http://www.business.ualberta.ca/en/Programs/ExecutiveEducation/Programs/CSR.aspx

22. Introduction to Corporate Social Responsibility,' United Nations Institute for Training and Research, 2012, http://www.unitar.org/event/introduction-corporate-social-responsibility

23. Michael Hiltzik, 'Peter Drucker's revolutionary teachings decades old but still fresh,' *Los Angeles Times*, December 31, 2009, http://articles.latimes.com/2009/dec/31/business/la-fi-hiltzik31-2009dec31

24. 2007 年 3 月，ECOA 拥有 1 388 位个人会员和大约 750 个组织或团体会员。个人会员被 ECOA 定义为"道德与合规专业人士"。

25. John Kay, 'The left is still searching for a practical philosophy,' *Financial Times*, May 5, 2010, p.9.

26. 有一个观点值得强调：法律上容许的一些行为可能对一些利益相关者团体来说在道德上或伦理上不能接受。作为回应，这些活跃分子可以利用模糊的条约或协议（如《外国人侵权索赔法》于 1789 年被第一届美国国会通过）对公司提起诉讼，以纠正实际上或感知上的错误。

27 'Just Good Business: A Special Report on Corporate Social Responsibility,' *The Economist*, January 19, 2008.

28. See: *Standard Oil Co. of New Jersey v. United States*, (221 U.S. 1, 1911). 讽刺的是，这是在股票销售中由于美孚石油公司的破产而获得的收益，这给予了约翰·洛克菲勒（John D. Rockefeller）"一笔空前数量的横财"，之后他利用这笔钱建立了洛克菲勒基金会。见: Jonathan Lopez, 'The Splendid Spoils of Standard Oil,' *The Wall Street Journal*, November 20–21, 2010, p. C7.

29. http://archive.greenpeace.org/comms/brent/brent.html. See, also, Alex Kirby, 'Brent Spar's long sage,' *BBC News*, November 25, 1998, http://news.bbc.co.uk/1/hi/sci/tech/218527.stm

30. See: David Grayson & Adrian Hodges, 'Corporate Social Opportunity! Seven Steps to Make Corporate Social Responsibility Work for your Business,' *Greenleaf Publishing*, July, 2004.

31. Marc Gunther, 'The Mosquito in the Tent: A Pesky Environmental Group Called the Rainforest Action Network is Getting Under the Skin of Corporate America,' *Fortune Magazine*, May 31, 2004, http://money.cnn.com/magazines/fortune/fortune_archive/2004/05/31/370717/index.htm. The Equator Principles is "a credit risk management framework for determining, assessing and managing environmental and social risk in [financial] transactions." Equator Principles website, March, 2013, http://www.equator-principles.com/index.php/about-ep

32. See: http://www.unilever.com/sustainable-living/. For more comment on Unilever's approach to CSR, see: http://strategiccsr-sage.blogspot.com/2011/03/strategic-

csr-unilever. html

33. See: http: //www. ecomagination. com/

34. Michael Porter & Mark Kramer, 'The Competitive Advantage of Corporate Philanthropy,' *Harvard Business Review*, Vol. 80, Issue 12, December 2002, p. 67.

35. Adrian Henriques, 'Ten things you always wanted to know about CSR (but were afraid to ask); Part One: A Brief History of Corporate Social Responsibility (CSR),' *Ethical Corporation Magazine*, May 26, 2003, http: //www. ethicalcorp. com/content. asp? ContentID = 594

36. Michael Arndt, 'An Ode to 'The Money-Spinner,' *BusinessWeek*, March 24, 2003, pp. 22 – 23; review of 'The Company: A Short History of a Revolutionary Idea,' by John Micklethwait & Adrian Wooldridge, Modern Library, 2003.

37. Adam Hochschild, 'How the British Inspired Dr. King's Dream,' *New York Times*, January 17, 2005, p. A21.

38. For more on Interface's revolutionary approach to environmental stewardship and its zero emissions, zero waste commitments, see: http: //www. interfaceflor. com/default. aspx? Section = 3&Sub = 4

39. http: //www. triplepundit. com/pages/ray-anderson-ex. php. Excerpt from an interview with Ray Anderson that appeared in *The Corporation*, http: //www. the corporation. com/

40. For a video update on Interface's progress towards its "Mission Zero" project (http: //www. interfaceflor. eu/internet/web. nsf/webpages/528 _ EN. html) and goal of "leaving zero footprint, by the year 2020," see: http: //www. interfaceflor. eu/internet/web. nsf/webpages/58150_ EN. html

41. Mark Maremont, 'Authorities Probe Improper Backdating of Options—Practice Allows Executives To Bolster Their Stock Gains; A Highly Beneficial Pattern,' *Wall Street Journal*, 11 November 2005, p. A1, http: //www. biz. uiowa. edu/faculty/elie/wsj1. htm and Charles Forelle and James Bandler, 'The Perfect Payday—Some CEOs reap millions by landing stock options when they are most valuable; Luck-or something else?' *Wall Street Journal*, March 18–19, 2006, p. A1, http: //www. biz. uiowa. edu/faculty/elie/wsj2. htm

42. Paul Magnusson, 'Making a Federal Case Out of Overseas Abuses,' *BusinessWeek*, November 25, 2002, p. 78.

43. Paul Magnusson, 'Making a Federal Case Out of Overseas Abuses,' *BusinessWeek*, November 25, 2002, p. 78.

44. Lisa Roner, 'Unocal settles landmark human rights suits,' *Ethical Corporation Magazine*, December 20, 2004, http: //www. ethicalcorp. com/content. asp? ContentID = 3312

45. Richard C. Paddock, 'Chevron cleared in 1998 shootings at Nigerian oil platform,' *Los Angeles Times*, December 2, 2008, http: //articles. latimes. com/2008/dec/02/local/me – chevron2

46. Daniel Fisher, 'Is Shell The Equivalent Of Nazi-Era Firm? Legally, Perhaps' *Forbes Magazine*, February 24, 2012, http：//www. forbes. com/sites/danielfisher/2012/02/24/is-shell-the-equivalent-of-nazi-era-firm-legally-perhaps/

47. For additional background information on Malden Mills, see Rebecca Leung, 'The Mensch of Malden Mills,' 60 Minutes, *CBS*, July 6, 2003, http：//www. cbsnews. com/stories/2003/07/03/60minutes/main561656. shtml. See also, Gretchen Morgenson, 'GE Capital vs. the Small-Town Folk Hero,' *New York Times*, October 24, 2004, pBU5.

48. Marianne Jennings, 'Seek Corporate Balance,' *Miami Herald*, September 1, 2002, p. 11L.

49. Roger Martin, 'The Virtue Matrix,' *Harvard Business Review*, March 2002, Vol. 80, No. 3, pp. 68−75.

50. Marianne Jennings, 'Seek Corporate Balance,' *Miami Herald*, September 1, 2002, p. 11L.

51. Manuel G. Velasquez, 'Business Ethics：Concepts and Cases,' 5th edition, Prentice Hall, 2002, pp. 122−123.

52. Mitchell Pacelle, 'Can Mr. Feuerstein Save His Business One Last Time?' *Wall Street Journal*, May 9, 2003, pp. A1&A6.

53. 尽管是自 2004 年破产保护而产生的，这家公司继续努力经营并于 2007 年再次申请破产。如今，该公司仍继续在 Polartec 品牌下生产衣服。

54. Charles Duhigg & Keith Bradsher, 'How the U. S. L：ost Out on iPhone Work,' *The New York Times*, January 21, 2012, http：//www. nytimes. com/2012/01/22/business/apple-america-and-a-squeezed-middle-class. html

55. Zachary Roth & Daniel Gross, 'President Obama Touts 'Onshoring'：Is Made in America Back?' *The Daily Ticker*, February 15, 2012, http：//finance. yahoo. com/blogs/daily-ticker/president-obama-touts-onshoring-made-america-back-221759270. html

56. Frank Worstall, 'Offshoring and Onshoring：It's All a Bit More Complex Than You Think,' *Forbes Magazine*, March 21, 2012, http：//www. forbes. com/sites/timworstall/2012/03/21/ofshoring-and-onshoring-its-all-a-bit-more-complex-than-you-think/

57. 'The third industrial revolution,' *The Economist Editorial*, April 21, 2012, p. 15.

58. 'Just Good Business：A Special Report on Corporate Social Responsibility,' *The Economist*, January 19, 2008, p. 3.

59. Michael Skapinker, 'The purpose of business is to win respect,' *Financial Times*, February 23, 2010, p. 9.

60. Dom Phillips, 'Ambitious law seeks São Paulo transformation,' *FT Special Report*, *Green New Deal：Regional Solutions*, *Financial Times*, September 21, 2009, p. 1.

61. 'The Latinobarómetro poll：The discontents of progress,' *The Economist*, October 29, 2011, p. 48.

62. With sincere thanks to William C. Frederick for pushing us to develop our ideas further on this point. See：http：//www. williamcfrederick. com/

63. Rushworth Kidder, 'Why Corporate Social Responsibility Needs Ethics,' *Ethics Newsline*, October 3, 2011, http://www. globalethics. org/newsline/2011/10/03/social-responsibility/

64. Rushworth Kidder, 'Why Corporate Social Responsibility Needs Ethics,' *Ethics Newsline*, October 3, 2011, http://www. globalethics. org/newsline/2011/10/03/social-responsibility/

65. For more information and debate about these different ethical approaches, see Michael Sandel's Harvard University undergraduate course, 'Justice.' A series of videos relaying a semester of classes from the course is online at: http://www. justiceharvard. org/

66. Mark S. Schwartz & Archie B. Carroll, 'Corporate Social Responsibility: A Three-domain Approach,' *Business Ethics Quarterly*, Vol. 13, 2003, p. 512.

67. Mark S. Schwartz & Archie B. Carroll, 'Corporate Social Responsibility: A Three-domain Approach,' *Business Ethics Quarterly*, Vol. 13, 2003, p. 512.

68. Mark S. Schwartz & Archie B. Carroll, 'Corporate Social Responsibility: A Three-domain Approach,' *Business Ethics Quarterly*, Vol. 13, 2003, pp. 511-512.

69. Handy, op. cit.

70. Design Thinking, 'Peter Senge's Necessary Revolution,' *BusinessWeek*, June 11, 2008, http://www. businessweek. com/innovate/content/jun2008/id20080611_ 566195. htm

71. Will Hutton, 'The Body Politic Lies Bleeding,' *The Observer*, May 13, 2001, http://www. guardian. co. uk/politics/2001/may/13/election2001. uk6

72. Michael Skapinker, 'How to fill the philanthropy-shaped hole,' *Financial Times*, January 27, 2009, p. 13.

73. 亚当·斯密于 1776 年发表了国富论, 但是他的另一本书,《道德情操论》(于 1759 年第一次出版), 则令众多读者将其视为道德哲学家而非经济学家。例如, 请见 James R. Otteson, 'Adam Smith: Moral Philosopher,' The Freeman Ideas on Liberty, Vol. 50, Issue 11, November, 2000, http://www. thefreemanonline. org/features/adam-smith-moral-philosopher/

74. Adam Smith, 'An Inquiry into the Nature and Causes of the Wealth of Nations,' Book V, Chapter 2, Part II (On Taxes), 1776. Quoted in: Sam Fleischacker, 'Adam Smith vs. George Bush on Taxes,' *Los Angeles Times*, January 22, 2001, http://articles. latimes. com/2001/jan/22/local/me-15437

75. Carroll, 1979, op. cit.

76. Eliot Spitzer, 'Strong Law Enforcement is Good for the Economy,' *Wall Street Journal*, April 5, 2005, p. A18.

77. Keith Davis & Robert Blomstrom, *Business and Its Environment*, McGraw-Hill, 1966. See also: Keith Davis, 'The Case for and Against Business Assumption of Social Responsibilities,' *Academy of Management Journal*, Vol. 16, Issue 2, 1973, pp. 312-322.

78. Alan Murray, 'Twelve Angry CEOs—The Ideal Enron Jury,' *Wall Street Journal*, February 15, 2006, p. A2.

79. http：//www. ceres. org/bicep

80. http：//www. us-cap. org/

81. Jonathan Birchall, 'Business fights for tougher rules on emissions,' *Financial Times*, November 20, 2008, p. 4.

82. John Reed, 'GM joins 'green' coalition in the US,' *Financial Times*, May 9, 2007, p. 18.

83. Suzanne Charlé, 'When Addressing Climate Change Is Good Business,' *strategy + business magazine*, February 20, 2007, p. 1, http：//www. strategy-business. com/article/li00014? gko=66a28.

84. 企业管理文献中，一些最重要的关于企业社会责任和公司绩效间关系的研究，是由哈佛商学院的 Joshua Margolis 完成的。（见 Joshua Margolis and James Walsh, 'Misery Loves Companies：Rethinking Social Initiatives by Business,' *Administrative Science Quarterly*, Vol. 48, Issue No. 2, 2003, pp. 268－305；Joshua Margolis, Hillary Elfenbein, and James Walsh, 'Does it Pay to be Good? What a Meta-analysis of CSP and CFP Can (and Cannot) Tell Us,' *Academy of Management Annual Meeting*. Philadelphia, PA, 2007；and Joshua Margolis and Hillary Elfenbein, 'Do Well by Doing Good? Don't Count on It,' *Harvard Business Review*, Vol. 86, Issue No. 1, 2008, pp. 19-20）. Margolis 从其研究中得出的主要结论为：虽然有关企业社会责任预知公司绩效的证据微乎其微，但确实存在反向关系的证据——根据公司绩效可预知企业社会责任。对于无法在企业社会责任和公司绩效间建立起一个确定的联系，一种解释为我们现有的测量企业社会责任的工具并非那么优良。虽然数据和方法一直在改进，我们还是无法确定一个充分全面的方法来建立起一个公司的企业社会责任愿景。在这种方法缺失的情况下，继续研究此类活动是否与公司绩效正面（或负面）相关似乎很难说得过去。Margolis 的回应是，号召研究者超越 CSR 和公司绩效间（反之亦然）关系的调查研究，取而代之的是将重点放在理解公司如何决定或者为什么决定采取与 CSR 相关的行动——"理解将 CFP 与 CSP 关联起来的机制，而非相反的情况。"

85. Tara Kalwarski, ' Numbers：Do-good Investments are Holding up Better,' *Business Week*, July 14 & 21, 2008, p. 15.

86. 'Report on Socially Responsible Investing Trends in the United States,' *Social Investment Forum Foundation*, 2010, p. 8, http：//ussif. org/resources/research/documents/2010TrendsES. pdf

87. Andrew Likierman, 'Stakeholder dreams and shareholder realities,' Mastering Financial Management, *Financial Times*, June 16, 2006, p. 10.

88. For a more detailed discussion of these trends that are driving the relevance of CSR, see Chapter 4.

89. 'Global Warming Puts the Arctic on Thin Ice,' *Natural Resources Defense Council*, November 22, 2005, http：//www. nrdc. org/globalwarming/qthinice. asp

90. 'New NASA Satellite Survey Reveals Dramatic Arctic Sea Ice Thinning,' Jet Propulsion Laboratory, *NASA*, July 7, 2009, http：//www. jpl. nasa. gov/news/news. cfm? release = 2009-107

91. 'Images From the Exxon Valdez Oil Spill,' National Oceanic and Atmospheric Administration, March 7, 2001, http://response. restoration. noaa. gov/photos/exxon/ exxon. html

92. 'Farmers & Consumers Protest at Monsanto's Headquarters in St. Louis,' Organic Consumers Association, August 19, 2000, http://www. organicconsumers. org/corp/ monprotest. cfm

93. 'Corporate Campaigns: Case studies: http://www. foe. co. uk/campaigns/ economy/case _ studies/index. html and Success stories: http://www. foe. co. uk/ campaigns/economy/success_ stories/index. html

94. 除了追踪流感，谷歌亦正在使用其搜索数据以"谷歌价格指数"来测量通货膨胀。见 Aki Ito & Alisa Odenheimer, 'Google: Central Banks' New Economic Indicator,' *Bloomberg BusinessWeek*, August 9, 2012, http://www. businessweek. com/articles/2012 – 08 – 09/google-central-banks-new-economic-indicator; Christoper Caldwell, 'Government by search engine,' *Financial Times*, October 16/17, 2010, p. 9; and, Robin Harding, 'Google to measure inflation by using web data,' *Financial Times*, October 12, 2010, p. 1

95. Robert A. Guth, 'Sniffly Surfing: Google Unveils Flu-Bug Tracker,' *Wall Street Journal*, November 12, 2008, p. D1, http://sec. online. wsj. com/article/ SB122644309498518615. html; Miguel Helft, 'Aches, a Sneeze, a Google Search,' *New York Times*, November 12, 2008, p. A1, http://www. nytimes. com/2008/11/12/technology/ internet/12flu. html

96. 'Best Global Brands 2012,' *Interbrand*, http://www. interbrand. com/en/best-global-brands/2012/Best-Global-Brands-2012. aspx

97. Milton Friedman, *Capitalism and Freedom*, University of Chicago Press, 1962, p. 133.

第 2 章

战略+企业社会责任:利益相关者的视角

所有的组织,就像生物体一样,它们的生存与毁灭取决于它们如何去适应周围的环境。正如第 1 章中所讨论的,一个公司的利益相关者是其环境的关键元素。当利益相关者依赖公司为其提供所需的产品和服务的同时,公司依赖着供应商、消费者、雇员和其他利益相关者来维持它们在商业中的社会合法性。因此,利益相关者如何去评估公司,不仅取决于公司做了什么,而且取决于如何做。战略寻求一种具备可持续竞争力的优势。战略的成功依赖于将组织内部能力与外部竞争环境的需求相匹配。而公司内部能力与其外部环境这个等式两端的中心是企业内部和外部的利益相关者。

在探寻谁和什么是利益相关者之前,我们先来思考企业战略的不同观点。我们认为,尽管这些观点都包含了一个公司将资源转换成一种竞争优势能力的洞察,但是利益相关者的观点更加适合于试图航行于 21 世纪全球商业环境中的公司。利益相关者观点能够让公司看清受到公司运营影响的多重因素,同时也能让公司在相互竞争的利益相关者的需求之间按轻重缓急作出选择。通过将利益相关者、企业社会责任观点与战略计划整合并日复一日地执行实施,公司足以准备好去高效地回应利益相关者的需求。此外,这些对于环境的回应有助于保证企业战略有效且长久。相反地,在当今不断加剧全球化相互连接融合的世界中,如果关键因素被忽略了,公司战略面临着缺乏支持、负面公司绩效结果等风险,甚至是企业存活的风险。

2.1 战略是什么?

虽然商业因为很多原因而存在,生存取决于成功,而商业中的成功等于盈利。最简单地说,这些利润是由公司收入超出在价值创造过程中所引起的成本的程度来决定的。公司产生的收入来源于顾客,这些顾客因公司雇员生产的产品和服务所带来的价值而感到满意。[1]然而,对于利润的追逐是一个如此宽泛的指令,只是提供了很少有关从哪儿开始和做什么的指南。相反地,对利润的洞察来源于企业试图寻求的对于社会需求的理解。这种需求,指引着组织的奋斗方向,构成了组织愿望或愿景的根基。理想化地说,一个组织的愿景是使其高尚化,明确地表达陈述其追求和目标。一种忽视了企业在社会中所扮演的更大角色的愿景可能既不是高尚的,也不是可持续的。愿景陈述应该是迎合多重利益相关者的需求,包括组织的成员(雇员),组织的直接受益方(股东),组织的经济伙伴(消费者和供应商),还有更大的组织运营所处的社区(更广泛地定义为社会)。但是,要做到这些,利益相关者们也必须是真实意图的声明陈述者。

从这些愿景出发,将公司的使命定义成为了实现这些愿景组织需要去做什么。比如,一个好的银行应该是具有"结束社区中饥饿"的愿景和"扶住穷人"的使命。一个汽车企业应该具有"在一个广泛的社会层面中提供最佳个人交通工具"的愿景和"制造可支付且高效的汽车"的使命。但是，在这里再次强调，使命应该平衡社会责任的方式和结果。愿景定义了组织应该朝什么方向努力，然而使命告诉我们组织应该做些什么以达到目标。这两方面的陈述被企业利益相关者和社会可接受的范围所约束。

一个企业的战略解释了组织如何试图去实现其愿景和使命。战略定义是组织对于竞争环境的回应。在企业层面，一个企业的战略决定了企业运营什么样的业务以及是否和其他企业达成伙伴关系（通过合资、兼并或收购）。例如，一个食物银行可能会有一个和政府机构合作的企业层面战略，从而能够增强企业的食物进出口和分销的能力。而汽车公司可能会拥有一个维护多重品牌以获取更广泛市场细分和最小化风险的企业层面战略。在业务层面，企业战略决定了部门会如何将其产品异化于其竞争对手。例如，食物银行可能会使用流动性汤食厨房来运输食物到穷人住处的战略；汽车公司可能会使用超越于竞争者产品的具有实际技术优势的汽车战略。

一个公司的策略是日复一日实施战略的管理决策。策略是组织中人们每天采取的行动。因此，策略是灵活的而且更易于调整以反映运营内容变化的。但是，这些日复一日的策略行动其目的都是要实现企业战略。

企业的愿景、使命、战略、策略

- 愿景回答了组织为什么存在的问题。它的定义是企业愿意为他人解决的需求。
- 使命陈述是指组织为了实现愿景而要去做什么。其表现为企业试图去执行的各种类型活动。
- 战略决定了组织如何去完成其使命。战略说明了组织与竞争激烈的环境博弈以获取可持续性优势的方法。
- 策略是为了实现企业战略而作出的日复一日的管理决策。

相互协调的愿景、使命、战略和策略为企业指引了方向，专注于其雇员。与指引企业方向同样重要的是，这一链条还指出了组织不应该去做什么。例如，一个会计公司如果不经过对其愿景、使命、战略和策略的重新审视是不会贸然建造飞机的。最后，这一套愿望和政策给了决策者们一个做什么决策和评估决策的模板。总的目标就是保证战略和策略能够帮助企业实现其愿景和使命。

2.2　竞争性战略视角

通常而言，战略计划过程是从 SWOT 分析开始的。SWOT 分析是一种让企业认清其优势（Strengths）和劣势（Weaknesses），同时也能够分析出其外在机遇（Opportunities）和威胁（Threats）的工具。因此，一个企业的战略目标就是认清其优势并将这些优势与环境所呈现出的机遇相结合，从而保证其战略和策略维持与愿景、使命的一致性。劣势是指其损害企业战略效力的程度，而环境中的威胁因其破坏潜在性而受到监测和评估。

建立在 SWOT 分析基础之上的战略，传统上是从两个竞争性角度来分析的，分别是资源视角和产业视角。[2]尽管这些视角是否被经验支持还不清楚，但是它们架构完善且传播普遍。这相互竞争对立的两个视角描绘了 SWOT 分析的两个方面，即内在的优势与劣势和外在的机遇与威胁。资源视角是基于企业内部的，表明一个企业的独特资源（例如，高度技术熟练的员工或者是稀有原材料的垄断渠道）和独特能力（例如，有效的研发或者高效的生产过程）是决定企业的可持续性竞争优势的主要因素。那些具有最佳价值资源或者最佳创新能力（总的来说就是竞争力）的企业，最有可能以最高效的方式生产出最具价值的产品和服务。因此，这些企业能够建立和维持优于竞争者的竞争优势。

另一个观点是产业视角，主要是聚焦于企业的直接经营内容。这一企业的外在视角是指作为企业竞争性优势的主要决定性因素的运营环境。这种视角认为，市场上的成功与公司之间的个别差异联系较少，更多的是与产业的竞争性结构紧密相连。如果一个行业是良性运作的话（以石油行业为例，通过良好的政府规制来实现良性运营），那么这个行业中的企业相对那些处在相对限制性行业环境中的企业能够享有更多的利润。

这两个视角的相互作用构成了中心理论，这个中心理论是围绕战略性思考或价值开发等内容的。

2.3　资源视角

资源角度的论述详见于 C. K. 普拉哈拉德（Prahalad）和加里·哈默尔（Gary Hamel）在 1990 年发表于《哈佛商业评论》的一篇文章[3]，他们在 1994 年出版的一本书[4]中扩充了这一思想。普拉哈拉德和哈默尔所传递的核心思想是建立在一系列业务单元之上的公司与建立在一系列核心竞争力之上的公司之间的差别。尽管独立的业务单元表现出功能性的复制和低效性，但是核心竞争力可以创造出高效的系统，这个系统可以运用到多重业务单元和整个公司。例如，沃尔玛高效分销的核心竞争力能够应用到其零售运营的各个层面。同样，谷歌编写复杂算法从而使企业执行其"整合世界信息"[5]使命的核心竞争力，能够应用到搜寻产品、图片、学术论文和其他大量的主题。而且，核心竞争力能够在合适的特定环境下建立起来。一个企业具有核心竞争力，会使其区别于竞争对手，从而维持竞争性优势。

在短期运营中，一个企业的竞争力来自于其当前产品的价格或者绩效。在长期的运营中，竞争力来自于以相较于竞争者较低成本和更快的生产速度所形成的不可估量的核心竞争力。优势的真正源泉被认为是管理者整合企业科技和产品技术到加强单独业务快速适应变幻机遇的竞争能力。[6]

普拉哈拉德和哈默尔运用三个测试标准来定义核心竞争力：能够运用到多重不同的市场、能被消费者认可、难以被竞争者所复制。更重要的是，资源视角认为尽管不同的企业各自的资源，不同的企业有独一无二的能力，但是核心竞争力和可持续性竞争能力是这两方面的综合。比如，西南航空公司拥有企业文化的价值资源和独特的订票技术。但是，正是文化和技术的结合才带来了企业持续的竞争优势和利润。

因此，西南航空公司造就了世界上其他航空公司无法企及的盈利记录。[7]作为美国最成功的低票价、高频率、点对点的运输方，2011 年西南航空年度财务报告显示连续 39 年盈利。[8]

2.3.1　资源视角的局限性

尽管有其直接价值，但是资源视角有两个主要的局限。首先，聚焦于企业内部特征，资源视角忽视了很多企业运行的外部环境。这些外部环境很有可能会直接影响企业建立核心竞争力的能力。因此，如果没有将环境包含在这一模型中，那么这一视角提供的关于核心竞争力产生的过程描述将会是不完整的。

其次，资源视角提出关于企业的描述是经过深思熟虑的并且是理性的。建议企业逐步具备识别潜在核心竞争力的能力，聚合必要的资源，设计必要的过程来使企业繁荣昌盛。但是，对组织数十年的研究告诉我们，尽管管理者能够在一定程度上理性地行动，然而仍存在着很多干扰因素阻止其预期目标的实现。

两方面局限性的组合预示着，尽管有其价值，但是资源视角提供的是一个在当今全球化商业环境中不完全的企业战略理解。

2.4 产业视角

产业视角的理论基础是产业经济学。该视角在管理学术领域的主要支持者是迈克尔·波特（Michael Porter），他的五力模型是企业战略的主要组成部分。波特在1979年《哈佛商业评论》发表的文章[9]中首次概述了他的观点。随后他出版的两本书中通过介绍业务层面和企业层面战略[10]与价值链[11]的区别来扩展他原先的思想。最近，在2008年的《哈佛商业评论》的文章中，波特根据变化改进了首次[12]公开的五力模型。

产业视角聚焦于企业运营环境（特别是产业结构），作为最重要的竞争性优势决定因素。在波特模型中有五种竞争力（如图2-1所示）：供应商、购买者、新进入者、替代者和行业竞争者。这五方竞争力为了一个固定池子里的资源而竞争，正是这种竞争决定了个体企业在行业中的盈利能力。正如波特所预期的一样，这五方力量和主要企业的竞争是一场零和博弈。每一方的优势衡量都与核心企业的优势相关。也就是说，这五方中的任何一方优势增加的程度将会对核心企业不利，使其变成相对而言的弱者。这个模型的应用可以通过观察两个具体案例的竞争结构而得到有效的证明，这两个案例分别是在碳酸软饮料行业和客运航空行业中。

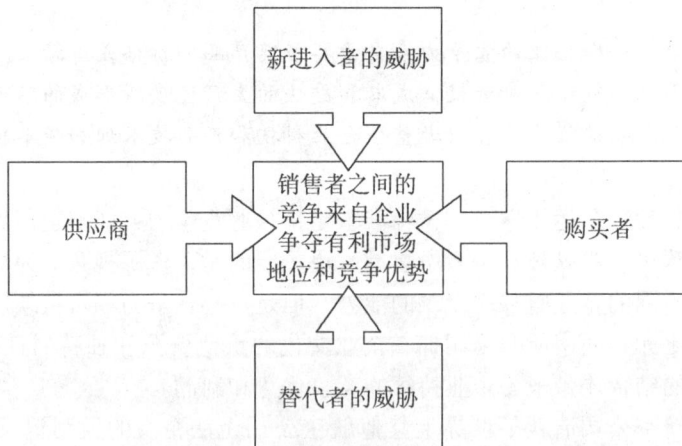

图2-1 波特的五种竞争力模型

资料来源：Porter, M. E.（1979, March/April）. How competitive forces shape strategy. *Harvard Business Review*, 141.

波特的五力模型

有两个不同的案例证明了波特模型在分析企业竞争环境时的价值：

碳酸软饮料浓缩液

这个行业主要由两大公司主宰——可口可乐和百事可乐[13]

供应商力量：弱势

在这个行业中，供应商的力量是弱势的，因为用作制造浓缩液的原材料便宜且易获得。虽然配方是被紧紧掌握的贸易秘密，但是很难想象配方比水、玉米糖浆和调味品还要多。

购买者力量：弱势

在这个行业中的购买者不是饮料的终端消费者，而是与可口可乐和百事公司签有长期合同的瓶装商。近年来，瓶装商已经开始在一定程度上的联合起来以增强他们抗衡母公司的力量，但是在结构上他们仍然处于相对弱势的位置。[14]

新进入者的威胁：小

就进入全球分销网络和品牌认可度的界限而言，在这个行业中，可口可乐公司和百事可乐公司不大可能有其他严格意义上的竞争对手。

替代者的威胁：大

这是这个产业中的主要弱点。随着对于肥胖关注的提升，以及非碳酸饮料市场的发展，这对于占据可口可乐和百事可乐公司主要利润的产品来说是一个巨大的威胁。

行业竞争程度：低

虽然末端消费者看到了可口可乐和百事可乐公司在广告和超市价格以及其他零售批发点中的竞争，但是这些竞争的成本却是由销售给这些零售批发点的瓶装商来承担的，而不是浓缩饮料制造者。可口可乐和百事可乐公司仍然保有对于瓶装商购入浓缩饮料的要价权，而且瓶装商分别与可口可乐或者百事可乐公司达成了独家销售的关系。

这一结构的结果就是，碳酸软饮料浓缩液行业中的可口可乐和百事可乐公司形成了良好的竞争结构。它们成为一个稳定的行业内固定的竞争对手。

客运航空业

不同于可乐浓缩液行业，航空行业存在着大量竞争激烈的公司。[15]

供应商力量：强势

在航空制造行业中存在着很强的联合，这个联合只有两家主要的公司，分别是波音和空中客车公司。因此，航空行业的主要投入——大型飞机，可以选择的供应商来源很少。

购买者力量：弱势

这是一个存在于航空业的优势因素。购买者（例如航空乘客）不断扩大，而且存在着在同一航班上不同乘客因为价格的不同而享有不同座位的差异。但是，随着在线网站的发展让乘客能够容易地比较价格，从而降低了航空公司在这一方面的优势。

新进入者的威胁：大

尽管利润低，但是对于新航空公司进入这个行业是相对普遍的。例如，美国维珍公司获得了美国政府允许运营低成本航线的批准，[16]从而在亚洲市场上大有作为。这对于原有的航空公司来说是更大的威胁，因为新的航空公司不用负担遗留成本（如养老金和健康福利）和对于很多原有航空公司来说会降低利润的低效性，从而新的航空公司拥有了更直接的竞争力。

替代者的威胁：小

在美国，长距离的公共运输可替代的方式的建设并不完善，如火车。因此人们没有别的选择，只能购买如今大量航空公司所提供的服务。

行业竞争程度：高

西南航空公司在高程度化竞争的航空业中保持持续盈利的情况是一个例外，而事实是航空业的竞争非常激烈。[17]

这个极具竞争性的结构的结果就是，航空行业现状对于不同的航空公司是不利的，尽管在这个行业中有高需求和很少的替代选择，但是似乎很难实现持续的盈利。

2.4.1　产业视角的局限性

产业视角中存在着三种主要的缺陷。第一，商业作为一种逐利的事业（combative pursuit）是一种求生的零和博弈。波特模型让企业认识到它们与不同利益相关者的关系是对抗的，企业要想求得生存，就必须在较量中击败其他的利益相关者以获得相对的霸权。换句话说，如果顾客或者供应商获得了优势，那么意味着对核心企业不利。

第二，产业视角陈述的是公司运营环境的一种有限观点。这个模型中只有五种力量包含在内，只覆盖了三方利益相关者，分别是企业的购买者、供应商和竞争者。这幅图忽略了会极大改变公司竞争环境和利润的潜在利益相关者，如当地社区、政府和其他利益相关者。[18]

第三，产业视角没有给出关于企业间特征差异性的充分描述，而企业间的特征差异性可以帮助预见到企业应对既定环境的能力。在能认知企业资源和能力价值的环境中，企业的整体模型能够提供一套可以用来分析运营环境（包括内部和外部环境）和相应的计划战略的更全面的工具。

尽管资源和产业视角都是能够提供关于商业行动、企业运营环境和构建持续竞争力优势能力的极具价值的概念性工具，但是这两种视角都有其局限性。两者的应用范围是有限的，而且排除了一些有助于企业战略和企业成功的因素。例如，这两者对于企业面临的更大范围构成因素的关注是有限的。更加相关的论述是战略企业社会责任，这是一个更加宽泛的视角，融合了企业在日常运营中面临的所有因素、愿景、责任，而且作为回应，必然形成了企业战略。Y时代人或者是千禧人（出生在1980年到2000年之间的人们）开始进入到商学院，课程需要他们掌握更多的全球性目标和利益：

他们喜欢受到关注，而且习惯于当他们需要时去获得信息。他们意志坚强，充满热情，乐观积极，而且勤于工作。他们深切关注世界和世界问题。[19]

这些将要成为21世纪企业高管的学生们需要系统的工具去协助他们起草适应动态的全球商业环境的战略。因此，除了传统的战略视角，我们建议利益相关者视角作为一个更加完善的工具去分析一个企业的运营环境，去创造更适合的战略计划。

2.5　利益相关者视角[20]

当今时代，商业世界随着不断变化的运营环境而发生改变，企业社会责任（CSR）越来越成为企业战略计划过程和商业日常运营的核心组成部分。企业社会责任在企业战略中找到了自然归属。[21]企业社会责任和战略整合的理想机制是一个多重利益相关者视角，有助于企业应对当今社会的主导趋势——全球化、快速变革的通信技术和日益增强的超越利益最大化的社会目标期待。虽然不同的利益相关者的定义会有不同侧重，但是它们的基本观点大体一致。以下是三种基础性的定义：

利益相关者定义

　　一个组织的利益相关者可以是个体或者组织，他们依赖于企业去实现他们自身的个体目标，是企业赖以生存的基础。

Eric Rhenman[22]

　　一个组织之中的一方利益相关者可以定义为能够影响组织目标的实现，同时也受到其目标实现影响的任何群体或者个体。

R. Edward Freeman[23]

　　企业中的利益相关者是自愿或者非自愿地受益于企业财富创造能力和活动的个体或者群体，因此他们会面临着潜在的收益或者风险分担。

Post, Preston, and Sachs[24]

　　因此，利益相关者是在企业活动中具有利益分享的群体或者个体。[25]在第 1 章中，我们已经概括了为什么满足尽可能宽泛的利益相关者的需求和期望是企业的志趣所在。图 2-2 所呈现的模型给出了一个企业可以用来识别其关键利益相关者的框架。

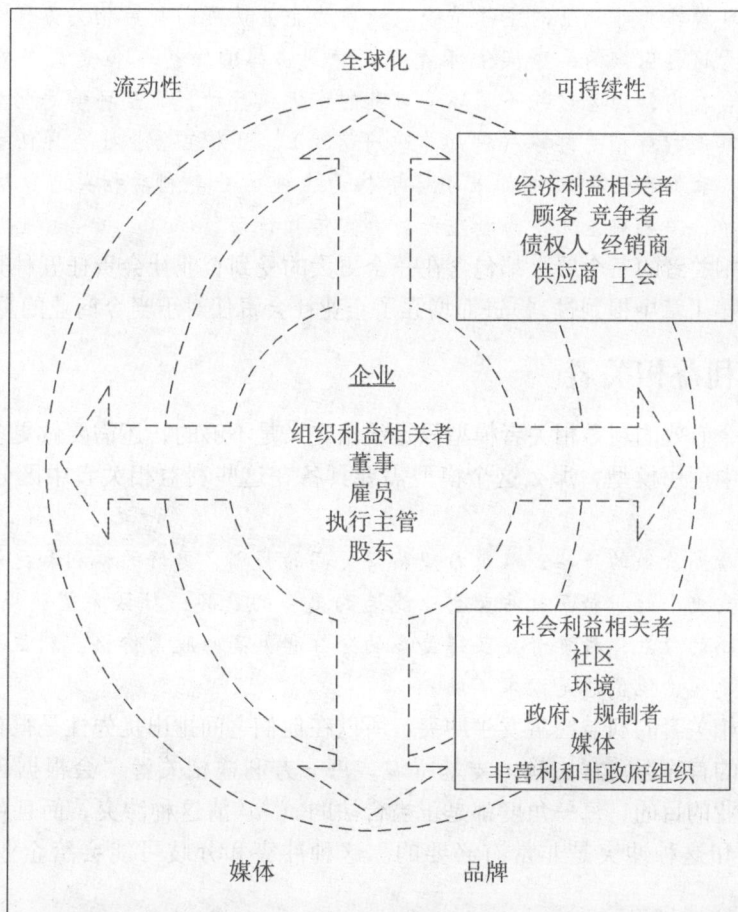

图 2-2　利益相关者模型

　　图 2-2 中将企业利益相关者划分为三个独立的群体：组织的利益相关者（企业内部的）、经济的利益相关者和社会的利益相关者（企业外部的）。组合起来后，三

方利益相关者组成了一个以企业及其组织利益相关者为中心的同心圆，形成一个表示企业经济利益相关者的更大的圆环。在这两个圆环外圈是一个最大的表示社区和企业的社会利益相关者的外圆。这个同心圆模型很重要，因为利益相关者同时作为多重利益方而存在。例如，一个企业的雇员就是企业主要的组织利益相关者。但是，他们也是企业潜在的顾客，同时还是企业运营的社会环境中的成员。但是，制定企业市场规则的政府只是社会利益相关者，和企业之间并不存在经济关系（除了税收），也不是组织的一个组成部分。

企业的经济利益相关者连接着组织和社会利益相关者。一个企业第一位的、最重要的顾客是企业的经济利益相关者。他们并不是内在的组织利益相关者，但是是企业运营环境中的社会成员。他们也是企业传播产品以及与社会互动的主要渠道。因此，如果没有经济的联系，一个组织就会在长期之内失去其责任和合法性机制。不管这个组织是商业组织、政府还是非营利组织，这个道理都是适用的。

环境作为利益相关方

讨论自然环境作为非独立的主体是否应该作为企业认可的利益相关方这个问题非常有趣。很多人认为这是应该的，事实上环境有权受到法律的保护。[26] 但是，另外一些人认为不应将环境包含在内，因为这并不是环境自身的申诉或行动，而是环境恶化如何影响了呼吁环境保护的其他利益相关群体（例如非政府组织）。因为在企业社会责任争论中可持续发展的重要性，我们在图 2-2 中加入了环境作为企业的社会利益相关者，尽管意识到环境为了受到保护，需要有主体作为利益代表去宣传和行动。

企业利益相关者的三个层次都包含在一个更大的受到企业社会责任五种驱动力影响的商业环境中（第 1 章中提到过），进而增强了企业社会责任对于当今商业的重要性。

2.6　优先利益相关者

但是，一个有效的利益相关者模型只是给出定义是不够的，还需要做更多的努力。如果想在实践当中运用模型，那么这个模型需要具备在这些利益相关者中区分出优先性的能力。

顾客想要质高价廉的产品；雇员希望获得更高的薪酬、更好的福利和更舒适的工作环境；供应商想要更小的折扣而且希望企业能选购更多的产品；社区希望获得更多的捐赠；政府要征收更高的税款；投资者要获得更多的分红和更高的股票价格。利益相关者的每一方都希望获得更多，他们总是欲求不满。[27]

因为利益相关者的利益经常发生冲突，所以在他们之间排出优先性是很重要的。正如美国全食公司的首席运营官约翰·麦基所说，每一方利益相关者"会根据自身的需求和愿望来定义商业的目的，每一角度都是正当合法的。"[28] 认清这种冲突，而且可能会采取一定的措施去缓和这种冲突是非常有必要的。这种冲突和分歧可能会给企业带来潜在的威胁：

一些行业——特别是能源行业，一直以来都在和有组织的压力集团对抗。许多重要的医药企业一直都致力于向发展中国家售卖低成本的药品。盖普和耐克公司在印度分公司雇用童工。在发达国家，可口可乐、卡夫以及其他食品和饮料公司被指控对儿童肥胖负有责任。没有意识到这些要求和主张的企业将面临着名誉受损的风险。[29]

　　在当今急剧变革的全球环境中最可能取得成功的企业应该是最擅长平衡多重利益相关者利益分歧的，从而很好适应于其所处的动态环境。能够保证各种利益团体所关心的公平和工作平衡问题的基础性工作会受到企业运营的直接影响，这一论点是值得商榷的。[30]管理的基本工作是保证公平和各方利益群体的平衡。尽管个体或组织的价值包含在企业相关利益者中，但是并不能迫使企业（既不合法也不符合逻辑）去遵守履行利益相关者提出的每一个要求。如果企业花费所有的时间去强调这些不同的要求然后针对反对意见和利益相关者进行协商谈判，或许最终结果也可以是富有成效的。将利益相关者视角整合到战略框架中有助于企业以最大化经济和社会价值的方式对利益相关者要求作出回应。这个战略框架的核心部分是排出利益相关者的优先性——在绝对地位方面和具体事项方面。

　　呈现在图 2-2 中的组织的、经济的和社会的利益相关者同心圆提供了一种优先化的粗略指南。通过识别出每一种类中的企业关键利益相关者，执行主管们能够优先排列出其中某些群体的需求和利益。而且，我们认为在这些分类中，随着利益相关者对于企业重要性的下降，他们会从核心运营中移除。因此，隐含在我们模型中的观念是，组织的利益相关者是企业组成团体中最重要的部分。排在组织的利益相关者之后的是企业经济的利益相关者，他们为企业生存提供经济资本。最后，企业的社会利益相关者通过以企业合法性和长期正当性为核心的社会资本传递这种理念，但是较少地运用于企业的日常运营中。

　　但是，在寻求利益相关者优先性的过程中，企业要记住两点：首先，没有一个组织能做到一直忽视一个重要利益相关者的利益，即使这个利益相关者在企业利益相关者的排序中相对次要，或者已经从企业的日常经营中被排除。政府是一个很好的例子。在我们的模型中，政府是社会的利益相关者，因此在理论上没有企业的组织和经济利益相关者重要。但是，一个企业反复忽视政府在享有广泛的社会支持的重要事件中的关系是不合理的。假设政府具有明显的约束行业的力量，企业追随政府的基本需要和要求才是理性的。[31]

　　其次，记住这点是非常重要的，利益相关者的相对重要性不可避免地会随着企业、事件和时间的变化而不同。因此，基于这些因素，相对排序的变化是非常大的。于是，强调且尽可能地满足利益相关者的波动需求对于企业在当今动态的商业环境中存活下来是非常必要的。为了做到这点，执行主管需要拥有一套能够帮助他们根据具体的事件优化排列出利益相关者利益，而且以系统的方式作出战略回应的思维工具。

　　Simon Zadek，作为 AccountAbility[32]公司的创始人和首席执行官拥有一套强有力的工具，企业可以用来评估事件可能带来的最潜在的机遇和危险。[33]首先，Zadek 意识到"组织发展形成的企业责任意识"[34]的过程分为五个层级，分别是抵抗阶段（否定责任）、服从阶段（完成最低要求）、管理阶段（开始将企业社会责任整合进管理实践）、战略阶段（将企业社会责任植入战略计划过程），最后是公民阶段（在行业范围内促进企业社会责任实践）。Zadek 将这意识的五个层级与"用来衡量社会事件的成熟度和公民关于事件的期望强度"[35]的四个层次结合起来。分别是潜伏期（意识只是存在于活动积极分子之中）、萌芽期（意识开始进入政治和媒体社会）、巩固期（更加广泛的意识已经形成），最后是制度化期（强势的利益相关者采取实际措施）。这些不同的阶段之间可能的互动范围如图 2-3 所示。

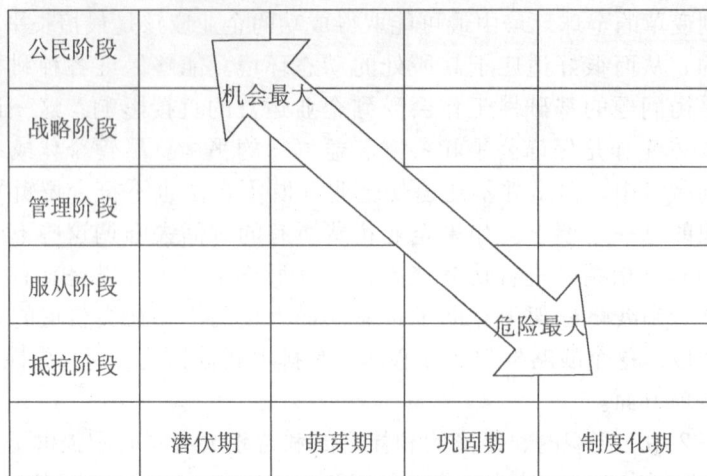

图 2-3　优先排列利益相关者关系

资料来源：Zadek, S. (2004, December). The path to corporate social responsibility. *Harvard Business Review*, p. 129.

　　Zadek 认为企业最大的威胁是以抵抗的方式应对一个已经制度化的事件，因为企业会忽视事件对企业经营存在的潜在的巨大威胁。例如，一个企业如果继续公开地否定气候变化的事实，那么将会陷入危险之中。相反地，那些致力于促进行业范围内与新兴事物相关的标准化实践的企业会得到最大的机会。例如，一个介绍测量碳排放而且在产品标签说明该信息的零售行业企业就是一个很好的例子。这样的公司因为自身的付出获得了最大的经济和社会价值。

　　但是，这个模型有一个缺陷，就是它关注的是企业与特殊事件的互动，而不是关注企业与其利益相关者的互动，而且互动在利益相关者之内、事件之间和事件之内变化，却不是利益相关者之间。为了强调这一点，我们发展出一种三维模型，如图 2-4 所示，可以让企业优先排列利益相关者事件和决定何时采取行动。这三个方面分别是，战略相关性、执行影响和利益相关者动机。战略相关性衡量了事件对企业的重要性，也就是说事件对于企业核心竞争力和竞争性优势资源的关联程度。执行影响衡量了一个特殊的利益相关者群体对于企业运营的影响程度，也就是利益相关者对于企业名誉损害、收入减少或者员工懈怠的影响力。最后，利益相关者动机衡量的是特殊事件对于利益相关者的重要性。也就是说，利益相关者有多大可能会采取行动。

　　因此，一个企业对于利益相关者关系的持续性行动回应的程度取决于这三个方面的互动。重要的是，这个框架应该包含这样一种超越利益相关者的文化，就是让企业理解它们变化的关系，评估事件对于利益相关者有多重要。最后，当战略相关性、执行影响和利益相关者动机都很高的时候（如表格右上方所示），企业为了维护其自身利益被迫做出行动，而且要迅速。

　　通过研究图 2-2、图 2-3、图 2-4，企业得到一套能够促使执行主管在一个动态的基础上分析企业的运营环境方法。因此，为了评价企业应该如何面对特殊事件作出反应，做到以下四个步骤是十分重要的。

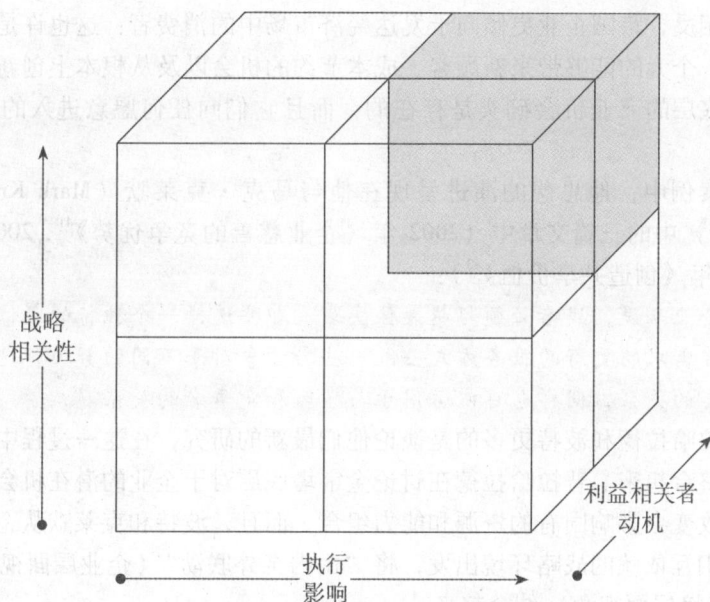

图 2-4 企业应对利益相关者要求的决策[36]

利益相关者优先排序的四步骤

1. **确认**与该特殊事件相关的利益相关者组合（见图表 2-2）。

2. **分析**事件的性质，弄清它与企业运营的关系（见图表 2-3）。

3. 对利益相关者作**优先排序**以及了解他们争夺的利益和需求（见图表 2-4）。

4. **尽快采取合理可行的行动**，按优先次序满足尽可能多的利益相关者需求。[37]

利用这四个步骤可以最大化利益相关者视角对于企业的价值。更重要的是这一过程可以用来明确利益相关者间的关系是以事件为基础（例如，一个单独的事件与多重利益相关者），还是以利益相关者为基础（例如，一方利益相关者与多重事件），当然这也取决于企业的战略利益。比如，图 2-4 的模型可能用来描绘多重利益相关者在任何一件特殊事件中的情境，也能描绘一方利益相关者与多重事件的情境。重要的是这个模型具有主动性和反应性。它形成了一个企业可以用来预见或是回应可能是机遇也可能是威胁的利益相关者关系。在所有的案例中，利益相关者优先排序的过程让企业最大化其经济和社会价值，同时也避免了潜在的运营危害。

2.7 战略与企业社会责任的整合

资源和产业视角的主要支持者认为，他们早先工作研究中的局限性已在他们最近发表的文章中得以修正。在这两个方面，普拉哈拉德 和波特都发展了他们的观点：首先，将内部的（资源）与外部的（行业）视角融合成一个全面的观点；其次，将企业社会责任的成分包含进一个更宽泛的利益相关者视角。

2.7.1 结合资源与产业视角

他们思想的演变在普拉哈拉德最新的研究中体现出来，研究描述了全球 65% 的人口（约 40 亿人，年均收入均低于 2 000 美元）为跨国企业带来了商机。[38]这个群体构成了世界人口四层金字塔的最大的底层。[39]普拉哈拉德认为这个群体作为潜在的消费者目前被跨国企业忽视了，相反，跨国企业更倾向于发达经济市场中的消费者：这也许是个好的商业战略，就是融入一个大的能够带来新顾客、成本节约的机会以及从根本上创新的尚未开发的市场。金字塔底层的商业机会确实是存在的，而且它们向任何愿意进入的跨国企业打开市场。[40]

在波特的案例中，他思想的演进呈现在他与马克·克莱默（Mark Kramer）发表在《哈佛商业评论》中的三篇文章中（2002年《企业慈善的竞争优势》[41]，2006年《战略与社会》[42]，2011年《创造共享价值》[43]）：

对于任何企业来说，战略必须超越最佳实践。即要选择一个独特的定位，用更低的成本或者满足顾客需求的更好的服务方式去做一些与竞争对手不同的努力。这些原则运用于一个企业与社会的关系，同样也可以运用于与顾客和竞争者的关系。[44]

因此，普拉哈拉德和波特更多的是谈论他们最新的研究，在这一过程中更接近于将资源和产业视角整合起来。普拉哈拉德在讨论金字塔底层对于企业的潜在机会过程中，认识到环境情况的改变会影响固有的资源和能力组合。而且，波特和克莱默从企业的视角和强调企业与社会相互依赖的战略环境出发，将"由内至外联动"（企业层面视角）和"由外至内联动"（环境层面视角）结合起来。[45]

2.7.2　整合企业社会责任

关于将企业社会责任整合进他们的理念中，有一个很有用的能贯穿普拉哈拉德和波特最近研究的主题。除了认清跨国公司的新市场，普拉哈拉德还关注了提供给发展中国家产品和服务的高效传递所带来的社会价值。而且，波特同样写到关于企业战略决策过程中的潜在的社会和经济价值：

在企业运营实践和竞争环境的社会层面中寻找共享价值，这不仅能够促进经济和社会的发展，而且能够改变企业和社会对彼此的看法。[46]

企业社会责任时事速递：共享价值

在2011年，迈克尔·波特和马克·克莱默发布了他们关于企业社会责任研究的最近进展——"创造共享价值"[47]最后，他们提出[48]了这样的观点，企业在分析问题事件时应该包括经济和社会目标，然后运用它们的专门技术给出基于市场的解决方案。这样，经济价值和社会价值都得到了最大体现。企业社会责任团体的反应强调它们已经在一定程度上落后于时代了，尽管它们非常乐于加入社会团体而且希望能够为推动企业社会责任纳入难以劝说的首席执行官的议事议程中作出努力。[49]

正如我们所理解的，迈克尔·波特和马克·克莱默所陈述的观点与比尔·盖茨和穆罕默德·尤努斯（Muhammad Yunus）的"关注资本"观点很相似，本质上是一种社会企业理念的重塑。因此，我们对于这一理念的批判是这样的，尽管思想理论上听起来很好，但实际上，这一商业模型所能实现的是有限的。Product（RED）是一个很好的例子，[50]作为一家Cause-related的公司非常成功，但是对于创始人期望的环境改变的解决方法上存在不足。

我们所强调的战略企业社会责任认为，企业应该聚焦于认清关于是否有一套基于市场的解决方案的问题，而且以一种高效并且富有社会责任的形式来实施方案。企业社会责任的理念作为战略整合的一部分主要是通过各种活动集中于专业的企业领域，而不是过分强调那些既不是市场的解决方案而且企业也没有成功传递的，偏离企业专业领域的行动。以一种寻找满足企业的最大范围内利益相关者的需要和要求的方式运营才能使长期利益相关者的价值得到最大化体现。总之，企业的焦点始终是一样的。这种方式是不同于战略企业社会责任的视角的。但是，波特和克莱默想要改变这一焦点。正如他们在导语中写的：

"企业的目的必须重新定义为创造共享价值，不仅仅是利润。"在一些例子中，这两种视角（关注资本与战略企业社会责任）会产生相同的行为，但是驱动力是不同的，而且这很重要，因为最后就企业的成功与失败而言，会形成不同的结果。例如，星巴克不应该与危地马拉的咖啡种植农建立伙伴关系，因为公司认为这些农民面临着不确定的未来，那个地方并没有充足的社会福利网来支撑他们生存下去。但是因为星巴克需要保证高质量咖啡豆的稳定供应，所以以可持续的方式支持这些农民成为保证其供应的最佳办法。总之，星巴克和这些重要供应商形成稳定持续的伙伴关系并不是因为它力图满足社会需求。它之所以会这么做，是因为这些农民生产了对其经营极其重要的原材料。正如星巴克被推动去以可持续的方式保护原材料，而不是无情地开发利用。危地马拉的农民要是不生产这一需求的产品（假如商业链条不在这里），争论是星巴克要介入一地区就很难了。

最后，虽然盈利性企业能有助于第一视角（关注资本），但是它们更加符合的是第二种视角（市场资本）。理想地，应该是高效能政府和非营利性部门去关注于那些市场忽视或者无法解决的领域。相反，波特和克莱默认为，社会目标应该和经济目标同等重要，企业应该运用它们基于市场的技术和专业水准去解决这一问题，换句话说，就是企业应该变成较少逐利的企业，更像一个社会企业、政府机构或者非营利组织。尽管是出于好意，我们认为并不存在一种关于"如何治理资本"有效的计划，而是社会中对于营利性企业（以及企业社会责任视角带来的最大化价值的角色）的价值误解。正如《金融时报》文章中所说：[51]

在 Rosabeth Moss Kanter 2009 年的《大型企业》（Supercorp）一书中，她对企业警告说："社会承诺没有保证企业吸引资源的经济逻辑。"更多的企业正在学习从具有更广泛社会价值的战略中获取商业利益。这很好，但是治理资本主义的基本观点认为还是如之前一样：找到一种能够利用社会需求去满足企业自身利益的方法，而且两者共存。

一方面，企业社会责任被清晰地认作是企业的核心构成。为了将企业社会责任有效地整合到整个组织中，一个企业需要找出那些有价值的、稀有的、难以被模仿和不可替代的资源和能力。[52]这些竞争力的发展呈现出企业具有不同于其他竞争对手的能力，然后构建起可持续的竞争优势。[53]但是，另一方面，企业社会责任也可以作为一种衡量方法，用以衡量企业在其第一利益相关者群体中的运营环境，通过分析环境的结构组成，给企业指出适合的成功机会。

还有一个很重要的问题就是：企业是如何定义社会责任行动是具有战略性的？在波特和普拉哈拉德的研究中，他们都正确地聚焦于对组织来说专业和相关的领域。在企业的经济竞争能力和潜在社会进步之间有很强的关联。战略企业社会责任的概念是一个中心组成部分，社会关注的领域超越了利益最大化，但是，更重要的是这和企业的核心运营相关联。整个领域的企业活动是扎根于战略、企业社会责任和利益相关者视角的互动，我们稍后会谈及。

2.8　战略企业社会责任

定义战略企业社会责任要考虑四个主要元素：第一，企业将社会责任视角包含在其战略计划过程之中；第二，它们所采取的任何行动与核心运营相关；第三，它们包含利益相关者视角；第四，它们管理企业资源和与核心利益相关者的关系的视角是从短期发展到中期以至于长期。

战略企业社会责任

将一个整体的企业社会责任视角与一个企业的战略计划和核心业务相结合，从而企业能够从中期到长期在一个宽泛的利益相关者利益组合管理中实现最大化的经济和社会价值。

正是这四个重要元素的结合保证了企业社会责任与战略计划的整合，并推行到企业的日常运行中。

2.8.1　企业社会责任视角

任何战略企业社会责任定义必不可少的是企业将社会责任视角整合进它们的战略计划过程中。

在波特和克莱默关于企业如何将社会维度融入到它们的战略决策过程的概述中，他们给出了一个三层次框架，可以指引企业如何评估和按优先顺序做它们应该做的社会事件。[54]企业与社会关注事件的互动被分为三个层次的互动：

- "一般的社会事件"（与企业业务不直接相关）
- "价值链社会影响"（企业业务影响社会的程度）
- "竞争环境的社会层面"（环境制约企业运营的程度）

例如，在一个将生产外包到一个低成本海外市场的零售服装公司案例中，美国的生存工资（与最低工资截然不同）是一个一般性的社会事件（一个很重要的甚至一定程度上企业会有所作为的事件），但并不是与企业运营直接相关的事件。但是，生存工资在企业产品生产所在国是一个很明显的价值链社会影响的例子，是一件企业运营直接影响当地社区的事件。这一事件的政府立法前景代表着一个组织的竞争环境的社会层面，因为这会给企业运营带来潜在的影响。

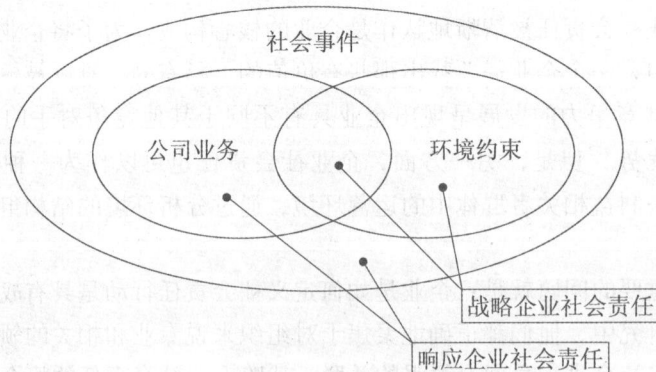

图 2-5　波特和克莱默的战略和社会模型

资料来源：Michael E. Porter & Mark R. Kramer, 'Strategy & Society,' *Harvard Business Review*, December, 2006, p. 89.

图 2-5 论证了波特和克莱默是如何运用社会事件与企业运营、环境阻碍三者之间的关系去区分"响应企业社会责任"与"战略企业社会责任"。"响应企业社会责任"是发生在当企业主动地卷入与运营或者其价值链结构不直接相关的一般性社会事件，以避免负面的社会影响时。但是，"战略企业社会责任"包含一个更主动的社会层面与企业战略计划的整合。这种形式的企业社会责任发生在组织作为其价值链的成果去造福社会，或者是通过例如"战略性慈善"这样的活动去影响其竞争环境的情况下。[55]"战略企业社会责任"发生在与企业运营直接相关的社会，反之亦然，容许企业分析什么事件以及利益相关者是其有能力去影响的。由于企业社会责任作为企业战略决策过程的整合部分，因此，形成了战略企业社会责任在执行中一个很好的例子。

2.8.2　核心业务

战略企业社会责任的第二个组成部分是企业采取的任何行动都与其核心业务直接相关。简而言之，就其是否能够分为战略企业社会责任而言，同样的行动会带来不一样的结果，这取决于企业的核心技术和事件与企业愿景和使命的相关性。考虑以下两个问题：

- 一个大型金融公司因为其首席执行官认为这是一个重要事件而向一个研究气候变化影响的组织捐赠，这是否具有意义？
- 一个石油公司将钱捐赠给同样的组织，因为公司认为气候变化会对其经营形式造成威胁，希望通过投资可能的替代选择来降低这种威胁，这是否具有意义？

这两个公司的行动是一样的，都是资金从一个营利性企业捐赠到一个研究气候变化的非营利组织。但是，假设它们的业务与环境不直接相关而且首席执行官也不是这方面的专家，对于第一个案例中的企业来说很难去评判它的行为，但是我们更容易看到的是环境变化与第二个企业的相关性。从企业的战略利益角度出发来考虑企业在争议领域的未来可见的运营方式。[56]

运用相似的逻辑，对于一个像戴尔这样的电脑公司，提供电脑回收服务项目，其产品意识是很有意义的。[57]但是，对于戴尔来说去提供一个"植树为我"（Plant a Tree for Me）的项目来抵消因为生产新电脑而带来的温室排放，这意义是微弱的。[58]戴尔公司精通电脑业务，应该知道怎样最好地循环利用。很明显的是，戴尔公司在植树方面的技能是很少的，比如植什么树、在哪植树、是否植树是对公司资源的有效利用，或者是否是应对气候变化的有用方法。虽然戴尔公司将这些责任外包给了它的项目伙伴——保护基金会和碳基金组织，但是对于戴尔来说一直并不清楚如何选取这个领域内合适的伙伴以及企业如何能够监管这些合作伙伴的行为。

2.8.3　利益相关者视角

战略企业社会责任的第三个组成部分是企业融入利益相关者视角。但是，利益相关者视角实现的障碍是目前被很多企业强调的利益相关者的利益。

正如之前所讨论的，一个很少在利益相关者模型中提及的问题是事件的优先排序。对于一个组织来说，能够去分析其不同利益相关者和它们之间不同的利益和需求是非常重要的，但是当这些利益和期望冲突的时候困难就出现了。解决这些利益相关者分歧最有效的方法就是优先排序。如果一个企业有两组利益相关者群体，这两个利益相关者群体存在需求分歧（例如，企业不能充分满足双方的需要），那么企业需要全心全意地回应两者中最重要的一方，并且试图不冒犯另一方是最有意义的。

　　犬儒主义者指出，企业一直在做的就是它们总是把优先权给它们的股东。但是，在现实中选择并不是在股东视角和利益相关者视角中二选一的。一个企业的股东是该组织利益相关者的一方，因此对企业很重要。但是，事实是并不是这样就能自动保证他们的需求可以被优先满足。很多事实表明，最成功的企业是那些能够将其他利益相关者优于股东考虑的。[59]这一阐述从企业绩效来说，是投资者面临的风险不同于其他利益相关者（例如雇员）面临的风险：

　　股东的要求仅仅是企业的剩余收入。但是由于股东能够较为灵活地使其投资组合多样化，所以企业对于股东面临的风险会低于特殊技能员工面临的风险。[60]

　　强生集团是个典型案例，这家公司在企业信条中对利益相关者进行了优先排序。[61]重要的是它们将其顾客放在第一位，将股东作为"最后的责任"放在最后。它们给出了一个合理的解释，只要"我们根据这个原则经营"，将顾客（崇尚健康）、供应商和分销商、雇员以及企业运营所处的社区优于股东，那么"股东将会获得合理的利润"[62]。我们追溯到20世纪80年代的"泰诺恐慌"（Tylenol，一种药名），当时7名芝加哥市民在吞下氰化物胶囊后死亡，强生集团的管理层明白他们应该做什么，他们甚至没有请示当时还在飞机上的首席执行官詹姆斯·柏克（James Burke）。柏克下飞机后在找到高级主管之前，管理层已经要求所有的泰诺产品下架，所有的泰诺停产。[63]

　　公司花费了超过1亿美元的成本来召回3 200万瓶泰诺药。[64]但是，主动回应的强生集团的名誉价值提高了，其品牌信任度和保护市场的竞争力也增强了，以至于在召回的一年之内，泰诺已经占有了35%的市场份额。[65]

　　尽管并不像强生集团一样将其正式化，但是如西南航空公司的赫伯·凯莱赫（Herb Kelleher）、[66]科琳·贝瑞特（Colleen Barrett）、星巴克的霍华德·舒尔茨（Howard Schulz）、[67]沃尔玛的山姆·沃尔顿（Sam Walton）、[68]巴塔哥尼亚（一家主营户外服装的公司）的Yves Chounard，[69]他们都认识到当与业务直接相关的利益相关者受到更多的激励，而且公司能够更加忠诚地服务于顾客时，那么股东会得到最好的回报。亚马逊有相似的"顾客第一"的商业理念。[70]除此之外，美国好市多（Costco）连锁企业按惯例拒绝了投资者要求减少员工收入和福利的提议。尽管有阻力，但是好市多的股票价格在过去10年远远超过其主要的竞争者沃尔玛。[71]

　　当然，没有谁认为股东利益不重要，或者他们不应该被置于其他利益相关者的利益之上。相反地，重要的关键点是股东不应该自动地认为他们是高管的主要关注点，其实一个更为宽泛的利益相关者组合更能为企业带来全面的利益。

2.8.4　中期到长期

　　战略企业社会责任中最后也是最重要的部分是，当管理企业资源和利益相关者关系时应该从短期视角转移到中长期视角。如果高管们将他们的视线从下个季度或者下个季节转移到未来十年甚至更长，他们将会自觉地改变他们如今所做的决定。如果一个首席执行官只是专注于下一个季度，将很难去实践企业社会责任。但是，如果首席执行官关注于企业从现在到未来5年、10年或者20年的生存，优先排序将会改变，例如，长期建立起来基于信任的关键利益相关者的价值将会以指数形式增长。

　　正如这章所讨论的，如果企业希望在当今商业环境中保持活力，它们必须满足关键群体的需求。当不同利益相关者的期望发生分歧时，企业需要去平衡这些互相冲突的利益。但是，这些互相冲突的利益不仅存在于利益相关者之间，而且存在于其内部。一个很明显的例子就是不同的投资方会对可接受的绩效层面有不同的定义。

股东角色的转变——从投资者到投机者

股东角色的演变已经对有关企业社会责任的辩论产生了巨大的影响，并使由董事会股东来制定企业战略宏图这种情况变得更加常见。特别值得注意的是，所有权的作用随着时间推移而缩小。目前，股票作为一个公司长期投资的情况越来越少，而越来越多地成为一种独立的、短期的个人获利的途径。因此，我们可以看出投资者和投机者的区别：一个是寻求有着能反映其经济实力的股票价格的公司（比如，一个合理的市盈率、利润率、长期规划）；一个是仅凭自身对公司股价是否会上涨的个人预测来进行投机押注，而完全不考虑该公司的股价是否有上涨的资本或者是否被公允地估价。

这种转变或对比被这样一个事实所证明，即"平均控股期已经由20世纪60年代的8年缩减到现在的5天左右"[72]并且CEO们声称，现在"人们已经不再投资你的公司，而是投资你的股票，这是一个很大的不同"[73]。同样，共同基金公司美国先锋集团（Vanguard）的创始人约翰·伯格（John Bogle）将"投资"与"投机"这两者的冲突写进了他2012年出版的书里。

短期投机的风尚开始蔓延……取代了早在第二次世界大战期间就开始占优势地位的长期投资。[74]

在这个互联网兴盛、股票交易受控于投机买卖，且追求收益最大化的世纪里，这种趋势演进为一种极端，而且企业几乎不愿尝试去建立公司的商业价值或潜力：

亚马逊股价的浮动能在一周两次被操盘改变……弄清亚马逊流通的200亿美元的市场价值将会带来平均每年超过10亿美元的获利。然而，亚马逊1998年的总销售额才是6亿美元……当今对股票的认识基于一个错误的信念，即他们是一种单向押注：从长远来看，比起其他的资产，它们总是带来更高的收益。[75]

暂时的股票交易主要是由即日交易的兴起引发的，这是一种在美国互联网繁荣时期产生的现象。[76]但是这种交易方法也适用于其他国家，比如说英国。[77]由于个人网络运用和社交科技的普及和发展，即日交易成为可能。它可以被定义为"投机"，即"投资者带着想在24小时内快速获利的意图购买股票"[78]。另外存在的一个让人无法抗拒的因素是，投资人与其投资的具有长期利益的公司的商务联系可以在任何时候得到服务。[79]

总而言之，民主化的家庭型投资者（家庭投资的比例在市场中由1983年的大于20%增长到2001年超过50%）[80]联合整合型投资者（资产在401（k）s，主要投资共同基金，从1980年的1 350亿美元飙升到2007年的12万亿美元）[81]提出打造具有强大控制机制能驾驭法人行为的华尔街。并且，近几年来，科技革新深深地加剧了这一趋势，同时也使得电脑辅助的、高频率交易的重要性得到提高。最终的结果是不管规模还是营业额都有了显著的提高，它的影响力被描述为"每秒三百万股票流动的赌场——华尔街"。[82]

几乎不关注未来趋势仅仅为了快速获益，这使得大量资金被卷入了短期的投机活动中。金融体系已经被一股所谓的创新洪流所破坏，而这股洪流只是为了促进超快速交易、择时交易以及鼠目寸光的企业操盘。[83]

在这些情况下，真的可以说股东能够支配他所投资的公司吗？当一个电脑程序可以分辨交易市场中微小的股价差别，在微秒内可以持有个别仓位，并且公司所有者看重并保护那些所持有的项目，那么在这种意义上，是否可以说股东占有公司的一部分呢？随着这种交易模式的转变，交易注册者不关注组织的健康发展情况而仅仅追求美元投资的情况越来越成为一种趋势。正如《经济学人》指出的那样，技术股大幅上涨也造成了更剧烈的股票市场波动和更高概率的快闪跌市：

"……频繁交易的交易员并没有依据一个公司的未来发展前景来做决定；他们只是在追求极小的交易差价所带来的利润。他们也许还热衷于交换棒球卡。此类交易带来的所有流动性收益都是极佳的，但是这种流动性在困难时期也会衰减。并且，虽然高频率的交易可能使市场在正常时期波动较小，但是它也有可能会加剧在最糟糕时刻的动荡。"[84]

投资性质的改变以及企业与所有者之间变革的关系使人们认识到股东已经处于一个分散经营注意力的位置。管理者现在必须集中大部分精力和时间在季度结果[85]、红利标准和股价的短期考虑上，以使有需求的股东满意。例如，如今企业通过减少成本改善了财务报告，但是也增加了运营失败的长期风险。[86]因此，这种短期的视角通常是牺牲以企业长期的战略考虑和经营利益为代价的，而且不实现这种短期盈利的后果是严重的。正如美敦力（Medtronic）公司已经退休的首席执行官比尔·乔治认识到的：

他们想知道为什么你没有达到那些数字，你告诉他们，我们已经投在长期的研发项目中，并不是不翼而飞。当你没有达到承诺的目标，你的股份就不同程度地受到惩罚。如果你的收入增加了15%，但是他们希望的是20%，那么你的股份将会下降——不是5%，而是25%。然后，你很容易就被接替了。[87]

许多观察家看到了股票市场初衷逐渐被扭曲的趋势，开始要求征收金融交易的交易税。[88]

企业仍然担负着给投资者提供回报的责任（这是他们经济使命的要务），但是那种股东占有企业最佳核心利益的理念不再真实。在当今的商业环境中，一个更广泛的利益相关者视角给管理者提供了必要的稳定性去制定企业的最佳规划，这样就保证了从中期到长期的可行性。这反映的是一个企业投资者的利益，而不是那些投机者的。

那些不关心企业长期健康和可持续的投资者和其他利益相关者通常会关注短期结果，这会给企业带来严重损害，但这种情况也代表了近来西方资本的发展。正如阿尔弗雷德·钱德勒所提到的，这也并非总是如此：

在做管理决策时，职业经理人更倾向于那种有助于长期稳定和能够使企业实现最大现值增长的政策。[89]

但是，股票期权和其他设计用来解决委托代理人分歧以及整合所有者与管理者利益的薪酬政策的发展给企业带来了负面影响。[90]由于企业中股东关注短期利益，而且高管只关注个人财富而忽略了企业长期利益，公司的决策将会受到扭曲。[91]企业越来越少地关注商业根本价值，而越来越多地集中于关注投资者利益。约翰·梅纳德·凯恩斯认为，虽然股票交易越来越容易获利，但是股票交易也带来了扭曲的影响。公司的目标变成了并不是追求最好的，而是按照投资者的逻辑去追求别人认为最好的。总之，对于投资者来说，"按惯例错的总比非惯例的对要好。"[92]

这不是选择对于某人的判断来说真正最美丽的情境，也不是平均理念下认为最美丽的情境。我们已经达到了第三个层次，我们用智慧去预测平均水平上的观念是什么。而且，我认为还会有人实践第四、第五甚至更高的层次。[93]

因此，首席执行官对于短期投资者需求的敏感程度的谨慎度不断增强。例如，可口可乐公司 1981 年到 1997 年期间的首席执行官 Robert C. Goizueta 更喜欢所有者"共享所有权"的理念，因为这意味着在企业内部一个更大的所有权。[94]保时捷公司（Porsche）1993 年到 2009 年期间的首席执行官 Wendelin Wiedeking 一直以来坚持一个更宽泛的，能够将高管注意力转移到超越投资者短期需求层面的战略决策视角：

> 我不赞同股东价值，因为这将很多事情排除在外。股东给公司资金就只是一次，然而雇员每天都在为公司工作。[95]

企业迎合短期股东利益的意愿充分体现在季度的财务报告中。这种报告通过武断压缩生成的数字，忽视了中期和长期的决策以及投资战略。最近几年，像联合利华、可口可乐、麦当劳和 AT&T 这样的公司已经停止发布这样的报告，"这表明它们已经转型为长远规划的可持续企业。"[96]伦敦商学院的战略学教授 Sumantra Ghoshal 认为这种错误地强调股东为什么会损害企业的长期价值的一个主要原因是没有反映出不同利益相关者对于企业成功的相对贡献：

> 毕竟，我们都知道股东并不像拥有他们自己的房子或者车子一样拥有整个公司。他们只是拥有公司剩余现金流（residual cash flows），他们没有对于企业实际财产和生意的所有权，这些都是归法人企业所有的。大部分股东卖掉他们的股票远远比大部分员工找到另一份工作要容易得多。实际上，一个公司的员工比其股东要承担更多的风险。而且，他们的知识和技能以及企业家的贡献显然要比股东的资本，一件供大于求的商品的贡献重要得多。[97]

CSR 时事通讯：The Long Now

持续性组织 The Long Now Foundation（http://longnow.org）是一个专注于整合我们生活之地"当时当地"的文化，试图让人们从更大的图景和更长期的框架来思考。该组织运用这些指南作长期规划：

- 采用长远视角
- 追求责任性
- 奖励耐心
- 关注虚构的深度
- 与竞争者结盟
- 无边界
- 杠杆长寿

为了强调它的观点，网站上所有年份都是以 10 000 年来记录的，而非 1 000 年（例如 01996＝1996）：

> 持续性组织 The Long Now Foundation 建立于 01996 年，创造性地追求长期性思考，以及在未来一万年框架下的责任。

该组织的主要项目是一万年年钟，这个项目是首先由计算机科学家 Daniel Hillis 提出的：

> 我小时候，人们总是谈论未来 02000 年会发生什么。在接下来 30 年他们还是继续谈论未来 02000 年会发生什么。对于我的一生来说，未来一年一年地在缩短。我想是时候开

始一个长期的项目来使人们越过正在缩短的未来的情感界限来思考。我想推荐一种大型（思考巨型阵）机械钟，通过季节性温度变化而运作。它一年滴答一次，一个世纪隆隆作响一次，一千年咕咕作响一次。

同样重要的是，为了以一种有意义的方式实现战略企业社会责任，公司必须同时关注经济和社会价值长期内的最大化，同时在其专业领域（与其核心业务相关）有所作为。被不注重企业长期利益投资者的季度收益所驱使的短期目标对于企业承诺去实现战略企业社会责任几乎没有什么价值（而且可能具有最大的危害）。[98]

传统的关注投资者的企业模型与整合企业整个业务的战略企业社会责任模型两者最大的区别是是否聚焦于长期附加值。这种视角的转变（从短期到长期）设想起来比较简单，但是很难在企业层面实践。虽然如此，这一转变让企业更关注企业社会责任视角。将这种转变和利益相关者与企业战略策划过程整合以及聚焦于与企业核心业务相关的活动，让高管们重新认知战略企业社会责任在整个组织中的实现。

企业社会责任是简单的以一种负责任的方式来处理企业运营中的各个方面。战略企业社会责任正将这种理念以最大化社会和经济价值的方式融合入企业战略策划过程中。企业通过实施战略计划并在运营中考虑广泛相关利益者的需求和关注点，来保持其社会合法性。最后实现了中长期的利益最佳化，并满足了广泛相关利益者的需求，而非短期目标利益最大化。

2.9　下一步

除了这一章的利益相关者模型，还有很多关于企业社会责任领域的争论。这些争论带来了一些关于可能的最佳实践标准和企业实践中的疑惑。因此，在第 3 章中将会探讨一些反对企业社会责任的尚未解决的争论（以及激进式企业社会责任的应用）。

在第一部分的最后两章中，我们会概述企业是如何将企业社会责任融合到日常运营中。第 4 章将企业社会责任放入战略视角，扩充了企业社会责任不断加强的重要性以及对于企业战略的影响。最后，第 5 章讨论了影响企业社会责任在企业战略决策框架中实践的因素。

2.10　问题讨论和回顾

1. 说出这些术语的定义：愿景、使命、战略和策略。这些术语与企业战略规划过程的关系是什么？

2. 概述资源视角。识别一个企业以及它的核心竞争力——展示出是如何满足由普拉哈拉德和哈默尔所提出的识别其作为一个企业可持续竞争优势的来源的三项测试。

3. 概述产业视角。选择一个行业为例，运用波特的五力模型来分析这个行业的竞争结构。

4. 用现实中的一个例子，列出一个企业的所有利益相关者，用本章中的一个模型来优先排序他们的重要性。你认为应该用什么样的标准来优先排序相互竞争的利益相关者的利益？

5. 用你自己的话来定义战略利益相关者。你会寻找什么样的标签来指出一个企业应用的战略利益相关者视角？

6. 定义战略利益相关者的四个关键要素是什么？你认为这四个要素中哪一个会给企业带来最大的阻力或者困难？

7. 股东是企业的投资者还是投机者？为什么？

学生学习网站

访问学生学习网站www. sagepub. com/chandler3e 来获取额外的学习材料。

2.11 注释和参考文献

1. Bruce D. Henderson, 'The Origin of Strategy,' *Harvard Business Review*, November-December, 1989, pp. 134–143.

2. 另一种用来分析公司战略的工具是"钻石五要素模型"（strategy diamond），其将重点放在了综合方案的重要性上。这种方法在以下文章中有详细介绍：Donald C. Hambrick and James W. Fredrickson： 'Are you sure you have a strategy?' *Academy of Management Executive*, Vol. 19, No. 4, 2005, pp. 51–62. "钻石模型"包含了五种因素，此五种因素覆盖了所有公司用以达到其目标而采取的行为：领域（公司的竞争领域），方式（公司为达到目标而采取的方式），差异化（公司形成其差异性优势的方法），发展顺序（公司实现其发展的速度和顺序），经济逻辑（公司实现收益的路径）。虽然钻石模型建立在已有的知识上，但其价值在于利用已有知识组合产生一种全面的工具来分析公司的战略—— "一个用以表示公司如何达到其目标的十分完整的概念"。

3. C. K. Prahalad & Gary Hamel, 'The Core Competence of the Corporation,' *Harvard Business Review*, May-June, 1990, pp. 79–91.

4. Gary Hamel & C. K. Prahalad, *Competing for the Future*, Harvard Business School Press, 1994.

5. "Google 的使命是整合全球信息，使人人皆可访问并从中受益。" http://www. googk. com/corporate/

6. C. K. Prahalad & Gary Hamel, 'The Core Competence of the Corporation,' *Harvard Business Review*, May-June, 1990, p. 81.

7. James L. Heskett, 'Southwest Airlines—2002：An Industry Under Siege,' *Harvard Business School Press*, [9-803-133], March 11, 2003, p. 4.

8. 'About the Company,' October, 2012, http://www. southwest. com/html/about-southwest/history/fact-sheet. html

9. Michael E. Porter, 'How Competitive Forces Shape Strategy,' *Harvard Business Review*, March/April, 1979, pp. 137–145.

10. Michael E. Porter, *Competitive Strategy*, The Free Press, 1980.

11. Michael E. Porter, *Competitive Advantage*, The Free Press, 1985.

12. Michael E. Porter, 'The Five Competitive Forces That Shape Strategy,' *Harvard Business Review*, January 2008, pp. 79–93.

13. David B. Yoffie & Renee Kim, 'Cola Wars Continue：Coke and Pepsi in 2010,' *Harvard Business School Press*, [9-711-462], May, 2011.

14. 2009 年，可口可乐公司和百事可乐公司都发表声明说要开始收购它们主要的经销

商。例如，在 2009 年 8 月，百事斥资 78 亿美元收购了其两家最大的经销商（来源），
（Michael J. de la Merced, 'PepsiCo to Pay $7.8 Billion To Buy Its Two Top Bottlers,' *The
New York Times*, August 5, 2009, p. B7），同时可口可乐于 2010 年 2 月在一次价值高于 130
亿美元的交易中收购了其最大经销商在北美的公司。（Michael J. de la Merced, 'Coke
Confirms Purchase of a Bottling Unit,' *The New York Times*, February 26, 2010, p. B4).

15. James L. Heskett & W. Earl Sasser, Jr., 'Southwest Airlines: In a Different World,'
Harvard Business School Press, [910419], April 22, 2010. See also: James L. Heskett,
'Southwest Airlines—2002: An Industry Under Siege,' *Harvard Business School Press*, [9-803-
133], March 11, 2003.

16. Ben Mutzabaugh & Dan Reed, 'Virgin America gets tentative approval to launch U. S.
service,' *USA Today*, March 23, 2007, http://www. usatoday. com/travel/flights/2007-
03-20-virgin-america-cleared-fly_ N. htm

17. "自 1971 年建立，不到两年的时间实现了收支相抵之后，该航空公司享受了自
1973 年起连续 30 年的盈利，这个记录是世界上其他航空公司无法匹敌的。" Southwest
Airlines—2002: An Industry Under Siege, ' Harvard Business School Press, [9-803-133],
2003, p. 4.

18. 一定程度上，这个问题在 Porter 于 2008 年对其论文的更新中得到了阐释，
Harvard Business Review, January 2008, pp. 79-93. 原先的五驱动力结构完好无缺地保留了
下来，然而排除了所有其他利益相关者的关系。

19. Geoff Gloeckler, 'Here Come the Millennials,' *BusinessWeek*, November 24, 2008,
p. 47, http://www. businessweek. com/magazine/content/08_ 47/b4109046025427. htm

20. 很多评论家将利益相关者视角理解并呈现为一种股东视角的替代视角。我们相
信，利益相关者与股东之间利益的争论转移了人们的注意力，偏离了主要矛盾。既然股东
同时也是利益相关者，股东视角与利益相关者视角其实是一回事，考虑到公司本身所关心
的利益相关者的不同，所以界限才被划分在了不同的地方（你会仅以股东来划清界限，
还是会同时包括其他很多的利益相关者）。争论的关键领域并不是在哪里划分界限，而是
关注现状。在短期内使利益最大化的企图，导致了人们对股东价值的批判。然而，如果一
个公司寻求在长期内使利益达到最大化，很多问题便会随之消失，同时与大范围的利益相
关者间建立有意义的，长期持续的关系，成为公司的主要任务。像联合利华这样的公司明
白个中区别，同时着重于鼓励长远思考，而非争论股东或利益相关者是否应得到最大的价
值。股东优先源自于这样的信念，即美国法律强制规定了执行者对股东的信托责任。与此
相关的资料，请见：Lynn Stout, *The Shareholder Value Myth: How Putting Shareholders First
Harms Investors, Corporations, and the Public*, Berrett-Koehler Publishers, May 7, 2012.

21. For a more complete discussion of the importance of approaching CSR using a strategic
lens, see Chapter 4.

22. Eric Rhenman, *Foeretagsdemokrati och foeretagsorganisation*, S. A. F. Norstedt:
Foretagsekonomiska Forsknings Institutet, Thule, Stockholm, 1964.

23. R. Edward Freeman, Strategic Management: A Stakeholder Approach, Pitman,
1984, p46.

24. James E. Post, Lee E. Preston, & Sybille Sachs, 'Managing the Extended Enterprise: The New Stakeholder View,' *California Management Review*, Vol. 45, No. 1, Fall 2002, p. 8.

25. The earliest reference to the term *stakeholder* in the management literature that we can find is to "an internal memorandum at the Stanford Research Institute in 1963" (quoted in: R. Edward Freeman & David L. Reed, 'Stockholders and Stakeholders: A New Perspective on Corporate Governance,' *California Management Review*, 1983, p. 89). In addition, Klaus Schwab claims to have "developed the 'stakeholder' theory for business" around 1970 (quoted in Klaus Schwab, 'A breakdown in our values,' *The Guardian*, January 6, 2010, http://www. guardian. co. uk/commentisfree/2010/jan/06/bankers-bonuses-crisis-social-risk)

26. See Rebecca Tuhus-Dubrow, 'US: Sued by the forest,' *The Boston Globe*, July 19, 2009, in CorpWatch, http://www. corpwatch. org/article. php? id = 15413

27. John Mackey quoted in: April Fulton, 'Whole Foods Founder John Mackey on Fascism and 'Conscious Capitalism,'' *National Public Radio*, January 16, 2013, http://www. npr. org/blogs/thesalt/2013/01/16/169413848/whole-foods-founder-john-mackey-on-fascism-and-conscious-capitalism

28. John Mackey quoted in: John Bussey, 'Are Companies Responsible for Creating Jobs?' *The Wall Street Journal*, October 28, 2011, p. B1.

29. Andrew Likierman, 'Stakeholder dreams and shareholder realities,' Mastering Financial Management, *Financial Times*, June 16, 2006, p. 10.

30. Hedrick Smith, 'When Capitalists Cared,' *The New York Times*, September 2, 2012, http://www. nytimes. com/2012/09/03/opinion/henry-ford-when-capitalists-cared. html

31. See the discussion around 'A Rational Argument for CSR' in chapter 1.

32. http://www. accountability. org/

33. Simon Zadek, 'The Path to Corporate Responsibility,' *Harvard Business Review*, December, 2004, pp. 125-132.

34. Simon Zadek, 'The Path to Corporate Responsibility,' *Harvard Business Review*, December, 2004, p. 127.

35. Simon Zadek, 'The Path to Corporate Responsibility,' *Harvard Business Review*, December, 2004, p. 128.

36. 就读于科罗拉多大学丹佛校区一名 MBA 学生 Michael Petschel，帮助发展了这个模型。我们在此表示感谢。

37. Anne Lawrence 建议说，管理者可用四种策略来吸引利息相关者："展开斗争"，"撤退"， "等待"和"成功解决"。见：Anne T. Lawrence, 'Managing Disputes with Nonmarket Stakeholders,' *California Management Review*, Vol. 53, No. 1, Fall, 2010, pp. 90-113.

38. C. K. Prahalad & Allen Hammond, 'Serving the World's Poor, Profitably,' *Harvard Business Review*, September 2002, Vol. 80, No. 9, pp. 48-58; C. K. Prahalad, 'The Fortune at the Bottom of the Pyramid: Eradicating Poverty Through Profits,' *Wharton School Publishing*, 2006.

39. 康奈尔大学的 Stuart L. Hart 是与 Prahalad 于金字塔底部工作之间联系最为紧密的人，其观点请见：http://www.stuartlhart.com/.

40. C. K. Prahalad & Allen Hammond, 'Serving the World's Poor, Profitably,' *Harvard Business Review*, September 2002, Vol. 80, No. 9, pp. 48–58.

41. Michael E. Porter & Mark R. Kramer, 'The Competitive Advantage of Corporate Philanthropy,' *Harvard Business Review*, December, 2002, pp. 57–68.

42. Michael E. Porter & Mark R. Kramer, 'Strategy & Society,' *Harvard Business Review*, December, 2006, pp. 78–92.

43. Michael E. Porter & Mark R. Kramer, 'Creating Shared Value,' *Harvard Business Review*, 89: 62–77, 2011.

44. Michael E. Porter & Mark R. Kramer, 'Strategy & Society,' *Harvard Business Review*, December, 2006, p. 88.

45. Michael E. Porter & Mark R. Kramer, 'Strategy & Society,' *Harvard Business Review*, December, 2006, p. 84.

46. Michael E. Porter & Mark R. Kramer, 'Strategy & Society,' *Harvard Business Review*, December, 2006, p. 92.

47. Michael E. Porter & Mark R. Kramer, 'How to Fix Capitalism—The Big Idea: Creating Shared Value,' *Harvard Business Review*, 89: 62–77, 2011, http://hbr.org/2011/01/the-big-idea-creating-shared-value/. A pdf of the article is available from HBR at: https://archive.harvardbusiness.org/cla/web/pl/product.seam? c = 8062&i = 8064&cs = 1b64dfac8e4d2ef4da5976b5665c5540

48. This is now Porter & Kramer's third *HBR* CSR article, following on from 'The Competitive Advantage of Corporate Philanthropy' (2002) and 'Strategy & Society: The Link Between Competitive Advantage and Corporate Social Responsibility' (2006).

49. See: http://tobywebb.blogspot.com/2011/01/does-michael-porter-understand.html

50. http://www.joinred.com/

51. Andrew Hill, 'Society and the right kind of capitalism,' *Financial Times*, February 22, 2011, p. 14.

52. 对有价值的、稀有的、难以模仿的且不可持续的资源（可为公司带来"可持续性竞争优势"）更详细的诠释，请见：Jay Barney, 'Firm Resources and Sustained Competitive Advantage,' *Journal of Management*, Vol. 17, No. 1, 1991, pp. 99–120.

53. The authors would like to thank Marta White of Georgia State University for introducing this idea to us and allowing us to build on it for inclusion in this chapter of *Strategic CSR*.

54. Michael E. Porter & Mark R. Kramer, 'Strategy & Society,' *Harvard Business Review*, December, 2006, p. 85.

55. Michael E. Porter & Mark R. Kramer, 'The Competitive Advantage of Corporate Philanthropy,' *Harvard Business Review*, December, 2002, pp. 57–68.

56. 尽管逻辑上应如此，但在其 2008 年年度股东大会上，埃克森石油公司驳回了一项由洛克菲勒家族（公司有政治影响力的股东）发起的股东提议，以迫使埃克森公司更加认真地考虑气候变化和寻找替代能源的相关问题。一项出自英国皇家学会的调查显示，2005 年埃克森美孚国际公司向 39 个小组分发了 290 万美元，但这 39 个小组被社会评价为"完全无视证据而歪曲了气候变暖的科学性"：David Adam, 'Exxon to Cut Funding to Climate Change Denial Groups,' *The Guardian*, May 28, 2008, http://www. guardian. co. uk/environment/2008/may/28/climatechange. fossilfuels. 最重要的提议建议埃克森石油公司的 CEO 与主席职位分离，以便更好应对埃克森运营环境的潜在转变，这种转变能威胁到其核心利益生成（石油开采、冶炼和原油分布）。提议得到了 39.5% 的支持率，并被报道为对埃克森管理的强烈指责。见：Stephen Foley, 'Rockefeller's Descendants Tell Exxon to Face the Reality of Climate Change,' *The Independent*, May 1, 2008, http://www. independent. co. uk/news/business/news/818778. html and Andrew Clark, 'Exxon Facing Shareholder Revolt Over Approach to Climate Change,' *The Guardian*, May 19, 2008, http://www. guardian. co. uk/business/2008/may/19/exxonmobil. oil

57. http://www. dell. com/recycling/. See also: 'Dell Will Offer Free Recycling for its Computer Equipment,' *Wall Street Journal*, June 29, 2006, p. D3.

58. http://content. dell. com/us/en/home/d/corp-comm/PlantaTreeforMe. aspx. See also: 'Dell unveils 'plant a tree for me,'' *Financial Times*, January 10, 2007, p. 17.

59. GE 前 CEO 杰克·韦尔奇在一系列文章中谴责了公司将重心置于股东利益的做法，尽管他在 GE 任职时密切关注这种观点，在《金融时报》的文章里，韦尔奇表示："显然，股东利益是世界上最蠢的主意……你最主要的支持者是你的员工、顾客和产品。"在美国《商业周刊》的文章里，韦尔奇证实："我曾被问及如何看待'作为战略的股东利益'。我的回答是这个问题一看就是知道是个愚蠢的问题。股东利益是产出，不是战略。"

60. Martin Wolf, 'Britain's strategic chocolate dilemma,' *Financial Times*, January 29, 2010, p. 9.

61. http://www. jnj. com/connect/about-jnj/jnj-credo/

62. 尽管强生公司对泰勒诺危机的应对仍是危机管理的最佳实践典范，但有证据表明近些年来公司已经偏离了其核心原则。见：'Patients versus Profits at Johnson & Johnson: Has the Company Lost its Way?' *Knowledge @ Wharton*, February 15, 2012, http:// knowledge. wharton. upenn. edu/article. cfm? articleid = 2943 and Alex Nussbaum, David Voreacos & Greg Farrell, 'Johnson & Johnson's Quality Catastrophe,' *Bloomberg Businessweek*, March 31, 2011, http://www. businessweek. com/magazine/content/11_ 15/ b4223064555570. htm

63. Heesun Wee, 'Corporate Ethics: Right Makes Might,' *BusinessWeek*, April 11, 2002, http://www. businessweek. com/bwdaily/dnflash/apr2002/nf20020411_ 6350. htm

64. Jonathan D. Rockoff, 'J&J CEO Amid Tylenol Scare,' *The Wall Street Journal*, October 2, 2012, p. B5.

65. Jonathan D. Rockoff, 'J&J CEO Amid Tylenol Scare,' *The Wall Street Journal*, October 2, 2012, p. B5.

66. James L. Heskett, 'Southwest Airlines—2002: An Industry Under Siege,' *Harvard Business School Press*, [9-803-133], March 11, 2003.

67. 'Starbucks Corporation: Building a Sustainable Supply Chain,' *Stanford Graduate School of Business*, [GS-54], May, 2007.

68. Stephen P. Bradley & Pankaj Ghemwat, 'Wal-Mart Stores, Inc.,' *Harvard Business School Press*, [9-794-024], November 6, 2002.

69. Yvon Chouinard, *Let My People Go Surfing*: *The Education of a Reluctant Businessman*, Penguin Press, October 6, 2005.

70. Joe Nocera, 'Putting Customers First? What an Amazonian Concept,' *New York Times*, January 5, 2008, p. B1.

71. Steven Greenhouse, 'How Costco Became the Anti-Wal-Mart, *The New York Times*, July 17, 2005, http://www. nytimes. com/2005/07/17/business/yourmoney/17costco. html. See, also: John Helyar, 'COSTCO: The Only Company Wal-Mart Fears,' *Fortune*, November 10, 2003, http://money. cnn. com/magazines/fortune/fortune _ archive/2003/11/24/353755/index. htm

72. Sam Ro, 'Stock Market Investors Have Become Absurdly Impatient,' *BusinessInsider. com*, August 7, 2012, http://www. businessinsider. com/stock-investor-holding-period-2012-8

73. Bill George, retired CEO of Medtronic, speaking to Marjorie Kelly, 'Conversations with the Masters,' *Business Ethics*, Spring 2004, pp. 4-5.

74. Quoted in: Jeff Sommer, 'A Mutual Fund Master, Too Worried to Rest,' *The New York Times*, August 12, 2012, p. BU1.

75. *The Economist*, Editorial, January 30, 1999, pp. 17-18.

76. The numbers of day traders "swelled to more than 100, 000 in the late 1990s." Ianthe Jeanne Dugan, 'For Day Traders, German Index Is Overnight Sensation,' *Wall Street Journal*, October 19, 2004, p. A1.

77. 据估计, 在 1999 年互联网繁荣的顶峰时期, 英国有 40 000 个在线股票交易账号。根据 Fletcher Research 的调查, 这个数字曾预期能在 4 年内增至 700 000 个。 'Day Trading: Gambling on the Edge,' *The Independent*, July 31, 1999, p. 21.

78. *The Independent*, July 31, 1999, op. cit.

79. 不断增长的当日交易者数量引起立法反应, 此中 "2001 年新的联邦法规定一周内有四次以上股票交易的个人须保持其账户中一直存有 25 000 美元。" *Wall Street Journal*, October 19, 2004, op. cit.

80. 'A Premature Eulogy for Public Companies?' *Knowledge @ Wharton*, October 10, 2012, http://knowledge. wharton. upenn. edu/article. cfm? articleid=3089

81. 'A Premature Eulogy for Public Companies?' *Knowledge @ Wharton*, October 10, 2012, http://knowledge. wharton. upenn. edu/article. cfm? articleid=3089

82. Michael Powell & Danny Hakim, 'The Lonely Redemption of a Wall Street Critic,' *The New York Times*, September 16, 2012, p. 27.

83. Jeff Sommer, 'A Mutual Fund Master, Too Worried to Rest,' *The New York Times*, August 12, 2012, p. BU1.

84. 'Wait a second,' *The Economist*, Editorial, August 11, 2012, p. 10.

85. Candace Browning, 'Companies should drop quarterly earnings guidance,' *Financial Times*, March 20, 2006, p. 13.

86. John Kay, 'Cutting costs so often leads to cutting corners,' *Financial Times*, June 23, 2010, p. 9.

87. *Business Ethics*, Spring 2004, pp. 4-5, op. cit.

88. 这项税收起源于托宾税，诺尔贝经济学奖获得者 James Tobin 于 1972 年首次提出托宾税的概念。更多信息请见： 'Is It Time for a Trading Tax?' *Knowledge@Wharton*, October 26, 2011, http: //knowledge. wharton. upenn. edu/article. cfm? articleid = 2864 and '11 euro states back financial transaction tax,' *The Daily Yomiuri*, October 11, 2012, p. 6.

89. Alfred D. Chandler, The Visible Hand: The Managerial Revolution in American Business, Harvard University Press, 1977, p. 10.

90. See: Issues: Executive Compensation in Chapter 6.

91. 如何激励股东从更长远的角度看问题，另一种观点见：Julia Werdigier, 'A Call for Corporations to Focus on the Long Term,' *The New York Times*, May 15, 2012, p. B9, and Richard Lambert, 'Sir Ralph's lessons on how to end short-term capitalism,' *Financial Times*, May 23, 2011, p. 11.

92. John Kay, 'Beauty in markets is best judged by the beholder,' *Financial Times*, June 10, 2009, p. 9.

93. John Maynard Keynes, *The General Theory of Employment, Interest and Money*, Harcourt Brace and Co., 1936, p. 156.

94. Roberto C. Goizueta, 'You are tomorrow's leaders,' Remarks at Emory University's Business School graduation ceremony, May 13, 1996, http: //www. goizueta. emory. edu/aboutgoizueta/quotes/calling_ full. html

95. Richard Milne, 'The jovial locust killer,' *Financial Times*, November 1/November 2, 2008, p. 7.

96. 'Shooting the Messenger: Quarterly Earnings and Short-term Pressure to Perform,' *Knowledge@Wharton*, July 21, 2010, http: //knowledge. wharton. upenn. edu/article. cfm? articleid=2550

97. Sumantra Ghoshal, 'Bad Management Theories Are Destroying Good Management Practices,' *Academy of Management Learning & Education*, Vol. 4, No. 1, March, 2005, pp. 79-80.

98. For examples, see: Andrew Hill, 'Real value looks past quarterly reporting,' *Financial Times*, April 19, 2011, p. 10; Michael Skapinker, 'Banks will be judged by actions not words,' *Financial Times*, October 5, 2010, p. 13; and Andrew Ross Sorkin, 'Do Stockholders Really Know Best?' *The New York Times*, November 17, 2009, p. B1.

第 3 章

企业社会责任：是谁的责任

企业社会责任究竟是谁的责任？"企业社会责任"顾名思义是企业的责任。但是，企业履行社会责任行为的动力从何而来呢？

企业之所以履行社会责任是因为它们信服道德论呢（而不顾其行为带来的财务问题），还是因为出于自身利益的考虑呢？如果一个公司的关键利益相关者并不太在乎为企业的社会责任行为所产生的价格溢价买单，那么企业履行社会责任的意义是什么？正如第 1 章里莫尔登工厂的案例表明，当一个公司破产了，那些善良的愿望（企业社会责任）并不能帮助企业的利益相关者。企业社会责任的经济学论证假定当企业受到物质的激励会最有效率。他们假定以营利为目的的企业是保守的——它们对于外部刺激较为敏感，但当它们没有足够证据表明它们的行为会在市场中获得回报的时候，它们不愿意主动去改变。更重要的是，他们假设当企业的目标与社会的期望相关联时，企业社会责任会实现经济和社会价值的最大化。

第 1 章和第 2 章已经介绍了企业将企业社会责任的观念贯穿于企业的整体运营操作之中的战略性原因。然而，不道德的行为，甚至完全忽视企业社会责任的行为并不总会产生直接的、即时的影响。有时利益相关者们会愿意忽略一些不负责任的行为，因为其他的事情更加紧迫。例如，一个企业的雇佣规定并不令人满意，但是由于企业会影响当地社区的就业，对当地社会福利有影响，那么会抵消企业不良行为带来的负面影响。企业可以把缺乏推力作为解释其坚持现状不顾社会影响的理由吗？

当企业社会责任的观点无法将公司的利益与其利益相关者的利益或较大的公益事业相结合时，更严峻的问题就出现了。当利益相关者需求非社会责任行为时会发生什么？当消费者想去购买不仅对自身有害也对社会有害的产品时（例如烟草、酒精或快餐等）将会发生什么？当消费者的关注点只在于最低的价格，而排除所有其他因素（例如产品生产工厂的条件等），又会发生什么呢？如果一个公司不履行企业社会责任也能很成功，那么是否意味着企业社会责任无关紧要？或者至少不总是很重要。将企业社会责任引入商界是谁的责任，从这一角度来看这又说明什么呢？

多数关于企业社会责任辩论的焦点都在于要求企业自主地履行社会或道德责任。企业社会责任的标签本身就表明其社会责任性，如果无法理解这一点，企业不负责任的行为不会为企业带来深远的影响；相反，它们经常会因为不去"投资"企业社会责任而在经济上获益。[1] 除非企业的生意会受到其行为的影响，否则我们如何期待企业去改变呢？

关于企业社会责任的讨论仅仅局限于企业的责任，而忽视了利益相关者（尤其是消费者）对企业社会责任行为应承担的责任。事实证明，消费者都喜欢物美价廉的商品。如果这些商品恰好符合道德标准，那当然很好，但通常多数消费者会为了少支付 10 美元而忽略道德因素。

在英国，道德消费主义数据显示，虽然大多数消费者会考虑环境或社会因素，83% 的消费者打算这么做，但只有 18% 的消费者偶尔会实践，然而只有不到 5% 的消费者会始终如一地坚持道德消费和绿色消费。[2]

另一方面，如果消费者开始要求企业履行最低标准，如果企业不能遵守就拒绝购买，那么这些企业就会被迫尽快改变。在缺乏这样积极的消费观念的环境下，我们如何期待企业在经营中引入社会责任？因为这样做意味着它们需要去尝试或解释那些消费者理想中的理念，而这些理念却通常与消费者的购买决策标准相矛盾。

然而仅仅因为利益相关者没有立即响应，并不意味着企业社会责任不重要或是可以长期被忽视。第 1 章和第 2 章论证了企业的自身利益依赖于满足其广泛的利益相关者的需求，而不仅仅是消费者。那些不会立即产生市场影响的不负责任的社会行为并不意味着是可以被宽恕的（或不会产生其他非市场影响）。同样，这笔生意今天是赚钱的并不意味着明天同样能赚钱。短期的成功只意味着其他因素暂时领先。随着大环境和社会意识的进步，企业社会责任的缺失会影响企业的前景。这里有一个来自金融危机的生动例子：

金融危机

为了赚取手续费，中介商将会可调抵押贷款条件，把钱贷给那些无力负担的人们。这些负担会被打包转嫁给那些追求年终分红的投资者，他们并不明白其中存在的风险。鉴于这些是被信用评级机构评判为 AAA 级别的证券，这些抵押贷款会被贷给更庞大的人群。在监管部门监督不力的情况下，这些不负社会责任的行为会重复很多年。然而等到房价回落，贷款违约飙升时才发现中介商、银行家、信用评级机构以及华尔街的社会责任的缺失带来了如此可怕的后果，那些没有履行企业社会责任的公司纷纷破产。

本章的标题"企业社会责任：是谁的责任"揭示了企业社会责任的一个重要课题——只要企业是盈利的就可以理所当然地忽视改革吗？根据定义，盈利就表明企业在为关键利益相关者创造价值，而不管其行为是否会带来深远的负面影响？利益相关者在推动企业变革中扮演着什么角色？而企业又在自主变革中扮演着什么角色呢？本章的主要目的就是在宏观的战略企业社会责任框架下强调这些问题。一个核心的问题就是：把社会责任引入企业究竟是谁的责任？我们需要检验为什么利益相关者并不总是关心企业社会责任，即使关心也并未落到实处。我们认为企业社会责任不仅仅关乎企业自身，更是利益相关者的责任，否则就会像金融危机揭示的那样带来一系列经济影响。

3.1   企业社会责任：是企业的责任？

多数关于企业社会责任的论断基于一个假设，即企业有责任去追求除利润最大化之外的其他目标。本章将更深入地探讨这一假设。特别是我们提出企业社会责任会对企业提出更高的预期，企业实际做出的改变会超出最初的设想，当社会期待企业承担更多的社会责任时，其利益相关者至少也有同样的责任来规范自己的行为。更重要的是，利益相关者需要支持这样的行为。企业提供不符合消费者需求的服务很快就会被市场淘汰。履行社会责任并不会让企业过于偏离需求曲线。比如消费者如果强调他们愿意为企业社会责任行为支付价格溢价，那么企业会很快采纳。否则，企业就会为了满足社会的利益而背上沉重的负担。

3.1.1　米尔顿·弗里德曼与查尔斯·汉迪

企业社会责任领域有两篇重要的文献。第一篇文献是 1970 年诺贝尔经济学奖获得者米尔顿·弗里德曼在《纽约时代周刊》上发表的"企业社会责任会增加盈利"[3]。文章中，作者指出营利是企业的最终目的，他坚信当企业集中于追求利润最大化的目标时，其社会价值就会最大化，不需要额外的调整：

我支持亚当·斯密的观点，即质疑在自由的社会中假装从事公益事业可以获利的观点，认为只有唯一的一种企业社会责任，即利用一切资源以获得利润。[4]

第二篇文献出自英国颇具影响力的管理学作家和评论家查尔斯·汉迪，发表于 2002 年的《哈佛商业评论》。[5]不同于弗里德曼，汉迪对于企业在社会中的角色有更宽泛的理解。对汉迪来说，企业仅仅以营利为目的是不够的，营利只是为了达到更高目标的手段，一个公司不应仅仅为了营利而存在，而更应该为了满足整体的社会价值：

任何组织都应当自问：当一项事物本不存在，我们是否需要创造它？答案是合理即存在。营利是为了达到更高目标的手段。[6]

从表面上看，弗里德曼与汉迪的观点是对立的，实际上，弗里德曼似乎偏离了原来的论点，即企业社会责任是对公司资源的浪费，这些资源是属于公司所有者和利益相关者的，而不是属于公司高管的：

这就是为什么我在《资本主义与自由》一书中称企业社会责任是自由社会中具有根本颠覆性的理论。[7]

但进一步分析，这些争论又有什么实质不同呢？整合的战略企业社会责任的概念缩小了两位评论家观点之间的差距。正如第 2 章的概述，战略企业社会责任共有四个组成部分：第一，将企业社会责任纳入公司战略计划过程中；第二，采取的任何行动都要与企业核心业务直接相关；第三，包含利益相关者的理念；第四，从资源管理和整合核心利益相关者关系的短期视角向中长期视角转化。请再次考虑如下两个问题：

- 一个大型金融企业投入大量的钱去支持气候变化效应的研究，仅仅是因为总裁认为这至关重要，这样做说得通吗？
- 一个石油企业投入大量的钱去支持同样的研究，因为它发觉气候变化会威胁到其商业模式，这样做说得通吗？

一个大型的以营利为目的的企业给非营利组织投入大量的钱是同样的道理。但区别是这些非营利活动与公司核心业务之间的联系。多数冷静的企业社会责任倡导者认为第一种情况是浪费金钱，而第二种情况的企业重视核心利益相关者的利益是具有战略认知的。我们可以将弗里德曼与汉迪的观点进一步延伸为，为了满足核心利益相关者的需求，企业的战略中应该包括卡罗尔的企业社会责任金字塔的四个层级。[8]站在汉迪的角度，这一点很容易被接受，而弗里德曼也认识到这一点。他承认一个管理者的首要职责就是对公司的所有者负责，在遵守社会基本准则（包括具体的法律和伦理道德）的基础上尽可能多地赚钱。另外，只有在公开的、自由竞争的、不存在欺诈的环境下，企业的行为才是可以接受的。[9]这里我们引用了阿奇·卡罗尔在 1991 年商业文章《地平线》中的论述：

"经济学家弗里德曼声称社会问题不是商业人士应该关心的问题，而且这些问题应该交给自由市场体系去化解。当你仔细考虑他的论断会发现其中的漏洞。大多数人会聚焦于前半句话而忽视后半句，显然利润是包含在企业社会责任金字塔的三个组成部分之中的——"经济"、"法律"和"道德"。而弗里德曼唯独拒绝接受"慈善"这一组成部分。这一观点或许会被一些经济学家认同，但现在仍将慈善活动排除在公司活动范围外的企业主管已经为数不多了。[10]

3.2　企业社会责任：是利益相关者的责任？

本章的题目"企业社会责任：是谁的责任"引出了这样一个话题——利益相关者是否会关注企业社会责任？尤其是利益相关者是否有责任确保企业采纳企业社会责任的观点？例如投资者、监管部门或其他利益相关者是否应该更加关注企业融资贷款的问题？消费者是否应该帮助零售行业的工人争取更高的工资？企业是否应该期待与海外的承包商签署行为规范来确保在供应链中采取更加负责任的行为？这些点都可以检验利益相关者是否有责任去改变他们所生活与工作的这个社会。如果社会相信金融危机和金融泡沫是可以避免的，那么显然他们应该承认他们是有责任去实现这一切的。同样，如果社会并不想把所有的工作都外包给低成本地区，那么他们就需要为了把这些工作留在国内而支付更高的价格。这一责任并不单独属于某一群体，我们应该认识到"我们生活在我们共同创造的家园里"。[11]

企业社会责任时事通讯："地球分享"（earthshare）

纽约时报上刊登了环境行动小组"地球分享"非营利组织整版的广告。

（http：//www. earthshare. org）

这一广告可以在如下网址上浏览：

http：//www. earthshare. org/psa/earthshare_printpsa_2008 . pdf

"我们的每一个决策都会产生影响。我们可以决定将什么排入我们的河流与湖泊，我们可以决定将什么释放进我们呼吸的空气，我们可以决定什么将摄入我们的体内，我们可以决定我们的孩子将在哪里奔跑玩耍。我们将决定我们生活的世界，所以请做出正确的选择。在"地球分享"上你可以了解到你应当如何保护水源、空气、陆地以及人类自身。"

这则广告之所以如此吸引人正在于它强调了个体的责任，而不是长篇大论声讨企业对环境的污染。广告的标题也很震撼人心："我们生活在我们共同创造的家园里。"

这一点在企业社会责任的论辩中常常被忽略，企业对利益相关者的需求（尤其是消费者）会很快做出反应，而不是自主地变革。换句话说，当消费者因为企业采用不合理的方式生产产品而拒绝购买特定商品时，企业会很快改正，否则就会失败。换句话说，利益相关者与企业自身具有同样的责任去拯救和推动社会的发展。在资本主义制度下这并不是一个完美的解决办法，企业并不能免除所有的责任（那些在企业社会责任方面能够认清自己职责的企业能够在长期获得成功）。如果我们能够像强调企业的责任一样强调利益相关者的责任（比如消费者教育），那么企业社会责任一定会发展得更好。

企业利益相关者责任正表达了这样的观点，如果我们想要倡导一种企业的社会责任（企业有责任根据利益相关者的需求去行动），而且特别是如果我们想建立企业社会责任的商业案例，我们就需要倡导企业利益相关者责任（即企业与利益相关者具有同等的责任）。双方的责任是互不可缺、相辅相成的。[12]

企业利益相关者责任[13]

企业的利益相关者具有保证企业对其行为负责的责任。

同样，以营利为目的的企业已被证明善于对市场和物质刺激作出反应，而不善于预测消费趋势，违背现有的市场需求。

企业社会责任努力的另一个方向是，把焦点从企业转移到它们的利益相关者。在第1章中，我们定义企业社会责任为"关于企业及其在社会中角色的观点，假设企业具有追求利润最大化以外其他目标的责任，并且假设企业的利益相关者具有保证企业对其行为负责的责任"。换句话说，利益相关者保证企业担负的责任与企业自身承担社会责任同样重要。这一更加平衡的方法对于实现有意义的改变至关重要。只有利益相关者能够确保企业负责任（例如政府开始有效调节，供应商开始选择公平贸易的商业伙伴，消费者开始辨别社会价值最大化的商家等），企业才有可能有充分的动力向可持续经济模式转变。企业的首要目的是营利，因此，企业对于破坏这一目的的风险容忍度是有限的。然而，如果利益相关者愿意把他们的价值观、需求和关注点转化为实际行动，惩罚那些不符合标准的组织，奖励那些超出预期的组织，那么企业社会责任才能真正成为战略必需品。有了这样的激励，以营利为目的的企业经过时间的反复检验，才会形成迅速改变运营方式的能力。

企业社会责任时事：史蒂夫·乔布斯

在乔布斯去世后，我们仍会回忆起他在2005年斯坦福大学毕业典礼上的演讲。这次演讲很好地表达了他对于死亡的看法，并发表在《华尔街日报》上：[14]

乔布斯从个体角度上表达了对死亡的畏惧，也从自然的角度揭示了死亡的意义。他并不感到安慰，他明确表示他不想死去，但也承认在认识到人终将逝去的前提下人生会更加有趣。[15]

总之，乔布斯认为只有认识到生命易逝，珍惜时间才能让人生变得充实。正如他在2005年斯坦福大学演讲时说的，死亡是"生命的推动者"，在不断地推陈出新。这句话让我想起了约瑟夫·熊彼特对创造性破坏的研究——当落后的公司被创新的公司取代时，我们会从中受益。同样，乔布斯认为全新的生活更容易创新。乔布斯并没有提及智慧和经验的价值会超越年轻和活力，他的观点是那样清晰，充满力量。

这一观点又与企业社会责任直接相关，死亡显然是很私人的事，与我们每个人自身及亲人相关。除非你是乔布斯这样的人物，否则你的死亡不会具有更广泛的影响。从个体角度对于死亡的看法反映出自20世纪中期开始我们的视角由社会向个体的转变。如今，我们更关注个体而不是社会，我们更关注我们的权利而不是责任，我们更关注自身的幸福而忽略追求幸福过程中对他人的影响。我们不清楚这样的转变是否让个体更加幸福，但我们的社会却因此承受了很多，比如企业社会责任就因此受到了更大的阻力。

企业都是善于从事营利活动的，应该由利益相关者来决定哪些是有益的，哪些是无益的。因此，如果利益相关者是关怀的、主动的、透明的，那么将十分有利于企业的发展。

3.2.1　关注利益相关者

为了让企业社会责任成为利益相关者的责任，利益相关者需要十分关注企业的所作所为。支持企业社会责任的观点假设企业被视为社会贡献者的一员是有益的。至少，违背核心利益相关者期望的企业会在经济上受到损失。管理者们已经认识到了被视为当地社会重要积极一员的好处，体现在其广告战略和慈善事业水平上。正如图3-1中描述的那样，感知到的概念与社会预期之间的差别程度会反映出经济或社会的损失。而损失可以在图中由利益相关者期望的与企业实际表现的两条线之间的偏差角度来体现。利益相关者的期望与企业的实际表现的两条线是不重合的。

一个成功贯彻落实社会责任的企业（表示为图 3-1 中 45 度的斜线）可以将其内部利益相关者寻求的经济价值与其外在利益相关者寻求的广泛的社会价值相结合。寻求经济价值会使组织的利润增长，有益于组织中的股东和雇员。然而，基于中长期发展的考虑，企业还应当为外部的利益相关者提供社会价值，如生产安全的产品或为当地社区保留工作机会等。能够产生适量经济和社会价值的企业行为的范围被称作战略企业社会责任的"有效期"。

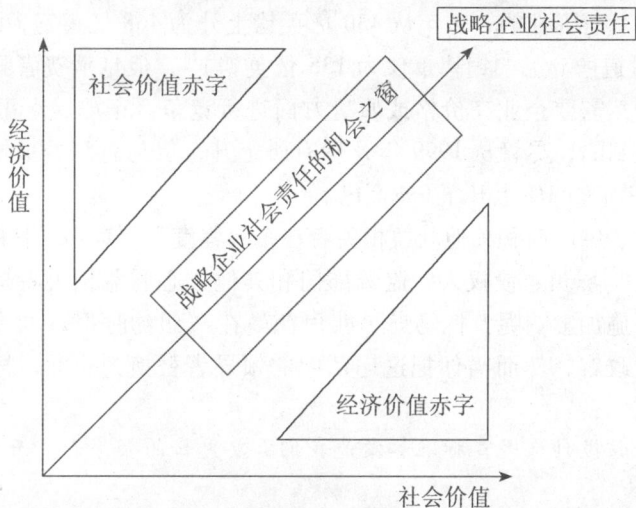

图 3-1　战略企业社会责任的机会之窗

这一模型的重要之处在于强调了需求的平衡。不顾社会影响，放纵地追求经济价值（例如生产过程中的过度污染），会造成企业所在社会的损失。同样，一个企业过度追求社会价值，会削弱其创造经济价值的能力，会造成经济活动发展缓慢，会造成所有者的低回报率。当企业活动片面地集中于利润最大化或是与企业核心业务无关的慈善事业上，也同样违背了战略企业社会责任的观点。简而言之，当经济价值或社会价值不足时，利益相关者有责任来质疑企业作为社会成员的合理性。

经济价值和社会价值的结合体现了企业社会责任战略方法的实施。再次重申，组织的行为要整合其多元利益主体的价值观，不仅仅是其所有者、雇员或任何单一组成部分。为了把企业社会责任的有效期应用于实践，利益相关者需要去评估并纠正企业的行为。然而事实证明，利益相关者尤其是消费者对于企业社会责任的充分关注会给企业带来显著的短期损失。[16]

企业社会责任时事通讯：道德的消费者

《道德企业杂志》[17] 上的一篇文章质疑了企业社会责任倡导者的假说，即消费者关心商业道德和企业社会责任会为企业的经济模式带来巨大转变。然而通常消费者会在倡导商业道德和企业社会责任时说一套，转过身在制定购买决策时实行另一套准则：

对大多数人来说购买一个"道德"商品的前提是它的价格并不超过普通的商品，而且必须是知名的品牌，购买时不需要花费更多的工夫，并且和普通的商品一样好用才行。

不管这些"道德"商品是否更加实用或是商家更乐于出售它们，对于大多数消费者来说，物美价廉始终是最重要的购买原则。如果这是真的，那么商家又有何动力去履行责任或遵守道德标准呢？这篇文章里强调了企业的声誉风险，监管的威胁是企业超前于消费者的需求去变革的最大动力。由于消费者不可能去为了未来的不确定的利益而自愿牺牲现有的生活标准，政府将最终为了他们的利益而采取行动。

虽然大多数人说他们喜欢负责任的企业，但是社会和利益相关者却很少愿意去强化他们的观点。例如把消费者作为利益相关者的一员。虽然似乎有更多的人关注社会问题，（合作社银行的年度道德消费报告表明，在英国，尽管面临经济衰退的情况，道德商品和服务的销售量仍然是有弹性的，去年从 430 亿英镑上升为 468 亿英镑，同比提高 9%，与 1999 年相比，那时道德商品的销售量仅为 135 亿英镑）[18] 但是消费者驱动经济的压力很大一个组成部分仍然需要企业在价格或质量方面进行竞争。正如《金融时报》对道德消费报告的评论中提到的，尽管从 1999 年开始有所上升，但与总消费量相比，英国道德消费仍然只是从 1999 年的 3% 上升了 9% 而已。[19]

因此，投资者、供应商和其他利益相关者在多大程度上愿意为了长期可持续的利益而牺牲短期的利益呢？[20] 雇员、债权人、监督部门和其他核心利益相关者是否总是愿意在一定程度上操纵杠杆施加影响呢？托马斯·弗里德曼在《纽约时报》的专栏里写道，公民需求的变化来源于政客，然而当你把这句话中的领导者替换为企业，把公民替换为消费者，这观点依然成立：

所以，我们应该做什么呢？标准答案是我们需要更好的领导者。而真实的答案是我们需要更好的公民。[21]

全球化为利益相关者提供了更有力的手段去代表自身的利益，但前提是他们愿意抓住机会，愿意去改变。

3.2.2 主动的利益相关者

当利益相关者为企业带来合理的经济动力时，会推动战略企业社会责任的发展。虽然通常是由消费者、投资者或其他外在行为主体推动的，但内在的行为主体（包括建立者、领导者和雇员）都会推动企业社会责任的进程。企业社会责任的经济学观点相信实现利润最大化最有效的方式是满足尽可能广泛的利益相关者们的期望。虽然企业有动力对利益相关者的关注点作出反应，但利益相关者仍然有责任去培养企业做出适当的反应与行为。

在 21 世纪利益相关者是否会致力于推动自身进程，成为推动企业社会责任的燃料呢？互联网的发展以及全球化媒介产业的兴盛推动了通信技术的革命，这为利益相关者调动、传递他们共同的信念提供了契机。他们现在具有前所未有的能力去监督企业的运营，可以快速地揭露不符合他们最佳利益的行为和信息。这样看来，通信技术革命极大限制了企业的势力。

正如图 3-2 所示，全球化促进了企业影响力的扩张。如今，跨国公司跨越国界，业务外包，供应链性能合并，压缩成本，跨越全球的品牌文化植入，比如可口可乐、耐克、麦当劳都是各具特色的世界著名品牌。[22] 因此，跨国公司成了具有重要影响力的大规模实体：

2011 年的上半年，埃克森-美孚就盈利 213 亿美元，当它的 CEO 雷蒙德在几年前退休时，他的退休金高达 3.98 亿美元。如果将其税收计入国内生产总值的话，那么这一家

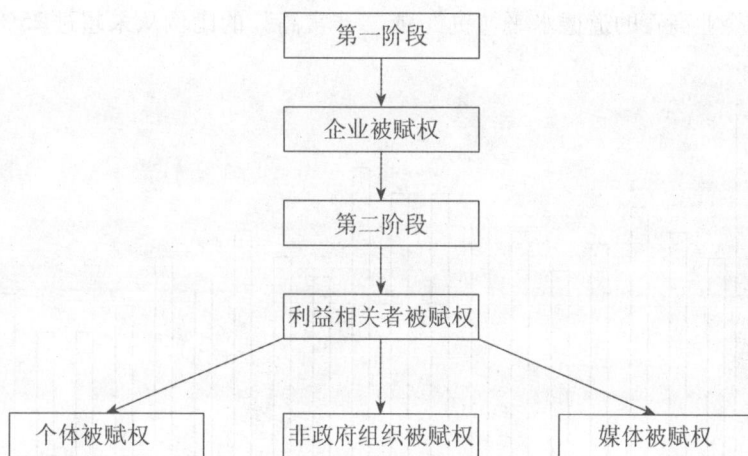

图 3-2　全球化的两阶段

公司的 GDP 就可跻身全球前 30 的国家之列。[23]

全球化第二阶段的特征表现为可以接触多元化的信息并且具有多元行为对策的利益相关者之间会产生相互对抗的压力。托马斯·弗里德曼在其历史展望中指出：

全球化 1.0 时代是从 1492 年至 1800 年，凭借的是国家之间纯体力的厮杀，而全球化 2.0 时代变革的动力来自跨国公司对海外市场和劳动力的需求，这一时代在 2000 年结束，紧接着便进入全球化 3.0 时代，个体成为推动全球化进程的主体，由于各种软件和全球化的网络，我们都成了地球村上的邻居。[24]

作为拥有交流和动员能力的集体，消费者有力量把社会塑造成理想中的样子。沃尔玛超市里大批的消费者正印证了这一点：

沃尔玛的运营实践会发挥作用吗？前提是消费者认同，沃尔玛听从选民的意见。如果说沃尔玛不提高其供应商的标准，购物者会因此拒绝购买商品，那么沃尔玛会满足这些要求的。[25]

许多企业社会责任倡导者需要依赖于道德上的支持，即企业承担社会责任是因为这是正义的事。然而，价值观（比如是非判断）是很主观的，是次于盈利、销售和其他底线因素的。企业也许会因为各种理由而承担社会责任，但如果它们相信这样做会有合理的经济上的回报时，才更有可能坚持贯彻落实企业社会责任。有证据表明对大型企业来说，不承担社会责任的危害正在呈指数式上升：

无论是英国石油公司、耐克或是新闻公司都可以证实，跨国公司更容易遭遇品牌危机，影响声誉、盈利和产品价格。研究发现，这种具有全球声誉的知名品牌发生这种 5 年危机的比例在过去的 20 年内由 20% 增长为 82%。[26]

当利益相关者愿意把他们的理念付诸实践并且与公司清楚地交流他们的想法时，对公司来说利益相关者的关注点才会更加清楚和可测量。

3.2.3　透明的利益相关者

在探究利益相关者想法方面，民意调查是一个有用的方法。但很多民意调查的结果并不清晰。盖洛普的"年度诚信与道德民意调查"调查了 21 个不同行业的诚信道德业主，结果表明公众对于企业高管们的评价并不高。图 3-3 中显示了 1992—2010 年的调查结果，美国公众认为企业高管的道德水平"高"或"非常高"的比例从未超过 25%，并且呈下降趋势。[27]

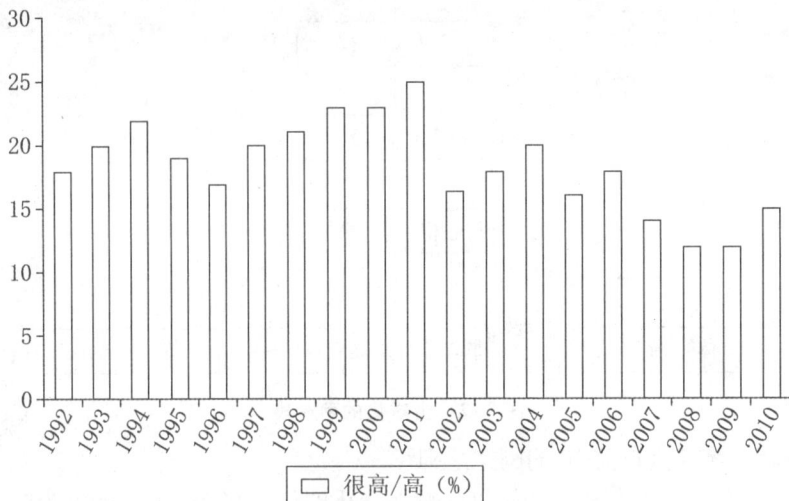

图 3-3　企业经理人员的诚实和道德（1992—2010 年）

　　这含蓄地揭示了目前企业高管表现是不被认可的。然而当人们说他们不支持不道德行为时，他们的言行是不一致的。例如美国罗格斯大学的麦凯布教授的 MBA 学生做的研究显示，56% 的 MBA 学生会为了获得成功而作弊。[28]这一结果与 2002 年由非营利组织创行[29]在美国 27 所高校的 1 100 名大学生中做的调查的结果一致，都印证了人们的言行不一：

　　59% 的人承认作弊（66% 为男性，54% 为女性），而且只有 19% 的人说他们会检举同学的作弊行为（23% 为男性，15% 为女性）。[30]

　　AA 美国服饰（American Apparel）公司的 CEO 多夫·查尼对人性持悲观态度，认为："为了获得你想要的，你必须满足他人的自利心理而不是唤起他人的同情心。"查尼身处美国服装业的青少年市场领域，深知人们的理想与实践之间的差距：

　　绝大多数的美国消费者都自认为是环保主义者，但根据《产业生态学杂志》的研究，只有 10% ~12% 的人会真的购买对环境无害的产品。同样，《品牌周刊》报道的一项研究显示，甚至在那些自称有环保意识的消费者中，超过一半的人无法叫出一个绿色品牌的名字。[31]

　　正如这些研究体现的，民意调查是测量社会对于企业社会责任的态度的一种途径。[32]然而人们会在多大程度上告诉这些民意调查他们真实的想法，而不是他们认为应该说的或是调查者想听到的想法呢？毫无疑问，大多数人都会认同企业社会责任，但是自我利益是否会重于社会责任意识呢？例如消费者是否还会继续购买货架上最便宜的商品，而不去问这个企业是否履行了社会责任呢？其他的利益相关者是否会质疑企业社会责任只是表面的公关以此来获得更大的利润呢？要想知道企业社会责任是否会真正成为商业的重要组成部分，企业和个人的社会责任是否会成为未来企业领导教育的有机组成部分，就必须知道商业道德和企业社会责任会在多大程度上被纳入商业学校的课程之中？

　　亚斯平研究所[33]的"超越灰色地带"两年一次的调查是为了强调全日制 MBA 项目的革新，将社会和环境管理整合进课程和研究之中。该组织 2011/2012 年的报告从四方面来评估学校：相关的课程设置、学生实力、商业影响和科研能力。研究显示，增设社会与环境课程的学校比例大幅上升：2001 年是 34%，2003 年是 45%，2005 年是 54%，2007 年是 63%，2009 年是 69%，2011 年是 79%。[34]

"网络影响"[35]也是另一大进步，这一组织是 1993 年由商业责任学生会（SRB）建立的，它声称有超过 3 000 名改革者通过自己的工作来解决世界上棘手的问题。我们利用自身的商业技能来为各个行业服务，我们想向世界展示，通过这种网络影响，不仅有利于最底层，更造福于人类和整个世界。

推动社会学课程在大学的兴起以及行动主义组织的发展的一个重要因素便是 PRME——责任管理教育六原则，目前已经被 500 多所商学院采纳，并被世界范围内所有的教育机构认可。[36]根据此原则，学校同意：

由于大专院校在对培养现代和未来的管理者方面发挥重要作用，因此我们愿意遵守如下原则。我们将向所有的利益相关者汇报我们的情况，与其他学院交换彼此的经验。[37]

责任管理教育六原则[38]

原则一：目的　我们会激发同学们的潜能形成可持续的商业价值观、大社会观，为了整体的可持续的全球经济而工作。

原则二：价值观　我们将把全球社会责任的价值观融入我们的学术活动与课程之中，如联合国全球契约精神。

原则三：方法　我们将通过创建教育框架、素材、程序和环境为提高负责任的领导力提供有效的学习经验。

原则四：研究调查　我们会致力于理论与实证研究，以提升我们对企业在创建可持续的社会、环境和经济价值观方面的角色、力度和影响的认识。

原则五：合作伙伴　我们会与企业的管理者合作，通过了解他们在社会和环境责任方面面临的挑战来扩展我们的知识，探索共同有效的方式来迎接这些挑战。

原则六：对话　我们将会促进教育工作者、学生、企业、政府、消费者、媒体、民间团体以及其他利益集团以及与全球社会责任和可持续发展问题相关的利益相关者之间的对话。

企业社会责任意识的日益提升是至关重要的，企业未来领导人对企业社会责任重要性的认识程度会增加公司对企业社会责任的认可的可能性。然而对公司而言更重要的是，对企业社会责任影响企业底线标准的认识程度。如果市场会回报履行企业社会责任的公司，而惩罚不履行社会责任的公司，那么会激励企业领导者将企业社会责任的政策纳入企业战略和日常运营之中。

在本章的下半部分会介绍一个案例，研究多元利益相关者是如何影响沃尔玛的企业社会责任的。除了作为世界上最大的盈利机构，沃尔玛结合相关利益者在国内外全球范围内关注企业社会责任。这一案例还从消费者、社区、股东和其他利益相关者角度来阐释企业行为和影响之间的相互联系，论证企业社会责任行为会产生一系列经济、文化以及其他现实效应。案例的目的无关褒贬，只是从一个大型企业的角度来强调企业社会责任的宽度与深度。

3.3　沃尔玛悖论

沃尔玛——世界上最大的公司存在这样一个争论：企业社会责任是依赖于组织还是其

利益相关者（还是都依赖），这里有一个企业社会责任的判例：

沃尔玛

关于世界上最大的私营公司的一些事实：

- 每周沃尔玛给 2 亿消费者提供服务；
- 在 90% 的美国人周围 15 英里以内就有一家沃尔玛；
- 2011 年沃尔玛的销售额为 4 190 亿美元，如果沃尔玛是一个国家，那么它将是世界排名第 25 位的经济大国；
- 如果沃尔玛占地 34 英里的零售空间集中起来大约需要 9 亿平方英尺，相当于曼哈顿的 1.5 倍；
- 2001—2006 年间，中国向沃尔玛出口的增长相当于美国对华贸易逆差总额的 11%；
- 2010 年沃尔玛 CEO 迈克·杜克的年薪为 3 500 万美元，他每小时的收入比沃尔玛的员工以 8.75 美元的小时工资工作一年的收入还多；
- 2000 年沃尔玛被起诉 4 851 次——每两小时一次。[39]

上述事实表明，沃尔玛是一个极其成功和颇具影响力的公司。因此沃尔玛会给它亿万的消费者传递很多的价值观：

《名利场》杂志的民意调查询问读者哪个组织最能代表美国，48% 的人选择沃尔玛，剩下的选票被谷歌、微软、全国橄榄球联赛以及高盛集团瓜分。[40]

然而，沃尔玛过去的记录也揭露了公司的利益相关者对公司并不那么满意。对新闻摘要的简单调查表明，公司会产生一些负面情绪，并具有长期影响：

"沃尔玛是否太过于强大？"[41]

"沃尔玛化的美国"[42]

"沃尔玛对美国有利吗？"[43]

沃尔玛成功的根基在于成本最小化的商业战略，这依赖于许多的政策和决断，这些政策和决断会以不同的方式影响着利益相关者，但这些影响常常是负面的。例如，沃尔玛的供应商会抱怨因为缩减成本的策略而利润受到压缩，监管部门抱怨国家需要补贴其员工的最低工资与福利，不断地有反对公司的诉讼发生。[44]

这些关于公司的相互矛盾的（积极的和消极的）观点，构成了沃尔玛悖论。这也解释了为什么每当沃尔玛进入一个新市场，有的人视其为一种解放力，而另一些人视其为帝国主义的入侵。

"沃尔玛入侵，墨西哥投降。"[45]

"沃尔玛入侵印度，谁会是下一个？"[46]

围绕着沃尔玛的悖论以及关于它成功的争论使它成为不同商业培训中的经典案例。总的来说，一个企业是否会给社会带来纯粹的积极的或消极的影响呢？正如一位作家观察的那样"沃尔玛或许会成为美国最受喜爱也最受讨厌的企业"[47]。随着其持续的扩张，争论也不断增加。（如图 3-4 所示）现在，沃尔玛通过全球的扩张来克服美国已经饱和的市场，[48]已经在世界 27 个国家拥有超过 10 300 家店。[49]

在所有的争论中，反对企业社会责任的争论成为主要的案例。消费者继续在这里购物的事实是否会破坏支持企业社会责任的论断呢？[50]如果这些反对的声音是真的，而销售额

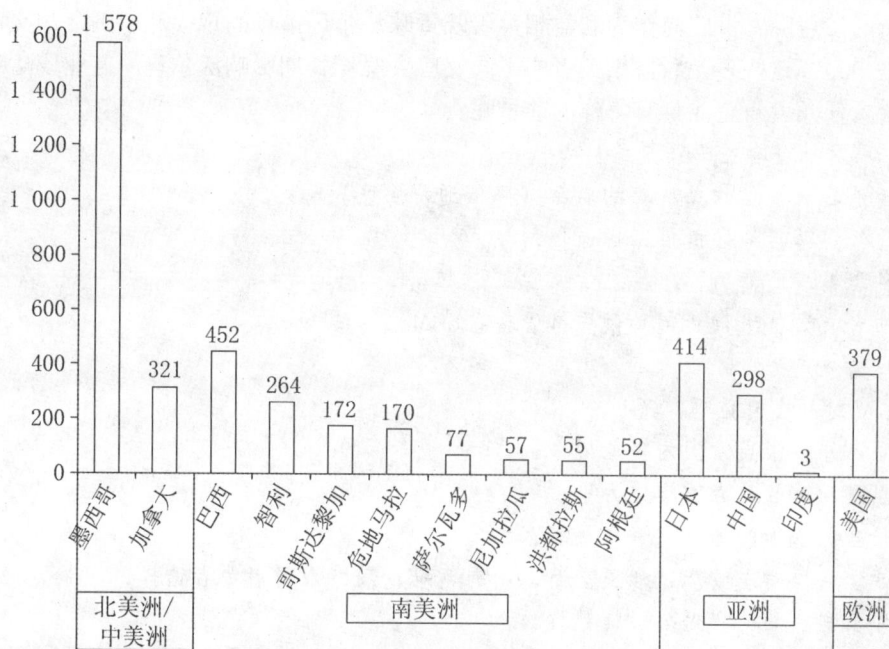

图 3-4　沃尔玛海外公司情况（2010 年）

资料来源：Mariko Sanchanta，'Wal-Mart Bargain Shops For Japanese Stores to Buy，' *The Wall Street Journal*，November 15，2010，pB1.

又仍在增加，那是否意味着沃尔玛的主要利益相关者并不关心企业社会责任呢？如今假如他们更加关心企业社会责任，沃尔玛是否还会一样成功？又是否会更成功呢？

3.4　沃尔玛对社会有益吗？

具有像沃尔玛一样规模和力量的企业是否对经济有利呢？沃尔玛的支持者认为，沃尔玛通过降低价格为美国消费者节约了数以亿计的美元，把价格竞争的压力强加于竞争对手：[51]

这种大型的零售商至少需要对美国通货膨胀的低利率负责，麦肯锡的调查显示，20世纪 90 年代后半叶 12% 的经济生产率增益都归功于沃尔玛。[52]

沃尔玛给予消费者想要的物美价廉的商品。然而它们节约成本降低价格的手段在其他利益相关者看来常常会产生消极的、持续的影响。在推测公司政策的长期影响时，沃尔玛的悖论就会被放大。我们假设这些人会抱怨美国输出海外的工作岗位的数量，尤其是建筑工人，构成了沃尔玛消费者的很大比例，对这些人来说低价格很有吸引力：

"沃尔玛是一把双刃剑，而且每一面都很锋利，"经济智库伯恩斯坦说："在价格方面，消费者因为低价格不会反对沃尔玛；另一方面，沃尔玛坚持低工资道路，创造了大量低端工作岗位，抑制了工资和收入的增长，这不仅仅是针对沃尔玛的员工，对周边社区也产生了很大影响。"[53]

沃尔玛有许多潜在危机。如果消费者开始担心企业对经济和社会的影响超过关心低价格会怎么样？社区对大型超市对农村城镇中心的影响的担忧限制了沃尔玛的发展。[54]如果存在待遇更优厚的工作，雇员们是否还会来沃尔玛应聘呢？当企业继续扩张，政府是否会担心垄断的发生呢？供应商作为利益相关者既青睐沃尔玛市场的规模和范围，却又害怕它们的价格压力。这些多元利益相关者的不同反应会怎样长期影响沃尔玛的商业战略呢？从企业社会责任角度看企业具有怎样的前景呢？

沃尔玛对社会有益吗？是的！

1. 为消费者提供物美价廉的商品（降低通货膨胀）；
2. 为经济落后地区提供工作岗位；
3. 种类繁多的商品；
4. 通过有效技术重新定义供应链管理（SCM）；
5. 提高生产力。

沃尔玛对社会有益吗？不！

1. 向海外扩张导致国内失业增多；
2. 强烈反对劳动力的集体力量；
3. 相当低水平的工人工资与福利；
4. 导致竞争对手破产，形成垄断，削弱竞争，最终削弱消费者选择；
5. 许多利益相关者对公司提起诉讼。

我们将详细说明沃尔玛运营的显著特征，将从五个方面考虑公司商业决策对不同利益相关者的影响，即价格、供应商、就业、竞争者、质量和种类。

3.4.1　价格

沃尔玛通过压低价格以及向竞争对手施加惩罚性的利润来控制所有进入这一行业的企业，沃尔玛主要是通过改革供应链管理和零售业库存来实现低价格的。现在，由于沃尔玛的创新，许多公司可以更好地管理商品和原材料的流通，形成从供应商经过公司到消费者的相互联系的商业链。公司通过信息技术来追踪商品——从供应商到仓库到货架再到收银机，并且保证商品一旦被售出，在货架后还会有替代商品等待着下一位顾客。

由于对物流的精细化管理，无论在哪里运营，像沃尔玛这样的公司都很容易找到最低成本的供应商。这一实践会推动成本变得更低，尽管这会给国内供应商带来灾难性后果，甚至是破产。公司著名的卫星网络[55]，以及贯穿分配与库存体系的射频识别技术（RFID）不断推动着供应链管理的技术革新。[56]沃尔玛的革新节约了很大一笔钱，并把这笔钱通过降低价格的方式转给了消费者，而且沃尔玛的影响是波及全行业的。例如，沃尔玛试图扩展其作为金融机构的角色，尤其是向边远的无银行的社会，这对银行业产生了很大影响：

美国联邦存款保险公司估算6 000万美国人里绝大多数是低收入的，他们享受不到当地社区银行的服务，而是通过高利贷、发薪日贷款机构、典当行来实现金融服务。[57]

可想而知，主流银行对于沃尔玛降低利润的竞争目瞪口呆，强烈抵制其完全进入这一市场：

四年前，沃尔玛放弃了获得长期银行经营许可以反对银行业和立法者的计划。自此之后，沃尔玛悄悄建立了自助式金融服务，成为介于非银行和银行之间的一股力量。[58]

这样无情地削减成本在短期内对消费者是有好处的，然而在长期内，竞争和质量可能被削弱。根据研发部门的调查，生产环节的所有组成部分都可以成为潜在的成本节约，需要去竞争。

3.4.2　供应商

沃尔玛削减成本的一个策略就是给供应商提出明确的需求，它是通过借助公司的规模和地位来实现这一要求的：

沃尔玛运用它的力量只为一个目的：为消费者带来最低的价格。在沃尔玛这一目标永远不会真正达到。沃尔玛对供应商有一项明确的政策：沃尔玛为商品支付的钱不会少，但消费者为商品支付的钱要一年比一年少。[59]

沃尔玛的规模对 61 000 个有幸与之合作的供应商来说非常重要[60]，沃尔玛在同类品牌中不断增长的影响力令人惊讶。例如，2008 年 Dial 的 28% 的销售量来自沃尔玛，蒙特公司、高乐氏、露华浓以及其他商家也是如此。[61]这种发展依赖对那些因为某些原因不受欢迎的利益相关者来说是把双刃剑。站在供应商的角度，过分依赖一家公司容易造成社会危害或供应链崩塌，尤其是沃尔玛还具有不平等的谈判能力：

沃尔玛之所以成为一个传奇，是因为它会通过重新设计产品包装以及电脑体系来对供应商施加压力，并直接告诉供应商他们会为商品支付多少。[62]

沃尔玛会通过给商品定价以及接受别处的供货来威胁供应商，让供应商无法填补之后的差距。

3.4.3　就业

在农村地区，沃尔玛是那里唯一的大型雇主，这便赋予了公司额外的影响力：

沃尔玛为小城镇带来种类繁多的商品，当地常常会通过城镇委员会或规划办给予沃尔玛很多优待，比如拨款优惠和放松环境标准，而且也能够以极低的工资雇用工人。[63]

然而沃尔玛极力否认它只创造了低收入的工作岗位。[64]有证据显示，沃尔玛的工资比同行业要高，"沃尔玛的平均小时工资大多超过了国家的最低工资标准。"[65]除此以外，沃尔玛还强调内部晋升，很高比例的高级管理者是从基层晋升上来的。沃尔玛的工作岗位永远是供不应求，如果沃尔玛的工作真像报道的那样不具有吸引力，那又怎么会持续吸引这么多的应聘者呢？例如，当公司要在芝加哥开一家店时，"有 25 000 人来应聘 325 个岗位"，[66]这个数字是十分罕见的：

如果沃尔玛真如批评者所说的那样贪婪，那当它在亚利桑那州格兰岱尔市开新店时永远不会吸引 8 000 人来应聘 525 个工作岗位，当它在偏远的洛杉矶开新店时也不会吸引 3 000 人来应聘 300 个岗位。[67]

然而，恶劣的雇佣政策可能正好体现了公司在企业社会责任方面的危机。当雇员可以选择时，他们也许不会选择来沃尔玛工作。恶劣雇主的声誉导致了低士气，削弱了生产力，造成了高流动率，提高了成本，使新员工培训陷入混乱。这对公司的长期发展十分不利，据估计"44% 的员工会离开"[68]，"半数的全职工会在一年内跳槽去别的公司"[69]，这意味着公司需要雇用成千上万的新员工来代替他们，并且这样的问题会产生严重的连锁反应：

公司无情地压缩成本使公司处于法律危险的边缘，一些很强大的公司最终不得不抑制自己的进步。劳工问题会不会成为沃尔玛的软肋，就好比微软面临的反垄断问题一样？[70]

例如，在 2008 年 12 月，沃尔玛因为强迫员工无薪加班而至少支付了 3.52 亿美元。这一决策导致沃尔玛 CEO 李·斯科特的下台，换成迈克·杜克，律师称"这是史上违反工时法付出的最高代价"[71]。

3.4.4　竞争者

另一个饱受批评的方面是沃尔玛带给竞争对手的强大压力。其破坏性影响在于沃尔玛大型超市的存在会抵制在当地再开一家新店。虽然沃尔玛无疑会让许多小店倒闭，但这需要与这家店会给当地提供多少工作岗位相权衡。很显然开一家沃尔玛超市会带来工作岗位的增加，当一些商家倒闭了，它也为其他的商家腾出了更多的空间：

理念或产品更新换代会带来创造性的破坏。新产品的诞生往往会带来过时产品的失败，这对旧商业是不幸的，但对消费者是有益的，可以促进金钱和资源的自由流通，创造新商机，获得更大的进步。[72]

我们应当始终意识到只有当消费者选择在沃尔玛购物而不是在其他小供应商那里购买时，沃尔玛才会成功：

……批评家们说沃尔玛让小商户破产，这是不对的。是消费者让小商户破产……我们支配着我们的钱包，是我们在当地超市中选择了沃尔玛。[73]

然而，沃尔玛挤垮了独立小商户的印象是不可磨灭的，那些反对在当地开设新的沃尔玛的利益相关者们依然会搬出这些充满火药味的陈腔滥调。

3.4.5　质量和种类

最后，沃尔玛价格战略的一个重要部分是那些最能赚钱的优良产品——例如采购最知名品牌的销售量前10%的玩具。因为销售量大以及其他生意的支持，沃尔玛能够承受较低的利润。然而长期的对质量和种类的关注关系到未来的研发工作。通过选择最赚钱的商品并以最低利润出售，沃尔玛夺走了其他公司投入研发获得的利润。

没有利润，专业的生产商就无法获得创新的经费，推动产品的革新。这样，消费者购买沃尔玛的低价商品，就会削弱未来商品的质量和种类。这样，沃尔玛也会因此损害了自己未来的商业战略。沃尔玛就曾在2003年万圣节被指控造成了玩具产业的大混乱，造成了 F. A. O. Schwarz 和 KB Toys 玩具公司的破产，也给其他零售商带来了巨大损失，尤其是 Toys R Us：

玩具战争最能体现所谓的沃尔玛效应。沃尔玛的反对者认为沃尔玛导致了大量竞争对手破产、低工资、低利润、进口造成的失业以及造成美国乡村和市中心的满目疮痍。[74]

然而，虽然沃尔玛的短期竞争影响力不利于长期的产品质量和种类的提升，但却在短期内造福了消费者。例如，虽然极具竞争力的沃尔玛导致了至少25家连锁超市的倒闭，但它确实减少了10%的缺货状态，丰富了商品的种类。[75]

3.5　如今沃尔玛成了 No. 1

2002年，沃尔玛成为了《财富》世界500强企业[76]的第一名，并在2003年和2004年保持了前两名的地位。[77]沃尔玛也被《财富》评为"最受喜爱的美国公司"[78]，并从此保持着前50名的领先地位。[79]在它成为世界最大的盈利组织的同时，也饱受着争议。

然而迄今为止我们无法解决沃尔玛悖论，沃尔玛承诺低价格"省钱，让生活更美好"的口号恰恰吸引的是低收入的工人阶层，而他们就在这个圈子里工作，但却因为企业追求低成本而使他们的工资和福利都受到了削减。

　　企业社会责任的观点认为，只有当沃尔玛的吸引力可以抵消其负面影响时，它的商业模式才可能有效。最终，这一离间利益相关者的低价格战略会破坏创新力、干扰决策、失去社会的必要支持。进入 21 世纪，沃尔玛开始受到工会组织、环保组织、公益组织、立法部门、学者等的联合攻击，迫使其改变企业政策和实践，[80]导致其在很多地区和产业上受到很大限制。

　　伴随着企业社会责任的论辩，随之而来的是人们对商业未来趋势的争论。目前，沃尔玛是第一名，但利益相关者理论认为，为了保持现有的市场支配地位，沃尔玛应该把企业社会责任的理念纳入公司的战略计划和日常运营之中。企业社会责任的缺失会危及其社会合法性，尤其会危及对其发展至关重要的组成部分（比如员工和当地社区）。现在，越来越多的证据显示，沃尔玛意识到了这一点，正在改变对其利益相关者群体的态度。

3.6　沃尔玛与可持续发展

　　本章我们主要关注了"沃尔玛问题"。如果在全球商业大环境下，企业社会责任是企业的核心竞争力，那么像沃尔玛这样的公司又怎么会忽视社会责任呢？答案当然是不会。越来越多的证据显示，在过去 10 年沃尔玛的社会责任意识大幅度提升，这是因为公司的低工资模式遭到了各方抵制，例如有人声称对女员工的歧视会威胁企业未来的发展：[81]

　　在 2005 年沃尔玛把可持续发展作为公司的战略，当时公司经历了一段痛苦挣扎的时期，被各种负面新闻缠身，8% 的消费者不再来沃尔玛购物，基层工作受阻，有 1/3 的项目被迫延迟，股东开始紧张，从 2000 年到 2005 年，沃尔玛的股价下跌 20%。[82]

　　然而今天，由于各种环保和可持续发展项目，沃尔玛成了市场的领头羊。[83]沃尔玛现在与环境保护基金会[84]、第七代公司合作[85]，甚至聘请斯亚乐（sierra）俱乐部的前会长亚当·魏巴赫作为环保项目的顾问：

　　我坚信沃尔玛现在所做的一切会让华尔街看到我们在绿色环保方面的表现，并且说"哇，再多做一些吧"。[86]

　　沃尔玛曾与野生动物保护基金会合作了一个 3 500 万美元的项目，在未来 10 年购买 138 000 英亩的动物栖息地作为自然生态保护区，以抵消自己在生产经营中占用的大量土地，这标志着沃尔玛的政策开始转变。[87]而真正的转变发生在 2005 年 8 月卡特里娜飓风席卷美国新奥尔良市之后，沃尔玛的 CEO 李·斯科特发表演说《沃尔玛：21 世纪的领导力》[88]。灾难之后，沃尔玛迅速展开救济工作。沃尔玛将所需的物资有效分配给灾区，这甚至连联邦政府和州政府都无法做到。[89]这一事件斯科特[90]在两个月之后[91]才公布出来。[92]

　　回顾斯科特的演讲，他希望达到两个目的：第一，增强沃尔玛的核心竞争力——识别出价值链中的无效因素，降低成本。从这个角度看，沃尔玛致力于可持续发展的战略的确强化了现有的商业模式。第二，这次演讲也重塑了沃尔玛在不同外部利益相关者眼中的地位：

　　为了更好地认识那些批评的声音以及沃尔玛对世界的影响，我们的高管用了一年的时间倾听消费者、合作伙伴、市民、政府、非营利和非政府组织以及其他个体的声音……多数反对者并不是想让我们停止做生意，而是认为我们需要改变，而且不仅仅是我们公司，而是所有的公司。[93]

　　特别的是，斯科特为沃尔玛提出了三个环境目标：

沃尔玛的环境目标[94]

1. 100% 使用可再生能源
2. 零浪费
3. 销售有利于资源与环境保护的商品

为了实现这些目标，斯科特制订了一系列具体的、可量化的政策目标：例如在未来 7 年减少 20% 的温室气体排放、在未来 3 年将工作效率提高 25%、在未来 3 年减少 25% 的固体垃圾排放、与供应商合作简化包装、增加包装回收再利用。所有的这些构成了一项综合的可持续发展政策：

卡特里娜飓风带来了这个问题，我也想问在座的各位：怎样才能让沃尔玛一直成为最优秀的公司呢？为了我们的消费者、合作伙伴，为了我们的孩子和下一代，我们是否应该利用我们的规模和资源让我们的国家和整个地球变得更好呢？[95]

从本质上看，沃尔玛的消费者根据价格作出短期的购买决策，并不重视更广泛的社会影响。利益相关者的观点认为，为了保持沃尔玛长期的发展，公司需要关注更广泛的利益相关者群体。而沃尔玛发现对利益相关者的需求作出反应并不会削弱公司的商业模式，反而甚至会加强，这一转变非常具有戏剧性：

在持续几年的与政府在劳工和环境问题上剧烈冲突之后，沃尔玛开始渴望亲近政府，打破政治僵局，为棘手的问题提供更大格局的解决方案。[96]

2008 年 7 月沃尔玛的新商标和口号表明它想与利益相关者有一个新的开始：

沃尔玛时事：省钱，让生活更美好

《商业周刊》[97]的一篇文章解析了沃尔玛新商标的意义与影响：

沃尔玛正发生着一些变化。访问沃尔玛的网站我们会发现被消费者所熟知的用了 17 年的徽标不见了，取而代之的是新徽标：由圆润的小写字母组成，中间的连字符没有了，星星变成了类似于太阳或花朵的图案。

文章指出这个徽标是为了迎合沃尔玛在环境可持续方面越来越高的声望，新的徽标（口号从"天天低价"变成"省钱，让生活更美好"）融入了斯科特想把沃尔玛转变成一家环境友好型企业的目标理念。然而，这篇文章又指出，这个设计达不到他们的目标：

中子公司（旧金山的品牌公司）的董事长马蒂·纽梅尔补充道：沃尔玛的新徽标缺乏特色，设计过于简单，主体不够鲜明，可以用于任意一家公司。

沃尔玛可以通过利益相关者教育来传递更多的社会价值。为了履行企业社会责任，最重要的是利益相关者要有意识，并有能力去做一些事。由于沃尔玛无与伦比的规模与范围，沃尔玛的一举一动都会对其消费者和供应商立即产生重大影响：

沃尔玛的 CEO 迈克·杜克曾说过："沃尔玛和我们的供应商必须在商业中承担更多的社会和环境责任，而且我们决心成为可持续发展事业的领头羊"。沃尔玛将利用自身在整个供应链中强大的影响力（通常被批评者称为恃强凌弱）让市场朝着绿色环保的方向转变。[98]

　　一个很好的例子便是沃尔玛承诺减少废弃包装。这一举措强化了公司的环保目标，并产生了即时的影响：

　　例如我们的包装小组会减少自有品牌产品的过度包装。通过缩小产品的外包装，我们每年节省了 497 个集装箱和 240 万美元的运费，除此以外，我们将节省超过 3 800 棵树和 1 000 桶油。[99]

　　更重要的是，与沃尔玛合作的企业会有戏剧化的差异：

　　2006 年沃尔玛的进货决策只集中于洗衣液库存，导致美国整个清洁剂产业从 2008 年开始缩小规模，节省了巨额燃料费。[100]

　　从表面上看，沃尔玛有改变世界的力量。[101]例如，2007 年沃尔玛公布了计划销售 1 亿个节能灯的目标，这是前些年节能灯销量的两倍，以证明自己的环保主义身份，[102]而且沃尔玛提前 3 个月完成了这一目标：[103]

　　2009 年 6 月沃尔玛和山姆俱乐部销售了超过 2.6 亿的节能灯，据估计这会为消费者节约 70 亿美元的电费。[104]

　　沃尔玛的雄心继续在增长，2009 年 7 月其 CEO 宣布了一项承诺：

　　创建一个全球的全行业的"可持续产品指标"。这一计划是为了给沃尔玛货架上的商品建立"可持续性评价体系"，这将帮助消费者了解商品的社会和环境影响，同时也推动供应商的技术革新。[105]

　　这里必须重申这项工作的艰巨性：为了追踪每个销售商品的寿命周期，测量其中的用水量、温室气体排放量以及公平用工情况，[106]任务的复杂程度可想而知。考虑到沃尔玛的规模和影响力，我们必须严肃对待。后来，许多公司[107]和政府组织都纷纷加入这一计划。[108]

　　这一计划在合作过程中推动了科学研究、标准的提升以及 IT 技术的进步，增强了人们对商品环境、社会、经济影响的认识。[109]

　　所以，沃尔玛之所以能够可持续发展，是否是因为它相信企业社会责任的伦理的、道德的、理性的或经济的观念呢？沃尔玛如果能按照这四个理由行动则是智慧的。企业开始意识到，即使在短期内特定的利益相关者们并不关心企业社会责任，但出于伦理与道德的原因也会获得其他群体的支持。除此以外，企业也会出于理性的考虑来限制那些影响公司未来利益的潜在因素。最后，企业也认识到企业社会责任可以促进企业的经济目标——高效地为顾客提供商品，减少浪费，降低成本。可持续性指数可以帮助沃尔玛更好地了解其所销售商品的生产和分配进程，并通过供应链来提高效率。2010 年沃尔玛承诺到 2015 年计划减少供应链中 2 000 万公吨的温室气体排放，相当于每年减少 380 万辆汽车。[110]总而言之，综合了企业社会责任的伦理与道德、理性和经济的理念，才形成了沃尔玛现在的可持续发展观：[111]

　　2008 年 10 月斯科特对分析师说，沃尔玛已扭转了在政治中的地位，已不再是饱受指责的那一个，而是发挥着带头作用。[112]

　　有充分的证据表明，沃尔玛在履行着它可持续发展的诺言。然而也有证据表明，沃尔玛的表现还是会受到一些利益相关者的质疑。由于企业仅仅聚焦于可持续发展，而没有采纳一个更广范围的企业社会责任理念，因此在社会责任方面的整体表现仍然面临挑战。

3.7　沃尔玛与"漂绿"行为

如今，沃尔玛宣布要扩展它的企业社会责任政策，从可持续发展计划扩展为"全球社会责任"[113]的概念。然而这一切并不像设想的那么顺利。沃尔玛虽然在某些领域取得了进步，比如在节省成本方面，但在其他方面仍然没有改变，正面临威胁。

首先，虽然在2011年针对沃尔玛的大型就业歧视集体诉讼案被美国高级法院否决了[114]，但这只是由于法律层面上的原因，并不能证明沃尔玛的行为无罪。[115]事实上这个案子被拖了10年，期间沃尔玛只是象征性地出台了"妇女友好计划"[116]，企业仍然收到个人指控性别歧视，仍留给员工就业歧视的印象。

其次，2012年"墨西哥受贿案"丑闻被《纽约时报》[117]曝光出来并进行了深入报道，披露了2005至2011年间大量关于贪污受贿和隐瞒消息的细节，对公司造成严重影响：[118]

沃尔玛墨西哥的高管被指控向墨西哥官方受贿，以加快开设新店的审批进程。本顿维尔市总部的经理在2005年被告知了这一事件，他们随后展开了并不专业的调查，但并没有将消息告诉当局，直到2011年12月。[119]

这则丑闻得以揭露，也是因为墨西哥对于沃尔玛的重要地位——现在，1/5的沃尔玛超市开在墨西哥，雇用了209 000人[120]，成为墨西哥最大的私营雇主。贿赂案调查的结果如何呢？除了养老金[121]的法律挑战，股价下跌引发的抗议[122]，当投资者们闻讯撤出股份100亿美元后[123]，沃尔玛还面临股票市值减少5%的惩罚。在2013财政年度，沃尔玛为了这次丑闻的内部调查花费了1.57亿美元。[124]

最后，随着沃尔玛继续实施可持续战略而被指控具有"漂绿"嫌疑，[125]这也许是对公司最大的打击。[126]

沃尔玛可持续发展的数据[127]

210　　　　沃尔玛计划2012年在美国新建店面的最低数量

150万　　　沃尔玛对于2006年以前建造的店面的能耗改进，每年节省的二氧化碳排放量

350万~390万　　　从2006年起沃尔玛新建店面所排放的二氧化碳量

300　　　　以现在的速度沃尔玛实现100%再生能源所需要的年数

引发这些批评的一是由于沃尔玛的规模和影响范围[128]很大，二是由于它的雇佣政策[129]，三是由于它持续的成功。[130]很显然，CEO的换人也会导致对企业社会责任的态度发生变化。正如"第七代"的创始人詹弗里·何伦德所说：

迈克在2009年2月代替斯科特担任沃尔玛的CEO，我相信从那时开始，斯科特当时所倡导的但从未实现的计划将失去原有的积极性，缓慢地被解决。[131]

比这些具体的事件更重要的是沃尔玛的商业模式和履行企业社会责任的途径的共同行为模式是什么。沃尔玛的确是因为自身的大规模和影响力而备受关注。面对众多的批评，沃尔玛转向可持续发展的政策是很明智的。然而我们不确定的是沃尔玛现在的商业模式是否是可持续的，它仍然依赖于扩张。虽然在发展的同时，沃尔玛承诺消耗较少的资源，但它的足迹依然在向外延伸，它的企业社会责任依然饱受批评。

3.8　所以，企业社会责任是谁的责任？

本章的核心问题是：谁应该为企业社会责任负责？为了回答这个问题，了解利益相关

者对企业社会责任的态度和这些态度在何种程度上决定了企业的行为是有必要的。公司是否有责任利用自己的市场地位，教育利益相关者关于企业的社会责任并且创造差异化竞争点？或者，利益相关方有责任教育自己以及要求企业有所改变来塑造他们所希望生活于其中的社会？这些都不是简单的问题，但它们是关于企业社会责任辩论的焦点。沃尔玛案例彰显了这些问题的复杂性。今天，沃尔玛是全球经济的一个重要组成部分。无论你是否喜欢在这个地方购物，了解沃尔玛做什么和为什么这样做（特别是在有关企业社会责任方面）对于理解当今商业社会中的企业社会责任的作用都是非常重要的。

因此，沃尔玛的案例研究提供了关于它和利益相关者，特别是客户和社会之间的关系研究信息。很明显的是，不同的利益相关者有不同的观点，这些不同的观点往往会导致冲突。在其他例子中，企业的行动可能使人们看到更直接的后果。看看印度博帕尔，在那里美国联合碳化物工厂事故造成了数千人死亡[132]；安然公司的自我毁灭是由于其领导人缺乏社会责任而导致工作和股东价值的丧失（以及刑事诉讼）；最近，由于次级抵押贷款者几乎无法偿还贷款，导致前所未有的丧失抵押品赎回权和被驱逐的纪录。

在这些例子中，以及这本书中提到的许多其他例子，缺乏基本的（更不用说战略的）企业社会责任导致领导千夫所指，并且伴随着重大的法律和市场惩罚。然而在大多数情况下，企业的行为后果是更加复杂的。在一般情况下，企业忽视社会平衡（societal tradeoffs）将面临限制，这是铁律的社会责任"（第 1 章）所暗示的。但是，利益相关者对于企业社会责任的漠视和激烈反应，以坚定的企业社会责任的冷漠，不会立即有反应的。烟草和快餐行业就是最好的例子（"企业社会责任阈值"，第 5 章）。然而，未能反映其利益相关者不断变化的利益的公司最终将会把它的声誉、品牌以及未来的业务置于风险之中。

在这一章的分析显示，在今天，沃尔玛对这种情绪表示的赞赏比以前更多。然而，由于沃尔玛选择性的企业社会责任活动，本书中提出的问题的核心在这个公司仍然是个悖论。沃尔玛在过去 10 年中取得了长足的进步，但公司保持一个相对狭窄的企业社会责任观点。沃尔玛将其注意力主要集中在环境可持续发展上，把它作为一种降低成本的最好手段，并将这些省下来的钱以更低的价格传递给客户。沃尔玛管理可持续发展的高级副总裁说："如果这在财务上是不可行的，像我们这样的公司也不会去做。"[133]

然而，正如我们在其他地方已经讨论的，财务上的可行性不是最重要的问题。预期回报的时间表更具有针对性。战略企业社会责任将为公司提供财务利益，并使其能够保持其社会经营许可。但是，并不是所有这些好处都是短期的。由于有关社会责任的重大问题是持续而有选择性的，因此，沃尔玛将继续受到利益相关者的监督和批评。例如，很少有证据表明，沃尔玛会在短期成本增加或者财务结余并没有优于之前的投资的情况下做出对社会负责任的行为选择。

这本书中提出的论点是，从短期视角分析，经济上的必要性凌驾于社会关注，那么结果将会是不好的。但是，以烟草和快餐公司的例子来说，这些行业中的企业因为公司的某些重要时期而延迟企业社会责任的推进，这也是很公平的事情。这是因为每个利益相关者关注点和行业是有区别的。利益相关者对企业社会责任的关注取决于个人优先事项和可供选择的独特组合，这两者会随着时间而改变。这也反映了利益冲突相互交织的战斗。从短期来看，即使是企业社会责任，也可能被一些人甚至所有利益相关者公然无视。另一方面，这种反应是迅速和明确的，而且在大多数情况下，这种反应是复杂的。最后，很显然，企业因为没有履行企业社会责任的承诺而使利益相关者承受幻想破灭带来的后果。在美国、加拿大，特别是中国区域内的沃尔玛超市的工会组织不断壮大，至少有部分原因是对人力资源政策的反抗。[134] 如果你去看看沃尔玛如何应对内部员工积极推行的沃尔玛竞选（http：//forrespect.org/）[135] 所带来的挑战，将会是很有趣的。

所以，最后，企业社会责任到底是谁的职责？当公司利润和支付设在外国的工厂工人生存工资相矛盾以及因文化或行业不同产生差异时，决策的制定将会因为平衡这些矛盾而受到一定的阻碍。但是，很明显，企业需要积极主动地应对，而不应该仅仅对利益相关者告诉他们的内容作出反应。利益相关者和更广泛的社会关注的问题是易变的。在今天可以接受的东西很快就会成为不可接受的。因此，一定程度上，企业在了解并满足利益相关者的需求的同时，也应该了解明天这些需求将如何演变，在有关企业社会责任预计上超前于这些需求。

一个更广泛的问题"企业社会责任：是谁的责任？"引出的结论是公司从利益相关者的视角出发，满足利益相关者现在和未来的期望。当然，到目前为止，沃尔玛致力于可持续发展所获得的收益表明了企业社会责任观点的价值所在。因此沃尔玛环境保护基金的雇员表示"越来越难讨厌沃尔玛了"[136]。沃尔玛的许多其他利益相关者认为：到 2010 年，表示对沃尔玛不满的美国人的数量已经下降了近一半，从 2005 年高峰期的 38% 下降到 20%。[137]

这一关系也揭示了企业的利益相关者对塑造有力的行动上可以产生很大的影响力。因此，利益相关者有动机使用影响力来帮助塑造他们希望生活于其中的社会。就像我们投票选择我们的政治家一样，我们可以得到我们购买的商业服务。利益相关者（尤其是客户）需要利用其影响力和购买力，奖励企业的行为，反对公司不负责任的行为。如果我们不去要求改变，公司就不会提供这种改变，我们也不能因此感到惊讶。公司受到产生利润的激励，所以对于企业的利益相关者来说，确保实现这些利润的最好方式应该是以对社会负责的方式行事。

组织及其利益的整体性视角（利益相关者视角和中长期活力目标的结合）决定了企业社会责任应该是企业战略规划和整个运营体系的核心。考虑到利益相关者的利益，我们提倡以一种平等式的投资来决定哪种行为是负责任的，哪种行为是有回报而值得鼓励的。换句话说，企业和利益相关者之间是一个相互协同的关系，所以企业社会责任也是一个联合的责任来最大限度地达成有利的结果。不管这些结果是有形的还是无形的，经济的还是社会的，他们的责任是共担的。企业社会责任不仅是企业的责任，也是利益相关者的责任。

3.9　下一步

当然，沃尔玛存在的问题目前并不能完全被解决。很多问题的解决要依赖于沃尔玛 3 000 万名日常消费者的决策。然而，公司不断提高的企业社会责任意识也在改变着公司对于不同利益相关者关系的认识。因此，这个案例也让我们深入了解了如何把企业社会责任融入公司战略和日常运营之中。接下来，第 4 章和第 5 章将更加细致地探究这些问题。第 4 章将从战略的角度介绍企业社会责任，详述企业社会责任的重要性以及对企业战略的影响。最后，第 5 章将总结本书的第一部分，并讨论企业社会责任实施的影响因素。

3.10　问题讨论和回顾

1. 谁该为企业社会责任负责——企业还是利益相关者？为什么？

2. 请列出三点支持弗里德曼和汉迪关于企业及其责任的观点，你支持哪种观点，为什么？

3. 如果你怀疑你的同学作弊，你会举报他吗？为什么？

4. 如果你是沃尔玛高层管理者中的一员，当社区群体试图阻止沃尔玛在当地建立商场，你将如何应对？如果你是社区团体的领导者，你将如何抵制沃尔玛进入你的社区？

5. 沃尔玛认为它可以为小规模的社区提供有价值的工作，应该允许其发展。而批评者认为这些工作通常是低工资和低福利的。你支持谁的观点？低工资的工作是否好于完全没有工作？

6. 你有没有考虑过因为一个公司的行为或立场而抵制某一特定的品牌或商店？请举例说明。

7. 对比沃尔玛的新旧徽标。

WAL★MART® ALWAYS LOW PRICES. Always.	Walmart Save money. Live better.
旧徽标	新徽标

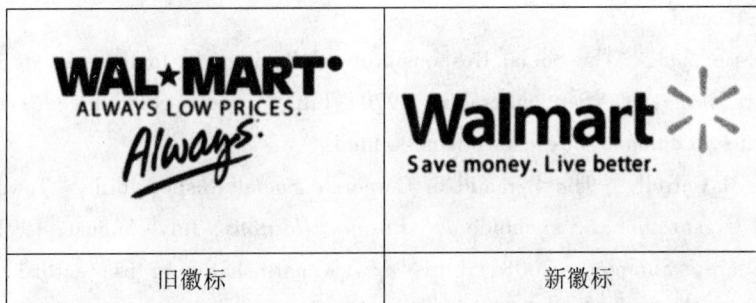

你更喜欢哪一个？你对沃尔玛的新徽标和口号印象如何？[138] 你认为沃尔玛承诺的可持续发展战略是真诚的还是典型的"漂绿"行为呢？

学生学习网站

访问学生学习网站 www. sagepub. com/chandler3e 来获取额外的学习材料。

3.11　注释和参考文献

1. 最近，百事公司发现，对其客户群"过于负责"会带来重大的市场惩罚：百事公司的 CEO Indra Nooyi，一直极力想将百事从一个高糖碳酸饮料和咸味点心的供应商转型为一个能提供更有益健康的饮食公司。对她来说，最近几年是一段异常艰难的时期，但结果却失败了。百事公司的市场份额并没有在她六年的任职期间内有所变化，然而对手可口可乐的股票价格却几乎翻倍。引自：'Pop Quiz: Can Indra Nooyi Revive PepsiCo?' *Knowledge @ Wharton*, March 28, 2012, http://knowledge. wharton. upenn. edu/article. cfm? articleid =2966

2. Deborah Doane, 'The Myth of CSR: The problem with assuming that companies can do well while also doing good is that markets don't really work that way,' *Stanford Social Innovation Review*, Fall, 2005, p. 26.

3. Milton Friedman, 'The Social Responsibility of Business is to Increase its Profits,' *The New York Times Magazine*, September 13, 1970, http: //www. colorado. edu/studentgroups/libertarians/issues/friedman-soc-resp-business. html

4. Milton Friedman, 'The Social Responsibility of Business is to Increase its Profits,' *The New York Times Magazine*, September 13, 1970, http: //www. colorado. edu/studentgroups/libertarians/issues/friedman-soc-resp-business. html

5. Charles Handy, 'What's a Business For?' *Harvard Business Review*, December, 2002, pp. 49-55.

6. Charles Handy, 'What's a Business For?' *Harvard Business Review*, December, 2002, p. 52.

7. Milton Friedman, 'The Social Responsibility of Business is to Increase its Profits,' *The New York Times Magazine*, September 13, 1970, http: //www. colorado. edu/studentgroups/libertarians/issues/friedman-soc-resp-business. html

8. See Figure 1. 1, Chapter 1 and Archie B. Carroll, 'The Pyramid of Corporate Social Responsibility: Toward the Moral Management of Organizational Stakeholders,' *Business Horizons*, July-August, 1991.

9. Milton Friedman, 'The Social Responsibility of Business is to Increase its Profits,' *The New York Times Magazine*, September 13, 1970, http: //www. colorado. edu/studentgroups/libertarians/issues/friedman-soc-resp-business. html

10. Archie B. Carroll, 'The Pyramid of Corporate Social Responsibility: Toward the Moral Management of Organizational Stakeholders,' *Business Horizons*, July-August, 1991, p. 43.

11. Earthshare, Summer, 2008, http: //www. earthshare. org/psa/earthshare _ printpsa _2008. pdf

12. 在此陈述的企业相关利益者责任的概念不同于 Ed Freeman 和其同事所提出的"公司相关利益者责任"。后者更类似于我们提出的战略性企业社会责任的概念。见: R. Edward Freeman, S. Ramakrishna Velamuri & Brian Moriarty, 'Company Stakeholder Responsibility: A New Approach to CSR,' *Business Roundtable Institute for Corporate Ethics*, 2006, http: //consciouscapitalism. org/library/pdf/resources_company. pdf

13. 关于人们天生关注短期的争论,请见: Duane Windsor, 'Stakeholder Responsibilities: Lessons for Managers,' *Journal of Corporate Citizenship*, April 2002, pp. 19-35; Mike Barnett, 'Business & Society Version 3. 0: Attending to What Stakeholders Attend to,' *Network for Business Sustainability*, February 21, 2012, http: //nbs. net/business-society-version-3-0-attending-to-what-stakeholders-attend-to/; and David Chandler, 'Why Aren't We Stressing Stakeholder Responsibility?' *HBR Blog Network*, April 29, 2010, http: //blogs. hbr. org/what-business-owes-the-world/2010/04/why-arent-we-stressing-stakeho. html

14. Steve Jobs' 2005 Stanford Commencement Address, http: //www. youtube. com/watch? v = UF8uR6Z6KLc

15. Holman W. Jenkins, Jr., 'And One Last Thing …,' *The Wall Street Journal*, October 8-9, 2011, p. A15.

16. For an argument that humans are innately focused on the short term, see: Peter Wilby, 'Humanity must recognize our entire way of life is chronically short termist,' *The Guardian*, June 1, 2007, p. 33.

17. Chandran Nair, 'Ethical consumers–Cop–out at the checkout,' *Ethical Corporation*, September 8, 2008, http：//www. ethicalcorp. com/content. asp? ContentID＝6074

18. 'The Co–Operative Bank's Ethical Consumerism Report 2011,' *Ethical Consumer Research Association*, 2011, p1. All the annual reports, since 2000 are archived at: http：//www. goodwithmoney. co. uk/ethicalconsumerismreport

19. Andrew Bounds, 'Ethical goods prove popular despite downturn,' *Financial Times*, December 14, 2011, http：//www. ft. com/cms/s/0/759e0b12 – 2666 – 11e1 – 85fb – 00144feabdc0. html#axzz294AdrICS

20. 我们从其最广泛的层面上定义价值（value），囊括了对共同利益的经济层面和社会层面的贡献。这包含了这样的观点，即财务利润已经包含了以逐利为目的的社会价值部分（比如，工作、税收、产品的顾客价值，或者更加精细的、难以达成的社会价值附加部分）。追求利益的公司没有创造社会价值的说法是不确切的。经济价值和社会价值，比起相互排斥，更接近于紧密相连。然而，更广义地定义价值时需承认，有大量的被排除在市场价格机制之外的外部效益，它们影响了总价值，并且更好地被包含在了社会价值范围中。

21. Thomas L. Friedman, 'Advice From Grandma,' *The New York Times*, November 22, 2009, p. WK10.

22. 'Best Global Brands 2012,' *Interbrand*, http：//www. interbrand. com/en/best –global–brands/2012/Best–Global–Brands–2012. aspx

23. Adam Hochschild,' Well–Oiled Machine,' *The New York Times Book Review*, June 10, 2012, p. 20.

24. Warren Bass, 'A Brave New World in 9/11 Aftermath,' *Miami Herald*, April 10, 2005, p. 7M. Review of 'The World is Flat: A Brief History of the Twenty–First Century,' by Thomas L. Friedman, Farrar Straus Giroux, 2005.

25. Kathleen Parker, 'Attention, Wal–Mart shoppers: You have a say,' *Orlando Sentinel* (re–printed in the *Austin American Statesman*), January 30, 2006, p. A9.

26. Moisés Naim, 'Corporate Power is Decaying. Get Used to It,' *Bloomberg Businessweek*, February 21, 2013, http：//www. businessweek. com/articles/2013–02–21/corporate–power–is –decaying–dot–get–used–to–it

27. Jeffrey M. Jones, 'Nurses Top Honesty and Ethics List for 11th Year,' *Gallup*, December 3, 2010, http：//www. gallup. com/poll/145043/nurses–top–honesty–ethics–list–11–year. aspx; raw data at: http：//www. gallup. com/poll/File/145031/Honesty_Ethics_Dec_3_2010. pdf

28. Archie Carroll, 'Survey says not many think highly of executives' ethics,' *Athens Banner– Herald*, January 7, 2007, http：//www. onlineathens. com/stories/010707/business_20070107012. shtml

29. Enactus: "the world's best–known and most successful program helping university students to create community empowerment projects," http：//enactus. org/

30. 'You Mean Cheating Is Wrong?' *BusinessWeek*, December 9, 2002, p. 8.

31. Rob Walker, 'Sex vs. Ethics,' *Fast Company Magazine*, Issue 124, April, 2008, pp. 54–56.

32. 对企业社会责任对公众和其他公司利益相关者的重要性和知晓度的分析，见 Fenny Dawkins & Stewart Lewis, 'CSR in Stakeholder Expectations: And Their Implication for company Strategy,' *Journal of Business Ethics*, May 2003, Vol. 44, pp. 185–193. "国际市场研究公司的一项时间跨度为十年以上的研究表明，企业责任对公司众多的利益相关者，从顾客和雇主到立法者和投资者，越来越重要……按照惯例，顾客对公司的看法，最关键影响因素是产品品质、现金价格和财务绩效。现在，通过一个全世界范围的公众样本得知，最经常提及因素与企业责任有关（例如，对雇员的态度、社区参与、伦理道德和环境问题等）。

33. http://www.beyondgreypinstripes.org/

34. 'Beyond Grey Pinstripes 2011–2012: Preparing MBAs for Social and Environmental Stewardship,' *The Aspen Institute Centre for Business Education*, 2012, http://www.beyondgreypinstripes.org/reports/BGP%202011–2012%20Global%20Report–small.pdf

35. http://netimpact.org/

36. See also: 50+20, Management Education for the World, http://50plus20.org/

37. http://www.unprme.org/the–6–principles/index.php

38. http://www.unprme.org/the–6–principles/index.php

39. Facts quoted from: Dina Spector & Ujala Sehgal, '16 Facts About Walmart That Will Blow Your Mind,' *BusinessInsider.com*, November 14, 2011, http://www.businessinsider.com/walmart-facts-earnings-2011-11

40. Christopher Caldwell, 'Listen to the Walmart moms,' *Financial Times*, July 10/11, 2010, p. 7.

41. *BusinessWeek*, October 6, 2003, op. cit., pp. 100–110.

42. Editorial, 'The Wal–Martization of America,' *The New York Times*, November 15, 2003, p. A12.

43. Steve Lohr, 'Is Wal–Mart Good for America?' *The New York Times*, December 7, 2003, Section 4, p. 1.

44. For example, see: Miguel Bustillo & Ann Zimmerman, 'In Cities That Battle Wal–Mart, Target Gets a Welcome,' *The Wall Street Journal*, October 15, 2010, p. B1.

45. Anthony Bianco & Wendy Zellner, 'Is Wal–Mart Too Powerful?' *BusinessWeek*, October 6, 2003, pp. 100–110.

46. Phil Butler, 'Walmart Invades India – Who's Next?' *profy*, February 20, 2007, http://profy.com/2007/02/20/walmart-invades/

47. *BusinessWeek*, October 6, 2003, op. cit., pp. 100–110.

48. Farhad Manjoo, 'Dot Convert,' *Fast Company Magazine*, December 2012/January 2013, p. 131.

49. 'Walmart Locations and Data,' October, 2012, http://news.walmart.com/walmart

-facts

50. "每周沃尔玛在 28 个国家的 9 600 多家的零售店会为超过 2 亿名顾客提供服务。" 见：Dina Spector & Ujala Sehgal, '16 Facts About Walmart That Will Blow Your Mind,' *BusinessInsider.com*, November 14, 2011, http：//www.businessinsider.com/walmart-facts-earnings-2011-11

51. *BusinessWeek*, October 6, 2003, op. cit., pp. 100-110.

52. Charles Fishman, 'The Wal-Mart You Don't Know,' *Fast Company Magazine*, November 15, 2008, http：//www.fastcompany.com/magazine/77/walmart.html

53. Constance L. Hays, 'When Wages Are Low, Discounters Have Pull,' *The New York Times*, December 23, 2003, pp. C1&C4.

54. For example, see, John M. Broder, 'Stymied by Politicians, Wal-Mart Turns to Voters,' *The New York Times*, April 5, 2004, p. A12; Steven Malanga, 'The War on Wal-Mart,' *The Wall Street Journal*, April 7, 2004, p. A18; Ann Zimmerman, 'Wal-Mart Loses Supercenter Vote,' *The Wall Street Journal*, April 8, 2004, p. B7; and, providing some degree of balance in the coverage, George F. Will, 'Waging War on Wal-Mart,' *Newsweek*, July 5, 2004, p. 64.

55. 'Wal-Mart: Timeline of world's largest retailer,' CBC News, June 30, 2005, http：//www.cbc.ca/news/background/walmart/

56. Matthew Malone, 'Did Wal-Mart love RFID to death?' *smartplanet*, February 14, 2012, http：//www.smartplanet.com/blog/pure-genius/did-wal-mart-love-rfid-to-death/7459

57. 'Halls of Finance Fear Wal-Mart,' *The New York Times*, June 24, 2010, p. B2.

58. Andrew Martin & Stephanie Clifford, 'As People Shun High Street Bank Fees, Wal-Mart Unexpectedly Gains,' *The New York Times*, November 8, 2011, p. A1.

59. Charles Fishman, 'The Wal-Mart You Don't Know,' *Fast Company Magazine*, November 15, 2008, http：//www.fastcompany.com/magazine/77/walmart.html

60. 'Wal-Mart's Merchandise Reflects Our "Store of the Community" Philosophy,' Merchandising Fact Sheet, September, 2009, http：//walmartstores.com/FactsNews/FactSheets/

61. Charles Fishman, 'The Wal-Mart You Don't Know,' *Fast Company Magazine*, November 15, 2008, http：//www.fastcompany.com/magazine/77/walmart.html

62. Charles Fishman, 'The Wal-Mart You Don't Know,' *Fast Company Magazine*, November 15, 2008, http：//www.fastcompany.com/magazine/77/walmart.html

63. Sharon Zukin, 'We Are Where We Shop,' *The New York Times*, November 28, 2003, p. A31.

64. 沃尔玛报告说："沃尔玛商店平均全职小时工资为 11.24 美元，甚至比城市地区的还要高。平均全职小时工资在亚特兰大是 11.66 美元，波士顿是 12.55 美元，芝加哥是 11.61 美元，达拉斯是 11.25 美元，圣佛朗西斯科是 11.43 美元，而纽约城是 11.50 元。" 见：In 'Corporate Facts: Walmart By the Numbers,' Corporate Fact Sheet, September, 2009,

http：//walmartstores. com/FactsNews/FactSheets/

65. Miguel Bustillo & Ann Zimmerman，'In Cities That Battle Wal－Mart，Target Gets a Welcome,' *The Wall Street Journal*，October 15，2010，p. B1.

66. 'Sustainability Progress to Date 2007 – 2008,' http：//walmartstores. com/sites/ sustainabilityreport/2007/communityJobs. html

67. Steven Greenhouse，'Can't Wal－Mart, A Retail Behemoth, Pay More?' *The New York Times*，May 4，2005，http：//wakeupwalmart. com/news/20050504－nyt. html

68. *BusinessWeek*，October 6，2003，op. cit.，pp. 100–110.

69. 'The New Age of Walmart,' *CNBC*，September 23，2009.

70. 'Labor Issues a Thorn at Wal－Mart,' *Financial Times*，in *Miami Herald*，November 22，2003，p. 2C.

71. Steven Greenhouse & Stephanie Rosenbloom，'Wal－Mart to Settle Suits Over Pay for $ 352 million,' *The New York Times*，December 24，2008，p. B1.

72. Andrea M. Dean & Russell S. Sobel，'Has Wal－Mart Buried Mom and Pop?' *Regulation*，Spring，2008，p. 40，http：//www. cato. org/pubs/regulation/regv31n1/ v31n1－1. pdf

73. Kathleen Parker，'Attention, Wal－Mart shoppers：You have a say,' *Orlando Sentinel* (re－printed in the *Austin American Statesman*)，January 30，2006，p. A9.

74. *New York Times*，December 7，2003，op. cit.，Section 4，p. 1.

75. 'When Walmart Arrives, Other Supermarkets Shape Up,' *Harvard Business Review*： *The Daily Stat*，November 14，2012，http：//web. hbr. org/email/archive/dailystat. php? date ＝111412

76. 《财富》五百强根据公司营业额排名得出。

77. 2006 年埃克森石油公司排名第一；沃尔玛于 2007 年和 2008 年重回榜首。自此，埃克森和沃尔玛占据了第一和第二的位置，偶尔两者顺序有变。

78. Corporate Fact Sheet—'Corporate Facts：Walmart By the Numbers,' September，2009，http：//walmartstores. com/FactsNews/FactSheets/

79. http：//money. cnn. com/magazines/fortune/most－admired/

80. Steven Greenhouse，'Opponents of Wal－Mart to Coordinate Efforts,' *New York Times*，April 13，2005，p. 16.

81. Jonathan Birchall，'Duke faces test of his political aptitude,' *Financial Times*，November 22/23，2008，p. 9.

82. Stacy Mitchell，'Walmart's greenwash：Why the retail giant is still unsustainable,' *grist*，November 7，2011，http：//grist. org/series/2011－11－07－walmart－greenwash－retail－ giant－still－unsustainable/

83. For example，'Erica L. Plambeck & Lyn Denend，'The greening of Wal－Mart,' Stanford Social Innovation Review，Spring，2008，pp. 53 – 59；'Wal－Mart Celebrates Thanksgiving by Sourcing Local Food, Supporting Hunger－Relief, and Buying Wind Power,' *CSRWire*，November 26，2008，http：//www. csrwire. com/press/press _ release/15548；and

Danielle Sacks, 'Working with the Enemy,' *Fast Company Magazine*, Issue 118, September 2007, http：//www. fastcompany. com/magazine/118/working-with-the-enemy. html

84. Stephanie Clifford, 'Unexpected Ally Helps Wal-Mart Cut Waste,' *The New York Times*, April 14, 2012, p. B1.

85. Ellen Byron, 'Adversary's Clean Start With Wal-Mart,' *The Wall Street Journal*, July 26, 2010, p. B9.

86. Danielle Sacks, 'Working with the Enemy,' *Fast Company Magazine*, September, 2007, p. 77.

87. Ryan Chittum, 'Wal-Mart to Give $ 35 Million for Wildlife Areas,' *Wall Street Journal*, April 13, 2005, p. B4; and Stephanie Strom, 'Wal-Mart Donates $ 35 Million for Conservation and Will Be Partner With Wildlife Group,' *New York Times*, April 13, 2005, p. A16.

88. Lee Scott, 'Wal-Mart: Twenty First Century Leadership,' October 24, 2005, http：// walmartwatch. com/img/documents/21st_Century_Leadership. pdf

89. Editorial, 'Private FEMA: In Katrina's Wake, Wal-Mart and Home Depot Came to the Rescue,' *The Wall Street Journal*, September 10, 2005, http：//www. opinionjournal. com/ editorial/feature. html? id = 110007238; Michael Barbaro & Justin Gillis, 'Wal-Mart at Forefront of Hurricane Relief,' *The Washington Post*, September 6, 2005, p. D1

90. 'Message from Lee Scott,' http：//walmartfacts. com/reports/2006/sustainability/ companyMessage. html

91. Lisa Roner, 'Wal-Mart-An environmental epiphany?' December 7, 2005, http：// www. climatechangecorp. com/content. asp? ContentID=4009

92. 更多关于沃尔玛对可持续发展的承诺的背景信息，见：Daniel Diermeier, 'The case study: A disaster can improve reputation,' *Financial Times*, March 24, 2011, p. 12.

93. Lee Scott, 'Wal-Mart: Twenty First Century Leadership,' October 24, 2005, http：// walmartwatch. com/img/documents/21st_Century_Leadership. pdf

94. Lee Scott, 'Wal-Mart: Twenty First Century Leadership,' October 24, 2005, http：// walmartwatch. com/img/documents/21st_Century_Leadership. pdf

95. Lee Scott, 'Wal-Mart: Twenty First Century Leadership,' October 24, 2005, http：// walmartwatch. com/img/documents/21st_Century_Leadership. pdf

96. Michael Barbaro, 'Wal-Mart: The New Washington,' *The New York Times*, February 3, 2008, http：//www. nytimes. com/2008/02/03/weekinreview/03barb. html

97. Reena Jana, 'Wal-Mart Gets a Facelift,' *BusinessWeek*, July 3, 2008, http：// newsletters. businessweek. com/c. asp? 713736&c55a2ee820194f0f&14

98. 'Wal-Mart Celebrates Thanksgiving by Sourcing Local Food, Supporting Hunger-Relief, and Buying Wind Power,' *CSRWire*, November 26, 2008, http：//www. csrwire. com/ press/press_release/15548

99. Lee Scott, 'Wal-Mart: Twenty First Century Leadership,' October 24, 2005, http：// walmartwatch. com/img/documents/21st_Century_Leadership. pdf

100. Jonathan Birchall, 'Big Box looks to small packages,' *Financial Times*, November 4, 2008, p. 16.

101. See: Orville Schell, 'How Walmart Is Changing China,' *The Atlantic*, December, 2011, http://www.theatlantic.com/magazine/archive/2011/12/how-walmart-is-changing-china/308709/

102. Charles Fishman, 'How Many Lightbulbs Does it Take to Change the World? One. And You're Looking At It,' *Fast Company Magazine*, September, 2006, http://www.fastcompany.com/magazine/108/open_lightbulbs.html

103. 'Wal-Mart Reaches 100-Million CFL Goal Three Months Early,' *Sustainable Life Media*, October 3, 2007, http://www.sustainablelifemedia.com/content/story/strategy/10032007

104. Compact Fluorescent Light Bulbs Fact Sheet, 'Saving Money and Energy with CFLs,' Fact Sheets, August 29, 2009, http://walmartstores.com/FactsNews/FactSheets/

105. Rajesh Chhabara, 'Wal-Mart-Thinking outside the big box,' *Ethical Corporation*, September 7, 2009, http://www.ethicalcorp.com/content.asp? ContentID=6583

106. 'No. 9: Walmart,' *FastCompany Magazine*, March 2010, p. 66.

107. See: http://corporate.walmart.com/global-responsibility/environment-sustainability/sustainability-index and The Sustainability Consortium, http://www.sustainabilityconsortium.org/

108. Kate Rockwood, 'Will Walmart's 'Sustainability Index' Actually Work?' *FastCompany Magazine*, February 1, 2010, http://www.fastcompany.com/1518194/will-walmarts-sustainability-index-actually-work

109. The Sustainability Consortium, http://www.sustainabilityconsortium.org/what-we-do/

110. Stephanie Rosenbloom, 'Wal-Mart Plans to Make Its Supply Chain Greener,' *The New York Times*, February 26, 2010, p. B3.

111. For more detail on Walmart's sustainability program, see: Lyn Denend & Erica Plambeck, 'Walmart's Sustainability Strategy (B): 2010 Update,' *Stanford Graduate School of Business*, Case: OIT-71B, October 15, 2010.

112. Jonathan Birchall, 'Duke faces test of his political aptitude,' *Financial Times*, November 22/23, 2008, p. 9.

113. http://corporate.walmart.com/global-responsibility/

114. 这起诉讼案后于 2004 年 6 月被允许以集体诉讼案继续。这个决定，包括一件由 6 名前雇员因认为没有受到与男雇员同等待遇而发起的诉讼案，都向世界最大的零售商展现了两种可能性，开始通过漫长的法律战或付数亿美元来解决问题……包括了 160 万现在和之前的美国女性雇员。(Ann Zimmerman, 'Judge Certifies Wal-Mart Suit as Class Action,' *Wall Street Journal*, June 23, 2004, pp. A1&A6). See the website (http://www.walmartclass.com/) for information about this and other discrimination lawsuits against Walmart.

115. Adam Liptak, 'Supreme Court Tightens Rules in Class Actions,' *The New York Times*, June 21, 2011, p. A1.

116. Stephanie Clifford & Stephanie Strom, 'Wal-Mart to Announce Women-Friendly

Plans,' *The New York Times*, September 14, 2011, p. B3.

117. See: David Barstow, 'Vast Mexico Bribery Case Hushed Up by Wal-Mart After Top-Level Struggle,' *The New York Times*, April 22, 2012, p. A1 and David Barstow & Alejandra Xanic von Bertrab, 'The Bribery Aisle: How Wal-Mart Used Payoffs To Get Its Way in Mexico,' *The New York Times*, December 18, 2012, p. A1.

118. 即使沃尔玛报告说，关于可能的向司法部行贿的指控，沃尔玛已经开展了一项内部调查，但《纽约时报》仍在此期间于其最初的文章中宣称，公司会这么做，是因为其已经获悉了报纸媒体的调查。

119. David Barstow, 'Vast Mexico Bribery Case Hushed Up by Wal-Mart After Top-Level Struggle,' *The New York Times*, April 22, 2012, p. A12.

120. David Barstow, 'Vast Mexico Bribery Case Hushed Up by Wal-Mart After Top-Level Struggle,' *The New York Times*, April 22, 2012, p. A12.

121. Stephanie Clifford, 'Pension Plan Sues Wal-Mart Official Over Failures,' *The New York Times*, May 4, 2012, p. B1.

122. Gretchen Morgenson, 'New York Pension Funds To Challenge Wal-Mart,' *The New York Times*, May 1, 2012, p. B1.

123. 'Walmart's Mexican morass,' *The Economist*, April 28, 2012, p. 71.

124. Ben DiPietro, 'Wal-Mart Records $ 157 Million Charge for Mexican Bribery Probe,' *The Wall Street Journal*, February 21, 2013, http://blogs.wsj.com/corruption-currents/2013/02/21/wal-mart-records-157-million-charge-for-mexican-bribery-probe/

125. 'Top 10 ways Walmart made a difference in 2011,' *2012 Global Responsibility Report*, http://www.walmartstores.com/sites/responsibility-report/2012/top10.aspx

126. See: Pratap Chatterjee, 'Greenwashing Walmart,' *CorpWatch Blog*, April 18, 2012, http://www.corpwatch.org/article.php? id = 15707 and Stacy Mitchell, 'Walmart's greenwash: Why the retail giant is still unsustainable,' *grist*, November 7, 2011, http://grist.org/series/2011-11-07-walmart-greenwash-retail-giant-still-unsustainable/

127. Facts quoted from: Stacy Mitchell, 'Walmart's Greenwash,' *Institute for Local Self-Reliance*, March, 2012, p. 4.

128. Michael Skapinker, 'Virtue's reward?' *Financial Times*, April 28, 2008, p. 8.

129. Steven Greenhouse & Reed Abelson, 'Wal-Mart Cuts Some Health Care Benefits,' *The New York Times*, October 21, 2011, p. B1.

130. Michael Skapinker, 'Virtue's reward?' *Financial Times*, April 28, 2008, p. 8.

131. Jeffrey Hollender, 'Walmart's Sustainability Efforts Stall Under New Leadership' *TriplePundit*, March 28, 2012, http://www.triplepundit.com/2012/03/walmarts-sustainability-efforts-stall-new-leadership/

132. Mallen Baker, 'Bhopal: 25 years later the echoes are still loud,' *Ethical Corporation*, August 20, 2009, http://www.ethicalcorp.com/content.asp? ContentID=6562

133. Sindya N. Bhanoo, 'Those Earth-Friendly Products? Turns Out They're Profit-Friendly as Well,' *The New York Times*, June 12, 2010, p. B3.

134. 'Wal-Mart approves unions in China,' *BBC News*, November 24, 2004, http: // news. bbc. co. uk/2/hi/business/4037423. stm; Harold Meyerson, 'Wal-Mart Loves Unions (in China),' *The Washington Post*, December 1, 2004, http: //www. washingtonpost. com/wp - dyn/articles/A23725-2004Nov30. html

135. See: Ira Boudway, 'Walmart vs. Walmart,' *Bloomberg Businessweek*, December 17 - 23, 2012, pp. 54-59.

136. Corby Kummer, 'The Great Grocery Smackdown,' *The Atlantic*, March, 2010, http: //www. theatlantic. com/magazine/archive/2010/03/the - great - grocery - smackdown/ 307904/. See also: Stephanie Clifford, 'Unexpected Ally Helps Wal-Mart Cut Waste,' *The New York Times*, April 14, 2012, p. B1.

137. Stacy Mitchell, 'Walmart's greenwash: Why the retail giant is still unsustainable,' *grist*, November 7, 2011, http: //grist. org/series/2011 - 11 - 07 - walmart - greenwash - retail - giant-still-unsustainable/

138. 'Walmart U. S. Refreshes Stores' Logo,' June 30, 2008, http: //walmartstores. com/FactsNews/NewsRoom/8411. aspx

第 4 章

企业社会责任作为过滤器

世界上有三种组织：非营利性组织、政府组织和营利性组织。每种组织的存在都是为了满足社会的不同需要。这些需求可能是利他主义的，例如对非营利组织而言，这种需求可能是使穷人能吃饱饭；对政府组织来说，这种需求可能是出于为公民考虑，如为大众提供安全和保障；再者这种需求可能是基于经济因素的，采用能够产生盈余的方式来组织资源，这种盈余也叫做利润。在一个自由的社会中，所有的组织都以不同的形式存在以满足社会需要，否则它们最终会退出市场。再重申一遍，没有一家上市公司、政治组织或非营利组织设立的目的是破坏社会的。然而，正如在前 3 章中描述的一样，日常行为中总会出现破坏性行为。就营利组织来说，这种破坏可能并非来自于组织本身的目标，而是很可能来自于组织推行这些策略的方法或策略本身。所以，正确理解企业社会责任的战略环境是十分重要的。

在完成使命和愿景上，组织往往面临着方法和结果的约束。例如，生存经济学要求每个实体能够创收，这种收入是它们运营时所需要的。收入来源包括非营利组织的捐款、政府的税收以及企业的利润。同时，这些结果一定要以一种能够被大众和社会所认可的方式来实现。所有组织的领袖都不断地在方法和结果之间权衡。当这些问题涉及利润时，企业社会责任帮助企业平衡它们使用的方法和它们追寻的结果。企业社会责任主要通过确保盈利业务计划和多个利益相关者的运营来实现的。

决策者面临的问题是很直接的，在企业社会责任的大标题下，哪些利益相关者是重要的，以及什么问题是重要的？简单的答案取决于营利组织的策略。而且，由于这些策略变化很大，在企业与企业间、行业与行业间这些策略可能是混合的，也是各不相同的。它也将随着时间的变化而发展，因为企业也会在日益动荡的经营环境中调整策略并执行。因此，任何企业在一个特定的时刻可能面临的确切问题是不可预测的。不变的是，并且能够在任何情境下被任何企业运用的是，战略的视角为研究企业社会责任提供了一种最好的研究视角。

4.1 企业社会责任+战略视角

有效的策略可以为企业提供可持续发展和竞争优势的源泉。然而，对任何可持续的竞争优势而言，用于实现企业战略的方法应当是被社会所认可的。如果没有被社会认可，社会、法律和其他的力量可能共同反对企业。例如，当制造商污染空气和水源时，法律和规范就会对其制裁。

企业社会责任和战略都与公司和它运作的环境密切关联。战略强调公司如何在市场（经营环境）中竞争，企业社会责任考虑的是公司对利益相关者（社会环境）的影响。战略企业社会责任代表了二者的交点。因此，为了实现战略企业社会责任，企业高管需要理解企业、战略以及利益相关者之间相互依赖的关系，这是很重要的。利益相关者定义了企业企业的环境，限制了企业行动的能力。

正如图 4-1 显示的那样，一家企业的愿景、使命、战略和策略受三种因素的约束——资源约束、内部政策约束和环境约束。[1]首先，公司行动能力的一个重大约束是其能够获得资源和能力的途径——人力资本、社会资本和金融资本，而这些资源又决定了公司能够做什么。第二个限制是公司的内部政策，它通过鼓励和禁止某些行为来塑造组织文化。然而，这些政策在内部执行的时候，比较容易被管理层改变（灵活性由图 4-1 中的虚线表示）。最后，一个组织的环境约束是复杂的社会文化、法律和利益相关者以及市场和科技的作用共同影响的。这些力量进一步限制了公司的自由行动，从而塑造了公司推行战略的环境，反过来也使其能够履行使命，努力实现愿景，将企业社会责任融入到愿景—使命—战略—策略的联系中，这种复杂性因而形成了千变万化的社会期望。

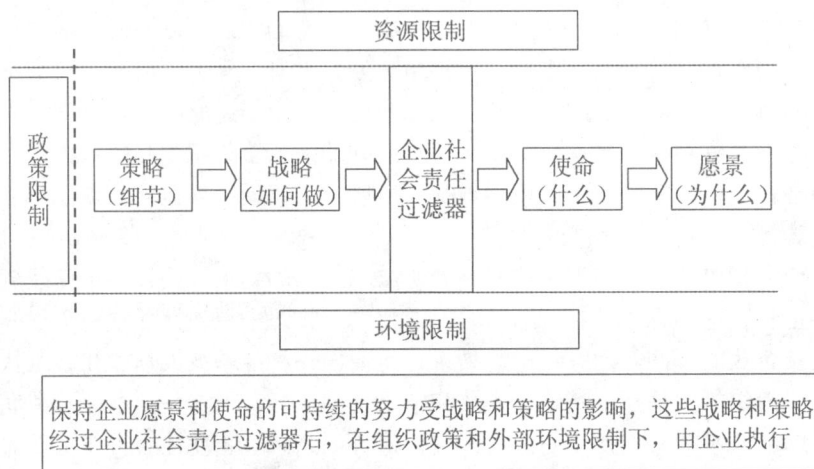

图 4-1　战略限制和企业社会责任过滤器

这种复杂性的结果是，单独聚焦于将愿景、使命、战略、策略联系起来的一个的中心是不足以实现企业目标的。如此狭隘的单独聚焦不仅是不够、不充分的，而且还代表着潜在的危险。为了实现企业使命的战略和策略，必须首先经过企业社会责任过滤器。企业社会责任过滤器通过考虑每天的决策和较长时期的组织构成的战略，来评估管理者的预期行为。而与利益相关者利益相悖的策略或战略决策，则会损坏企业的可持续竞争优势。最极端的例子就是这样的损坏行为可能会导致企业破产，正如 Malden Mills 和 Enron 公司发生的那样，虽然其原因各不相同。

4.2　企业社会责任过滤器

战略制定将企业的优势与环境中的机会相联系。然而，战略决策制定过程面临着许多限制，如图 4-2 所示。

首先，一个可行的战略受到企业愿景和使命的限制，而愿景和使命则是由领导决定的。飞机制造商，如波音或空客，是不大可能制造轿车或卡车的，因为这些活动不能实现其制造喷气式商用飞机的愿景和使命。其次，战略受到企业结构和能力的限制——帮助企业从竞争对手中脱颖而出的组织特点和竞争性行为。例如，波音和空客，如果想要制造，

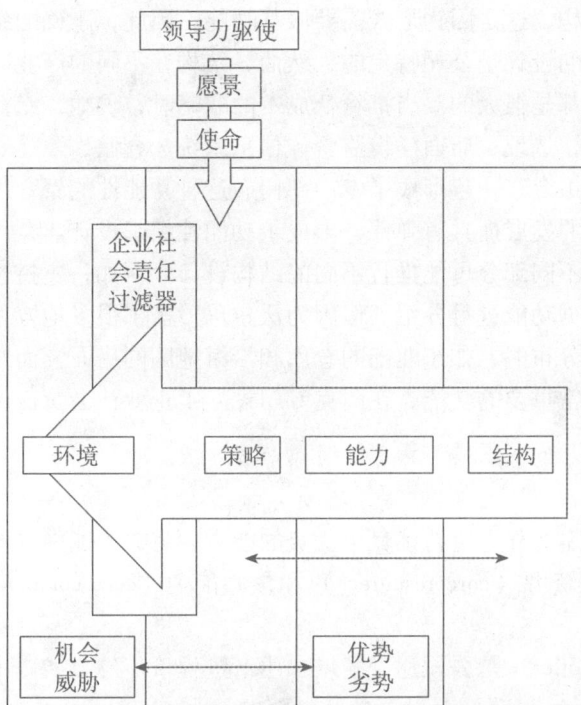

图 4-2　公司战略和企业社会责任过滤器

无疑是可以制造轿车和卡车的。但它们却缺少轿车和卡车的零售商的销售网络。最后，无论公司实行什么战略，都由企业社会责任过滤器来增强，而企业社会责任过滤器定义了战略的范围。所以，波音和空客必须以一种不损害关键利益相关者的方式来制造飞机，这些利益相关者包括社区、雇员、飞行员以及其他群体。换言之，在以能力为基础的战略被实施之前，企业社会责任过滤器在限制范围内开发和评估这些对企业战略实施具有重要影响的利益相关者的影响程度。

在战略和组织设计之间存在一种反复的关系。当战略制定后进行组织设计的时候，公司结构、角色以及汇报关系都应当促进战略。正确的组织结构应当是这样一种设计，这种设计可以最好地支持组织战略的有效实施。很多企业根据业务单位来设计部门层级结构。从战略和操作层面的企业社会责任视角看，这种结构展示出了一种附加的机会，这种机会通过企业社会责任过滤器将决策从上至下地在组织内部实施。

企业内部优势和外部机遇的联系受到战略原理的驱使，战略原理是指企业的成功取决于竞争优势的位置。在国际商业环境中能够将优势和机遇联系起来的战略家需要具备对外部和内部因素的详细的理解能力。因此，为了保持竞争力，公司很有必要采用企业社会责任过滤器来制定和实施战略。图 4-2 展示了企业社会责任过滤器是如何作为战略决策制定过程中的重要组成部分的。为了更好地理解企业社会责任过滤器在企业成功中的作用，开展对公司结构、能力和策略与企业社会责任过滤器、经营环境的复杂关系的调查是十分重要的。

4.2.1　结构

结构（组织设计）的存在是为了支持企业的战略。与建筑师谈论建筑一样，组织设计者则会谈论公司结构，这是因为形式需要服从功能。因此，正确的结构是能够最好地支持战略的。因为最佳的设计是公司特定的，然而，结构在不同的产业间以及在同一个产业的不同公司间的变化都是很大的。当推行低成本的战略时，例如，专业性知识经常集中到功能性组织设计中来，选址、店面建设监督、信息系统、仓储、配送、店面运营和其他类似的活动共同的职能组合在一起形成了专门部门。这种功能性的聚合加强了特定领域的专业知识，并随着公司的发展而具有弹性，形成了功能性组织设计。

　　像沃尔玛，公司不同部分可能推行不同的结构设计。例如，支持性的活动，如统计或财务，在公司总部根据功能进行分组。但因为沃尔玛覆盖了很多地方，分店的管理和分布系统是沿着地区线路分布的，如东北部的仓库和沿海地区的店面。而对耐克公司而言，企业社会责任是一项非常重要的功能，在耐克专门设立了企业社会责任部门，并由一位副总来领导。[2]

4.2.2　能力

　　为帮助读者理解企业建立可持续竞争优势的能力，将关于能力（capabilities）、竞争力（competencies）、核心资源（core resources）和核心能力（core competencies）的详细定义列举如下：

- 能力（capabilities）是公司通过能增加生产过程价值的方式做出的行为，如付账。
- 竞争力（competencies）是公司能够做好的行为。
- 核心资源（core resources）是指公司独特的且难以被复制的资产或优点。
- 核心竞争力（core competencies）是指公司的一种过程，公司不仅做得很好，而且能够在其他公司很难做好的领域远远领先。

　　企业核心竞争力（一个有价值的过程，如高效的物流操作）和核心资源（一笔宝贵的财富，如人、资本或技术）的集合形成了企业长期的可持续竞争优势的基础。当大多数航空公司都处于亏损时，西南航空客运却取得了长期成功，原因就是得益于组织文化（核心资源）和它能够在一个具有显著的成本效益基础上操作飞机的能力。这也源于其创新，如快速的周转时间（核心竞争力）。同样，沃尔玛能够实施供应链管理，有效地管理从供应商、门店到客户的物流。

沃尔玛的供应链管理

　　沃尔玛的能力（capabilities）包括雇用员工，为员工选取合适的门店工作；其核心资源是其物流系统，包括世界上最大的私人卫星网络；其核心能力是，在整个供应链中可以维护和分发库存。事实上，沃尔玛在其供应链管理中做得非常好，同时最大限度地减少库存量和物品脱销在商店中出现的次数。其他的公司也有能力保持库存，但是沃尔玛的竞争对手没有实现对公司供应链管理的核心资源和核心竞争力进行有效的结合。

4.2.3　战略

　　沃尔玛的愿景是在零售业为顾客提供最佳的价值，因此，其使命为提供有效的生活用品和其他消费品。这种愿景和使命是通过为客户节约成本，实行"天天低价"策略使得顾客经常光顾商店而达到的。反过来，这一战略也是建立在核心资源和核心竞争力基础上的，这是与其他竞争对手竞争的有力武器。从根本上来说，沃尔玛根据其资源和能力形成的战略，使得利益相关者决定了在多大程度上将沃尔玛视为一个有价值的合作伙伴和对社会负责的公司。

当然，像沃尔玛这样的公司必须做广告，甚至做成百上千次活动。但是其竞争优势来自于其零售网络的选址，凭借其无与伦比的能力，以最优的方式管理和递送库存产品。因此，公司的资源和能力形成了很好的互动，且随着时间的推移加强了这种互动关系，使得公司日益完善其经营运作。如果没有高效的供应链管理，沃尔玛将不会成为一个低成本的生活用品和其他产品的供应商。但是一旦有了这些资源和能力支持其战略，它就创造了一个良性循环，公司以低价吸引更多顾客，反过来，这就意味着规模经济效应更强，也促使了沃尔玛向供应商要求更大程度降价的权力。结果是成本更低，沃尔玛进一步降低价格，这反过来继续保持良性循环，吸引更多顾客。增加分销和采购规模的经济延续保持了低成本战略，因而沃尔玛的经营层面战略凭借其核心资源和能力相结合的方式，支持其使命和愿景。

公司的经营层面战略（A Firm's Business Level Strategy）[3]

经营战略：公司内特定经营单位的战略可以使该公司的产品从价格基础或其他（如先进的科技[4]）因素方面与其他公司的产品区分开来。

沃尔玛采用了一种低成本的经营战略。而奔驰汽车则相反，没有致力于生产价格最低的汽车，而是采用了一种差异化的经营战略。通过确保其产品在安全、声望和耐久性上的领先，奔驰汽车（和其他奢侈品生产商）可以收取溢价（真实的或消费者认可的）。苹果是另一个凭借差异化经营战略取胜的公司，其产品依据设计和科技创新有别于其他产品。而对于美体小铺来说，它的差异点则是没有这么多的社会活动，坚定奉行产品质量，美体小铺的消费者从社会活动中获得价值，也通过将自身与其赞成的价值相联系而获得价值。除了功能性价值外，他们还从公司的产品（个人化妆品及日常用品）中获得。

而麦当劳则相反，依靠低成本和产品差异化的双重战略取胜。标准化和大容量导致了低成本，也形成了规模经济，同时，麦当劳也注重通过提供便捷的服务和显著的快餐定位以区分其产品。

可以创建差异点的公司就可以创建品牌，品牌是有价值的，因为它们可以提高顾客的忠诚度，并且可以使公司为其产品收取额外的费用，增加潜在利润。差异点可能是时尚、生活风格、设计、技术质量和产品功能以及社会责任等，差异化的经营战略对公司是有益的。但是实行低成本的企业由于其产品基于低成本，所以可能不太积极响应企业社会责任，因为它们可能认为企业社会责任会增加成本。

无论企业靠低成本还是差异化取胜，或是靠两者的联合取胜，经营战略都要求将顾客关注的利益作为增加可持续竞争优势的一种方法来吸引顾客。

4.2.4　企业社会责任过滤器

将竞争力塑造进战略并受到有效的组织结构的支持是企业成功所需的最低满足条件，但要想获得更大的成功，就需要更多的条件。至关重要的是，公司需要考虑其战略和操作的利益相关者。企业社会责任过滤器是一种概念性的屏风。通过它，可以评估战略和策略决策对企业众多利益相关者的影响。因此，目的是采取一个可行的战略，并且使其达到对环境最优。如果战略是对社会不负责任的，即使再好的战略也可能会失败。因此企业社会责任过滤器将额外的考虑融入决策中，通过理解企业主要利益相关者的诉求和考虑，提供市场机遇，避免潜在威胁。总之，在由这些利益相关者组成的大背景下，公司运营并寻求实施策略、战略、使命和愿景。

企业社会责任过滤器：耐克公司

耐克是一家管理良好的公司，它有一个非常有价值的品牌。耐克通过销售鞋、服装和其他产品来创造其品牌价值。但在每一条生产线上，耐克却都面临着强大而高品质的同类企业的竞争，如阿迪达斯、彪马、纽巴伦等。如果耐克公司的海外生产合同导致雇主在工厂虐待员工（潜在的或实际的），顾客很可能改变购买偏好，转向其竞争对手的品牌。即使耐克公司并不拥有或管理其海外合同工厂，但负面的宣传，如视频剪辑或呼吁人权的NGO的报告，都表明耐克公司产品差异化经营战略的有效性受到威胁。

因此，耐克的境外采购战略必须不断经过企业社会责任的过滤和审查。至关重要的是保留品牌的核心内容。尽管制造仅是耐克公司的次要业务，但其品牌价值在于一种生活方式，这种生活方式可以呼吁消费者消费其产品。因此，有些报纸报道了耐克公司在海外供应商的血汗工厂的工作条件，就破坏了耐克公司向消费者传递的价值观，也对耐克公司造成了威胁。耐克公司在20世纪90年代之前的战略是没有企业社会责任过滤器的，现在公司已经纠正了这个疏漏，在战略规划过程中采用了企业社会责任过滤器。

该书的第二部分识别了企业社会责任过滤器中嵌入的一些问题。除此之外，还提供了一些公司的案例研究，这些案例研究大致说明了这些考虑的实际影响，另外还有一些在线资源以供深入研究。这些问题和案例为研究公司今天面临的动态经营环境和不断变化的社会预期提供了一些研究视角。理解企业社会责任对企业的重要作用是一项动态的过程，也因此代表了企业社会责任对企业战略制定的作用日渐重要。尽管不是所有的企业都能像沃尔玛和耐克一样创造成功的商业模式，但从根本上来说，所有成功的战略都依赖于企业能够在经营环境中创造可持续的竞争优势。

4.2.5　环境

顾客、竞争对手、经济、科技、政府、社会文化因素及其他因素都会导致公司经营环境的变化。通常，这些变化是渐进的，且只有最敏锐的观察者才能发现。但是，随着时间的推移，这些因素的累积和互动效应会重新定义竞争环境，并确定什么样的组织战略和行为是社会可接受的。

当竞争性环境要求改变战略时，公司现有的资源和能力可能变得不够。例如，如果沃尔玛被认为剥削低薪工人，这种负面宣传可能最终损害其形象。这可能导致顾客到别处购物，或导致社区拒绝沃尔玛建立或改造商店的要求。不断变化的社会期望要求公司的核心资源和能力不断创新，特别是在公共关系、广告和人力资源管理等领域。

当环境如上述情况或有其他情况发生时，领导者面临着内部开发还是购买的决策（make or buy decision），即这些需要的能力应当由内部开发还是从企业外部购买呢？从历史上看，很多大型企业（如沃尔玛）都曾通过内部招聘和培训来发展所需的能力。今天，外部环境急剧变化，考虑到执行速度的原因，企业往往需要购买技能。如果决策者决定购买所需的资源或能力，领导人面临着第二个决策，是将所需的技能引进到组织体系内部，还是通过和其他供应商建立合同，以外包的形式来实现。当活动被视为核心资源或能力的时候（例如，沃尔玛的库存管理，苹果[5]或耐克[6]的产品设计），大多数公司都会在组织体系内部获得资源和能力，以增强企业的战略优势。

如果活动被视为是次要的，如制造鞋子或者打印工资支票，公司往往会为了方便和提高效率采用外包的方式。虽然，就像上述的耐克的例子一样，这种决策很可能会破坏品牌。无论哪种方式，公司的体系和战略都必须适应不断变化的社会期望所驱动的动态环境。正如阿奇·卡罗尔教授指出的[7]，这种组织的社会预期通常由道德向强制（法律和经济上的）转移。

同工同酬

随着时间的推移，以前被认为是自由的或是道德的行为逐渐被法律或政府所规制，最后成为经营中必不可少的经济部分，换言之，公司需要保持竞争力的最低标准。美国的很多公司对同样工作岗位上的女性员工支付的工资低于男性。无论出于何种理由，这种行为都被认为是企业内部的自主决策。

然而，渐渐地，这种行为逐渐被认为是不公平的，甚至是不道德的。之后，在 1963 年，联邦政府颁布了《同工同酬法案》，取缔了基于雇员性别的工资歧视。这项立法立刻限制了企业性别歧视的管理决策。今天，工作场所的多样性被视为一种能够使企业有效满足消费者需求的经济需要。

一般社会认可某种行为是不被接受的，之前的滥用可能会导致法律法规的修正，如《同工同酬法案》。因此，社会可接受的就业政策于过去的半个世纪里在促进有竞争力的战略范围内发生了很大的变化。[8]类似的变化还体现在环境污染、产品安全标准、财务记录和其他自主行为方面。一旦自主性行为开始受到法律约束，满足社会期望就变成一种绝对的刑事或民事强制执行的要求。更难以确定的问题是那些尚未受到法律规制，但是仍可能影响到公司的问题。如果领导人通过实行自由裁量权来获得经济效益，而这些行为之前被认为是对社会不负责任的（即使是法律允许的），后果仍可能对公司不利。这种不利影响可能表现在销售量的降低，减少员工招聘，很难留住员工，财务投资者和市场支持方面的减少。那么公司应该做些什么呢？

战略企业社会责任同时填补了该公司的经济和社会贡献，同时，利益相关者有权利（责任）和权力来确定什么是可接受的企业行为。虽然社会极大地受益于企业通过创新来追求利润。然而，在今天的全球化环境中，企业应当以自己的方式推行其战略，实行战略，这种方式在最低程度上不伤害其他人的利益，在更大程度上解决更多社会问题[9]。这种考虑之所以这么困难的原因在于，随着社会变得更加丰富和更加互相关联，社会危害性的定义是不断变化的。

因此，在企业社会责任方面，我们认为企业缺乏自主决定的。过去狭义地将企业视为利益引擎的看法已经随着全球化和社会经济的发展而改变。高度关联的社会有更多的知识和选择，而富裕的社会有更多的资源要求企业采取更负责任的行为。例如，世界上的发达经济体统一要求汽车制造商生产更安全、污染更少的汽车，因为它们明白不安全和污染环境的汽车所带来的不利影响，并可以利用技术创新来实现这一目标。

在今天的全球化世界中，我们相信股东利益可以在长期实现最大化，只要企业能够解决其主要利益相关者的需求。满足利益相关者需求可以通过将企业社会责任视角作为公司日常运作的战略规划的一部分来实现，而且这种方法也是最有效的。

4.3 企业社会责任的五个驱动力

正如第 1 章所描述的，推动企业社会责任融入到企业战略中有五个驱动力：富裕、可持续性、全球化、媒体和品牌。这些驱动力的任何一个都可能被管理者忽略，因为他们可能不相信企业社会责任给企业带来的利益。但是，总的来说，他们正在通过赋予利益相关群体权利来重新塑造经营环境。而且，由于这些驱动力相互作用，这种强化的效果意味着环境背景不仅会改变，而且还会以一种甚至难以预见的越来越快的速度改变。每个驱动力都被单独讨论过，它们的交互作用提高了企业战略社会责任过滤器的重要性。

4.3.1　富裕

企业社会责任问题往往会在更富裕的社会中获得更大支持，在这样的社会中，人们有工作、储蓄和安全，并且可以负担得起一些奢侈品。例如，低成本的汽车比高性价比的混合动力汽车破坏环境更严重。当大众的看法变化，政府规制加强时，之前被视为自主的行为可能会变成法律义务。

外部性

《牛津英语词典》将外部性定义为：工业或商业活动的一种副作用或后果，这种后果会影响其他没有涉及产品或服务成本的群体。外部性是一种社会成本或效益。[10]

在过去，制造商经常为降低成本而污染环境，最大化利润。当大多数人拼命关注于工作以养家糊口的时候，人们对污染的关注很有限；当社会的大部分成员都拼命寻找食物、住房和其他生活必需品时，企业社会责任似乎是一件奢侈品。[11]随着社会变得越来越富裕，人们已达成共识的社会问题，如污染、增长问题，以及有效解决这些社会问题的能力也受到关注。

然而，认为社会责任适用于富足社会的看法是短视的。严重侵害企业社会责任的行为都是受到利益相关者抵制的。因此，当国际石油公司的作业标准被认为对社区有害时，就会受到抵制。例如，在尼日利亚，尼日尔三角洲地区的居民持续攻击石油工人并破坏设备，因为尼日利亚政府不分配石油财富，却带来污染、毁坏森林。虽然壳牌公司和其他企业遵守尼日利亚法律，却在国内和尼日利亚都遭受了攻击，这是因为有人认为这些公司的活动损害了尼日利亚的利益。这样的抗议活动表明，越来越多的在富裕社会中的利益相关者乐于坚持跨国公司需要用国内的标准来对待海外的分公司。这些来自国内的压力带来的结果是，例如，耐克公司要求其在发展中国家的分包商提供的工资和工作条件要高于当地水平。[12]虽然如此，活跃分子仍继续批评耐克的薪酬和工作条件，[13]因为国外当地的标准往往远低于本国（美国）的标准。其他备受瞩目的公司，如苹果，也曾成为过靶子，虽然苹果已经增加了其供应链中的企业社会责任水平，但和耐克的经验相比仍然明显不足。

企业社会责任时事通讯：苹果

《华尔街日报》最近有一篇文章[14]发表了对苹果公司披露的对供应商年度审计的评论。突出的观点如下：

- 62%的供应商不符合工作时间限制
- 32%的供应商不符合有害物质管理实践
- 35%的供应商未能达到苹果公司防止工人受伤的标准

目前尚不确定我们是否该为这些数字感到震撼，或为苹果的诚实而鼓掌。然而最初的印象却是报告中的细节：

该报告是苹果历史上最全面的关于这一主题的报告，它是基于229家工厂做的为公司和世界第二大资本市场的审计工作。然而苹果在不经意间泄露了其供应商，新的清单上涵盖了 156 家公司，这些公司占据了 97% 的材料、制造和组装业务。

从历史上看，苹果的企业社会责任声誉一直不及它的产品创新的声誉。这可能需要新任 CEO 蒂姆·库克来完善前任 CEO 史蒂夫·乔布斯的工作。从另一方面来说，也可能不是。透明度是一回事，而绩效又是另一回事。而这篇文章[15]提供了更多关于苹果和企业社会责任的微妙关系。尤其是，《纽约时报》的调查形成了一个对苹果在中国供应链的详细报告，文章很长，但是有一处引用十分有价值——"我们正在努力把很难的事情做得更好"（一位苹果前任高管说）。"但大多数人如果看到他们的苹果手机从何处来，仍会感到很不安。"

我们将这种方法和出现在 Network for Business Sustainability 栏目中报道的耐克的方法进行对比。[16]在 2005 年 4 月，耐克突然公布其全球约 750 家工厂组成的全球数据库，这一举动震惊了商业界。目前没有法律规定公司必须披露其工厂或全球供应链中的供应商，但在 20 世纪 90 年代初和 2005 年间，耐克从矢口否认工厂中的不人道的工作条件，转变为在披露信息方面领先于其他企业。这是一种战略转移，说明企业如何利用增加透明度来降低风险和增加业务价值。

苹果回应《纽约时报》的调查[17]被粘贴在了网上。另外，在报告发表后不久，富士康（苹果在中国的主要供应商）宣布了增加工资和减少工时等改善工作条件的计划。[18]如果这能够发生，那么将会起到很大的作用，因为富士康作为中国最大的雇主之一，拥有 120 万名中国员工。它装配的大约 40% 的智能手机、电脑和其他电子产品被销往世界各地，富士康的决策设定了其他制造商必须与之竞争的标准。

文章指出的最重要的一点是将关注的最终焦点落在了消费者身上。富士康的竞争对手以及客户（其中包括苹果、惠普、戴尔和世界上其他的大型电子企业）都必须说服美国和其他地方的顾客，改善工厂条件使工人受益，是产品价格更高的原因所在。

发达国家的生活水平在全世界增长都很快，随着越来越多的人进入中产阶级（预计在未来 40 年里会增加两三亿人，[19]主要是由于中国和印度经济的快速增长[20]），随着生活水平的不断上升，社会期望也会逐渐上升。但这些高速增长的经济体明白，他们不能沿着过去的发达国家一样的道路前进。这不仅会破坏环境，也会限制其自身的经济增长。

……欧洲、美国和其他发达国家的工业化进程并不适用于其他国家，它们的发展道路是"先发展，后治理"……但是将环境问题视为是富人的问题的想法仍是强大和持续的。但是等待清理的成本却是一直上升的，逐渐动摇了贫困国家负担不起环保的说法。中国社科院估计，环境恶化使中国经济每年损失相当于 GDP 的 9%；世界银行认为，卫生条件差和水污染的成本是印度国民收入的 6%。[21]

显而易见的结论是，竞争优势必须考虑到一直在变化的社会期望，而这种社会期望又是随着社会逐渐富裕而变化。可以明确的是，随着前进的步伐越来越快，这些任务也变得越来越困难。在 11 000 多年前农业文明出现之后，又历经 4 000 多年才使得狩猎和采集成为人类主要的食物来源，历经 5 000 多年城市出现，历经 6 000 多年文字发明，历经 7 000 多年数学发明。在发明了工具使牛耕犁之后，历经 4 000 多年马能听从人的命令。但在莱特兄弟飞行成功（虽然飞行距离不到一架波音 747 机翼长度）66 年后，人类就成功地登上了月球。人类惊叹于现代变革的发展速度。[22]

4.3.2　可持续性

日益富裕的影响和随之而来的逐渐变化的社会期望使得提高资源约束成为日益关注的问题。[23]这些约束的范围包括淡水的获取，能源供给，食物负担和必不可少的稀土资源（这些是生产手机、电脑和其他重要产品必不可少的资源）的供给。这些资源，和许多人一样，由于有限的供应（我们只有一个星球）和快速增长的需求而受到越来越大的压力。在2011年的秋天，世界人口突破了70亿，而且没有表现出减少的趋势：

第一个10亿人的累积经历了较长的时间——从人类成百上千年前人类的起源到19世纪初。增加的第二个10亿人历经了120多年。在之后的50年间，人类的人口数又增加了1倍，从1959年的30亿增加到了1974年的40亿，从1987年的50亿增加到了1998年的60亿。联合国人口司预计，到2025年，世界人口将增加到80亿人，到2043年是90亿人，到2083年则是100亿人。印度将在2020年后超过中国的人口；2040年前，撒哈拉以南的非洲将拥有比印度更多的人口。[24]

这种人口增长的规模和速度导致了对世界资源的巨大压力，正如保罗·埃利希评论员预测的"全球文明的崩溃"。[25]这样的原因部分是世界人口不仅变得越来越多，而且越来越密集。根据联合国的说法：

（在2008年）人类将在历史上第一次，成为一个主要依赖城市的物种……考虑以20万年作为中点，人口统计学家估计，3/4的人类在2050年前都会居住在城市。[26]

而且，由于经济的快速增长，"人口在未来40年增长最快的是发展中国家。"[27]因此，自然环境将继续受到资源枯竭的威胁。尤其是气候变化将是一个大问题，且近年来因为两个事件已经引起了广大关注。首先是"斯特恩报告"（the Stern Report），这是2006年[28]由美国政府发布的报告，重点关注现今推迟行动的金融和经济影响，以及事件的不良后果。其次是电影纪录片"难以忽视的真相"，是根据美国前副总统阿尔·戈尔的Powerpoint演示文稿改编的，以气候变化吸引了全球受众关注的目光。[29]这部电影获得了2007年的诺贝尔和平奖，并因其大规模的公开曝光获得了奥斯卡最佳纪录片奖。[30]

企业社会责任时事通讯：你所看过的最恐怖的视频

下面的链接为我们提供的视频浓缩了复杂的、充满激情且充满党派斗争的关于气候变化的问题。

http：//video. stumbleupon. com/#p = p6o08udcmw[31].

展示的目的是为了消除关于气候变化和全球变暖的科学争论，同时减少危机管理的争论。换言之，不论你是否相信科学，不采取行动的危险性远远超过采取行动的危险性。不像视频的标题暗示的，可能并不是"你所见过的最恐怖的视频"。但是作者却将案例做得非常好，而且将重点集中在"列"，而不是"行"。（你需要自己看视频，找出原因！）

尽管专家不同意气候变化的速度而且很可能不赞同我们将采取纠正措施的程度，但毫无疑问的是，人类经济活动将会消耗世界的资源，并且巨大的混合气体会造成地球的大气层不可逆转的变化。

另外，将问题性质内在化以及对有意义的变革施加影响所采取的有效行动都会对整个经济体产生重要影响。

企业社会责任时事通讯：Stuff的故事[32]

以下链接的视频是一个20分钟的视频，主要关注可持续性。与其说它是客观的和科学的，倒不如说它是富有争论性、娱乐性和教育性的，同时也涵盖了一些非常重要的观点：

http：//www.storyofstuff.org/movies-all/story-of-stuff/.

能够实现视频总体目标（如何使一个线性系统更加具有可持续性）最有效的方法是通过一个宽泛的方式来诠释并聚焦战略企业社会责任。只有当从整体角度出发来关注系统才能有意义而且持续性地改变它。

废弃物是经济增长中固有的。目前我们的经济增长模式使得我们更倾向于每三年更换一次汽车，而不是十年；同时我们更倾向于购买一次性产品而不是可循环利用的产品。然而这些原材料的供应是有限的，所以，更有效率地使用资源以使得我们的经济增长模式更加有效率成为很重要的一件事情。[33]一些企业社会责任的倡导者发现了这些问题，并呼吁进行一场改革。战略企业社会责任，从另一方面来看，也在寻求改革和发展，通过采用企业社会责任的视角整合到企业战略和运营中，使资本最大程度地促进经济和社会的进步。

越来越多的人意识到了生态的变化，结果是那些被视为对环境责任漠不关心的企业可能会受到利益相关者的批评。多元化的公司如通用电气（绿色创想计划）[34]、联合利华（可持续生活计划）[35]和丰田（普锐斯混合动力汽车）[36]已经越来越多地认识到了这一点的威胁，并试图通过创新满足利益相关者的需求。

其他公司正在"通过后门走绿色之路"——对可持续性问题创新以提高运营效率，而不必要促进对消费者的变化。[37]如在第 3 章中所写的，沃尔玛已成为持续性发展问题的市场领军人物，但是它们这样做主要是为了提高供应链效率，而不是为了扩大市场份额。[38]另外，像李维斯（优质棉计划）[39]、星巴克（CAFÉ 原则）[40]、耐克（材料可持续发展指数）[41]和家得宝（森林管理委员会认证的木材）[42]都提高了领军于这样一个不断发展的事物的战略价值。

"我们的数据显示，大多数顾客不会为可持续木材额外支付费用，在某些情况下，他们认为'绿色'木材有负面的作用。我们相信 FSC（Forest Stewardship Council-certified，FSC）木材是保持质量和持续性的最好方法……我们相信，教育我们的顾客和员工关于可持续发展（是很必要的），但同时倾听顾客的意见也一直是我们的首要任务。因此包括使用 FSC 木材却不收取溢价是正确的事情，同时令人欣慰的是，由于我们庞大的规模和购买力，我们能够运行良好。"（家得宝的环境创新高级副总裁 Ron Jarvis）[43]

英国在这个问题的创新上体现出很大的推动力，它支持企业在诸如食品里程（food miles）[44]、碳排放量[45]和循环利用计划[46]等项目上竞争。事实上，超市乐购（Tesco）声称，自从 2009 年以来，其英国公司已经不再将垃圾填埋了。

英国最大的零售商声称100%的来自全国商店、办公室和配送中心的垃圾现在已经从垃圾填埋场转移了，转向积极回收和处理垃圾，包括每年将月 5 000 吨老肉片转化为电能和热能。[47]

虽然有很多尚需进步，但利益相关者关于环境可持续性问题的意识却在逐步提高，这方面比较积极的公司可以通过早期的创新和实施来确保市场份额，提高竞争力。

4.3.3　全球化

全球化是另一股推动企业社会责任战略价值的力量，越来越多的企业在全球商业环境中运作，并繁荣昌盛。

全球化世界中的企业趋势[48]

1980 年，世界最大的 1 000 家企业：

- 创造 26 400 亿美元的收益（2010 年 69 900 亿美元）
- 2 100 万名雇员
- 近 9 000 亿美元的总市值（2010 年 423 800 亿美元）——相当于世界总市值的 33%

2010 年，世界最大的 1 000 家企业：

- 创造 320 000 亿美元的收入
- 直接雇佣 6 700 万员工
- 总市值 280 000 亿美元——相当于世界总市值的 49%

另外，随着全球业务从美国转移而遍布全世界，跨国公司将继续繁荣发展。[49]金砖四国（巴西、俄罗斯、印度和中国）的经济发展势头良好（是 2011 年至 2020 年七国集团全球国内生产总值增长的两倍[50]），同时又形成了 CIVETS 六国经济体（哥伦比亚、印度尼西亚、越南、埃及、土耳其和南非）。越来越多的消费者将迈入全球中产阶级行列，而全球化企业也将最大程度地满足其消费需求。[51]

推动这一全球环境变化的互联网是一个功能强大的通信、教育、交通、贸易和国际资本流动的工具。互联网同时也使个体间的联系去个性化，减少了个人对社区的感知。结果，反过来又影响了企业对自我利益的感知，可能导致企业放松保持强大的地方关系的自我规制的动机。正如 Peter Whybrow 博士[52]所描述的那样：

历史上……内置的社会刹车系统遏制了我们贪婪的本性。在亚当·斯密所设想的 18 世纪的资本主义乌托邦世界，自我利益受到市场和社区竞争需求的调和。但是在全球化背景下，第二天只跟邻居做生意的想法已经成为历史。[53]

在亚当·斯密[54]关于 18 世纪世界的观点中，所有的竞争都是当地的，绝大多数产品的生产和消费都是在同一个社区中。亚当·斯密分析道，生产者将会成为利己主义的，因为如果不这样做，将会威胁到他们在社区中进行交易的声誉和商誉。但是，随着企业规模的增长，产品开始销售到更远的地方，而且为了成本最小化和利润最大化，企业开始进行地理区域上的分工，斯密的基本假设就不再成立了。公司可以在亚洲做不好的雇主而不会受到谴责，污染环境而不用付出代价，而它们的产品销售到美国和欧洲，而且美国和欧洲的消费者并不知道他们购买的产品的生产环境。在这种商业模型中，亚洲的雇员虽然心怀不满，也不会对企业造成威胁，尤其是跨国公司最差的工作在当地可能是最好的工作，可能会促进当地经济的发展。但是随着全球化的发展，信息传递也逐渐更加高效了。

……收音机和电视的受众分别用了 38 年和 13 年的时间才超过 50 万，但互联网只用了 4 年。而 iPod 只用了 3 年，Facebook 只用了 2 年。[55]

结果是，世界越来越小，社会越来越接近于亚当·斯密所设想的自我利益会有效规制企业行为的情况。又一次，"所有的企业都是地方性的"[56]成为现实，互联网的使用让任何个体都可以传播他们见到的和别人感兴趣的事情。

图 4-3 用图形表达了这些想法，它把利益相关者获得信息分成三个阶段——工业化、世界贸易和全球化。亚当·斯密生活在一个相对简单的时代，那时所有的信息都是地方性的，而且所有的企业都是诚实的。然而，由于全球化的好处，微观层面获得信息的途径正

在回归。由于通信技术的不断创新和控制权越来越多地下放给个人，企业操纵利益相关者看法的能力将会降低。正如通用电气公司信息交流副总裁所说的：

> 没有三秒钟我们就会在网上看到一些关于通用电气的信息——不是所有的信息都是好的——如果你没有在那里和人们实时地讨论，那么你就输了。[57]

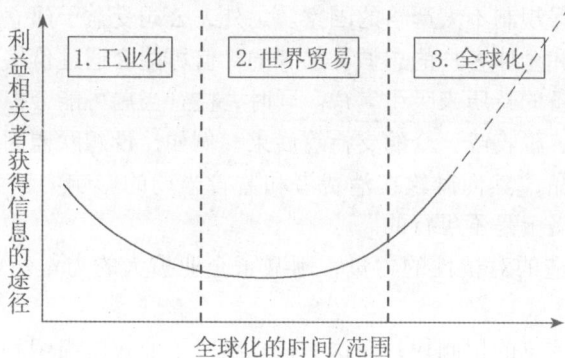

图 4-3　利益相关者获取信息的三阶段

因此，全球化转变了有关企业社会责任的争论并放大了其重要性。不仅国内应重视企业社会责任，跨国企业更不应该忽视。例如，欧洲的消费者同样可能关注一家企业在美国的运营情况，或将美国的标准用于全球任意地方，这种标准包括美国企业的何种行为是可以接受的，以及消费者是否会购买该企业生产的产品等。

英国的巴克莱银行在 20 世纪 80 年代[58]在受种族隔离困扰的南非开展业务时，以及壳牌石油公司在 20 世纪 90 年代牵涉与尼亚加拉政府合谋处决肯萨罗-维瓦[59]时都有这方面的教训，而且这个趋势会随着全球文化差异导致利益相关者的期望不断变化而逐渐增加。在某种文化下可被接受的行为在另一种文化下可能是被禁止的。

歧视

发达国家虽然执法程度不同，但通常不允许性别歧视。但是，在某些文化中，如沙特阿拉伯，女性和男性员工是隔离开来的，而且工种是由性别来决定的。[60]如果一家公司在欧洲和沙特阿拉伯的经营地区采取同样的人力资源管理政策，那么这家公司很可能会被认为是不负社会责任的以及文化不敏感的。但是，如果妇女在沙特阿拉伯受到了区别对待，欧洲或其他地区的人们可能会提出批评。瑞典家具巨头宜家在 2012 年有了这个教训。公司在喷刷沙特阿拉伯版本的照片时，没有将当地妇女喷刷到照片中，而这种做法是不尊重当地文化的。但在报道曝光之后就开始有差异了：

> ……与瑞典的版本相对照，沙特阿拉伯的版本妇女没有被喷刷在照片中。按一般情况，相同的照片应该展示该公司相同的产品。[61]

如果跨国公司忽视了实践的不一致性，可能会使公司处于非常尴尬的位置。一方面，它们必须调整战略以适应当地的期望，但另一方面，这种变动的策略可能导致负面宣传、诉讼或其他在本国内有害的结果。

因为全球化的发展，企业社会责任在今天比任何时候都重要。考虑到企业和众多利益相关者的关系，全球化的进程通过两个阶段的进步来实现的，正如第 3 章中的图 3-2 所示的。

全球化的第一阶段极大地授权给了企业，企业能够在全球范围内拓展业务，向海外转移制造业，改革供应链管理以及发展强大的全球品牌。合并和收购活动蓬勃发展（因为这是一个企业成长的捷径），并且随着企业的成长，企业的力量也会明显增加。随着全球化超越国界，全球性公司的力量进一步扩大。企业今天在境外发展是很自由的，可以避免国内昂贵的税收。它们也越来越多地将生产经营或生产活动转移到成本较低的环境中去，通常是那些劳动和环保规制不太严格的国家。另外，公司受益于建立全球品牌，因为可以获得更广泛的客户群和全球客户的忠诚。品牌的价值可能会通过价格、可靠的质量、地位和其他竞争对手不具备的特质来吸引客户。同时，监管当局可能会担心因打击企业权力而使国内失去就业机会、税收或公众的支持等后果。例如，设想欧盟因为不公平贸易或垄断经营而禁止微软的产品，[62]然而微软在消费者和监管当局的影响力都太强大了，所以这样的结果在政治上和经济上是不可行的。

　　然而，全球化创造的对抗性的力量，削减了企业扩大的力量。（正如第 3 章图 3-2 所示）

　　企业正在失去对信息的控制权，而这些信息赋予了非政府组织和消费者组织沟通和组织的力量。越来越多的例子表明，企业不能再支配自己公司信息的质量和数量，以及这些信息如何影响社会舆论。耐克[63]、盖普[64]、可口可乐[65]和谷歌[66]这些公司是被全球信息流破坏的例子，而且这些例子不在少数。企业可能应当试着预先满足利益相关者的需求并从企业社会责任的视角开展运营活动，而不是打击信息的自由流动。

　　多亏了即时通讯、告密者和好奇的媒体，公民和社区才可以把公司放在显微镜下，而且互联网成为一个关注和组织所有这些活动的中心力量……透明度在不断上升，不仅仅有法律和纯粹道德的原因，而是因为它更具有经济意义。企业若表现出开放和坦诚，它们将更好地参与竞争，获得盈利。[67]

　　这种全球化的自我供给式的循环，触发了重新制定战略和对企业社会责任政策的反应，很可能导致一个"引爆点"[68]，即一个临界点，在这个点之后，一个想法或社会趋势会很快传播（像传染病一样）并被社会普遍接受且广泛实施。全球化导致了企业社会责任很可能已经临近了转折点，并将越来越成为企业尤其是全球企业战略思想的主要组成部分。

　　……在这样一个世界里——我们生活所需的某国制造的运动鞋产生的污染将使南美洲的冰川融化，在这样一个世界里——希腊逃税会削弱欧元，威胁西班牙银行的稳定性和破坏道琼斯指数，最终，我们的价值和道德体系必须和市场统一。换言之，随着其他人不负责任导致个人保护自己的难度提高，所有人都应承担责任。[69]

4.3.4　媒体

　　如图 3-2（第 3 章）所示，全球化第二阶段提出的对信息流的控制力的平衡实现了从大体上利益相关者到特定情况下三个重要的组成群体的转变。首先，因为因特网提供了更多的信息获取途径，它增强了个人的力量，尤其是当一个问题到达临界值时。我们在网上花的每一分钟，据估计，可以生成 100 555 555 封邮件，72 小时的 YouTube 视频，发布 138 889 条推特，34 722 个苹果下载，Tumblr（博客）上生成 53 819 个帖子，而且每两分钟我们抓拍的照片和 19 世纪全人类的工作一样多。[70]其次，全球化增强了非政府组织和其他基金组织的影响，因为它们也可以从通信技术的便捷和实惠中获益。这些工具增强了非政府组织的力量，因为这使它们能够通知、吸引和动员地理上分散的个人和消费者，这有助于确保对社会不负责任的企业的行径被曝光。最后，新沟通工具和对即时信息的需求增加了传媒集团的力量。传媒公司已经通过增加经营规模和运营范围做出了证明，赋权给三个利益相关者群体确保了企业今天不能躲藏在公共关系活动的遮羞布之后。

我们正在接近一个理论上信息绝对透明的状态……作为个人，逐步丧失隐私的程度也在不断增加，所以，企业和国家也是一样，任何人都难以预测，很难守住秘密。在泄露和博客的时代里，在提取证据和发现关联的时代里，真相要么被发现，要么被掩埋。这是我能提醒每一个外交官、政治家和企业负责人注意的事情，未来终将发现你……最终，你将被认为确已做了这些事情。[71]

互联网是信息更加自由流动的手段。同时，如图 4-4 所示，有很多信息是遗漏的，从 2000—2006 年互联网总流量上升了 32 000 000%。[72]

即使你可能还需要仔细想一下电脑拼写的词 "giga" "tera" 的意思，你也要先认识一下这些用语的意思，"peta" "exa" "zetta" 是二进制的前缀，分别代表 100 万，10 亿和 10 000 亿千兆字节。而这些二进制的字节也将会随着数据数量的爆炸而越来越多地使用，2011 年甚至达到了惊人的 1.8 zettabytes，前几年则只有 1.2 zettabytes。[73]

这两个趋势越来越明显，并将往未来的互联网发展。首先，人们将通过移动设备（主要是手机和平板电脑）访问互联网；第二，人们将会通过社交媒体网站共享信息（如 Facebook 和 Twitter）。

移动设备：当今，任何国家里的手机和其他移动设备基本都是无所不在的。在美国，只有约 12% 的成人没有自己的手机。[74]而平板电脑的销量（尤其是 iPad）已大大超过预期。另外，世界的其他地区正在努力追赶，"10 年前中国的手机数量就比美国多。（2011 年）中国制造并注册了更多专利，在 2014 年将销售更多。"[75]因此，按销量来看，中国移动现在是最大的移动通信服务公司。[76]在发展中国家将通过无线科技（手机、短信、博客和社交媒体网站）访问互联网，[77]而在发达国家是通过台式电脑和电话线来上网。[78]例如，"非洲只有 4% 的家庭可以上网，但 50% 以上的家庭都有手机。"[79]

在一些非洲市场上，你可以以大约一个香蕉的价格买到上一天网的流量（价格小于 10 美分）。这个新兴的连接使非洲在处理事务上可以更快、更聪明和更透明。[80]

为了将这项技术演进的过程更清晰地体现出来，不低估它对塑造未来社会互动的影响，联合国的报告是这样说的：

印度的手机数量比厕所还多，根据最近一次的统计，印度的手机用户达到了 563 730 000 人，足以满足全国 12 亿人口的一半。但在 2008 年仅有 3.66 亿人口——约 1/3 的人口有良好的卫生设施。[81]

社交媒体：当人们通过移动设备访问互联网时，他们通过社交媒体交换信息。社交媒体也许可更准确地被描述为"社会技术"，其中有两种类型——一种是允许人们传播自己的思想的网站（如 Twitter 和中国的新浪微博），另一种是允许人们保持连接的网站（如 Facebook 和 LinkedIn）。[82]

根据 comScore 的数据，Twitter 是美国第 28 位访问量最大的网站，并在（2012 年）8 月拥有 3 820 万名独立访问者。在美国所有的网站中，Facebook 排名第四，在 8 月有 15 240 万名特殊用户。而专注于商业社交的 LinkedIn 以 4 090 万名用户排在第 26 位。[83]

通过社交媒体分布的数据总量是惊人的，2012 年 Facebook 的注册超过了 10 亿人，而

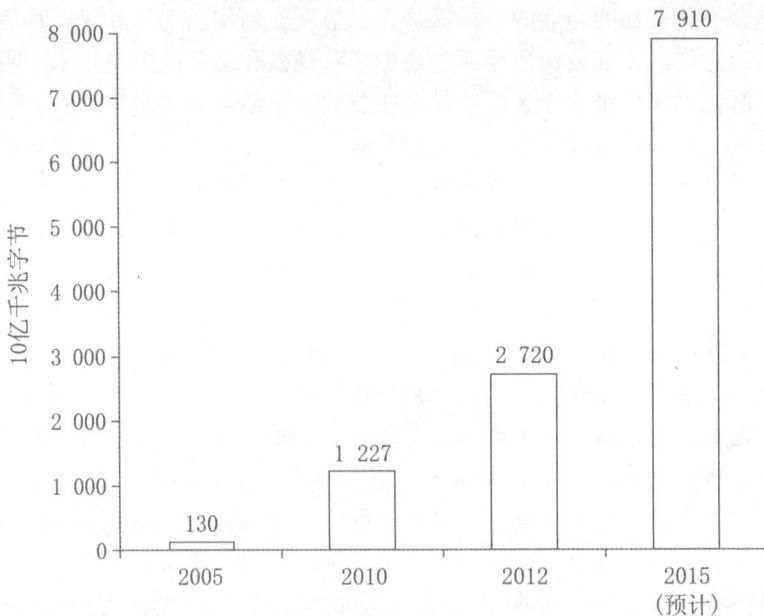

图4-4　全球数字数据的潮流

每天发送的推特信息超过了 5 亿条。[84]这两种媒体（手机和社交媒体）的互动，其革命的潜力是十分明显的。这项技术促使消费者、活动家、非政府组织以及全球媒体企业对企业社会责任的意识。同时全球化也继续增强了互联网的力量，无论是使用 Facebook 还是使用 Twitter，还是紧急使用全球定位系统在纽约街头玩 Pac-Man（"Pac-Manhattan"）游戏，[85]在同一个目标下调动陌生人并团结大家的力量的趋势是在不断增加的。

　　列举 2011 年有特色的抗议，你会发现，每一个活动都和手机、tweets、短信、Facebook 和 YouTube 相关。信息的即时性和准确性增强了这些活动的速度和强度。如果你怀疑的话，这是本周的论述题：如果阿拉巴马州的游行者使用了今天的通信系统，美国的人权运动会如何发展？利比亚如果坚持了 1955 年的技术革命，现在可能是什么情况？[86]

<h2 style="text-align:center">CNN 测试</h2>

　　简单地说，网络使得短时间内组织一个围绕某个确定议题的全球社区成为可能。[87]一些大型媒体公司控制了大部分的信息，这些信息通常是我们通过广泛的信息渠道获得的，而且这些媒体公司的影响已经延伸出了公众所看到的领域。

　　CNN 的测试已经成为一个标准，导致企业社会责任的敏感决策者去询问，"当这些东西在全世界被传播时将会得到 CNN 的观众怎样的评价？"甚至这个测试系统被美国军方拿来用于选择 2003 年第二次伊拉克战争中的轰炸目标。这个测试展示了当今媒体信息在塑造企业决策和意见的重要作用和为什么 CNN 测试已经成为某些组织中的企业社会责任过滤器中的一部分。

　　这个结果，正如图 4-5 所示的，是一个在全球化的世界里日益广泛自由传播的信息，这预示着各地既得利益可能面临的危险。在 20 亿在线网民和每年 8 万亿的电子商务销售额的背景下，[88]很明显网络已经改变了商业运营的模式。报告显示各公司争先恐后地形成一个社会媒体政策，同时伴随着的还有大量顾客的投诉事件和失败的推特信息。[89]控制这种力量和将之引导到一个公司策略上，有可能对公司的产品、品牌和名誉造成重大的损失，并且这些活动如何发展的模式也会逐渐清晰起来。首创者如 SeeClickFix（http：//seeclickfix.com）将"iCitizens"与当地被选举的代表相连接，来共同解决邻里纠纷问题，[90]同时 PolitiFact.org's（http：//www.politifact.com）网站的政客要求的 Truth-O-Meter 比率"存在一个六个级别的规模，包括从 true 到 pants on fire，"[91]并且 Copwatch（http：//www.copwatch.org）通过监控警察活动和在线的帖子、视频来反对虐待行为。[92]不用费太多脑筋就能想象出如何可以把 Copwatch 变成 Corpwatch 的，只要通过使用相同的技术和社会动机来举行反对某些特定公司的运动就可以达成了。危险不再来源于信息不充分，而是来源于能够检测到的"在呼啸的飓风噪音中声音微弱的有用信息。"[93]

利益相关者同日益增长的信息与交流的蓄水池之间的关系是反复的（参见图 4-5）。由于利益相关者可获得更多的信息并能用这些信息相互沟通，所以对特定问题很容易形成一致的支持，并将该信息传播给其他利益相关者。[94]随着"用户生成内容"的网站如 YouTube 和 Flickr 的快速增长，这种趋势已经变得越来越明显。但是，让用户可以评价和审查的产品和公司服务的网站仍需进一步发展。

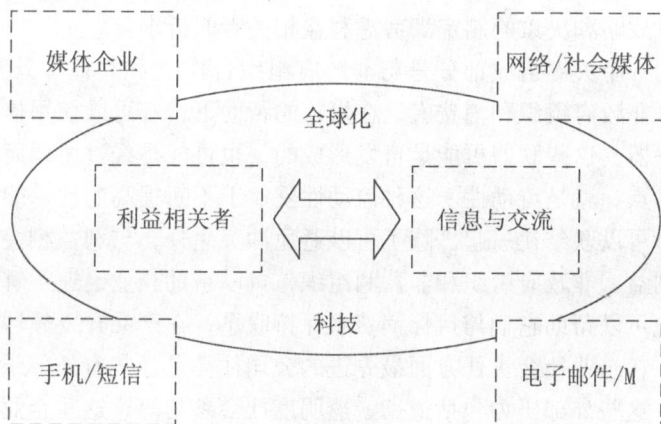

图 4-5　全球化世界中信息的自由流动

专门为特定公司和它们的产品宣传的博客，如针对苹果和星巴克的博客（苹果的博客，http：//gigaom.com/apple/ 或 Apple Insider，http：//appleinsider.com 以及星巴克的 Starbucks Gossip、http：//star bucksgossip.com），将公司与其利益相关者之间的互动从一个水平提升到另一个水平，当然这个目的可能是好的，也可能是坏的，这取决于公司在何种程度上应对关键的利益相关者群体的需求。

结果是，越来越多的消费者在做出购买决定之前会在网上搜索企业和产品的相关信息。如好的指南（Good Guide）（http：//www.goodguide.com）"提供了世界上最多的和最可靠的对健康、环境和消费者产品的社会影响的信息"，且进一步利用科技帮助消费者搜索信息。[95]消费者可以获得信息，同时他们愿意和数以百万计的人分享他们可怕的经历。[96]因此，企业为了保护自身，需要更加注重保持自己的声誉，并对利益相关者的需求更加敏感：

企业花费数百万来培育自己的声誉，因为当今消费者评价可以很快地破坏它们。"传统的智慧是满意的顾客会告诉一个人，不满意的人会告诉 10 个人"……随着订单的增加这种情况更为严重。[97]

网络和社会媒体的互动正在从少数的 Goliaths 转向很多个 Davids 的情况是很明显的（注：Goliaths 和 David 是圣经中的人物）[98]该技术为利益相关者提供了一种手段，可以对公司的情况了然于胸。目前尚不清楚的是，利益相关者能在多大程度上可以充分利用这些在线信息。但是虚拟抗议也存有限制[99]，比如：Change.org（http：//www.change.org）"是网络上社会变革的领先平台，授权任何人任何地点开始有意义的请求活动。"很难知道企业应该如何回应这些利益相关者的关注点。例如，如果 5 000 人签署了网上请愿书，那意味着什么呢？他们拒绝在那里购物吗？他们在商店抗议？如果真是这样，那么然后呢？对于一个大的品牌，5 000 人只是这个公司客户中一个很小的比例。在网络上点击鼠标几乎不能代表个人的意愿或信仰了。

企业的成功在于公司可以反映和传递其价值观和利益相关者群体的意愿。对改善生活方式的品牌，如耐克或者苹果，这条规则更重要。但正如第 2 章所说的，仅仅因为一个利益相关者感觉到了他受到了企业行动的影响，并不会迫使企业对这些看法进行回应。企业改变策略满足广泛的利益相关者的期望（同时避免对抗）需要明确和公开的沟通渠道，这些渠道可以通过战略和决策的制定来考虑利益相关者的诉求。

这种对话中的一个关键组成部分是与非政府组织合作（和其他非营利机构）以推动共同关注的项目。非政府组织和消费者，在媒体的帮助下，都可以使用信息的自由流动以传播知识和建立联盟。这些联盟可能是自发形成的，也可能是经过协调而形成的。但它们都有一个共同的特点，就是流动性。这种流动性受益于不断提高的技术能力，使得某个特定问题相关的群体可以联结在一起。除了可以避免冲突之外，与利益相关者进行对话还为公司提供了潜在利益。非政府组织和非营利组织，可以帮助企业迅速了解其赖以生存的不断变化的市场，也可以帮助它们与目标消费者保持联系，在产品开发领域做出贡献。

一般情况下，在企业社会责任方面最先进的公司往往是那些有外部压力并采取更负责任的行为的公司。这些外部压力包括道德、透明度社会参与等，这些企业可以用它们来重新修正自己的战略经营方针。能够很好地实施战略社会责任的企业往往也能在全球经营环境中脱颖而出，虽然在这种环境中企业不再能够有效地控制信息流。总之，为了使公司享受持续的成功，企业社会责任逐渐形成一个战略和运营的核心组成部分，特别是在关系到一个企业的声誉和品牌管理的时候。

4.3.5　品牌

今天品牌是企业成功的一个焦点，并应通过公司的一个战略企业社会责任视角予以保护。公司寻求建立强有力的品牌，因为它可以增加企业的竞争优势。尤其是我们已经确定了三个企业社会责任对品牌的益处：积极的品牌建设、品牌保险以及危机管理。

积极的品牌建设：美体小铺的创始人 Anita Roddick，长期致力于倡导全球品牌对实现有意义的社会变革施加重要影响。这样做有助于树立它在消费者心目中的经营特色，获得战略优势。无论你是否认同美体小铺的公平贸易和其他社会问题的立场，[100]很多消费者都被美体小铺的立场吸引而购买其产品。其公平贸易的立场有助于使该公司的产品在消费者心目中脱颖而出。同样，贝纳通也除了通过广告，而利用它与消费者有关的社会问题上的发言来获得消费者支持。[101]Ben & Jerry's 是另一个采用类似策略的品牌，[102]尽管在 2000 年被联合利华收购，它的地位有所下降。[103]

品牌保险[104]：默克制药公司创始人的儿子 George W. Merck 的一段宣言"医药是用来治病的，而不是用来盈利的"反映了对社会负责的态度。这种"激进"的企业愿景转化成了一个经常被引用的例子，该公司曾捐赠医药 Mectizan 来治疗毁灭性的疾病（盘尾丝虫病）：[105]

22 年前，默克制药开始放弃药物来治疗盘尾丝虫病，盘尾丝虫病是在亚洲、拉丁美洲和美国等国家流行的毁灭性的传染病。该公司已经捐赠了总价值为 3.75 亿美元的 2.5 亿片药物。默克制药和世界卫生组织及其他组织共同管理项目，并且这种努力也被作为一种成功的公私合作（PPP）模式广为传颂。2009 年，世界卫生组织首次宣布这种疾病在非洲被默克制药的医药消灭。[106]

默克制药的行动可以说是用来反对社会活动家攻击的一种保险，因为该公司预先承诺这是一个有价值的、无私的、无利可图的行为。也许，这种对社会负责的观点使得默克制药得以享受相对自由的运营，而这种运营在其他制药公司中往往遭到社会活动家的批评。从这个行为中获得的声誉也被列为该公司进入新市场取得成功的一个重要原因。这个新市场主要在日本。在日本企业社会责任的声誉推动了该公司的发展。然而，默克制药积极地致力于企业社会责任的努力却也不能在应对关节炎止痛药伟克适（Vioxx）的不利影响上挽救这家公司。Vioxx 是一种该公司生产的药品，导致患者心脏疾病，并最终于 2004 年被召回。[107]

危机管理：强生公司应对 1982 年的泰诺危机采取的透明处理措施被视为在该领域危机管理的典型案例。[108]强生公司在这种情况下超出了此前预期，在一项被指控中毒事件后主张召回 3 100 万瓶的药物，总价值 1 亿美元。这种做法拯救了强生公司的泰诺品牌，使其能够为公司保持一个强大的收入来源做出了贡献。

一般来说，召回的成本是很高昂的。当危机来袭时，召回产品给企业带来的影响除了体现在公司的股价上，还体现在产品的丢失和货物的毁坏上。但公司因其迅速和适当的行动赢得了赞誉……在 5 个月的灾难期间，该公司已恢复其在药品市场份额的 70%。这一事实表明，随着时间的推移，该公司已成功地保持住了品牌的长期价值……事实上，有证据表明，强生的这些举动反而赢得了一些新的消费者，他们由其他止痛药转向使用泰诺。[109]

品牌价值是企业的关键因素，无论是在本地还是全球范围。今天，无形的品牌价值，甚至可能超过公司有形资产的价值。例如，可口可乐品牌价值明显超过公司的总市值的一半。[110]而且，企业社会责任在全球化的背景下是很重要的品牌，因为品牌建立的方法是基于对价值观的认知、理念和看法的。企业社会责任是一种相匹配的手段，可以将企业经营与利益相关者的价值观相匹配，而这些价值观也是在不断演变的。考虑到公司建立品牌需要投入大量的时间、金钱、努力及投资，一个好的企业社会责任政策已经成为公司成功的重要组成部分，也是长期最大化市场号召力的有效方法。

因此，企业提交市场声明，尤其是通过运营来承担企业社会责任是必不可少的，这也是为了实现企业的最大效益。例如，英国石油巨头公司 BP 用 2 亿美元重塑品牌，将自己打造为最环保和对社会负责的综合石油公司。该公司对气候变化的进步立场与埃克森美孚公司截然相反，后者因为反对环保运动的决定而遭到非政府组织的攻击、消费者的抵制和社会活动家的起诉。[111]然而，BP 近年来的灾难性环境记录（主要牵涉 2010 年墨西哥海湾深水地平线漏油事件，2005 年美国炼油厂的致命事故，2006 年阿拉斯加的严重漏油事件和其饱受批评的替代能源的扩展项目），[112]已经摧毁了该公司建立起来的良好品牌形象：

这些天来，BP 的股票交易约低于路易斯安那州海岸的灾难发生前的 25%，大约是它在 10 年前的交易量。[113]

今天的企业需要在尊重所有的利益相关者的基础上建立一个无懈可击的品牌。无论作为雇主、生产商、买家，还是供应商抑或投资人，公司的吸引力都直接和品牌实力相关。企业社会责任在公司内部运营的各个方面需要考虑所在群体的需求。各个区域联合建立复杂的企业形象，而且其品牌在利益相关者群体的眼中具有很大的市场价值。

4.4　企业社会责任的市场

关于企业社会责任的经济争论的中心，是关于一个概念。这个概念可以表明，对于能够最好地反映利益相关者的需求，并能正确预期这些需求变化在未来的发展趋势的公司，会在市场上获得中长期的较好的发展并取得成功。

4.4.1　企业价格溢价

正如第 3 章中证实的，沃尔玛已发现，采取企业社会责任的特定方面（尤其是在企业社会责任可持续发展方面）不需要损害本公司的业务模型并且事实上还会促进其发展。第 3 章也显示，沃尔玛在早期的企业社会责任实施中走的依旧是阻力最小的路径：

Rand Waddoups，沃尔玛的商业战略和可持续发展的高级主管说，"有一个重大机遇可以赚取干净的钱"，"我们还没有实现较低的目标。我们仍然需要投入 1 000 美元来实现目标"。[114]

沃尔玛的商业策略依赖于一个核心竞争力，这个核心竞争力可以最大限度地降低成本并将这些节省的费用传递给顾客。因此，很少有证据表明，沃尔玛会在导致成本增加的情况下，做出对社会负责任的选择。因为这将威胁到沃尔玛控制成本的战略，而这种低成本的战略是沃尔玛的高管们花了几十年给员工灌输的。因此，当企业社会责任增加了成本，并且企业被迫以价格上涨的形式将这种成本增加转嫁给顾客时会发生什么呢？

正如本章前面所描述的，实行差异化战略的企业往往比实行低成本战略的企业更容易获取产品的溢价。整合整个公司的长期利益相关者的视角可能导致成本的增加和短期回报的减少。另外，这些差异化产品的市场容量是有限的。通过快速浏览和分析关于环保型或社会道德型产品付费的公众意见和媒体关于消费者意愿的文章可以看出，在美国，"35% 的受访者表示，他们愿意为绿色环保产品支付更多的钱，这个数字相较于在 2010 年的 27% 和 2009 年的 25% 均有所增长。"[115]

但是其他报告认为，这样的结果是被夸大的。它们还揭示消费意见的重要转变，这种转变是针对企业对社会责任的期望的。例如，英国的一份报告指出，"世界上只有 22% 的消费者将为生态友好型产品支付更多的钱，虽然 83% 的人认为一个公司有环保项目是很重要的"[116]越来越多的消费者希望企业承担社会责任，但他们也期望自己不用为这些活动额外支付费用。这种现象在美国《福布斯》杂志的一份报告中有所反映：

不幸的是，历史已经表明，市场不愿意对可持续产品支付额外的钱。而消费者和公众却将可持续性视为商业运营的基准。他们不期望为此支付，但如果企业不支持可持续性发展的话，他们会惩罚企业。[117]

所以，企业应采取两种方法来远离这种有关企业社会责任的市场预期的转变。首先，真正实行企业社会责任的公司应当确保它们了解企业社会责任的操作性价值。因此，一个关键点在于企业究竟将企业社会责任视为成本还是视为机遇。[118]公司应该了解，企业社会责任是一个具有操作价值的机遇，这种操作价值不仅仅在于短期销量增加的潜力，企业很少有机会成功地实施企业社会责任的整个操作过程（沃尔玛明白这一点，虽然该公司的应用程序企业社会责任仍然过于狭窄）。这反映了企业社会责任应该包含更广泛的活动，而不是仅仅集中在短期股东价值或消费者利益的狭隘方法上。

其次，很显然，消费者对与企业社会责任相关的产品持怀疑态度的部分原因，是企业之前实施社会责任活动的营销方式。那些关于企业社会责任的承诺逐渐被人们认为是误导性的，而且那些用来教育消费者有关企业社会责任的产品标签、规模等的设计导致消费者对要求多付钱时持怀疑态度。

4.4.2　企业社会责任市场滥用

由于潜在的滥用，企业社会责任的市场是复杂的。在一般情况下，利益有关方与消费者尤其需要警惕。企业所知的关于产品的信息与消费者乐于并能够获得的关于产品的信息之间有很大的差别。换句话说，"制造商和消费者之间的信息是不对称的，特别是在关于真实的社会、健康和环境对消费产品的影响方面。"[119]随着对企业社会责任感兴趣的群体和个人数量的增长，那些试图利用消费者趋势和同情来获取利益的企业分散信息的数量也在不断增加。一些信息是准确的，而另一些则容易产生误导，因此有些信息会被曲解，而有些信息却是故意的。无论哪种方式，信息的扩散对公司外部的利益相关者而言都容易产生困惑。面对这样的攻势，大多数消费者都选择撤出。[120]无论是有意或无意，这些效果都是负面的。如果企业社会责任变得更加有利可图，漂绿的潜在动机会增加：[121]

漂绿[122]

漂绿（green' wash', -wôsh'）——动词：一种误导消费者的行为，与公司的环境实践或产品或服务的环境效益有关。[123]

漂绿可以衡量企业在何种程度上愿意加入企业社会责任行列，并误导消费者能带来财务收益。研究表明，企业社会责任产品在市场上的占有比例往往是错误的或误导性的。例如，在 2010 年，环保的营销组织 Terrachoice 测试了 12 061 个有关环境方面的声明，这些声明来自 5 296 个消费产品的标签：

超过 95% 的产品声称是绿色产品，被认为至少存在一项 "粉饰绿漂" 的罪行。[124]

该报告确定了企业从事营销其产品的企业社会责任时的 "七宗罪"[125]。这些罪行包括隐藏交易罪（the Sin of the Hidden Trade-off）、无证据罪（the Sin of No Proof）、模糊罪（the Sin of Vagueness）、不相关罪（the Sin of Irrelevance）、两害取其轻罪（the Sin of Lesser of Two Evils）、谎言罪（the Sin of Fibbing）、推崇虚假商标罪（Sin of Worshipping False Labels）。他们表示 "个别消费者已被误导，购买产品的潜在环境效益已被挥霍"[126]。他们认为，公司说要做正确的事情，但却不一定改变做生意的方式。正如报告指出的，有许多例子可供选择，范围从卫生纸[127]到混合动力汽车，[128]再到奥运会。[129]

麦当劳可能会支持可持续发展的渔业，但其核心业务仍然是其所销售的巨无霸。大石油公司可以畅谈它们想要的一切有关减少温室气体排放的计划，但它们仍在掘取碳氢化合物。[130]

此外，由于是不同的群体在推动本公司的企业社会责任议程，并寻求其企业社会责任排名，或公平交易认证，或标准的环境可持续性政策，因此企业社会责任对不同的人意味着不同的事情。虽然企业社会责任信息和实践的市场运作过程中需要一定时间来确认将什么想法列入实施标准，而这很有可能会导致潜在的混乱。尤其是消费者在面对众多自诩为专家的人提供的信息时更加容易变得困惑。

企业社会责任时事通讯：绿色噪音（Green Noise）

《纽约时报》上的一篇报道[131]介绍了"绿色噪音"（green noise）的概念……由突然或令人头疼的或相互矛盾的信息导致的争论，而且争论会持续很长时间。

"绿色噪音"的概念增加了争论的价值。像"绿漂"的词语描述了公司的行为一样，"绿色噪音"展示了一种信息的过度增长，通常从消费者视角看待与环境和气候有关的矛盾问题。整体的效果是模糊不清的，而并非清晰的，无论是故意的还是有良好意愿的：

具有环保意识的消费者留下疑惑：低能紧凑型荧光灯比标准白炽灯更好吗？即使他们含有汞？哪种沙拉更环保呢？是用卡车从千里之外拉过来的有机混合蔬菜做的沙拉呢，还是附近有工业的农场种植的生菜沙拉呢？是否应该支持核电作为煤的一种清洁替代能源呢？

在描述"绿色噪音"的概念时，文章还强调了信息超载对消费者行为的影响。

……2007 年的消费者调查显示，和 2006 年相比，愿意购买绿色产品的消费者减少了22% ~55%。经济下滑有一定的影响，但信息超载似乎也是一个重要的因素。

信息总量和有效的决策之间存在一定的关系，即信息越多，决策效果越好，但是太多的信息可能导致瘫痪，持续下去甚至会导致坏的决策。关于环境和可持续性问题的信息超载很可能导致出现消费者抵制行为。

在一定程度上，这种混乱是不可避免的。在这里，企业社会责任领域是其自身成功的受害者。如果企业社会责任在普及和认同方面没有发展的话，那么这种增长和矛盾的信息带来的影响也是不存在的，或者是不重要的。联合利华通过"五个简单的杠杆"寻求的对话就是一个很好的例子：

- 使其能被理解
- 使其容易
- 使其令人满意
- 使其有价值
- 使其成为习惯[132]

我们的目标是不要太超前于市场，并提供"你可以与顾客同在的解决方案，你可比他们领先一步，并和他们在一起。但是，如果你比他们领先三步，你就会失去他们。"[133]

4.5　战略企业社会责任

如图 4-6 所展示的战略企业社会责任模型形象地概括了企业社会责任与策略模式之间的关系。在企业使命和愿景的约束下，企业的成功被认为是有一个能使企业的内部能力与其外部环境（利益相关者）相匹配的策略。然而，这个策略的实现大部分依赖于企业的成功运营。如果这个策略想要成功地把企业能力与市场机遇相匹配，那么金融、会计、人力资源和其他部门的运行必须能够得到有效的控制。因此为了提高整体绩效，领导者们确立战略目标以增强企业的运营。例如，为了确保有充足的财务资源，战略目标可能会为了确保会计部加速收取应收账款而设立，或者制定市场部肩负起取得 5% 市场份额的战略目标。然而这些战略目标必须被看成是为了提高企业社会责任目标的战略要求，否则，这些战略可能会导致来自利益相关者的反对。为了实现这些满足企业战略需要的战略目标，核心角色必须以行动导向项目（*action-oriented projects*）的形式来承担首创性的战略工作。例如，会计部经理或许可以建立一个特别工作小组以识别和追踪一些拖账的客户。一个相似的行动导向的特别工作组也可以用在市场部，该小组可以评估企业为拓展市场份额做的首要准备工作——广告。但是这些行动导向的特别工作组必须以一种与战略企业社会责任要求相一致的方法来实现战略目标，否则将会威胁企业的生存能力。同样，企业的战略视角也会被企业社会责任过滤器所包围。

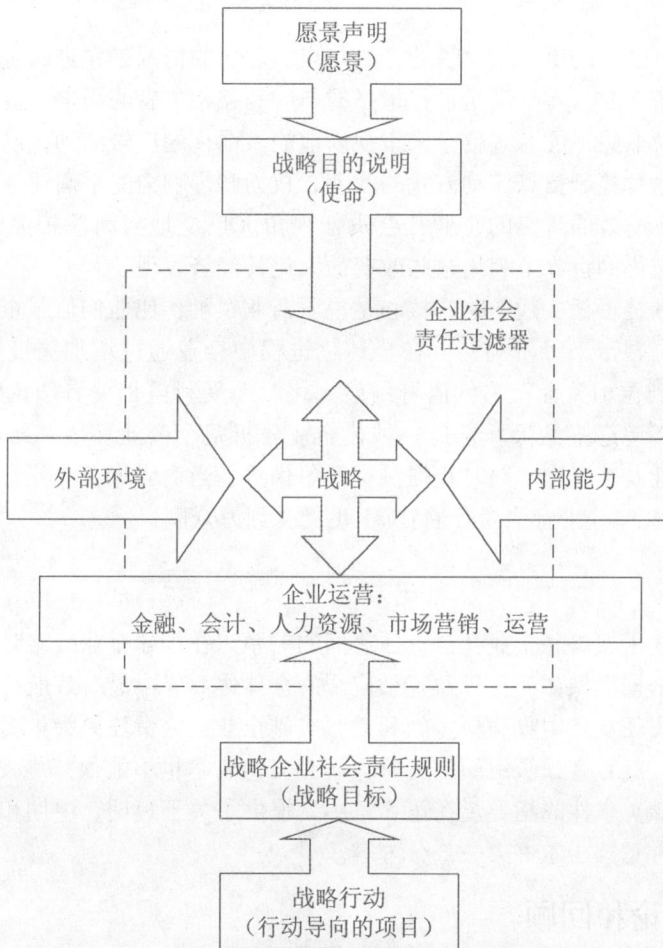

图 4-6　战略企业社会责任模型

随着社会变得越来越富裕，社会期望也逐步发展，通信技术比以往更加广泛使用，对企业社会责任越来越多的需求将毫无疑问地导致以实现战略企业社会责任需要的行动导向项目的增加。当然，伦理、道德和理性上也存在对企业应以何种方式实现企业社会责任的争论，然而社会中强大的经济动机也被视为一种纯粹的社会贡献而存在。因此，企业社会责任是一种代表了品牌保险的竞争优势，而品牌代表了关键利益相关者对公司的感知。[134]这个每天存在于企业广告及公关活动中的经济主题可能是实行企业社会责任并保证组织利益长期发展的强大理由。在发达的经济体系中危机管理行业逐步达到复杂的级别也说明了声誉的重要性。此外，越来越多的投资者"倾向于被认为是好公民的公司。换句话说，投资者给一些有良好记录的公司投资，使其获益。"[135]

　　企业明白被视为好邻居和好法人的价值。然而，至今为止管理者们大大地限制了公关部的这种联系，因为他们可以控制企业公众形象。图3-2（见第3章）和图4-3与图4-5举例阐明了当信息控制的势头正在远离企业而走向各式各样的组织时，这种情况发生改变的原因。随着全球化的进程，互联网和全球媒体将进一步民主化，在自由的社会里信息交换需要得到满足。因此，战略企业社会责任是实质的行动，其成果可以在一瞬间照亮整个世界。

　　商家需要通过诚恳的承诺来反映社会的焦点。理想的情况是先进的企业在这种不断发展的价值观中力争上游，同时满足日益增多的新的利益相关者的需求。值得注意的是，关键利益全体需要获取更多的有效信息来审视以前的表面化的广告活动，以及评判沟通或动员的方式。由于这种控制信息流动方式的改变，权力和影响力的平衡逐渐由企业转移到了利益相关者。一个有效的真实的企业社会责任视角（广泛地与利益相关者进行交流）允许企业在日益全球化的世界里利用这些改变最大化其经济表现。

　　因此，企业社会责任实践影响的核心是说服商业领袖，使他们信服企业社会责任能够给他们提供策略，并带来经济利益。在全球化进程中企业通过增加关键利益相关者的需求，只能使得"利益相关者"的价值得到最大化。而受利益相关者理论驱动的企业社会责任可以表达并传递这些结果。它是一种让企业分析整个商业环境并给出适于组织的战略。它能保护企业及其资产，同时也提供了竞争优势。当商界将企业社会责任认同为一种机而不是威胁时，[136]企业社会责任将在21世纪受到万众瞩目。

4.6　下一步

　　本章详细讲述了战略和企业社会责任之间的关系。在构建企业战略时使用企业社会责任过滤器可以为公司提供如何在日益复杂广阔的全球化商界中最有效航行的方法。为了让企业从企业社会责任观点中收获更多的利益，实施企业社会责任更为重要。如果缺乏有效的、综合的实施，就算有顶级组织的支持，再完美的战略也不能很好地发挥其潜力。第5章为企业提供了该类事件的指导。在第5章中，提供了关于短期、中期和长期实施企业社会责任的理念，并总结了本书第一部分内容。

4.7　问题讨论和回顾

1. 为什么说从战略环境的角度洞察企业社会责任很重要？
2. 为什么大型国际跨国公司更有可能关注企业社会责任？
3. 如何让组织结构、能力、战略和外部环境相结合，并创造出一个成功的组织？
4. 为什么生活类品牌产品的公司比那些通过低成本商业战略寻求差异化产品的公司

更易受企业社会责任影响?

5. 企业社会责任过滤器有什么优点? 如果你是一家企业的 CEO, 你要如何去应用企业社会责任过滤器, 可能会采用什么方式? 你能想出当今一家成功应用企业社会责任过滤器的公司吗?

6. 推动人们对企业社会责任产生极大兴趣的五种环境力量是什么? 用真实生活中的例子解释说明你的观点。你是否看到未来有新兴的可能改造企业社会责任的力量?

7. 为什么"漂绿"显示了对企业社会责任的威胁? 翻阅 Terrachoice 公司 2010 年报告第 10 页"The Sins of Greenwashing"。你认为七宗罪里哪一宗最重要 (http://sinsofgreenwashing. org/index35c6. pdf)? 找一家犯有该错误的公司, 并且写出什么误导了该公司的行为?

学生学习网站

访问学生学习网站 www. sagepub. com/chandler3e 来获取额外的学习材料。

4.8　注释和参考文献

1. 每一项"约束"的另一面都是公司建立可持续性竞争优势的机会。

2. http://nikeinc. com/pages/responsibility; http://www. nikeresponsibility. com/; Nike's Sustainable Business Report: http://www. nikeresponsibility. com/report/

3. Michael E. Porter, *Competitive Strategy*, The Free Press, 1980.

4. 一个公司事业层战略与其公司层战略形成呼应, 后者是针对公司整体的策略。在此层面的战略包括决定公司将在哪些业务范围与其他公司竞争, 以及是否通过合资经营, 合并或收购的形式进入合作关系。

5. http://tofslie. com/work/apple_evolution. jpg

6. http://www. computerweekly. com/galleries/237328-4/The-Nike-Trash-Talk-Award-winning-product-design-of-2009. htm

7. Carroll, Archie B., 'A Three - Dimensional Conceptual Model of Corporate Performance,' *Academy of Management Review*, 1979, Vol. 4, No. 4, pp. 497-505.

8. 同性伴侣的员工福利或将成为下一种被法规命令纠正的歧视。由于社会接受能力的转变趋势, 如今很多先进的公司都主动地实施执行此类政策以避免因起诉而被强制执行。见: Kathryn Kranhold, 'Groups for Gay Employees Are Gaining Traction,' *Wall Street Journal*, April 3, 2006, p. B3.

9. Michael E. Porter & Mark R. Kramer, 'Strategy & Society,' *Harvard Business Review*, December, 2006, pp. 78 - 92 and Michael E. Porter & Mark R. Kramer, 'Creating Shared Value,' *Harvard Business Review*, 89: 62-77, 2011.

10. OED website, January 2013, http://www. oed. com/view/Entry/66996? redirectedFrom = externality#eid

11. 这种现象曾出现于近代的经济危机和大萧条中, 当时在发达国家中, 如气候变化之类的问题, 于经济和社会优先顺序中被后置:"声明愿为限制气候变化而改变自身行为的成年人的比例由 2006 年的 77% 降至 2010 年的 72%, 又降至 2011 年的 65%。" *Department of Transport*, January 26, 2012, p. 4. Full report is available at: http://

assets. dft. gov. uk/statistics/releases/climate−change−and−impact−of−transport−2011/climate−change−2011−report. pdf

12. Aaron Bernstein, 'Nike's New Game Plan for Sweatshops,' *BusinessWeek*, September 20, 2004, http: //www. businessweek. com/magazine/content/04_38/b3900011_mz001. htm

13. For an overview, see: 'Nike Campaign,' *Center for Communication & Civic Engagement*, http: //depts. washington. edu/ccce/polcommcampaigns/Nike. htm. For a current example of an anti−Nike campaign, see: 'Sweatfree Communities,' *Global Exchange*, http: // www. globalexchange. org/campaigns/sweatshops/nike/

14. Jessica E. Vascellaro & Owen Fletcher, 'Apple Navigates China Maze,' *The Wall Street Journal*, January 14–15, 2012, p. B1.

15. Charles Duhigg & David Barboza, 'In China, Human Costs Are Built Into an iPad,' *The New York Times*, January 26, 2012, p. A1, B10–B11.

16. Bushra Tobah, 'Just Do It: How Nike Turned Disclosure Into An Opportunity, *Network for Business Sustainability*, January 23, 2012, http: //nbs. net/knowledge/just−do−it−how−nike−turned−disclosure−into−an−opportunity/

17. http: //9to5mac. com/2012/01/26/tim−cook−responds−to−claims−of−factory−worker−mistreatment−we−care−about−every−worker−in−our−supply−chain/

18. http: //www. nytimes. com/2012/02/20/technology/pressures − drive − change − at − chinas−electronics−giant−foxconn. html

19. 'Shoots, green and leaves,' *The Economist*, June 16, 2012, p. 68.

20. 'The emerging−world consumer is king,' *The Economist*, January 5, 2013, p. 53.

21. 'Shoots, green and leaves,' *The Economist*, June 16, 2012, p. 68.

22. George Will, 'The Fourth Great Awakening,' *The Bryan Times*, June 1, 2000, p. 4.

23. For more detailed discussion of issues related to the environment, see the 'Sustainability' Issue in Chapter 8.

24. Joel E. Cohen, '7 Billion,' *The New York Times*, October 24, 2011, p. A19.

25. Juliette Jowit, 'Paul Ehrlich: A Prophet of Global Population Doom who is Gloomier than. Ever,' *The Guardian*, October 23, 2011, http: //www. guardian. co. uk/environment/2011/oct/23/paul−ehrlich−global−collapse−warning

26. 'The joy of crowds,' *The Economist*, July 28, 2012, p. 73.

27. 'Shoots, green and leaves,' *The Economist*, June 16, 2012, p. 68.

28. http: //www. sternreview. org. uk/ or http: //www. occ. gov. uk/activities/stern. htm

29. http: //www. climatecrisis. net/

30. 美国戈尔公司继续完成了这部电影, 并为 "可持续的资本" 做了一项声明 (Al Gore & David Blood, 'Toward Sustainable Capitalism,' *The Wall Street Journal*, June 24, 2010, p. A21) 并且继续致力于可持续发展领域的政策变化。 (Carol D. Leonnig, 'In Al Gore's passion, two shades of green,' *The Washington Post* in *The Daily Yomiuri*, October 14, 2012, p. 6).

31. This video is also available at: http: //www. youtube. com/watch? v＝zORv8wwiadQ

32. For more videos on different aspects of our economic model from the same authors, see: http: //www. storyofstuff. com/

33. 关于持续发展在我们的经济学模型中的核心角色，更多讨论见: Andrew Marr, 'Charles: right or wrong about science?' *The Observer*, May 21, 2000, http: // www. guardian. co. uk/theobserver/2000/may/21/focus. news and Steven Stoll, 'Fear of fallowing: *The specter of a no-growth world*,' *Harper's Magazine*, March, 2008, pp. 88-94.

34. http: //ge. ecomagination. com/

35. http: //www. unilever. com/sustainable-living/

36. http: //www. toyota. com/prius-hybrid/

37. Jennifer Schwab, 'Slipping Green Through the Back Door,' *Sierra Club*, August 21, 2012, http: //www. sierraclubgreenhome. com/uncategorized/slipping-sustainability-through-the-back-door/

38. Lee Scott, 'Wal-Mart: Twenty First Century Leadership,' October 24, 2005, http: // walmartwatch. com/img/documents/21st_Century_Leadership. pdf

39. http: //www. levistrauss. com/sustainability/product/cottonraw-materials

40. http: //www. starbucks. com/responsibility/sourcing/coffee

41. http: //www. nikeresponsibility. com/infographics/materials/index. html

42. http: //www6. homedepot. com/ecooptions/stage/index. html

43. Jennifer Schwab, 'Slipping Green Through the Back Door,' *Sierra Club*, August 21, 2012, http: //www. sierraclubgreenhome. com/uncategorized/slipping-sustainability-through-the-back-door/

44. Joanna Blythman, 'Food miles: The true cost of putting imported food on your plate,' *The Independent*, May 31, 2007, http: //www. independent. co. uk/environment/green-living/food-miles-the-true-cost-of-putting-imported-food-on-your-plate-451139. html

45. http: //www. walkerscarbonfootprint. co. uk/

46. See: http: //www. recycle. co. uk/ or http: //www. recycle-more. co. uk/

47. 'Tesco Gets Rid of Garbage: Zero Waste Goes to Landfill in UK,' *Reuters*, August 11, 2009, http: //www. reuters. com/article/gwmBuildings/idUS3027211664320090811

48. Adapted from Toby Webb, 'Global Drivers and Trends in Sustainable Business,' *The Smarter Business Blog*, September 24, 2012, http: //tobywebb. blogspot. jp/2012/09/gobal-drivers-and-trends-in-sustainable. html

49. 虽然在 1999 年，标准普尔指数 500 公司中因市场资本排名于前的 25 家公司中有 19 家是美国公司，但到了 2009 年，这个数字则跌落至 14。最引人注目的是，4 家中国公司进入了前 25，同时进入的还有 1 家巴西的公司。'New Sectors and Regions Dominate the World's Top 25 Companies,' *The Wall Street Journal*, December 20, 2009, p. R4.

50. 'How the BRICs were baked,' *The Economist*, December 10, 2011, p. 86.

51. 南非并不是唯一拥有巨大发展潜质的非洲国家。整个非洲大陆，已有超过 500 个非洲公司拥有 1 亿美元的年度收入，同时大约 150 家公司年度收入可达 10 亿美元。

52. Peter Whybrow 是加州大学洛杉矶分校塞梅尔神经科学和人类行为研究所的所长。

53. Summarized by Irene Lacher, 'In New Book, Professor Sees a "Mania" in U. S. for Possessions and Status,' *The New York Times*, March 12, 2005, p. A21.

54. For more information about Adam Smith, as well as examples of his work (in particular, *The Theory of Moral Sentiments*), see: http: //www. adamsmith. org/adam-smith/

55. Alan Murray, 'The End of Management,' *The Wall Street Journal*, August 21 - 22, 2010, p. W3.

56. See the review of the book, 'All Business is Local' by John Quelch & Katherine Jocz, in 'Local heroes,' *The Economist*, January 14, 2012, p. 83.

57. 'Why Companies Need to be Prepared for Online Criticism,' *Ethical Corporation Magazine*, 2012, http: //reports. ethicalcorp. com/reports/smcc/infographic. php

58. Margaret Ackrill & Leslie Hannah, *Barclays: The Business of Banking*, 1690 - 1996, Cambridge University Press, 2001.

59. 'Royal Dutch/Shell in Nigeria (A),' *Harvard Business School Press*, [9-399-126], August 10, 2006.

60. For information on the development of CSR in countries like Saudi Arabia, see: 'First study on corporate Saudi Arabia and CSR,' *CSRWire. com*, March 29, 2007, http: //www. csrwire. com/press/press_release/15949

61. Ben Quinn, 'Ikea Apologises Over Removal of Women from Saudi Arabia Catalogue,' *The Guardian*, October 2, 2012, http: //www. guardian. co. uk/world/2012/oct/02/ikea - apologises-removing-women-saudi-arabia-catalogue

62. 'Microsoft loses anti-trust appeal,' *BBC News*, September 17, 2007, http: //news. bbc. co. uk/2/hi/business/6998272. stm

63. Debora L. Spar, 'Hitting the Wall: Nike and International Labor Practices,' *Harvard Business School Press*, [9-700-047], September 6, 2002.

64. 'GAP Hit by 'Sweatshop' Protests,' *BBC News*, November 21, 2002, http: //news. bbc. co. uk/2/hi/business/2497957. stm

65. ' "Killer Coke" or Innocent Abroad?' *BusinessWeek*, January 23, 2006, http: //www. businessweek. com/magazine/content/06_04/b3968074. htm; Nandlal Master, Lok Samiti & Amit Srivastava, India: Major Protest Demands Coca - Cola Shut Down Plant,' *GlobalResearch. ca*, April 8, 2008, http: //www. globalresearch. ca/index. php? context = va&aid = 8591

66. 'Google Censors Itself For China,' BBC News, January 25, 2006, http: //news. bbc. co. uk/2/hi/technology/4645596. stm

67. Don Tapscott & David Ticoll, 'The Naked Corporation,' *The Wall Street Journal*, October 14, 2003, pB2. Tapscott and Ticoll are coauthors of 'The Naked Corporation: How the Age of Transparency Will Revolutionize Business,' Free Press, 2003.

68. Malcolm Gladwell, 'The Tipping Point: How Little Things Can Make a Big Difference,' Little Brown, 2000, http: //www. gladwell. com/. See also: Malcolm Gladwell, 'The Tipping Point,' *The New Yorker Magazine*, June 3, 1996, http: //www. gladwell. com/pdf/tipping. pdf

69. Thomas L. Friedman, 'A Question from Lydia,' *The New York Times*, May 16, 2010, p. WK10.

70. Francesco Muzzi, 'The World's 50 Most Innovative Companies,' *Fast Company Magazine*, March 2013, p. 144.

71. William Gibson, 'The Road to Oceania,' *The New York Times*, June 25, 2003, p. A27.

72. Ben Schiller, 'The Environmental Impact Of Your Pointless Googling,' May 7, 2012, *Co. exist FastCompany Magazine*, http：//www. fastcoexist. com/1679794/the－environmental－impact－of－your－pointless－googling

73. Ludwig Siegele, 'Welcome to the yotta world,' *The Economist*：*The World in 2012*, p. 124.

74. Anton Troianovski, 'Living Without a Cellphone,' *The Wall Street Journal*, September 28, 2012, p. B5.

75. Emma Duncan, 'Asia's catching up. Let's see if there's anything on the telly,' *The Times* in *The Daily Yomiuri*, January 8, 2012, p. 8.

76. 'SoftBank eyes ¥1tril. Spring deal,' *The Daily Yomiuri*, October 13, 2012, p. 1.

77. "Grameen Telecom (GTC) was established in 1995 as a not－for－profit company established by Dr. Muhammad Yunus for improving the standard of living and eradication of poverty from rural Bangladesh with the help of Grameen Bank," http：// www. grameentelecom. net. bd/

78. 例如，在非洲，"57% 的推特帖子由手机发送。"见："AfricaTweets,' *The Economist*, February 4, 2012, p. 52.

79. Bill Clinton, 'The Case for Optimism,' *Time Magazine*, October 1, 2012, http：// www. time. com/time/magazine/article/0, 9171, 2125031, 00. html

80. 'It's a hit,' *The Economist*, May 12, 2012, p. 57.

81. 'India has more mobile phones than toilets：UN report,' *The Daily Telegraph*, April 15, 2010, http：//www. telegraph. co. uk/news/worldnews/asia/india/7593567/India－has－more－mobile－phones－than－toilets－UN－report. html

82. 'Schumpeter：Too much buzz,' *The Economist*, December 31, 2011, p. 50.

83. 'Can Twitter Monetize the Cultural Zeitgeist?' *Knowledge @ Wharton*, October 2, 2012, http：//knowledge. wharton. upenn. edu/arabic/article. cfm? articleid=2869

84. Ludwig Siegele, 'Welcome to the yotta world,' *The Economist*：*The World in 2012*, p. 124.

85. Warren St. John, 'Quick, After Him：Pac-Man Went Thataway,' *The New York Times*, May 9, 2004, Section 9, p. 1.

86. Rushworth M. Kidder, 'Protest 2011,' *Ethics Newsline*, December 12, 2011, http：// www. globalethics. org/newsline/2011/12/12/protest－2011/

87. Michael Elliott, 'Embracing the Enemy Is Good Business,' *Time*, August 13, 2001, p. 29.

88. 'Schumpeter: Too much buzz,' *The Economist*, December 31, 2011, p. 50.

89. Elizabeth Holmes, 'Tweeting Without Fear,' *The Wall Street Journal*, December 9, 2011, p. B1.

90. Anya Kamenetz, 'iCitizen,' *FastCompany Magazine*, December 2010/January 2011, pp. 117-120 & 145.

91. 'Fun at the FactFest,' *The Economist*, November 26, 2011, p. 43.

92. 'Don't shoot,' *The Economist*, December 10, 2011, p. 34.

93. 'Schumpeter: Too much buzz,' *The Economist*, December 31, 2011, p. 50.

94. Yasmin Crowther, 'Swimming in social media's fast changing tide,' *Ethical Corporation Magazine*, August 22, 2012, http://www.ethicalcorp.com/communications-reporting/swimming-social-media%E2%80%99s-fast-changing-tide

95. 'Values for money,' *The Economist*, November 19, 2011, p. 66.

96. For examples of stakeholders creating websites to criticize the firms they particularly dislike, see: http://walmartsucksorg.blogspot.com/, http://ibmsucks.org/, or http://targetsucks.blogspot.com/

97. Anya Kamenetz, 'On the Internet, Everyone Knows You're a Dog,' *Fast Company Magazine*, December 2008/January 2009, pp. 53-55.

98. 'Schumpeter: Too much buzz,' *The Economist*, December 31, 2011, p. 50.

99. See: Toby Webb, 'Tablets and twitter will only take campaigners so far,' *Smarter Business Blog*, October 10, 2011, http://tobywebb.blogspot.jp/2011/10/tablets-and-twitter-will-only-take.html and Peter Knight, 'Letter from America: Is social media just old news rehashed?' *Ethical Corporation Magazine*, September 1, 2011, http://www.ethicalcorp.com/communications-reporting/letter-america-social-media-just-old-news-rehashed

100. 'Our Values & Campaigns,' http://www.thebodyshop.com/_en/_ww/values-campaigns/index.aspx

101. http://www.benettongroup.com/en/whatwesay/campaigns.htm

102. http://www.benjerry.com/activism/mission-statement/

103. James Austin & James Quinn, 'Ben & Jerry's: Preserving Mission and Brand within Unilever,' *Harvard Business School Press*, [9-306-037], January 18, 2007.

104. William B. Werther & David Chandler, 'Strategic Corporate Social Responsibility as Global Brand Insurance,' *Business Horizons*, Vol. 48, Issue 4, July 2005: 317-324.

105. http://www.merck.com/corporate-responsibility/access/access-developing-emerging/mectizan-donation-riverblindness/

106. Arlene Weintraub, 'Will Pfizer's Giveaway Drugs Polish Its Public Image?' *BusinessWeek*, August 3, 2009, p. 13.

107. http://www.merck.com/newsroom/vioxx/

108. 尽管强生公司对泰诺危机的应对仍是危机管理的最佳实践典范，但有证据表明近些年来公司已经偏离了其核心原则。见：'Patients versus Profits at Johnson & Johnson: Has the Company Lost its Way?' *Knowledge @ Wharton*, February 15, 2012, http://

knowledge. wharton. upenn. edu/article. cfm? articleid＝2943 and Alex Nussbaum, David Voreacos & Greg Farrell, 'Johnson & Johnson's Quality Catastrophe,' *Bloomberg Businessweek*, March 31, 2011, http：//www. businessweek. com/magazine/content/11_15/b4223064555570. htm

109. Mallen Baker, 'Companies in Crisis：What to Do When It All Goes Wrong,' CSR Case Studies in Crisis Management：Johnson & Johnson, http：//www. mallenbaker. net/csr/CSRfiles/crisis02. html

110. 可口可乐品牌一直在《商业周刊》年度品牌调查中排名第一。2008 年，该品牌的估计价值为 666. 67 亿美元并连续 8 年排名第一。http：//images. businessweek. com/ss/08/09/0918_best_brands/2. htm；Burt Helm, 'Best Global Brands,' *BusinessWeek*, September 18, 2008, http：//www. businessweek. com/magazine/content/08_39/b4101052097769. htm

111. 一项出自英国皇家学会的调查显示，2005 年埃克森美孚国际公司向 39 个小组分发了 290 万美元，但这 39 个小组被社会评价为"完全无视证据而歪曲了气候变暖的科学性"。见：David Adam, 'Exxon to Cut Funding to Climate Change Denial Groups,' *The Guardian*, May 28, 2008, http：//www. guardian. co. uk/environment/2008/may/28/climatechange. fossilfuels

112. Mallen Baker, 'Companies in the News：BP,' October, 2007, http：//www. mallenbaker. net/csr/CSRfiles/bp. html

113. Eduardo Porter, 'When Public Outperforms Private In Services,' *The New York Times*, January 16, 2013, p. B1.

114. Cathryn Creno, 'Wal-Mart's Sustainability Efforts Draw Praise,' *The Arizona Republic*, May 26, 2008, http：//www. azcentral. com/business/articles/2008/05/26/20080526biz – greenretailers0526-ON. html

115. 'Harris Poll：Young Adults Willing to Pay Extra for Green Products,' *Green Retail Decisions*, May 31, 2012, http：//www. greenretaildecisions. com/news/2012/05/31/harris – poll-young-adults-willing-to-pay-extra-for-green-products

116. 'Only 22 percent of consumers willing to pay more for green,' *The Independent*, September 2, 2011, http：//www. independent. co. uk/environment/only – 22 – percent – of – consumers-willing-to-pay-more-for-green-2348201. html

117. Gregory Unruh, 'No, Consumers Will Not Pay More for Green,' *Forbes Magazine*, July 28, 2011, http：//www. forbes. com/sites/csr/2011/07/28/no-consumers-will-not-pay-more-for-green/

118. David Grayson & Adrian Hodges, *Corporate Social Opportunity*!, Greenleaf Publications, 2004.

119. Karen K. Nathan, 'Behind the Label：The case for eco-disclosure,' *Barron's*, August 3, 2009, p. 32. Review of the book by Daniel Goleman, *Ecological Intelligence*：*How Knowing the Hidden Impacts of What We Buy Can Change Everything*, Broadway Business, 2009.

120. Alina Tugend, 'Too Many Choices：A Problem That Can Paralyze,' *The New York Times*, February 27, 2010, p. B5.

121. For ideas about the determinants of greenwashing, see：Magali A. Delmas & Vanessa

Cuerel Burbano, 'The Drivers of Greenwashing,' *California Management Review*, Fall 2011, Vol. 54, No. 1, pp. 64-87.

122. For another definition of *greenwashing* and related information, see: http://www. triplepundit. com/topic/greenwashing/

123. *Terrachoice*, http://sinsofgreenwashing. org/

124. http://sinsofgreenwashing. org/findings/greenwashing-report-2010/index. html

125. 'The Sins of Greenwashing,' *Terrachoice*, 2010, p. 10, http://sinsofgreenwashing. org/index35c6. pdf

126. Dan Mitchell, 'Being Skeptical of Green,' *The New York Times*, November 24, 2007, p. 5.

127. Sarah Nassauer, 'To Scream Green, Dyeing Paper a Light Brown,' *The Wall Street Journal*, January 25, 2012, p. D3.

128. Nick Bunkley, 'Payoff for Efficient Cars Takes Years,' *The New York Times*, April 5, 2012, p. B1.

129. Daniel Nelson, 'Greenwashing the Olympics,' *Corp Watch*, July 4, 2012, http://www. corpwatch. org/article. php? id=15748

130. Joe Nocera, 'The Paradoxes of Businesses as Do-Gooders,' *New York Times*, November 11, 2006, p. B1.

131. Alex William, 'That Buzz In Your Ear May Be Green Noise,' *The New York Times*, June 15, 2008, http://www. nytimes. com/2008/06/15/fashion/15green. html

132. Mallen Baker, 'Marketing and marketers: Use the dark arts for good,' *Ethical Corporation Magazine*, December 11, 2011, http://www. ethicalcorp. com/communications-reporting/marketing-and-marketers-use-dark-arts-good

133. Mallen Baker, 'For emerging trends in corporate social responsibility,' *Business Respect - CSR Dispatches*, No #185, October 8, 2012, http://www. businessrespect. net/page. php? Story_ID=2747

134. William B. Werther & David Chandler, 'Strategic Corporate Social Responsibility as Global Brand Insurance,' *Business Horizons*, Vol. 48, Issue 4, July 2005: 317-324.

135. Paul J. Lim, 'Gauging That Other Company Asset: Its Reputation,' *The New York Times*, April 10, 2004, p. A18.

136. David Grayson & Adrian Hodges, *Corporate Social Opportunity*! Greenleaf Publications, 2004.

第 5 章

企业社会责任的实施

本书的前 4 章陈述了全球经济环境下企业社会责任的案例,尤其细致描述了作为战略企业社会责任核心的利益相关者模型,论述了企业社会责任承担主体的问题,并且分析了通过企业社会责任过滤器建立企业战略的重要性。本章作为第一部分的结尾,就企业应该如何把战略企业社会责任融入到企业文化、战略以及日常经营中去为读者提供了深刻的理解。这些问题包括:何时采取何种方式能让一个企业变得更加具有社会责任?什么时候一个企业才能采纳企业社会责任并把它视为自身业务发展的驱动力?是否有一个组织演进变革的基准,抑或这种标准在不同企业、不同行业之间有差异?管理层如何构建一种能自上而下渗透的企业社会责任政策?利益相关者群体将如何在真正的企业社会责任战略和某些犬儒主义的尝试之间进行辨识,这些行为可能会创造积极的公共关系,也可能带来破坏——诱导"漂绿"行为(公司为树立支持环保的虚假形象而作的公关活动、捐赠等)。

当我们聚焦于企业社会责任的阈值时,我们强调一个能够触发企业向战略企业社会责任发展的临界点。接着,我们来看看如何通过描绘战略企业社会责任的设计、时间设置以及实施方案,并通过综合行动计划来为一个打算实施企业社会责任的公司引入必要的公司基础设施和关键政策理念。最后,我们向读者展示了资本主义框架内基于价值观的商业运营的理想状态概况。

5.1 企业社会责任阈值

在决定何时实施企业社会责任时,必须要综合考虑实施它的原因、地点和方式,以及哪些人负责监督这一过程的实现。由于不同竞争者之间采纳企业社会责任的阶段具有差异性,会使得这一决策更加复杂化。另一方面,不同国家、文化也使得不同的公司通过不同的方式实现企业社会责任,这让这一问题更加复杂化了。尽管对某些特定产业或公司而言,企业社会责任价值观越来越多地被接受,但是这样的政策成熟到足以实施(或者不可避免的,有些企业并不为企业社会责任的好处所说服,即不接受企业社会责任)的时间点也各不相同。因此,时间决策依赖于包括 CEO 对企业社会责任的态度、企业所属行业、竞争者行为以及企业运营的文化环境等诸多因素。

制定有效的企业社会责任政策既可以采用进攻方式 [1](企业社会机会 Corporate social opportunity),也可以采用防守方式 [2](把企业社会责任视为品牌保险)。一个具有创新精神和能动性,并且确信企业社会责任内在价值的 CEO 会把企业社会责任视为一个扩大企业核心竞争力的方式和一个新的竞争优势。这样的例子比比皆是:从耐克男子跑步鞋(这是一种专业运动鞋,它的前部仅由一根线做成,以减少鞋的重量和浪费 [3])到由 Bono's Product(RED)[4] 许可生产的各种产品,还有安海斯布希(Anheuser-Busch)的高效循环政策 [5],各个企业在追求企业社会责任时可以找到很多创新的理念,并且利用它把工作和很多以利益为导向的理念付诸实践。一个有进取意识、创新意识的企业能够获得以下好处：从成为一个有吸引力的雇主（帮助选人留人）到在政府部门方面对他们更大程度地认可和接受（比如必要的区分和税收减免），到与社会积极分子建立更好的关系（比如绿色和平组织）。以 Timberland 制鞋公司为例，它们的"服务路径"计划，给予那些社区服务[6]全职员工（高达）40 小时的带薪休假和兼职员工（高达）20 小时的带薪休假，这个计划鼓舞了士气，提高了员工的保留率，因此在引进新技术上减少了培训费用，提高了企业的声誉。[7]简而言之，一个有效的企业社会责任计划能够改善企业与其内外部利益相关者的关系。

在"防守"方面，企业社会责任在避免批评或其他对产品或者公司的抨击上仍然被视为是极有价值的。在这样的情况下，企业社会责任是一个理性的选择，它起的作用就像品牌保险一样，减少或者抵消利益相关者在回应对企业社会责任[8]感知失误上的错觉。这一方式的榜样是 USCAP（美国气候行动合作伙伴，United States Climate Action Partnership，http：//www.us-cap.org），这一组织由一群能源和制造企业组成，它们把"支持引入碳排放限制和交易"作为遵循联邦立法来控制碳排放。[9]

任何一种方式（进攻或者防守）都采取在建立企业社会责任政策上的超前投资上，然而，何时将企业社会责任引进企业的战略进程，依赖于实现企业社会责任背后的驱动力。对那些相信企业社会责任的战略潜力的经理人而言，没有比现在更好的时机来启动企业社会责任了。能够最大化市场机遇、减少成本、提高产量的创新的理念和政策可以产生立竿见影的好处。然而，对于那些还没有被企业社会责任观点说服的经理人而言，尽管尽可能推迟实施计划，但是这种诱惑依然存在。更糟糕的是，愤世嫉俗的经理把企业社会责任仅视为一种公共关系的运作，甚至更糟的是他们为了避免全部费用而推迟这一决定。这一情况类似于，有些人只要自己可以保持健康，就不愿意去支付医疗保险。

然而，危机时刻也会出现。一旦利益相关者强烈抵制一个反动的企业社会责任政策时，那就太晚了。正如第 3 章所述，沃尔玛在 2011 年宣布它们将实施"一项旨在帮助女性企业主和女性员工的新计划"[10]。尽管这一做法是值得推荐的，然而这个宣告是美国最高法院对沃尔玛长达 10 年的关于性别歧视雇佣政策的集体诉讼后的 3 个月内做出的。而这个宣告仅仅是一个承诺，只是一个使用一小部分沃尔玛预算的政策。这个宣告只是为了应对歧视起诉，而并非真正的支持女企业家[11]。

问题进一步复杂，这个阈值的高与低是与公众和媒体的舆论有关的，而且是随着下一个新的循环而改变。更加困惑的是不同产业、文化、国家以及同一行业各公司之间呈现出多样性。

总之，各企业引入企业社会责任是基于各自不同的原因的。在整个企业内部主动实施企业社会责任可以产生多种业务优势，并可能产生额外的利益，取得先发优势。另外，无论是出于进攻还是防守的原因，对企业社会责任的真正实施产生了类似保险的功能，因为对公司控制的外部因素承诺会使得企业社会责任远离破坏。无论动机如何，每一个产业都以企业社会责任阈值作为一个无回报点。企业社会责任越早被引入，一个企业越不可能跨越这个"临界点"[12]，它在各个企业（取决于它是市场领导者还是一个小玩家）和各个行业内部（一些产业比起其他产业更容易受到利益相关者强烈抵制的影响）都是变化的。阈值的变化性也说明为什么一些公司认为企业社会责任在任何时间点都是极为重要的，以及为何不同企业不同行业有不同的企业社会责任阈值？这一答案很重要的一部分依赖于企业的业务层面战略。

5.1.1　企业变量

分析企业的业务层面战略显示了它如何在市场上使得它的产品能够被区分（见图 5-1）。其价值主张由其战略体现出来，并且吸引利益相关者群体，特别是客户。反过来，公司的策略直接影响着某产业内公司的企业社会责任阈值。

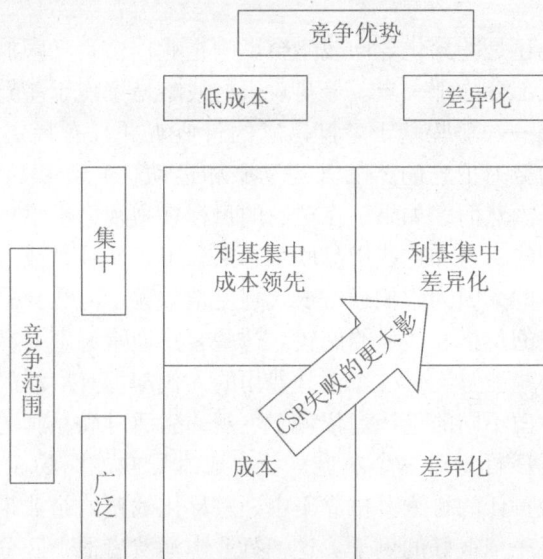

图 5-1　业务层面企业社会责任阈值

根据图 5-1 来考虑这些比较关系：沃尔玛的战略可能增加其企业社会责任阈值。也就是说，公司有更多的企业社会责任的变通余地，可以更容易"侥幸逃脱"，因为其价值主张是基于一个低成本的业务层面战略。例如，一个沃尔玛购物者可以毫不吃惊地发现沃尔玛的产品都是在低劳动力成本的海外制造的，而不是在高劳动力成本的美国制造的。然而，对于像美体小铺这样的企业，已经建立起了良好的声誉并且客户大多是基于它所主张的社会正义问题而选择购买它的产品（如没有动物试验以及公平贸易），这样的企业在客户、媒体和社会的相互作用下可能有一个低得多的临界点。因此，美体小铺的利益相关者可能对企业社会责任违规行为有更低的容忍度的阈值。美体小铺的顾客们期望公司能够践行其企业价值观来吸引他们购买产品，这就转化为企业社会责任的一个更低的阈值。比如，考虑到利益相关者的认知，美体小铺的某一个企业社会责任错误带来的影响极有可能相当于沃尔玛好几倍的疏忽带来的影响。

正如图 5-1 显示的那样，业务层面战略可以被划分为追求低成本和追求差异化两类战略。低成本战略要求能够以低于竞争对手的价格提供产品和服务。比如沃尔玛销售的产品，从根本上而言与其竞争对手没有什么不同。而沃尔玛通过"天天低价"赢得了竞争优势，这使得顾客能够"省钱让生活更美好"。沃尔玛之所以能够形成低价优势，是因为整个价值链都高度专注于降低成本。相反，差异化战略为消费者提供一些独特的产品和服务并获取相关的额外费用，比如劳斯莱斯的奢华轿车。

这种低成本和差异化的战略可以被进一步归类为广泛（大市场分割，比如汽车市场）或者集中（比如，把目标群体限定于想要购买奢华轿车的消费者）两个类型。从结果来看，沃尔玛的经营范围可以被贴上"广泛"的标签，而劳斯莱斯的产品则是集中的。因此，总的来说，劳斯莱斯的业务战略是提供差异化的产品，仅仅聚焦于那些豪华轿车市场，而沃尔玛的战略则追求广泛的顾客[13]基础下成本领先（低成本）。另一个可替代的战略是像麦当劳追求的那样，寻求低成本（廉价食品）的集中和差异化（快速便捷服务[14]）战略。

企业追求成本领先还是差异化导向战略会影响企业社会责任阈值——企业社会责任成为战略成功的必要组成部分的那一点。最易攻击的战略是聚焦于差异化的战略，尤其是那些基于生活时尚的产品——那些基于梦寐以求的价值观并且有特定目标群体的产品。比如，耐克付出了很大的努力把它的产品（运动服和运动鞋）与积极、外向以及有运动生活习惯的人们联系起来。然而，如果耐克被它的目标客户视为不承担企业社会责任的，客户们就不太可能把他们的身份和这些产品联系起来。市场环节，或商机，比如生活时尚品牌，对企业是很有价值的，因为它们通常很大程度地依赖于与社会趋势变化紧密联系的主观印象上，而不是客观的价格和质量的比较。这些客户通常愿意为产品支付更多的额外费用。然而矛盾的是，那些能够支付这个额外费用的人们却拥有广泛的选择权和替代权，他们拥有足够的资源来做出不同的选择。依赖于主观的生活时尚品牌的方式也会给企业带来危害。违反企业社会责任行为对一个实施广泛、成本导向战略的企业带来的危害是有限的，然而违反企业社会责任的行为对依靠集中、差异化战略的企业带来的破坏却是极其严重的。石油行业提供了一个很好的例子。这一行业中消费者很少区分不同公司类似的汽油产品。这个行业的本质使埃克森美孚采取相较于壳牌较低级的企业社会责任行为而且还能能免于处罚。[15]这意味着埃克森美孚拥有更高的企业社会责任阈值，因为它降低了环保人士的能见性，还使得很难把它的产品（从技术质量和性能）和壳牌的产品区分开来。

由于不同公司在图5-1中有不同区域（顺着阴影斜箭头的方向），从成本导向到差异化导向战略，各公司所面临的企业社会责任阈值不断下降。也就是说，业务层面战略的区分可能使这些公司更容易受到利益相关者抵制的影响。这使得在企业内部合理有效地实施企业社会责任政策变得越来越重要。当我们分析企业所处行业时，一个类似的趋势是很明显的。

5.1.2　产业变量

不同行业会产生不同的相关利益者情绪。尽管服装产业内很可能有差异，比如一个公司以低成本战略为导向（高阈值）销售无品牌的服装，另一个公司使用集中差异化战略提供"生活时尚品牌"（低阈值）的产品。而整个行业（如果拥有发展中国家血汗工厂劳动力的名声）相对于产品、品牌和顾客愿望联系较弱的行业来说，拥有一个较低的阈值。

在金融和银行业（广泛差异化的战略），企业社会责任的阈值比起服装产业要高得多。这里，对消费者而言通常很难识别受害者也很难计量违反企业社会责任会带来多大程度的伤害。一般而言，尽管企业受益于满足利益相关者的需求，但是由于顾客并不完全了解产品，企业会利用这一点而滥用销售方式来盈利。对于金融和银行业，"产业的逻辑就是回报复杂性"[16]即使消费者察觉到一个银行的行事方式并不被支持，但是消费者也无力采取任何行动。比如，当芝加哥第一国民银行决定对所有非在线交易向所有客户收取每笔 3 美元的费用时，就会导致利益相关者的抵制。但是结果又如何呢？

……银行失去了一定比例的客户，但是它的收益增加了 28%。为什么会这样？实际上确实存在着向更加廉价的电子交易的转变，那些它们失去的客户通常是那些很难从他们身上获利的客户。对于这部分人，它们很愿意把这部分顾客作为礼物送给它们的竞争对手。那么那些客户得到体面服务的权利会受到什么影响呢？银行扮演了什么样社会角色以及它们的责任是什么呢？[17]

然而，由于经济危机的出现，这种观念正在改变，经济危机导致了政府对金融企业进行慷慨的救助。尽管有这些公共财政支付，这些公司仍然保留着对相当一部分员工的过度补偿。尽管金融行业比起其他产业有着较低的阈值，但是，金融危机的出现（以及公众对金融产业行为的反应）已经表明这个行业越来越接近它的企业社会责任阈值了。

决定某一产业企业社会责任阈值的问题比单个公司的阈值问题复杂得多，某些特定产业也比其他产业更加脆弱。实际上，很多产业已经确定了企业社会责任阈值，使得这一行业内的公司可以采取重大的纠正措施。一个例子是快餐产业近期转向生产健康食品[18]。另一个例子是烟草行业（很久以前就确定并通过企业社会责任阈值）。菲利普·莫里斯烟草公司因其在网站上警告吸烟的危害、消费他们产品的健康后果以及建议如何戒烟[19]而出名。

5.1.3　文化变量

被不同文化期望所驱动的企业社会责任阈值使得公司运营环境进一步复杂。即使在发达经济体中，也存在明显的差异。比如，在美国，为烟草、快餐和石棉行业确定企业社会责任阈值是一项法律行动。而在欧洲，并不是诉讼驱动激进主义，而是 NGO 和非营利行动主义者成为企业社会责任议程的主要推动力。再次，例子不胜枚举，比如，绿色和平组织反对壳牌在尼日利亚[20]经营，地球之友组织反对孟山都和转基因食品的运动，[21]乐施会对星巴克及其咖啡的公平贸易项目的态度（有支持也有反对）。[22]

然而，在许多发展中国家，对企业社会责任的观念传统上主要是围绕着企业慈善事业问题，而这一问题在发达经济体中只占据了一小部分的讨论。[23]而这种现象也在发生改变，已故的 C. K. 普拉哈拉德对金字塔底层消费者[24]价值的研究工作，以及穆罕默德·尤努斯和孟加拉乡村银行的工作（他和银行共同获得了 2006 年诺贝尔和平奖）改变了发展中国家跨国公司之间的观念以及对企业社会责任认知的转变。[25]不同地区企业社会责任发展的方式是不同的，而且发展速度也是不同的。欧洲最早采纳企业社会责任，然后是北美，接着是发展中国家。

2011 年《新闻周刊》颁布了一个"绿色排名"，评估了各地区[26]不同公司"关键的可持续驱动力"。这个评估为这一现象提供了经验主义研究："是否在欧洲、北美、亚太地区，'绿色'被赋予了同样的价值？"这篇文章根据排名的不同指标，比较了欧洲、美国和亚洲的企业，产生了一种清晰的分类模式：

在信息披露方面，欧洲国家是领先者。在 2011 年"绿色排名"中分值位于前 100 名的公司中，欧洲占 65%（尽管它只代表了 1/3 的被排名公司），北美占 19%，亚太地区占 10%……欧洲的企业，尤其是北欧的企业，也率先在环境管理方面做出了行动，尽管在这个类别中地区差异非常小。

在"环境影响"方面，美国是领先的。报告表明，这一驱动因素是源于美国政府关注那些有可能引发诉讼的环境危机，从而迫使美国企业采取更有力的行动来回应：

美国企业重大环境争议的评估列表中，45% 的企业都是全球排名 500 强的企业，而且至少占了 1/3。坏消息中的好消息是到目前为止，为了回应这些争议，一些最具创新的环保措施已经被发起，为挽救受损的名誉而采取持续性长期战略铺平了道路。

这两种应对环境问题的方法所表现出来的差异可能是与资源依赖问题有关。美国的资源某种程度上是自给自足的，而欧洲却不是这样。由于美国拥有更多的资源，因此就不需要像欧洲那样保护这些资源（从经济而非环境的视角）。假设这种不包含资源保护的生活方式是根深蒂固的话，那么美国就会发现更难适应"资源有限、必须珍惜"的全球观点。

尽管不同文化存在的历史差异是真实的并且会给企业带来一定后果，全球化和信息的自由流动使得企业社会责任的阈值被全面压低（减少了利益相关者的容忍度并且增加了其强烈抵制的可能性）。随着新闻媒体和博客圈继续披露企业对企业社会责任的违反行为，人们能够更好地进行跨文化对比，社会对不负责任行为的容忍度也降低了。

更强大的信息可得性促使构建一个更加容易识别的利益相关者和特定公司或产品之间的联系。此外，随着生活水平普遍提高，气候变化这一类跨国问题变得更加明显，企业社会责任阈值有可能会降低，因为社会必要性演变成了更大的社会选择和改变的需求。比如，通过报道各国家相对的腐败水平，展示了企业社会责任违规更有可能发生的环境，也显示了那些需要加强控制的地区。透明国际组织的清廉指数年报[27]在 1995 年首先公布，并且"根据对公共部门腐败程度的感知对各国家和地区进行排名"[28]，这是对于不同国家如何应对这一问题的一个很好的导向：

2011 年清廉指数显示，公众的不满情绪是很合理的。没有一个国家或地区能免于腐败带来的伤害，183 个国家和地区中绝大多数低于 5 分（0 ~ 10 分，0 表示严重腐败，10 表示非常廉洁）。[29]

全球化、不断提高的生活标准和发展中国家一流媒体的应用使得有效的的企业社会责任政策变得越来越被所有的企业需要，并且这种重要性会不断增长且一直持续到未来。这里介绍的企业社会责任阈值模型认为，企业社会责任在不同产业、文化、企业的不同点会因为一系列战略和利益相关者因素而发生变化。应对不确定性的最佳实践表明，具有能动性的企业社会责任政策不仅给企业带来经济利益，而且还是一种避免或最小化负面宣传和社会抵制的方式。

5.2　企业社会责任：整合入公司

波士顿大学企业公民研究中心进行了一项针对 515 个公司样本的研究，它强调了企业社会责任对小型、中型和大型企业的价值：

就像财务管理和人力资源管理，企业公民对一个企业保持业务良好运营而言是不可或缺的。大多数企业接受这样的观念，企业有责任负担除了传统的盈利以外的责任，比如提供就业机会和纳税。多数受访者称，他们的承诺是植根于传统和价值观的；80% 的受访者说企业公民帮助维持底线；超过一半的人表示他们的客户是很重要的。中小企业领导人对企业公民的态度和承诺与那些大型企业的领导人一样强。[30]

研究还发现，好的企业公民是由各种内部和外部的力量共同驱动的。超过 50% 的受访者表示，传统和价值观、声誉和形象、经营策略是内部驱动力，与消费者形成的最重要的外部驱动力共同构成了企业的驱动力。然而，缺乏资源和缺乏管理层的承诺被认为是成为良好的企业公民的最大障碍。令人鼓舞的是，只有9%的受访者认为良好的企业公民对公司没有任何好处[31]。

这些发现被各种各样的顶尖公司的轶事证据所支持，比如耐克[32]、星巴克[33]、微软[34]、天伯伦[35]等，这些公司将企业社会责任相关活动划分到如企业责任、可持续发展、伦理与合规等部门。那些最成功的企业行为是由公司高管领导的，如耐克的副总裁领导的可持续业务和创新。[36]虽然并不是所有的公司都能这么好地将企业社会责任融入到企业经营中，但是这些类型的内部组织结构可能会因为企业社会责任的重要性不断增强而越来越普遍。然而，尽管单个公司取得了进步，但还存在很大的改进余地。《经济学人》在一个企业社会责任的特殊报告中指出，尽管近年来企业社会责任变得越来越明确，公司还是很缓慢地才能完全掌握企业社会责任如何在日常运营中实践：

因为企业社会责任无处不在，你可能会认为大公司现在已经很擅长应用它，而实际上只有部分是这样的。而绝大部分仍需要很大的努力。[37]

学习企业社会责任的五个阶段

1. 防卫（拒绝责任）
2. 服从（达到最低要求）
3. 管理（开始把 CSR 融入管理实践）
4. 战略（把 CSR 整合入战略计划过程）
5. 公民[40]（促进整个行业的 CSR 实践）

在我们开始理解更多关于企业如何应对更大的企业社会责任压力时，我们越来越了解到关于这些企业的学习阶段以及它们如何将所学转化为行动。AccountAbility[38]公司的创始人和 CEO Simon Zadek 作出了重要的贡献，通过努力，他们识别了"当涉及发展企业责任认知时"[39]，组织要经历的五个学习阶段。

把这个列表嵌入企业社会责任阈值模型上相对容易。当一个行业或文化可能会接近其阈值时（在这点上企业社会责任成为一个战略命令），每个企业和高管对企业社会责任的态度仍然存在差异。虽然一些公司很久以前就已经认识到企业社会责任视角的好处，并且非常安全地处于学习战略阶段或公民阶段，但还是会有其他落后的企业，无论是在防卫阶段还是服从阶段。假设一个公司决定实施企业社会责任，那么它如何真正成为有社会责任的呢？

5.3　实施：短期到中期

企业社会责任实施的紧迫性取决于公司领导人感知到的企业社会责任阈值和优先级问题。实现过程本身是关于如何在运营过程中整合利益相关者的手段的政策。企业社会责任的最终目标应该是将其融合到企业文化中，反映在每天的日常管理中。其中面临的挑战是如何达到一个发展高度，可以使得每个员工利用企业社会责任过滤器（参见图4-2）处理工作。以下步骤介绍了公司如何在中短期内进一步把企业社会责任整合到运营实践和组织文化中。

5.3.1　行政投资

为成功实施企业社会责任，CEO 必须积极赞助企业社会责任。这个问题的执行，所有权是一个有效的企业社会责任政策的基础，也是确保企业社会责任可以作为日常运营核心组件而被制度化。在理想情况下，首席执行官将被作为首席企业社会责任官员。[41]至少，CEO 必须定期了解并更新有关企业社会责任绩效信息，同时给予企业社会责任官员一个能够与上级沟通的途径。这种高级管理的承诺对企业社会责任的有效实施至关重要。高管们必须具备关注利益相关者视角的领导力。否则，任何企业社会责任政策或话语都会很快成为一个空摆设。一个很好的例子是安然公司。这是一个因欺骗性的大规模金融实践而宣告破产的公司。下面我们来看看这个公司的"获奖"伦理守则:[42]看看这个企业价值观的清单：沟通、尊重、整合、卓越。听起来不错吧？有力、简洁、意义深刻。也许它们甚至和你自己花那么多时间编写、讨论和修改的公司的价值观很像。如果是这样，你应该感到紧张。正如其在公司 2000 年度报告规定的那样，这些都是安然的企业价值观。正如事件表明，这些是毫无意义的。[43]

安然的企业伦理

作为安然公司的官员和员工，其子公司及其附属公司……我们根据所有适用法律、道德和诚实的态度负责此项公司业务。[44]

安然站在它的愿景和价值观的基础上。每个员工都是受过公司愿景和价值观教育的，并且被期望在执行与其他员工、合作伙伴、承包商、供应商、供应商和客户的业务时谨记尊重、诚信、沟通和卓越的价值观。我们所做的一切都来源于安然公司的愿景和价值观的声明。[45]

安然公司的员工，它的子公司及其附属公司（统称"公司"）被要求根据最高的道德标准来开展业务。员工不得根据自己的方式来行事，因为这会直接或间接地对公司的利益造成伤害，或给员工带来私人利益。道德和法律义务将会公开、及时地以一种增加公司荣誉的方式实现。[46]

语言是重要的，它塑造行为的能力不应该被低估。然而，一个认真拟订的立场声明是不够的，最高管理层表面的支持也是不够的。从表面上看，安然的企业社会责任和道德得到了有力的支持：CEO 肯尼斯·莱签署了所有文件。但问题是此举不仅仅需要高管对企业社会责任视角的支持；为了避免被指责是"空洞的言辞"，还需要在日常运营中不断地实践。[47]举个例子，尽管耐克的企业社会责任在今天处于市场领先地位，但在早期，耐克是不愿意承担企业社会责任的。

在早期，耐克对企业社会责任不作为的做法可以成为一个范例。在 1997 年纪录片《最大的一个》中，迈克尔·摩尔提出了关于童工的问题，使得耐克的建立者菲尔·奈特感到不适。"告诉联合国"是他做出的回应：[48]

然而，考虑到：

一个领导有方的组织总是会寻求在它的所有关系中创造完美的价值。在某种程度上，这就是好的领导。最令人印象深刻的公司领导人总是那些能够把对成功经营的视角通过企业产品和利润以积极的方式延伸到他们周围的群体。[49]

企业社会责任时事通讯：沃尔玛和苹果公司

一篇在《纽约时报》[50]上的文章讨论了苹果公司的供应链问题，还提出蒂姆·库克（苹果现任 CEO）在这个问题上比他的前任更忙碌。

库克在一个生产苹果产品的设备旁出现，表明了对于这一问题，新任首席与他的前任史蒂文·乔布斯有多么的不同。自从 2011 年 8 月库克先生成为 CEO 后（乔布斯去世之前不久），苹果已采取一系列重大措施来解决外界对苹果产品是如何生产出来的顾虑。

这篇文章激起了最近对沃尔玛[51]公司致力于可持续发展的报道。

2005 年 10 月，沃尔玛宣布将转变为世界上最环保公司的计划。当时的 CEO 李·斯科特称可持续性"对我们作为一个零售商未来的成功至关重要"。2005 年和 2008 年之间我无数次拜访李·斯科特一起讨论、评估和修改可持续发展战略。斯科特从 CEO 岗位离职几年后，出现了一些严重的错误……在 2009 年 2 月，于 1995 年加入沃尔玛的迈克尔·杜克取代斯科特成为 CEO。我相信，从那天开始，这一由李·斯科特提出但是并未看到结果的提议，从停滞不前到慢慢得以缓解。

两篇文章的对比明确了 CEO 在支持企业 CSR 的重要性。特别是，文章呈现出这两家公司似乎是朝着相反的 CSR 方向的鲜明的对比。它显示出从一个不关心 CSR 的 CEO 到热衷于此的 CEO（即苹果公司从乔布斯到蒂姆·库克转变）的改变，可以改变一个公司的 CSR 形象，而逆向转变（沃尔玛从李·斯科特到迈克尔·杜克的改变）可以破坏很多有益的工作。

今天，进步的 CEO 如联合利华的保罗·波尔曼、星巴克的霍华德·舒尔茨、巴塔哥尼亚的伊冯·乔伊纳德都明白成为一个"负责任的企业执行官"[52]不仅是法律的要求，也是一个道德、伦理、理性、经济动机驱动的结果。可持续的商业是在长期视角下的运作并且没有任何事会危害它：

过去人们常说，商业的问题是它只提前考虑两个季度的业务。而现在不再是这样的了——企业不得不为未来数十年做打算，为稀缺的资源和气候的波动拟订计划[53]。

5.3.2　企业社会责任官员[54]

高层管理者的支持必须转化为实实在在的行动。正如《经济学人》所指出的，"去声称企业社会责任是'连接到核心'的企业战略，或者是已成为企业'DNA 的一部分'几乎已经成为高管的义务了"[55]。但是，为了达到效果，企业社会责任需要在组织内可见并得到支持。被 CEO 支持相当于得到赞助，企业社会责任官员[56]这一职位的产生，即配备一个主管直接向 CEO 或董事会汇报，这样可以提高可见度。将企业社会责任强有力地融入到组织文化中需要时间和努力。如果有其他需要，CEO 们将迫于压力委派企业社会责任官员。这个企业社会责任执行官需要制定一个公司执行企业社会责任的路线。因此，拥护者可以了解到一些高水平的决策，这些决策可以确保企业社会责任视角作为公司战略方向的一部分。星巴克[57]和耐克[58]为我们提供这种方法的榜样。

（1998 年耐克公司确立了可持续经营和创新副总裁的职位，副总裁）全面负责管理耐克的全球企业责任，包括劳动合规、全球社区事务、利益相关方参与和企业责任战略计划以及业务整合。她直接向耐克的品牌总裁汇报[59]。

企业社会责任官员负责在跨职能部门之间企业社会责任政策的界定、实施和审核。这包括协助法律和监管的执行以及标准认证的执行情况，如 ISO（国际标准化组织）标准，包括 ISO 9000 标准、ISO 14000 质量管理和环境管理标准[60]以及 ISO 26000 社会责任指南。[61]无疑，它还包括回复公司接收到的有关"非金融性能指标的扩散"[62]的调查，如企业社会责任和可持续的排名等。[63]由于维权组织越来越多地要求企业为它们的行动负责，

"在美国雇主中的大多数经理将会收到数千页有关他们每年社会、环境、治理和道德政策的调查。"[64]

也许其中最著名的是《财富》杂志评选的最受尊敬的公司排名,[65]尽管许多其他杂志也有关于企业社会责任的排名或指标,比如《CRO 杂志》的前 100 名最佳企业公民[66],全球报告倡议组织[67]和社会责任咨询公司(如 KLD 调查分析公司[68])指数。排名情况可以作为企业社会责任实践的外部信号。尽管这些调查无疑是冗长且费时的,"所有的企业都根据评估框架来找寻相关的信息"[69],以希望在这些排名中能良好地展现公司的战略优势。

通过价值链实施企业社会责任

广义上而言,战略企业社会责任的实施可以被划分为以下三个核心:

供应链:企业前端生产,如原料提取、供应商制造、外包

经营:公司内部生产,包括内部价值链的所有方面,比如运输、物流和设计

消费:企业后端生产,比如消费和后消费回收

此外,企业社会责任官员应该通过创新来确保组织设计能够强化公司的企业社会责任承诺,比如引进一个利益相关者关系部门来代替现有的投资者关系部门或创建一个 CEO 和总裁都要参加的企业社会责任小组委员会。然而,最重要的是这个位置必须关注战略制定的影响因素。比如,最有效的方法是在核心运营委员会指定一名企业社会责任官员。例如,在耐克,负责可持续运营和创新的副总裁需要与采购部门一起工作,确保产品的高质量和准时(传统业务标准),而且需要符合公司的企业社会责任标准[70]。在运营过程中,企业社会责任官员希望通过整合企业社会责任所有方面的业务取得最大的进展。

所有的这些政策都需要一个全公司范围的视角来确保收益和目标的有效实施。在理想的情况下,企业社会责任官员必须通过奖励政策来鼓励企业社会责任行为,并通过惩罚政策处罚那些违背企业社会责任的行为。因此,企业社会责任的立场是无所不包的。特别是企业社会责任官员应该成为风险经理、道德官员、合规和危机管理者、品牌建设者和承保者、信号指引者。[71]此外,企业社会责任官员需要为意想不到的企业社会责任危机制订应急计划。在理想情况下,所有部门的长期目标是发展企业社会责任的观念:

……最后,通过添加新的费解的术语和使它成为一个专业研究领域,企业社会责任越来越专业化,但是我们正在逐步失去真正的意义。这并不是一个专业业务,其实它和正常业务是一样的。[72]

然而,在短期内,这种努力必须始于一个以企业社会责任视角为出发点而制定战略决策的企业官员。随着时间的推移,企业社会责任将被更大程度地整合到整个组织中。也有证据表明,在整个组织中直系主管在强化企业社会责任标准和实践中的作用和高管一样重要。[73]但是,至少在开始阶段,CEO、高管和董事会集中化的领导在组织文化内加强企业社会责任视角会起到至关重要的作用。

5.3.3　企业社会责任愿景

与公司的企业社会责任方向同样重要的是财务状况报表。例如,吉百利在其网站和它的企业社会责任报告有关企业社会责任愿景是这样的:

吉百利·史威士公司将致力于担负企业责任。我们相信负责任的商业是来自于聆听和学习,以及有清晰的企业社会责任远景与战略。它也来源于一个能够跟踪并可以嵌入生活

价值观的过程和系统。[74]

所有的利益相关者（内部和外部）都需要了解该公司的企业社会责任立场以及其如何影响他们的立场。在第 2 章有过详细的介绍，描绘组织的愿景和使命是灌输价值意识过程的一部分。在理想情况下，公司的总体使命和愿景陈述中企业社会责任或可持续性将占重要地位，但是这种情况并不多见。然而，丰田是一个受欢迎的特例：

愿景：丰田旨在实现长期的与环境、全球经济、它所服务的当地社区以及相关利益者相协调的稳定增长，它服务于当地社区及其股份持有者。[75]

有效的愿景陈述带来的相同利益也适用于公司政策的某个特定方面。因此，至少公司应该有一个企业社会责任愿景陈述：

企业社会责任愿景声明（P197）

有效的企业社会责任立场声明的发展：

- 使组织关键的利益相关者参与到决定企业社会责任的视角中
- 帮助制定一个能够寻求双方互利的冲突解决办法
- 得到 CEO 必要的认可和积极的支持
- 通过奖励和惩罚来强调企业社会责任的重要性
- 提供如何在企业日常事务中实施企业社会责任政策的方法

5.3.4　绩效指标

总的来说，高层管理人员的支持，企业社会责任高级执行官职位的确立以及对企业社会责任视角的阐述表明了实施企业社会责任的一个重要因素——意识。虽然企业社会责任的意图可能是高尚的，然而，人们往往将注意力集中于"什么是被检查的而不是预期的"。

经济动机（P198）

在 18 世纪，当时英国政府把他们的罪犯用船运到澳大利亚，船长的收入取决于他们船上运送的人数。然而，政府发现，许多囚犯死在旅程中——在某些情况下这样的人数达到了 1/3。无论是在船上配置医生还是提高船长的工资都没有增加乘客在旅途中幸存数量。直到政府开始基于抵达澳大利亚的人数支付船长工资时（而不是离开英国的人数），这种状况才得以改变，旅客的存活率也极大地增加了，甚至高达 99%。[76]

许多企业社会责任违规行为是出自公司不同级别的真心想要做出好的决策的决策者之手，主要是因为他们没有好的工具或激励手段来帮助他们做出最合适的决策。当面对违反公司污染政策和工作最后期限的两难抉择时，公司任何级别的决策者都可能会做一个权衡，结果很可能是破坏了企业社会责任。为什么会这样？因为在大多数公司，奖励（薪酬、晋升和奖金）是基于短期经济表现而不是企业社会责任合规的表现的。比如，2008年道德与合规官员协会的成员组织的一项调查显示，尽管 54.3% 的公司会以一些道德与合规基准作为首席执行官的评价考核因素，58.2% 的企业对管理者有这样的考核，但只有14.0% 的公司对董事会主管也做了同样的要求。[77]如果目标实现和企业社会责任行为之间的联系既不被评估也不被奖励，那么公司内的理性人就会认为企业社会责任是次要的。

耐克的分包商

今天，耐克在第三世界的分包商必须符合公司的雇佣标准——规定了薪水、休息和工作条件等其他条款。这些标准通过检查强制实施。那些延续"血汗工厂"的条件的分包商与耐克的需求相违背，就会有丧失签订生产合同的风险，即使这些公司完全符合当地人力资源法律和实践的要求。

然而，在很长一段时间内，耐克的生产需求与其给分包商列出的行为准则中的就业条件相违背。如果公司要求其供应商限制员工加班和支付生活工资，那么公司的低成本、高产量目标的要求就会变成无效的。鉴于这样一个选择标准，许多供应商将选择满足耐克的生产需求以保持与公司继续签订合同。通常，这种选择是以牺牲其工厂的工作条件为代价的。

然而，一旦耐克认识到这一矛盾有适得其反的影响，该公司就会致力于确保其分包商的激励方案，以便更准确地反映和支持其企业社会责任目标。[78]

奖励和措施在塑造组织文化中起到了根本作用。因此，企业社会责任奖励和措施的创建（特别是如果那些应用企业社会责任标准的人同样是制定标准的人）可以提高整体意识，强化作为公司整体策略一部分的企业社会责任制度。这些措施成为审计公司企业社会责任绩效的基础。

5.3.5　综合报告

一个真正意义上的公司公布企业社会责任审计结果（需要结合公司的财务报告），可以进一步深化内部和外部利益相关者对企业社会责任活动重要性的意识。例如，现在环境审计已经被广泛地执行和记录在年度报告中了，因为利益相关者开始要求了解更多的企业活动应对环境承担的责任。这也是一个法律的需求，因为气候变化构成了一个公司材料业务的风险因素。[79]在理想情况下，这种整合应该扩展到所有非金融措施，并需要得到企业范围内风险评估的支持。这种现象在英国和美国越来越多了：

目前，81%的富时100指数（FEST100）企业（英国基于市值100个最大的公司）在对企业责任、可持续性、环境和其他类似的方面开始撰写独立的报告。[80]

52%的《财富》100强企业在2010年的年度报告和10-k中包含了企业社会责任的声明。[81]

证据表明这一趋势在全球不断发展。"一个对34个国家15个产业部门3 400家公司的分析得出结论，现在几乎每一个全球《财富》250强（G250）公司都会报告其企业社会责任活动"[82]，如图5-2所示。

一般来说，贫困国家往往把经济需求置于非金融控制之前。也就是说，贫穷的国家更有可能允许公司把环境、安全或其他的成本转嫁给社会来获得或保留一定的工作岗位。一个国家越贫穷，越可能支持就业并且更愿意让企业避免外部性，如污染清理或工人安全。然而，随着社会的发展和利益相关者选择权扩大，接纳不良行为的意愿将会降低。虽然许多公司认识到的一个企业为其行为后果负责的重要性，这种认识并不总是能渗透到员工日常的决策中，结果可能是企业社会责任的违反——1989年可避免的埃克森·瓦尔迪兹号的事故提供了一个众所周知的例子，在阿拉斯加的原始水域发生了由于个人和公司判断失误而导致的海难和大规模石油泄漏。[83]

图5-2显示了企业社会责任报告的整个过程。一个公司想要对所有利益相关者透明和负责，就应该将衡量一个公司财务、环境和社会绩效的"三重底线"[84]纳入其年度报告（如图5-3所示）。越来越多的公司正在设计这样一个综合报告。例如，荷兰在1999年和

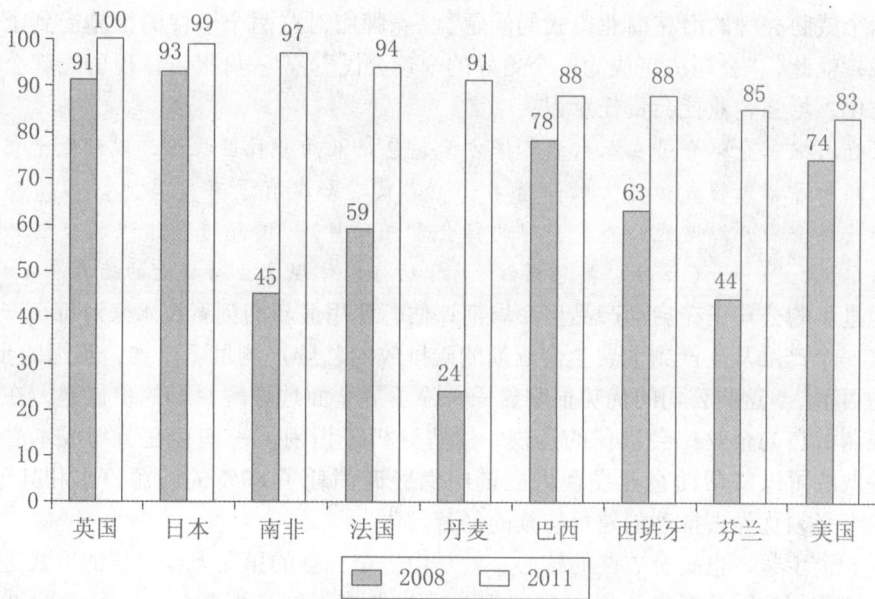

图 5-2　公司的企业社会责任报告（2008—2011 年）

法国在 2002 年将对运营环境和社会风险的评估列入公司财务报告[85]的法定部分。这样的报告有两个目的：为内部委托人提供有关措施，并提供鼓励进一步提高效率的基准；为外部委托人提供交流渠道，并提供对承诺的反馈和对未来计划的陈述。

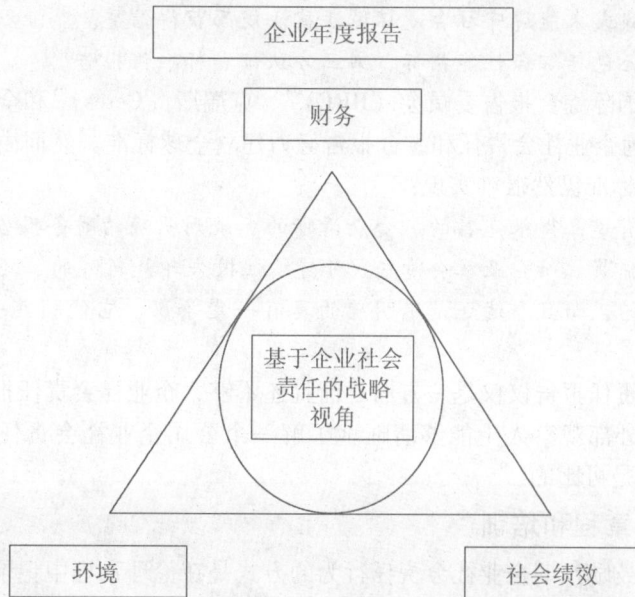

图 5-3　更广泛的视角：三重底线

　　壳牌公司在企业社会责任审计和报告方面的工作相对领先于其他公司。1995 年壳牌公司在两个由非政府组织发起的运动的推动下开始反思其商业行为。第一次运动是攻击公司将布兰特·史帕尔钻井平台沉入大西洋的计划，而第二次运动是攻击公司未能防止尼日利亚政府的环保活动家肯·萨罗-维瓦反对壳牌在尼日利亚开展业务的活动。利益相关者抵制这两个威胁壳牌的潜在商业模式的问题[86]。壳牌应对这两个事件的措施受到了激烈的国际讨伐，就此，"公司决定成为一个更好的全球公民"[87]。一份报告体现出壳牌公司要改变组织文化，增强企业社会责任意识：

> 该报告因披露壳牌公司在人权和环保方面，包括漏油和社区抗议，以及数十亿美元的业务的利润和亏损上的成功与失败而著名……"我不知道有没有（其他）石油公司像壳牌的报告一样全面并坦诚地公布其全球的社会责任项目。"国际透明组织联合创始人弗兰克·福格尔说，"……（公司）要怎样做[88]的背后可以体现出公司极大的诚意"。

其他进步的公司正在启动产品生命周期评估，使用最新的创新技术来对每个产品进行碳足迹（一个产品从生产到消费生命周期的碳排放的总量）测量。比如，英国的步行者[89]和美国的百事[90]。这些公司的优势很明显——除了更全面地理解它们的价值链，在媒体曝光之前强调潜在的企业社会责任的违规，这些分析还识别了一些存在节约成本潜能的浪费。这些做法可以"帮助企业发现供应链中供应商消耗了80%的能源、水和其他资源，然而供应商必须优先去推动创建可持续的经营。"[91]

最后一个步骤，也是有效性的核心，就是由一个独立的第三方以同样的方式进行审计或至少验证公司的财务报告。[92]以一种客观公正的形式来佐证那些信息。行业标准制定和应用得越早，那么企业社会责任审计和报告就会越有意义。正如一个非政府组织的研究结论表明的：

> 56个受访的非政府组织中……79%发现企业社会责任报告"非常有用"或"相当有用"，有44%认为报告是"可信的"……据调查，公司可以通过报告泄露它们不佳的可持续性绩效、重大挑战或未能遵守社会或环境法律法规而获得信誉。企业社会责任报告中其他提高信心的因素还包括综合性能指标、第三方认证和标准化报告。[93]

一些机构，如国际综合报告委员会（IIRC）[94]、克瑞斯（Ceres）[95]和全球报告倡议组织（GRI），正在率先为企业社会责任和综合报告努力建立全球标准。然而由于有许多令人不满的报道，[96]一致的标准仍然很难实现：

> 我们目前已经有建立得很完善的、受众清晰的、规则明确的财务报告。想要捕获什么信息，它都能很好捕获。而企业社会责任/可持续性报告却是新鲜的，还在发展中。这个报告的受众是广泛的，而且表述还是不明确的具有一定争议。它能捕获一些重要的信息，但是并不足够好。[97]

撰写企业社会责任报告仅仅是一方面，而且还不够，企业社会责任报告需要确保其正确性和透明性，使外部观察人士能够清晰地了解一个公司企业社会责任活动的程度和范围，[98]使各公司绩效是可比的。[99]

5.3.6　伦理章程和培训

一种在全公司鼓励预期企业社会责任行为的方式是在伦理章程中记录期望值和可接受行为的边界，以及通过常规伦理培训来强化规则和标准。通过培训建立规则并且强化它们，这对于在组织中建立一个始终如一的文化很有必要：

> 1995年，（商业伦理协会）估算，六成较大的公司拥有伦理（或类似）章程。2010年，该数字更接近富时100指数的80%……但是，在这个调查中……只有六成英国公司对所有员工提供了商业伦理方面的培训。

类似于公司愿景或宗旨，为了使其富有意义，伦理章程及培训都必须真实和有实质性。然而，安然公司的例子证明，说一套做一套是十分容易发生的事情。[100]

一个公司可以通过采用自己的章程，为所有内部和外部团体阐明规范行为的标准，从而传达运营过程中对践行责任的承诺。[101]

除了一套自身运营中的伦理章程，公司也将越来越多地通过价值链对其合伙人承担责任。特别是供应商的业务运作方式，对一个公司来说是具有潜在风险的，尤其当生产流程中的要素被外包给低成本公司时。如前所述，当耐克公司在供应链企业中忽视了不可接受的工作环境时，[102]耐克公司就会面临直接的潜在风险。其他公司也不得不（正当或不正当地）回应有关它们不能充分认识到产品生产条件的指控：

企业社会责任时事通讯：盖普公司的供应链

近日，《纽约时报》[103]报道盖普公司对 10 月期 UK 调查时报记者调查公司掩饰关于雇佣童工证据的调查报告做出了回应。文章主要关注以下两个层面。

首先，盖普公司回应的时间和范围看起来很诚恳：

盖普公司表示它将重新检查所有的步骤以确保在印度纺织加工厂生产的布条不是由童工所做。同时，公司宣称将利用 20 万美金用来改善工作条件。那些为盖普上衣做刺绣工作的孩子将会得到相应的薪酬，并一直支付他们到法定工作年龄，并向这些人提供工作机会。

其次，在某种程度上盖普本来是可以避免这类问题的。盖普的销售商将刺绣工作分包给当地的社区中心，然后社区中心再次转包给印度新德里（Delhi）更小规模的纺织厂。

虽然对这些工厂能够进行直接的审计监察，但是检查当地不正规的手工刺绣作坊的工作条件却十分困难，这是因为一份大的合同经常被分割成由几十个小工厂来做。

一个公司必须为他在商业活动中的直接供应商的行为负责任。盖普公司应当了解他的分包商又再一次将合同分包给新德里其他工厂的情况。一个公司要在何种程度上对它的供应商的一系列供应行为负责（同时应该负多大的责任）在 CSR 共同体达成的合意中是一个重要的问题。

公司通过要求供应商（以及经销商）签署合同，严格遵循公司内部伦理章程中详述的伦理规则和规范行为准则，通过这种方式来整顿缺乏供应链参与度的问题。尽管在今天公司已广泛进行了这种实践，但是一个公司在其供应链中的责任范围仍不清晰。公司是否应该对供应商企业的每件小事负责任，而不考虑这一行为与该公司的员工有多大不同？例如，盖普公司是否应该为位于印度的主要分承包商的子分承包商的行为负责呢（即使这分-分-分承包商的数量成千上万）？那么被盖普供应商所使用的加工棉花的工厂呢？甚至在到达分包给盖普的工厂前，种植棉花的农场主以及数不清的经手过棉花的人又如何呢？

这是一个企业社会责任社区中尚在发展的辩题，但对供应链的完整度十分重要。当一个公司需要对其中间供应者负责达成共识时，责任应该延伸到最初环节之外多远却不甚明朗。目前，品牌形象看上去成为在供应链问题中媒体曝光的最佳预报器，而不是报道攻势的本质（详见企业社会责任阈值）。

5.3.7　伦理服务热线

使有效的企业社会责任政策能够持续并在内部强化的一个关键因素是匿名反馈、抱怨或揭发的过程。这一过程应该由内部或者通过第三方提供。这一要求是美国 2002 年《萨班斯-奥克斯利（SOX）法案》的关键部分。[104]与商业伦理有关，立法中最值得注意的是迫使公司为员工建立一套保密的报告程序（如免费电话号码或邮件"服务热线"）来报告组织内的伦理犯罪。[105]结果，许多独立公司已经开始将这一服务承包给外面的公司了（通常是网上服务）。

Shareholder.com[106]是一家典型的在线服务机构。一家公司雇用了 Shareholder.com，让自己的员工提出抱怨。这些抱怨稍后会通过电子方式转送给公司对应的人——但是所有的身份信息已经被去除了。[107]

执行这一任务的第三方必须保护员工，避免来自公司内部的报复。这一基础设施鼓励任何会影响公司企业社会责任地位的政策报告，而且理想的服务热线也鼓励员工积极反馈，这些员工能够很好地评估企业社会责任行为。

5.3.8　组织设计

在组织战略决策制定过程中，为了让所有这些企业社会责任元素合并成一个可以有效代表利益相关者利益的企业社会责任政策，一个企业社会责任框架是必要的设计。企业社会责任的努力必须是可见的。在理想情况下，企业社会责任的日常操作化要求高层管理直接参与并得到董事会的承诺和监督。当董事会将企业社会责任的级别等同于公司内其他关键性问题（如公司财务信息的整合）时，我们会发现他们越来越重视企业社会责任。此外，与董事会有直接汇报关系的企业社会责任官员可以直接对 CEO 负责，表明对企业社会责任的进一步支持。在运转良好的、有道德的和勇于承担社会责任的企业，组织架构内企业社会责任的可见性展示了该公司真正的承诺，而纯粹的备忘录、海报、空洞的演讲或新闻发布是不能做到这些的。

但是，危险的是，有些公司会拖延考虑为企业社会责任提供结构性的支持，而有些公司虽然建立了相应的岗位，但是并没有提供实质性的支持去鼓励其工作。例如，道德与合规官员协会估计 60% 的《财富》500 强公司已经采用了道德与合规官（ECO）这一职位（而估计有 90% 的企业有一个合规官管理企业范围的合规程序）。[108]然而，媒体上已经出现了许多这样的实例，许多这些岗位被认为是"时髦的"或是有"粉饰"作用的。[109]因此，"许多 ECO 职位设置失败是由于资源缺乏、准备不足或者不够权威。"[110]

5.4　实施：从中期到长期

除了企业社会责任最小启动条件之外，公司还必须寻求制度化和具体化的企业社会责任政策。就中长期而言，组织应该传达其立场，同时通过告知和使利益相关者团体参与来从他们那里寻求反馈。

5.4.1　相关利益者参与

所有的大型上市公司都有成熟的投资者关系部门。这些部门已经成为一个标准，因为首要股东通常享有作为一个公司主要利益相关者的权利，特别是在讲英语的国家。当一个公司的股价成为衡量企业管理成功的关键指标时，让投资者高兴就成为 CEO 保留他或她的工作的核心能力。

这种双向交流通道，作为把企业社会责任移动到公司战略核心工作的一部分，应该扩展到包含公司更多的利益相关者。一种方法是把焦点从投资者关系部门转变为利益相关者关系部门。虽然这两个部门的范围和能力将有所不同,比仅仅改变门牌,投资者关系部门的扩张将是一个更实质性的举动。目标应该是与各利益相关者建立并发展关系,包括雇员、政府、企业经营的社区和寻求改革的 NGOs。[111]

　　NGOs——非政府组织对全球公司有重大影响……(这是)一个趋势——这种趋势是潜移默化的,且在幕后进行。像咖啡店巨头星巴克(攻击种植园对工人的待遇和所支付的咖啡价格)到石油巨头(成为环保主义者常年的靶子),到金枪鱼食品罐头公司(认为是海豚),越来越多的企业在活动家的压力下开始改变它们的商业实践。[112]

　　作为杜邦公司负责安全、健康和环境的副总裁,同时也作为一个"社会责任的倡导者",Paul Tebo 提出:　"(杜邦)和社会价值观结合得越紧密……我们就会成长得越快。"[113]

5.4.2　信息管理

　　真实的、实质性的战略企业社会责任需要传达给公司的利益相关者。因此,一个公司的公关部门是一个重要的媒介,通过它能传递公司的企业社会责任实施进展情况。[114]但是,公司需要小心,因为这也是一个敏感地带。过度的自我推销会被解读为一种犬儒主义的努力,被理解成实施企业社会责任运动只是为了改善公共关系,提高漂绿的隐蔽性。然而,让利益相关者知道公司看重他们的投入和利益是至关重要的。更重要的是,企业不希望自己的身份通过媒体被别人定义。因此,我们需要通过现实与承诺相匹配来满足利益相关者的期望。特别是公司需要制定一个策略来应对社会媒体不断上升的趋势,它将成为公司利益相关者体验和评估公司的一个重要的手段(见第 4 章)。正如"社会媒体的 36 条规则"之一,《制造杂志》提醒企业"你的粉丝拥有你的品牌":[115]

　　在互联网上花费的时间超过 22% 都用在社交网站上了……在这个社会媒体和信息透明的时代,关于一个品牌的信息的传播是非常迅速的,所以品牌经理必须更加努力地工作,以确保在他们的供应链上品牌价值观的一致性。[116]

　　那些不能很好地把握和管理公众对公司认知的企业案例很多。公司有效管理这一认知是很重要的。通常公众心目中对一个公司的印象一旦确定就很难改变了。例如,尽管耐克公司最近改进了企业社会责任的工作,但是耐克在之前没有及时处理利益相关者对其在低成本的近海岸地区生产的反应以及没有很好地与当地的非政府组织合作,所以,之前被公众贴的负面标签还留在企业品牌上。然而,今天登录耐克的网站,我们可以很明显地看到,公司对执行企业社会责任和管理公共信息的方式有了改变。[117]然而,由于耐克公司早期的违规使得一些利益相关者拒绝对耐克进行任何让步,所以耐克公司要做出更大的努力才能扭转局势。

5.4.3　公司治理[118]

　　公司治理问题是一个公司活动的中心。它是公司和股东之间主要的接口。董事会就战略和总体方向向 CEO 提出建议,同时董事会还扮演一种监督职能,保证所有者的利益能得到保护。从全面管理公司看来,"良好的公司治理能带来高的商业溢价。"[119]

　　透明度和问责制已成为有效的公司治理的口号,这也成为有效的企业社会责任的一个重要方面。不断增加的法律要求会使得有长远目标的企业强化这种改变;然而,同样重要的是,能在相关法律要求制定前有所行动,并参与未来法律的制定。股东行动主义正在不断增加，并推动公司法的改革。确保公司的政策和过程是透明的（其经理负责外部利益相关者，政策制定的过程和董事会成员的任命是民主的），对确保委托人和代理人之间的传统冲突最小化都是至关重要的。

公司治理将逐渐成为对企业社会责任关注不足而推进的改革目标。在 2002 年，伴随 21 世纪初安然和其他公司的经济和道德丑闻，《萨班斯-奥克斯利法案》颁布了。该法案对公司报告提出了更高的要求，公司还需要公布一些额外的信息。虽然只有少数公司因为不负责任而招来丑闻，但是法律应该适用于所有上市公司。最近，金融危机暴露出新的丑闻导致世界金融体系面临着崩溃。在金融危机发生后，2010 年《多德-弗兰克法案》颁布了，旨在增加对企业融资和投资的审查以及关注董事会的监督功能。

如果企业社会责任能够更早地被广泛并有效实施，并且董事会能够把企业社会责任纳入到企业的运营中，那么，21 世纪头十年的这两波丑闻就可能不会发生或者不至于那么严重。因此，这些丑闻浪潮说明只有企业治理在更强的限制下才能体现出企业社会责任的铁律。在未来，最有效的董事会将形成一个 CEO 和总裁都参与的企业社会责任委员会，并引进道德与合规基准作为董事（和高级执行官）绩效评估的一部分，创立企业社会责任官员能与整个公司风险保持联系的直接汇报关系。这样的结构改革要走很长的路，才能确保组织设计能够强化公司的企业社会责任承诺，最大限度地减少风险，在中长期实现企业绩效最大化。

5.4.4　行动主义和倡导

行动主义是公司吸引利益相关者和实现公司使命和远景而建立的企业形象的一种很重要的方式。然而，美体小铺和 Ben & Jerry's 都发现，从长远来看，行动主义本身是不足以保持这种定位的。在这两个案例中，由于公司管理变得越来越复杂，创始人被迫放弃经营管理权，而将其交给职业经理人。任何形式的行动主义，尤其是与企业社会责任相关的努力，都必须支持一个经济可行的商业策略。如果企业面临着破产的风险，那么即使实施企业社会责任行为，组织也不可能获益。经济可行性和在社会法律参数内操作是企业生存的最低条件。如果没有基本的经济、法律或其他业务基础，行动主义并不能维持公司运营。

也就是说，一个真诚的企业社会责任行为有助于通过巩固与各利益相关者的关系而延长企业存活时间。同时，行动不需要对抗，但提出特定的观点可以有助于强化对公司的支持。例如，在同一行业中与其他企业联合，可以有助于提高标准，同时也防止潜在的威胁：

考虑这样的传闻，阿迪达斯、耐克、彪马和其他公司最近引起了绿色和平组织的关注，他们想合作创建一个全行业有毒供应链污染的解决办法。这可能通过实体组织如可持续服装联盟或类似的机制来实现……在这个问题上，各企业之间不能相互竞争而是应该合作，来避免搭便车的问题。而绿色和平组织可以在合作关系中确保其能够更好地参与到此项活动中。[120]

其他的例子包括棕榈油圆桌会议（RSPO）或公平劳动组织。[121]像盖普、耐克和其他品牌的企业支持并倡导此类问题，是因为关于这类问题的明确立场可以将企业行为与消费者的价值利益联系在一起。另一方面，这种方式可以作为一种潜在的防守，尤其在模棱两可的情境下，比如盖普在碰到印度分包商与下一级分包商之间的问题时。除了客户关系，企业宣传可以赢得员工、当地社区和政府机构等其他利益相关者的支持。但是，这样的消息必须符合公司的使命和愿景，并且通过企业社会责任专家从董事会和高级管理人员扩展到整个组织文化中。

　　在整个组织实现企业社会责任所需要的不同要素的概述展现在表 5-1 中。[122]这些不同的步骤和策略共同构成了企业寻求实现企业社会责任视角的综合行动计划。

表 5-1　　　　　　　　　　　　公司企业社会责任实施计划

时间期限	行动	总结
短期到中期	行政投资	CEO 一定要建立有效的企业社会责任政策必要的组件并且确保企业社会责任在企业内作为日常运营实践的核心组件被制度化
	企业社会责任官员	企业社会责任需要组织内的可见性和赞助。被 CEO 支持就相当于赞助，同时由公司经理（和对董事会的直接报告关系）任职的企业社会责任官员这一职位的设立就产生了可见性
	企业社会责任愿景	企业社会责任远景的声明让利益相关者（内部和外部）理解企业的企业社会责任立场以及这种立场如何影响他们
	绩效指标	奖励的设立和把企业生产、企业责任目标相结合的措施强化了企业社会责任意识和企业社会责任在公司的属性
	综合报告	一个真正的公布结果的公司范围内的审计，结合企业的财务报表进一步促进了内外部利益相关者对企业社会责任活动的意识
	伦理章程和培训	一种在企业内促进企业社会责任的方法以及它的供应链以为了记录对所有雇员伦理章程和伦理培训的期望值和可接受的行为界限以及供应商的行为准则
	伦理服务热线	为保持企业社会责任政策有效性，必要且持续的内部强化的关键组件是适用于所有利益相关者的匿名揭发程序
	组织设计	为了使所有的企业社会责任元素聚集成一个有效的企业社会责任政策，组织构架内的切实支持体现着企业真正的承诺
中期到长期	相关利益者卷入	当一部分企业社会责任正在朝着企业战略大纲的中心移动时，应该打开一个企业和一系列利益相关者的双向沟通渠道
	信息管理	真正的战略企业社会责任需要传达给所有的利益相关者。今天对一个企业来讲，最重要的就是建立一个有效的社会媒体战略
	公司治理	同名和责任感是有效公司治理的关键，但是需要一个负责任的董事会进行结构改革，在公司内强化企业社会责任
	行动主义和倡导	尽管商业元素没有替代品，公司行动主义和倡导也能通过巩固与各种相关利益者的关系来帮助明确企业的身份

5.5　执行：嵌入企业社会责任

　　CEO 在企业社会责任方面的主要责任是通过与企业社会责任工作人员合作，积极支持企业社会责任整合并融入组织文化活动中。企业社会责任工作人员的角色是确保公司的企业社会责任目标和行动之间的一致性。此外，其他利益相关者可以持有企业的相关账款并符合其相关期望和利益。技术的支持，自由流动的信息，对企业社会责任越来越高的期望，利益相关者将更加确信自身利益可以受到保护。利益相关者的行动主义可以推动企业 CEO 和董事会提高企业社会责任阈值，完成企业社会责任蓝图，实现企业社会责任的重大承诺。然而，真正的问题出现了，企业的承诺是主动的还是被动的？

5.5.1　战略规划

　　虽然企业社会责任涉及公司整体方向和日常活动，但其实施开始于每年的战略计划实施过程。这个过程明确了目标，实现这些目标的策略以及财力、人力等资源的分配。在通常情况下，长期的规划和目标很早就设定在公司的年度计划中。但是"长期规划"的时间范围的定义在不同行业中有不同的含义。比如对于电力公司，规划时间轴可能拉长 10 年、15 年或以上（需要综合考虑未来的电力需求、规划设计、基荷电厂的建设等相关的复杂情况）。然而在一家消费品公司，几个月可能就是一个长期的概念，这期间包括了从创意设计到产品的引入和过时。比如一家像 Zara 的西班牙衣服零售商，建造一个产业价值链，从移动、设计到生产，这一切是"在短短两个星期"里完成的。[123] Zara 公司的生产周期明显快于需要"几个月带来新的商品市场"的行业平均水平，[124] 并推出新名词"快速时尚"[125]。

　　然而，长期规划的目的是与未来公司发展目标达成一致意见。反过来，商业目标（增长率、市场占有率等）必须被解释成企业各业务单位（从生产到融资到人力资源管理）可认知的目标。总体目标是形成具体策略的基础。企业社会责任制度文件可以在这方面发挥重要的作用。虽然企业社会责任文件可能不会导致直接的经济收益，但它可能有助于雇用到难以找到但具有独特技能的员工。事实上，能够雇用和留住关键员工是企业能够生存下去所必需的（尤其是当婴儿潮一代退休后，千禧世代或 Y 时代开始进入工作场所的情况发生时），这也进一步证明时间和资源的分配需要有效地针对企业社会责任目标。

　　长期目标和战略要转化为更具体的短期目标。在理想的情况下，短期目标需要满足 SMART 原则，即具体的（Specific），可衡量的（Measurable），可达到的（Attainable），相关的（Relevant）和有时间限制的（Time-bound）。然后，与目标相关的资源需要得到有效的分配。通过预算的方法可以实现资源的统一分配。通常在财年或日历年的年末，开始为下一年的资源（财力、人力等）分配做预算。

　　因为这种方法传统上关注一些客观指标，如投资回收期或投资回报率，而难以衡量的指标，如社会责任却没有受到关注。而且由于大多数企业寻求多重目标，所以需要通过权衡目标的重要性来分配相应的资源和奖励。所以最后，企业社会责任可能落空，掉到裂缝中，缺少高级管理人员、董事会或者专门的企业社会责任总监的授权。

　　企业社会责任在规划过程中经常被忽略这个事实强调了在未来工作中需要采用一种合理有效的方法来确保在企业内统一实施。企业社会责任整合到企业战略决策过程和组织文化中需要走很长的一段路，只有这样才能确保企业社会责任能够在全球商业环境中获得一个重要的地位。

5.5.2　企业行动

在企业层面，如果不将企业社会责任转化为行动，企业社会责任计划是没有意义的。出版社向媒体释放消息，在对员工或工会做报道或在企业社会责任年度报告中断言，这些都不是企业社会责任的最终目标。与提升公司和董事会对企业社会责任意识同样重要的是企业社会责任必须融入企业的日常运营活动中。这需要企业社会责任过滤器能够应用到企业的愿景、使命、战略和策略上（见图 4-1）。诚然，在资本主义制度下，以营利为目的的企业面临着一个绝对的经济约束。企业不仅仅需要对内部成员有利，也要通过其创造的价值来满足社会需求，实现企业的价值。社会的需求已经超越了利益最大化这一期望。最终，在内外部有利条件下，企业的合法性体现在企业增长的能力、股东财富的增长、顾客和其他利益相关者需求的满足上。

然而，由于经济发展位居首位，公司的其他活动很容易地退居到一个遥远的关注地位。其结果可能是一个损害公司表现的敌对环境，甚至影响其长期的生存能力。整合到公司的企业社会责任可以提供一种替代的经营方针，一个更有可能使公司长期稳定发展的方针。为了实现这一点，需要有高管的支持、专门的企业社会责任官员（至少要等到企业社会责任全面融入企业组织文化时设立）、一个完整定义的企业社会责任立场声明、关注企业社会责任的绩效指标、利益相关者的报告、员工和供应商培训和道德指南、提供给内部和外部利益相关者的道德操守服务热线，以及使得这些元素制度化的结构，而所有的这些仅仅是一个开始。在理想的情况下，利益相关者的参与范围应该尽可能地扩大以涵盖所有的相关群体。这种涵盖不仅仅是指将被指派或认定的成员包括进来，而是不管是内部还是外部的相关者，都应该给予利益相关者话语权，并且主动或被动去了解并处理利益相关者的需求。诚然，为了保证公司的努力得到有效的认可和沟通，相关的信息需要管理得当。那么利益相关者又应该做点什么来参与到这个过程中来呢？企业可以通过增加透明度和企业宣传来为成功地整合打下坚实的基础。

然而，最终的测试是公司的行动。这些行动不同于"橱窗展示"，[126]企业社会责任必须成为大公司战略计划的一部分。在这里，不仅仅要关注结果，而且还要关注使用的方法。这个重点也必须进行重新校准，以适应利益相关者的不同观点。主要是无论是短期和长期的规划目标都要转化成行动。计划转化成对财务及其他资源分配的预算。这些行动会直接影响到公司实施企业社会责任、达成相应目标的成功程度。

5.6　自觉资本主义

当这些机会、行动和结果被拓展到整个企业时，我们可以认为发生了主导经济模式的进化[127]。企业不再仅仅关注短期的股东财富，而是从中长期角度来关注利益相关者的需求。这个结果就是最具商业道德的企业[128]和最鼓舞人心的企业[129]的结合模式，而这就是自觉资本主义。

自觉资本主义

"新兴的资本主义形式是一种能够同时改善数十亿人生活质量，提高企业绩效，有潜力的资本主义形式。"[130]它是战略企业社会责任的代名词，它基于四个原则来鼓励以价值观为基础发展业务。这四个原则是，更高的目标、利益相关者的相互依赖性、自觉的领导和自觉的文化。

全食超市（Whole Foods Market）的创始人兼联合首席执行官约翰·麦基（John Mackey）是全球领先的企业自觉资本主义的支持者。[131]在他看来，[132]自觉资本主义拥有四个主要原则：更高的目标（"商业为什么存在？"），利益相关者的相互依赖性（"六大利益相关者是相互依存的，商业行为是受到管理的……来优化价值的创造"），自觉的领导（在组织各个级别上领导的质量和承诺），自觉的文化（"包括高目标的企业承诺、利益相关者的独立且有意识的领导"）[133]因此，我们看到麦基的自觉资本主义是等同于战略企业社会责任的。[134]正如麦基强调的："赚钱本身虽然没有什么错，挣钱确实可以使企业繁荣，但是这并不是激励企业发展的因素。"[135]在他的观点中清晰地表明：

"自觉资本市场并不是关于美德或做好事的……日常商业交易本质是良性的。企业为所有主要利益相关者创造价值，这些交换和创造价值的行为是"好"的行为。许多企业都有"社会责任"意识，并提供捐款和其他各种支持给非营利部门。这样的慈善事业肯定是值得称道的，但是这不是"经营美德"的本质。相反，我认为，日常的商业交易才是创造最大价值的行为，而且这种价值创造才是商业美德的本质。"[136]

我们的目标是建立有道德和负责任的公司，公司是盈利的，因为它们激发利益相关者与它们进行互动：

"……消费者不仅仅会受到这些商业行为的激励和鼓舞，还会通过向其他人分享这些经历而表现出来。"首席激励官特里·巴巴尔这样说道。"现在有一整套验证过的用来激励的系统，一旦这些激励系统被启动，将会提高雇员的敬业度，而这也会反映到顾客的服务感受中。"[137]

战略企业社会责任认为，在全球化商业环境中，企业的成功与道德、责任和鼓舞人心的行为高度相关。一个企业只有能够满足利益相关者的需求，并形成持续性的良性循环的交易互动模式，才是21世纪需要的企业。因此，自觉资本主义一个重要的组成部分是可以反映主要原则的商业行为，换句话说，是基于价值观的商业。

5.6.1 基于价值观的商业

基于价值观的商业是建立在把企业社会责任作为一个"机会"[138]的概念之上的，而非一种责任或成本。整个业务中战略企业社会责任的真正实现为企业构建基于价值观的商业奠定了基础。基于价值观的商业代表了一些积极的、能够定义和统一组织的事物。接下来我们将介绍企业实现这一目标的重要途径。

基于价值观的商业

一家营利性公司是建立在一个基于社会价值和自觉资本主义四个原则的愿景和使命上的：更高的目标、利益相关者相互依存、自觉的领导和自觉的文化。

价值观是很重要，因为它们能够激活组织文化和重要事项，为决策制定提供框架，它们是组织共同享有的信念。[139]因此，它们是企业的支柱。它们对公司如何运作以及公司如何安排至关重要。基于价值观的商业，与自觉资本主义的原则类似，利润不再是企业成功的唯一驱动力。另一方面，仅仅将企业社会责任和道德指标作为绩效评估标准的商业行为也是肤浅地聚焦在外在因素上，而没有关注内在动力：

在我看来，问题在于这样一个系统是适得其反的。在这样一个系统里，加强了这样的观点，报酬是唯一发挥作用的激励机制，因此，如果没有经济奖励，那么就不应该做。成为一个真正的价值观驱动型的企业，还有很长的路要走。一个真正的价值观文化是基于一群了解他们期望什么、什么是对的行为，他们之间有什么责任义务的人的集合。但只要把钱投到那里，什么是构成这些价值观的本质就会被移除，而转变成一个因为个人行为而受到奖励的个体组合。[140]

正如德鲁克指出的"利润对一个公司而言就像氧气之于人。如果你没有足够的利润，那你就会被竞争所淘汰。但如果你把你的生活视为呼吸，那你就真的失去了一些东西。"纵观历史，人类不断地寻求更深层次的生命意义，而财富上的成功是无法提供的。[141]基于价值观的商业证明了这些需求。正如约翰·麦基和西索迪亚写在其 2013 年出版的书《自觉资本主义》中所述：

几乎没有例外……成功的企业家并不是为了利润最大化。当然，他们想赚钱，但这不是驱动力。他们做一些自己相信需要去做的事情。自觉资本主义英雄的故事是企业家用来鼓舞他们梦想和激情的燃料之一，促使他们为客户、团队成员、供应商、社会和投资者创造非凡的价值。[142]

企业价值观声明
Zappos 的核心价值观[143]

当我们成长为一个公司，明确定义核心价值观以此来发展文化、品牌和商业策略是很重要的。下面是我们赖以生存的十条核心价值：

1. 通过服务传递 WOW
2. 拥抱并推动变革
3. 创造乐趣和一点点不可思议
4. 冒险精神、创造力和开放的思想
5. 追求成长和学习
6. 与社区建立建立开放和诚实的关系
7. 建立积极的团队，树立家庭精神
8. 花小钱办大事
9. 热情和坚持
10. 谦虚

其他企业价值观声明的例子[144]：

- **IBM**：致力于每位顾客的成功；创新对我们企业和整个世界都很重要；所有关系中的信任和个人责任
- **天伯伦**：人文、谦卑、真诚、卓越
- **欧姆龙**：挑战自我以做得更好，社会需求驱动下的创新，尊重人性
- **Monster**：不可分割、顾客至上、做对的事、持续创新、每日服务、精益求精、行善赚钱
- **诺和诺兰 Novo Nordisk**：负责任、有雄心、可靠、与利益相关者商谈、开放诚实、为改变做准备

　　这些建立在价值观上的商业想法在资本主义经济中是有先例的。比如，亚当·斯密在《道德情操论》[145]中写道"给予一个依赖于执著和良心的道德账户"，在这一过程中，提出了"如何治理一个竞争和道德情感相结合的社会"[146]的巨大挑战。越来越多的公司采用这些目标并用它们来改革其商业模式：

　　随着沃尔玛发展成为世界上最大的零售商，其员工受制于一长串涉及他们工作各方面的行为要求。现在公司已决定，其以规则为基础的文化在应对全球化和技术革新时过于死板，并试图灌输'基于价值观'的企业文化，确保员工做正确的事，因为员工们知道公司代表什么。[147]

企业社会责任时事通讯：亚当·斯密

　　一篇在《金融时报》[149]里的文章，杰弗里·萨克斯（Jeffrey Sachs）批评亚当·斯密的"看不见的手"（"利己主义，通过市场运行来实现公共利益"）的概念。尽管看不见的手仍在起作用，但是，萨克斯认为，当触角伸得太远时，利己主义的矛盾就瓦解了，所以考虑为了实现社会福利最大化，萨克斯提出了四种方法——"利益促进竞争、分工、创新、不支持公共利益"：

　　第一，当市场竞争瓦解时，利己主义就无效了。第二，利己主义很容易转变成社会不可接受的不平等。第三，利己主义使后代受到当代人的摆布。第四，利己主义使我们的情感更加脆弱，就像非洲大草原的演变会受到麦迪逊大道的摆布。这都是无可救药的致瘾性消费理念和麻木大脑的文化力量的证据表现。

　　萨克斯认为："由于这些原因，成功的资本主义从来不是依赖于一个基于道德的利己主义，而是在利益的实践中嵌入一个更大的价值观体系。"

　　有很多东西需要进一步考证。首先，萨克斯的"四种方法"并不是四种方法，更像是两种方法。第二个似乎是第一个结果，第三个不是资本主义特有的。但是，萨克斯根据亚当·斯密模型的"缺陷"而得出的结论很重要——只有被嵌入更大的价值系统，资本主义才能"成功"。换句话说，某种形式的个人约束是至关重要的。在许多社会中，价值体系是由宗教确立的。没有价值观或任何其他形式的文明约束，资本主义可能退化成原始的自私和欺骗。

　　不幸的是，这样的组织是少数的。波士顿调查小组一项针对公司管理和领导文化的研究显示："只有3%被归为'自治'的范畴，在这里每个人都'遵循一系列核心原则和价值观的引导，激发每个人团结在公司的使命周围。'"[148]

　　改变这种缺乏以价值观为基础的企业的现状是重新恢复公众对资本主义信心的关键。近年来由于企业社会责任违规已经引发了较大范围的经济危害。解决"为什么资本主义有一个形象问题"这个问题，查尔斯·穆雷（Charles Murray）认为，"当我们谈论资本主义时，我们需要重修那些描述美德的词汇"，尤其是学习那些能够导致成功的责任：

　　个人诚信是一种对依赖我们的人的礼貌和关心行为，这也是一种价值观，这种价值观不比其他价值观更好或者更糟……如果提醒中产阶级和工人阶级富人不是他们的敌人是必要的，那同样有必要提醒在我们中间最成功的那些人，他们的税单不可以用来衡量他们的义务。他们的主要管理职能可以培养和恢复我们自由的传统，他们的冷漠也可以摧毁它。[150]

　　哈佛大学甘乃迪政府学院教授约瑟夫·奈（Joseph Nye）说的"三项全能运动员"，

是指有能力参与私人、公共与社会领域，并在这三者之间协同的领袖。[151]这样的领导人能够超越传统的分界线激励公司的利益相关者，同时整合利益相关者带来的资源以实现公司目标。因此，公司的员工是一个基于价值观的商业核心因素。像西南航空公司[152]以及强生公司[153]所理解的那样，它们从企业核心的行为和代表的立场方面重视员工内在和外在的价值，坚信员工满意是公司成功的核心。正如约翰·麦基所说："快乐的团队成员会带来快乐的客户，最后带来快乐的投资者。"[154]

图 5-4 展现了基于价值观的商业战略决策模型。尽管核心战略过程是相同的（有助于实现使命和愿景的策略），企业的战略必须经过企业社会责任过滤器来确保利益相关者问题是这个决策过程的核心。围绕在这个核心周边的是一系列价值导向，它们塑造了企业文化和资本结构，并为员工提供一个供他们在日常工作中可以依据的框架准则。由员工做出的决策会随着时间的推移，不断强化其价值，并且重新定义公司——公司象征着什么，公司将采取什么样的行动，公司最终是否能成功并繁荣发展。[155]

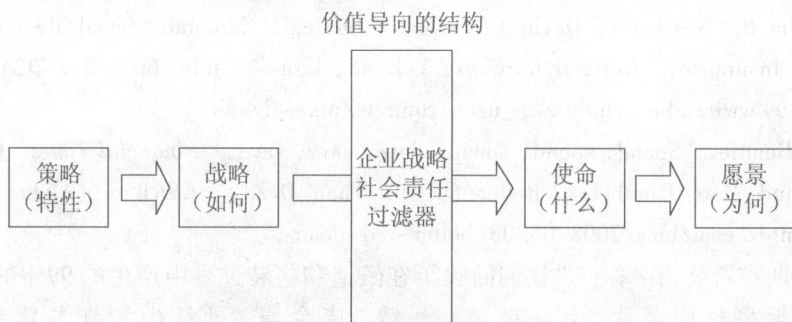

价值导向的结构

| 策略（特性） | ⇒ | 战略（如何） | ⇒ | 企业战略社会责任过滤器 | ⇒ | 使命（什么） | ⇒ | 愿景（为何） |

图 5-4 自觉资本主义

5.7 下一步

有关定义企业社会责任的范围的问题是第二部分的重点。在竞争激烈的商业环境下，在互联网的作用下，企业社会责任得到了重塑，因此，关键性的问题需要明确和讨论。贯穿本书始终的网络资源为我们提供了具体的信息以及更加深入的个体研究和调查。

5.8 问题讨论和回顾

1. "企业社会责任作为品牌保险"是什么意思？你能想到一个通过这种方式获益的公司案例吗？

2. 为什么不同的公司、行业和文化会有不同的"企业社会责任阈值"？请用例子阐释。

3. 在为一个特定的公司或一个特定的行业建立企业社会责任水平的阈值时，利益相关者扮演了什么角色？请列举一个公司和/或行业；你认为什么事件能够推动公司或行业的企业社会责任阈值？

4. 为什么最高管理层对企业社会责任的支持如此重要？企业社会责任是可以委托的吗？如果是这样，那么原因是什么？该向谁委托呢？

5. 列出中短期内公司实施企业社会责任的计划所需的八项要素中的四项。你能想到什么商业例子？公司是否成功地执行了这些操作？你能想到什么企业成功执行了这些行为？

6. 公司如何避免陷入"企业社会责任报告是漂绿行为"的认知？如果结果是相同的，行动背后的原因是真实的或是犬儒主义的，这会有影响吗？

7. 在你看来，基于价值观的商业是什么样的？从你看过或读过的新闻中想出一个例子，你认为在这样的公司工作会有什么不同呢？

学生学习网站

访问学生学习网站 www. sagepub. com/chandler3e 来获取额外的学习材料。

5.9　注释和参考文献

1. David Grayson & Adrian Hodges, *Corporate Social Opportunity*! *Seven Steps to Make Corporate Social Responsibility Work for Your Business*, Greenleaf Publications, 2004.

2. William B. Werther & David Chandler, 'Strategic Corporate Social Responsibility as Global Brand Insurance,' *Business Horizons*, Vol. 48, Issue 4, July 2005: 317-324.

3. http://www. nike. com/us/en_us/c/running/nike-flyknit

4. Alan Beattie, 'Spend, spend, spend. Save, save, save,' *Financial Times*, January 27, 2007, p18 and Marc Gunther, 'Better (Red) Than Dead,' *CSRWire*, August 5, 2008, http://greenbiz. com/blog/2008/08/03/better-red-dead

5. 安海斯布希公司声称："我们回收了在酿造和包装过程中产生的 99% 的固体废弃物，包括山毛榉材质芯片、铝、玻璃、酒糟、废金属、硬纸板和许多其他物品。" http://anheuser - busch. com/index. php/our - responsibility/environment - our - earth - our - natural-resources/reduce-reuse-and-recycle/

6. http://responsibility. timberland. com/service/living-our-values/

7. For more details on this program, see 'Employee Relations' Issue in Chapter 6.

8. William Werther & David Chandler, 'Strategic Corporate Social Responsibility as Global Brand Insurance,' *Business Horizons*, Vol. 48, No. 4, 2005. pp. 317-324.

9. Jonathan Birchall, 'Business fights for tougher rules on emissions,' *Financial Times*, November 20, 2008, p. 4.

10. Stephanie Clifford & Stephanie Strom, 'Wal - Mart to Announce Women - Friendly Plans,' *The New York Times*, September 14, 2011, p. B3.

11. Stephanie Clifford & Stephanie Strom, 'Wal - Mart to Announce Women - Friendly Plans,' *The New York Times*, September 14, 2011, p. B3.

12. Malcolm Gladwell, *The Tipping Point*: *How Little Things Can Make a Big Difference*, Back Bay Books, 2002.

13. 尽管人们对最佳适于不同商业模式的分类标准存在争议，但所有这些公司都有一项共同之处，即它们的战略以为其顾客提供卓越价值为追求目标。

14. 在公司之间做出区分时，需要强调：低成本和差异化间的区别，以及宽泛和狭窄之间的区别，指的是公司业务层面的战略。照此，一个公司不同的业务单元拥有不同的战略是可能的。例如，苹果公司，其电脑仅针对整个电脑市场中的小部分份额，但其手机和平板电脑的目标市场更为广泛。

15. 2008 年 7 月，埃克森美孚国际公司就一家公开上市的美国公司有史以来最大的季度利润发表做出通告："与上年同期相比，公司第二季度的收入上升了 14%，升至 116.8 亿美元。这打破了之前埃克森在 2007 年最后三个月创下的 116.6 亿美元的记录。埃克森在一个季度中，每分钟的收益将近 90 000 美元……（公司计算得出，它每分钟要上交 274000 美元的税款，并且在业务运行上每分钟的花费为 884 000 美元）" Clifford Krauss, 'Exxon's Second – Quarter Earnings Set a Record,' *The New York Times*, August 1, 2008, http：//www.nytimes.com/2008/08/01/business/01oil.html

16. Mallen Baker, 'Financial services：Will banks ever treat customers fairly?' *Ethical Corporation*, April 1, 2008, http：//www.ethicalcorp.com/content.asp? ContentID = 5807

17. Mallen Baker, 'Financial services：Will banks ever treat customers fairly?' *Ethical Corporation*, April 1, 2008, http：//www.ethicalcorp.com/content.asp? ContentID = 5807

18. Richard Gibson, 'McDonald's Seeks Ways to Pitch Healthy Living,' *The Wall Street Journal*, May 27, 2004, p. D7.

19. http：//www.philipmorrisusa.com/en/cms/Products/Cigarettes/Health_Issues/default.aspx

20. http：//archive.greenpeace.org/comms/brent/brent.html and http：//archive.greenpeace.org/comms/ken/

21. 'Who Benefits from GM Crops? AN Analysis of the Global Performance of GM Crops (1996–2006),' Friends of the Earth, January, 2007, http：//www.foei.org/en/publications/pdfs/gmcrops2007execsummary.pdf; 'Monsanto Moves to Force – Feed Europe Genetically Engineered Corn,' Friends of the Earth, January 10, 2006, http：//www.organicconsumers.org/ge/europecorn011106.cfm

22. Lisa Roner, 'Starbucks and Oxfam Team Up on Ethiopian Development Programme,' *Ethical Corporation Magazine*, October 18, 2004, http：//www.ethicalcorp.com/content.asp? ContentID = 2961 and Alison Maitland, 'Starbucks Tastes Oxfam's Brew,' *Financial Times* (U. S. Edition), October 14, 2004, p.9.

23. See：Andrew Wilson, 'CSR in Emerging Economies：Lessons from the Davos Philanthropic Roundtable,' January 31, 2008, http：//www.eef.org.ua/en/231.htm and 'First study on corporate Saudi Arabia and CSR,' *CSRWire.com*, March 29, 2007, http：//www.csrwire.com/press/press_release/15949

24. C. K. Prahalad, 'The Fortune at the Bottom of the Pyramid：Eradicating Poverty Through Profits,' *Wharton School Publishing*, 2006; C. K. Prahalad & Allen Hammond, 'Serving the World's Poor, Profitably,' *Harvard Business Review*, September 2002, Vol. 80, No. 9, pp. 48–58.

25. Also see：Michael Hopkins, *Corporate Social Responsibility and International Development：Is Business the Solution?* Earthscan, 2007.

26. http：//www.thedailybeast.com/newsweek/features/green–rankings/2011/international.html

27. http：//www.transparency.org/research/cpi/overview

28. http：//cpi.transparency.org/cpi2011/results/

29. http：//cpi. transparency. org/cpi2011/results/

30. 'The 2005 State of Corporate Citizenship,' Center for Corporate Citizenship at Boston College, May 2005, http：//www. bcccc. net/index. cfm? fuseaction = Page. viewPage&pageId = 694&node%20ID%20 = 1&parentID = 473

31. Ibid.

32. http：//www. nikeresponsibility. com/

33. http：//www. starbucks. com/aboutus/csr. asp

34. http：//www. microsoft. com/about/corporatecitizenship/

35. http：//www. timberland. com/corp/index. jsp? page = csr_civic_engagement

36. http：//nikeinc. com/pages/executives

37. 'Just good business：A special report on corporate social responsibility,' *The Economist*, January 19, 2008, p. 4.

38. http：//www. accountability21. net/

39. Simon Zadek, 'The Path to Corporate Responsibility,' *Harvard Business Review*, December, 2004, pp. 125–132.

40. Simon Zadek, 'The Path to Corporate Responsibility,' *Harvard Business Review*, December, 2004, pp. 125–132.

41. 美国道德与合规官协会认为首席执行官应该同时代表"首席道德官"。

42. For example, "In 2000, Enron received six environmental awards. It had progressive policies on climate change, human rights, and anti–corruption" (David Gebler, 'Culture of Compliance,' *CRO Magazine*, http：//www. thecro. com/node/68).

43. Patrick M. Lencioni, 'Make Your Values Mean Something,' *Harvard Business Review*, Vol. 80, No. 7, July 2002, pp. 113–117.

44. Memorandum from Kenneth Lay to All Employees, Subject：Code of Ethics, July 1, 2000.

45. Enron Corp's "Code of Ethics," p. 5.

46. Ibid, p. 12.

47. John Kay, 'Weasel words have the teeth to kill great ventures,' *Financial Times*, January 14, 2009, p. 9.

48. Derrick Daye & Brad VanAuken, 'Social Responsibility：The Nike Story,' July 25, 2008, http：//www. brandingstrategyinsider. com/2008/07/social–responsi. html

49. A quote from Mark Goyder, 'Redefining CSR：From the Rhetoric of Accountability to the Reality of Earning Trust,' in Mallen Baker, ' "Redefining CSR" report by Tomorrow's Company,' *Ethical Corporation Magazine*, August 1, 2003, http：//www. ethicalcorp. com/content. asp? ContentID = 900. The full report by Goyder can be accessed at：http：//www. tomorrowscompany. com/uploads/Redef_CSRintro. pdf

50. Nick Wingfield, 'Fixing Apple's Supply Lines,' *The New York Times*, April 2, 2012, p. B1.

51. e. g. , http：//www. triplepundit. com/2012/03/walmarts – sustainability – efforts – stall –

new-leadership/

52. See：'Responsible Corporate Officer Doctrine：Executives Who Allow Misdeeds Face Career - Ending Consequences,' *JDSupra*, August 3, 2012, http：//www. jdsupra. com/legalnews/responsible-corporate-officer-doctrine-00350/

53. Brendan May, 'Government：If only the political species faced extinction,' *Ethical Corporation Magazine*, January 31, 2012, http：//www. ethicalcorp. com/governance - regulation/government-if-only-political-species-faced-extinction

54. 此职位名称将因各公司情况而有较大的变化，其中包括企业责任官、可持续发展官、道德与合规官。但重要的是，这样一个职位被创造出来并且给予 CEO 大力的支持。

55. Daniel Franklin, 'The year of unsustainability,' The World in 2009, *The Economist*, November 19, 2008, p. 20.

56. 此职位，或其等价物，有诸多的名称——从首席可持续发展官到首席道德与合规官，甚至是首席客户官。（'The magic of good service,' *The Economist*, September 22, 2012, p. 78）.

57. 'What Does It Mean to Be VP of CSR？A Conversation with Sandra Taylor of Starbucks,' *Business Ethics Magazine*, Summer 2004, p. 4.

58. Lisa Roner, 'Ethics Cited in Choice of New Nike Chief Executive,' *Ethical Corporation Magazine*, November 24, 2004, http：//www. ethicalcorp. com/content. asp？ContentID = 3248

59. 'Nike Names New VP of Corporate Responsibility,' Nike Press Release, October 20, 2004, http：//www. csrwire. com/News/3154. html

60. http：//www. iso. org/iso/management_standards. htm

61. http：//www. iso. org/sr

62. Aaron Chatterji & David Levine, 'Breaking Down the Wall of Codes：Evaluating Non-financial Performance Measurement,' *California Management Review*, Vol. 48, Issue 2, 2006, p. 35.

63. Charles J. Fombrun, 'List of Lists：A Compilation of International Corporate Reputation Ratings,' *Corporate Reputation Review*, Vol. 10, Issue 2, 2007, pp. 144-153.

64. Aaron Chatterji & David Levine, 'Breaking Down the Wall of Codes：Evaluating Non-financial Performance Measurement,' *California Management Review*, Vol. 48, Issue 2, 2006, p. 29.

65. http：//money. cnn. com/magazines/fortune/mostadmired/2008/index. html

66. http：//www. thecro. com/node/615

67. http：//www. globalreporting. org/

68. http：//www. kld. com/

69. Allen White, 'New rigorous ratings tool help investors and companies,' *Ethical Corporation Magazine*, August 10, 2012, http：//www. ethicalcorp. com/business-strategy/new-rigorous-ratings-tools-help-investors-and-companies

70. Toby Webb, 'Podcast：Hannah Jones, VP sustainable business and innovation at Nike, on targets, performance, outlook and ambition,' *Ethical Corporation Magazine*, September 27,

2011, http：//www. ethicalcorp. com/supply－chains/podcasts/hannah－jones－vp－sustainable－business－and－innovation－nike－targets－performance－

71. 此处，对企业社会责任官而言，在企业社会责任"十字军"（狂热信徒）与企业社会责任专家（建立在经济和行业现实之上）两个角色中掌握平衡是一件非常重要的事，因为要以此来在公司内部赢得支持。见：Aman Singh, 'Changing Business from the Inside Out：How to Pursue a Career in CSR and Sustainability,' *CSRWire*, August 16, 2012, http：//www. csrwire. com/blog/posts/503－changing－business－from－the－inside－out－how－to－pursue－a－career－in－csr－and－sustainability

72. Mallen Baker, 'Corporate social responsibility：When the competent become the enemy of the good,' *Ethical Corporation*, February 25, 2008, http：//www. ethicalcorp. com/content. asp? ContentID＝5735

73. 'For Employee Buy － In, Supervisors Trump the CEO,' *Network for Business Sustainability*, March 3, 2013, http：//nbs. net/knowledge/for-employee-buy-in-supervisors-trump-the-ceo/

74. Cadbury Schweppes CSR Report 2006, http：//csr2006. cadburyschweppes. com/csrvision/csrvision. html

75. Toby Webb, 'Vision and mission：A barrier to sustainability strategy,' *Smarter Business Blog*, September 10, 2012, http：//tobywebb. blogspot. jp/2012/09/vision － and － mission － barrier-to. html

76. David Kestenbaum, 'Pop Quiz：How Do You Stop Sea Captains From Killing Their Passengers?' NPR Radio, September 10, 2010, http：//www. npr. org/blogs/money/2010/09/09/129757852/pop－quiz－how－do－you－stop－sea－captains－from－killing－their－passengers

77. David Chandler, *Organizations and Ethics：Antecedents and Consequences of the Adoption and Implementation of the Ethics and Compliance Officer Position*, Unpublished Dissertation, The University of Texas at Austin, Austin, TX, 2011.

78. See：Simon Zadek, 'The Path to Corporate Responsibility,' *Harvard Business Review*, December, 2004, pp. 125－132, for a detailed discussion of how Nike aligned its incentive scheme for sub－contractors with its corporate responsibility goals. .

79. Mark Cohen, 'SEC Recognizes Climate Change as Material Business Risk,' *Resources for the Future*, February 5, 2010, http：//common－resources. org/2010/sec－recognizes－climate－change－as－material－business－risk/

80. Rikki Stancich, 'Recession Ethics：CSR in a Downturn－Recession－proof Ethics Can Weather the Storm,' *Ethical Corporation Magazine*, March 5, 2008, http：//www. ethicalcorp. com/content. asp? ContentID＝5751

81. Aman Singh Das, '7 Conflicting Trends：Fortune 100 Annual Reports ＆ CSR,' *Vault blogs*, July 18, 2011, http：//blogs. vault. com/blog/in－good－company－vaults－csr－blog/7－conflicting-trends-fortune-100-annual-reports-csr/

82. 'UK ranks top in biggest global CR reporting survey ever published,' *Green Business News*, November 7, 2011, http：//www. greenwisebusiness. co. uk/news/uk － ranks － top － in －

biggest-global-cr-reporting-survey-ever-published-2770. aspx

83. The National Oceanic and Atmospheric Administration's Web site provides details of the *Exxon Valdez* oil spill at http：//response. restoration. noaa. gov/spotlight/spotlight. html and images from the event at http：//response. restoration. noaa. gov/photos/exxon/exxon. html. Another authoritative website is administered by the Exxon Valdez Oil Spill Trustee Council at http：//www. evostc. state. ak. us/

84. "三重底线"的措辞由 SustainAbility 的 John Elkington 于 1994 年首次引入，其目的是"描述社会的、环境的及财务方面的审计"。这个词汇被用在 SustainAbility 的第一个对标测试非财务调查报告中。William Baue, 'Sustainability Reporting Improves, but Falls Short on Linking to Financial Performance,' *Social Funds*, November 5, 2004, http：//www. socialfunds. com/news/article. cgi/article1565. html

85. Deborah Doane, 'Mandated Risk Reporting Begins in UK,' *Business Ethics Magazine*, Spring 2005, p. 13.

86. Elizabeth Becker, 'At Shell, Grades for Citizenship,' *New York Times*, November 30, 2003, Section 3, p. 2.

87. Ibid.

88. Ibid.

89. http：//www. walkerscarbonfootprint. co. uk/

90. See：Andrew Martin, 'How Green is My Orange?' *New York Times*, January 21, 2009, http：//www. nytimes. com/2009/01/22/business/22pepsi. html

91. Ram Nidumolu, C. K. Prahalad, and M. R. Rangaswami, 'Why Sustainability is Now the Key Driver of Innovation,' *Harvard Business Review*, September, 2009, p. 59.

92. 在提供认证服务方面，维泰公司是一个非常好的例子："在维泰，我们致力于保证全世界的人们在安全、公平和合法的环境下工作。在全世界超过 60 个的国家中我们为政府、公司、投资者、工厂、NGO 以及工人们提供全球工作条件的相关信息，并提供创新项目以帮助他们改善。"

93. William Baue, 'Survey Says：NGOs Believe Corporate Social Responsibility Reports That Reveal Faults,' *Social Funds*, November 14, 2003, http：//www. socialfunds. com/news/article. cgi/1268. html

94. Mallen Baker, 'The truth and illusion of integrated reporting,' *Ethical Corporation Magazine*, October 3, 2011, http：//www. mallenbaker. net/csr/page. php? Story_ID=2698

95. For example, see：Eric Marx, 'Ceres-Serious about reporting,' *Ethical Corporation*, June 12, 2009, http：//www. ethicalcorp. com/content. asp? ContentID=6499

96. See：Toby Webb, 'Stakeholder engagement：Learning to listen,' *Smarter Business Blog*, November 5, 2011, http：//tobywebb. blogspot. jp/2011/11/stakeholder-engagement-learning-to. html

97. Mallen Baker, 'Integrated reporting—The gulf between theory and practice,' *Ethical Corporation Magazine*, October 25, 2010, http：//www. mallenbaker. net/csr/page. php? Story_ID=2637

98. Mark Goyder, 'Redefining CSR: From the Rhetoric of Accountability to the Reality of Earning Trust,' *Tomorrow's Company*, 2003, http://www.tomorrowscompany.com/uploads/Redef_CSRintro.pdf; Mallen Baker, ' "Redefining CSR" report by Tomorrow's Company,' *Ethical Corporation Magazine*, August 1, 2003, http://www.ethicalcorp.com/content.asp? ContentID = 900

99. Jon Entine, 'Reporting contradictions,' *Ethical Corporation*, June 7, 2009, http://www.ethicalcorp.com/content.asp? ContentID = 6492

100. Simon Webley, 'Are corporate ethics programmes really 'alive'?' *Ethical Corporation Magazine*, June 28, 2011, http://www.ethicalcorp.com/governance-regulation/are-corporate-ethics-programmes-really-%E2%80%98alive%E2%80%99

101. Lynn Paine, Rohit Deshpandé, Joshua D. Margolis, and Kim Eric Bettcher, 'Up to Code: Does Your Company's Conduct Meet World-Class Standards?' *Harvard Business Review*, December, 2005, p. 123.

102. Debora L. Spar, 'Hitting the Wall: Nike and International Labor Practices,' *Harvard Business School Press*, [9-700-047], September 6, 2002.

103. Amelia Gentleman, 'Gap Vows To Combat Child Labor At Suppliers,' *The New York Times*, November 16, 2007, p. 6.

104. 同样在 2002 年，NYSE 和 NASDAQ 都修改了它们的股票上市要求，迫使在交易所上市的公司接受该要求，并且以美国证券交易委员会批准的标准，公开公司治理方针和企业雇员的道德和行为准则。

105. Section 301.4b (2002: 776), http://www.404.gov/about/laws/soa2002.pdf

106. http://www.shareholder.com/. Another company providing a similar service is EthicsPoint Inc. (http://www.ethicspoint.com/), where "about 78% of the complaints channeled through [the company] had arrived via the Web," Phyllis Plitch, 'Making It Easier to Complain,' in the supplement, 'Corporate Governance: The Journal Report,' *The Wall Street Journal*, June 21, 2004, p. R6.

107. Ibid.

108. Personal correspondence with authors, December 2012.

109. Hannah Clark, 'Chief Ethics Officers: Who Needs Them?' *Forbes Magazine*, October 23, 2006, http://www.forbes.com/2006/10/23/leadership-ethics-hp-lead-govern-cx_hc_1023ethics.html

110. 'Leading Corporate Integrity: Defining the Role of the Chief Ethics & Compliance Officer (CECO),' *Ethics Resource Center*, 2007, http://www.ethics.org/resource/ceco

111. For examples of NGO campaigns and relations with firms, see: Toby Webb, 'Campaign groups will need to evolve their approach,' *Smarter Business Blog*, June 11, 2012, http://tobywebb.blogspot.jp/2012/06/campaign-groups-will-need-to-evolve.html

112. Michael Elliott, 'Embracing the Enemy Is Good Business,' *Time*, August 13, 2001, p. 29.

113. Marc Gunther, 'Tree Huggers, Soy Lovers, and Profits,' *Fortune*, June 23, 2003,

pp. 98–104.

114. For a useful list of Dos and Don'ts in relation to "green marketing," see: 'How to look good green,' *Ethical Corp*, January 21, 2009, http://www.ethicalcorp.com/content.asp?ContentID=6298

115. Anjali Mullany, 'What Your Social Media Consultant Should Tell You,' *FastCompany Magazine*, September 2012, p. 73.

116. Paloma Lopez, 'Marketing: New sustainable skills for leading marketers,' *Ethical Corporation Magazine*, July 29, 2011, http://www.ethicalcorp.com/supply-chains/marketing-new-sustainable-skills-leading-marketers

117. http://nikeinc.com/

118. See the 'Corporate Governance' Issue in Chapter 6.

119. Paul J. Lim, 'Gauging That Other Company Asset: Its Reputation,' *New York Times*, April 10, 2004, p. A18.

120. Toby Webb, 'Big business collaboration around sustainability: Now it's getting interesting,' *Smarter Business Blog*, August 23, 2011, http://tobywebb.blogspot.jp/2011/08/big-business-collaboration-around.html

121. See: http://www.rspo.org/ and http://www.fairlabor.org/

122. For additional ideas regarding a comprehensive plan of implementation, it might also be helpful to read: Susan Graff, 'Six Steps to Sustainability,' *CRO Magazine*, June, 2007, http://www.thecro.com/node/520

123. Kerry Capell, 'Zara's Fast Track to Fashion,' *BusinessWeek*, June, 2008, http://images.businessweek.com/ss/06/08/zara/index_01.htm

124. Kerry Capell, 'Zara's Fast Track to Fashion,' *BusinessWeek*, June, 2008, http://images.businessweek.com/ss/06/08/zara/index_01.htm

125. Andrew McAfee, Anders Sjoman & Vincent Dessain, 'Zara: IT for Fast Fashion,' *Harvard Business School Press*, [9-604-081], September 6, 2007; Store Wars: Fast Fashion, *BBC News*, June 9, 2004, http://news.bbc.co.uk/2/hi/business/3086669.stm

126. Hannah Clark, 'Chief Ethics Officers: Who Needs Them?' *Forbes Magazine*, October 23, 2006, http://www.forbes.com/2006/10/23/leadership-ethics-hp-lead-govern-cx_hc_1023ethics.html

127. 一个重要的关注点涉及了非预期后果的问题，该问题是企业社会责任部门需要面对的最重要的问题之一。当我们试图颠覆几个世纪来的经济发展时，以期用社会或利他动机替换经济动机时，我们需要格外小心。这就是为什么在战略型企业社会责任中，我们青睐于进化的形式而非变革的形式。这样的情况一次又一次发生——无论是政府补贴还是对特种替代能源的税收减免，又或者是一项与其他因素互动（或应用不妥）而产生某种非预期后果的技术创新。简言之，我们对推动人们行为的社会和经济力量，以及这些力量与社会层面的结果之间的联系，有很多不理解的地方。显然，我们只能依据过去的经验做出对未来的预测，并在此过程中受限。当我们提出解决方案时，我们想象着获益却未能（或没有能力去）完全理解所有的风险。但这并不意味着我们不应试图进行改变，而是暗示我们应该在试图调和这些高度进化的力量的过程中放缓。

128. Jacquelyn Smith, 'The World's Most Ethical Companies,' *Forbes Magazine*, March 15, 2012, http：//www. forbes. com/sites/jacquelynsmith/2012/03/15/the－worlds－most－ethical－companies/

129. Jacquelyn Smith, 'America's 25 Most Inspiring Companies,' *Forbes Magazine*, September 25, 2012, http：//www. forbes. com/sites/jacquelynsmith/2012/09/25/americas－25－most－inspiring－companies/

130. http：//www. consciouscapitalism. org/

131. See：John Mackey & Raj Sisodia, *Conscious Capitalism：Liberating the Heroic Spirit of Business*, Harvard Business Review Press, 2013.

132. There are other perspectives; for example：James O' Toole & David Vogel, 'Two and a Half Cheers for Conscious Capitalism,' *California Management Review*, Vol. 53, No. 3, Spring 2011, pp. 60－82.

133. John Mackey, 'What Conscious Capitalism Really Is,' *California Management Review*, Vol. 53, No. 3, Spring 2011, pp. 83－85.

134. 在 Conscious Capitalism Institute 的网页上，"相关利益者互赖"原则被打上了"相关利益者导向"的标签，使此概念更接近于我们在本书中呈现的战略企业社会责任的愿景。

135. John Mackey, 'What Conscious Capitalism Really Is,' *California Management Review*, Vol. 53, No. 3, Spring 2011, p. 83.

136. John Mackey, 'What Conscious Capitalism Really Is,' *California Management Review*, Vol. 53, No. 3, Spring 2011, pp. 85－86.

137. Jacquelyn Smith, 'America's 25 Most Inspiring Companies,' *Forbes Magazine*, September 25, 2012, http：//www. forbes. com/sites/jacquelynsmith/2012/09/25/americas－25－most－inspiring－companies/

138. David Grayson & Adrian Hodges, *Corporate Social Opportunity*!, Greenleaf Publications, 2004.

139. Toby Webb, 'The case for re－evaluating values,' *Smarter Business Blog*, March 5, 2012, http：//tobywebb. blogspot. jp/2012/03/case-for-re-evaluating-values. html

140. Mallen Baker, 'Paying the market rate for morality?' September 18, 2012, in *Business Respect － CSR Dispatches*, No #185, October 8, 2012, http：//www. mallenbaker. net/csr/post. php? id＝451

141. Michael Skapinker, 'Why do business titans need to 'give back'?' *Financial Times*, November 30, 2010, p. 13.

142. Alan Murray, 'Chicken Soup For a Davos Soul,' *The Wall Street Journal*, January 17, 2013, p. A15.

143. See：http：//about. zappos. com/our-unique-culture/zappos-core-values

144. Sylvia Kinnicutt, 'Corporate values statements － An integral part of corporate citizenship?' *Boston College Center for Corporate Citizenship*, January 5, 2010, http：//

blogs. bcccc. net/2010/01/corporate-values-statements-% E2% 80% 93-an-integral-part-of-corporate-citizenship/

145. 亚当·斯密于 1776 年出版了《国富论》，但是他的另一本书，《道德情操论》（于 1759 年第一次出版），则令众多读者将其视为道德哲学家而非经济学家。例如，请见：James R. Otteson，'Adam Smith：Moral Philosopher，' The Freeman Ideas on Liberty, Vol. 50, Issue 11, November, 2000, http：//www. thefreemanonline. org/features/adam-smith-moral-philosopher/

146. David Willetts，'The invisible hand that binds us all，' *Financial Times*, April 25, 2011, p. 8.

147. 'The view from the top, and bottom，' *The Economist*, September 24, 2011, p. 76.

148. 'The view from the top, and bottom，' *The Economist*, September 24, 2011, p. 76.

149. Jeffrey Sachs，'Self-interest, without morals, leads to capitalism's self-destruction，' *Financial Times*, January 18, 2012, http：//theoligarch. com/capitalism_justice. htm

150. Charles Murray，'Why capitalism has an image problem，' *The Wall Street Journal*, July 28-29, 2012, p. C1.

151. Quoting Dominic Barton, CEO of McKinsey & Co. in：Stefan Stern，'A strategy for staying sacred，' *Financial Times*, August 16, 2010, p. 10.

152. See：Herb Kelleher，'The business of business is people，' http：//www. youtube. com/watch? v=oxTFA1kh1m8

153. http：//www. jnj. com/connect/about-jnj/jnj-credo/

154. 'Mackey Speaks On The Business of Conscious Capitalism，' McCombs School of Business, March 28, 2011, http：//www. today. mccombs. utexas. edu/2011/03/mackey-speaks-on-the-business-of-conscious-capitalism

155. 在战略企业社会责任的最核心概念中，该框架真实地反映了 Mark Scwartz 的 VBA 模型的三个组成部分（价值、平衡、责任），其中价值=净社会利益，平衡=利益、价值和标准的加入，责任=对所有利益相关者透明。如此，"价值+平衡+责任=企业在社会中适宜的角色。"见：Mark S. Scwartz, *Corporate Social Responsibility：An Ethical Approach*, Broadview Press, 2011, as reviewed by William C. Frederick，'A Conceptual Toolkit for All Seasons，' October, 2012, http：//williamcfrederick. com/articles% 20archive/SwartzReview. pdf

第二部分

企业社会责任问题和案例研究

第二部分解释战略企业社会责任的独特属性。第 7 章、第 8 章和第 9 章①通过 21 个问题和案例研究探索企业社会责任的广度和深度。每一个问题和案例都可以视为对企业社会责任领域更广泛组成部分的实践介绍。总体来说，这些问题和案例研究形成了讨论和辩论的基础。在此过程中，读者可以通过丰富的在线资源进行进一步调查研究。

第二部分的案例研究涵盖了很多内容，从公司治理和非政府组织到多样性和贿赂，从可持续发展和公平贸易到小额信贷和宗教信仰。我们选取了企业每天都需要预测和应对的问题中的一部分。因此，这些案例说明了企业社会责任对企业行为和战略规划的直接影响。战略规划是在复杂的、不断变化的经济和社会运营环境中作出的决策和行动。换句话说，这些问题会影响企业的收益或损失。它们通过企业品牌、产品和行为塑造与企业利益相关者的关系。对企业来说，这些问题的累积效应直接影响到它们的生存机会，而且这些问题是那些以中长期成功为目标的企业所不能避免的。

图Ⅱ-1 可以帮助我们理解影响企业行为的企业社会责任问题的范围。通过这个模型，我们可以大致将第二部分要探讨的 21 个问题划分到三个利益相关者群体中。这些利益相关者群体已经在第 2 章进行介绍。第 7 章包含主要涉及组织利益相关者的问题和案例研究；第 8 章主要涉及经济利益相关者；第 9 章主要涉及社会利益相关者。首先，利益相关者存在于组织内部。组织利益相关者包括股东、员工、管理层等。总而言之，这些内部的利益相关者构成了完整的组织，因此应当成为组织首要关心的问题。在第 7 章中，影响组织利益相关者的业务职能和实践将通过企业社会责任的视角展示出来。

其次是经济利益相关者，例如消费者、债权人和竞争对手。这些利益相关者与企业的互动主要是受经济因素的驱动。因此，这些利益相关者充当着连接组织和其更大的社会环境的重要角色。第 8 章中的问题不仅影响组织的金融/经济效益，而且为企业和其运营的外部环境创建有效的联系。

再次是构成企业运行得更广泛的商业和社会环境的利益相关者。例如社会利益相关者，包括政府机构和监管组织、社区、自然环境。这些社会利益相关者是组织必需的，因为它们提供了必要的合法性来确保企业的中长期生存。如果没有这种共识，那么任何组织都不能期望自己可以生存下去。

最后，企业社会责任的五个驱动力（富裕、可持续发展、全球化、媒体和品牌）形成了这个同心圆模型的靶心。有关战略企业社会责任的核心争论是近年来出现的改变企业运行规则的因素，这些因素直接导致对信息的控制权从企业转移到利益相关者那里（参见第 4 章）。因此，这五种驱动力提供了一个整体的框架。在这个框架中，企业社会责任和利益相关者理论已成为当今企业商务战略和运作环境的重要组成部分。

① 本书的两位中国作者在第二部分增加了"实施战略企业社会责任：中国"一章，作为全书的第 6 章，英文原书中的第 6、7、8 章在本书中依次顺延为第 7、8、9 章——编者注。

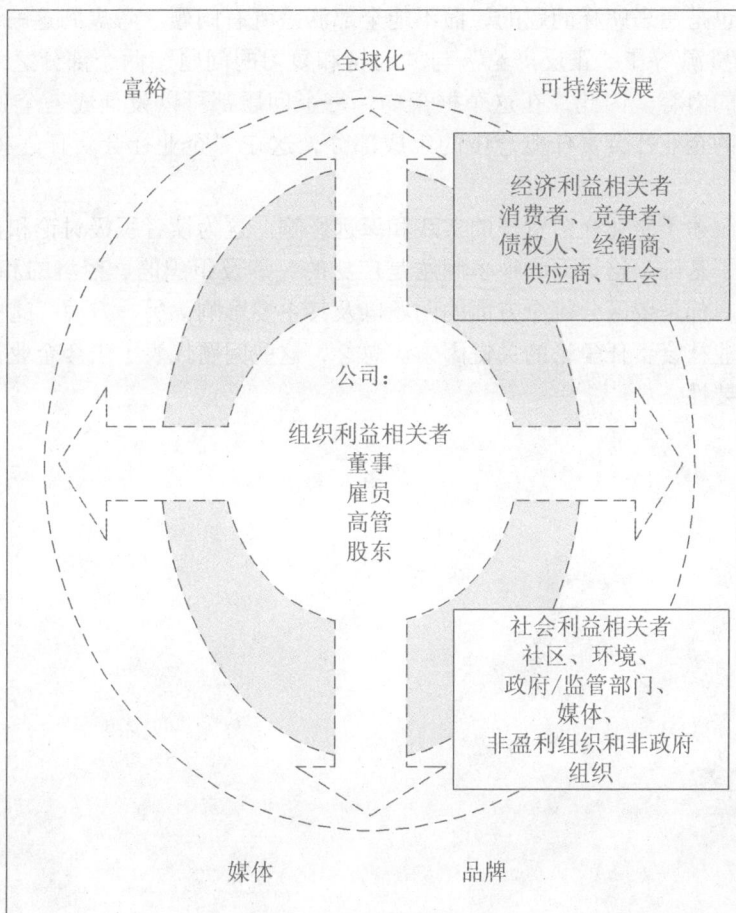

图 II-1　利益相关者模型

第二部分的结构

第二部分的三章^①中，每个问题都被分成了七个部分。

- 企业社会责任关系：简要总结这一问题及相关的更广泛的企业社会责任争论。
- 问题：关于细节的探讨，指出企业社会责任当前话题的中心点和近期发展趋势。
- 案例研究：通过现实生活背景和企业行为或反应来说明问题。
- CEO 视角：在每个问题上从现任或前任首席执行官的角度来进行评论。
- 在线资源：与问题和案例研究直接相关的组织和信息资源的网站链接。
- 正反辩论：与要说明的问题和案例研究有关的可以作为课堂讨论的有争议的问题。
- 讨论和复习的问题：五个可供进一步调查和深入讨论的问题。

正如第一部分"战略企业社会责任"所说明的，企业社会责任是一个多层面的、动态的主题。因此，三类利益相关者群体分别含有 7 个问题，这 21 个问题用来介绍企业社会责任包含的丰富的话题，但由于其复杂性，这 21 个问题并不能涵盖所有的话题。相应

----

① 不包括本书新增加的第 6 章——编者注。

地，每个案例也是用来解释问题的，而不能全部涵盖所有问题。考虑到这一点，"CEO 视角"和"在线资源"在"正反辩论"与"讨论和复习的问题"两个部分之外为读者提供了更加有意思的内容。因此，在这个框架内，每个问题都可以设计成一个独立的研究课题，但也是大的企业社会责任概念中的组成部分，这在"企业社会责任连接"部分中有所阐述。

第二部分阐述了企业社会责任的实践和深远影响。这为读者积极讨论和使用资源深入探讨问题奠定了基础。这里面的很多问题是广泛的，涉及组织的、经济的和社会的方面。因此，我们的目标是要区分每个方面的问题以及其主要影响。另一方面，这些问题和案例研究是当前企业社会责任争论的关键因素。总之，这些问题代表了当今企业社会责任的深度、广度和重要性。

第6章

实施战略企业社会责任：中国

引言

当前，企业的社会责任受到今学术界和实践界的共同关注。1924 年，Oliver Sheldon 第一次正式提出了企业社会责任的概念。① 企业社会责任的研究者认为，企业在履行经济和法律义务的同时，还需要积极承担社会责任。② 西方学者对于企业社会责任进行了比较深入的探讨和研究，比较有代表性的是 Carroll 于 1991 年在前人研究的基础上提出了一个较为全面的概念分析框架，该分析框架认为企业社会责任具有丰富的内涵，将其划分为经济、法律、伦理和慈善等四个责任维度。③

那么，对于一个企业而言，社会责任到底意味着什么，两者之间的关系又该如何去界定？前人对于这个问题进行了漫长的研究和探索。1776 年，企业社会责任在亚当·斯密《国民财富的性质和原因的研究》中得到了表述。书中指出，企业的社会责任要求其尽可能高效地使用资源，为社会提供产品和服务，并在这个过程中获得利润。④ 尽管这一观点对于企业社会责任的要求很低，但在很长的一段时期内，该观点都居于主导地位。随着 20 世纪 30 年代经济大萧条的出现，这种观点开始受到质疑，大家也深化了对于企业社会责任的认识，发现企业与社会间应是一种彼此协作的伙伴关系。20 世纪 60 年代，人们进一步认识到企业提供的产品和服务不仅要重视数量，还需要对质量负责，并对企业不负责任的行为产生了较为激烈的反应。一些人组织起来，以谈判、写信、请愿、罢工、法律诉讼等方式对企业施加压力，还通过股东提案（Shareholder Resolution）、抵制购买（Boycott）、选择性购买和投资法律（Selective Purchasing and Investment Law）等手段，促企业承担社会责任。⑤ 从 20 世纪 80 年代开始，西方一些国家开展了企业社会责任相关的运动，认为企业追求利润和承担社会责任是相互关联的。进入 90 年代以后，在劳工、人权、消费者等运动中，企业社会责任的认证逐渐由内部的自我约束转变为外部的社会约束，并于 1997 年诞生了企业社会责任 SA8000 国际认证标准。⑥ 因此，现代意义上的"企业社会责任"概念最早源于欧洲，企业在运行的过程中不仅要为股东获取利益，而且也应该考虑各种利益相关者的利益。

随着中国改革开放的深入推进，中国经济实现了持续高速的增长，无论是国有企业、

---

① SHELDON O. The social responsibility of management ［M］// The philosophy of Management, London: Sir Isaac Pitman and Sons L td. , 1924: 70-99.
② BOWEN H R. Social responsibilities of the businessman (No. 3) ［M］. New York: Harper, 1953.
MCGUIRE J W. Business and society ［M］. New York: McGraw-Hill, 1963: 272-273.
③ CARROLL A B. The pyramid of corporate social responsibility: toward the moral management of organizational stakeholders ［J］. Business Horizons, 1991, 34 (4): 39-48.
④ 斯密. 国民财富的性质和原因的研究 ［M］. 郭大力, 王亚南, 译. 北京: 商务印书馆, 1972.
⑤ 乔治·斯蒂纳, 约翰·斯蒂纳. 企业、政府与社会 ［M］. 张志强, 译. 北京: 华夏出版社, 2002.
⑥ 常凯. 经济全球化与企业社会责任运动 ［J］. 工会理论与实践, 2003 (4).

民营企业还是外资企业等都在这一时期蓬勃发展，中国在政治、经济、文化等领域取得了很大的成就。然而，中国在享受经济发展成果的同时，也不得不面对随之而来的由于企业不负责任地片面追求利润最大化的短期行为而产生的种种问题。西方市场经济体制下企业发展过程中所引发的各种社会问题也同样出现在改革开放后的当代中国。一些企业在片面追求最大化利润的同时，将应该履行的社会责任抛到了脑后，由此导致了生态环境的持续恶化、消费者基本权益无法得到保障、生产安全被严重忽视、社会矛盾逐步突显等问题的产生。上述问题影响深远，因为它不仅关系到每一个公民的切身利益，而且关系到国家经济和企业的可持续发展。因此，无论是政府、企业还是消费者都开始逐渐意识到企业社会责任并不是一个简单的理论概念，而是具有重大理论意义和实践价值的课题。中国经济与社会的长远可持续发展要求中国企业必须承担起相应的社会责任。

当前，经济全球化愈演愈烈，社会责任运动层出不穷，企业社会责任不仅维系着企业的形象和地位，而且关乎企业竞争优势的获取。所以在新的形势下，中国企业不仅要主动承担社会责任，还要依照自身特点"量体裁衣"式地构建符合自身实际情况的战略企业社会责任（Strategic Corporate Social Responsibility，SCSR）体系。当然，中国企业承担企业社会责任也并不是意味着企业放弃了自身的利润追求。事实上，构建战略企业社会责任体系就是从企业的战略目标出发，将企业社会责任内化为企业自身战略目标的重要组成部分，时刻关注利益相关者并与企业的战略决策和执行决策相整合，由此企业就可以通过实施企业社会责任提升自身竞争优势，从而实现企业长期利益的最大化，进而实现企业与社会的可持续发展。

30多年来，中国社会经历了巨大的变化，中国企业也在这一变化进程中从不同角度、范围和程度上承担着企业社会责任。但是，中国企业在构建战略企业社会责任体系方面还存在很多不足，需要进一步的改变和完善。为此，我们需要回顾和反思企业社会责任在中国的实施情况。本章首先从中国企业社会责任观出发，回顾企业社会责任在中国的发展概况；其次，探讨企业社会责任在国有企业、民营企业和外资企业中的发展状况和差异；再次，通过回顾专家学者与实践者的观点和文献资料，概括总结出中国企业在实施战略企业社会责任时面临的机遇和挑战；最后，提出企业实施战略企业社会责任的分析框架，从而有效衔接企业社会责任与企业战略，进而更好地履行企业社会责任。

6.1　中国企业社会责任的起源与发展

企业社会责任作为商业伦理思想的一种，与早期的商人社会责任观念存在着一定的联系。企业社会责任问题不是孤立存在的，而是在一定的历史发展过程中出现的、与经济社会发展水平相关、具有特定时代背景的系统问题。如果要更好地研究和把握企业社会责任的深刻内涵，就必须对其产生的历史过程和时代背景加以考察。基于此，有必要从中国历史的长河中追溯企业社会责任的思想演变过程，探讨其产生的时代背景及其在中国的起源与发展。

6.1.1　中国企业社会责任的起源

1. 中国传统商业伦理

一般讲商业伦理中的"伦"，也就是"人伦"，离不开人与人之间的关系这一范畴，而"理"主要是指道德、价值观、看法、风俗习惯和原则等，所以伦理一般是指人与人之间相处应遵守的道德、价值观与行为准则的总和。商业伦理也称为企业伦理，是在商业行为过程中存在的各种价值观与行为规范的总和，是企业在为社会提供产品和服务的过程中应该遵守的伦理准则，是一种道德和带有价值判断的内在意识。① 在市场经济的运行过程中，企业无疑在潜移默化中受到价值规律和商业伦理这两只"看不见的手"的影响，而其中的商业伦理与企业社会责任观之间存在着密不可分的联系。

中国是一个典型的传统农耕文明国家，自古以来便有"重农轻商"一说，商人在中国传统社会的地位比较低下。事实上，从我国古代的春秋战国时期开始，尤其是秦国商鞅变法以后，国家就逐渐开始轻视和忌讳商业活动，认为它会对农业造成不利影响，进而影响政权统治的稳定性。从此，"重农轻商"被确定为基本国策，秦朝建立以后更是将这一政策推向全国。自汉代以来，中国占据统治地位的思想是儒家思想，而儒家思想讲究"仁"、"义"，"重义轻利"，本质上是排斥商业行为（即所谓"利"）的，这也是重农轻商政策产生的思想根源之一。这种"轻商"的传统国策尽管在中国的历史上受到了不少的质疑和批评，在某些历史时期也有一定程度的转变，但在中国，从公元前 300 年至公元后 1800 年以前的两千余年间，这一过程并没有发生根本性的改变。②

尽管存在不正确的片面"重农抑商"的思想，然而，中国古代社会也存在着许多值得称颂的商业伦理，这些伦理思想对于当今中国企业社会责任的承担具有重要的借鉴意义。比如，传统儒家中崇尚"仁爱"，重视"取义"，讲究"仁义礼智信"，推崇"以人为本"、"以和为贵"。③ 同时，中国古代商人倡导"据义求利"，指出商业行为不能仅仅为了积累财富，也应该重视道德，在合乎伦理纲常的框架下活动。其实，这种伦理纲常就是一种广义上的社会责任，商业活动中履行企业社会责任离不开践行商业伦理道德，从而使得企业在获得利益的同时实现"义利合一"。

中国的商业伦理是在中国优秀传统文化的基础上产生的，是一种优秀的商业道德，这也是中国企业承担社会责任的内在动力。中国传统商业伦理的渊源是传统的信义观，具体来说就是诚实守信④、市不豫贾⑤、童叟无欺、义中取利、平等竞争、经世济民、敬业乐群、和贵变通、以身作则、乐善好施等。上述传统商业伦理是中国企业社会责任观的雏形，也是新时代企业社会责任观形成的基础，对于企业履行社会责任无疑具有正面的示范效应。

2. 中国企业社会责任的起源

尽管企业社会责任是当今研究的热点话题，但是对于企业社会责任在中国兴起的确切时间并没有定论。尽管如此，企业社会责任的起源必然与企业的产生相关联，顺着这一思路可以对中国企业社会责任的起源进行探讨。

1670 年，英国东印度公司在中国的安平和厦门设立商馆。从 1770 年起，西方国家开始在中国设立私营国际贸易公司。到 1837 年，西方国家设立的公司总数达到 150 多家。⑥ 伴随着西方对中国的影响，企业制度逐渐被带入中国。1842 年，魏源在《海国图志》中第一次提到了"洋人公司"，简要介绍了西方的企业制度。中国真正意义上的现代企业出

① 伍华佳．儒家伦理与中国商业伦理的重构［J］．社会科学，2012（3）．
② 胡光明．当代中国商业道德构成特质与模式初探［J］．北京社会科学，1996（1）．
③ 伍华佳．儒家伦理与中国商业伦理的重构［J］．社会科学，2012（3）．
④ 徐少锦．中国古代的商业道德［J］．哲学动态，1997（10）．
⑤ 即买卖公平、市不二价，卖者不虚定高价，不愚弄、诳骗顾客以牟取暴利。
⑥ 周春平，殷荣．论近代中国公司制演变过程［J］．学习与探索，2001（2）．

现于晚清时期。另外，由于中国独特的经济发展和官僚体制，企业制度的建立与官办企业制度息息相关，比如1873年创办成立的官督商办企业——轮船招商局，开近代中国公司制企业实践之先河，后来的一系列公司也都是基于此开办出现的。它们承担的责任是"富强"、"求富"的社会政治功能，并不是追求利益最大化的公司。同时，"官利"、"报效"等责任也是这些企业所必须承担的。①

另外，部分学者认为传统计划经济下的"企业办社会"也是早期企业社会责任的一个雏形阶段。但是，在高度集中的计划体制下，企业并没有独立的自主经营权，资源完全由行政主导。这一时期的国有企业并不是现代意义上的企业，不但经济责任弱化，同时还承担着大量与企业经济功能不相适应的政治和社会保障职能，片面强调伦理责任。所以，企业社会责任与"企业办社会"之间存在着本质区别，这一时期国家赋予企业的社会责任并非现代意义上的企业社会责任。② 因此，要梳理企业社会责任在中国的发展历程，必须厘清中国企业的改革和发展历程，理清企业与社会责任的本质属性。③

6.1.2　中国企业社会责任的发展

总体来讲，企业社会责任的发展历程与改革开放的进程特别是国有企业改革是密不可分的。国有企业开始进行了一系列旨在提高企业经济效益和效率的改革，其重要标志是1984年党的十二届三中全会形成《中共中央关于经济体制改革的决定》，标志着商品经济改革的开端。改革的重点之一是"政企分开"，使企业变成独立的法人组织。这一时期传统体制之外的非国有经济蓬勃发展，直接导致企业之间竞争加剧，国有企业面临的市场环境不再是静态僵化的。然而，这一时期的企业大都还在探索经营管理之道，或处于发展的初期，企业追求的更多是暂时的生存和短期的利益，这使得企业的社会责任在某种程度上被"简化"为经济责任，因而不能称之为真正意义上的广义企业社会责任行为。企业的经营活动往往忽略其行为对内外部环境的影响，导致诸多问题的出现。典型的例子是20世纪80年代中国乡镇企业在国家政策的支持下异军突起，吸收了大量农村富余劳动力就业，为农村地区脱贫致富和拉动经济快速增长起到了关键性作用。但由于这些企业基础非常薄弱，资金、技术、管理能力先天不足，加之农村环境监管力量薄弱，企业在发展过程中并未意识到环境保护的重要性，导致农村环境和江河生态受到严重损害，成为中国环境整体恶化的重要根源之一。这一阶段企业盲目追求经济效益产生了众多社会问题，这促使中国企业家开始反思企业自身经济利益和社会其他利益之间的关系。众所周知，中国自2001年加入世界贸易组织（WTO）起，便开始逐步融入世界市场和世界经济的秩序环境中。从此以后，西方的社会责任运动也对我国的经济社会产生越来越直接的影响。企业社会责任运动在中国经历了理念启蒙、行动探索和社会共识的阶段，已进入迅猛发展的历史时期，同时在这一过程中也形成了自身的特点。

1. 中国企业社会责任的萌芽探索时期（1984—2001年）

以2001年加入WTO为分界线，1984—2001年是中国企业社会责任的萌芽探索时期。

① 刘长喜. 利益相关者、社会契约与企业社会责任——一个新的分析框架及其应用［D］. 复旦大学博士学位论文，2005.
② 郑海东. 企业社会责任行为表现：测量维度、影响因素及对企业绩效的影响［D］. 浙江大学博士学位论文，2007.
③ 殷格非，李伟阳，吴福顺. 中国企业社会责任发展的阶段分析［J］. WTO经济导刊，2007（1）.

这一时期有以下几个突出的特点：

第一，企业社会责任在 Carroll 金字塔模型[1]中多体现为经济和法律责任，企业行为多是在政府法律制度的框架下被动实施。在这个阶段，企业作为独立的法人，为社会提供产品和服务，并开展相应的经营管理活动，逐步分化演变成国有企业、民营企业、外资企业等多种所有制并存的格局。国家法律法规不断出台，对企业和社会的各种行为进行约束、指导，基本形成了企业履行社会责任的法律环境。1994 年《中华人民共和国公司法》颁布，使企业法人地位得到了确立，明确了法律责任主体。[2] 与之同时，《中华人民共和国环境保护法》、《中华人民共和国企业所得税法》、《中华人民共和国工会法》、《中华人民共和国劳动法》、《中华人民共和国消费者权益保护法》、《中华人民共和国捐赠法》、《中华人民共和国外资企业法》等法律法规进一步明晰了企业的法律责任，打好了履行企业社会责任的法律基础。

第二，从企业社会责任类型来看，这一阶段除经济、法律责任之外，其他企业社会责任实践类型较为单一，社会对企业社会责任的理解较为狭隘，社会责任多以企业慈善和捐助的形式出现。这主要是因为学术界和企业界对企业社会责任缺乏深入的了解，企业行为还处于原始放任的阶段，大多数社会责任意识也仍停留在初级阶段。这一时期较为突出的事件是 1989 年开始的希望工程、1994 年中国光彩事业促进会倡导的中国光彩事业和中国慈善总会的中国慈善活动，这是中国企业社会责任运动最早的体现形式之一。[3]

2. 中国企业社会责任理论和实践的发展时期（2001—2006 年）

发展时期的第一个突出特点是以劳工权益保护为主题的企业社会责任运动在中国开始兴起，加工贸易、制造业等劳动密集型行业成为中国的主导产业，但伴随这一趋势的背景是中国工人人身权益遭到漠视和侵害事件频繁出现。一些私有企业及韩资、日资和台资等外商投资企业劳动条件恶劣，一部分企业在盲目追求经济利益而忽视员工的劳动健康，这与国际劳工组织提倡的体面劳动（Decent Work）相去甚远。包括 SAI（社会责任国际）亚洲项目部等机构在内的国际组织开始关注中国企业的社会责任。1997 年，在 SAI 的牵头下，包括跨国公司、研究机构、非政府组织以及工会代表等在内的多个利益集团对外正式发布了 SA8000 标准体系。SA8000 随后在中国得到了广泛传播，引起了社会各界的参与和讨论。[4] 另外在这一时期，政府不断加强对劳动和就业的管制，在 2002 年相继出台了《中华人民共和国职业病防治法》、《中华人民共和国安全生产法》、《中华人民共和国清洁生产促进法》等有关法律。

这一时期的第二个特征是管理实务界和学术界主办的研讨会（特别是国际研讨会）如雨后春笋般出现，为中国和国际企业社会责任的交流和对话搭建了良好的沟通平台，从而大大推动了中国企业社会责任学术水平和管理实践的发展。这一时期有较大影响力的会议有中国企业社会责任问题学术研讨会（2005）、中欧企业社会责任北京国际论坛（2005）、全球契约上海峰会（2005）等。越来越多的企业组织参加了联合国全球契约，

---

① CARROLL A B. The pyramid of corporate social responsibility: toward the moral management of organizational stakeholders [J]. Business Horizons, 1991, 34 (4): 39-48.
② MANNE H G. Higher criticism of the modern corporation [J]. The Columbia Law Review, 1962, 62: 399.
③ 郭沛源，于永达. 公私合作实践企业社会责任——以中国光彩事业扶贫项目为案例 [J]. 管理世界，2006 (4).
④ 刘瑛华. 从 SA8000 看国际企业社会责任运动对我国的影响 [J]. 管理世界，2006 (6).

承诺积极履行企业社会责任，包括 SA8000 企业社会责任标准在内的诸多国际标准开始在中国得到认可和实践。

3. 中国战略企业社会责任的兴起（2006 年至今）

2006 年至今则是企业社会责任的蓬勃发展时期，战略企业社会责任思想开始兴起，甚至有学者认为 2006 年堪称企业社会责任发展的新纪元年。[①] 在这一时期，国家发展战略和方针政策专门强调了企业社会责任。《中华人民共和国公司法》（修订案，于 2006 年开始生效）在其总则中明确规定公司必须承担社会责任。2006 年 10 月，《中共中央关于构建社会主义和谐社会若干重大问题的决定》在党的十六届六次会议中得到审议并通过，明确提出要"着眼于增强公民、企业、各种组织的社会责任"。[②] 2008 年，国务院国资委提出的《关于中央企业履行社会责任的指导意见》明确规定，社会责任工作应该被纳入到企业的日常工作当中去。[③] 由此可见，企业社会责任不仅仅是企业自身的战略发展需要，更是提高到了实现和谐社会和可持续发展的社会战略高度。2006 年 9 月，由深圳证券交易所发布的《上市公司社会责任指引》中指出，上市公司编制并披露社会责任报告应该受到鼓励，同时社会责任评价和社会责任型投资（SRI）活动应该受到大力的支持。

在这一时期，企业社会责任信息披露在国内日益受到重视，企业社会责任正式报告也经历了从无到有，部分企业社会责任内容甚至还具有一定的国际水准，引起了广泛影响。[④] 2006 年，中国仅有 18 份企业社会责任年报发布，但 2009 年之后中国企业社会责任报告的发布呈"井喷"之势：据不完全统计，2009 年发布的企业社会责任报告达 500 多份。以上市公司企业社会责任报告为例，截至 2011 年 6 月 30 日，在中国一共有 531 份 A 股上市公司的社会责任报告得到了发布，较 2010 年同期增长 10%，报告主体涉及金融、交通运输与仓储、电力、能源、房地产、制造等多个行业。[⑤] 这一时期企业社会责任在中国得以蓬勃发展的动力不仅仅来自于政府法律法规和国家战略的推动，对企业形象和效益的关注、企业管理者的意识以及部分出口企业引领企业社会责任认证共同推动了企业社会责任在中国的发展。越来越多的企业开始意识到，企业社会责任不仅仅是社会道德的要求和社会良知的呼唤，也是企业和整个社会生产力健康、可持续发展的客观要求，是人们价值观念和消费观念转变的必然结果，更是全球价值链形成的必然结果。这些企业社会责任报告对提升企业社会形象、加强企业和外界的沟通、吸引高技能人才加入、提高管理绩效等都有一定的作用。

6.2　中国不同所有制企业的社会责任

企业社会责任与企业的所有权和控制权是密不可分的，因而中国不同所有制的企业所

① 殷格非，李伟阳，吴福顺. 中国企业社会责任发展的阶段分析 [J]. WTO 经济导刊，2007（1）.
② 佚名. 快讯：十六届六中全会通过了《中共中央关于构建社会主义和谐社会若干重大问题的决定》[EB/OL]. 2006 [2014-02-26] http://news.xinhuanet.com/politics/2006-10/11/content_5190485.htm.
③ 佚名. 关于印发《关于中央企业履行社会责任的指导意见》的通知 [EB/OL]. 2008 [2014-02-26] http://www.sasac.gov.cn/n1180/n1566/n259760/n264851/3621925.html.
④ 2006 年 3 月，国家电网公司发布了社会责任报告，即《2005 社会责任报告》。该报告包括科学发展责任、安全供电责任、科技创新责任以及沟通交流责任等内容。殷格非、李伟阳、吴福顺认为这是中国第一份企业社会责任报告，填补了中国企业履行社会责任的一个空白（具体请参见：殷格非，李伟阳，吴福顺. 中国企业社会责任发展的阶段分析 [J]. WTO 经济导刊，2007（1））。2006 年 7 月，宝山钢铁股份有限公司在 2003 年和 2004 年公开发布年度环境报告的基础上发布了《可持续发展报告（2005）》。2006 年 8 月，沈阳自来水总公司以"企业公民"的名义发布了《2005 年度企业公民社会责任报告》。自此，中国企业在参与企业社会责任运动、全面履行企业社会责任运动中迈出了重要的一步。
⑤ 陈贵佳，黄群慧，彭华岗，等. 中国企业社会责任研究报告（2011）[M]. 北京：社会科学文献出版社，2011：260.

应该承担的社会责任必然有所差别。事实上，众多学者对于中国企业社会责任的研究最终的落脚点必然是企业社会责任的实施。通过怎样的方式和机制才能够促进中国不同所有制企业都积极履行社会责任是理论研究和实践过程中的一大难题。中国公司制企业存在的时间还很短，整体上在履行企业社会责任方面还存在很多的问题，因而也不可能一蹴而就，要求所有的企业都按照同样的高标准去实施企业社会责任。

在上述背景下，有必要将中国的企业划分为不同的类型来加以分析。当然，企业划分类型的方式有很多种，比如：依据企业所在的行业来进行划分，包括制造业、金融业、交通运输业、能源业、建筑业等；依据企业规模来划分，包括大型企业、中型企业、小微企业等。考虑到中国企业实际的发展状况，这里主要考察国有企业、外资企业和民营企业等的社会责任。下面从上述三类企业的区别出发，分析其各自应当承担的社会责任。

6.2.1　中国不同所有制企业的区别

由前所述，企业的性质在很大程度上影响着企业所承担的社会责任。不同类型的企业由于利益相关者方面的差别，在企业社会责任的理念、目标和内容上也存在着非常显著的差别。厘清国有企业、民营企业和外资企业在这三个方面的差别有助于更好地制定企业社会责任标准，加速企业社会责任在各类企业中具体落实。

1. 理念和实践层次上的区别

国有企业一般是由政府授权经理人进行管理，并且受到政府的直接监督。具体来说，政府委托国资委等机构行使所有者职能，国资委等机构行使国有股东权利，即享有资产受益、重大决策和选择企业经营者等出资人权益。由于这一特点，国有企业在社会责任上具有和其他企业不同的理念。国有企业承担社会责任是一种主动选择的、战略导向的、外于形而内于心的理念。国有企业在国民经济中的主导地位，赋予其促进国民经济持续增长、劳动力充分就业、国家综合经济实力稳步提升的责任。此外，国有企业除了要履行民营企业、外资企业所具备的环保、社会保障等一般性质的社会责任外，还担负着国家工业化、产业化和信息化升级的历史重任，承载着自主创新、敢于创造、自主品牌创建与新技术研发的责任，以及引领民营资本健康发展的责任。[①]

反观大部分民营企业，还存在着对企业社会责任的模糊认识和错误观念。诚然，民营企业近些年来在企业社会责任方面呈现出"承担意识越来越强，承担能力越来越高，承担内容越来越多"的趋势，部分优秀的民营企业如杭州娃哈哈集团也提出了"以人为本促发展"的理念。[②] 但对于大多数民营企业而言，特别是那些家族式经营的中小民营企业，往往忽视大部分利益相关者的权益，而以满足企业当前的发展和股东及核心的少部分利益相关者的利益为目标，甚至某些民营企业会认为承担企业社会责任是大型企业的专职，视企业社会责任为一种附加的社会成本和一种可有可无的行为。

外资企业是我国企业社会责任的先驱和推进者，强调企业社会责任的关键点是企业社会责任的"可持续性"。例如，诺基亚中国企业社会责任总监曾强调诺基亚选择任何投资或者公益项目时，首先考虑的是如果未来没有更多的资金投入到这个项目，它是否还可以持续发展；强生西安杨森制药公司公共事务部副总监也曾指出，企业履行社会责任应该起

---

① 张春敏，刘继文. 从国有企业的性质看国有企业的社会责任［J］. 前沿. 2007（12）.
② 易开刚. 民营企业承担社会责任的理论与实证研究——以浙江民营企业为例［M］. 北京：中国社会科学出版社，2010.

到政府或者其他利益相关方不能替代的某些作用，这样才能保证有关企业社会责任的所有项目的可持续性。① 当然，从整体来看外资企业推动中国企业社会责任的发展时，这些外资企业在社会责任担当方面的差距是惊人的，部分外资企业在企业社会责任履行上的表现并不尽如人意，也并没有一贯遵守其在母国的职业操守，外资企业无法很好履行社会责任的现象也不时存在。

2. 目标上的区别

在国有企业众多的利益相关者之中，政府和社会公众充当着极为重要的角色，二者均对国有企业社会责任的履行予以更高的期望。因此，无论是经济上的目标，还是非经济上的目标，都应该纳入到国有企业社会责任的履行范围中。国有企业具有特殊的性质，在一些特殊行业的情况也决定了非经济目标的实现对于其履行社会责任的重要意义。② 如果不考虑纯粹的道德伦理要求，国有企业承担社会责任与其担负的政治与公共功能是不可分割的，也就是说，国有企业通过履行社会责任向政府传达了一种忠于人民忠于党的、敢于担当责任的决心和力量。③

不同于国有企业，民营企业与外资企业履行社会责任主要是为了追求经济利润的最大化，以增加其自身的企业价值为履行社会责任的终极目标。对于部分外资企业而言，积极履行企业社会责任是获取合法经营并将自身融入中国本土的商业、社会环境的有效渠道，可以更好地转变社会与社区对自身的不恰当认识，进而被大家所理解、认可和尊重。因此，与国内民营企业相比，往往部分外资企业在企业社会责任的履行方面能够起到更加积极的正面作用。

3. 内容上的区别

作为众多社会利益的交汇点，国有企业特别是大型央企都争做"优秀企业公民"，将履行社会责任视为实现企业价值、对利益相关者做出承诺的手段。作为中国内生性的制度安排和国家建设的主力军，大型央企由于其自身地位的特殊性，在履行社会责任方面特色鲜明，并取得了一定的成绩：（1）在市场经济的竞争中提升企业经营业绩，提高企业管理水平，注重产品质量和服务水平；（2）努力保障国家基础能源如原煤、石油、天然气和电力的供应，并主动承担国家重大项目的建设，深入贯彻执行党和国家的方针政策；（3）部分企业相继发布社会责任报告与可持续发展报告，披露企业的社会责任业绩，有效回应利益相关者的期望；（4）在低碳经济成为世界经济发展大趋势的时代背景下，资源、环保和技术创新问题是中国当前经济发展面临的重大挑战，走低碳发展之路、构建一种新的经济发展模式，已成为中国经济社会转型的目标，如在当期以中石油、中石化和中海油为代表的一批大型央企也开始日益重视资源节约与环境保护；（5）投身社会公益慈善事业，以捐助社会弱势群体为重点展开扶困济贫，响应国家号召，落实扶贫帮困的任务部署，推动老少边穷地区经济发展；（6）积极投身抢险救灾工作，在特殊时期发挥了国有企业的特殊作用，保障国民经济发展及人民群众正常生活的进行。以2008年汶川地震为例，中国航天科工集团第一时间作出紧急部署，提供技术支持、医疗救助，国有通信企

① 佚名. 外资企业社会责任座谈会在京召开［EB/OL］. 2010［2014－02－26］. http：//money. 163. com/10/0518/10/66V93GHB00254CJS. html.
② 黄速建，余菁. 国有企业的性质、目标与社会责任［J］. 中国工业经济，2006（2）.
③ 苏蕊芯，仲伟周. 基于企业性质的社会责任履责动机差异及政策含义［J］. 财经理论与实践，2011（1）.

业甚至空投通讯设备以保障灾区应急通讯。①

　　相较于国有企业全面关注众多的利益相关者，民营企业与外资企业则各有侧重。民营企业更加关注消费者和员工两大利益相关者，往往忽视对于环境、社区的社会责任。进一步来讲，民营企业为追求更高的经济利润，以顾客为导向，对外部消费者的关注度又远远高于对企业内部员工的重视度。反观外资企业，它们更为重视企业对于员工、消费者、环境的责任，在产品、服务质量方面有着更好的表现，在这些利益相关者之间保持了较好的平衡。

6.2.2　中国不同所有制企业承担的社会责任

　　前文分析了国有企业、民营企业和外资企业在履行社会责任的理念、目标与内容上的区别，下面主要来分别分析中国不同所有制企业即国有企业、民营企业和外资企业在实际承担和实施企业社会责任方面存在哪些不同。在具体履行企业社会责任的类型上，采用 Carroll 于 1991 年提出的企业社会责任层次模型，将企业社会责任划分为经济、法律、伦理和慈善等四个主要的责任维度。② 上述四种企业社会责任是一种金字塔式的层次模型，履行难度依次序递增。具体来说，经济责任主要是获取利益的同时，向社会提供商品与服务。法律责任是一种基础性的道德责任，这要求企业的生产经营必须要知法守法，在法律法规所要求的范围内活动。而伦理责任也是道德责任的范畴，是一种还没有来得及形成正式法律条款的且符合一般社会大众期望要求的责任形式。伦理责任是一种价值观和道德的集中体现，是约束商业行为、形成商业文化的重要方面，反映了利益相关者的利益诉求。慈善责任是一种"阳春白雪式"的更高层次的责任形式，企业一般是在自发自愿的条件下开展各类社会捐赠等慈善活动，通过这种方式承担社会责任。

　　1. 国有企业

　　如前所述，国有企业是共和国的"长子长孙"，不但要积极履行经济与法律层次上的企业社会责任，更要努力实现更多、更大和更高层次上的社会责任。国有企业应当以履行好法律责任、伦理责任和慈善责任等社会责任为目标，权衡好经济、法律责任与伦理、慈善责任等社会责任之间的关系，从而能够从容调整好自身的战略定位。经济与法律责任体现在对顾客、战略合作伙伴等利益相关者的高度关注，同时从另一方面看这也是对经济责任的重视和强调。只有实现了股东、消费者等利益相关者的利益才能实现企业的目标。国有企业履行经济责任的对象是国家和人民，而所有的利益相关者都属于人民大众。从这个角度来讲，利益相关者的权益保护更应该受到国有企业的重视。

　　国有企业承担社会责任时也不应当忘记环境、社区和政府责任的履行。国有企业不仅仅要在社区、生态环境、员工保护、救灾扶贫等多个方面积极承担责任，更要为广大的民营企业和外资企业做好表率和示范作用。③ 同时，国有企业不仅要对社会的需求进行分析和预判，还要努力了解企业社会责任的履行情况，积极参与到建立和完善中国企业社会责任履行情况的审计和评估的活动中去，在社会责任的履行标准上担当重要的角色。国有企

　　① 冯梅，陈志楣，王再文. 中国国有企业社会责任论——基于和谐社会的思考 [M]. 北京：经济科学出版社，2009.

　　② CARROLL A B. The pyramid of corporate social responsibility：toward the moral management of organizational stakeholders [J]. Business Horizons，1991，34（4）：39-48.

　　③ 郭洪涛. 不同所有制企业承担社会责任的具体形式探讨——基于创新型 CSR 模型基础之上 [J]. 经济问题探索，2011（2）.

业尤其是处于垄断行业的国有大型企业应该努力承担伦理与慈善责任，促进国家劳动力就业，保障国家经济命脉，调节收入分配，面对突发情况和灾难要挺身而出，发挥先锋带头作用，针对边疆地区、贫困地区及其群体，以及诸如地震、洪水等各种自然或人为灾害，要大力开展慈善活动，帮助受难的人民和群众渡过难关，做好政府的支持工作，根据自身条件和特点帮助政府和人民。国有企业应该在行业中树立良好的竞争氛围，积极维护市场和行业运行的秩序，在维护宏观经济的平稳有序运行、保证社会充分就业、保护农民工权益等方面履行自身的社会责任。

2. 民营企业

民营企业相对国有企业而言一般更加重视经济责任的履行，同时也会因为政治因素寻求政府支持而积极承担社会责任。① 事实上，民营企业是中国社会经济发展的主要力量，应该积极履行经济与法律责任，努力追求企业利益最大化。民营企业的所有者是单一或多个个体，生产资料的所有制决定了其追逐利润的动力和目标。但是，民营企业也不应该为了追求利益而置其他社会责任于不顾。经济责任与社会责任之间并不是根本对立的，经济责任是社会责任的一个有机组成部分。民营企业履行社会责任（包括更高层次的伦理责任和慈善责任）从某种程度上来说能够促进企业更好更快地实现经济责任。应当注意的是，民营企业在履行社会责任的过程中应该量力而行，循序渐进，根据企业自身的实际情况履行环境责任、政府责任和社区责任。与国有企业和外资企业相比，大多数民营企业的起点还是较低，底子薄，技术和经营管理经验较落后，对于环境保护的意识还有待提升。即便如此，民营企业也要重视国家和政府的各项规定，比如民营企业即便无法加大环境保护的成本投入，最起码也要控制对环境的污染程度，尽量减少污染，降低社会成本，杜绝短期化行为。②

当然，民营企业也应该在履行经济责任和法律责任的同时，努力履行伦理责任和慈善责任，但要结合实际情况来履行这些社会责任，因为大量承担慈善责任有可能会给企业带来巨大的风险。从实际操作层面来看，大多数民营企业也很难像国有企业那样承担大量的社会责任。尽管许多研究表明，企业社会责任投入对企业来说是一项长期的投资回报行为，对企业的市场价值产生正面的影响③，但是在中国一些重大社会紧急事件（如2008年的汶川大地震）发生后，如果某些企业捐款没有达到一定标准，就会受到社会大众的强烈批评和指责，甚至受到抵制，形成了所谓的"逼捐"现象。④ 民营企业在实际履行社会责任的过程中应该注意研究社会需求和社会期望，将履行社会责任由"成本中心"转变为"利润中心"。

3. 外资企业

外资企业在中国的经济发展中也扮演着重要的角色，但由于外资企业的控股方的身份并不是中国企业，因而在企业社会责任的履行方面也存在着不同于国有企业和民营企业的特征。目前在中国境内的大多数外资企业都是国际型企业在中国设立的分支机构，因而对

---

　　① 苏蕊芯，仲伟周.基于企业性质的社会责任履责动机差异及政策含义［J］.财经理论与实践，2011（1）.
　　② 郭洪涛.不同所有制企业承担社会责任的具体形式探讨——基于创新型 CSR 模型基础之上［J］.经济问题探索，2011（2）.
　　③ LUO X，BHATTACHARYA C B. Corporate social responsibility，customer satisfaction，and market value［J］. Journal of Marketing，2006，40（4）：1-18.
　　④ 黄敏学，李小玲，朱华伟.企业被"逼捐"现象的剖析：是大众"无理"还是企业"无良"［J］.管理世界，2008（10）.

于它们来说在承担社会责任的过程中不可避免地会受到母国理念的影响。由于国家与民族
文化之间存在的差异，西方发达国家的企业社会责任理念与中国的企业社会责任理念有着
很大的不同。西方国家法制建设更加健全，市场经济和公司治理比较完善，更加重视知识
产权的保护，股东、员工、消费者利益的维护和实现。外资企业的所有者身份属性决定了
其既不可能也不情愿大力承担中国社会的各项责任，① 但外资企业自身必须履行基本的经
济责任、法律责任，在这个基础上，对环境责任、社区责任和政府责任有所承担。外资企
业可以利用母国对于企业社会责任的先进认知和意识，将先进的技术和管理经验介绍和引
入到中国，帮助中国企业更好地实施战略企业社会责任。至于伦理责任和慈善责任，对于
外资企业来说，有效、积极的履行显得较为困难，所以没有理由对外资企业提出履行高层
次社会责任的要求。

6.3　中国战略企业社会责任：机遇与挑战

随着高科技的不断发展和企业社会责任运动在全球范围的不断展开，企业社会责任不
仅维系着企业的形象和地位，而且关乎企业的竞争优势。所以，中国企业不仅要主动去承
担社会责任，还要依照企业自身的特点量体裁衣构建战略企业社会责任体系。从企业的战
略目标出发，将企业社会责任内化为企业自身战略目标的重要有机组成部分，时刻关注利
益相关者，并与企业的战略决策和执行决策相整合，企业就可以通过实施企业社会责任提
升自身竞争优势，以实现企业长期利益最大化和企业与社会的可持续发展。在这个过程
中，面临着许多的机遇和挑战，中国企业应该以怎样的姿态去面对实施战略企业社会责任
带来的挑战，又如何从挑战中寻找机遇，实现自身和社会利益的帕累托最优就成为一个重
要而难以解决的问题。

6.3.1　山重水复：战略企业社会责任在中国发展面临的挑战

从中国企业社会责任报告的数量和内容上看，进步和成绩是明显的，很多企业在各种
平台以各种形式开始承担社会责任。从企业类型来看，国有企业是企业社会责任履行的排
头兵，在节能减排、低碳清洁生产、诚信经营、科技创新、扶贫助教、公益捐助及科技创
新等方面发挥了模范带头作用，为中国企业树立优良的国际形象发挥了重要作用。同时，
部分优秀的民营企业不断增强履行责任意识，发挥在市场和行业中的活力和创造力。

当然，中国企业社会责任在履行和承担的过程中还存在不少问题。首先，除大型国有
企业和部分优秀的外资企业、大型民营企业在履行企业社会责任上有所作为外，中国企业
整体的社会责任意识较淡薄，其中不乏一些市场信誉曾经不错的民营企业。特别是对于多
数中小企业而言，要么未曾参与过捐赠、志愿活动等社会公益慈善活动，要么不能恪守规
范的市场经营准则，一些值得倡导的企业社会责任实践不能持续坚持，反映其社会责任投
资意识不强，企业普遍还没有树立起自发自愿、积极主动承担社会责任的良好理念。相
反，有些企业偷税漏税、劳资纠纷、环境污染严重、假冒伪劣产品盛行的负面消息层出不
穷。在消费者权益保护方面，如"三鹿奶粉"损害消费者权益这类现象频发；在劳工权
益保护方面，"富士康跳楼"、"南海本田罢工"等事件都敲响了警钟；在环境保护方面，

---

① 郭洪涛．不同所有制企业承担社会责任的具体形式探讨——基于创新型 CSR 模型基础之上［J］．经济问题探
索，2011（2）．

高污染、高耗能企业导致环境污染突发事件呈不断上升之势。这主要是由于企业受经济利益最大化动机驱使，加上大量中小企业还处于原始资本积累或资源整合阶段，面临人力、物力、技术和财力等发展条件的制约，企业社会责任的履行和管理困难重重，因而对社会责任的投资动力也不足。民营企业在我国国民经济中具有重要的作用和地位，其履行企业社会责任的状况对中国企业社会责任运动的发展意义深远。

其次，从总体上看，目前中国本土大部分企业的社会责任仍然停留在较低的层次，如经济责任和法律责任，这些社会责任具有普遍性，是最低标准的要求。企业在科技创新、清洁低碳生产、积极参与社会投资方面的表现还很不足，如何能与国际社会接轨并且努力履行更高层次的企业社会责任应该是未来中国本土企业社会责任的重要发展方向。此外，中国企业对于社会责任管理尚未形成一个完整有效的管理机制，在企业社会责任战略化和建立相应的组织、管理体系方面不够成熟，与发达国家企业相比，企业社会责任体系不够规范，系统化、组织化问题比较突出。目前，我国对于企业社会责任的认知存在着很大的偏差，企业社会责任确实需要将战略眼光与科学管理体系结合起来。

最后，政府还需花费更多的力量来积极推动企业社会责任的履行。伴随着国际大环境的影响，中国政府已经展开行动，但尚未构建出一套适合国情的企业社会责任评价体系，在税收、财政等政策的导向上也并未真正起到激励作用，一些公共政策选择的失当易造成企业社会责任实现的困局，政企之间的"利益同盟"使政府对企业的监管失灵等。同时，责任管理部门的追责制度也很不明确，鲜有报告说明如何对相关部门进行考核，特别是发生失范甚至危机后应该如何问责处置，没有从"端口"对企业社会责任失范的行为进行预防规制。

6.3.2　柳暗花明：中国战略企业社会责任发展的机遇

尽管中国战略企业社会责任发展存在诸多挑战和阻碍因素，但仔细分析这些问题，其背后是有着深层次原因的。应该讲，当前的时期是一个转型期，是市场经济由初始的探索到逐步规范合理的发展期，也是不同的制度交融和体制变革的时期。在这个时期中，中国企业面临着前所未有的机遇，大有可为之处。①

1. 环境的变化与机遇的产生

首先是改革开放为中国经济注入了强劲持久的动力，并且这种开放和改革还在继续。这一轮经济快速增长、社会变化加速，粗放式的经济增长模式使得改革的红利呈现缩小和减弱的趋势。在发展的同时，人口资源与环境所带来的压力不可谓不大，社会在急速的转型和变化中各种利益和矛盾凸显，收入分配方式的变化与利益格局的调整不断进行，社会两极存在一定的分化现象等。这一切问题的显现也使"企业履行社会责任受到更加广泛的关注"这一现象变得顺理成章。② 应该讲，当经济发展到一定阶段后，社会的发展应该在注重效率提高的同时，更加"注重社会公平"。2003 年以来党发出了"科学发展"、"构建社会主义和谐社会"的号召，2007 年更是把"科学发展观"写入了党的章程。这说明中国经济改革政策已从"少数人先富"转向追求"共同富裕"，从"效率优先，兼顾公平"转向"更加注重社会公平"。

① 陈定洋，郝欣富，唐华. 制度环境变迁与中国企业社会责任路径 [J]. 中国人口·资源与环境，2011 (8).
② 贾生华，郑海东. 企业社会责任：从单一视角到协同视角 [J]. 浙江大学学报：人文社会科学版，2007 (2).

　　同时，经济全球化已经进一步深化，世界早已经成为"地球村"。企业之间、市场之间、国家之间已经形成了千丝万缕的关联，各种价值链、供应链交错，竞争规则和竞争理念也在悄然之中发生着变化。企业的经营发展理念已经由以往单一的追求经济目标转为追求多维的利益相关群体的目标体系，将顾客、供应商、社区、环境等各个要素都容纳进来；企业的活动和行为已经不是孤立存在的点，而是线和链，将各种关系运用社会责任串联起来；社会责任的承担对于企业来说已经成为一种时代所赋予的使命，也是一种发展的趋势和潮流，企业履行社会责任正在朝着多维化、快速化、精细化的方向发展。

　　2. 积极、科学承担战略企业社会责任

　　现在的社会发展程度和制度环境已经并且正在发生着重大和影响深远的变化，这种变化从很多角度强化了企业应该履行的社会责任，需要我们进一步将政府、企业的职责和功能明确下来。而社会责任评价体系的逐步建立和诚信记录的实施使得企业必须将社会责任的承担纳入到企业的战略目标和日常的生产经营活动当中去。换句话说，履行企业社会责任已经变成一张通向未来发展的"绿卡"，没有积极在这方面下工夫，企业就会处处碰壁。从长远的角度来看，企业的目标是实现基业常青，如果不重视社会责任的履行，那么市场、制度和环境的压力与变化会使得企业未来长久的发展举步维艰。从这个角度上说，企业社会责任的承担不是简单的活动，而是一种战略层面的、经过企业反复推敲酝酿的重要战略举措，也是一种经济投资战略措施。因此，投资社会责任，获得企业长久的发展动力，赢得各方利益相关者的尊重和理解，提升物质、人力、社会等各种有形和无形资本就显得尤为重要。

　　所以对于中国的企业来说，在当前这样的机遇与挑战并存的时期，如何通过科学、积极的履行企业社会责任，响应政府与社会的期待和号召，将战略企业社会责任体系真正建立起来就成为值得反复思考和推敲的问题。企业应该走战略企业社会责任的可持续发展之路，对顾客、员工、社会、社区、环境等各方负起应该担负的责任，转变责任观念，提高发展绩效和发展质量。另外，战略企业社会责任体系也要求企业换位思考，结合自身发展情况和功能定位，通过履行社会责任来带动主营业务发展，在发展主营业务的同时坚持承担社会责任，形成一种良性的循环，实现企业与社会、社区的共同进步和共同可持续发展。①

6.4　在中国企业中实施战略企业社会责任

6.4.1　实施战略企业社会责任：一个分析框架

　　通过对中国各类企业社会责任现状的研究发现，中国企业在履行社会责任过程中大多停留在履行一些企业社会责任行为，以及发布企业社会责任年度报告层次之上，仅仅将企业社会责任年度报告作为一种舆论宣传、提升企业形象或影响力的工具。这些企业大多没有设立专门的企业社会责任管理机构，缺乏一套推行企业社会责任的系统化、专业化的体系或制度，没有将企业社会责任与企业的发展和战略目标相挂钩，更没有关注并衡量企业社会责任实践给企业乃至社会带来的效益。

　　中国企业要实施战略企业社会责任，绝不应该是盲目的，企业需要加强在企业社会责

　　①　陈定洋，郝欣富，唐华．制度环境变迁与中国企业社会责任路径［J］．中国人口·资源与环境，2011（8）．

任方面的投资，提升企业社会责任绩效的总体表现。然而，盲目的企业社会责任投资是没有效率的，企业社会责任投资也需要考虑边际收益。企业根据其自身及所在行业的特点，在企业社会责任不同维度上的投资应该是不一样的。企业并不需要在所有维度上都加大投资，而是需要有选择的投入。在企业社会责任绩效优良的方面，可以继续维持投入，而在企业社会责任绩效较差的方面，则需要持续增加投资。

中国企业履行战略企业社会责任，绝不是简单地实践一些企业社会责任行为之后，将这些行为记录在企业社会责任报告上。履行企业社会责任需要一整套系统的、可操作的、可衡量的、可持续的运作机制来推行企业社会责任，并将其内嵌于企业的发展战略中，实现战略企业社会责任。

如图 6-1 所示，推行战略企业社会责任需要一套系统化、流程化的运行机制。战略企业社会责任管理是一个管控企业社会责任投资和产出，包含计划、行为、审计、反应等环节的动态循环过程。

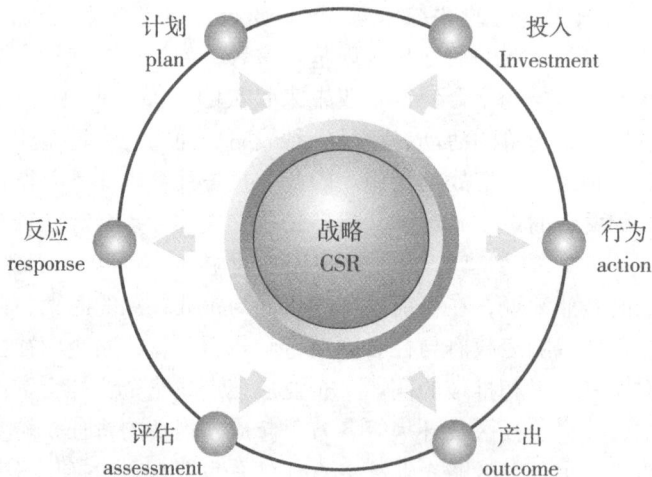

图 6-1　战略企业社会责任实施框架图

第一步，企业在推行企业社会责任时，需要制订实施计划。该实施计划包括以下五大要素：为什么做（why）、做什么（what）、什么时候做（when）、谁来做（who）、如何做（how）。

第二步，企业在计划的指导下开展企业社会责任投资。其中包括：资金的投入，比如进行预算、资金的分配和调度；人力的投入，比如成立专门的机构或小组；培训的投入，对相关人员的培训和沟通。需要注意的是，投入是多方面、全方位的，但是又要有侧重点，需要紧跟企业的战略目标。然而，如何实现有侧重点的投资，如何保证企业社会责任投资能够获得收益和产生预期的社会影响，这就需要企业制订完善的实施计划，同时对以往的企业社会责任行为进行审计并作出反应。因而，战略企业社会责任整个流程不是单向的，而是一个循环的动态过程。

第三步，企业在开展了前期的投入和准备之后，就要去开展相应的活动，实践企业社会责任行为。

第四步，企业在推行不同维度和不同方面的企业社会责任之后，会获得相应的产出和效果。比如，企业在实施企业社会责任行为之后，通过企业社会责任报告的形式对行为进行描述、归纳和整理，以新闻发布等形式与相关利益者进行沟通，达到信息披露和树立企业形象的效果；通过对员工开展各种形式、各种内容的培训活动来提高工作效率和工作满意度；改善生产工艺，减少企业生产对环境的污染。在这一部分，我们将企业社会责任报告也列入企业社会责任的产出部分。这些都是实施企业社会责任的直接或间接产出和效果。

第五步，对企业社会责任的产出和效果的审计是企业实现战略企业社会责任不可或缺的一步。审计企业在实施企业社会责任时投入的成本和收益，审计实施过程中存在的问题，审计实施效果的积极或消极影响及影响程度，进而发现企业哪些方面的企业社会责任行为是存在问题的，哪些方面的企业社会责任行为能够实现正收益，哪些方面的企业社会责任行为可以产生负面效益，哪些方面的企业社会责任行为是过度投资等。在这一步中，我们将审计企业社会责任投资的成本和收益，行为以及效果的直接和间接影响，以明确哪些方面的企业社会责任行为是亟待改善或投入的。

第六步，我们将利用第五步中得出的企业履行企业社会责任行为的审计结果，帮助企业实现战略企业社会责任。在这一步中，我们结合企业的发展目标、愿景和战略决策，对企业社会责任的各个维度进行重要性排序，明确哪些方面的企业社会责任行为是"关键性的"，各方面企业社会责任行为对企业发展贡献的大小，从而打造与企业社会责任各维度相契合的管理应对方式。

在这个循环的流程图中，每个步骤并不是必须严格按照顺序进行的，而是可以不断的调整和改进，是动态的循环。图6-1中，流程图圆环的右半部分是战略企业社会责任落地实施的步骤，而圆环的左半部分主要是企业社会责任战略化、制度化的步骤。

当前，中国很多企业已经意识到企业社会责任的重要性，并且越来越多的企业开始履行企业社会责任。但是，众多企业不知道企业社会责任对于企业战略管理存在何种意义，不知道采取何种方式使企业社会责任达到最佳效果，不知道如何实现企业社会责任的战略性和可持续性。为了解决企业在履行企业社会责任时存在的困惑，我们将着重陈述图6-1中圆环的左半部分，帮助企业将企业社会责任塑造为企业战略管理的工具，将企业社会责任管理制度化、流程化，以使企业社会责任为企业、环境、社会创造更多的利润和价值。

战略企业社会责任的实施框架需要体现出如下特点：一是战略性（strategic）——将企业社会责任提升到战略层面，直接与企业发展方向、发展战略挂钩，根据企业的发展战略来确定企业社会责任维度的重要优先性；二是可衡量性（measurable）——对企业社会责任行为和影响的审计都是量化的，通过量化研究来达到可衡量性；三是可持续性（sustainable）——通过不断地审计行为和影响，不断地调整和优化管理应对方式，来实现企业社会责任的可持续性发展；四是关键性（critical）——通过审计了解发展中亟须改进和突破的地方，明确侧重点和关键点；五是参与性（participative）——在每个步骤的具体操作细则中，都需要利益相关者的参与。具体的参与程度和参与方式在每个步骤中的要求是不一样的。

6.4.2　对策与建议

应该讲，中国企业正在逐步摆脱以往"企业社会责任就是环境保护与社会公益"的狭隘视角，开始从战略层面理解和认识企业社会责任。但是不可否认的是，整体上中国企业的社会责任意识仍显淡薄。从企业社会责任的层次上看，大多数还处于经济责任和法律责任，且企业实践多是被动应对；企业社会责任报告也多是企业履行社会责任活动的总结和归纳，缺乏对未来企业社会责任的系统思考。中央企业在履行企业社会责任上还存在着较大的不足，但是这恰恰也说明还存在着很大的改善空间。针对上面的实证分析，我们认为，要改善企业在社会责任上的表现，需要政府和企业自身两个方面的努力。作为履行社会责任的主体，企业在这方面的作用无需赘言。而政府承担着两方面的角色：一方面，政府作为国有企业的所有者和民营企业与外资企业的监督管理者，有权利对国有企业各部门和民营企业与外资企业履行社会责任进行指导和监督；另一方面，政府作为市场的规制者，需要制定法律来规制企业在社会中的运作，并且通过政策为企业提供支持，为企业的发展指明方向。因此，政府对国有企业的社会责任表现也具有举足轻重的影响。鉴于此，我们将从企业和政府两个方面对企业社会责任的改善提出建议。

1. 对企业实施社会责任的建议

（1）建立系统化的战略企业社会责任体系。目前之所以国内大部分企业在企业社会责任上投资不足或投资缺乏连续性，主要是没能充分将企业社会责任与企业战略紧密结合，导致企业社会责任实践大多成了"亏本投资"。企业内部的各项社会责任行动好似一盘散沙，同企业日常的运营和经济效益割裂开，履行企业社会责任变成了"为责任而投资"，而不是"为投资而投资"，缺少系统性和战略性的整体思维，结果往往导致企业社会责任无法持续实施下去。而那些在企业社会责任上一直缺乏投资的中小企业有的更是将社会责任和经济责任对立起来，无视两者之间的相互依存性和可调和性，将企业社会责任看成企业发展的负面投资或"累赘"。

构建战略社会责任体系就是要求企业把握共赢机会，积极同其他利益相关者在商业领域合作，真正将企业社会责任纳入企业战略管理体系，纳入企业价值链管理体系，纳入企业绩效评价体系。社会责任涉及的利益相关者非常广，而这些利益相关者又是价值链和供应链上的重要组成部分。从这个意义上来说，经营企业社会责任也就是在经营资源，履行社会责任有助于企业社会资本的改善。企业需要从企业战略的高度出发，将社会责任贯穿于企业的整体经营中，根植于整个企业的高层管理体系中，从而把企业社会责任纳入企业自身的利益过程中。同时，企业必须超越狭隘的短期股东价值观，从长远视角看待承担企业社会责任带来的无形收益。研究证明，企业社会责任确实能够提高企业的市场信誉和知名度，加强社会对企业形象的认可，进而提升企业的市场价值，在企业的运营过程中转化成有形的资产。中央直属企业要从提升国际竞争力、实现企业持续价值增值和长期发展的高度将企业社会责任内化为企业发展的需要，通过实施社会责任战略，提高企业的可持续发展和竞争能力。

（2）完善企业的管理制度，加强对企业社会责任履行方面的管理。中国的大部分企业在履行社会责任时都没能实行"问责制"，实行"透明制"的企业就更加稀少了，这凸显出中国企业在管理制度上的不完善。比如，国有企业虽然经过了长时间的改革，但是企业运行仍然有着较为浓重的"大锅饭"制度下的痕迹，具体体现在企业员工并没有较强的工作责任意识，以及管理不透明。因此，国有企业需要完善自身的管理者制度，通过问责制、透明制的实行，督促企业员工积极承担责任和义务，并且实现企业管理上的信息公开。同时，企业还要加强对其履行社会责任的管理。只有接近四成国有企业设立了专门的企业社会责任管理机构，大部分企业都是由企业的高层管理者直接督促具体责任的实施，这使得企业在社会责任的推行上不能够做到明确和专注。作为中国企业的排头兵，国有企业在社会责任方面应始终走在其他企业的前面，积极与世界接轨。因此，国有企业需要建立专门的社会责任实施机构，以更有力地推行企业社会责任。

（3）维护全体股东利益，保障企业的经营效率。股东作为企业的所有者和重大事项的决策者，需要从战略层面来考量企业社会责任。履行对股东的义务不但影响到企业的管理，还影响到企业未来的融资状况。然而，从前面的分析可以发现，大多数中国企业在履行对股东义务方面的表现非常差。履行对股东的义务主要集中在"召开股东大会"、"分取红利"和"小股东的发言权"这三个涉及股东权益的最重要的方面，但能够同时做到这三方面的企业少之又少，大部分企业的企业社会责任丝毫没有涉及这三个方面，还有一部分企业只涉及其中的一两个方面。

（4）严格遵守劳动法律法规，承担更高层次的雇主责任，构建和谐劳动关系。根据《中央企业战略社会责任审计报告》[①]，中央企业在企业社会责任雇员维度得分上总体比较高，相对于民营企业或外资企业而言，中央企业内部不存在"强资本弱劳动"的格局，劳动争议数量相对较少。由于该报告对企业社会责任绩效的审计选取的指标几乎都是法律责任层次的指标，这只能说明中央企业在承担对雇员的最低法律责任上大都能自律。事实上，大型中央企业在承担更高层次的雇主责任上还需要努力。例如，众多中央企业往往为了减少雇佣成本大量采用劳务派遣的灵活用工形式。通过分析发现，无固定期限劳动合同和集体合同在国有企业中并没有得到普遍推行，能够积极签订上述合同的企业非常稀少。国有企业作为政府的服务企业，在用人上遵守劳动法的规定是其必须履行的义务。同时，无固定期限劳动合同和集体合同的签订，一方面是企业规范化管理的表现，另一方面是积极维护员工利益的表现，能够提高员工的工作满意度，从而产生更大的经济绩效。从企业社会责任的实施效果看，雇员既是企业社会责任的承受者，也是企业社会责任的传播者。因此，企业需要遵守劳动法的规定，按照企业的实际情况积极推行，通过各种途径构建和谐劳动关系。[②]

（5）企业不仅需要从业务上对环境保护做出贡献，还要在业务以外积极向公众宣传和教育环保意识。通过国家的大力宣传和企业自身的努力，国有企业从自身的业务出发，积极推行节能环保的理念，在这方面取得了不俗的成绩。但是在业务以外，国有企业却并没有秉持这种理念，继续推进环保行为，具体体现在很少有企业在宣传公众环保意识上做出努力。国有企业不仅需要积极学习和谐社会和科学发展观的理念，也需要从各个方面做出最大的努力来推行这种理念，这种推行不仅需要在企业的自身运行上着手，还需要向外界尽全力去扩散这种观念。因此，向公众推行环保意识是国有企业今后需要继续努力的方向。

（6）在积极与其他企业公平竞争的同时，尊重其他企业的知识产权。实证分析显示，国有企业在竞争过程中，不能够始终坚持公平的原则。能够做到公平竞争的国有企业在上述报告中只占四成左右，大部分国有企业在公平竞争上还需要加以改进。更为严重的是，国有企业还面临着较为严重的知识产权问题。能够严格尊重知识产权的企业只占所有国有企业的一成，这说明很多国有企业都可能存在着侵犯他人知识产权的情况。现代企业制度

---

① 杨伟国，黄伟. 中央企业战略社会责任审计报告 ［R］. 中国人民大学中国人力资本审计研究所，2013.
② 杨伟国，黄伟. 中央企业战略社会责任审计报告 ［R］. 中国人民大学中国人力资本审计研究所，2013.

是以市场经济为核心的，市场经济毫无疑问是竞争的代名词，因此国有企业需要积极参与到与其他企业的竞争中，但是如何竞争是迫切需要明确的问题。在西方国家，竞争中的商业道德是每一个企业都需要遵守的规范，这一点对于积极与世界接轨的中国企业来说毫无疑问也是适用的，尤其是起模范作用的国有企业，更是需要严格奉行这一商业准则。因此，国有企业在整个竞争过程中，需要始终秉持公平竞争的理念，通过正面的积极竞争来提高自己，而具体做法则是切实尊重其他企业的知识产权。

（7）完善自己在缴纳税收和政治参与两个方面的表现，履行对政府的责任。国有企业毫无疑问需要履行其所有者和规制者——政府的责任，包括反腐败、遵守法律、缴纳税收和政治参与。在反腐败和遵守法律方面，国有企业都表现得较为出色，但是在缴纳税收和政治参与上的表现却不尽如人意，还存在着很大的提升空间。企业要想在对政府的责任履行上有出色的表现，就必须在这两个方面有所加强。首先，在税收缴纳上，国有企业要明确自己在财政收入上的重要地位，加强自己的责任意识，也要明确自己在经济上对国家的职责和义务，将税收视为自己对国家的重要贡献和经济绩效的重要表现，积极缴纳税收。其次，在政治参与上，国有企业要积极参与政治决策，发表自己的意见和看法，为国家的发展进言进策，最重要的是要做到负责任地参与，即通过自己的参与，为自己争取利益的同时，不损害人民大众的利益，甚至积极为人民大众谋福利。

（8）及时建立企业社会责任预警体系和危机管理体系。建立雇员全面参与、责任分担的企业社会责任绩效考核制度，是企业全面履行、系统监控企业社会责任的保障。通过对企业员工进行企业社会责任培训，将履行企业社会责任融入到员工的责任和绩效考核中，使企业的每一份子都明确自己对企业社会责任应承担的义务，并积极地履行、监控企业整体的企业社会责任行为，这样整个企业的企业社会责任组织管理体系才能发挥最大作用。良好的企业社会责任形象不是一朝一夕就可以树立起来的，需要长时间的积累，企业在企业社会责任管理上的任何一次危机都足以破坏其企业社会责任形象，尤其在信息传播如此快捷的互联网时代，破坏速度会更快，破坏力度会更大，恢复成本会更高。推进社会责任战略伊始，中央企业就需要建立一套企业社会责任预警体系和危机管理体系，从而更好地监控和管理风险。

（9）不断完善企业社会责任报告的内容和形式，使企业社会责任报告真正成为企业同利益相关者沟通的直接平台。国资委等主管部门要求企业对外公布社会责任报告的一个重要目的就是通过公开、透明的信息发布监督企业社会责任行为的实施和完善。企业社会责任报告向各利益相关者汇报了企业社会责任的绩效表现，也是利益相关者比较和评价企业社会责任绩效表现的重要依据。事实上，中央直属企业的社会责任报告还存在诸多问题，具体表现在以下几方面：第一，就形式和内容而言，尽管大多数社会责任报告参照了国资委以及全球报告倡议组织（GRI）等组织所发布的种种文件中的标准规范，但是仍旧有相当比例的央企在编制社会责任报告时不够规范科学，披露的相关信息质量不高。这些报告存在选择性"过滤"，往往"报喜不报忧"，有意绕开负面新闻和重大事件的反馈等。同时，多数报告背后反映企业对企业社会责任的理解还欠深入，报告多局限于一些基础性的环保、公益、科技等内容，信息不完整、不全面。第二，国资委管辖的中央企业社会责任报告大多采用一种"事后总结"的方式编写而成。这种报告方式使得企业社会责任实践缺乏前瞻性和系统规划性，难以充分体现社会责任报告在传播企业社会责任价值理念方面的重要价值。第三，部分社会责任报告和企业经营、运营活动的动态结合不够。具体体现在企业社会责任实践的理念和计划部署没能落实到企业日常的经营管理中，缺乏有效的社会责任执行机制和考核监督奖惩体系。企业需要的不是不计投资效率和投资利润的企业社会责任投资，而是应该深刻思考如何将企业社会责任融入到企业价值链经营中。特别是在考虑市场需求的基础上，通过资源的高度整合，广泛带动以及持续深化，使企业社会责任真正具有可持续性。第四，多数企业的社会责任报告发布后在信息反馈上做得很不足。各利益相关者和潜在的利益相关者是企业社会责任报告的主要阅读者，企业对外公布社会责任报告，不仅仅是通过社会责任报告单向地"告诉"利益相关者其前期的业绩表现，一个更重要的环节是将报告作为企业与利益者相关之间互动的桥梁，发挥战略沟通工具的重要作用。

　　2. 对政府推行中国企业社会责任的建议

　　（1）政府要通过政策、倡议等引导国有企业加强对竞争者、股东、顾客与消费者的关注。通过上面的分析我们可以发现，在利益相关者主体中，员工、管理层和环境成为主要的关注主体，而竞争者、股东、顾客与消费者当前不被企业重视。这种情况的产生，与国有企业的性质是分不开的。随着知识经济的深入发展，人才日益成为企业发展的决定性因素，员工、管理者是企业内部最重要的推动者，其工作绩效直接影响到企业的整体经济绩效，因此所有的企业，包括国有企业，都对这两类人给予了足够的关注和重视。而环境方面，则是在政府部门和媒体等的宣传下，成为企业在运营中需要考虑的因素。但是由于国有企业在某些领域的垄断性和政府对国有企业的领导，国有企业对竞争者、顾客与消费者、股东这三个群体并没有给予特别的重视，导致国有企业在这些方面的表现并不好。企业社会责任的履行，需要国有企业在各个方面全面推进，而不是仅仅出于经济绩效的原因，只在某几个方面进行积极的努力。而要在各个方面取得进展，除了需要企业自身根据上述建议对各方面的不足加以改进，也需要政府通过政策、倡议等引导国有企业对这几个方面给予关注。首先，政府作为市场的规制者和管理者，需要完善与竞争者、股东、顾客与消费者这些利益群体相关的法律，包括知识产权法、公司法、消费者权益保护法等法规，以此约束国有企业的运行。同时政府还要加大对这些法律的执法力度，通过立法和执法这两个方面规范国有企业的运营。其次，政府是国有企业的所有者，国有企业全体人员和部门都要向它负责，接受它的监督，它所提出的意见和看法对国有企业具有非常大的影响力和约束力，因此，政府要通过政策、倡议、规划等，充分发挥自己作为大股东的强大作用，来引导国有企业对这几个利益相关者群体给予关注。

　　（2）政府需要加强对特定行业企业社会责任的扶持，引导制造业企业全方位履行好企业社会责任。在对各行业的企业社会责任的分析过程中，我们发现，传统制造业，包括机械制造业，钢铁制造业，汽车制造业，铁路、船舶、航空航天和其他运输设备制造业等行业内的企业总体得分显著低于样本平均水平。之所以产生这种结果，最主要的是传统制造业企业的整体发展较之现代机械制造业还存在着差距。传统制造业为中国的经济发展做出了非常大的贡献，但是随着新兴行业的兴起，传统制造业在经济中所占的比重逐渐降低，发展状况并不如意。因此，政府应当加大对制造业的行业扶持，通过引入先进技术和人才，建立适于产品创新的环境，加快制造业的发展。同时，政府也需要发挥自己的引导作用，在发展制造业的同时，向行业内企业灌输社会责任理念，推动其在各个方面推进企业社会责任。

第 7 章

组织问题和案例研究

7.1 公司治理

> **企业社会责任关系**：这个问题反映了董事会在确保组织透明性、CEO 的战略监督和代表股东利益的重要性。
>
> **利益相关者**：股东、董事和高级管理人员。

7.1.1 问题

董事会的职责是双重的：

战略建议：首先，董事会的存在是为了协助首席执行官和执行团队塑造公司战略。因此，董事会由不同企业和不同行业中经验丰富的人员组成，这些人员可以为公司的高管提供大量的信息。

监督：其次，董事会的存在代表了股东的利益。基于这种功能，董事通过监管首席执行官和其他执行团队的行为和表现来为公司的所有者追求最佳利益。该理论认为，股东和高管利益一致性的程度越高，企业管理的方式就越能为股东提供好的服务。鉴于股东不可能每天亲自管理公司，董事会的目标就是确保股东为企业投资的资本能得到良好的管理。

虽然很难评估在何种程度上董事的战略建议得到了执行团队的坚持（甚至更难知道它是否改变了公司的命运），但是很容易发现董事在什么时候没有起到监督作用。这种监督失败通常是是由高管的傲慢或轻率导致的，而且监督失败的情况很容易被媒体所关注。

21 世纪初公司丑闻层出不穷，导致对企业董事会独立绩效审查增加。企业董事会的绩效（或独立）的审查早在 21 世纪早期就因公司丑闻而有所增加。安然公司（2001年）、世界通讯公司（2002 年）、泰克公司（2002 年）、南方保健公司（HealthSouth 2003年）等均发生过企业丑闻，这些丑闻表明当董事会不能尽到监督职责时，会给公司带来巨大的损失。这些丑闻也表明公司治理是限制高管行为的有效工具。这些丑闻引发了公众对行贿行为的强烈不满，所以美国立法机关进一步加强了企业规制。2002 年颁布了"萨班斯-奥克斯利"法案，关键条款赋予了高管更大的责任和义务，使他们作为个人对组织的行为更加负责。

在该法案实施后的新的量刑标准下，企业骗子如果涉及以下内容就会被判为终身监禁：超过 250 名受害者的，损失超过 4 亿美元的，涉及上市公司的，或威胁到金融机构的偿付能力的。[1]

因此，该法案规定审核委员会成员"全部由外部董事和执行官组成，并亲自证明公司的财务报告能准确反映其财务状况。"[2]即使是比较小的罪行，例如故意提交虚假证明，在理论上董事"可能被罚款 500 万美元，或被监禁 20 年。"[3]尽管"萨班斯-奥克斯利"法案的初衷是好的，但是它依然无法防止 2008 年雷曼兄弟倒闭，并引发了自大萧条以来最严重的经济危机。

2008 年大多数主要的金融机构不符合"萨班斯-奥克斯利"法案。事实上，在倒闭的银行中，80% 的董事会成员，以及审核委员会、赔偿委员会和提名委员会的成员都是独立的。公司每年都会评估其内部控制，自 2007 年以来，外部审计的报告显示这些监控并无重大缺陷。但是这并没有阻止失败的发生。[4]

在金融危机之后，很多强有力的法律规定都没有得到有效的实施。"萨班斯-奥克斯利"法案变得无效，这就要求公司治理要发挥作用。

金融危机之后，"萨班斯-奥克斯利"法案的认证规则就像一个强大的武器，来对付那些涉嫌误导投资者的高管。但是检察院并没有办理任何一件与金融危机相关的虚假认证或犯罪的案件。监管机构也只是处理了极少数的与危机相关的民事指控。[5]

很多与治理不善相关的问题都与特定的董事会结构特点以及董事个人的承诺和能力相关：

董事会往往太大因而难以作为决策小组有效管理。成员也缺乏相关行业的专业知识。最重要的是，只有很少成员投入所需的时间去完全了解公司全球运营的复杂性。[6]

而且，董事是否对公司治理失败负责还不明确。当他们负责的公司破产时，董事们不仅没有被监禁或罚款，而且可能很快地在其他董事会找到工作。一些公司，如安然、贝尔斯登银行、雷曼兄弟等的董事在先前的企业破产后，在几年内就（在其他金融公司的董事会或学术界）找到了新的工作：

这主要反映出在华尔街有一个强大的校友关系网，人们因为交情而可以保持原来的工作位置……这种趋势也表明华尔街的声望在下降，在安然时代之后更甚。事先不良行为甚至往往不被视为一个问题了。[7]

这些都预示着未来的公司治理。这是很重要的，因为所有权和控制权之间的分离是资本主义的中心原则，而好的公司治理对执行有效性和企业持续生存能力是必不可少的。不只是一个口头上的理论，而是要付诸实践，董事会确保公司执行团队对公司行为负责的能力现在被认为是评估企业和建立自信方面的关键投资指标。像《商业周刊》这样的出版物关于"最好的董事和最差的董事"的排名反映了对美国公司治理态度的变化。

好的公司治理的原则[8]

《商业周刊》根据四项原则对企业董事会排名：

独立性：之前是公司高管或者与公司有过业务关系（例如咨询合同）的董事的数量。

持股：每个董事会成员拥有的股票数量。因此使个人利益和股东利益直接相关。商业周刊已经规定了每个董事理想的持股额最低是 150 000 美元（不包括股票期权）。

董事素质：董事应当具有公司的核心业务方面的丰富经验以及相似组织中的管理经验。全职雇用的董事最多在 4 家董事会任职，退休的董事最多在 7 家董事会任职。每名董事应出席的会议次数比不低于 75%。[9]

董事会的积极性：董事定期召开，没有管理层在场也应按时开会，同时应对高管薪酬等方面实行限制。

"最好的董事和最差的董事"排名的结果是明显的，因为"有最好董事会的公司的股票（根据《商业周刊》的研究）表现远比那些有最差的股东的公司的股票好"。此外，在经济衰退时，拥有最好董事会的公司保留了大部分价值，回到了51.7%，而有最差董事会的公司则为-12.9%。[10]

公司治理持续增加的重要性和董事会不一致行为，这两者的结合导致了要求对董事会监管进行改革的持续呼声。例如，在美国，有越来越多的呼声要求"新的治理文化"，这种文化会优先考虑专业性董事[11]而不是那些有名望的董事[12]。在英国，金融服务管理局一直是董事会成败的关键，它帮助了北岩银行和苏格兰皇家银行在最近的金融危机中免于倒闭。[13]

关于美国、英国不同的公司治理规则和结构的争论仍在继续。[14]两种体系间的差别体现在 CEO 和董事会主席的角色差别上。

7.1.2　案例研究：分离的董事会主席和 CEO

有关企业董事会运行效率决定因素的最主要争议在于领导力问题：CEO 和董事会主席的工作是否应该合法分离？传统上，在美国，权力集中在 CEO 身上，CEO 既担任董事会主席又是公司顶级员工。但在加拿大和欧洲大陆，这两个职位是分离的。董事会的表现对于组织内有效的公司治理是至关重要的。为了使董事会有效，董事会独立于管理层是十分重要的。美国现在存在很多争议，如果一个人既是 CEO 也是董事会主席，那么董事会能否在日常运行方面有效地监管 CEO 呢？

英特尔公司董事长是 Andrew S. Grov，而 CEO 是 Craig R. Barrett。Andrew S. Grov 指出了这一点，"这两个职务的分离引出了企业的核心概念……如果 CEO 是雇员，他需要一个老板，而那个老板是董事会。董事会主席管理董事会，CEO 怎么能成为他自己的老板呢？"在最近的一项来自美国 500 家大型企业的董事会成员的调查中，麦肯锡公司发现了类似的看法。近 70% 的受访者表示一个 CEO 是无法管理董事会的。[15]

董事会扮演的监督角色越来越重要，因为投资者（他们依靠于董事会）被要求去监督和评估生产越来越复杂的金融产品的跨国公司。董事会主席作为投资者的首席代表，因此，也日益变得重要起来。可以很明显地发现这两个位置需要拥有不同的职业技能，而且一个人身兼两个职务是相对困难的。因此，在 2003 年前的美国，"根据标准普尔 500 指数，两个职务分离了的公司数目每年增加了约 2%，同时，在 2003 年，那些 CEO 不担任董事会主席的公司数目从 2002 年的 21% 增加到了 25%。"[16]截止到 2011 年，标准普尔 500 中的 210 家公司（42%）都分离了两个职务。

还有，说句公道话，关于是否有确凿证据证明将 CEO 和董事会主席分离会提高公司业绩的争论还将持续。然而，大多数老板认为这并不能提高业绩，而股东一般认为可以。[17]

随着股东意识到一个人担任两个职务存在固有的利益冲突，要求改革的呼声越来越高。在制药行业，例如，在惠氏公司、礼来制药公司、雅培公司、默克公司以及辉瑞公司，股东决议在 2005 年获得了支持：将两个职位分开，同时任命一位独立董事会主席。[18]在 2004 年迪斯尼的股东周年大会上，43% 的股东投票反对当时的首席执行官 Michael Eisner。对此，董事会罢免了他的公司董事长职务（仍允许他保留 CEO 的职务），同时任命受人尊敬的政治家 George Mitchell 接替他担任公司董事长。事后来看，这是迪斯尼公司治理运动的一个转折点。[19]

尽管越来越多的人支持将企业 CEO 和董事会主席分离（甚至有人认为 CEO 职位由两个人共享），[20]但是美国的公司仍然保持统一。正如上文引用的内容说明的一样，2011 年标准普尔 500 中的大部分企业仍保持着 CEO 和董事会主席合并的情况。身兼两个职位的 CEO 们强调这样做有利于提高效率，相比两个人而言，一个人可以更快地做决定。但是，另一方面，批评集中在结合两个职务的动力和自我驱动因素上，尽管研究指出，由不同群体做出的决策是更好的，即使进程可能更缓慢，因为不同的权威来源会导致检查和平衡。提倡者尤其关心那些有强势的领导的公司，如"维亚康姆公司，哥伦比亚广播公司和探索通信公司……可口可乐和耐克等"的董事会……以及鲁伯特·默多克新闻集团，这家公司是标准普尔 500 指数的十家公司之一[21]。在新闻集团（News Corp）2012 年的股东周年大会上，"约 2/3 的独立投票支持设立独立董事会主席（分割默克多先生的权利）"。[22]

提倡者的理想模型是独立的董事会主席（即分离角色），但"萨班斯-奥克斯利"法案的一个后果是形成了日渐获得大众支持的妥协方案，那就是任命首席董事。该职位授予给公司独立董事中的某一位（即董事会中非执行董事），当出现利益冲突或者 CEO 离席时，他应当主持董事会。这种做法满足了公司治理改革的要求，因为从理论上来说，它为 CEO 在敏感问题如薪酬上提供了更好的监管，同时 CEO 们也比较喜欢这种妥协，因为其保障了 CEO 同时仍然可以身兼两个职务。

标准普尔 500 公司中独立董事的数量从 2006 年的 165 上升到了 2011 年的 247……同一时期，主持董事的数量（有较小责任的职位）从 298 降到了 209。[23]

同样，独立主席的数量也在上升：

在来自投资者的压力下，越来越多的公司开始分类 CEO 和董事会主席的角色。（在 2011 年）标准普尔 500 指数上超过 20% 的公司（500 家中的 105 家）都从外部认命了独立的主席，2007 年这一数量上升到了 12%。[24]

正如图 7-1 所描述的，美国公司仍有其他办法把 CEO 和董事会主席的职务分离，这些办法比首席董事的办法更为激进，但是对治理行为主义者而言，这些方法并不能让他们满意。

然而，英国公司的灵活性更弱，几乎所有的公司都采用独立角色，有一个 CEO 和一个兼职的独立的董事会主席。这个人之前没有在公司工作过，也与公司没有过业务联系。[25]这种变化在英国也是经过了一系列丑闻才出现的。

在 20 世纪 90 年代早期，吉百利史威士股份有限公司的前任主席 Adrian Cadbury 建立了一个委员会[26]。在经过了一系列英国公司的丑闻之后，这个委员会提出要改革以改善治理和安抚投资者。其中的一项建议就是呼吁成立外部独立主席。在十年内，在监管机构和投资商的压力下，大多数英国公司采纳了该项建议。[27]

然而，重要的是，组织的独立性不意味着效率，无论是在一个特定的公司董事会中，还是在整个经济体的公司治理结构中。例如在英国，人们认识到"主席和行政总裁之间的接口是很难管理的……问题的根源往往在于这两个人的关系欠佳。"[28]当这些影响聚集在一个根本性、经济性层面时，潜在的无效性问题就凸显出来了。

"萨班斯-奥克斯利"法案要求上市公司有许多独立董事……但是美国证券交易委员会（SEC）依然让管理层来严格控制董事提名。正如网站 Corp. Gov. net 的 James McRitchie

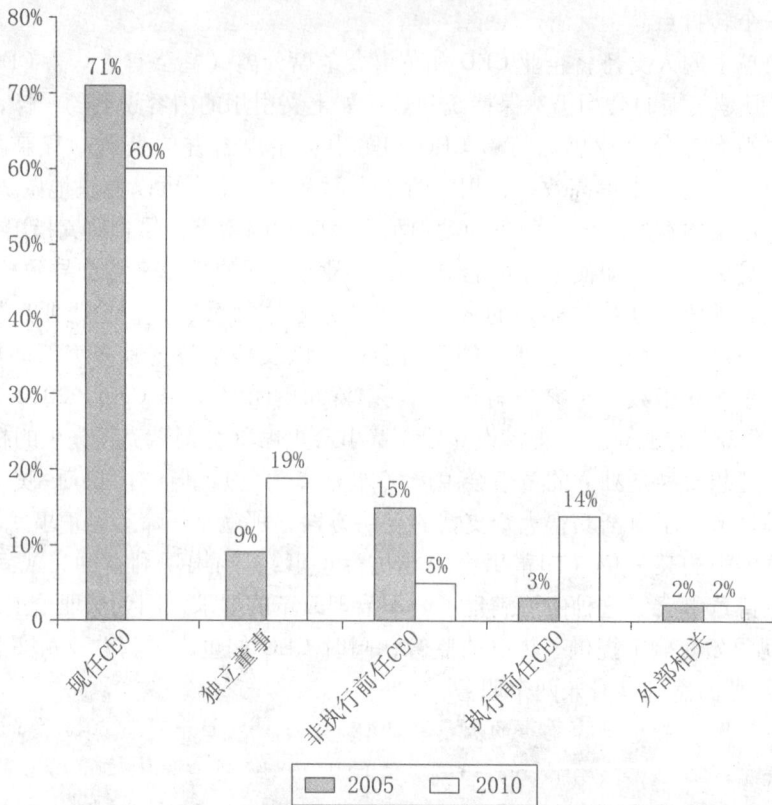

图 7-1　标准普尔 500 家公司的 CEO/董事会主席责任（2005 年和 2010 年）

资料来源：Geoffiey Owen，'A very British split at the top,' *Financial Times*，March 15，2011，p. 10.

所说，独立董事"依然能成为 CEO 的高尔夫球友"。我们可能还记得安然的例子，在 14 个董事中有 12 个是独立董事。[29]

鉴于此，部分人对独立性问题以及分离 CEO 和主席职能是否能保证客观的监督这一观点持有怀疑态度。一些支持者认为，比分离 CEO 和董事会主席职务更重要的是：股东直接提名和表决董事会成员的能力。[30]

专门从事公司治理研究的机构"企业图书馆"的编辑 Neil Minnow 说："我认为不应该分离两个职位，在美国，这件事从没被证明是更好的情况。唯一重要的事情是，谁决定那些人成为董事会成员。"[31]

如前所述，虽然不仅仅是企业管理的问题，金融危机告诉我们，高管做出的决策正在将公司推向危险的境地。在某些情况下，董事会知晓这些情况并提供了支持，而在某些情况下，董事会是毫不知情的。但是在任何一种情况下，董事会都不愿意或不能够阻止那些严重破坏企业的决策。[32]尽管意识到了进一步的改革是必要的，但值得关心的是，这些想要实现有意义的改革的愿望会随着监管机构、投资者和公众对这些问题关注的周期性上涨和下落而消退。

然而，最近的事态发展可以被视为积极改变的迹象。例如金融危机的余波之一，就是民众对接受政府财政援助的公司的某些做法表现出强烈的反应（如高管薪酬过高）。类似的压力导致高盛投资公司改变其公开声明的立场，并任命一个独立的"首席"董事。[33]在美国银行的例子中，利益相关者反应的一个后果则是该公司的前任 CEO 肯·刘易斯被迫从董事会主席的位置上离开。

投票……是对刘易斯先生在银行的权威提出的惊人的指责……但他也被视为美国公司治理运动的一个分水岭，表明欧洲风格的董事会主席和 CEO 的分离逐渐在北美获得了引进。[34]

7.1.3　CEO 的观点

公司治理不是为了避免下一次的金融危机而设计的。有效的公司治理对公司业务也是有好处的。学术研究一直表明，和那些没有独立董事会的公司相比，具有独立董事会的公司对股东权益会产生更大的回报，可以实现更高的利润率，向股东回报更多的资本。安然的股东了解到公司治理无力会导致欺诈和管理不善之风盛行。当 James Wolfensohn 担任世界银行的总裁时，他认为："公司治理对世界经济增长的作用远比管理国家更重要。"简单地说，治理良好的公司可以带来更好的回报。[35]

7.1.4　在线资源

* CorpGov. net, http：//www. corpgov. net/ and http：//www. corpgov. net/links/links. html
* Dodd-Frank Corporate Governance Issues, http：//www. sec. gov/spotlight/dodd-frank/corporategovernance. shtml
* Global Corporate Governance Forum（OECD & World Bank）, http：//www . gcgf. org/
* GMI Ratings, http：//www3. gmiratings. com/
* International Corporate Governance Network, http：//www. icgn. org/
* OECD Corporate Governance, http：//www. oecd. org/corporate/
* PIRC（Pensions & Investment Research Consultants Ltd.）, http：//www. pirc . co. uk/
* PricewaterhouseCoopers, http：//www. pwc. com/us/en/sarbanes-oxley/index . jhtml
* Public Company Accounting Oversight Board, http：//www. pcaobus. org/
* Sarbanes-Oxley, http：//www. sarbanes-oxley. com/
* The Corporate Library, http：//www. thecorporatelibrary. com/
* United Nations Global Compact, Corporate Governance, http：//www . unglobalcompact. org/docs/issues_ doc/Corporate_ Governance/Corporate_ Governance_ IFC_ UNGC. pdf
* U. S. Securities and Exchange Commission, http：//www. sec. gov/spotlight/sarbanes - oxley. htm

7.1.5　正/反方辩论

CEO 和公司董事会主席不应该由两个人担任，而是应该由同一个职位覆盖。

7.1.6　问题讨论和回顾

1. 一家公司的董事会的职责是什么？董事们应该为谁的利益而服务？他们实际上是在为谁的利益服务？你认为哪两个职责是最主要的？为什么？

2. 许多 CEO 抱怨说最近的法律规制导致了审计程序的进一步复杂化。你认为这个法律的领域可以由市场力量来运行吗？还是如果企业不能规范自己的行为，那么政府就应当承担起责任？

3. 回顾《商业周刊》使用的为企业进行"最好的董事和最差的董事"的排名的好的公司治理的四项原则。你认为哪个原则是最重要的？为什么？

4. 独立的董事会成员是否真正独立？为确保独立董事会成员的独立性你觉得可以做什么？

5. 关于金融危机的原因，你有什么看法？公司治理和董事会的作用是什么？

7.2　公司权利

> **企业社会责任关系**：这个问题分析了本书的重点内容——公司。与公司的职责相反，它作为法人有什么权利？
>
> **利益相关者**：企业、高管。

7.2.1　问题

公司是大多数企业社会责任倡导者关注的焦点。全球化和自由贸易带来的许多弊病使得公司受到谴责。现代社会企业的高利润也使得公司备受关注。

150 年前，公司是一个相对小的实体。今天，它是我们生活中一个生动的、引人注目的和较为普遍的存在。就像教堂、君主政体一样，企业是当今时代的主导机制。但是历史可以轻而易举地颠覆这些主导机制，或被粉碎，或被轻视，或被吸收。而企业也不太可能违背历史发展的规律。[36]

对比与公司目前正处于主导地位但也面临着厄运来袭的局面的观点不同，《财富》杂志预示着公司是"过去 50 年里最重要的创新"之一。

如果没有公司这种制度来整理和分配资源、组织和利用人们的聪明才智、应对商业环境和社会环境、满足越来越精细的在全球范围内生产和分配商品、提供服务的挑战，那我们的创新和财富将会减少很多。[37]

这个观点也在 Micklethwait 和 Wooldridge 所著的《公司：一个革命性想法的简史》一书得到了支持。

黑格尔预测，现代社会的基本单位是国家；马克思认为是公社；列宁和希特勒认为是政党。在那之前，一系列圣人和传说认为是郊区教堂、封建庄园和君主政体……他们后来都被证明是错的。世界上最重要的组织是公司——西方繁荣的根本、世界其他地区未来的希望。事实上，对大多数人来说，在所花费的时间和精力方面，能与公司抗衡的唯一对手是我们的家庭。[38]

当我们讨论一个公司的社会责任时，重要的是记住这一点：企业的存在为社会做出了贡献——为股东提供投资的回报，为雇员和供应商提供就业，为顾客提供价值，以及为政府交税。如果你为了保持产品销量和利润而进行创新的话（一般情况下，只有满足需求的产品才会被购买），那么企业又可以被认为是健康社会中一个非常积极而且有生产力的组成部分。正如吉百利史威士公司的前任 CEO Todd Stitzer 所说的：

还记得亚当·斯密的"看不见的手"吗？它是在商界被重复用得最多的词语。但是商业活动让我们忘记了一个很简单的道理：是人类自己连接了市场，平衡了供给和需求。是我们自己把食物放到盘子里，把书放到架子上，让人们能够听到音乐，把信息分享到网上。我们是分配者，我们是财富的创造者。[39]

但是，公司也可能做出对社会有害的事情。这些事情不能保证公司长期生存的能力，也不能因此替换掉对有效的企业社会责任政策的需求。我们在第 3 章讨论了沃尔玛的案例，一个成功的、能够生产市场需要的产品的企业也可能因为某些对社会有害的行为而遭到指责。比如，沃尔玛经营[40]的积极方面常被其负面宣传所掩盖了。[41]

考虑到这些，在企业社会责任的争论中，企业社会责任的积极因素到底占多大程度？要实现企业社会责任倡导者所追求的企业社会责任议程，商业交易在多大程度上是必不可少的？而且，一家企业对外界的贡献应该怎么样被测量和评估呢？

CSR 时事通讯：法定权利

Joel Bakan 在《纽约时报》的一篇文章[42]对比了两个依法受法律保护实体——企业和儿童——的建立过程。首先，儿童在 19 世纪末期成为受保护的群体。

到 20 世纪初，《世纪的孩子》作为一本有先见之明的书在 1909 年出版，并不断受到大众认可，大多数现代国家都赞同政府有责任保护儿童的健康、教育和福利。

其次，在 20 世纪公司作为"法人—非自然人—自然人"而获得了其地位。律师、政策制定者和商家为公司取得与人格相联系的权利而成功地进行了游说。

Bakan 是书籍和纪录片《公司》（http：//www.thecorporation.com/）的合伙撰写人，他认为，这两个利益受到保护的群体（儿童和企业）本质上是冲突的。

"世纪的孩子"的改革者寻求有利于解决儿童冲突的办法。但在过去的 30 年里出现了戏剧性的逆转：企业利益日益盛行。放松管制、私有化、执法监管不力，以及法律和政治对新的规制的阻力已经削弱了整个社会保护儿童的能力。

Bakan 认为公司对儿童发展造成损害的方面体现在儿童肥胖、电子媒体、儿童药物以及有毒化学品曝光等事件上。他总结说："我们目前不能在企业对儿童造成伤害时提供更有力的保护，这揭露了社会灵魂的疾病。"

在强调企业对社会的价值时，我们很自然地决定了企业在社会阶层中的地位。考虑到公司化是社会拥有的一个特权，那么公司的合法化应该伴随着什么权利呢？如果我们认为公司对我们希望履行的行为负责任的话，我们也需要赋予其应有的权利来保证公司能够完成它的使命——挣钱。

7.2.2　案例分析：联合公民

企业是一个虚构的法人，它被赋予了许多人的功能。它可以拥有财产，可以产生债务，可以起诉和被起诉，也可以追究法律责任，也可以被罚款。从理论上讲，还可以被联邦政府解散。根据美国法律，最高法院将部分权利法案延展到公司领域，尽管其在赋予公民权利方面不是那么紧迫。这些权利的基础在于企业人格的概念。正如 Mitt Romney 在 2012 年的总统竞选中说的那样："企业如人，如我的朋友一般。"[43]

所以美国法律体系，相对其他国家来说，更彻底地抓住了公司人格的含义。[44]

企业在社会中的地位的解释会随着时间而发生变化。而且由于变化很大，以至于那些被卷入到最早期的企业形式改革中的政治家也很难辨认出现代企业的形态。最初，那些视企业为危险发明的人（包括亚当·斯密）反对企业这种机制，正如 17 世纪的法学家 Sir

Edward Coke 在他的评论中写的那样:"企业不会反叛国家,也不能被取缔或驱逐,因为它们没有灵魂。"[45]一个世纪后的一位大法官 Edward Thurlow 也持有相似的观点:"公司既没有机构可以处罚,也没有灵魂可以受到谴责,因此它们做它们喜欢的事情。"[46]

企业人格的想法起源于一个美国最高院的案件,达特茅斯学院起诉伍德沃德案(17US,518,1819)。这个案件的焦点在于大学和新罕布什尔州的立法机关之间有关强制其变为公共机构的争议。法院在决定支持该组织的过程中明确了公共宪章和私人宪章的一个重要区别,增强了私人组织保持私有性的权利。(而且,根据定义,是在国家控制之外的):

在 1819 年制定达特茅斯学院规章时,最高院裁决各种类型的公司拥有私人权利,所以国家不能随意地修改公司的章程。[47]

有了这个先例,法院继续将企业看做法律个体(legal individual)。因此,随着时间的推移,它们开始增加符合宪法保护的个体权利。

尽管企业已经取得了有限的权利(例如财产所有权和订立合同权),但自从文艺复兴来,认为无生命的实体也有资格获得人格权利的想法因为 1886 年的圣克拉拉县起诉南太平洋铁路公司一案开始盛行。在这种情况下,企业能够使用新修订的第 14 条修正案来进行如下的辩论:企业有权利像个体一样享受税收优惠。[48]

1886 年的圣克拉拉县起诉南太平洋铁路公司一案(118,US,394,1886)经常被援引为美国现代企业权利确立的基石。它处理了关于铁路财产税的问题。南太平洋铁路公司拒绝支付加州的税,因为企业征税的规则比个人征税的规则更为严格。此案并没有以法院认定企业为个体而告终,但是,这个问题被视为法官决定的一个起点。换句话说,企业的地位被提出来了,虽然不是被决定,这也使得企业地位有了法律先例。这种不确定性是今天关于企业合法权利争论的来源。然而,一旦决定公布了,企业就会看到可利用的机会,并迅速行动。

尽管宪法的第 14 条修订案已经增加了保护非裔美国人在南北战争后的权利,只有 19 个人在 1890—1910 年间援引它来保护自己。另外,企业在相同的时间里引用第 14 条修正案来保护自己的权利却达到了 288 次。[49]

1976 年最高院的 Buckley 公司起诉 Valeo 公司一案(424,U.S.1,1976)进一步扩展了企业人格的概念,它加强了最有争议的企业权利之一——言论自由权。[50]在该案中,法院判决明确指出,政治捐款是言论自由,也是宪法保护的行为,而无论捐款来自于个人或组织,都适用。正是这一决议为充满争议的"联合公民起诉联邦选举委员会一案"(558 U.S.310,2010)在 2010 年被裁决奠定了基础。

CSR 时事通讯:联合公民

《纽约时报》[51]的一位编辑根据美国最高院审判的一个案子讨论了"企业的权利",最终的结果是联合公民胜诉联邦选举委员会(558 U.S.310,2010)。

……法院正在考虑一个缩减竞选经费的案子,这个案件涉及联合公民——一个非营利性组织是否有权在民主党初选期间削减播出关于希拉里·克林顿的短片。

与法律中狭隘的观点相反,法院决定在企业人格的法律原则下,增加更广泛的影响:

长期以来,法院已经因为一些法律目的将企业视为个人。它们可能拥有财产、有限的言论自由。它们可以起诉和被起诉,它们有权利订立和约、宣传产品。但是,企业不能也不应该被允许投票、竞选官员或携带武器。自 1907 年，美国国会已经禁止它们从事联邦政治活动——这是联邦最高法院一再坚持的。

《纽约时报》很显然不认为法院应扩大企业的权利（在相同情况下的相似视角，请参阅《华尔街日报》的专栏文章）。[52]《纽约时报》也认为公司权利的狭隘解释代表了宪法原始意图的更纯粹反应。

美国国家首席大法官 John Marshall，看到了一个"人工存在的，看不见，摸不到"的企业。他在 1819 年写到道："作为单纯法律的生物，它不仅占有创造出的宪章的特性，也是存在的一种附带。"

特别是，强有力的证据证明企业在积累资源方面和人不是完全一样的，资源可以被用来为扭曲的政治辩论。因此，社论认为，尤其是在政治演讲的地区，法院应警惕扩大的企业权利会导致争议性言论的情况的发生。

"联合公民"是非常重要的，因为它涉及了企业的言论自由权。正如大多数裁决，存在理论（可防御的）和现实（会遭受滥用）的区别。这个判决通过赋予企业更大的政治广告和活动的资金自由权而强化了两者的区别。正如《纽约时报》的编辑团队说的那样：

联邦最高法院 5 比 4 的裁决是灾难性的，将美国政治拉进 19 世纪的镀金期间。国会必须立即采取行动，将损失降到最低，因为它打击了民主的传统。[53]

问题的核心围绕企业是否和个人一样享受保护言论自由的第一修正案权利。虽然最高院的大多数决定宣称它们建立了完善的法律来这么做，但很难理解为什么将企业和个人视为同等的决定被摆在了首位。

这个国家的创始人警告企业影响的危险。宪法提到了很多东西，并且将权利和保护分配给人民、民兵、媒体、宗教。但它并没有提到企业。[54]

这个决议的批评的特点是，最高院接受案件并使用"更窄的、技术的问题"以提升为打击整体禁止企业花费作为"无耻的司法过度延伸"，简言之：

大多数在法律上是极严重的错误……认为人造的法律结构和普通的美国人一样拥有在政治上花钱，支持候选人权利的想法是根本性的误导。[55]

这个裁决的后果预计可以改变政治运动的表象，增加政治活动中的资金，直接的后果可能是攻击性广告数量的增加，以及公司更多地支持候选人。因此：

真正的解决办法是让法院推翻裁决。四个反对者用了一个雄辩的案例来说明为什么在法律上这个决定是错误的和危险的。只要再增加一票，他们就可以挽救民主。[56]

"联合公民"一案的裁决对企业在政治宣传资助活动中的行为提出了限制，规定了企业可以做什么、不可以做什么（值得注意的是，该决议适用于所有企业和组织，而不是只适用于营利性的企业）。持这种看法的人认为，法院判决造成的影响并没有一些人所恐惧的那般严重：[57]

在 26 个州以及哥伦比亚地区内，当地法院已经允许独立的企业和组织提供竞选资助。在这些地区的竞选活动中，并没有出现人们普遍担心的企业大规模撤离的现象。在这些地区，企业和组织拥有资助的合法权利，但这并不等同于一定要进行资助。相比公民决议通过之前的情况，这些地区的企业和组织也可以选择不增加资助投入。[58]

在对这一决议的讨论中，更有意思的一点是法院在判定企业可以具有哪些权利时发挥的作用是变化的。尽管其权利的范围随着时间不断扩大，但是这种扩大既不是线性的，也不是必然合乎逻辑的。

企业社会责任时事通讯：公司人格

宪法是令人关注的，它影响着最高法院，进而影响着全美国公民的日常生活；任命最高院大法官是美国总统最重要的决定之一，因为这一决定将会在总统的整个任期内发挥重要作用。最高法院是政府机构中位高权重的一个角色，但这并不意味着它总是高效率的、或是合乎逻辑的。它同其他的美国政府机构一样，会有着偏见、情感、行为惯性，也就是说它也会忽视真相。其中，法院在个案判决中，会选择运用合理的逻辑让推定过程令人信服，也会选择使用不同的法条以使得判决结果获得大多数人支持。对法院来讲这两者中存在矛盾，这一点值得注意。

这种看法最初在《纽约时报》[59]被提出来。该报报道了 2011 年，最高法院在判决企业是否存在个人隐私权利的案件中，基于"信息自由法案"（Freedom of Information Act），一致判决企业没有个人隐私权。对这一问题的争论非常有趣，我们不知道相同的逻辑为什么没有用在公民决议的判定中。与"企业没有个人隐私权"同理，企业也不应该在政治竞选中发表言论或进行资助。

尽管在法律上，企业的个体性质有所规定，但公民决议对法律程序仍具有其破坏性（依据相同的道理，像工会这样的组织也应该被禁止参与竞选资助）。如果法庭判定企业在竞选期间有权利发表公开言论，那么企业也应该具有法律赋予个体公民的其他权利，例如个人隐私权。然而事实上，罗伯茨（Roberts）大法官对这一问题的判决让我们感到非常费解。罗伯茨自己的观点是"个人（personal）"一词，基于词汇的语法和用法，是一个形容词而不是名词（因此 personal privacy 与 person 无关）：

罗伯茨解释，通常情况下，一个形容词反映了一个名词的相应含义，但并不总是这样，比如名词 crab 是一种甲壳类动物或一种水果，然而形容词 crabbed 的意思是"字迹潦草、难以辨读"。同样，形容词 corny 和名词 corn 也没什么关系。

在本书中，我们认为一个企业之所以得以生存下来，是因为它的产品有市场需求。一般来讲，人们会支持运营健康且实力强大的企业，因为这样的企业会带来很多的益处。对企业的产品来说，短期来看，需求一般是充足的；但从中长期来看，需求往往是不充足的。企业追求其股东中长期的利益最大化，从这一点考虑，良好高效的运营和盈利的产品是企业社会责任的重要组成。

作为社会群体中的一员，我们从社会的发展中获益；如果将财富的积累作为"发展"的一种衡量标准的话，那么企业能够帮助我们获得发展。营利性企业是所有企业形式中最主要的一种，因此它对社会的发展起到重要作用。企业社会责任帮助企业了解它们赖以生存的环境，帮助它们寻求可持续发展的方式。换句话说，企业社会责任能够帮助企业将潜力发挥到最大，让最大范围内的股东获益。企业品格的塑造就应该基于企业社会责任进行，对于整个市场也应如此。

"企业需要对它的负债负责，而企业的管理者不需要对此负责。"这种制度创新使得公司的大量产生成为可能[60]。

企业社会责任的发展是对上述责任的重要补充。人们认为，这些创新的形式为发展中的经济体（发展中国家）得以成长并走向经济繁荣夯实了基础。

直到 19 世纪中叶，公司的行为才被相关的法律制度严格限制。但是，当时主张改革的人认为企业应该像人一样，拥有自己独立的灵魂和思想，不应该被很多制度限制自身自由。这种改革的思想带来的结果是，西方的企业运用蒸汽机引发了工业革命，为企业的自由和繁荣奠定了基础[61]。

在欧洲，与美国相同的制度改革同时发生，并引起了相同的结果。

当时的欧洲在"欧洲人权公约"的背景下，纷纷鼓励企业获得"人权"。英国的法律甚至为企业增加了一条"杀人罪"的罪名……更严重的问题是，企业的独立人权并不是新法律中的称谓，而已然成为了现实。当有人谈论"宝洁（P&G）"或是"约翰·路易斯（John Lewis）"特性差异的时候，人们会立即知道它指的是什么[62]。

尽管如此，最高法院的逻辑矛盾还是会使它自己陷入麻烦。法官们自己也不知道为什么该给企业诸如公开言论之类的个体权利，却不给企业隐私权；除非，有明确的理由说明这二者之间具体的差异是什么。但直到现在，这种理由也是含糊不清的。现在的情况是，与商业利益或与企业效率相关的权利被认为是企业所必需的[63]。因此，如前文所言，法院在关于企业的判定上被认为是有偏见的：

在 1994—2005 年，被美国商会支持的关于企业的法案通过率为 56%；2006—2010 年这一数字变成 68%。在 2009—2010 年，16 宗被美国商会支持的法案中，13 宗被通过……在最高法院，Earl Warren 在任期间（1953—1969 年）有 29% 的法案是关于商业行为的，Warren Burger 在任期间（1969—1986 年）比例达到 47%。Rehnquist 法官在任期间（1986—2005 年），这一数字上升至 51%；而 Roberts 在任期间，比例已经为 61% 了[64]。

企业的麻烦在于，政府对商业组织的限制程度已经远超过从前了[65]，企业的权利应该同它们繁杂的法定义务相匹配[66]。尽管，事实上企业的权利和义务并不十分一致，人们仍旧会对企业所享有的权利提出质疑。法院的判决将人们的这种偏见强化，并且激发了对企业的权利与社会责任的激烈讨论。一些组织，如 Move to Amend（https：//movetoamend. org/）和 Reclaim Democracy（http：//reclaimdemocracy. org/）在美国组织游行，要求将最高法院不公正的判决进行修正[67]：

我们作为美利坚合众国的公民，反对最高法院通过的公民决议，对此提出动议——金钱不能左右言论，企业不能拥有公民才享有的个人权利！

对于上述组织提出的建议，一些法官表示认同。反对公民决议的一些法官，如约翰·保罗·史蒂文斯（John Paul Stevens）表示："因为企业没有人类的情感、道德或者欲望，他们不应该从旨在保护个人权利的法律中获益。"[68]

约翰·马歇尔（1801—1835 年任美国最高法院大法官）

企业是一个人造的、不可见的、难以捉摸的，只存在于法律规定下的"个体"。作为一个仅由法律创造的"个体"，它仅仅会在法律条文所覆盖的领域活动，限制自身行为并使自身利益最大化。企业最大的目标是声望，其次是自身的企业品格。如果一家企业的产权能够永久地继承，那么企业可以表现出和人一样的行为。这样，企业可以独立地管理自己的事务、运营自己的财产，而不去考虑纷繁复杂的其他事情。这时，企业的运营质量对于企业来说，就如同人类穿衣以蔽体一样[69]。

7.2.3　在线资源

- Adbusters, https：//www. adbusters. org/
- Bakan, Joel, *The Corporation*：*The Pathological Pursuit of Profit and Power*, Free

Press，2004，http：//www. thecorporation. com/
- Citizen Works，http：//www. citizenworks. org/
- Corporation 20/20，http：//www. corporation2020. org/
- GoodCorporation，http：//www. goodcorporation. com/
- Move to Amend，https：//movetoamend. org/
- Reclaim Democracy，http：//reclaimdemocracy. org/corporate-personhood/
- The Center for Corporate Citizenship at Boston College，http：//www. bcccc. net/
- *The Corporation*，http：//www. thecorporation. com/
- Tomorrow's Company，http：//www. tomorrowscompany. com/

7.2.4　正/反方辩论

企业，作为法人主体，也应当具有和其他公民一样的权利。

7.2.5　问题讨论和回顾

1. 针对企业的权利列一张清单，再把企业的义务另列；哪一项更长？你认为这是为什么？

2. 你能否想象一个没有企业的世界？我们会失去什么，得到什么？

3. 访问《解构企业》这部纪录片的网站（http：//www. thecorporation. com/），观赏网站上的预告片[70]。这样的批评言论能否提高企业对社会责任的重视？你对影片所传递的信息是否赞同？为什么？

4. 你如何看待"联合公民"的观点？法院的裁决正确吗？你是否认为美国宪法需要加入"财富不代表话语权。人类，而不是企业，才是应该被赋予宪法权利的主体"这一条？[71]

5. 浏览 Reclaim Democracy 网站（http：//reclaimdemocracy. org/ corporate-logo-flag-us-flag/）上 Adbusters 的"企业标识旗"[72]。这张图片告诉了你什么？它对现实的反映是真实还是扭曲的？

7.3　雇员

7.3.1　问题

雇员是企业的重要利益相关者。通过建立内部的组织认同和组织忠诚，企业也能从中获益。雇员们为在有道德声誉的企业工作而感到骄傲[73]，这份感情也能帮助雇员提高工作产出的质量。

《星期日时报》（*Sunday Times*）评选的"100家最佳雇主"中的企业，其股价表现高过富时指数的10%~15%。这一情形在许多国家都得到了验证。[74]

研究表明，更敬业的员工能够帮助企业获得更好的业绩表现。而员工认同度低的企业往往生产力水平较低。[75]

积极性高的雇员带来的益处

能够保证雇员健康快乐的企业，会从中得到许多益处

1. 员工的低离职率能够节约企业的再招聘和培训成本，也能保证在岗员工具有丰富的经验。Walker 信息公司所做的一个测量雇员满意度和忠诚度的研究表明，当雇员认为

企业具有较高的道德水准时，他们的留职意愿会增强六倍。但是当员工对老板的决策或企业的行为感到羞愧时，4/5 的雇员表达了对工作的不满和近期离职的意愿。[76]

2. 针对雇员的安全措施的加强能够减少由于工伤造成的时间和生产率损失。英特尔对待这个问题的方法既满足了道德标准，也体现了商业意识：

在英特尔位于加利福尼亚的基地，雇员的安全受到高度重视。CEO Craig Barrett 表示，如果公司 80 000 位雇员中任意一人因工伤而请假，他都会在 24 小时以内通过电邮知悉。2000 年，英特尔全球雇员工伤率为 0.27%，而同行业的平均数为 6.7%。[77]

3. 心情愉快的员工往往更加高效，更富创造力：

在 3M 公司，雇员可以参加各种小活动，如玩弹球游戏机、游览大学校园等等。公司鼓励员工在工作之余进行休闲活动，因为暂时远离一个问题很可能会突然给人带来解决它的灵感和思路。然而，这只是 3M 公司富有创造力的原因之一。公司还推崇员工的冒险精神。这不仅包括投入大量的研发支出（大约为毛利润的 8%），还包括希望员工将 15% 的时间用于探索新问题。虽然大多数这样的尝试都以失败告终，一些 3M 的早期创想还是为公司带来了真实的利润。许多重大突破，都是在人们在自身经验领域外冒险所得的。这种方法成功的原因，也是它被谷歌等"狡猾"公司模仿的原因，就在于此。[78]

当雇员感到工作和组织缺乏乐趣、态度消极时，显而易见会产生相反的效果。当企业把雇员视作一种需要被管理、被尽可能地最小化的成本费用时（就像现代会计准则要求的那样），员工会觉得他们不值得对这样的企业效忠或者付出全力。当雇员被视作客户满意的关键要素时，他们往往会更加敬业、高效和忠诚。不幸的是，现代公司制总是更易于让员工产生前一种反应，而不是第二种：

根据 2011 年 Careerbuilder.com 的报告，76% 的全职、非职业再搜寻状态的雇员认为，如果有更好的机会，他们会离开现有的公司。另外的研究表明，每年企业的平均离职率为 20% ~ 50%。[79]

然而，这一现象并不能简单归因于经济不景气和金融危机。问题在于，企业完全低估了雇员这一关键资源在实施策略、与客户日常互动中的重要作用。高层管理者常常认为自己是企业成功的核心。不过，公司让员工充分发挥自身的创造性来思考策略和执行，才是高管的最佳战略。盖洛普 2000 年首次实施的一项调查，试图检测这一动机：

这项调查把员工分为三类：敬业型员工对于企业有深厚的感情，有努力工作的动机；非敬业型员工对公司没有感情，且缺乏自我激励；主动脱离型员工对待公司的态度是消极的，而且有把这种消极情绪传递给他人的倾向。2000 年的民意调查显示，26% 的员工是敬业型的，56% 是非敬业型，而 18% 属于主动脱离型。而在 2008 年，三者的比例为 29%、51% 和 20%；2010 年，比例为 28%、53% 和 19%；2011 年的结果为 29%、52% 和 19%。[80]

从复合的企业社会责任视角看，当企业寻求自身社会责任的底线收益时，雇员是最值得关注的方向之一。创造一种积极进取的雇员文化需要创新精神；不过这一领域的最佳实践是存在的，而且这份投资会得到十倍的回报。一个能够非常有效地培养雇员道德感的方式是员工志愿者项目。

如今，越来越多的企业通过志愿者项目来提高员工的积极性和团队合作能力。许多案例中，参与员工表示，这种活动使他们回到工作岗位后依然能保持紧密的合作友谊。[81]

　　从员工忠诚和员工保留的角度来看，志愿者项目能够让员工回复活力和激情。这类活动让员工在一个新的环境中有了新的感受，增强了他们的集体荣誉感，促进了个人新技能的发展。

雇员志愿者项目

　　越来越多的企业意识到了雇员志愿者项目的益处，并为此投入更多资源：

　　埃森哲（Accenture）：为员工的非营利活动提供贷款折扣。

　　思科（Cisco Systems）：给予员工为教育组织工作一年的机会，提供全薪。

　　贝恩（Bain & Co.）：支持员工加入本地的志愿者组织，并给予他们等同参与咨询项目的时薪。

　　辉瑞制药（Pfizer）：与卫生健康组织合作，组织员工向其提供研究和培训支持。

　　富国银行（Wells Fargo）：给予员工最多四个月，带薪在学校工作的机会。[82]

　　此外，阿斯利康医药（AstraZeneca）、汇丰银行（HSBC）和毕马威（KPMG）都和英国海外志愿服务组织（VSO）有派遣雇员志愿者的合作关系[83]。而 IBM 服务公司则要求年轻管理者去发展中国家从事志愿活动[84]。随着志愿者项目在英国的普及[85]，英国政府将2005 年命名为"志愿者年"。[86]这些项目给企业带来的回报非常显著：

　　据盖洛普估计，"主动脱离"型员工带来的效率损失约为 3 000 亿美元。"非敬业"型员工则有损职业道德并侵蚀企业的根基。相反地，敬业员工能产生更大价值，对客户更为关注，也易于保留。[87]

　　最著名的员工志愿者项目之一是由 Timberland 举办的[88]。在其企业社会责任绩效的年度报告[89]中，项目运作成果会和季度财报一起刊出。Timberland 的 CEO Jeffrey Swartz 在1992 年创办了这个志愿者项目[90]。他成功地发现了企业对社会变革的推动作用以及活动为未来带来的潜在收益，并把 Timberland 的雇员视作公司成功的根本。公司的成果是"服务之道"（Path of Service）[91]这一项目。

　　Timberland 的员工每年有 40 个带薪工作小时用于社区服务。项目的最新进展是，员工可以在社会公平组织担任能力培养导师一职，为期 6 个月且由公司付薪。[92]

　　Timberland 调查了这一项目在员工中的反馈。79% 的员工赞同，"Timberland 的社会承诺是真诚的，它并不是一个公共关系机器"。89% 的员工认为社区服务对他们来说很有价值，50% 的员工认为公司的志愿者项目是他们选择留在 Timberland 的影响因素之一。[93]总之，调查证实，志愿工作是员工积极态度的关键驱动因素。一项研究表明，参加雇主举办的社区服务活动的员工愿意为公司继续工作并为其成功助力的比例高出 30%。[94]

　　埃森哲的志愿者项目很快成为了吸引员工的"法宝"。成百上千的申请者为了参与这个项目不惜等候数周甚至数月。这个项目让埃森哲成为了"一个更加有魅力的雇主"，人力总裁 Jill Smart 表示。[95]

　　而这类项目并不耗费埃森哲的成本。公司运营着一个社会企业，其经营目标是在财务上收支相抵。

　　它的主要现金流包括公司的捐款、雇员的捐款（从薪酬中部分扣除）和社会企业员工的报酬，尽管这只是市场成本的一小部分。[96]

　　作为回报，埃森哲获得了更高的员工忠诚度、额外的员工培训和与社会利益相关者更为融洽的关系。

7.3.2　案例研究：约翰·路易斯合伙公司（John Lewis Partnership）

除了建立一种能够激励员工的企业文化，企业更应该把组织的 DNA 赋予员工，从根本上保护员工的权益。应该确信，员工是具有重要价值的，也是公司成功的核心力量。

在发达经济体中，员工代表制一直是企业的重要基石。自工业革命以来，制造业企业、法律机关、货车运输、教育、劳工组织都是雇员权利和利益保障的重要部门和行业。在美国，1935 年的国家劳动关系法案（National Labor Relationship（Wagner）Act）[97]通过之后，私有部门的员工获得了集体谈判的合法权利。这导致了工会成员数量的迅速增长。直到 20 世纪 40 年代早期，"1/5 的美国工人加入了工会。十多年之后，工会的权力达到了顶峰"。[98]而从此之后，美国工会成员的数量持续下降。

劳工部的统计数据显示，工会成员的总数在 2012 年下降了 40 万，为 1 430 万，即便同期全国的就业人数上升了 240 万。员工加入工会的比率降至 11.3%，2011 年这一比率为 11.8%，达到了 1916 年以来的最低点（当年的比率为 11.2%）。[99]

从更高的层面看，工会人数的变化在私有部门和公共部门之间存在鲜明的对比关系。随着美国经济由重工业和制造业向服务业转型，"私有部门的工会参与率从 1973 年的 24% 降低到 2011 年的 7%；与此相反，公共部门的工会参与率从 1973 年的 23% 提高到 2011 年的 37%"。[100]私有部门雇员管理和组织内部地位的变化，与工会参与率的下滑保持了一致：

目前，私有部门员工工会参与率不足 1/14，这大约是 15 年前的一半。尽管劳动生产率大幅上升，美国员工的薪酬仅仅比 25 年前上升了大约 2%（经过通货膨胀率调整后）。[101]

William Greider 在他的作品《资本主义的灵魂》（The Soul of Capitalism）一书中指出，这种不均衡的局面不会被复兴的工会运动轻易改变。要去除资本主义造成的不公平和不平等，必须在组织结构上做出根本性的变革。换言之，只有美国的资本主义制度的基本运行道德得到改良，以员工正向激励为中心的优先权才能成为社会主流。

现实生活中，许多美国人每天工作的同时，实际上一直屈服于从封建制度沿袭下来的主仆关系。解决这一问题的途径是让员工成为自己工作的主人。在实践中，解决问题的形式可以包括雇员所有制企业、合伙制、合作社和其他混合所有制。为了保证效果，必须在确定员工所有权的同时引入合作的决策模式。[102]

一个有效的雇员所有制制度安排会在最大程度上确保员工、管理层、所有者的目标一致性。这样，员工才会更有可能为企业的整体利益做出积极的贡献。针对精英群体的股权激励受到了质疑，其对高级管理层绩效的影响更是引起了争论。[103]而在整个组织中分配所有权的公司在工作动机和满意度的提高上都获得了显著效果。

证据表明，期权和其他薪酬形式的有效运用能够促进工作效率的提升。通过期权、员工持股计划或其他途径实现股权部分分散的公司，其股东回报率相对可比公司高出 2 个百分点。更好的股价表现并不是唯一的益处。有雇员所有权制度安排的公司，在许多绩效衡量标准上都表现更佳。这些绩效标准包括生产效率、利润率、ROE 等等。[104]

人们对员工所有制企业褒贬不一。英国国内最知名的样本就是约翰·路易斯合伙公司（John Lewis Partnership）。这家百货商店在 20 世纪初成立，而自从创始人在 1928 年过世，它就变成了一家员工合伙制企业。[105]

约翰·路易斯公司的所有制结构建立要回溯到 1929 年。这一年，公司创始人的儿子 John Spedan Lewis 设立了一个利润分享计划，使其转变为了一个合伙制企业。在 1950 年的第二个契约之后，他把自己所拥有的股份也转为了合伙份额。约翰·路易斯公司现有超过 81 000 位员工，即合伙人。公司的成果在很大程度上是员工忠诚和组织承诺的功劳。[106]

雇员所有制重新安排了公司的目标优先权，使之更像是一个社会企业，可谓是营利性组织的另一种形式选择。所有权安排可以有多种类型，如合伙制、员工所有制、社会企业、共同土地信托等等。在拥护者看来，这些模式都是对资本主义的根本改革。同样重要的是，它们带来了有意义的改变契机：

约翰·路易斯合伙公司是英国最大的连锁百货公司，拥有 35 家百货商店和 272 家 Waitrose 杂货店，利润超过 115 亿美元。它是《财富》评选的英国最大 500 家企业之一，排名为 212，比星巴克略高。它的所有权完全是员工的。[107]

换言之，雇员愿意为企业付出，因为他们是企业的共同拥有者。公司的条例中规定，组织存在的目的是通过在成功的企业中实现员工的价值和满意的雇佣关系，确保每一位员工的幸福。[108]

约翰·路易斯合伙公司建立在公平的价值观基础之上。在传统的所有制关系下，股东无所事事却能拿到股份的分红，而员工劳心劳力却只能勉强维持温饱，创始人 John Spedan Lewis 认为这是非常不公平的。如果成为所有者的终极红利是在公司偿还债务后获得利润分红，那么雇员才是真正的所有者。当企业从利润中提取一部分资金用于再投资后，余下大约 40% ~ 60% 的利润都分配给了雇员。这就是约翰·路易斯合伙公司的革新之处。该公司的雇员不是与企业对抗的力量；他们在法律上不是企业之外的人，不需要与企业谈判。他们就是企业本身。[109]

结果就是，企业变得与众不同，不仅能和竞争者平分秋色，而且甚至表现更佳：

约翰·路易斯合伙公司的氛围和其他公司明显不同。这里的员工有归属感，并且表现得更加周到和专业。约翰·路易斯已经连续三年蝉联"英国最受欢迎的零售商店"，其圣诞销售营业额远超竞争者；它的食品销售终端 Waitrose 也成了增长最快的零售商。[110]

尽管这种所有制结构有很多显著的优点、也有着悠久的历史，而且能够创造一种"更人性化，更富人文关怀的资本主义"，但它并没有被商界所广泛接受。既然雇员所有制企业有着经营优势和竞争力，那么这一现状就显得令人费解：

雇员所有制企业有着更高的效率，在经济衰退中也表现得更加坚实。（在约翰·路易斯），员工流动率很低，在圣诞销售季中战胜竞争者。相似所有制结构的企业也表现喜人：Arup，一家机械设备公司，把自身的商业版图和"家的感觉"归因于 10 000 位员工对企业的所有权。[111]

即使拥有更高的生产效率和更分散的股权结构，推广这种形式依然障碍重重。例如，一些证据表明，员工所有制企业并没有比其他所有制企业更富社会责任感。

而且这种所有制形式并不能阻止有害决策的发生：雇员拥有 1/4 股权的雷曼兄弟并没有因此而免于破产的厄运。[112]

可能更重要的是，尽管股权数量不多，员工持股对员工形成了风险。由于他们的职业稳定性较高，从财务角度看，他们也对企业进行了更多的投资。而企业的股价若发生剧烈波动，就会把他们暴露于风险之中：

　　把员工的生计、储蓄和养老金全部放到一个篮子里是非常鲁莽的。能源公司安然，在2001 年破产时让很多员工失去了一切。

　　总之，组织整体层面上员工所有制的缺陷可能远大于从个体层面上增强工作卷入和认同所带来的好处。

　　完全由员工所有的企业可能会面临成长的烦恼。许多企业需要灵活的资本基础以便进行扩张。这也是银行业逐渐放弃合伙制的原因。而员工流动性可以促进创新。本质上，期待资本主义堡垒中的组织和个人把股权交付给员工，也是不现实的。[113]

　　在各国都存在类似的所有制形式。比如美国，以及一直重视雇员保护的德国和日本[114]。包含员工所有权的混合所有制形式在这些国家更为普遍，然而，与完全的固有所有制相比，这些形式存在着局限性。[115]

　　美国的许多企业建立了员工持股计划（ESOPs）。其中有一小部分企业的员工持股占多数股权，但是这种安排很少能导致共同决策权的产生。在德国，通过工作委员会和董事会席位，雇员有了较多的建议权，但是员工持股并不多见。[116]

　　在这些体系之中，隐含着雇员和股东潜在的利益冲突。这是由于所有权并不完全属于员工。尽管如此，这些混合所有制形式对组织层级的扁平化和雇员不公平感的降低卓有成效。由于所有者和员工的利益更加一致，企业绩效通常会得到提升。"只要这种形式能够让员工工作更为主动以减少监管程度，从而把更多责任赋予员工"。[117]这种减少监管的理念，即管理层级的消除，已被许多创新型公司推崇，并产生了有益的结果。

企业社会责任时事通讯：雇员

《华尔街时报》[118]上的一篇文章提供了为雇员分配年度绩效奖励的创新方法：

　　Coffee & Power，一家位于旧金山的新成立的临时工派遣公司，为公司内 15 个全职和兼职的员工每人提供了 1 200 股股票期权，并要求他们以任何形式在同事中分配这些期权。员工可以把所有期权交给一个人，也可以在团队中分配，所以个人的奖励与同事对每个人工作状况的评判直接相关。

　　企业内的个体决策（如雇用、解聘、嘉奖和提升）是非常主观的。我们都会被非理性偏差、偏见和不完全信息所蒙蔽。事实上，这种理念不过是把管理者的精英化决策转变成了个人的自利化判断。当然，这种雇员做出的投资决策也同样容易被偏见所驱使，但是这种民主化和"群众外包（crowdsourcing）"程序（把决策权转给所有员工），可能的非议就消失了。这个项目的规则就是由这种社会思潮所支撑的。

　　员工不能自我奖励，也不能把期权给予已经拥有大量股份的企业主。雇员只能知道自己得到了多少奖励，却不能知道是谁分配给他的。公司会公布一个无记名的奖励分配结果图表，所以大家可以知道最高和最低的奖励是多少。最神奇的是，第三高的分配数额被在公司薪酬排名第九的员工获得；他是一个负责攻克小任务的远程开发者，但是花费了大量时间用于帮助其他人。

　　怎样在公司的其他领域内应用这种理念，将是一项有趣的思维实验。

　　Gary Hamel 发表在哈佛商业评论[119]上的文章，对组织扁平化的概念进行了充分探讨。尽管经理层有其价值，但也有消极面，如 Alfred D. Chandler Jr. 所言的"看得见的手"。[120]而看得见的手常常是低效且愚笨的。作为应对，Hamel 推崇这样一种组织结构：

- 没有人有专门的上司
- 雇员和同事就工作职责的划分进行协商
- 每个人都可以花公司的钱
- 没有职位等级，没有升职
- 每个人都有责任准备自己工作所需的工具
- 薪酬决定的基础来源于同事[121]

晨星公司（Morning Star Company）就具备这些特征。它是世界上最大的西红柿加工商，也是 Hamel 所推崇组织结构的最佳实践范本（其他类似公司包括 W. L. Gore 和 Zappos）。[122]而这种建议应该被更广泛地接受。Valve 公司是一家位于华盛顿州的电子游戏制造企业。和其他 IT 公司一样，Valve 公司会给自己的员工提供各种额外津贴，而"公司唯一不提供的是老板"。[123]据悉，由于没有组织层级的监管，员工们被这种创新模式所驱动，形成了一种从混乱无序到"共产主义"的文化变革。

在 Valve 公司，没有升职压力，只有新项目。为了便于决定薪酬，雇员们对同事进行排序（不包括自己），投票选择创造价值最多的个人。解雇（尽管是非常罕见的），也用相似的方式，需要团队的集体决策。Greg Coomer，一位在 Valve 公司已经工作 16 年的产品设计师表示，"在项目实施中，一些人脱颖而出成为了实质上的领导"。他又补充说，当没有人愿意做领导时，通常表明这个项目并不值得做。

拥护者认为，这种"无上司"的理念也可以应用于更大规模、更加传统的组织形式中，例如 GE，在旗下的一些航空制造工厂中早已采取了无工头、无车间领导的机制。[124] W. L. Gore 公司可能提供了这种理念在实践中的最佳范例。

自 1958 年建立以来，W. L. Gore 公司一直沿用着自称为"格子状"的管理架构。与领导制和传统的命令执行条线不同，这种组织建构建立在团队制的基础上。W. L. Gore 公司的 CEO Kelly 女士表示，公司的 10 000 位雇员主要从事工程和制造业，他们通过"获取同事尊敬和吸引跟随者"的能力来获得领导地位。她还说，不选择担任领导者的员工也应受到珍视，因为企业因员工的全心"跟随"而感到骄傲。[125]

企业社会责任时事通讯：W. L. Gore

《金融时报》[126]上的一篇文章报道了 W. L. Gore 公司创新的管理架构。"你可能以为这是一条轻快的船舰。非也，这是一个非常混乱的环境"，公司的 CEO Terri Kelly 表示。这家拥有 50 年历史的公司的创始人创造了一种组织层级最少化的架构：

Gore 公司的组织层级基本上是完全扁平的。没有人可以指挥别人做事。决策通过协商达成，而非通过命令。

这样安排的结果是，决策过程常常是迂回盘绕的，甚至有时是臃肿笨拙的。然而，公司的高管认为，这只是必要的速度上的牺牲。CEO 表示："你必须推销自己的观点，即使你就是 CEO。你必须解释清楚你的建议背后的逻辑，做好内部营销。"文章表示，最终的结果是造成了一个更加精英主义的环境，因为只有让董事会满意的想法才能得到推行。

在 Gary Hamel 的著作《管理大未来》（The Future of Management）中，他引用了 Gore 公司的一位合伙人 Rich Buckingham 的观点总结了公司的机制："我们用脚投票。如果你召开一个会议，而人们都来了，你就是那个领导。"

7.3.3　CEO 的观点

Herb Kelleher—西南航空（Southwest Airlines）

如果让雇员的利益第一，他们会开心地工作。敬业度高的员工也会更好地对待公司客户。客户也开心了，所以他们会成为回头客，那么股东也因此感到欣慰。这不是神话，这只是事物原本的运行之道。

我们成功的核心要素，也是其他竞争者所最难模仿的。他们能够买到任何有形的东西，而那些买不到的，是奉献、热爱、忠诚，以及那种把工作视作神圣之战的崇高信仰。[127]

7.3.4　在线资源

- Accenture, Voluntary Service Overseas, http：//www.accenture.com/us-en/company/citizenship/Pages/voluntary-services-overseas.aspx
- Employee-owned Companies, http：//www.nceo.org/articles/employeeownership-100
- Fair Labor Association, http：//www.fairlabor.org/
- *Fast Company Magazine*, Employee Volunteer Programs, http：//www.fastcompany.com/tag/employee-volunteer-programs
- John Lewis Partnership, http：//www.johnlewispartnership.co.uk/about.html
- IBM Volunteer Program, http：//www.ibm.com/ibm/responsibility/initiatives/volunteers.shtml
- Morning Star Company, http：//morningstarco.com/index.cgi
- Salesforce.com, http：//www.salesforce.com/foundation
- SERVEnet, http：//www.servenet.org/
- The National Center for Employee Ownership, http：//www.esop.org/
- Timberland's Path of Service, http：//responsibility.timberland.com/service/
- Volunteer Service Overseas (VSO), http：//www.vso.org.uk/
- W. L. Gore & Associates, http：//www.gore.com/en_xx/aboutus/index.html
- Work Foundation, http：//www.theworkfoundation.com/

7.3.5　正/反方辩论

雇员所有制是将不公平最小化，提高公司员工士气的最佳方式。

7.3.6　问题讨论和回顾

1. 提高员工的士气和忠诚对公司会带来怎样的好处？你是否赞同志愿者项目可以带来这些好处？

2. 企业该如何鼓励员工参加志愿者项目？有些人会怀疑，由于需要在公司外耗费时间，参加志愿工作可能会影响他们在组织内晋升的机会。企业该如何打消这种疑虑？[128]

3. 访问 Timberland 的主页（http：//www.timberland.com/）和企业责任网站（http：//responsibility.timberland.com/）。你认为 Timberland 真实地践行了企业社会责任的承诺了吗？这是否会让公司给你留下更好的印象？或者并未改变你原有的印象？

4. 你对约翰·路易斯合伙公司的印象如何？它是个好企业吗？它是个成功的企业吗？"好"和"成功"的意义相同吗？你是否愿意在约翰·路易斯工作，为什么？

5. 你认为工作是一项权利，还是一种应尽的义务？

7.4　高管薪酬

> 企业社会责任关系：这个问题反映了企业委托人（所有者、股东）和代理人（经理层）之间的冲突，这对理解企业社会责任中的利益相关者问题至关重要。
>
> 利益相关者：高管、CEO、董事、股东。

7.4.1　问题

委托-代理问题关系着组织所有者（统称为委托人，包括股东及其代表、董事会成员）和经理层（即代理人）。后者由前者指定，代表前者从事经营管理并保护前者在企业的利益。

自从 1862 年《公司法》颁布以来，两者的冲突就困扰着股份有限责任公司。[129] 有限责任制的概念来源于法律，允许个人投资公司，并将自身的责任限定于所投入的那部分资产，从而避免承担额外的公司负债。如今，我们认为这样是理所当然的；但在当时，这是具有革命性的安排，面对着巨大的阻力。评论家，例如亚当·斯密，认为"有限责任"使公司制比其他更为纯粹的商业组织形式具有特定的优势。[130] 有限责任制这一创新导致了投资者阶层的产生。他们把资产投向于多种创业活动，但是并没有参与日常经营管理的时间或经验；一批职业经理人负责代表他们的利益运作这些资产。当然，如何保证经理层最大限度地从投资者的利益出发，即"如何更好保障股东权利"立刻成了令人关注的问题。[131]

亚当·斯密在其 1776 年发表的巨著《国富论》里表示，他对企业所有者（股东）不经营自己的产业，而把工作委托给职业经理人的行为感到困扰。他认为，后者不可能像管理自己的钱那样殚精竭虑地对待别人的财产。"疏忽和挥霍，在这样的企业中一定或多或少地存在。"[132]

应对和监督这种状况的措施之一，是建立一个代表股东权益的董事会。董事会有权监察经理层的行为。逐步地，委托人的代表（董事会）和代理人（管理层）之间的关系由父子变成了兄弟。因此，利益的划分变得模糊，特别是在 CEO 兼任董事长，董事和 CEO 是一致行动人这些状况之下。随着公司愈加倾向于认为股价表现是高管绩效的重要决定因素，高管和董事间的矛盾更为复杂化。由于投资者的影响力增强，高管关注的重点可能从企业的中长期表现和与利益相关者的关系，转移到了短期成功标准和与股东的关系上（例如，关注季度财务报告上企业的盈利水平，从而促进股价提升）：

20 世纪 80 年代以前，公司治理的一个信条是企业要为多个利益相关者服务：股东之外，还有雇员、顾客和其他主体。然而，股东价值最大化理念的持有者坚称，唯一重要的客户就是股东。如果他们能得到报酬，那么其他相关者就可以通过股价的提高获得副产品。这种股东价值的颂歌，可能相当极端甚至被滥用。它会变成大批解雇、生产假冒伪劣商品、向河流倾倒化学物质的万能辩解理由。[133]

在其当代角色中，委托代理关系堕落了，不再恪守公司治理的原有目标。随着董事的监督效应弱化，CEO 的权力和影响力上升。最终，不受抑制的权力疯狂膨胀，公司丑闻在世纪之交给商业社会抹上了污点。

安然丑闻，还有世通（WorldCom）、泰科（Tyco）、阿德菲亚（Adelphia）和其他公司发生的事件，暴露了美国公司高管疏于监督的明显缺陷。在教科书中，资本主义社会经济能够有效运转，是因为股东可以通过他们选举的董事会，对经理层进行监督。而现实是，美国的许多董事是由他们所监督的高管挑选并付薪的。[134]

这些丑闻之后的立法改革（主要指 2002 年的萨班斯-奥克斯利法案）并没有使监管得到改善，甚至产生了另一场信任危机：

2008 年，当世界上最大的金融机构由于政府的大量资金援助才免于破产之际，指责纷纷投向了公司董事会的失职。在大约十年之前，我们以为随着公司治理明显失败的案例（记得安然吗？）爆出，萨班斯-奥克斯利法案的颁布，这个问题已经得到了重视和解决。新的规定看起来大有前景。董事会成员中的大多数必须是独立董事。从理论上讲，这会更好地保护股东权益。每年，高层管理者就企业的内控状况作出评价，并征求外部审计师意见。审计师的工作又要受到一个类似政府的委员会的监督审核。然而，最近的金融危机清楚证明了这个新法则并没有产生什么效果。[135]

这个问题的核心，依旧是亚当·斯密的那个疑问：怎样让代理人和委托人的利益趋于一致？怎样让经理层为所有者的利益代言？在 20 世纪 90 年代，股票期权成为了新的"圣杯"。理论认为，通过向高管授予股票期权，可以对公司的绩效带来直接的好处。如果公司绩效较高，股价会上升，股东自己会从中获利。这个理论的缺陷很快突显了出来：有些高管为了最大化自身的利益，把短期的股价表现当做最为关注的焦点，忽视了公司的长期发展。

7.4.2 案例研究：股票期权

委托代理冲突中的一个关键问题是高管薪酬。期权激励有效性的一个重要假设前提是，高管得到的薪酬越多，激励程度越大。其内在逻辑是，股东和高管都希望最大化自身的经济收入。为此，股东希望股价更高，高管希望薪酬更高。如果有一种付薪方式，让高管的所得满足他们的需求，同时也满足股东的需求，两者的利益诉求便能达到一致。20 世纪 90 年代初期和中期，最为盛行的解决方案就是股票期权。而它导致了 CEO 薪酬的爆炸式上涨趋势，并且持续至今。图 7-2 反映了 21 世纪前 10 年总体薪酬最高的 CEO 的排名。

2011 年，一项研究对 200 位薪酬最高的 CEO 的薪资状况进行了详尽的数据分析。尽管金融危机造成了经济衰退，"排名靠前的高管薪酬依然很高，甚至越来越高"。特别是，2011 年全国 200 位薪酬最高的 CEO 的薪酬中位数达到了 1 450 万美元。[136]简而言之，仅以这些上市公司的样本看，CEO 的薪酬持续呈指数化增长。这还没有包括近些年来那些收入几十亿的顶尖对冲基金经理和 PE 投资商。[137]此外，膨胀的高管薪酬不仅存在于营利性公司，高薪的非营利组织 CEO[138] 和大学校长[139] 的总体薪酬通常也超过百万。

尽管在各国中，美国的高管和一般雇员的薪酬差距最大，不过这种现象在发达国家是较为普遍的：

2012 年，英国 CEO 的平均薪酬超过 450 万英镑（约 690 万美元）。从 1998 年到 2010 年，高管的薪酬上涨了 300%。与此同时，普通英国雇员的真实工资水平几乎没有变化。这些趋势，使得在 12 年间，富时 100 的公司中高管薪酬与平均工资之比从 47 倍上升到了 120 倍。[140]

透过更加具体的分析，可以看到，不仅是数量上的扩张，高管薪酬的形式也随着时间

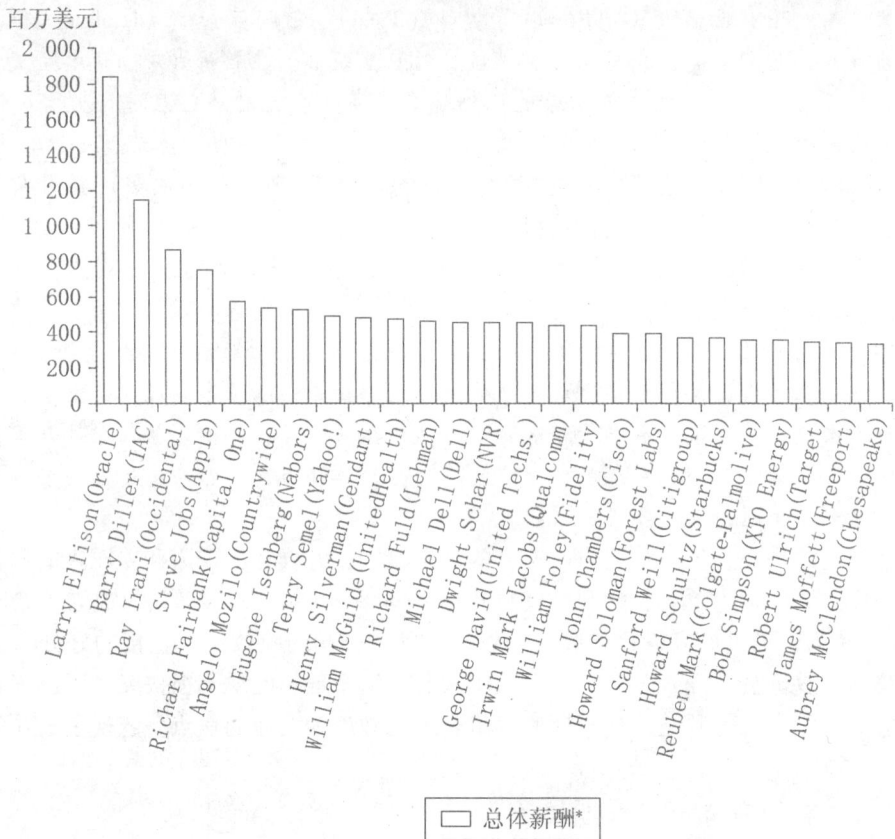

百万美元

□ 总体薪酬*

*包括工资、奖金、限制性股票期权和其他薪酬（单位：百万美元）

图 7-2　顶级 CEO 总体薪酬方案

资料来源：'The Decade's 25 Top Earners,' *The Wall Street Journal*, July 27, 2010, p. A16.

变化。早期主要形式是现金报酬（工资或奖金），后来则出现了越来越多样的方式：

> 价值 90 000 美元的小地毯，一对同样价格不菲的来宾椅，35 000 美元的小柜和 1 400 美元的垃圾桶，这些都还只是改造 John Thain 办公室花销中的一小部分。他接任美林的 CEO 时，办公室装修的总支出达到令人咋舌的 120 万美元，而这差不多是五户单亲家庭安家的费用之和。[141]

这一趋势反映在图 7-3 中，它显示了 2011 年 CEO 薪酬各项构成的平均分布值。现今的高管薪酬中，现金的比重在下降，而股票期权的比重日渐上升，目前已经达到了总薪酬的 21.8%（此外，股票占总薪酬的 41.4%）。

讽刺的是，股票期权的广泛应用，起源于国会对高管薪酬的限制：

> 高管薪酬以 100 万美元为限的税收抵扣在 1993 年成为了法律。这导致许多企业把 CEO 的薪酬标准提高到了恰好 100 万美元。[142]

和国会设想的报酬上限不同，100 万美金成为了下限，也是判断一个 CEO 的实际标准。区分的差异也变为了与绩效关联的高管工资。股票期权让员工们获得在未来的一个期限内以固定价格购买公司股票的权利而成为了被选择的方法。公司能够以这种绩效工资的方式支付 CEO 们不断增加的工资数额，因为它们对公司财务的影响最小：

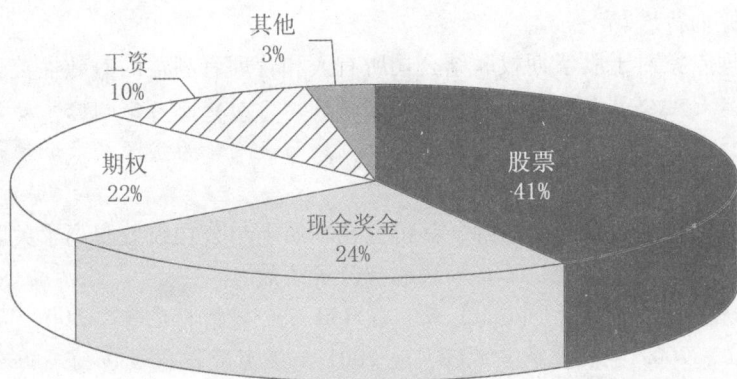

图 7-3 CEO 薪酬构成 (2011)

资料来源：'The Decade's 25 Top Earners,' *The Wall Street Journal*, July 27, 2010, p. A16.

在近些年，特别是在科技繁荣的平稳期，股票期权被大方地发了出去，对公司底线并没有直接影响，因为其中大部分虽然被批评人士认为是公司实际的经济成本，实际上并未被作为费用。它们仅仅在年度报告中被引作脚注。[143]

21 世纪初的道德丑闻（强迫公司为期权赋予价值，并将这种价值视作对立于收入的开销）使期权收取费用的尝试遇到了阻力。特别是小型科技公司，它们认为它们需要期权来吸引人才——它们一般是较为年轻的组织机构，不太可能有必要的现金流来支付更高的工资或其他传统形式的支出。另外，股票期权收费还有其他的技术问题。原则上，股票期权涉及附加到它们身上的价值，通常不知道在何时、以何种价格、在未来何日归属于它们。这种不确定性经常导致 CEO 们获得了和公司最初报告的差异悬殊的数额[144]。在 1991 年尝试介绍这种改革后，财务会计标准委员会在 2005 年最终实施了一个规定，使公司对下发给员工的股票期权收费[145]。然而，尽管有这个变化，股票期权依然作为给高管们提供高报酬的一种受欢迎的方法而保留了下来：

34% 的老板在 2010 年使用了这种方法，而 2009 年只有 23%。喜达屋酒店（Starwood Hotels）及度假村集团兑现了其在 2009 年公司股份处于谷底时的大量期权，使其总薪酬从 2009 年的 290 万美元增长到了 2010 年的 1 740 万美元。当时被以 11.39 美元的价格给予的 100 万股份，到了 2010 年就增值到了 60 美元[146]。

起初，在这种基于期权的报酬背后的想法是将 CEO 和高层经理的利益和公司股东的利益更加紧密地联系起来（通过公司的股价），这会激励管理层来实现公司绩效最大化。这会带来公司和股价最大化的可持续增长。但在实践中，一些 CEO 关注于在短期内提升公司的股价，有时忽视了行为的合法性和诚信，以及对于公司利益的长期影响：

这些巨大的"薪酬结构"支持了这样一个系统，在其中高管们被激励关注短期收益和个人支出……过高的报酬助长了力量强大的 CEO 们最坏的本能和自我意识，他们渴望取胜，不计任何代价和后果，最后往往是不顾伦理道德[147]。

这种忽视公司健康发展而追求个人收益最大化的欲望在 2006 年股票期权追溯丑闻中也十分明显，很多公司同意了高管们的要求，将股票期权回溯到股价最低的点：

股票期权的一个关键目的就是激励其接受者以提高雇员的绩效，包括股价。没有股票收入就没有期权的收益。期权的回溯让期权的价格变低，相当于让受众的获益回到最初，这与此目的相悖而行[148]。

最终，管理专家对于股票期权联结公司所有人和管理者利益的有效性莫衷一是：

股票期权只是对公司未来发展的投资期望的共识，而将它与报酬联系起来使得高管们更可能关注于提高投资期望，而不是实际绩效。然而我们认为实际绩效驱动着未来绩效的期望，这种联系会十分薄弱[149]。

随着对股票期权主要目的的曲解，其价值在本质上与公司绩效脱离了关联。

高管薪酬与公司绩效

高管薪酬研究者伊奎拉（Equilar）研究了 450 家公司的标准普尔 500 指数，并发现了一些奇怪的现象：2002 年表现最差的公司是 2001 年给高管期权最多的公司。期权中位数是 940 万美元。第二年股东回报的中位数是 -50%。绩效最佳的 CEO 所获得的期权要低得多，中位数只有 370 万美元，而他们带来的回报是 17%[150]。

在过去的几十年里，那些把公司 90% 的期权都给了高管和一些高层经理的公司表现得要比那些期权分配更公平、更平均的公司差。在 20 世纪 60 年代高管的薪酬是一般员工的 40 倍，现在提高到了 600 倍，这是不合理的[151]。

思考：如果你在股票市场投资了 10 000 美元（依标准普尔 500 指数的平均水平），10年后你会有超过两倍的钱，尽管有熊市，在 2002 年底也会累积有 22 170 美元。但是如果你投资那些高管收入最高的公司，你的投资会贬值 71%，贬值到 2 899 美元[152]。

公司如何处理期权作为高管薪酬一部分的问题，是公司透明度、公司管理、公司财务报告和公司简介的重要指示器[153]。简而言之，它代表了公司与股东沟通的方法。美国很多公司的丑闻都由于缺少这些特性。很多问题都与违背法律的精神和为了追求个人的自我动机而欺骗投资者等有关：

薪酬并不仅仅是为了招聘和保留人才。它还是一种公司文化和价值观的交流形式，会直接影响公司和员工的关系、公司的品牌名声以及股价。[154]

最近的经济危机凸显了大公司支付给高管和 CEO 巨大的薪酬包，以及用股票期权来解决委托代理问题的失败。因此，反对情绪开始针对用股票期权来衡量高管的绩效工资这一事情上。有太多这样的高管，无论是 2007 年 1 月从家得宝辞职获得"价值 2.1 亿美元"遣散费的 CEO 罗伯特·纳德里[155]，还是遭到 59.42% 股东反对的壳牌 2009 年高管薪酬计划[156]，或是经济危机时期[157]保险巨头美国国际集团（AIG）的金融服务集团离谱的额外1.65 亿美元奖金（后来涨到了 2.18 亿美元）[158]。公众认为是在为高管们的失败付钱[159]：

……引起公愤的一个主要的原因是，高达 1.65 亿美元奖金被发给了 AIG（一个损失了 1 000 亿美元的公司）的几百名高管！这可是纳税者已经花费 1 700 亿美元，并还将花费 300 亿美元用于援助的摇摇欲坠的巨头。我们只能好奇，如果他们损失了 2 000 亿美元，是不是能获得更多奖金。[160]

尽管有这些薪酬包，很多评论家仍然认为"美国高管的报酬并没有过高"[161]，"CEO的薪酬是他们应得的"[162]。这些论调的原因一部分来自于 CEO 在企业层级正在丧失权力和影响力——例如被共同任命为董事长的概率降低了[163]。这种趋势的一种表达形式是 CEO任期的缩短，出于对即刻绩效回报的压力（其中一部分是由过高的薪酬导致）：

公司高管可能比过去挣得更多了，但是最高层的任期变得更加不稳定了。在 1992 年，美国财富 500 强 CEO 有 36% 的概率在接下来的 5 年里继任他们的工作；在 1998 年这个概率就降到了 25%……美国 CEO 的平均任期已经从 20 世纪 90 年代的将近 10 年缩减到了大约 5 年半……仅在 2011 年，世界 2 500 家最大的上市公司中有 14.4% 的 CEO 离职。[164]

　　寻求高管薪酬改革的目的应该是重新关注于激励公司长期健康发展，并且保证这种激励在组织中的普及性。即使这么做有一些好处，很多公司都停止给投资者盈利预测，以此来降低短期股价压力[165]。

　　批评家们担心缺乏有效的指导会导致更多的不合预期的收入、更大的股票波动指数，甚至使得管理的监督更缺乏灵活性。实际上，这是一个向前的飞跃。成功的战略不是在三个月的时间里执行的。通过拒绝玩这种每季度一次的猜测游戏，公司减少了对于短期绩效的关注。这降低了对于以榨干成员为目的的财务诡计的激励。[166]

　　如今，改革者们正在争取薪酬包的相关政策和实践，一如往日地尝试缩小代理人的利益与公司原则之间的鸿沟。壳牌 CEO 在 2009 年承认，为了回应股东们对其引起争论的工资增长的反对，他呼吁改革高管薪酬：

　　你必须意识到：如果再多付给我 50% 的工资，我不会做得更好。如果我少拿到 50% 的工资，我也不会做得更差。[167]

高管薪酬改革

　　改革可能包括，但不限于以下方面：

- 向股东全面、清楚地公开高管薪酬包[168]。
- 股东对于薪酬包的有约束力的投票——《多德-弗兰克法案》（2010）使得美国使用了这种对薪酬发言（say-on-pay）的投票。英国自 2002 年开始要求上市公司进行薪酬汇报，并且自 2006 年起强制进行不具有约束性的投票，而从 2013 年开始，投票将具有约束力[169]。最终，英国普通的 CEO "赚的钱只比在美国的一半多一点点"[170]。在美国，对薪酬发言的投票正在逐渐获得牵引力："在 2012 年，大部分股东投票反对他们所拥有的 2.2% 的公司的薪酬包……2011 年第一次进行此种投票得到的结果是 1.3%，现在这一比例已有所提升。"[171]
- 与《多德-弗兰克法案》（2010）提出的内部薪酬公平条款相似的现金薪酬上限的例子：[172]
  全食公司就有 "公司内平均工资 19 倍" 的限制，他们认为足以 "使我们高管的薪酬在市场上更具竞争力"。[173]
- 薪酬包应当包括一系列促进短期、中期、长期绩效的激励，并应以卓越运营（例如收益、市场份额、客户服务等等）而非股价来衡量绩效。"高管薪酬应该和公司债务有更加紧密的联系（例如递延酬劳、养老金固定收益、公司债券）"……这些类型的激励保护了股东的利益和公司价值，特别是当公司的偿债能力遇到问题的时候。[174]
- 将企业社会责任和可持续性指标与资深高管薪酬联系起来。已经接受了这个理念的一些公司包括彪马[175]、阿克苏诺贝尔和马里奥特[176]。但是总的来说，至今为止诸多公司还是不情愿接受这项内容："在欧洲最大的 300 家企业里比例不足 1/3（28%）。"而且，即便做出行动，公司也以一种不透明的方式进行。[177]
- 为总薪酬（包含绩效工资）的潜在支出封顶，以此来限制过多的冒险。欧盟计划限制高管的奖金不得超过基础工资，配以具有约束力的股东投票[178]。

- 允许薪酬委员会根据新的环境修改薪酬包。
- 通过限制性股票鼓励长期行政所有权（相对兑换期较短的期权），这有助于更好地"将老板和股东的利益结合起来"。[179]
- 引入弥补性收入[180]政策，使得公司在未来重申收入的时候，可以得到一部分补偿："从 2006 年的 18% 到 2009 年将近 3/4 的财富 100 强公司都作出了这样的规定。"[181]
- 创建表决规则，使主管直接被股东取代，特别是那些薪酬委员会的董事。[182]

从 2000 年至今出现的损失中，仍能看到更为高效的高管薪酬形式萌生的希望。首先，伴随着安然公司和相关的企业丑闻、最近的金融危机以及人们对金融产业的醒悟：[183]

> 根据伊奎拉公司的调查……大约 70% 受到长期奖励的标准普尔 500 的 CEO 都任职三年以上，并且与股东投资回报率密切相关。[184]

如果这是真的，那么董事会就需要警惕，抵抗追求有名望的 CEO 并给他们过多的薪酬包的诱惑。实际上，对于每次危机之后新施行的所有规定，我们都很难感受到发生了什么变化：

> 对薪酬表决的方式被使用后的第一年高管工资提升了 12% 的事实说明这种方法并没给我们太多欣慰。[185]

CEO 薪酬不停增长的现象很大程度上是基于公司必须支付现行工资率来留住最好的领导者的观点。类似地，公司不得不持续为它们现任的 CEO 涨薪，来防止他们跳槽到工资更高的公司去。特拉华大学一项新的研究表明，这个观点是错误的——外部雇用远没有内部雇用有效，即使内部雇用所给的工资更少。[186]换句话说，在某个行业内成为成功的 CEO 所需的技能是很难转移的：

> 没有确定性的实证证据说明外部继任会带来更好的公司绩效，或者在一个公司拥有优秀绩效可以保证在另一个公司也一样……简而言之，高管的技能不能通过最基本的普遍性测试：可转移性。[187]

7.4.3　CEO 的观点

彼得·德鲁克

根据德鲁克的观察，真正的领导者，是对他人和他们的工作表示尊重的团队领导者。而过高的 CEO 薪酬可以最有效地摧毁这点。他认为合理的工资范围应该是一般成员的 20 到 25 倍——而不是上百倍。他在 2004 年《财富》杂志的采访时说，那种不平等引起了中层经理理想的破灭，并损害了公司和社会间彼此的信任。他在 1974 年写道，过高的薪酬是用来创造一种状态而不是收入。"它不能带给任何人好处，只会导致严重损害社会、经济和管理者自身。""当一个解雇别人的经理获得经济收益"，他在 1996 年陈述道，"这没有借口，没有理由。这从道德上或是社会上都是不可原谅的，我们会为此付出惨痛的代价。"[188]

7.4.4　在线资源

- AFLCIO，ExecutivePayWatch，http：//www. aflcio. org/Corporate-Watch/CEO-Pay-and-the-99
- Center On Executive Compensation，http：//www. execcomp. org/
- Citizen Works—expense Stock Options，http：//www. citizenworks. org/corp/options/options-main. php

- Financial Accounting Standards Board，http：//www. fasb. org/
- How do stock options work？http：//money. howstuffworks. com/personalfinance/financial-planning/stock-options. htm
- International Accounting Standards Board，http：//www. iasb. org/myStockOptions. com
- myStockOptions. com，http：//www. mystockoptions. com/
- Securities and Exchange Commission，Executive Compensation，http：//www. sec. gov/answers/execomp. htm
- Securities and Exchange Commission，Say-on-Pay，http：//www. sec. gov/news/press/2011/2011-25. htm

7.4.5　正/反方辩论

正/反方辩论：股票期权可以有效解决委托代理问题。

7.4.6　问题讨论和回顾

1. 你对目前水平的高管薪酬有什么看法？你是不是同意这样的看法："付出花生，得到猴子。付出大量花生，得到贪婪的猴子"[189]？高管薪酬是按照市场价值支付的，还是有什么因素使市场向上层高管倾斜？

2. 委托代理问题的核心是什么？股票期权是不是员工或经理薪酬的一种好的形式？股票期权是否开始解决委托者和代理商之间固有的矛盾？

3. 在 2011 年，苹果公司的 CEO 提姆·库克的总收入有 3.78 亿美元。换句话说，每天收入 100 万美元，"每小时接近 42 000 美元，即每分钟 700 美元，也就是每秒 12 美元。""有什么 CEO 值每天 100 万美元吗？"[190]是不是只要一个 CEO 带给组织的净效益比他的薪酬高，就可以支付给他任意量的薪酬？

4. 一些公司用股票期权奖励所有员工。星巴克就是个好的例子，它拥有忠诚的员工，并由于这项政策得到了良好口碑。看看星巴克的视频是如何解释它们公司的"咖啡豆股票"计划的运作的（http：//vimeo. com/36572039）。这样的政策是否会让你加入一个公司而非其他？工资水平在选择工资包时是不是最重要的决定因素？

5. 看看上面的可能的高管薪酬改革的列表。你觉得哪一项最可能改变现状，并更好地将委托者和代理商的利益联结起来？为什么？

7.5　投资者行动主义

企业社会责任关系：这个问题反映了近些年投资者行动主义的增长。这是企业社会责任中持续增长，也是有争议的领域，公司为回应这个问题也面临着不断增大的压力。投资者在什么程度上区分公司，并为了长期社会责任投资策略来牺牲短期回报？

利益相关者：股东、投资者。

7.5.1　问题

投资者或者行动者分为两种：

- 机构投资者——他们是专业的投资者，管理公司大块的股份，例如保值、养老金或者互惠基金，并在很大程度上受到股东价值最大化的驱动。一个很好的例子是卡尔·伊坎，他与通用汽车公司、时代华纳公司以及最近的网飞公司的斗争都是头版新闻。[191]

- 非政府组织，其他社会关注群体和个人投资者——通常拥有公司很小部分股份的社会行动家，但他们尝试在个别反映社会价值观、对组织及成员很重要的问题上影响公司行动。例如 TIAA-CREF（http：//www. tiaa-cref. org/），教师和大学教授养老基金，泛宗教企业责任中心（http：//www. iccr. org/），但也包括类似反种族灭绝投资者组织（http：//www. Investoragainstgenocide. org/）[192]的团体。

从企业社会责任的角度，传统意义上讲第二种团体更贴近激进主义投资者，随着风险管理成为公司关注的主流领域，社会责任互惠基金增长（以美元计算），两者之间的界限变得模糊不清。对于个别公司的个别问题，这两个团体都会轻易发现，它们在寻找公司行为中相同的改变。所以研究二者在哪里看到了重叠的利益会十分有趣。这些团体对透明度和责任性的要求（诸如公司治理、高管薪酬和温室气体排放等问题）是否必将导致公司行为的变化并不清楚。此外，寻求与之价值观一致的个体投资者存在什么机会？清楚的是，这两个群体都代表公司公开批判高管及其代表公司的决策，[193]新的立法就是给它们采取实际行动的力量：

在美国，金融监管法案……赋予证券交易委员会权力，使股东提名董事的代理参与权，并为投资者提供高管薪酬的无约束权投票以及黄金降落伞。在英国，新的管理法规规定了投资者的职责，来增加其与管理层及董事会的接触。[194]

在企业年会（AMGs）中提出及由机构投资者和社会行动家投票产生的股东决议主题，十分明显地体现出新立法增加了行动力度：

在 2012 年的代理投票季，投资者成功地使用股东决议来刺激公司面对可持续性挑战（例如气候变化、水力压裂、供给链和可用水风险）的行动。2012 年在被绿色企业集团 Ceres 追踪的 110 项决议里，44 项提案最终使得美国公司承诺在其运营和供给链中处理环境和社会风险。[195]

这种投票模式表明决议的数量在很多年内不断上升，特别是自从 21 世纪之初的公司丑闻以来。它涉及广泛的问题，并且让公司越来越难以驳回：

……投资者对于环境和社会决议的支持在过去的十年里稳步上升，从 2001 年平均 9% 到 2010 年的平均 18%。在 2011 年，82 项决议在表决中被以 20% 或者更大的比例支持。（公司）不能忽视 1/4 或 1/3 股东的要求[196]。

随着力量的不断积聚（在 2012 年股东提议的数量增加了 3%，达到 595 项）[197]，就像《金融时报》所说的"在美国公司信心危机之中的投资者行动主义趋势"。信心危机由很多因素驱动，最重要的是出于保护投资的考虑，但不只是单纯的经济收益。如今的投资者们"不再只满足于赚钱，还要保证他们是负责的"[198]。类似地，《纽约时报》将这种趋势称做"股东行动主义的变脸"：

委托书征集季长久以来都是工会和激进主义投资者的领域，互惠基金和其他更适合的法人股东日益成为批判过分的薪酬包并质疑公司治理的人。被新法规鼓舞，被股票表现与丑闻激怒，这些新的活动家们投票否决公司政策，支持改革公司董事会的提议。[199]

美国证券交易委员会规定，至少要有 3% 的股东支持的提案，才能在第二年再次提交。之后一年继续提交的门槛是 6%，再一年则是 10%。[200] 门槛低的原因是股票的分散本质（任何一个股东都不太可能在公司中持有十分大量的份额）与持有美国全部上市公司股份的 50% 以上的机构投资者（大约 1 000 家大公司中的 60%）[201] 不愿意公司发生巨大的改变：

> 在绝大多数情况下，持有公司 3% 所有权的投资者就是公司的顶级股东，所以即使个位数的投票也会获得公司的考虑。超过 10% 的社会提案投票就难以忽略，并常常导致公司采取行动来强调股东关注的领域。达到 20%～30% 的表决就获得了主流机构投资者的强力支持，并向公司发出了明确信号。只有最低效的公司才会去忽略其 1/3 或 1/4 的股东。[202]

由于掌握在机构投资人手中的股权的集中，这些股东的投票组成了年会上最大部分的表决。他们有很大影响力，并在传统上倾向于跟随管理者投票。但是这一切在改变，独立股东反对失败的高管绩效的声音越来越大，而机构投资者对于如何保护他们的控股更加感兴趣。寻求直接挑战董事会建议的股东决议越来越普遍，并得到了超过 20% 的支持。随着确保公司治理以使风险最小的同时反映社会价值观的压力增长，接近和超过 50% 大关的表决将会增多：

> 2012 年巴克莱集团大约 27% 的股东在对高管薪酬计划的表决中投了否决票。瑞士信贷也受到了类似的指责，反对瑞士银行薪酬计划达到 1/3……这些表决发生在花旗集团表决的两周之内。花旗集团的大部分股东（55%）否决了包括 CEO 潘伟迪在内的高管薪酬，他的工资从之前的 1 美元跃升至去年的 1 490 万美元。[203]

股东压力导致政策变化的一个例子就是戴尔，其发布了一项回收计划（"资源回收"项目）来帮助其顾客处理他们的电脑。正确的拆解使得电脑中的原有化学物质不会随垃圾填埋。戴尔宣布打算为这项服务向每台电脑收取 49 美元。戴尔受到了"由你来播种"基金会和凯威基金策动的主要电脑制造商的压力，而改善其回收方面的状况：

> 戴尔被诟病没能在防止含有有毒物质的电脑随垃圾填埋方面做领军人，所以这次将要设立具体的回收目标，公开其进展，并保证所回收的电脑被妥善处理。戴尔也承诺将研究如何使用其直接分配模型降低回收电子垃圾的成本。[204]

但是，总的来说，即使大部分股东在表决中都一致，这个表决结果对公司也是不具有约束力的。2002 年之后英国立法要求公司每年进行薪酬报告，并必须在企业年会上表决。这使得股东和投资者得到了高管薪酬包的很多方面的更多信息，例如合同条款、收购条款、养老金安排、黄金降落伞条款（写入 CEO 合同中，在公司被接管时导致大量的款项）。这些信息过去他们很难得到。但是，随着对薪酬表决的强制化，即使薪酬方案被否决，公司也不必做出任何改变，也没人会提出不同意见[205]。投票不具约束力的原因（适用于所有股东表决，不仅仅是对于薪酬）在于多数投票法的普及：

> 在大多数同意投票原则下，需要在年会上有 50% 以上的股份投赞成票。在多数原则下，获得最多票数的人被选出来，不管他们获得的支持票有多么少，只要不存在获得更多票数的候选人就可以。[206]

经常没有替代选项的原因是现行的规则使得不被公司行政团队支持的候选人很难立足。除了竞选对手，股东民主成了空头支票：

直到最近，这种选举都是斯大林式的：只有候选名单上的董事参加评选，保留票不计数，只要每名董事都获得一名股东的支持，那么他们就都获胜当选。[207]

实际上，投票的结果极大地受到投票前状况的操纵，这被一些人批评"容易预测"[208]。

直到最近，小的投资者（那些不把他们的选票直接扔进垃圾桶的人）的投票，很大程度上是无意义的……为一个候选人保留投票是没有争议的。但这不要紧，因为董事不需要大多数通过就可以赢得竞选。如果你选择不投票呢？你的经纪人可以不经过你的允许就帮你投票，而且经纪人一般和管理层投票一致。[209]

最后总是管理层的提名被选了出来。[210]董事选举的一年的价值，例如一个名为机构股东服务公司的代理咨询公司称，在 14 000 名董事会参选者中只有 14 个被大多数票数驳回。[211]这些浪费的票数不能被忽视，而且对美国改革的呼吁也持续了多年。最终证实了基本股东权力在公司监督和公司治理上不是威胁，反而是助力。在 21 世纪初丑闻出现后，美国证券交易委员会策划了代理参与的检查，目的是在竞选中强化股东提名候选人的能力。在 2010 年，证券交易委员会宣布了结果：

在决定中，证券交易委员会 3∶2 支持代理参与，要求公司将所有董事会提名包含入标准公司投票，并在股东年会前发布。为了获得提名权，投资者或者投资者团体需要拥有至少 3% 的股份，并持有 3 年以上。[212]

企业社会责任时事通讯：贪婪

马伦·贝克尔[213]发布的一篇博客中，提到关于最近很多公司遇到的，股东投票反对高管薪酬包的问题。2012 年，随着对公司将高级雇员薪酬放在年会上表决的要求不断增加，英杰华集团、巴克莱集团和花旗集团等等在表决中都遇到了对高管薪酬的强烈反对：

这十分有趣，股东们因为有了严苛对待那些贪婪的坏老板们的权力而开始被赞扬。

然而贝克尔认为，这是一个备受批评的团体让另一个备受批评的团体承担责任，而不是期待已久的股东民主。或者，如贝克尔所说：

对于股东，由于没有获得和他们所持有的股份价值一样高的收益，很多人表示失望。如果他们得到了，那么他们就会对夸张的高管奖金微笑，因为他们"赚到了"。

贝克尔提醒我们不要误以为股东们正在代表着更广泛的社会利益：

这不是一个良性的善的力量，这是股东们对于"超过平均值的"回报的需要，这使得很多金融机构采用高风险高回报的政策，最终导致了金融危机。现在他们抱怨英杰华集团的高管"破坏了股东价值"。

贝克尔揭露了这些"对工资表决"的要求并不是一种解放：[214]

我们可能认为他们正在通过苛责一些人，给予我们不曾得到过的正义。实际上，他们是为了他们自己的权利，要求与市场现状不符的财务绩效。现在一些人的确该被谴责（其他人只是在不合适的时间处于不合适的职位），但更重要的是，这个过程使我们继续走在起初引发问题的道路上。

总的来说，"只有股东们表达意见的比重和他们存在风险的资本成正比，公司才能对他们足够负责"[215]这句话是正确的。但是，被证券交易委员会点燃的股东民主的爆发，最终甚至没能持续一年，随着美国商会和商业圆桌会议起诉撤销它，联邦上诉法院废止了这项规定：[216]

在废止这项规定时，法院严肃斥责了证券交易委员会，认为其没有恰当分析美国公司在董事会竞选斗争中的成本。法院同时认为代理方没能证明这项规定可以提升股东价值和董事会绩效。这个决定并未阻止证券交易委员会重新开始并制定一项新的规定，但是法律专家认为其为修订规定，使股东拥有提名董事的权利设定了很高的标准。[217]

但是，很多公司开始认识到，在触及敏感问题时，与股东交流可以为它们提供一条阻力最小的道路，甚至可以帮助他们与多个股东群体互动：

> 近些年，越来越多的公司开始接受少数服从多数的原则，这意味着即使其他人都弃权，一票也不再可以选出整个董事会……2010 年开始，经纪人不再能在未经允许的情况下，为他们的顾客的股份投票。更重要的是，网络上出现了更多旨在教育小型投资者的选民资源，阐述投票的问题并使得投票更加简单。[218]

此外，公司开始更多地在投票前与股东交流，调查他们的意见并衡量何种薪酬包是最易接受的。例如在其 2009 年的代理中，安金公司"指导股东参与了一个 10 问的在线调查（关于公司薪酬计划）"。问题包括这个计划是否基于绩效，以及绩效目标是否可以理解。[219]同样在 2009 年，保德信金融集团"在其网站中添加了一个链接，使得投资者们可以对其薪酬计划评论"。[220]这个趋势不断延伸，如米勒公司等已经开始举行在线年会，以达到让更多股东参与到这个过程，以及省钱的目的：

> 这些开办"网络年会"的包括华纳音乐集团、应用矿产公司、营养系统公司……在这些会上，投资者们通过一个连接到他们经济账户的 12 位的管制编号登录一个网页——来进行电子化的投票和提问。[221]

惠普公司显得尤其进步，他们在本质上复制了证券交易委员会的规定，赋予了股东提名董事会候选人的权利：

> 加州的帕洛阿尔托公司，这家科技巨头通过让股东在 2013 年年会上进行公司章程投票，来实现所谓的代理参与。如果这项措施得以通过，那么持有惠普超过 3% 股份并持续 3 年以上的投资者将可以提名最多 20% 的公司董事。这种投票是有约束力的，意味着惠普公司将受到投票结果的约束。[222]

或者至少这是个好消息，根据提供的文件申请，"惠普只有 4 名股东拥有 3% 的股份"[223]。但是股东代表在逐渐增加，公司开始对其最重要的股东的需求更加负责。投资者们让管理层负责的手段之一就是投资能够反映他们利益的定制基金。就企业社会责任而言，社会责任投资基金是在寻求这一成就。**影响力投资**的上升同样产生了大量的利益和创新，例如社会影响债券的兴起。

7.5.2　案例研究：社会影响债券

投资者在何种程度上限制其对公司的投资会被视为一种道德的和对社会负责任的方法？这种投资常常被称为影响力投资，一个例子就是社会责任投资基金：

> 一项投资是否被称作有社会责任取决于公司业务的本质。通常的社会责任投资主题包括避免投资那些制造或销售容易上瘾物品（例如酒精、烟草和赌博）的公司，并寻找致力于环境的可持续性和替代能源、清洁能源的公司。社会责任投资可以由一个公司进行，也可以交由有社会意识的共同基金或交易所交易基金来做。[224]

社会责任投资并不是一个新想法，但是随着企业社会责任行为的社会压力的不断增长，它开始变得越来越普遍。投资者们尝试将同样的价值观应用到财务报表中：

> 共同基金行业在 20 世纪 70 年代开始提供基于这个想法的产品，晨星公司最近认定了

199 种共同基金和 23 种交易所交易基金是对社会负责任的。在这些产业中，这些基金避开了与烟草、酒精、污染、武器和独裁政权相关的内容。[225]

围绕社会责任投资对公司行为的潜在影响力的辩论是社会责任投资基金是否比一般投资基金成功。如果是，这说明社会责任行为和优越的公司业绩间存在联系。批评家们认为社会责任投资基金是低效的，那些伦理或者道德股票不比一般的股票，或者那些所谓的有罪的股票更好。而支持社会责任投资基金的人，则用有利的数据来反击：

……社会投资论坛的成员公司提供的 160 项社会责任共同基金中，接近 2/3 的高过基本指标，并在 2009 年通过巨大利润击败了标普 500 指数。[226]

尽管在所有投资中所占比例相对较小，从数量、规模和影响程度来看，投资到社会责任投资基金的资产正在飞速增长。2007 年，"超过 2.7 万亿美元——约占专业管理资产的 11%——存在于某项社会责任投资中。"[227]在接下来的三年，"社会投资的增长率超过 13%"[228]。由此：

美国在专业管理下的每 8 美元中，就有 1 美元——Thomson Reuters Nelson 所追踪的专业管理的 25.2 万亿美元中的 12.2%——涉及可持续性和责任投资……美国 250 项社会筛选的共同基金产品共有 3 161 亿美元的资产。相比之下，1995 年社会责任投资基金只有 55 项，总资产为 120 亿美元。[229]

社会责任投资的强力增长在英国也十分明显："在 12 年间，关注社会责任的投资从 10 亿英镑上升到 7 460 亿英镑。"[230]社会责任投资也在欧洲不断增加：

2008 年 12 月社会责任投资部分的总销售额是 9.994 亿欧元（约合 13 亿美元），使其总额达到了 354 亿欧元。社会责任投资基金销售额达到了 12 月欧洲股票基金销售量的 10%（总额刚刚超过 100 亿欧元），这说明在经济危机的环境下，社会责任投资基金销售与类似产品相比保持良好势头，并在不断增加。[231]

这种增长的另一个潜在驱动力是社会责任投资产业的专业化，可以从其允诺的投资市场回报反映出来：

公共养老金计划经理……现在"费尽心思说明他们不再想因为社会考虑而放弃回报"……报告称，一项投资的要求就是"市场回报率"，这是几乎所有社会投资的定义的共同特征。[232]

企业社会责任时事通讯：社会责任投资基金

《金融时报》的一篇文章[233]讨论了社会责任投资的利弊。其基本观点是，社会责任投资不总是在市场中做得很好，并很少改变这个世界，它经常是市场的一面镜子。这意味着：

它看上去可以与市场匹配也可以筛选出进行道德问责的投资……所以它并不需要使你的钱包变瘪。

最有意思的是"社会筛选"的使用，排除了那些投资某些类型的公司，例如烟草、军火制造商等等。当这类公司被自动排除在外，这些投资基金的效益就一定会受到影响：

波士顿指数集团 KLD 的多米尼 400 指数明白地阐释了这个道理。它使用了社会筛选，但尝试在排除之后匹配标准普尔 500 指数。从 2005 年开始，当烟草开始回弹，它就比标准普尔指数的运作差很多。但是在这个十年之前，这两个指数彼此相差不多。

因为不同的产品有着不同的社会收益和结果，有些是我们应该避免的。用企业社会责任这把钝刀来为一个公司刻上完全好或者坏的标记是无济于事的。几乎所有保持盈利的公司都在某些程度上提供社会公益。例如，烟草公司提供就业、缴税、支持当地经济，远多于它们的产品带来的伤害。

有人想要通过正反两方面分别相加，并宣布好的方面比差的方面重要，来估量一个公司总的"企业社会责任评分"是可以的，但不考虑一个公司产品对社会的终极贡献是不合理的。如果采用一个更整体的方法，很有可能会发现有一些比其他公司更加有社会责任感的烟草公司，这是现在企业社会责任评估所远离的一个微妙角度。

正如上述讨论所表明的，在影响投资基金的整个范围（基于信仰的、道德的、企业社会责任的、可持续性的）内有两种投资策略：一种是排除基金，根据一些特定标准排除出一些公司；另一种是最佳基金，通过选择在某些产业中表现最佳的公司来反映市场。排除基金不会投资特定行业的所有公司，而最佳基金基于相对绩效来衡量不同的公司，而不是什么绝对化的思想基础。

这带来的结果是根据个人投资者的目标和个人价值观、信仰量身定做的，多样化的不同的投资机会，例如"绿色债券"：

……根据民间组织气候债券计划称，有关可再生能源项目的债券已经发行了100亿～300亿美元。那些被明确宣传用于绿色环保的，且大部分是由世界银行以及一些其他的多边贷款方所发行的债券比较容易计数。债券发行量大约价值50亿美元，据估计，在2015年可以达到300亿美元。[234]

瑞士的投资公司 Naissance Capital 发布了妇女领导基金，目的在于"投资那些高层中有大量女性的公司"。

这项基金是对公司性别差异的关注，并且基于"高层中女性成员比例较大的公司绩效更佳"的研究。[235]

投资工具的另一个不断发展的领域是宗教指数基金，例如斯托克欧洲基督教指数。它是在金融危机后发布的，旨在满足"金融危机之后对于所谓道德股票的需求"。

斯托克欧洲基督教指数包含533家欧洲公司，这些公司只从"遵循基督教原则和价值观"的来源获得收入。英国石油公司、汇丰银行、雀巢、沃达丰、荷兰皇家壳牌和葛兰素史克都在其中。只有那些不通过色情、武器、烟草、计划生育和赌博赚钱的公司才能在列。[236]

对于社会责任投资基金的增长的反应，以及其是否起作用的疑惑，一些分析者们开始抵制道德或环境基金。一个证据就是旨在为投资者带来优秀回报的罪恶的基金（关注那些烟草、酒精、赌博、防卫和石油开采行业）的发展：

美国互助组织的新罪恶基金在2002年上市销售了，宣传为"不负有社会责任的基金"，这种基金会将客户的资产投资在烟草、赌博、酒类等等……根据这项基金的招股说明书，过去五年中只有烟草股票表现不如标普500指数。获利最大的是酒精饮料股票，在过去5年中获利62.57%，而标准普尔500只有11.8%。[237]

轶事证据说明投资罪恶股票是有经验理由的。部分是因为这些产业很多都是成熟的，其成长和研发都不会有太多成本，而因为其很多产品都是满足人类基本需要和欲望的，所以需求总是存在的：

第二次世界大战带来的经济衰退使得11个市场下跌，只有三个标准普尔500指数的副产业发布了平均价格表现：酒精饮料、日用品和烟草。我想这就是华尔街的老话：当事情变得艰难，坚强的人就去抽烟、喝酒、吃东西。[238]

烟草股票在金融危机后表现得尤其好，给它们的股东带来大量分红：

在过去的五年里，考虑到分红，奥驰亚集团和雷诺烟草公司的收益分别比市场平均收益高128%和98%。2008年罗瑞拉德公司在从洛斯公司脱离出来之后，收益超过了平均市场收益124%。它们主要的吸引力是：平均股息收益率为4.7%，超过了10年期美国国债的3倍。[239]

因此罪恶基金已经发展到了正式尝试与社会责任投资基金在影响力上竞争的程度。美国互助组织称，自从2002年罪恶基金全面启动，其已经以9.15%的回报率超过了标普500指数的6.71%。[240]。对于是否将排除一些公司和产业所带来的基金绩效和财务结果作为投资策略的一部分，存在很大争议。更客观的研究认为，社会责任投资基金回报不存在显著的优势，"长期看来，社会责任投资和非社会责任投资基金绩效不存在统计的差异。"[241]其他的评论员认为回报的水平不是问题。更有误导性的是投资者们相信，投资企业社会责任基金提高了企业社会责任：

……社会责任投资使得这个世界过于简单化，并扭曲了现实。它使得投资者们相信他们的钱只用于投资"好公司"，他们在这个信念中获得了愚蠢的安慰。无论如何，很少有公司是完全好的或者彻头彻尾是坏的。换句话说，社会责任投资创造了世界是黑白分明的假象，而世界实际上是灰色的。[242]

总的来说，对于社会责任投资基金实际上究竟有多好的问题，在社会责任投资行业还是个有效的批判。近些年出现的一个创新是用可以计量的产出，将影响力投资[243]的结果更直接地导向社会进步——社会影响债券：

社会影响债券（Social Impact Bonds, SIBs），也被称为"基于绩效给付的债券"，本质上是金融工具，被投资者们用于为其关注的社会事业的非营利团体提供运营资金——是一种将社会部门和资本市场联系起来的方法。如果非营利机构实现了预先的目标和公共部门储蓄，政府就会付给它们本金加上一定的回报率。但是，如果没能实现，投资者就不会获得偿还。就投资风险而言，这更像是股本投资而不是典型的债券购买。[244]

简而言之，"私人投资者——典型的基金会——在一个项目的早年间支付其成本，只要能够满足目标，政府会在后面返还给投资者，通常再加上一些奖金。而如果项目失败了，纳税人什么也不需要付出。"[245]社会影响债券最初被引入英国，旨在减少犯人的屡犯率（对短期犯人来说高达60%）：[246]

2011年，英国彼得堡监狱发布了一项世界最早的社会影响债券。这项债券从17名社会投资者中募集了500万英镑来支持一项减少短期罪犯屡犯率的试行项目。彼得堡监狱释放的犯人的再犯率和再定罪率将在6年间与其他对照组犯人进行对比。如果比对照组低7.5%以上，投资者们将获得直接与再犯率差距相关的，最多13%的年收益率。[247]

社会影响债券不仅在英国引发了很多人的兴趣，[248]同样在澳大利亚等国家得到了发展。[249]在美国也是如此，"2012年奥巴马总统在财政预算中划拨了1亿美元用于各种涉及社会影响债券的试行项目。"[250]

在马萨诸塞州，用社会影响债券减少年轻人群和无家可归者屡犯率的工作正在进行。在纽约市，高盛投资公司提供了 960 万美元用于降低里克斯岛监狱年轻罪犯的屡犯率。[251]

与英国类似，高盛公司协同彭博慈善基金（Bloomberg Philanthropies）在纽约的项目[252]，是美国实施的第一个社会影响债券项目，其关注点也是犯人。但是公司的参与与其陈述"这不是慈善捐款"[253]增加了对社会影响债券的期待：

> 如果屡犯率降低了 10%，高盛公司就能收回它的钱。如果降得更多，可以赚最多 210 万美元。（彭博慈善基金对这项贷款担保了 740 万美元，使得某些人认为这并不是对债券对商业投资者吸引力的真实测试。）[254]

2016 年揭晓，引发了一些批评家们指出的社会影响债券的问题。首先是界定哪些项目适合这种金融类型的问题。其次是如何衡量成功。这类项目的前置期都很长（可能不能满足一些投资者对于回报的时间安排），同时它们会解决一些很难测量的棘手的社会问题：

> 此外，与直接提供服务相比，社会影响债券带来了高成本——例如要额外请第三方来评估结果。[255]

但是，这是基金影响投资的一个创新时代，因为基金会、慈善机构、非政府组织和政府都在"得到华尔街和硅谷的提示"，对那些保证"既有社会又有经济效益"的项目和社会企业进行风险投资。[256]最终，这种投资工具（例如社会责任投资基金和最近的社会影响债券）证明了近些年变得不甚明显的金融部门的潜在社会价值：

> 用于开发不需要的复杂金融工具的创意应该用于开发简单又能满足"大社会"需要的工具。[257]

7.5.3　CEO 观点

杰克·韦尔奇

美国通用公司的前 CEO，杰克·韦尔奇在一些文章中谴责公司对股东价值的关注，尽管当初他在通用公司时也和这个焦点关系密切：首先是在《金融时报》，然后是在《商业周刊》。在《金融时报》的文章中，韦尔奇说："从表面看，股东价值是世界上最愚蠢的想法……你最主要的拥护者是你的雇员、顾客和产品。"[258]在《商业周刊》的文章中，他确认"我被问及对于将股东价值作为一种战略的想法，我的回答是，这个问题看上去是个愚蠢的想法。股东价值是结果，不是战略。"[259]

7.5.4　在线资源

- As You Sow, http：//www. asyousow. org/
- Calvert Social Investment Fund, http：//www. calvertgroup. com/sri. html
- Ceres, Investor Network on Climate Risk（shareholder resolutions）http：//www. ceres. org/incr/engagement/corporate-dialogues/shareholder-resolutions
- Climate Bonds Initiative, http：//climatebonds. net/
- Domini 400 Social Index, http：//www. domini. com/
- Dow Jones Sustainability Indexes, http：//www. sustainability-index. com/
- Ethical Investment Research Service，http：//www. eiris. org/
- FTSE 4 Good，http：//www. ftse4good. com/

- Hang Seng Corporate Sustainability Index，http：//www. hsi. com. hk/HSI-Net/HSI-Net
- Interfaith Center on Corporate Responsibility，http：//www. iccr. org/
- Investors Against Genocide，http：//www. investorsagainstgenocide. org/
- New Alternatives Fund，http：//www. newalternativesfund. com/
- Nonprofit Finance Fund，http：//payforsuccess. org/
- Pax World Funds，http：//www. paxworld. com/
- ProxyDemocracy，http：//proxydemocracy. org/
- Social Finance，http：//www. socialfinance. org. uk/
- SocialFunds. com，http：//www. socialfunds. com/
- The Forum for Sustainable and Responsible Investment，http：//ussif. org/projects/advocacy/
- SRI World Group，http：//www. sriworld. com/
- STOXX Europe Christian Index，http：//www. stoxx. com/indices/index _ information. html？symbol=SXCHP
- United Nations Principles for Responsible Investment，http：//www. unpri. org/
- USAMutuals Vice Fund，http：//www. usamutuals. com/vicefund/

7.5.5　正/反方辩论

> **正/反方辩论：** 社会影响债券是解决社会问题的有效途径。

7.5.6　问题讨论和回顾

1. 你是否拥有一家公司的股票？如果有，你是否在公司年会上（无论本人或是代理）投票？股东积极参与他所拥有的公司的事务重要吗？为什么？

2. 你对于要求公司对高官薪酬计划进行表决的想法是什么？这是对公司日常管理的好想法还是不必要的干涉？投票该不该具有约束力？

3. 当考虑投资共同基金时，你会不会考虑到基金投资的公司的企业社会责任资料？那么社会责任投资基金呢？为什么？

4. 当历史收益呈现出比社会责任投资基金更高的增长潜力时，你是否会考虑投资罪恶基金？你的理由又是什么？

5. 从在线资源的列表里任选一个社会投资基金公司。你对于这些基金公司的主页和它们的使命与价值观有什么想法？这些基金是行善的力量，还是说它们仅仅是哄骗易受骗的投资人，让他们觉得它们的投资是有良心的？

7.6　社会创业

> **企业社会责任关系：** 这个问题涵盖了那些公开将盈利动机和社会使命结合起来的公司。同时强调了当这些公司的建立者退休或者在公司被更有竞争力的大公司接管后可能发生的难题。
>
> **利益相关者：** 所有者、创立者、CEO。

7.6.1　问题

社会企业家以有心的资本家的形象出现。他们成立公司并不是出于盈利的考虑。他们将解决社会问题的使命视作市场中的一种区分——他们将受到顾客的支持，因为顾客重视企业家提出的使命。这类具有强烈社会使命感的公司著名的案例有："将社会和地球的美好放在首位"的缅因州汤姆公司；"改变的力量"的 Nau；"为一个没有艾滋病的一代奋斗"的 Product（RED）以及"致力于保护我们的星球"的 Naked Juice 公司等等。[260]社会企业家们（像所有企业家一样）将自己视作挑战现状的革命者；也只有社会企业家们将他们的成功视作一种"承担社会问题"的方法。[261]如 Nau 的 CEO，Chris Van Dyke 提出：

我们在挑战资本主义的本质……我们白手起家……相信我们业务的每一个运营元素都是颠覆传统商业观念的机会，整合环境、社会和经济因素。Nau 提出一种新形式的行动主义：商业行动主义。[262]

企业社会责任时事通讯：汤姆鞋业

《华尔街日报》的一篇文章[263]刊登了汤姆鞋业的创办者——Blake Mycoskie 的自传。Mycoskie 的创意来源于其承诺，"每买一双汤姆布鞋，我们就为需要的孩子捐献一双鞋。"[264]自传标题为"开始做一些重要的东西"。此外，就是 Mycoskie2006 年在阿根廷创立汤姆布鞋的故事。

他在阿根廷偶然见到了帆布轻便鞋，这是帆布鞋的一种，并且认为在美国可以卖得很好。在旅途中，他还遇到了一个向阿根廷贫困儿童发放鞋子的美国女性。这一下触动到了他的创业神经："为什么不创办一个为这些孩子提供鞋子的营利性机构呢？"

评论家们对 Mycoskie 贯穿全书使用的"社会企业家"标签表示怀疑，这催生了一项有力的观察：

即使通用公司建立发电厂与救生医疗设备，埃克森公司在冬天提供供暖，为世界的运行提供燃料，他们仍然被称作社会的反派，然而"社会"企业家们因为给我们有机食品和麻质衬衫而备受崇敬。

认识到那些营利组织带来的无可争议的社会价值的同时，汤姆鞋业的成就也十分令人钦佩：

2010 年该公司汇报，在慈善机构和其他团体的帮助下，送出的鞋子已经突破了 100 万双。

像汤姆鞋业这种商业模式（现在还包括了眼镜）的优点在于，它的价值附加是在不造成损害的条件下发生的，并不像埃克森公司等营利公司本身的产品就会造成损害。评论家们最终被说服了：

给那些存在十二指肠病、破伤风和其他传染病风险的赤足的孩子送出了 100 万双鞋，这给了 Mycoskie 他需要的可信度。读完这本书我不仅想买一双汤姆布鞋，还想自己"开始做一些重要的事"。

这本书对于开创事业的重要见解是什么？

人们渴望去做有意义的事。

社会企业家，自称"一项全新、不同的第四部门"的组织创立者[265]，面临企业社会责任的两个亟待解决的问题。第一，同情是不是有市场？消费者对这项社会产品的偏爱是否足以运作这个组织？换句话说，消费者是否愿意为一项产品支付企业社会责任保险费？

第二，当创办者退休了，或者公司转让给一个拥有不同目标的母公司，组织如何保持之前的社会使命与运营实践？关联性和遗产性都是社会企业家讨论的核心问题。

第一个问题涉及企业社会责任商品的市场规模。尽管这个市场一定是在增长的，但规模还不是很大。此外，成功的社会企业家会吸引大量关注，而且这个领域会有很多活动，[266]其市场份额不是很大。在基础量小的时候，得到很高的增长率相对容易。这不是因为缺少努力或者视野，更多的是和我们的现代消费社会相关，"尽管85%的美国顾客称他们购买绿色产品，实际这么做的却不足8%……即使10名假期旅游者中有8名认为自己注重生态，也只有1名会根据生态考虑出游。[267]"联合国环境规划署更为悲观，称有40%的人说会买符合道德的产品，但只有4%的人会这么做。[268]类似的还有：

2008年英国经济和社会研究委员会的一项研究发现，30%的顾客称他们十分关注环境问题，但在购买时就出现了问题。结果是，"道德食品"这种绿色市场常见的产品，市场份额尚未突破5%。[269]

消费者们表示支持的愿望和他们购物决策的不统一也反映了企业社会责任商品的小规模，而且消费者可以分为不同的子群。英国的一项研究将市场分为四种不同的消费者：

第一种约占8%，是坚定的原因驱动的购物者。第二种，约30%到35%，想要买道德商品但是不知道怎么做只得寻求商家的帮助。第三种，同样约30%到35%，有着同样的想法，但是质疑自己的个人消费不能起到什么作用。其余的是第四种，他们完全不感兴趣，通常是因为贫穷使得他们无暇顾及其他。[270]

简而言之，生态或者道德的消费者依然是整个市场的边界成分。如David Vogel在其著作《市场的美德》中所说：

如果一种更"绿色"的产品价格公道、品牌熟知、被顾客信任、与一般产品质量相当，而且在使用习惯上不需要做太大改变，那么消费者才会选择购买。[271]

结果，"道德消费者"……不管从哪些方面看，都没有在任何规模上革新市场、产品和服务。[272]但是，社会企业家的主张却是一种革新。社会企业家的支持者们认为只有通过这种办法才能解决一些棘手的社会问题。他们认为社会企业家填补了市场回避的问题与慈善不能解决的问题间的鸿沟，例如解决疾病、贫穷和损害环境的问题。[273]由于他们能力有限，评论家们对于社会企业家能否比持有传统盈利动机的一般营利公司附加更多价值（或者一样的价值）还存在怀疑：

将自己裹在社会斗篷里的商家——例如化妆品经销商美体小铺，或者越来越多为飞机乘客提供环保补偿的组织——通过减少他们的总消费来安慰那些想为环境做些什么的顾客的道德心。[274]

社会企业家面临的第二个问题是在公司出售或者建立者退休后，公司社会使命受到的威胁——"遗产问题"。[275]

管理工作意味着你对于所拥有和处理的事物的责任感……随着上市公司所有权和控制权的分离，管理工作没有消失，但却受到了侵蚀。[276]

本质上，很多围绕社会使命建立公司的社会企业家是其自身成功的受害者。一旦这些公司占有很大一部分市场份额，他们就会自动成为拥有投资资金而偏好不同的大公司的潜在收购对象：

普雷特公司……同意将其1/3的业务卖给麦当劳；百事吞并了PJ冰沙……吉百利收

购了 Green & Black's 的有机巧克力……Go Organic 和 Ben & Jerry's 现在归联合利华所有——这个列表在不断加长。[277]

除了在购买时的承诺，被收购的公司及其成立者（经常被一些职业经理人作为收购的一部分取代）在未来情况发生变化时能起到的影响非常小。本质上，只要同意出售公司，社会企业家就失去了控制其运营特点和价值观的权力：

当大公司收购了一个形象古怪的公司的时候，局势紧张是难以避免的。跨国公司已经习惯于通过将新的产品纳入旧的体系中，以减少成本并增加协同效应，兼并超过 10 亿美元的公司。而相比之下，品牌崇拜属于忠实的客户和员工，是深奥的经商方式。[278]

为了避免这样的紧张，Clif's Bars 的创办者和 CEO Gary Erickson，拒绝了一份对其公司"慷慨的收购方案"：

Erickson 与几百万美元擦肩而过，不是因为他想上市，也不是想卖更高的价钱。他觉得收购后其母公司会毁了他的公司……联合利华吞并以打破陈规而著名的 Ben & Jerry's。可口可乐买下了 Odwella。迪安食品公司超越 White Wave 和乳制品牌 Horizon Organic 成为豆奶先锋。但是 Erickson 想要在保持独立的情况下领导市场，并坚持其企业社会责任。[279]

反映问题的一个很好的例子是联合利华 2000 年"以 3.26 亿美元敌意收购"Ben & Jerry's[280]。虽然如今据说联合利华与 Ben & Jerry's 之间的关系十分要好（由 Ben & Jerry's 的子公司在 2012 年认证），但当时所有权的转让富有争议，并且与其创始人 Ben Cohen[281] 产生了隔阂。其他例子比比皆是：

Green & Black's……强烈意识到其巧克力被卡夫的牌子轻视了。这使得其更难进行激励管理，这也是这家巧克力生产商寻求通过管理层买断来自我解脱……百事公司被迫注销 PJ Smoothies，2005 年英国第二大冰沙生产商，被美国公司微妙地称作"经济的"决定。但由于百事可乐公司专注于自己的冰镇饮料品牌 Tropicana 和 Copella，这家饮料厂遭遇了滑铁卢。[282]

矛盾从对比中浮现出来。将盈利作为第一要义的公司相比那些将社会使命放在第一位的公司，更加力图去取悦不同的股东。不是说这两个目标不能共存（本书中假设它们可以）；而是，给定当前的管理视角，方向的不同创造了矛盾。公司在什么程度上共有，在什么程度上以盈利为目的，其潜在的冲突都会增加。普遍认为"相比上市公司，更容易让私有公司基于某些价值观"，其原因在于"价值观不是你趁股东不注意偷偷带进企业工作文化的东西"。[283]

尽管有这些故事和我们已认识到的风险的存在，有人仍认为这种恐惧被夸大了——收购这些社会业务的公司保护其品牌价值是符合其利益的：

这就是小道德公司的情感投资。美体小铺、Ben & Jerry's、Green & Blacks——这些都是企业责任的宠儿。一个接一个的大品牌都会吞掉它们，但是每次对它们未来的关注都被夸大了。[284]

对于一个公司社会使命完整性的威胁，并非来自收购与创立者的退休。当一个拥有社会使命的公司将其品牌或名望因市场战略借给其他营利公司，就会出现对其出售了公司的指责。公司基层成员很多都是公司使命的铁杆信徒，他们不愿意向他们认作是敌人的组织妥协，因此在最佳时机取悦他们变成一个挑战。

企业社会责任时事通讯：希尔瑞俱乐部

《快速公司》杂志的一篇文章[285]分析了 Clorox 和希尔瑞俱乐部的合作关系。Clorox 的清洁产品——Green Works 上印了希尔瑞俱乐部的标志。作为交换，希尔瑞俱乐部获得了一部分利润。Clorox 从"近年来人们印象中最成功的新的清洁品牌"中获利不少：

……在希尔瑞俱乐部中，对这种做法是有争议的。随着很多电子邮件称"希尔瑞俱乐部的执行委员会已经卖出了……和 Clorox 糟糕的搭配既强调了主导品牌发现环保的潜力，又存在着与非营利环境组织进入营利世界的危险"。

表面上看，希尔瑞俱乐部在这个合作关系中似乎更为危险，因为与之合作的公司的核心产品被环保主义者认为是违背他们"可持续"原则的。文章强调了 Clorox 研发可持续性材料已经"将近 10 年了"。即使在成本和实用性上有了改进，该公司在向环保主义者证明其产品是环保型时，仍旧面临着巨大的挑战。当 Clorox 找来时，希尔瑞俱乐部的态度被很多非政府组织所学习。尽管有反对者和理想主义，现实不可避免地意味着循序渐进。但这不是说希尔瑞俱乐部将一切处理得都很好：

没有对绿色产品科学的评估，也不清楚转手资金数目，希尔瑞俱乐部的标志意味着什么？

最终，"对于 Clorox，只有有利的一面。而对于希尔瑞俱乐部则是有风险的——其最重要的财产是独立的声誉"。在第二篇文章中延续了这个怀疑的论调。[286]

透明和责任是双刃剑。融入公司文化可以弘扬公司信誉，鼓励进步创新。但是如果实践不能兑现承诺，就会对公司品牌造成巨大伤害。

7.6.2　案例研究：美体小铺

社会企业家除了会面临上述已提到的两个问题，那些创办人十分积极的公司还会有第三个问题：自称有道德意识和社会责任的公司在何种程度上言行一致？

有着高调创始人 Anita Roddick 的美体小铺，成为了一个进步的、道德驱动的全球性零售店：

Roddick 女士，从 1976 年布莱顿的一家小店办起，到如今的全球品牌，使用了更加道德的方法经营，包括使用可回收包装，使用天然原料并不进行动物测试。她经常抨击大公司的观念以及她所看到的令其沮丧的女性美体产业需求。[287]

如今，公司依然十分成功，"在全球 60 个国家的 2 500 家店铺拥有超过 10 000 名员工，在全球范围出售超过 1 200 种不同的美容产品"。[288]很多顾客不单单被其产品和质量吸引，还被其行动主义吸引：

越来越多的公司将企业美德作为其价值取向的一部分：美体小铺告诉其顾客，买我们的产品，就可以帮助改善发展中国家的女性生活，促进动物权益，保护环境，还增加了社会责任供给。[289]

Roddick 曾将高管描述成"强盗大亨"，充满挑衅的 Roddick[290]提出：

如今的企业社会责任并没有解释如何将想法化为实践，并忽略了这个没人想要讨论的事实：如果这阻碍了收益，商业就不会管它。当我们以包括人权、社会公平和工人正义的经济底线来衡量，就会有改变。[291]

美体小铺关注的第一个问题并由此闻名的是使用动物测试人类化妆品问题：

直到今天，全世界还在使用动物测试化妆及盥洗产品与材料。据估计仅欧盟每年就要用超过 35 000 只动物进行化妆品测试。在某些情况下测试可以导致折磨甚至死亡。美体小铺相信这是不道德、不必要，并且应当被禁止的。[292]

善待动物组织

即便不是公司，善待动物组织（PETA）（http：//www.peta.org/）仍是一个致力于向尽可能广的受众群体保持透明和负责的态度的组织。任何组织如果不能成功地迎合主要受众群体的一贯需求和目的，都不可能维持长足的发展。

善待动物组织是世界上最大的维护动物权益组织，拥有共计超过 300 万会员和支持者。善待动物组织的工作主要针对工业化农场、皮草行业、实验室及娱乐界这四大范畴，因为在这些范畴中受害的动物最多、受害程度最严重、受害时间最长。[293]

很多人的观念都不与善待动物组织的目标相违背。然而很多人对于组织持有观点的程度方面提出异议（是否应将动物的权利提升到甚至是与人类相同的地位），同时也对其传达信息和实现目标的方式（直接且往往是暴力行为）意见不同。指责也存在于下述问题中：在努力提升自身公众形象的时候，善待动物组织却支持其他更为激进的行为。

美国联邦调查局将善待动物组织及相应的动物解放阵线（ALF）列入国内恐怖分子名单中。政府表示这两个群体应该为全国超过 600 例环境恐怖事件负责，例如喷漆建筑、打破窗户以及点燃皮草工厂等。[294]

美体小铺的很大一部分顾客坚定地支持善待动物组织的宗旨以及它所拥护的道德标准。然而，有证据表明，可能存在一定程度的公众事物，甚至是虚假环保行为，只注重树立其历史性的环保定位而进行的捐赠或活动也并未达到广大消费者认可的数额或程度。正如一些评论家所说："美体小铺的社会良知是否仅仅是个幌子？"[295]美体小铺在其 2011 年的价值报告中阐述了其在动物试验方面的官方定位：[296]

我们的承诺：我们如今以前所未有的热情致力于反对动物测试的宗旨。这是一个承诺。自 1990 年 12 月 31 日起我们的产品中使用的供应原料从未用动物进行过化妆品试验。

尽管美体小铺也许不会将动物用做产品试验，甚至公司的原料也从未如此，但是，公司的确从以往同类产品（为了保证人身安全而在动物身上进行了试验）中持续受益。

1989 年间，美体小铺在被德国政府提起诉讼后，从"不做动物测试"的标签转变为"反对动物测试"。该诉讼称美体小铺的标签是误导性的，因为它们产品的成分可能已经在动物上测试过了。[297]

从动物测试中获得的知识是研究过程的重要组件，事实上，作为一个化妆品公司，与其他事情相比，美体小铺做这种事是最不负责任的。例如，除非使人们相信其成分在进入眼睛的时候不会使他们变瞎，否则公司不可能制作一种新的洗发水。因此，该公司宣称在动物测试上是无辜的这件事是最低限度的虚伪，并且可能误导相当大比例的客户：

尽管美体小铺坚称反对动物测试，但它总是不明白其产品的许多成分已经被其他公司进行过动物测试了，这一样对动物造成很大的疼痛和苦难。[298]

另外，其与动物测试相关的声明只是被大量活动和利益相关群体提出的众多问题之一：

在资产负债表危机之外，喜欢坚持把原则放在利润之前的公司已经被指控冲击多年，而罗迪克愤怒地否认其从反对动物测试到接骨木花活力眼胶成分都在误导公众。[299]

2006 年在她决定以 6.25 亿英镑（她收到净 1.3 亿英镑）[300]将美体小铺出售给欧莱雅。

在她 2007 年逝世之后[301]，当时声称"故事纯属捏造"[302]的人对她的批评都仍在继续。事实上，评论家们认为这次销售作为支持他们怀疑罗迪克及其动机的附加证据：

欧莱雅、美宝莲、兰蔻的睫毛膏和护肤霜，阿玛尼和拉尔夫·劳伦香水，声称从 1989 年以来就停止了动物测试，但是活跃分子们认为成分仍然没有被监控，Ruth Rosselson 在《道德消费》杂志上说："我肯定不会再到美体小铺购物。欧莱雅还未声明承诺任何伦理问题。"而其他动物保护组织都呼吁抵制。[303]

社会企业家的关系中，罗迪克在她的开创性事业过程中受到的批评（并且，要明确的是，她是一位改变了英国业务争论的成功人士）证明假仁假义的商务运作方式是把双刃剑：

罗迪克真正的遗产是什么？……她将会作为独一无二的创新者被铭记，但当庄严消退并且最终写在史书上的时候，她则不太可能作为世界上最有社会责任的执行官被铭记。[304]

7.6.3　CEO 的观点

安妮塔·罗迪克（美体小铺）

消费者还没有被及时告知，他们有足够的权力选购行为涉及道德选择的商品。

纵观历史，总是有既对积累商业收入同时也对公众利益有益的举措。

我想在一个公司工作既有助于整个社区，也是社区生活的一部分，我想要的不仅仅是一项可以投资的事物，更是一个信仰。

如果你认为你的影响微乎其微，去试试和蚊子同床共寝。

我仍然在寻找现代贵格会教徒中那些因为提供诚实产品、体面亲切对待顾客而经营着成功的企业并且赚了钱的人。可悲的是，这个商业信条似乎早已被遗忘。

7.6.4　在线资源

- *Animal People*："Body Shop Animal Testing Policy Alleged 'a Sham,'" http：//www. animalpeoplenews. org/94/8/body_ shop. html
- AnitaRoddick. com，http：//www. anitaroddick. com/
- Ashoka，'What is a Social Entrepreneur?' http：//www. ashoka. org/social_ entrepreneur
- McSpotlight，'What's Wrong with the Body Shop?'（http：//www. mcspotlight. org/beyond/companies/bodyshop. html）和美体小铺的回复（http：//www. mcspotlight. org/beyond/companies/bs_ reply. html）
- PBS—What is Social Entrepreneurship? http：//www. pbs. org/opb/thenewheroes/whatis/
- PETA—People for the Ethical Treatment of Animals，http：//www. peta. org/
- Sage，'The Body Shop,' http：//knowledge. sagepub. com/view/greenbusiness/ n13. xml
- Schwab Foundation for Social Entrepreneurship，http：//www. schwabfound. org/
- The Body Shop，http：//www. thebodyshop. com/
- The Humane Society of the United States，http：//www. humanesociety. org/

7.6.5　正/反方辩论

> **正/反方辩论**：所有商人都是社会企业家。

7.6.6　问题讨论和回顾

1. 你对社会企业家的定义是什么？它是怎样和一般的企业家不同的？这使你注意到你自己的变化了了吗？

2. 社会企业家是"商业的未来"还是最终让步于"至高无上的利润动机"？

3. 在社会企业家精神这个问题中，强调的两个主要问题是什么？这些问题中你认为哪一个对社会企业家精神的案例最危险？为什么？

4. 举出一个你认为从道德或者企业责任立场进行伪装的企业的例子。你对这个公司的举动的反应是什么？你会考虑抵制一家不负社会责任的公司的产品吗？你认为一家公司怎么样才算是对社会不负责任？

5. 阅读"Body Shop Animal Testing Policy Alleged'a Sham'"（http：//www. animalpeoplenews. org/94/8/body_ shop. html）。然后将它和处理同样问题的美体商店的网站进行比较（http：//www . thebodyshop-usa. com/values/AgainstAnimalTesting. aspx）。这两种陈述你相信哪个？美体小铺在此问题上的立场重要吗？

7.7　工资

> **企业社会责任关系**：这个问题反映了工资作为公司与其关键利益相关者即雇员的关系的高度有形资产的重要性。
>
> **利益相关者**：雇员。

7.7.1　问题

资本主义关心的一个问题是，尽管在创造创新和机会方面有效率，"但是它不擅长分配成果，因为它的逻辑只停留在会议室以及总是为了股东的价值削减劳动成本以提高边际利润[305]。"尤其是雇员，有时候被视为达到目的的一种手段，而不是在这个过程中的伙伴：

解雇，缩减规模，规模优化，减少工作，分离，到期，工作效率降低，离岸服务，劳务外包。不管是什么，减员对一个公司来说是必要、有利可图的策略[306]。

尽管解雇雇员是必要的，然而，只有在有建设性和有意义地使用时才是有利可图的。不幸的是，许多公司依靠一个强制的排名过程（他把最好的和最坏的员工列举出来）然后裁掉一部分排名在底部的员工。这个过程是简单和不具有建设性的。公司执行这个过程的时候没有花时间去更加有效地评估员工的价值也不关心它们的政策对那些怀有"下一个被裁的会不会是我"的人的士气的影响。

这种方法，有时被叫做"末位淘汰"，由杰克·韦尔奇在 1981 年到 2001 年领导通用集团的时候首先使用。今天，大约有 60% 的世界财富 500 强公司仍然使用这种等级制度的一些形式，尽管它们可能使用听起来比较温和的名字，比如"人才评估系统"或者"绩效系统。"[307]

通过降低劳动成本（工资水平最小化、外包，或者削减职位），然而，公司也是在降低内部的整体的健康状况并据此希望销售它们的产品吗？换句话说，通过短期削减成本，公司是在破坏它所依赖的市场来求得长期的生存吗？

已经被解雇的工人也是相同的消耗商品和服务的人们……他们不仅仅是生产中的一个要素。他们不仅是消费者，还是股东，所以当你解雇他们的时候……你会慢慢地失去清空存货的购买力和投资这些公司的股票和债券的长期储蓄能力[308]。

被解雇的雇员导致消费者拥有更少的可支配收入，相同的论点从整体工资增长的角度应用到整个经济上——经济在失业率很高和工资增长率低的时候保持坚挺是很困难的：

从1948年到1973年，所有非农业工人的生产力近乎翻倍，这和平均的小时工资是一样的。但是事情在20世纪70年代的晚期发生了剧烈变化，根据经济政策委员会的数据分析，虽然生产力从1973年到2011年增长了近80.1%，但是平均工资只增加了4.2%，小时工资（工资加福利）在那段时期只增加了10%。同时，企业利润蓬勃发展。在大萧条开始前一年的2006年，自1942年以来，公司利润占据了国家收入的最大比例，然而工资和薪水的份额降至1929年以来的最低水平……在仍然是制造和出口大国的德国，平均小时工资的上升速度比美国快了五倍。[309]

努力降低产品的成本是一种合法的商业战略。但是公司必须接受这样的一个事实，即它们压榨员工的工资，而这些员工也可以是它们销售所依赖的消费者。

亨利·福特[310]

大约在一个世纪以前，亨利·福特并没有区分他的员工和消费者。挑战这一传统智慧，利润最大化的最好方法是使你的产品适应社会上最富有的群体。福特决定把他的黑色T型车作为一种面向"每一个美国人"的车：

对福特来说，大规模的生产和大规模的消费是相关联的，他对员工薪酬的基准是工人是否可以买得起他们制造的产品。他为所有的工人提供一个每天最低5美元的工资（冲破了那个时代的种族歧视），这是一般汽车行业工资水平的两倍。这样做，福特创造了一个良性循环。工人涌向他的工厂申请职位。如果他们设法获得了一个在福特的梦寐以求的工作，在接下来的一段时间里，他也能负担得起他的汽车。该公司的繁荣基于理想的产品和受到高度激励的员工这两大支柱。"截止到1927年T型车停产的时候，超过1 500万辆的汽车，即全球产量的一半被销售出去。"

公司也要考虑裁员的使用对公司声誉、剩余员工士气和对未来生产力的影响。在2007年3月，例如，环城百货因为削减3 400个工作岗位受到了严厉的批评（占该公司工作人员的7%）。"工资管理倡议"背后的理由是被解雇的员工的收入过高，所以该公司立即以一个较低的工资水平宣传自己：

这个公司没有透露更多的细节，但是《巴尔的摩太阳报》报道说，被称为"伙伴"的下岗工人，每小时比该公司设置的市场工资多挣51美分……然而，这个公司表示被解雇的人可以收到解雇补偿金，并且可以在一个较低的工资水平下申请原来的工作工位，但是必须等待10周以后才可以这么做。[311]

环城百货的"一系列通过重整成本和费用结构来改善财务绩效"的结果是什么？[312]该公司在2008年10月申请破产，在2009年1月，清算剩余店铺和库存[313]。

另外一种观点认为，雇员应该是被当做一种资产，而不是一种成本。在这种观点下，雇员和其他资产一样，有投资就会有提高和增长。换句话说，存在这样的商业观点，即确保雇员作为可以帮助公司实现其使命的核心组成部分，而不是一个阻止公司实现其目标的潜在障碍。一个关于对雇员技能的投入和公司绩效之间关系的分析支持此方法的价值——"对员工发展投入越多的公司随后在股票市场上的表现也会越卓越。的确，每位雇员训练和发展的开支被证明是未来股票价格的一个重要的主要指标"[314]。这种把雇员当做一种资产而不是成本的观点，被像美国科斯科连锁企业这样的企业采纳：

"从第一天开始，我们以这样的理念经营公司，即如果我们比平均工资更高，提供可以让人们赖以生活的薪水，使之拥有一个积极向上的环境和好的福利，我们将可以雇用更好的工人，他们将待得更久并且更加有效率。"科斯科的首席财务官理查德·格兰提这样表示。[315]

有很多企业赞成科斯科的理念，投资于他们的雇员，相信这样的政策所带来的积极性和忠诚度大于以一个低工资雇用所节约出来的潜在成本。例如：在 Zappos，一个网上鞋子和手提包的零售商，为顾客服务就是公司的首要考虑。因此，这个公司确保员工有很高的积极性并且分享了他们的价值观：

在几周的紧张训练之后，如果他们想放弃，新的呼叫中心的员工将得到 2 000 美元，高于之前的所得。这是 Zappos 对员工提出的把钱"当做没有承诺意义"的理论。该公司说，大约有 10% 的新员工接受了这个提议。[316]

虽然员工满意度有很多组成部分，但是工资率是最重要和最具有争议的。例如，有机商品超市被《财富》杂志列为 100 家最适合工作的公司之一的原因如下：[317]

它是一个开放，相对没有层级的组织。每一位雇员的工资都是被公开的，即使是高管也没有得到一个高于平均工资 19 倍的薪水。新员工在四周的试用期结束以后经过同事的投票来通过。[318]

在约翰·路易斯公司，工资差异较大，但是仍然有一个确切的限制，以阻止高管和基层员工的工资的差异变大。

（创始人的儿子）史派登·路易斯确保所有的员工都能够从年度的利润分享中获益，确保工资将根据比例调节。得到最高工资的员工的工资不能超过最底层销售员工的平均工资的 75 倍。[319]

在公司缺乏先进的工资水平方法的情况下，很明显贸易联盟会员制度的显著降低会导致工人失去讨价还价后得到其应得工资的能力。[320]然而在没有任何限制的情况下，既可以平衡保持高效运作又有助于创建支持销售的消费者基础的员工可接受工资率是怎样的呢？不同的人提出了不同的解决办法：

- 最低工资（由政府决定）。
- 职位和行业的平均工资（由市场决定）。
- 最低生活工资[321]（由非营利和非政府组织决定）。

三种不同计算方法的差异的一个例子是，当在美国联邦每小时最低工资（7.25 美元）[322]和政府在 2012 年度一个四口之家的贫困线是 23 050 美元（每小时 11.08 美元，单个劳动者每周工作 40 小时，每年工作 52 周）：[323]

最低工资的实际价值在 1968 年达到了顶峰。这跟上了不断上涨的生活成本的步伐，每小时的最低工资超过了今天的 10.50 美元。与此同时，美国经济在过去 30 年中已经重组，从制造业和建筑业的中等收入者向迅速扩张的服务业、零售业和餐饮业中的低工资者转变。[324]

根据生存工资行动联盟，最低生活工资必须根据当地的生活成本做相应的变化："最低生活工资在路易斯安那州大约是 9.33 美元，而在华盛顿特区接近 15 美元 1 小时。"[325]这种差异在一定程度上解释了为什么在美国的州的最低工资不同于联邦最低工资，并且它们之间也不相同。例如，华盛顿州最低工资是 9.19 美元，康涅狄格州的最低工资是 8.25 美元，马萨诸州的最低工资是每小时 8 美元，而怀俄明州最低工资只有 5.15 美元。[326]美国只有 10 个州把它们的最低工资和通货膨胀联系在一起也是非常令人吃惊的。美国联邦最低工资的变化历史，从最开始的 1938 年的公平劳动法案[327]的 0.25 美元，到目前的 7.25 美元的水平（在 2009 年设置），在图 7-4[328]中展现了出来。

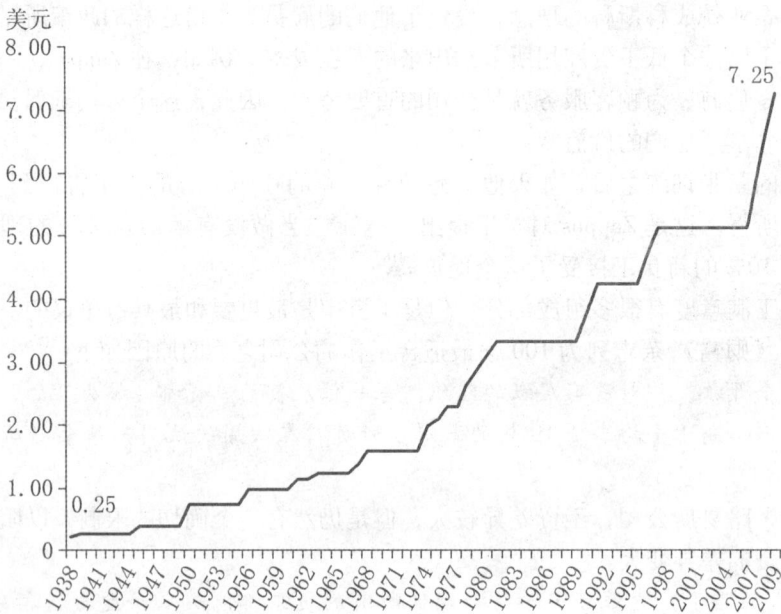

图 7-4 美国联邦小时最低工资 （1938—2009）

资料来源：'Federal Minimum Wage Increase for 2007, 2008, & 2009,' *Labor Law Center*, July 24, 2009, http://www.laborlawcenter.com/t-federal-minimum-wage.aspx

和其他国家相比，无论是从美国国内的平均工资还是和其他地方的国家最低工资比较来看，联邦最低工资在美国是低的，例如英国的国家最低工资是 6.19 英镑，将近 9.33 美元：[329]

根据国际标准，美国的最低工资长时期内保持在较低水平，在 2011 年，只等于中间收入的 38%，接近于经合组织的最低水平……最低工资持续增长到 2009 年的每小时 7.25 美元。自那以后，它的实际价值已经回落到了 1998 年水平。根据经济政策研究所——一个自由的研究机构的研究，和 2010 年的 15 美元每小时相比，现在有 20 个州的最低工资高于联邦的最低工资率。[330]

7.7.2 案例分析：麦当劳

麦当劳是一家巨型跨国企业，其品牌在全世界都受到广泛认可。知道麦当劳的比知道十字架的人还多。

麦当劳

一些关于麦当劳——全球最大的快餐企业的信息：

- 麦当劳每天会接待超过 6 200 万的顾客——这个数量甚至超过了英国的总人口。
- 麦当劳每秒钟会卖出至少 75 个汉堡。
- 仅美国市场的麦当劳每年就会消费 10 亿磅的牛肉——这相当于 550 万头牛。
- 麦当劳在美国每年雇用 100 万员工。
- 据估计，美国工人中曾经在麦当劳工作过的比例高达 1/8。
- 麦当劳是全球最大的玩具销售商——尽管其主业并不是销售玩具，但是经由麦当劳出售的玩具数量占到市场的 20% 份额。
- 在未来的三年中，麦当劳将在中国每天开设一家新的分店。[331]

麦当劳如今已经在 119 个国家中开展业务，并计划于 2013 年底在中国开设第 2 000 家分店。[332]尽管菜单会由于经营地区的差异而略有调整（比如在印度就有只出售蔬菜制成的快餐的麦当劳分店）[333]，麦当劳还是力图使它的产品做到标准化：

我们中有多少人在外国为了寻找家的味道而走进麦当劳？[334]

麦当劳同时还做到了员工政策（包括员工的基本要求、薪资收入、晋升通道等等）的标准化。但是相应产生了一个或许并不十分准确的论调：麦当劳的工作总是和低薪、无升职空间联系在一起——这个论调甚至有名到第 11 版的牛津英语词典收录了一个这样的词：McJob，它指的是一种不需要较为复杂的专业技能的工作，但是从事这种工作的人往往只能获得较低的工资并且很难获得晋升。[335]

企业社会责任时事通讯：McJob

两篇选自《金融时报》的文章报道了英国的麦当劳开始采取措施试图摆脱人们对其形成的 McJob 的消极印象——也就是牛津英语词典所提及的"一个低收入的、缺乏挑战性的、晋升前景渺茫的服务行业的工作"。[336]

麦当劳的处境在一定程度上其实还是令人同情的，用这个所谓的 McJob 概括麦当劳的工作还是有失偏颇的，因为至少在英国，麦当劳作为雇主的口碑还是相当不错的：

麦当劳经常跻身"最佳雇主"的排名之中，并且最近在 Caterer and Hotelkeeper 杂志举办的"最和谐工作场所"的评选中胜出。在英国，80% 的麦当劳分店经理以及将近一半的中高级管理人员是拿时薪的。与服务行业的其他一些企业相比，麦当劳对于员工的培训以及发展问题更加重视。同时麦当劳也是对待不同性别员工最为公平的雇主：40% 的分店经理以及 25% 的中高级管理人员由女性担任。[337]

过去的数年间，麦当劳一直尝试改变其公众形象，并且屡遭挫折，[338]直到近来，企业开始寻求更加行之有效的途径：麦当劳开始接受 McJob 这个概念（麦当劳甚至为它注册了商标），[339]而不是像过去一样一味反驳或者试图摆脱 McJob 这个标签。麦当劳希望将 McJob 的概念引申为"一份值得引以为豪的工作"。[340]这不只是一个餐饮业的工作，而是受到高年度营业额[341]和初级职位主导的：

在美国，麦当劳雇用了大量员工，但同时也是提供报酬最低的工作场所之一。根据劳动局提供的相关数据，在麦当劳从事食品加工以及销售服务的员工的平均时薪仅有 8.89 美元——仅仅比全行业的平均时薪 15.95 美元的一半略高。从年收入角度来讲，麦当劳员工的年收入平均只有 20 800 美元，全行业的平均水平则达到了 43 400 美元，相当于两倍以上的麦当劳提供的薪酬。[342]

如麦当劳所称，在一家店开始做起，可能是整个职业生涯的开始，"超过一半的加盟者和 75% 的店长都是从基础工作做起的"。[343] 当然，如餐饮业分析者指出，麦当劳产品的本质限制了其为员工改善条件的能力：

顾客们总是希望能用 1 美元在麦当劳买到更多更好的产品，但他们却往往忽视了他们的愿望也就意味着麦当劳必须十分严格地控制其人工成本……也就是说低价销售的策略之一是人工成本也必须相应降低。[344]

麦当劳所提供的薪酬的相对购买力还是相当可观的。《亚洲劳动力更新》（*Asian Labor Update*）[345] 的研究比较了亚洲范围内不同地区的麦当劳提供的薪酬能给当地员工带来的相对价值。[346] 比较标准是员工们需要工作多久才能在当地的麦当劳购买一个巨无霸汉堡。

举个极端的例子，澳大利亚的清洁工工作一小时足够他们购买 3 个巨无霸汉堡，但是巴基斯坦的清洁工却需要工作 14 个小时以上获得的工资才能购买一个巨无霸汉堡。[347]

研究显示，澳大利亚的麦当劳员工时薪达到 10.61 澳元（相当于 5.6 美元），而在澳大利亚，巨无霸汉堡的售价是 3 澳元（相当于 1.58 美元）；但是在巴基斯坦，麦当劳员工的时薪为 13 巴基斯坦卢比（相当于 0.22 美元），巨无霸汉堡的售价达到 185 巴基斯坦卢比（相当于 3.08 美元）。工资绝对数值上的差异以及巨无霸汉堡售价的不同导致了购买力方面的巨大差距。该份报告涵盖了包括澳大利亚、中国、印度、马来西亚、新西兰、巴基斯坦、菲律宾、韩国、斯里兰卡以及泰国在内的地区的相关数据。在麦当劳工作的时薪的绝对数值介于印度的 5.6 印度卢比（0.11 美元）和澳大利亚的 10.61 澳元（5.6 美元）之间；巨无霸汉堡的售价则介于马来西亚的 4.3 马元（1.13 美元）和 3.95 新西兰元（1.72 美元）之间。

相较于时薪，《经济学家》还创建了年度巨无霸指数，核对了不同国家的巨无霸价格。并称，"与购买力平价兑换率十分接近"[348]《经济学家》杂志收集了自 1986 年以来的数据，并据此计算了不同货币的相对价值：

尽管一个巨无霸汉堡只含有 29 克脂肪，但是它也蕴含了很多十分有用的经济信息……（根据《经济学家》杂志的分析，从相对购买力角度衡量）2012 年 1 月，一个巨无霸在瑞士售价 6.81 美元，在美国售价 4.2 美元，而在中国仅售 2.44 美元——这个现象意味着瑞士法郎汇率偏高，人民币汇率偏低。将麦当劳工资转化为一种通用货币，就可以得到一个全世界劳动力成本的图。在富裕国家麦当劳的工资都差不多，虽然西欧的最低工资法律使其略微出众。在新兴经济中，工资浮动很大，俄罗斯是美国水平的 32%，而印度只有美国水平的 6%：相同的工作却有着巨大的差距。[349]

按照当地巨无霸的价格划分当地的工资，《经济学家》杂志引入了一个新的参数"每小时巨无霸数量（BMPH）"，反映了不同地区 1 单位货币的相对购买力。根据 2012 年的数据，西欧与加拿大的 BMPH 达到 2.2，俄罗斯 1.2，东欧以及南非为 0.8，中国大陆 0.6，拉丁美洲以及印度则只有可怜的 0.4。[350]

在挪威购买一个巨无霸会让你花费 7.20 美元。在中国买同样的物品只会让你的银行余额少 1.95 美元……购买力评价理论（PPP）认为，如果一个巨无霸在美国价值 4 美元，在英国价值 3 英镑，在一切都是平等的情况下，4 美元的价值就该与 3 英镑的价值相同。

由此看来，2010 年中国、泰国、马来西亚、印度尼西亚、埃及和南非的货币与美元的汇率被低估了至少 30%。[351]

这种差距反映了各地区间经济发展的不平衡，此外这个数据无疑也反映了各地区人民对去麦当劳购买食物的倾向程度。在诸如澳大利亚这类发达国家，麦当劳被看做低端快餐；在印度，情况则相反，印度人民甚至在一定程度上觉得麦当劳具有异域风情因此当地的麦当劳里的消费相对而言是比较昂贵的。虽然如此，在不同国家和文化中，就相同工作量产生的价值而言，其结果是具有启发意义的。这个观点也为亨利·福特的职工薪酬基准带来了一个转折点——他自己的工人是否可以买得起他们自己做的产品。

在西方消费者通常以国内的标准来判断一个跨国公司的海外运营而不是这个公司在国外面对的当地的标准的时代，相对价值的问题是重要的。结果往往是，使公司相信他们面临一个无法盈利的情形是困难的。例如，耐克必须管理一个超过 700 家独立供应厂商的全球网络。公司对每一个独立的组织到底应该负多大程度的责任呢？

这种关系是微妙的……非政府组织斥责例如耐克未能确保支付工人最低的生活工资。但即使在美国，这也会很困难……在发展中国家，困难可能会更大："在越南，（耐克）付给工人的工资超过医生。如果医生离开他的工作而去耐克上班的社会成本是什么？困难开始产生了。"[352]

即使在同一个国家，特定工作的价值也会根据相关环境而变化：

经济条件很重要，求职者可能会嘲笑在快速发展的拉斯维加斯的特许经营的快餐店的工作，因为在这里他们可以申请到一个类似赌场服务员的利润丰厚的职位。但是他们可能会羡慕在卡罗莱纳州纺织城努力奋斗的工作者。[353]

全球化、外包以及全球范围的金融危机的结合正在迫使发达经济体的劳动市场发生变化。可以转移的低工资的工作都外包出去（例如制造业）[354]、被机器替代[355]或者被淘汰了。[356]而不可转移的低工资工作（服务工作，例如园艺或当服务员）陷入了一个低技能、低工资的循环中。相比之下，技术工作的工资和工作条件却在上升——结果带来了收入不平等和社会分层：

美国最上层的 1% 的人几乎拿到了整个国家 1/4 的年收入。就财富而非收入而言，最顶层的 1% 控制了 40% 的财富。25 年前，对应的数值是 12% 的人控制 33% 的财富……在过去的 10 年里，最顶层 1% 的人的工资提升了 18%，中间层级的人只能看着他们的收入下降。对于高中学历的人，这个下降十分陡峭——在过去的 1/4 个世纪就下降了 12%。近几十年的增长——甚至更多——都流向了最顶层的人。[357]

因此，另一个相对的测量公司雇员工资水平的方法和一个对公司健康同样重要的指标是支付给公司高管的数额。什么才是一个可以接受的对公司高管层的支付率？似乎支付的规模是相对的和任意的：

你需要支付多少钱给一个人才能运营有 170 000 雇员的对我们国防非常关键的机构？如果他是波音（一个具有 167 000 雇员的公司）的 CEO，答案是 400 万美元外加大量的奖金。如果他是美国海军陆战队（一个有 174 000 雇员的组织）的司令，答案是 169 860 美元。即使是波音的首席财务官的工资也比这高 10 倍。[358]

具有讽刺意味的是，一项研究发现，"最大量地裁员，养老金最不足和避税最多的公司总裁却得到了最大程度的加薪。"[359]正如彼得·德鲁克在 1977 年一篇文章中对高管"过度"薪酬的批判：

开发合理的高管薪酬结构是一个企业的责任，也是一种商业利益，描绘了经济现实、宣称并汇总了美国商业在 20 世纪的成就：稳步缩小"老板人"和"工作人"的收入差距。[360]

可以代表公司所有雇员的公平工资结构的论点正如《华尔街日报》头条报道的那样：幸福的工作者才是最好的工作者。[361]

7.7.3　CEO 的观点

亨利·福特

对企业家来说，存在以最低的成本做出最高质量的产品并支付最高可能的工资的规则。

我们尽力按照价值支付工人，但我们倾向于不保留一个配不上最低工资的工人。

7.7.4　在线资源

- Asia Monitor Resource Center（AMRC）, *Asian Labor Update*, http：//www. amrc. org. hk/
- Create Jobs for USA, http：//www. createjobsforusa. org/
- Fairness Initiative on Low-wage Work, http：//www. lowwagework. org/
- Green America, http：//www. coopamerica. org/programs/sweatshops/
- Labor Law Center, http：//www. laborlawcenter. com/
- Living Wage Action Coalition, http：//www. livingwageaction. org/
- Living Wage Calculator, http：//livingwage. mit. edu/
- Low Pay Commission, http：//www. lowpay. gov. uk/
- McDonald's Careers, http：//www. mcdonalds. com/usa/work. html
- McSpotlight, 'What's Wrong with McDonald's?' http：//www. mcspotlight . org/ campaigns/translations/trans_ uk. html
- National Labor Relations Board, https：//www. nlrb. gov/
- The Foundation of Economic Trends, http：//www. foet. org/
- U. S. Department of Labor, Bureau of Labor Statistics, http：//www. bls. gov
- U. S. Department of Labor, Wage and Hour Division, http：//www. dol. gov/ esa/whd/ flsa/
- United for a Fair Economy, http：//www. faireconomy. org/

7.7.5　正/反方辩论

> **正/反方辩论**：公司有责任支付雇员最低生活工资。

7.7.6　问题讨论和回顾

1. 任何工作（在任何工资水平下）都比没有工作好吗？如果把这个问题用到一个发展中国家的工人而不是发达国家的工人，你的答案会改变吗？

2. 什么是公平工资？公平的意义是什么？你愿意工作的最低小时工资是什么？想一

想你曾经做过的工作——是否在更高的工资水平下，你工作会更加努力？

3. 企业根据行业最高和最低的工资率支付工资是一个好主意吗（例如在上述提到的有机产品超市 Whole Foods Market）？

4. 你会去哪里购物——沃尔玛/山姆俱乐部还是好事多？如果你根据产品的价格选择沃尔玛并且知道额外的钱将直接给公司的员工，你愿意支付更高的价格吗？如果你的答案是好事多，公司支付员工高于市场工资而把这些成本以一个比较高的商品价格转嫁到消费者身上，这样可以吗？

5. 回答以下关于耐克的报价和其全球超过 700 家独立供应商工厂网络的关系：

这种关系是微妙的……非政府组织斥责例如耐克未能确保支付工人最低的生活工资。但即使在美国，这也会很困难……在发展中国家，困难可能会更大："在越南，（耐克）付给工人的工资超过医生。如果医生离开他的工作而去耐克上班的社会成本是什么？困难开始产生了。"[362]

学生学习网站

登录学生学习网站 www. sagepub. com/chandler3e 获得更多资料。

7.8　注释和参考文献

1. 'Quick Takes,' *Business Ethics Magazine*, Summer 2003, p. 8.

2. Gary S. Becker, 'What the Scandals Reveal: A Strong Economy,' *BusinessWeek*, December 30, 2002, p. 30.

3. Michael Rapoport, 'Law's Big Weapon Sits Idle,' *The Wall Street Journal*, July 30, 2012, p. C3.

4. Robert C. Pozen, 'The Case for Professional Boards,' *Harvard Business Review*, December 2010, p. 52.

5. Michael Rapoport, 'Law's Big Weapon Sits Idle,' *The Wall Street Journal*, July 30, 2012, p. C3.

6. Robert C. Pozen, 'The Case for Professional Boards,' *Harvard Business Review*, December 2010, p. 52.

7. Steven M. Davidoff, 'On Boards, Little Cause for Anxiety,' *The New York Times*, August 3, 2011, p. B1. See also: Steven M. Davidoff, 'Despite Liability Worries, Serving at the Top Has Little Risk,' *The New York Times*, June 8, 2011, p. B5.

8. 'Principles of Good Governance,' *BusinessWeek*, October 7, 2002, http://www. businessweek. com/magazine/content/02_40/b3802005. htm

9. 'Principles of Good Governance,' *BusinessWeek*, October 7, 2002, http://www. businessweek. com/magazine/content/02_40/b3802005. htm

10. *BusinessWeek*, October 7, 2002, pp. 104–114, op. cit.

11. Robert C. Pozen, 'The Case for Professional Boards,' *Harvard Business Review*, December 2010, p. 58.

12. Steven M. Davidoff, 'Handicapping the Investment of IAC in Chelsea Clinton,' *The New York Times*, October 5, 2011, p. B6.

13. Kate Burgess, 'Criticism of board intensifies,' *Financial Times*, January 20, 2009, p. 21.

14. Tony Chapelle, 'Which set of company rules are OK? US-style of UK?' *Financial Times Special Report: Corporate Governance*, June 18, 2009, p. 1.

15. 'Don't Let the CEO Run the Board, Too,' *BusinessWeek*, November 11, 2002, p. 28.

16. Phyllis Plitch, 'Post of Lead Director Catches On, Letting CEOs Remain Chairmen,' *Wall Street Journal*, July 7, 2003, p. B2B.

17. 'Mickey Mouse Governance,' *The Economist*, October 15, 2011, p. 79.

18. Paul Davies, 'Drug Firms Urged to Split Top Jobs,' *Wall Street Journal*, April 22, 2005, p. C3.

19. 'Mickey Mouse Governance,' *The Economist*, October 15, 2011, p. 79.

20. John Gapper, 'Two chiefs can be wiser than one,' *Financial Times*, April 21, 2011, p. 11.

21. 'The doofus factor,' *The Economist*, September 17, 2011, p. 69.

22. 'Fazed and refused,' *The Economist*, October 20, 2012, p. 61.

23. Liz Rappaport, 'Lead Directors Gain Clout As Counterweight to CEO,' *The Wall Street Journal*, March 28, 2012, p. A6.

24. Joann S. Lublin, 'More CEOs Sharing Control at the Top,' *The Wall Street Journal*, June 7, 2012, p. B1.

25. Geoffrey Owen, 'A very British split at the top,' *Financial Times*, March 15, 2011, p. 10.

26. See: The Cadbury Committee, Judge Business School, University of Cambridge, http://www.jbs.cam.ac.uk/cadbury/report/committee.html

27. Nell Minow, 'Independent Chairmen Are Smart Investments,' *Bloomberg*, July 17, 2012, http://www.bloomberg.com/news/2012-07-17/independent-chairmen-are-smart-investments-nell-minow.html

28. Geoffrey Owen, 'A very British split at the top,' *Financial Times*, March 15, 2011, p. 10.

29. Marjorie Kelly, 'Eureka: An Opening for Economic Democracy,' *Business Ethics Magazine*, Summer 2003, p. 4.

30. For discussions of this issue, see: Floyd Norris, 'Greater Say on Boards Holds Risks,' *New York Times*, May 22, 2009, p. B1; 'A much needed shareholder victory,' *Financial Times Editorial*, May 22, 2009, p. 8; and 'Creating 'a Bigger Mess?' Battle Lines Are Drawn on the Proxy Access Rule,' *Knowledge@Wharton*, September 2, 2009, http://knowledge.wharton.upenn.edu/article.cfm?articleid=2331

31. Greg Farrell, 'Separation of functions still has a way to go,' *Financial Times Special Report: Corporate Governance*, June 18, 2009, p. 3.

32. Justin Baer, 'Executives face up to inevitable changes,' *Financial Times Special*

Report：*Corporate Governance*，June 18，2009，p. 1.

33. Liz Rappaport，'Goldman Bows to Pressure on Board,' *The Wall Street Journal*，March 28，2012，p. A6.

34. Greg Farrell，'Separation of functions still has a way to go,' *Financial Times Special Report*：*Corporate Governance*，June 18，2009，p. 3.

35. Frank Aquila，'Corporate Governance：Don't Rush Reforms,' December 8，2009，http：//www. businessweek. com/investor/content/dec2009/pi2009128_ 869797. htm

36. 'The Corporation,' Movie-documentary，http：//www. thecorporation. tv/about/. The documentary is summarized in the *Wall Street Journal* as "a documentary that functions as a 2 ½-hour provocation in the ongoing debate about corporate conduct and governance." 'The Corporation,' July 9，2004，p. W2.

37. Brent Schlender，'The New Soul of a Wealth Machine,' *Fortune*，April 5，2004，pp. 102–110.

38. John Micklethwait & Adrian Wooldridge，'The Company：A Short History of a Revolutionary Idea,' Modern Library，2003，pp. xiv–xv.

39. Todd Stitzer，'Business must loudly proclaim what it stands for,' *Financial Times*，June 1，2006，p. 11.

40. "沃尔玛，私营部门历史上最惊人的工作机会创造者，已经拥有与美国军队人数相当（130 万）的雇员。一项麦肯锡公司的调查结果显示，沃尔玛在 20 世纪 90 年代后半期为国家生产率提高做出了 13% 的贡献，这可能使沃尔玛在抑制通货膨胀方面大约与联邦储备系统一样重要。通过降低消费价格，沃尔玛每创造 100 个工作机会，竞争对手们则减少大约 50 个零售工作。沃尔玛及其影响每年为顾客节省 2 000 多亿美元的开销，高于诸如食品救济券（286 亿美元）和劳动所得税抵免制度（346 亿美元）的政府项目。"

41. For example，http：//walmartwatch. com

42. Joel Bakan，'The Kids Are Not All Right,' *The New York Times*，August 22，2011，p. A19.

43. Philip Rucker，'Mitt Romney says 'corporations are people' at Iowa State Fair,' *The Washington Post*，August 11，2012，http：//www. washingtonpost. com/politics/mitt-romney-says-corporations-are-people/2011/08/11/gIQABwZ38I_ story. html

44. 'Peculiar people,' *The Economist*，March 26，2011，p. 78.

45. Sir Edward Coke（1552–1634）. Quoted in：John Micklethwait & Adrian Wooldridge，*The Company*：*A Short History of a Revolutionary Idea*，Modern Library，2003，p. 33.

46. Lord Chancellor，Edward Thurlow（1731–1806）. Quoted in：John Micklethwait & Adrian Wooldridge，*The Company*：*A Short History of a Revolutionary Idea*，Modern Library，2003，p. 33.

47. John Micklethwait & Adrian Wooldridge，*The Company*：*A Short History of a Revolutionary Idea*，Modern Library，2003，p. 45.

48. Martha C. White，'Idea of company-as-person originated in late 19th century,' *The Washington Post*，January 31，2010，http：//www. washingtonpost. com/wp-dyn/content/

article/2010/01/30/AR2010013000030. html

49. Martha C. White, 'Idea of company-as-person originated in late 19th century,' *The Washington Post*, January 31, 2010, http://www. washingtonpost. com/wp-dyn/content/article/2010/01/30/AR2010013000030. html

50. See also: *Cohen v. California* (403 U. S. 15, 1971).

51. 'The Rights of Corporations,' Editorial, *The New York Times*, 22 September 2009, p. 30.

52. Theodore B. Olsen, 'The Chance for a Free Speech Do-over,' *The Wall Street Journal*, September 7, 2009, http://online. wsj. com/article/SB10001424052970203585004574393250083568972. html

53. 'The Court's Blow to Democracy,' Editorial, *The New York Times*, January 22, 2010, p. 30. For more background, see these related news articles that appeared in *The New York Times* on the same day as the announcement of the Court's decision: http://www. nytimes. com/2010/01/22/us/politics/22scotus. html and http://www. nytimes. com/2010/01/22/us/politics/22donate. html

54. 'The Court's Blow to Democracy,' Editorial, *The New York Times*, January 22, 2010, p. 30.

55. 'The Court's Blow to Democracy,' Editorial, *The New York Times*, January 22, 2010, p. 30.

56. 'The Court's Blow to Democracy,' Editorial, *The New York Times*, January 22, 2010, p. 30.

57. For more comment on the influence of Citizens United on campaign spending in the 2012 U. S. Presidential election, see: 'Money trouble,' *The Economist*, September 29, 2012, p. 35; Eric Lipton & Clifford Krauss, 'Fossil Fuel Ads Dominate TV In Campaign,' *The New York Times*, September 14, 2012, p. A1; and Eduardo Porter, 'Unleashing Corporate Contributions,' *The New York Times*, August 29, 2012, p. B1.

58. Jan Witold Baran, 'Stampede Toward Democracy,' Editorial, *The New York Times*, January 25, 2010, http://www. nytimes. com/2010/01/26/opinion/26baran. html

59. Adam Liptak, 'Justices' Ruling Is Wrapped in an English Lesson,' *The New York Times*, March 2, 2011, p. 15.

60. John Kay, 'Punish the directors and let the train driver go free,' *Financial Times*, May 18, 2011, p. 4.

61. 'Peculiar people,' *The Economist*, March 26, 2011, p. 78.

62. John Kay, 'Punish the directors and let the train driver go free,' *Financial Times*, May 18, 2011, p. 4.

63. 'Peculiar people,' *The Economist*, March 26, 2011, p. 78.

64. 'Corporations and the court,' *The Economist*, June 25, 2011, p. 75.

65. 'Peculiar people,' *The Economist*, March 26, 2011, p. 78.

66. 'Corporations and the court,' *The Economist*, June 25, 2011, p. 75.

67. https：//movetoamend. org/

68. Martha C. White, 'Idea of company–as–person originated in late 19th century,' *The Washington Post*, January 31, 2010, http：//www. washingtonpost. com/wp – dyn/content/article/2010/01/30/AR2010013000030. html

69. Chief Justice John Marshall, *Trustees of Dartmouth College v. Woodward* (17 U. S. 518, 1819）.

70. http：//www. thecorporation. com/index. cfm? page_id＝46also on YouTube：http：//www. youtube. com/watch? v＝xa3wyaEe9vE

71. https：//movetoamend. org/

72. Also at：http：//www. adbusters. org/cultureshop/corporateflag

73. *The Economist*, April 22, 2000, op. cit.

74. Newsdesk, 'The great company contribution,' *Ethical Corporation Magazine*, October 5, 2004, http：//www. ethicalcorp. com/content. asp? ContentID＝2884

75. Nikki Blacksmith & Jim Harter, 'Majority of American Workers Not Engaged in Their Jobs,' *Gallup Wellbeing*, October 28, 2011, http：//www. gallup. com/poll/150383/Majority–American–Workers–Not–Engaged–Jobs. aspx

76. David Batstone, 'Saving the Corporate Soul—and（Who Knows?）Maybe Your Own,' Jossey–Bass, 2003, p. 3.

77. Peter Asmus, '100 Best Corporate Citizens of 2003,' *Business Ethics Magazine*, Spring 2003, pp. 6–10.

78. 'Throwing muses,' *The Economist*, March 17, 2012, p. 93.

79. 'Declining Employee Loyalty：A Casualty of the New Workplace,' *Knowledge @ Wharton*, May 9, 2012, http：//knowledge. wharton. upenn. edu/article. cfm? articleid＝2995

80. 'Declining Employee Loyalty：A Casualty of the New Workplace,' *Knowledge @ Wharton*, May 9, 2012, http：//knowledge. wharton. upenn. edu/article. cfm? articleid＝2995

81. Martha C. White, 'Doing Good on Company Time,' *New York Times*, May 8, 2007, p. C6.

82. Loretta Chao, 'Theory & Practice：Sabbaticals Can Offer Dividends for Employers,' *Wall Street Journal*, July 17, 2006, p. B5.

83. Rhymer Rigby, 'Time out to help less fortunate is its own reward,' *Financial Times*, July 21, 2009, p. 10.

84. John Bussey, 'Are Companies Responsible for Creating Jobs?' *The Wall Street Journal*, October 28, 2011, p. B1.

85. "［The UK's Home Office］estimates that the number of Britons engaged in 'active community participation' rose from 18. 8 million to 20. 3 million between 2001 and 2003. " Simon Kuper, 'Office Angels,' *FT Weekend*, December 31, 2004 to January 2, 2005, p. W2.

86. http：//www. yearofthevolunteer. org/

87. Bushra Tobah, 'Help Employees Help You：Five Research – based Ways to Boost Engagement,' *Network for Business Sustainability*, March 19, 2012, http：//nbs. net/help–employees–help–you–five–research–based–ways–to–boost–engagement/

88. http：//responsibility. timberland. com/service/

89. http：//responsibility. timberland. com/reporting/report-archive/

90. For a detailed history of the origins of Timberland's volunteer program, see：Avery Yale Kamila, 'Timberland goes beyond philanthropy：Building value for community and brand with volunteers,' *Ethical Corporation*, February 13, 2004, http：//www. ethicalcorp. com/content. asp? ContentID = 1659

91. Note：Timberland was acquired by VF Corporation in 2011 and the Path of Service program celebrated its 20th anniversary in 2012 (http：//responsibility. timberland. com/service/).

92. http：//www. huffingtonpost. com/jeffrey-b-swartz

93. For a detailed history of the origins of Timberland's volunteer program, see：Avery Yale Kamila, 'Timberland goes beyond philanthropy：Building value for community and brand with volunteers,' *Ethical Corporation*, February 13, 2004, http：//www. ethicalcorp. com/content. asp? ContentID = 1659

94. Batstone, op. cit., p. 87.

95. Loretta Chao, 'Theory & Practice：Sabbaticals Can Offer Dividends for Employers,' *Wall Street Journal*, July 17, 2006, p. B5.

96. Rhymer Rigby, 'Time out to help less fortunate is its own reward,' *Financial Times*, July 21, 2009, p. 10.

97. 注：公共部门的工会组织被排除在此立法之外。见 Paul Moreno, 'How Public Unions Became So Powerful,' *The Wall Street Journal*, September 12, 2012, pA15 and Maury Klein, '1st PAC used $ 600, 000 to elect Roosevelt, boost Unions,' Bloomberg in *The Daily Yomiuri*, October 13, 2012, p. 15.

98. Eduardo Porter, 'Unions' Past May Hold Key To Their Future,' *The New York Times*, July 18, 2012, p. B1.

99. Steven Greenhouse, 'Share of the Work Force in a Union Falls to a 97-Year Low, 11. 3%,' *The New York Times*, January 24, 2013, p. B1.

100. 'Poking Walmart, choking Twinkies,' *The Economist*, November 24, 2012, p. 74.

101. Eduardo Porter, 'Unions' Past May Hold Key To Their Future,' *The New York Times*, July 18, 2012, p. B8.

102. William Greider, 'Beyond Scarcity：A New Story of American Capitalism,' *Business Ethics Magazine*, Fall, 2003, pp. 9-11.

103. See：*Issues*：*Executive Pay* later in this chapter.

104. Nanette Byrnes et al., 'Beyond Options,' *BusinessWeek*, July 28, 2003, pp. 36-37.

105. For a complete history of the firm, see：http：//www. johnlewispartnership. co. uk/about/our-founder. html

106. Geoffrey Owen, 'When the workers take over,' *Financial Times*, April 28, 2011, p. 10.

107. Marjorie Kelly, 'Can There Be 'Good' Corporations?' *Yes! Magazine*, April 16, 2012, http：//www. yesmagazine. org/issues/9-strategies-to-end-corporate-rule/can-there-

be-201cgood201d-corporations

108. Andrew Hill, 'A rather civil partnership,' *Financial Times*, January 20, 2012, http：//www. ft. com/intl/cms/s/0/30ca497e-438a-11e1-9f28-00144feab49a. html

109. Marjorie Kelly, 'Can There Be 'Good' Corporations?' *Yes*! *Magazine*, April 16, 2012, http：//www. yesmagazine. org/issues/9-strategies-to-end-corporate-rule/can-there-be-201cgood201d-corporations

110. Michael Skapinker, 'Staff ownership can save a company's soul,' *Financial Times*, February 9, 2010, p. 13.

111. 'The feeling is mutual,' *The Economist*, January 21, 2012, p. 62.

112. 'The feeling is mutual,' *The Economist*, January 21, 2012, p. 62.

113. 'The feeling is mutual,' *The Economist*, January 21, 2012, p. 62.

114. For a good example of a U. S. , employee-owned firm, see CH2M Hill：http：// www. ch2m. com/corporate/about_ us/employee_ ownership/default. asp

115. For detailed case-studies of the processes by which two firms (Tullis Russell, a papermaking firm in Fife, Scotland and Trace, a business software company in London) became employee-owned, see：Geoffrey Owen, 'When the workers take over,' *Financial Times*, April 28, 2011, p. 10 and Richard Tomkins, 'Sold to the lowest bidder,' *Financial Times*：*Life & Arts*, December 8/9, 2007, p. 1. For a comprehensive comparison of employee-owned organizations across different countries and cultures, see：Henry Hansmann, *The Ownership of Enterprise*, Harvard University Press, 2000.

116. Geoffrey Owen, 'When the workers take over,' *Financial Times*, April 28, 2011, p. 10.

117. Geoffrey Owen, 'When the workers take over,' *Financial Times*, April 28, 2011, p. 10.

118. Rachel Emma Silverman, 'My Colleague, My Paymaster,' *The Wall Street Journal*, April 4, 2012, p. B1.

119. See also：'Going Boss-free：Utopia or 'Lord of the Flies'?' *Knowledge@ Wharton*, August 1, 2012, http：//knowledge. wharton. upenn. edu/article. cfm? articleid=3059

120. Alfred D. Chandler, Jr. , *The Visible Hand*：*The Managerial Revolution in American Business*, Harvard University Press, 1977.

121. Gary Hamel, 'The Big Idea：First, Let's Fire All the Managers,' *Harvard Business Review*, December 2011, pp. 4-13.

122. For example, see this case-study about Zappos：Winter Nie & Beverley Lennox, 'Creating a distinct corporate culture：How to embed a sense of passion,' *Financial Times*, February 17, 2011, p. 10.

123. Rachel Emma Silverman, 'Who's the Boss? There Isn't One,' *The Wall Street Journal*, June 20, 2012, p. B1.

124. Rachel Emma Silverman, 'Who's the Boss? There Isn't One,' *The Wall Street Journal*, June 20, 2012, p. B1.

125. Rachel Emma Silverman, 'Who's the Boss? There Isn't One,' *The Wall Street Journal*, June 20, 2012, p. B1.

126. Peter Marsh & Stefan Stern, 'The chaos theory of leadership,' *Financial Times*, December 2, 2008, http：//us. ft. com/ftgateway/superpage. ft？ news_ id=fto120120081556345506

127. http：//www. logomaker. com/blog/2012/05/21/9-inspirational-quotes-on-business-by-herb-kelleher/

128. Pound & Moore, op. cit.

129. Micklethwait & Wooldridge, op. cit. , pp xvi&xviii.

130. Micklethwait & Wooldridge, op. cit.

131. "股东价值"一词由会计学教授 Alfred Rappaport 在一篇发表于哈佛商业评论的文章中引入。该教授设计了一项指数用以"在业务单元和公司层面为备选战略确定价值创造愿景。" 见：Alfred Rappaport, 'Selecting strategies that create shareholder value,' *Harvard Business Review*, Vol. 59, Issue No. 3, 1981, pp. 139-149. 讽刺的是，考虑到如今大量业务关注短期问题，Rappaort 的目标是"使公司高管少关注些会计盈余，而将焦点集中于经济收益，…将注意力集中于创造价值的事物上而非强调季度收益是有根据的。" 见：Justin Fox, 'Ignore Your Investors!' *Fortune Magazine*, June 8, 2009, p. 20.

132. Joel Bakan, *The Corporation*：*The Pathological Pursuit of Profit and Power*, Free Press, 2004, p. 37.

133. Andy Serwer, 'Wall Street Comes to Main Street,' *Fortune*, May 3, 2004, pp. 132-146.

134. Alan Murray, 'Political Capital：CEO Responsibility Might Be Right Cure for Corporate World,' *Wall Street Journal*, July 13, 2004, p. A4.

135. Robert C. Pozen, 'The Case for Professional Boards,' *Harvard Business Review*, December 2010, p. 52.

136. For a full breakdown of the compensation packages of all 200 CEOs in 2011, see：Nathaniel Popper, 'C. E. O. Pay, Rising Despite the Din,' *The New York Times*, June 17, 2012, p. BU1.

137. Nathaniel Popper, 'C. E. O. Pay, Rising Despite the Din,' *The New York Times*, June 17, 2012, pBU9. "The top 25 hedge-fund managers regularly earn more as a group that all 500 S&P CEOs put together. " In：'Bargain bosses,' *The Economist*, September 8, 2012, p. 67.

138. Stephanie Strom, 'Nonprofit Salaries Under a Microscope,' *The New York Times*, July 27, 2010, p. A10.

139. Lauren Etter, 'More Get $ 1 Million to Lead Colleges,' *The Wall Street Journal*, November 15, 2010, p. A6.

140. 'Bosses under fire,' *The Economist*, January 14, 2012, p. 11.

141. Ray Fisman, 'In Defense Of the CEO,' *The Wall Street Journal*, January 12-13, 2013, p. C1.

142. Richard R. Floersch, 'The Right Way to Determine Executive Pay,' *Wall Street Journal*, March 5, 2009, p. A15.

143. Gene Colter, 'Stock Options Lose Appeal as an Option,' *Wall Street Journal*, October 12, 2004, p. C3.

144. 'Bargain bosses,' *The Economist*, September 8, 2012, p. 67.

145. 'How New Accounting Rules Are Changing the Way CEOs Get Paid,' *Knowledge @ Wharton*, May, 2006, http: //knowledge. wharton. upenn. edu/index. cfm? fa = printArticle&ID =1465

146. 'Pay up,' *The Economist*, June 18, 2011, p. 74.

147. Arthur Levitt Jr. , 'Money, Money, Money,' *Wall Street Journal*, November 22, 2004, Op-ed page.

148. Charles Forelle&James Bandler, 'The Perfect Payday,' *Wall Street Journal*, March 18-19, 2006, p. A1.

149. Roger Martin, 'Reward real growth, not expectations,' *Financial Times*, August 3, 2010, p. 10.

150. Louis Lavelle, 'Wretched Excess: Mega Options, Mega Losses,' *BusinessWeek*, June 23, 2003, p. 14.

151. Editorial, 'What We Learned in 2002,' *BusinessWeek*, December 30, 2002, p. 170.

152. Kathy Kristof, 'Shareholders Should Look for Signs of Excessive Exec Pay,' *Miami Herald*, June 22, 2003, p. 6E.

153. For example, see: Kate Burgess & Richard Milne, 'Floored Boards,' *Financial Times*, June 2, 2009, p12 and Josh Martin, 'Committees strive to achieve the right mix,' *Financial Times Special Report: Corporate Governance*, June 18, 2009, p. 3.

154. Richard R. Floersch, 'The Right Way to Determine Executive Pay,' *Wall Street Journal*, March 5, 2009, p. A15.

155. 'Home Depot CEO Nardelli quits,' *Associated Press*, January 3, 2007, http: // msnbc. msn. com/id/16451112/

156. Robin Pagnamenta&Helen Power, 'Shell's pay committee bears the brunt of growing investor anger,' *The Times*, May 20, 2009, p. 38.

157. Alan Beattie, 'Summers' 'outrage' at AIG bonuses,' *Financial Times*, March 15, 2009, http: //www. ft. com/cms/s/0/31bafc52-1192-11de-87b1-0000779fd2ac. html

158. 'AIG bonus payments $ 218 million,' *Reuters*, http: //www. reuters. com/article/ newsOne/idUSTRE52K19L20090321

159. Eric Dash, 'The Lucrative Fall From Grace,' *The New York Times*, September 30, 2011, p. B1.

160. Clarence Page, 'Is the honeymoon over?' *Chicago Tribune*, in the *Daily Yomiuri*, March 31, 2009, p. 17.

161. 'Bargain bosses,' *The Economist*, September 8, 2012, p. 67.

162. Robert B. Reich, 'CEOs Deserve Their Pay,' *The Wall Street Journal*, September 14, 2007, p. A13.

163. 'The wheel of fortune,' *The Economist*, May 26, 2012, p. 70.

164. Moisés Naim, 'Corporate Power is Decaying. Get Used to It,' *Bloomberg Businessweek*, February 21, 2013, http: //www. businessweek. com/articles/2013-02-21/corporate-power-

is-decaying-dot-get-used-to-it

165. Baruch Lev, 'The Case for Guidance,' *The Wall Street Journal Report*: *Leadership in Corporate Finance*, February 27, 2012, p. R3.

166. Nanette Byrnes, 'Earnings Guidance: Silence Is Golden,' *BusinessWeek*, May 5, 2003, p. 87.

167. Carola Hoyos & Michael Steen, 'Outgoing Shell chief calls for executive pay reform,' *Financial Times*, June 9, 2009, p. 1.

168. Kara Scannell & Joann S. Lublin, 'SEC Asks Firms to Detail Top Executives' Pay,' *The Wall Street Journal*, August "1, 2007, p. B1.

169. JuliaWerdigier, 'Shareholder Votes on Pay To Be Binding in Britain,' *The New York Times*, June 21, 2012, p. B4.

170. Joanna L. Ossinger, 'Poorer Relations: When it comes to CEO pay, why are the British so different?' *Wall Street Journal*, April 10, 2006, p. R6.

171. Vipal Monga, 'Boards Cozy Up to Investors,' *The Wall Street Journal*, January 8, 2013, p. B7.

172. Leslie Kwoh, 'Firms Resist New Pay-Equity Rules,' *The Wall Street Journal*, June 27, 2012, p. B8.

173. John McKay, CEO of Whole Foods, 'Final Word: "I no longer want to work for money," *Fast Company*, February, 2007, p112. See also: Alaina Love, 'Dousing the Passion for Greed,' *BusinessWeek*, October 23, 2009, http://www.businessweek.com/managing/content/oct2009/ca20091023_069551.htm

174. 'Why It Pays to Link Executive Compensation with Corporate Debt,' *Knowledge@Wharton*, July 7, 2010, http://knowledge.wharton.upenn.edu/article.cfm? articleid = 2533. See also: Alex Edmans, 'How to Fix Executive Compensation,' *The Wall Street Journal Report*: *Leadership in Corporate Finance*, February 27, 2012, pR1. The EU has drafted plans to explore this option in the finance industry—see: Alex Barker & Patrick Jenkins, 'Bankers' bonuses should be paid in debt, Brussels review proposes,' *Financial Times*, October 2, 2012, p. 1.

175. James Wilson & Richard Milne, 'Puma gives the boot to cardboard shoeboxes,' *Financial Times*, April 14, 2010, p. 17.

176. Michael Skapinker, 'Replacing the 'dumbest idea in the world',' *Financial Times*, April 13, 2010, p. 13.

177. Oliver Balch, 'Executive Remuneration: Fat Cats vs. the Future,' *Ethical Corporation's Management Blog*, January 18, 2011, http://crmanagementblog.blogspot.com/2011/01/executive-remuneration-fat-cats-vs.html. See also: Richard Milne & Michael Steen, 'Executive bonuses tied to green targets,' *Financial Times*, February 24, 2010, p. 16.

178. John O'Donnell & Sinead Cruise, 'Europe moves towards Swiss-style executive pay curbs,' *The Globe and Mail*, March 6, 2013, http://www.theglobeandmail.com/report-on-business/international-business/european-business/europe-moves-toward-swiss-style-

executive-pay-curbs/article9355210/

179. 'Pay up,' *The Economist*, June 18, 2011, p. 74.

180. 2009 年 7 月，美国证券交易委员会拓展了其对有关回扣的法规的使用范围，将自欺诈或误报收益中获益的高管也包括了进来，尽管他们并没有亲身参与其中。见：Joanna Chung, 'SEC toughens stance with first 'clawback' move,' *Financial Times*, July 29, 2009, p. 3.

181. Joann S. Lublin, 'Law Toughens 'Clawback' Rules for Improper Pay,' *The Wall Street Journal*, July 26, 2010, pB6. 不幸的是，报告显示这些"回扣"条款很少，见：Gretchen Morgenson, 'Clawbacks Without Claws,' *The New York Times*, September 10, 2011, http://www.nytimes.com/2011/09/11/business/clawbacks-without-claws-in-a-sarbanes-oxley-tool.html

182. Carol Hymowitz, 'Sky-high Payouts to Top Executives Prove Hard to Curb,' *Wall Street Journal*, June 26, 2006, p. B1.

183. For an example of one CEO's compensation package that "wins praise from compensation critics," see: Joann S. Lublin, 'Valeant CEO's Pay Package Draws Praise as a Model,' *Wall Street Journal*, August 24, 2009, p. B4.

184. Richard R. Floersch, 'The Right Way to Determine Executive Pay,' *Wall Street Journal*, March 5, 2009, p. A15.

185. Steven M. Davidoff, 'Furor Over Executive Pay Is Not the Revolt It Appears to Be,' *The New York Times*, May 2, 2012, p. B5.

186. See: Maxwell Murphy, 'The Inside/Outside Pay Gap,' *The Wall Street Journal*, September 11, 2012, pB6 and 'The trouble with superheroes,' *The Economist*, October 1, 2011, p. 74.

187. Charles M. Elson and Craig K. Ferrere quoted in: Gretchen Morgenson, 'Pamper 'Em or Lose 'Em? Not So Fast,' *The New York Times*, September 23, 2012, p. BU2.

188. Michael Hiltzik, 'Peter Drucker's revolutionary teachings decades old but still fresh,' *Los Angeles Times*, December 31, 2009, http://articles.latimes.com/2009/dec/31/business/la-fi-hiltzik31-2009dec31

189. Mallen Baker, 'Remuneration-Value society, Mr President,' *Ethical Corporation*, March 11, 2009, http://www.ethicalcorp.com/content.asp? ContentID=6391

190. Natasha Singer, 'In Executive Pay, a Rich Game of Thrones,' *The New York Times*, April 7, 2012, http://www.nytimes.com/2012/04/08/business/in-chief-executives-pay-a-rich-game-of-thrones.html

191. See: Dawn C. Chmielewski, 'Carl Icahn calls Netflix's poison pill measures 'poor governance,'' *Los Angeles Times*, November 5, 2012, http://www.latimes.com/entertainment/envelope/cotown/la-et-ct-icahn-questions-netflix-poison-pill-20121105, 0, 925822. storyand Gene G. Marcial, 'Carl Icahn's Cure for Corporate America,' *BusinessWeek*, November 18, 2005, http://www.businessweek.com/bwdaily/dnflash/nov2005/nf20051118_0496.htm

192. Bill Baue, 'Investing in ⋯ Genocide?' *CSRwire. com*, March 31, 2009, http：// www. csrwire. com/News/14977. html

193. For example, see：Kate Burgess, 'Investors are taking a share in revolution,' *Financial Times*, May 6, 2009, p. 15.

194. Anthony Goodman, 'Investors should be careful what they wish for,' *Financial Times*, July 20, 2010, p. 10.

195. Brian Bowen, 'Shareholder Resolutions Spur U. S. Companies to Act on Sustainability During 2012 Proxy Season,' *Ceres*, July 10, 2012, http：//www. ceres. org/press/press - releases/shareholder-resolutions-spur-u. s. -companies-to-act-on-sustainability-during-2012 -proxy-season

196. Ed Crooks, 'Shareholders lead eco-crusade,' *Financial Times*, March 8, 2011, p. 15.

197. Ben Protess & Katherine Reynolds Lewis, 'Changing Face of Investor Activism,' *The New York Times*, June 8, 2012, p. B1.

198. Sheila McNulty, 'Shareholder Activists Hijack Exxon's AGM,' *Financial Times*, May 9, 2003, p. 17.

199. Ben Protess & Katherine Reynolds Lewis, 'Changing Face of Investor Activism,' *The New York Times*, June 8, 2012, p. B1.

200. Quoted by an officer from the Investor Responsibility Research Center on *The NewsHour With Jim Lehrer*, PBS, June 10, 2003.

201. http：//corpgov. net/news/archives/archived996. html

202. 'Understanding Shareholder Votes,' *As You Sow*, November 2012, http：// www. asyousow. org/csr/understandingvote. shtml

203. David Enrich, 'Barclays Shareholders Vent on Pay,' *The Wall Street Journal*, April 28-29, 2012, pB2. See also：Julia Werdigier, 'Amid Shouts of Hecklers, Barclays' Board Apologizes to Shareholders,' *The New York Times*, April 28, 2012, p. B2.

204. Andrew Park, 'Dell Gets Greener,' *BusinessWeek*, May 5, 2003, p. 89.

205. *The Observer*, May 25, 2003, op. cit.

206. Maxwell Murphy, 'Snubbed By Holders, Directors Keep Posts,' *The Wall Street Journal*, June 12, 2012, p. B1.

207. Alan Murray, 'Pivotal Fight Looms for Shareholder Democracy,' *Wall Street Journal*, November 22, 2006, p. A2.

208. Jerri-Lynn Scofield, 'Shareholder Rights-Minority Rules' *Ethical Corporation Magazine*, November 1, 2010, http：//www. ethicalcorp. com/stakeholder - engagement/ analysis-shareholder-rights-minority-rules

209. Tara Siegel Bernard, 'Voting Your Shares May Start To Matter,' *The New York Times*, March 6, 2010, p. B1.

210. 美国证券交易委员会的代理审核还在继续，但正在取得进展。一个关于股东提名董事的实例，见：Deborah Brewster, 'Investors in boardroom victory,' *Financial Times*, May 21, 2009, p15 and Stephen Labaton, 'S. E. C. Proposes to Widen Investors' Say on

Boards,' *New York Times*, May 21, 2009, p. B3.

211. Dennis K. Berman, 'Boardroom Defenestration,' *Wall Street Journal*, March 16, 2006, p. B1.

212. Jessica Holz & Dennis Berman, 'Investors Gain New Clout,' *The Wall Street Journal*, August 26, 2010, p. A1.

213. Mallen Baker, 'Greedy bosses get punished by … um … greedy shareholders,' May 7, 2012, http：//www. mallenbaker. net/csr/post. php? id＝438

214. See： 'SEC Adopts Rules for Say－on－Pay and Golden Parachute Compensation as Required Under Dodd－Frank Act,' January 25, 2011, http：//www. sec. gov/news/press/2011/2011－25. htm

215. Peter Montagnon&Roderick Munsters, 'One share, one vote is the way to a fairer market,' *Financial Times*, August 14, 2006, p. 11.

216. 大股东民主的价值可被质疑的情形会发生在公司的敌意收购的过程中。在这些时刻，我们并不清楚股东们是否比高管们更适合决定组织的未来。这种现象出现于 2010 年卡夫食品接管英国吉百利食品公司的过程中。虽然政治家和大部分公众的观点是想让公司继续保留英国国籍，但掌握着公司大部分股份的全球范围内的机构投资人认为卖出公司才能使他们的价值达到最大化。收购的附带效果直接导致了英国公司法的立法变更，进一步限制了未来的敌意收购。见：Anousha Sakoui, 'The unappetizing consequences of a hostile acquisition,' Financial Times, May 24, 2011, p. 9 and Roger Carr, 'Cadbury：Hostile bids and takeovers,' University of Oxford, February 16, 2010, http：//www. sbs. ox. ac. uk/newsandevents/news/Pages/RogerCarrCadbury. aspx

217. Jessica Holz, 'Court Deals Blow to SEC, Activists,' *The Wall Street Journal*, July 23, 2011, http：//online. wsj. com/article/SB10001424053111903554904576461932431478332. html

218. Tara Siegel Bernard, 'Voting Your Shares May Start To Matter,' *The New York Times*, March 6, 2010, p. B1.

219. Phred Dvorak, 'Companies Seek Shareholder Input on Pay Practices,' *Wall Street Journal*, April 6, 2009, p. B4.

220. Phred Dvorak, 'Companies Seek Shareholder Input on Pay Practices,' *Wall Street Journal*, April 6, 2009, p. B4.

221. Joann S. Lublin, 'Online Annual Meetings Begin to Click,' *The Wall Street Journal*, November 14, 2011, p. B7.

222. Joann S. Lublin & Ben Worthen, 'H－P Activist Investors Make Proxy Progress,' *The Wall Street Journal*, February 6, 2012, http：//online. wsj. com/article/SB10001424052970204662204577201743734220890. html

223. Joann S. Lublin & Ben Worthen, 'H－P Activist Investors Make Proxy Progress,' *The Wall Street Journal*, February 6, 2012, http：//online. wsj. com/article/SB10001424052970204662204577201743734220890. html

224. Investopedia, November 2012, http：//www. investopedia. com/terms/s/sri. asp ＃axzz2BqOujozQ

225. Chris Gay, 'Are Bank Stocks 'Responsible'?' *The Wall Street Journal*, February 6, 2012, p. R6.

226. David Bogoslaw, 'Social investing Gathers Momentum,' *BusinessWeek*, February 3, 2010, http://www. businessweek. com/investor/content/feb2010/pi2010023_ 247094. htm

227. John Tozzi, 'New Legal Protections for Social Entrepreneurs,' *Bloomberg Business Week*, April 22, 2010, http://www. businessweek. com/investor/content/feb2010/pi2010023 _ 247094. htm

228. 'Sustainable and Responsible Investing Facts,' *US SIF*, November 2012, http:// ussif. org/resources/sriguide/srifacts. cfm

229. 'Sustainable and Responsible Investing Facts,' *US SIF*, November 2012, http:// ussif. org/resources/sriguide/srifacts. cfm

230. Chip Feiss, 'Social enterprise – the fledgling fourth sector,' *Financial Times*, June 15, 2009, p. 11.

231. 'SRI fund sales hit 1 billion euro mark in December 2008,' *NaturalChoices. co. uk*, February 26, 2009, http://www. naturalchoices. co. uk/SRI-fund-sales-hit-1-billion-euro? id_ mot=1

232. David Bogoslaw, 'Social investing Gathers Momentum,' *BusinessWeek*, February 3, 2010, http://www. businessweek. com/investor/content/feb2010/pi2010023_ 247094. htm

233. John Authers, 'There are clear arguments for a clear conscience,' *Financial Times*, July 28, 2007, p. 16.

234. 'A dull shade of green,' *The Economist*, October 29, 2012, p. 87.

235. Richard Milne, 'Fund to focus on role of women,' *Financial Times*, October 26, 2009, p17. See also: Julia Werdigier, 'Fund Plans to Invest in Companies With Women as Directors,' *The New York Times*, October 27, 2009, p. B7.

236. David Oakley, 'Vatican – backed index aims to meet demand for ethical stocks,' *Financial Times*, April 27, 2010, p. 13.

237. Jem Bendell, 'Have you seen my business case?' *Ethical Corporation*, November 2, 2002, http://www. ethicalcorp. com/content. asp? ContentID=264

238. Sam Stovall, 'Tobacco Stocks: A Classic Defensive Play,' *BusinessWeek*, January 29, 2008, http://www. businessweek. com/investor/content/jan2008/pi20080129_ 262388. htm

239. Spencer Jakab, 'How Much Is Left in This Pack of Smokes?' *The Wall Street Journal*, July 24, 2012, p. C1.

240. As of September 30, 2012, http://www. usamutuals. com/vicefund/docs/ VICEXcomplete. pdf

241. Barbara Kiviat, 'Heart on One's Sleeve, Eye on Bottom Line,' *Miami Herald*, January 19, 2003, p. 3E.

242. Joe Nocera, 'Well-meaning But Misguided Stock Screens,' *New York Times*, April 7, 2007, p. B1.

243. For a more general discussion of the different components of *impact investing*, together

with example projects, see: 'Happy returns,' *The Economist*, September 10, 2011, p. 84.

244. 'Social Finance's Tracy Palandjian on the Next Generation of Responsible Investing,' *Knowledge@ Wharton*, March 14, 2012, http: //knowledge. wharton. upenn. edu/article. cfm? articleid = 2956

245. David Leonhardt, 'What Are Social-Impact Bonds?' *The New York Times*, February 8, 2011, http: //economix. blogs. nytimes. com/2011/02/08/what-are-social-impact-bonds/

246. Caroline Preston, 'Getting Back More Than a Warm Feeling,' *The New York Times*: *Giving Special Section*, November 9, 2012, p. F1.

247. Investopedia, November 2012, http: //www. investopedia. com/terms/s/social - impact-bond. asp

248. 'Commerce and conscience,' *The Economist*, February 23, 2013, p. 71.

249. 'Social Impact Bonds: Can This New Asset Class Create More Than a Win-Win?' *Knowledge @ Wharton*, March 15, 2011, http: //knowledge. asb. unsw. edu. au/article. cfm? articleid = 1359

250. 'Social Finance's Tracy Palandjian on the Next Generation of Responsible Investing,' *Knowledge@ Wharton*, March 14, 2012, http: //knowledge. wharton. upenn. edu/article. cfm? articleid = 2956

251. 'Social Impact Bonds: Can a Market Prescription Cure Social Ills?' *Knowledge@ Wharton*, September 12, 2012, http: //knowledge. wharton. upenn. edu/article. cfm? articleid = 3078

252. David W. Chen, 'Goldman to Invest in City Prison Program, Reaping Profit if Recidivism Drops,' *The New York Times*, August 2, 2012, p. A14.

253. 'Being good pays,' *The Economist*, August 18, 2012, p. 28.

254. Caroline Preston, 'Getting Back More Than a Warm Feeling,' *The New York Times*: *Giving Special Section*, November 9, 2012, p. F1.

255. 'Social Impact Bonds: Can a Market Prescription Cure Social Ills?' *Knowledge@ Wharton*, September 12, 2012, http: //knowledge. wharton. upenn. edu/article. cfm? articleid = 3078

256. Stephanie Strom, 'Philanthropists Take On Big Problems by Enlisting Capitalists,' *The New York Times*, December 12, 2012, p. F19.

257. John Kay, 'Time for the Big Society to get down to the nitty-gritty,' *Financial Times*, February 23, 2011, p. 9.

258. Francesco Guerrera, 'Welch condemns share price focus,' March 12, 2009, http: //www. ft. com/cms/s/0/294ff1f2-0f27-11de-ba10-0000779fd2ac. html

259. 'Jack Welch Elaborates: Shareholder Value,' March 16, 2009, http: // www. businessweek. com/bwdaily/dnflash/content/mar2009/db20090316_ 630496. htm

260. 'Stephanie Strom, 'Make Money, Save the World,' *New York Times*, May 6, 2007, pBU1.

261. Steve Hamm, 'Capitalism with a Human Face,' *BusinessWeek*, December 8,

2008, p. 49.

262. Polly LaBarre, 'Leap of Faith,' *Fast Company Magazine*, June, 2007, p. 98.

263. Philip Delves Broughton, 'Doing Good By Shoeing Well,' *The Wall Street Journal*, September 9, 2011, A17.

264. See also: Christina Binkley, 'Charity Gives Shoe Brand Extra Shine,' *The Wall Street Journal*, April 1, 2010, http://online. wsj. com/article/SB100014240527023042527045751559031 98032336. html

265. Chip Feiss, 'Social enterprise–the fledgling fourth sector,' *Financial Times*, June 15, 2009, p. 11.

266. "（英国）政府估计英国的社会企业为55 000 家，拥有270 亿英镑的营业额，为英国的 GDP 贡献了 80 亿英镑并提供了 500 000 个就业岗位。"见：Steve Coomber, 'New business is modeled on old–fashioned mutual interest,' *The Times*, July 24, 2007, p. 6.

267. Jon Entine, 'Eco marketing: What price green consumerism?' *Ethical Corporation Magazine*, September 1, 2011, http://www. ethicalcorp. com/environment/eco–marketing–what–price–green–consumerism

268. 'When do consumers say 'no' to green?' *Network for Business Sustainability*, June 24, 2011, http://nbs. net/knowledge/when–do–consumers–say–no–to–green/

269. Jon Entine, 'Eco marketing: What price green consumerism?' *Ethical Corporation Magazine*, September 1, 2011, http://www. ethicalcorp. com/environment/eco–marketing–what–price–green–consumerism

270. Michael Skapinker, 'There is a good trade in ethical retailing,' *Financial Times*, September 10, 2007, http://us. ft. com/ftgateway/superpage. ft? news_ id = fto091020071414102552

271. David Vogel, *The Market for Virtue: The Potential and Limits of Corporate Social Responsibility*, Brookings Institution Press, 2005, p. 49.

272. Toby Webb, 'The Ethical Consumer at Scale Myth,' *Smarter Business blog*, January 30, 2012, http://tobywebb. blogspot. com/2012/01/ethical–consumer–at–scale–myth–why–do. html

273. Andrew Jack, 'Beyond charity? A new generation enters the business of doing good,' *Financial Times*, April 5, 2007, p. 11.

274. Andrew Jack, 'Beyond charity? A new generation enters the business of doing good,' *Financial Times*, April 5, 2007, p. 11.

275. Marjorie Kelly, 'Cover Story: The Legacy Problem,' *Business Ethics Magazine*, Summer, 2003, http://www. esopbuilders. com/articles/the–legacy–problem. pdf. For details of succession stories at four iconic firms (Disney, Walmart, Ford, and Microsoft), see: Joe Light & Scott Thurm, 'Disney, Walton, Ford, Gates: Tales of When Legends Leave,' *The Wall Street Journal*, August 26, 2011, p. B1.

276. Mark Goyder, 'Ownership and sustainability–Are listed companies more responsible?' *Ethical Corporation*, July 14, 2008, http://www. ethicalcorp. com/content. asp? ContentID

=6004

277. 'Virgin, Ben & Jerry's, O2, BP, Starbucks to Discuss How They Brand Their Values,' *Ethical Corporation* Press Release, *CSRwire. com*, September 27, 2005, http: // www. csrwire. com/press/press_ release/22741

278. Louise Lucas, 'Preserve your unique flavor,' *Financial Times*, February 8, 2011, p. 12.

279. Melanie Warner, 'Solo Climb,' *Business* 2. 0, December, 2004, p. 152.

280. Christopher Palmeri, 'From Ice Cream to Nuclear Freeze,' *BusinessWeek*, August 24, 2006, http: //www. businessweek. com/investor/content/aug2006/pi20060824_ 523626. htm

281. Christopher Palmeri, 'From Ice Cream to Nuclear Freeze,' *BusinessWeek*, August 24, 2006, http: //www. businessweek. com/investor/content/aug2006/pi20060824_ 523626. htm

282. Louise Lucas, 'Preserve your unique flavor,' *Financial Times*, February 8, 2011, p. 12.

283. Mallen Baker, 'CSR: Is it time to change the ownership of our best companies?' *mallenbaker. net*, January 12, 2010, http: //www. mallenbaker. net/csr/page. php? Story_ ID =2569

284. John Russell, 'Body Shop takeover-Ethical business as usual,' *Ethical Corporation Magazine*, March 11, 2007, http: //www. ethicalcorp. com/content. asp? ContentID=4936

285. Anya Kamenetz, 'Cleaning Solution,' *Fast Company Magazine*, September, 2008, pp. 120-125, http: //www. fastcompany. com/magazine/128/cleaning-solution. html

286. Jon Entine, 'Sell-out at the Sierra Club,' *Ethical Corporation Magazine*, September 1, 2008, http: //www. ethicalcorp. com/content. asp? ContentID=6055

287. David Teather, 'Roddick nets £ 130m from Body Shop sale,' *The Guardian*, March 17, 2006, http: //www. guardian. co. uk/business/2006/mar/18/highstreetretailers. retail

288. Sage, The Body Shop, http: //knowledge. sagepub. com/view/greenbusiness/n13. xml

289. Roger Martin, 'The Virtue Matrix,' *Harvard Business Review*, March 2002, Vol. 80, No. 3, pp. 68-75.

290. Jon Entine, 'Queen of Green Roddick's 'unfair trade' started when she copied Body Shop's formula,' *The Mail on Sunday*, September 15, 2007, http: //www. mailonsunday. co. uk/pages/live/femail/article. html? in_ article_ id=482012&in_ page_ id=1879

291. Tony Dawe, 'Business takes on board the need for social responsibility,' *The Times*, July 24, 2007, p. 3.

292. The Body Shop's Web site, http: //www. thebodyshop. com/bodyshop/index. jsp, December, 2002.

293. PETA's website, http: //www. peta. org/about/default. aspx, November 2012.

294. Emily Gersema, 'PETA Denies Accusation of Supporting Violence,' *Miami Herald*, February 16, 2003, p. 26A.

295. Saulo Petean, 'Broken Promises,' December, 1996, http: //www. brazzil. com/p16dec96. htm

296. 'Animal Protection Principles,' 2011 *Values Report*, http：//www. thebodyshop-usa. com/values-campaigns/assets/aatprinciples. pdf

297. Aisha Ikramuddin, 'The Cosmetic Mask：Decoding Cruelty-Free,' June 30, 2007, http：//healthychild. org/blog/comments/the_ cosmetic_ mask_ decoding_ cruelty_ free

298. 'What's Wrong With The Body Shop? -A Criticism of "Green Consumerism,"' London Greenpeace, March, 1998, http：//www. mcspotlight. org/beyond/companies/bodyshop. html

299. Charles Wallace, 'Can the Body Shop Shape Up?,' *Fortune*, April 1996, http：//money. cnn. com/magazines/fortune/fortune_ archive/1996/04/15/211474/index. htm

300. Jon Entine, 'Queen of Green Roddick's 'unfair trade' started when she copied Body Shop's formula,' *The Mail on Sunday*, September 15, 2007, http：//www. mailonsunday. co. uk/pages/live/femail/article. html? in_ article_ id=482012&in_ page_ id=1879

301. David Teather, 'Roddick nets £ 130m from Body Shop sale,' *The Guardian*, March 17, 2006, http：//www. guardian. co. uk/business/2006/mar/18/highstreetretailers. retail

302. For example, see：Rajeev Syal, 'Body Shop ethics under fire after Colombian peasant evictions,' *The Guardian*, September 12, 2009, http：//www. guardian. co. uk/world/2009/sep/13/body-shop-colombia-evictions

303. David Teather, 'Roddick nets £130m from Body Shop sale,' *The Guardian*, March 17, 2006, http：//www. guardian. co. uk/business/2006/mar/18/highstreetretailers. retail

304. Jon Entine, 'Queen of Green Roddick's 'unfair trade' started when she copied Body Shop's formula,' *The Mail on Sunday*, September 15, 2007, http：//www. mailonsunday. co. uk/pages/live/femail/article. html? in_ article_ id=482012&in_ page_ id=1879

305. Interview of Jeremy Rifkin by David Batstone, 'The Future of Work,' first published in *Business* 2. 0 *Magazine*, reprinted by Right Reality Inc. , February 10, 2004, http：//www. business2. com/b2/

306. 'Short-Circuited：Cutting Jobs as Corporate Strategy,' *Knowledge@ Wharton*, April 4, 2007, http：//knowledge. wharton. upenn. edu/article. cfm? articleid=1703

307. Leslie Kwoh, ' 'Rank and Yank' Retains Vocal Fans,' *The Wall Street Journal*, January 31, 2012, p. B6.

308. Interview of Jeremy Rifkin by David Batstone, 'The Future of Work,' first published in *Business* 2. 0 *Magazine*, reprinted by Right Reality Inc. , February 10, 2004, http：//www. jobpostings. net/articleDetail. cfm? id=286

309. Hedrick Smith, 'When Capitalists Cared,' *The New York Times*, September 2, 2012, http：//www. nytimes. com/2012/09/03/opinion/henry - ford - when - capitalists - cared. html

310. Quoted from David Batstone & David Chandler, 'Ford's Success Formula Not Followed to a T,' *Atlanta Journal - Constitution*, December 17, 2004, http：//www. sojo. net/index. cfm? action=sojomail. display&issue=041216. See also：Lee Iacocca, 'Henry Ford,' *Time* 100, http：//www. time. com/time/time100/builder/profile/ford. htmland 'In 1913, One Ad Changed the Face of America's Middle Class,' Ford ad in *Fortune*, February 9, 2004.

311. 'Short-Circuited: Cutting Jobs as Corporate Strategy,' *Knowledge@Wharton*, April 4, 2007, http: //knowledge. wharton. upenn. edu/article. cfm? articleid=1703

312. 'Short-Circuited: Cutting Jobs as Corporate Strategy,' *Knowledge@Wharton*, April 4, 2007, http: //knowledge. wharton. upenn. edu/article. cfm? articleid=1703

313. Parija B. Kavilanz, 'Circuit City to shut down,' *CNNMoney. com*, January 16, 2009, http: //money. cnn. com/2009/01/16/news/companies/circuit_ city/

314. Lauri Bassi&Daniel McMurrer, 'Are Employee Skills a Cost or an Asset,' *Business Ethics Magazine*, Fall 2004, p. 20.

315. Ann Zimmerman, 'Costco's Dilemma: Be Kind to Its Workers, or Wall Street?' *Wall Street Journal*, March 26, 2004, p. B1.

316. 'What's Online: Shoe Seller's Secret of Success,' *New York Times*, May 24, 2008, p. B5.

317. *Fortune Magazine*, http: //money. cnn. com/magazines/fortune/bestcompanies/

318. Stefan Stern, 'Authoritarian boss belongs in the past,' *Financial Times*, September 13, 2007, p. 12.

319. Andrew Hill, 'A rather civil partnership,' *Financial Times*, January 20, 2012, http: //www. ft. com/intl/cms/s/0/30ca497e-438a-11e1-9f28-00144feab49a. html

320. See also: Steven Greenhouse, 'Low-Wage Workers Are Often Cheated, Study Says,' *New York Times*, September 2, 2009, p. A11.

321. For more information about a "living wage," see: Rajesh Chhabara, 'Wages—Working for a living,' *Ethical Corporation*, June 30, 2009, http: //www. ethicalcorp. com/content. asp? ContentID=6519

322. U. S. Department of Labor, September, 2009, http: //www. dol. gov/dol/topic/wages/minimumwage. htm

323. U. S. Department of Health & Human Services, November, 2012, http: //aspe. hhs. gov/poverty/12poverty. shtml

324. Mary Kay Henry & Christine L. Owens, 'Hardworking Americans should not be living in poverty,' *CNN*, July 25, 2012, http: //www. cnn. com/2012/07/25/opinion/henry-owens-minimum-wage/index. html

325. 'What's a Living Wage?' *Living Wage Action Coalition*, November 2012, http: //www. livingwageaction. org/resources_ lw. htm

326. 'Minimum Wage Laws in the States,' *U. S. Department of Labor*, January 1, 2013, http: //www. dol. gov/whd/minwage/america. htm. A table showing how states' minimum wages have evolved over time is at: http: //www. dol. gov/whd/state/stateMinWageHis. htm

327. For this legislation's history, see: Jonathan Grossman, 'Fair Labor Standards Act of 1938: Maximum Struggle for a Minimum Wage,' *U. S. Department of Labor*, http: //www. dol. gov/oasam/programs/history/flsa1938. htm

328. For additional data, see: Tara Kalwarski&David Foster, 'The Minimum Wage Rises—And is Outpacing Inflation,' *BusinessWeek*, August 3, 2009, p. 15.

329. November 2012, http://www.lowpay.gov.uk/

330. 'Trickle-up economics,' *The Economist*, February 16, 2013, p. 30.

331. Source: Gus Lubin & Mamta Badkar, '15 Facts About McDonald's That Will Blow Your Mind,' *BusinessInsider.com*, January 24, 2011, http://www.businessinsider.com/15-facts-about-mcdonalds-that-will-blow-your-mind-2011-1

332. Heidi Schuessler, 'McDonald's Around the World,' *msn.com*, http://local.msn.com/travel/slideshow.aspx? cp-documentid=252049980

333. Annie Gasparro & Julie Jargon, 'In India, McDonald's Plans Vegetarian Outlets,' *The Wall Street Journal*, September 5, 2012, p. B7.

334. Heidi Schuessler, 'McDonald's Around the World,' *msn.com*, http://local.msn.com/travel/slideshow.aspx? cp-documentid=252049980

335. 该定义来自牛津英语词典。"第11版韦氏大辞典新收入词条'McJob',该词意指没有前途的工作。"引自'Review & Outlook: Thinking Outside the Bun,' *Wall Street Journal*, November 14, 2003, p. W15.

336. Stefan Stern & Jenny Wiggins, 'New definition would be just the job for McDonald′s,' *Financial Times*, March 20, 2007, p. 1.

337. Stefan Stern, 'McJob: a fulfilling role with great prospects,' *Financial Times*, March 20, 2007, p. 10.

338. 有关麦当劳诽谤案,有评论者称"一个跨国公司上演的最昂贵和最具灾难性的公关手法",更多详细讨论见:Judy Kuszewski, 'Reputation damage writ large,' *Ethical Corporation Magazine*, July 6, 2010, http://www.ethicalcorp.com/communications-reporting/mclibel-reputation-damage-writ-large

339. See: United States Patent and Trademark Office, http://tsdr.uspto.gov/#caseNumber=73480984

340. Full-page ad by McDonald's in *The New York Times*, September 18, 2012, p. A7.

341. John W. Schoen, 'McDonald's wants to redefine the McJob,' *msnbc.com*, August 4, 2011, http://www.msnbc.msn.com/id/42420858/

342. John W. Schoen, 'McDonald's wants to redefine the McJob,' *msnbc.com*, August 4, 2011, http://www.msnbc.msn.com/id/42420858/

343. John W. Schoen, 'McDonald's wants to redefine the McJob,' *msnbc.com*, August 4, 2011, http://www.msnbc.msn.com/id/42420858/

344. Quoted in: John W. Schoen, 'McDonald's wants to redefine the McJob,' *msnbc.com*, August 4, 2011, http://www.msnbc.msn.com/id/42420858/

345. 'How long McDonald's cleaners must work to buy a Big Mac,' *Asian Labour Update*, Issue No. 42, January-March, 2002, http://www.amrc.org.hk/alu_ article/wages/how_ long_ mcdonalds_ cleaners_ must_ work_ to_ buy_ a_ bigmac

346. Specifically, cleaners, or the nearest equivalent worker for which the necessary data was available.

347. *Asian Labour Update*, January-March, 2002, op. cit.

348. 'Fast food for thought,' *The Economist*, July 30, 2011, p. 12.

349. 'Burgernomics to go,' *The Economist*, June 9, 2012, p. 83.

350. 'Burgernomics to go,' *The Economist*, June 9, 2012, p. 83.

351. Steve Johnson, 'Big Mac index gives more than a taste of true worth,' *Financial Times: FTfm-Investing in forex*, October 4, 2010, p. 16.

352. 'Doing Well by Doing Good,' *The Economist*, April 22, 2000, http://www. economist. com/node/304119

353. 'Are Franchises Bad Employers? A Closer Look at Burger Flippers and Other Low-paid Jobs,' *Knowledge @ Wharton*, September 5, 2007, http://knowledge. wharton. upenn. edu/article. cfm? articleid=1801

354. 'Should Manufacturing Jobs Be 'Re-shored' to the U. S. ?' *Knowledge@ Wharton*, September 26, 2012, http://knowledge. wharton. upenn. edu/article. cfm? articleid=3082

355. Steve Lohr, 'More Jobs Predicted for Machines, Not People,' *The New York Times*, October 24, 2011, p. B3.

356. 'The Obsolete Jobs Club,' *Bloomberg Businessweek*, February 6-12, 2012, pp. 22-23.

357. Joseph E. Stiglitz, 'Of the 1%, by the 1%, for the 1%,' *Vanity Fair*, May 2011, http://www. vanityfair. com/society/features/2011/05/top-one-percent-201105

358. Andrew Tobias, 'How Much Is Fair?' *Miami Herald*, *Parade Magazine*, March 2, 2003, p. 10.

359. Kathy Kristof, 'Study ties biggest CEO raises to largest layoffs,' *Miami Herald*, August 30, 2003, p. 1C.

360. Peter Drucker, 'An American Sage,' *Wall Street Journal*, November 14, 2005, p. A22.

361. Steven Kent, 'Happy Workers Are the Best Workers,' *Wall Street Journal*, September 6, 2005, p. A20.

362. 'Business Ethics: Doing Well by Doing Good,' *The Economist*, April 22, 2000, pp. 65-68.

第 8 章

经济问题和案例研究

8.1 腐败

> 企业社会责任关系：腐败问题对跨国公司而言，无论在个人层面还是组织层面都是巨大的挑战。
>
> 利益相关者：供应商、顾客、政府、雇主、公司。

8.1.1 问题

世界银行研究院估计每年大约有 1 万亿美元被用于行贿，这相当于全球合法经济总量的 1/30。这个数字还不包括被贪污的公共资金或其他对公共资产的盗窃，加起来可能是腐败的 2 倍：[1]

腐败是一个生活中的事实；国际透明组织的报告显示，在他们进行的全球调查中，每10 个人中有 8 个认为政党是腐败的，1/4 的受访者宣称在过去的一年里向警察行贿过，有一半的受访者认为政府的反腐败措施是无效的。另外，3/5 的人认为在过去的 3 年腐败一直在增多。政党、立法机构和警察被视为腐败或者特别腐败，现在就连宗教机构都被视为了不道德群体的一员。[2]

研究和轶事证据都证明了行贿是全球范围内的行为，"没有地区或国家不受腐败危害的影响"[3]，报告同时显示不论是在个人还是组织层面腐败都很普遍。

8.1.2 个人腐败

虽然腐败是通病，但是地区与地区之间、国与国之间腐败的程度却是大相径庭。因此很多市民对于他们日常生活中所经历的腐败程度已司空见惯，人们对腐败的期望值和态度也是与腐败程度相对而言的。比如说，2013 年在拉丁美洲对腐败的研究就发现：

在过去的一年里，根据对 26 个国家 40 000 人的一项调查，这个地区平均有 20% 的人声称被警察或其他政府官员索贿，而美国和加拿大这个比例分别只有 5% 和 3%……在一些拉丁美洲国家，比如海地、玻利维亚、厄瓜多尔，2012 年声称被索贿的人超过 40%。[4]

一个社会腐败的蔓延程度会对社会成员构成现实的经济负担，对那里的企业也不例外。尽管政府开展了旨在改变人们对腐败认知和行为规范的反腐败运动，但是研究表明在很多国家腐败问题却日益严峻。比如之前在墨西哥的研究就表明"平均每个墨西哥家庭年收入的 7% 要用于行贿以获取政府服务"。[5]

在墨西哥，腐败无孔不入，上至富豪权贵，下至街边摊贩。在那里，比起填不完的表格、一眼望不到头的长队和"踢皮球"的公务员，行贿似乎更容易办成事。根据最近的一项研究，公司收入的 10% 几乎都要用于行贿官员。过去的 30 年里，因为腐败、犯罪和逃税等，墨西哥经济损失已超过 8 700 亿美元。[6]

在印度，微观层面的腐败是一个特别的问题，[7]一项旨在证实印度人腐败经历的调查报告指出 "88% 的被调查者说在印度不行贿就无法完成房产登记；76% 的被调查者报告称为了获得或更换工厂执照而不得不行贿；52% 的被调查者为了顺利通过机场海关检查而行贿。"[8]

当用一个地方的社会价值观去评价另一个地方的本地文化与社会实践时，会造成多大程度的冲突呢？随着全球化和国际商业越来越普遍，不同国家和社会的商务人士彼此间的联系越来越多。在这个过程中，他们发现国内能被普遍接受的东西，在国外可能就不被认可，反之亦然。这些问题对于那些在海外有分支机构的大公司来说越来越重要，因为它们的雇员为了完成每天的业绩目标，不得不考虑用疏通费去迎合当地的期望。在这样的环境下，他们行贿的能力和/或意愿就取决于他们公司内部的合规控制，即行贿行为在什么范围内被明确禁止，以及用有效的激励与控制来阻止行贿：

> 贿赂涉及行贿者与受贿者两方面，一个巴掌拍不响。斥责贫穷国家的官员索贿的行为是很容易的，在法律上也容易定罪，相比而言，调查行贿者就要困难得多……透明国际组织对 3 000 名商务人士进行了调查，并根据他们所在公司可能的行贿意愿，对 28 个国家（占全球贸易和投资总量的 80%）进行了排名。丹麦和瑞士从指数上看是最清廉的，紧随其后的是德国和日本。建筑和涉及政府合同的产业毫无意外地成为腐败的重灾区。[9]

行贿虽然是一种个人行为，但它最终会受到企业文化的影响。尽管如此，因为组织是没法去坐牢的，法院正逐渐让那些为公司利益而采取非法行为的个人，自行承担法律责任。

8.1.3　企业腐败

历史上，美国已经带头努力削减对国外政府官员的贿赂。这经常会让美国的公司陷入不公平竞争的情况。要么行贿官员，但是违反美国法律；要么放弃行贿，但是会丢掉与外国政府的合约；它们总是被迫要做出选择。简单说，直到最近，美国公司行贿国外官员仍是非法的，然而其他国家的公司却无须遵守同样的法律标准。有些国家，"包括法国和德国，甚至允许对公司行贿款进行减税。"[10]

其他国家政府和国际组织已着手签署一系列国际条约和协议来改变上述现象。越来越多的证据直指系统性腐败的存在，例如，国际货币基金组织（IMF）估计 "仅安哥拉一国，每年就有 10 亿美元的石油收入不知所踪，但与此同时，国家 3/4 的人口却处于绝对贫困状态。"[11]2002 年，作为对此一定程度上的回应，英国政府开始着手解决其主要石油公司为了获取一些国家的石油开采权而行贿该国政府的问题。另外在 2010 年，英国通过了反贿赂法案，这被视为世界反腐败进程中重要的一步：

> 甚至那些以行贿和受贿而闻名的国家，也正试图努力达到国际标准，哪怕只是在纸面上的。沙特阿拉伯建立了反腐机构，印度、印度尼西亚还有俄罗斯都纷纷通过了反腐法案。[12]

尽管采取了这些行动，但就真正意义上的进展（降低贿赂的发生率）来说，还是任重而道远。比如说，英国首创的石油行业支付透明化（就是所谓的采掘业透明度倡议）

表面上是成功的——"非洲及其他地区的多达 30 多个国家同意发布石油及矿业公司的支付详情。但问题在于此计划是自愿加入的，那些真正的罪魁祸首却拒绝或延迟加入"。[13]在 2012 年，国际经合组织公开谴责了法国[14]、澳大利亚[15]等国家不执行已有规定的问题。无独有偶：

> 国际透明组织抱怨，至今为止，德国、日本和沙特阿拉伯尚未签署一项联合国反贿赂公约。38 个签约国中，包含澳大利亚、巴西、加拿大、墨西哥、南非和土耳其等的 21 个国家出现出了"很少执行或者不执行"的情况……试图让 G20 密切执行透明计划和反腐的想法也是举步维艰。[16]

政府行动的失败，同时着重强调有实质进展的难度，将注意力从那些较微观层面、较私人方面的腐败上转移。比如"有些银行包庇腐败款项，有些律师反而给顾客提供如何钻反贿赂法漏洞的建议。"[17]这种行为等同于帮助了全球非法资金的转移。[18]总的来说，反腐败进程受到的种种挫败，被透明国际组织最好地突显出来，该组织发布的清廉指数（首次发布是在 1995 年）被认为推动了对该问题的重视程度，使其上升到国际政策层面，并且该组织持续致力于证明贿赂和腐败在全球范围内都是商业整体的一部分：

> 一个对全球企业高管的调查发现，在与商业机构来往中，2/5 的人被要求行贿；腐败使大约一半的项目成本增加了 10%；1/5 的高管声称因为同行的行贿行为而丢失过生意；超过 1/3 的人感到腐败变得更严重了。此外，据估计新兴经济体的政治家和官员每年的受贿额在 200 亿～400 亿美元之间——这相当于官方援助的 20%～40%。[19]

美国的情况也大同小异，虽然《反海外腐败法》（1977）多年以来一直是反腐败立法的黄金标准，但美国在 2012 年国际透明组织腐败最少的国家排名上却不尽如人意，在 176 个国家和地区中，美国仅排名第 19 位。

8.1.4　案例研究：《反海外腐败法》（FCPA）

国内法院对跨国企业在海外犯下的贿赂行为，会追究多大程度的责任？

一个公司选择和谁做生意不是一个道德问题，对吗？错！[20]

在过去的 20 年里，有超过 150 起针对美国公司及 60 多个国家的外国公司的诉讼，指控它们违反了国际法。[21]

争论中一个关键的问题集中在"美国强制适用本国法律的程度和要求对外国经营活动监管的程度"[22]。这一问题日益成为让许多企业头痛不已的现象，这些企业被指控在其海外运营中应用了不同的法律标准，它们直接或间接地与声名狼藉的公司或政权同流合污。

制裁此类腐败关系的法案。制定这项法案是为了阻止美国公司（包含在美国注册的外国公司）为了获得或者保持业务而向外国政府官员行贿的行为。此法案在水门事件和针对尼克松的调查的影响下应运而生，这项调查揭露了跨国公司用来确保海外合约而建立的行贿基金：

> 参与调查的参议院和水门事件的特别检察官迫使 3M、美国航空公司以及固特异轮胎等公司承认公司或公司主管向臭名昭著的总统竞选委员会提供了非法献金。之后对各种非法支付的深入调查，也使如洛克希德、诺斯罗普和海湾石油等公司在海外广泛的行贿行为浮出水面。在美国证券交易委员会的压力下，超过 150 家上市公司承认它们参与过有问题的海外支付或是直接贿赂外国政府来换取合同……因此国会在 1977 年末颁布了《反海外

腐败法》来应对这一系列问题。美国法律有史以来第一次将贿赂外国政府官员定为犯罪行为，可处多达 100 万美元的罚款和长达 5 年的监禁。[23]

然而一开始该法案实际执行力度较弱，仅仅是让贿赂从公开转移到了暗地里，这是由于历届美国政府都不愿意充分执法而造成的。情况在 2005 年发生了变化：

……当美联储前主席保罗·沃尔克（Paul Volcker）公布了由他主导的对石油换食品计划（Oil-for-Food Program）的最终调查报告。沃尔克的小组发现在参与该计划的 4 500 家公司中超过半数的公司给萨达姆·侯赛因政府支付了非法附加费和回扣。其中就包括西门子、戴姆勒·克莱斯勒以及法国巴黎银行。[24]

什么是可接受的行为？什么是不可接受的行为？由于界限不清，这使得立法在过去几年里有些混乱。公司抱怨立法的措辞太过宽泛（连请客户吃饭也被禁止吗？），也未充分考虑文化差异（在许多国家，象征性的礼物馈赠是文化重要的部分）。这使得最想遵守法律的公司无从知晓它们是否违反了法律。因此美国证券交易委员会列出了三条行贿行为：

……一是贿赂政府官员来确保可能流向其他公司的大型政府合同归自己所有；二是贿赂一个政府官员让他去做他本职工作的事；三是贿赂一个国家元首来改变税法，以及确保定期的政治献金在该国完全合法。[25]

但是所谓的"便利费"在《反海外腐败法》下，一直被认为是允许的，[26]更实质性的为赢得合同的贿赂才会被认定为明确的违法行为。然而便利费与直接贿赂之间的界限仍不甚明确。回看历史，真正意义上的社会性贿赂丑闻也是少之又少，因此企业贿赂继续有增无减：

与 20 世纪 70 年代揭露贿赂丑闻而引起的舆论哗然截然不同的是，较近的案件却没有获得什么关注……像雪佛龙这样的公司，一边交着罚款一边又赤裸裸地利用广告活动来标榜自己为道德的典范。[27]

近年来，通过对美国公司以及拥有很大美国市场份额的国外公司不断地追踪、调查，[28]美国司法部在预防和惩治贿赂行为上有了很大进步：此项法案现在已经覆盖了五大洲，[29]渗透到了包括能源和医疗设备的各个行业。[30]

与 1977 年催生出《反海外腐败法》的政治环境类似……在世纪之交安然公司的丑闻事件之后关于其他公司的丑闻也相继曝光，这促使政府开始采取行动：

[安然丑闻]导致了更严格的金融法的出台，例如要求上市公司的高管来证明公司账目的准确性，以迫使他们更加关注在海外的支付情况。2010 年的多德-弗兰克法案通过给予企业违规行为告密者奖金来进一步给企业施压。司法部和美国证券交易委员会也开始增加罚款的数目，如果公司希望和解而免于被起诉，其中一个条件就是必须交出非法盈利。此项举措推动罚单数额达到了创纪录的水平，仅西门子一家就在 2008 年交付了 8 亿美元罚款。[31]

从 1977 年到世纪之交，每年只有极少数的公司被依据《反海外腐败法》起诉（美国司法部和证券交易委员会共同发布数据，平均每年三起）[32]。相比之下"近年来的《反海外腐败法》执法数量却一路飙升，从 2004 年仅有的两起到 2020 年的 48 起"。[33]图 8-1 向我们展示了这个戏剧性的变化，图上数据显示了自 2008 年以来金额最大的 10 件反海外腐败法和解案。

百万美元

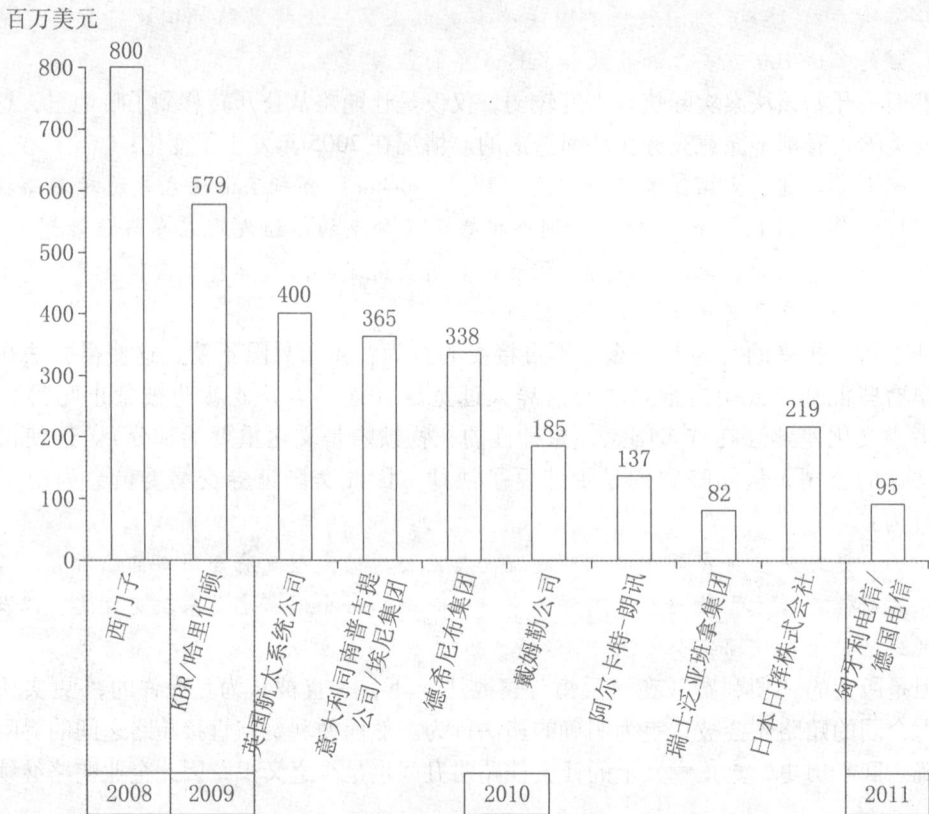

图 8-1　10 件金额最大的《反海外腐败法》和解案

资料来源：Leslie Wayne, 'Foreign Firms Most Affected By a U. S. Law Barring Bribes,' *The New York Times*, September 4, 2012, p. B1 & B5.

如图 8-1 所示，一系列的罪行所带来的经济和名誉上的损失显而易见，但损失远不止罚款本身[34]：

企业社会责任时事通讯：西门子公司

2008 年西门子公司支付了《反海外腐败法》实施以来史上最大一笔罚款（penalty）。西门子虽然是德国公司，但由于其在美国经营，所以也受到《反海外腐败法》的制约。西门子支付了 8 亿美元的罚款，另外还向德国当局支付了 5.96 亿欧元（约合 8.394 亿美元），其中包括 2007 年慕尼黑一家法院 2.01 亿欧元（约合 2.831 亿美元）的罚款。如果你认为这还不算什么的话，在 7 月，公司宣布就额外的贿赂指控与世界银行达成协议。《华尔街日报》[35]的一篇文章揭露了协议的细节，证实贿赂已经在西门子公司的企业文化中根深蒂固：

西门子……同意向世行支付 1 亿美元的罚金以支持世行反腐败项目，并放弃在未来 2 年内竞标世行的任何项目。

有趣的是，这个数额被认为是对西门子重新树立形象的宽大处理，为解决未决的索赔提供了广泛合作的机会。尽管罚款数额巨大，但是想到西门子公司从贿赂中受益的数目也就只能会心一笑了：

调查人员称单单近几年，德国工程集团就花费了超过 10 亿美元贿赂了至少 10 个国家的政府官员来赢得从能源供给、医疗设备到建设炼油厂的项目合约。西门子之所以愿意支付这笔巨额罚款是因为它认为值得这么做，（我猜想）罚款与贿赂非法盈利比不过是九牛一毛。仅是世界银行的项目，"西门子承认在最近几年世界银行的项目中的盈利粗算就有1.6亿美元"。

也许犯罪是值得的?!

就大多数案件而言，《反海外腐败法》调查都是以与司法部私下和解结束。因为对于公司而言被联邦政府起诉很可能会是一个毁灭性的打击。[36]但凡事总有例外，在2011年，根据《反海外腐败法》，林德赛制造公司的三名员工因为在墨西哥境内行贿而被宣判有罪。令人意想不到的是"这是第一次一家公司因为在海外的行贿行为被美国当庭宣判有罪"。[37]

正如之前提到过的，随着《反海外腐败法》执行次数越来越多，其他国家和跨国机构也纷纷效仿，尝试制定反腐措施。在这些努力之中英国的《反贿赂法》（2010年颁布，2011年实施）是一个国家重视反腐问题并试图超越美国《反海外腐败法》的最好例子。值得注意的是，虽然在某些方面该法案与《反海外腐败法》类似，但是在一些关键领域它挖得更深：

英国的《反贿赂法》覆盖了所有在英国经营的公司，无论注册地是哪里。该法案真正超越《反海外腐败法》的地方在于其不仅禁止向外国官员行贿，还禁止私营商人间的贿赂行为。法律专家说即使行贿的个人并未意识到交易的贿赂性质，这部法律依然适用。[38]

英国的贿赂法案被描述为"打了兴奋剂的《反海外腐败法》"，它将英国各种关于反腐方面的条例和政策连为一体。同时，立法还拓展了政府监管的范围并且提高了对犯罪的惩罚"贿赂罪的最高刑罚是处于7~10年有期徒刑，罚款的数额则没有上限。"[39]法案也禁止"润滑金"（在一些国家普遍的小贿赂行为，用来确保按时的邮件服务、电话联络或是其他服务），而这些在《反海外腐败法》下，只要申报了就是被允许。还有一点不同之处就是法案覆盖了所有在本土或是国外的违法行为。法案包含有一项"反腐合规"条例，如果犯罪者是公司的新进员工或者是公司有着非常严格的反贿赂政策，则可以避免受到最严厉的审判。[40]

在美国除了《反海外腐败法》，还有2010年的《多德-弗兰克案》，其通过支付给举报者金钱奖励增加了公司的压力，[41]在颁布此项法案的"前七周就收到了334条举报"。[42]越来越多的事件迫使公司不得不采用有效的合规计划，以确保自身是被保护的。与此同时，特别是在石油行业，美国证券交易委员会积极推动起源于英国的天然资源行业透明倡议向前发展，倡议要求"美国证券交易所名单上的创造全球一半价值的1 100家资源公司……公布它们所有10万美元以上的海外付款"。[43]

最重要的是，在2012年司法部终于公布了针对《反海外腐败法》的实施指南，提供了实例和更好的注释，以定义什么样的行为在法律规定下是合法的，什么样是不合法的。[44]虽然没有提供"美国商会和其他法律评论家寻求的公司政策声明"，但该指导性文件代表"美国政府通过有史以来最大的努力以消除人们对其执行1977年《反海外腐败法》的质疑"。[45]

无论是在美国还是英国，所有的立法行为和不断增多的调查与起诉都给全世界提供了希望[46]。由于公司纷纷改善了它们的合规计划，以防被严格执法的部门抓住把柄，因此曝光出的腐败和贿赂也减少了：

在 2012 年，声称在去年一年受到贿赂及腐败行为影响的公司低于 2011 年的 19%。这一下降趋势与整体研究发现相一致：声称遭到欺诈威胁的公司比例，去年增加到 80%，而今年则整体上减少到 63%。[47]

尽管如此，不容否认的是，逐年进行的执法前后不一致，而且都集中在世界的少数地区。根据透明国际的说法：

实施海外反腐败效率最高的七个国家都是西方国家。其中美国是最活跃的，仅在 2011 年就完成了 275 起案件，另有 113 起案件正在调查中。其余的六个国家分别是德国、英国、意大利、瑞士、挪威和丹麦。[48]

不幸的是，贿赂对一家公司而言仍然是一项很划算的投资，能得到"相当于赢取一个合同所付出价值的 10 ~ 11 倍的回报"[49]，这也是为什么有效的立法和不断改进的执行是如此重要的原因。贿赂虽然不是作为一种职业存在的，但确是根深蒂固的。

透明国际

观察 2012 年的清廉指数（the Corruption Perceptions Index）便可明显发现，腐败已经成为人类面临的一个主要威胁。腐败侵蚀了我们的生活和社会，并且削弱着我们的国家和机构。它所产生的公众愤怒甚至会导致社会动荡，加剧暴力冲突。对一个国家的清廉指数是 0（非常腐败）~ 100（非常清廉）。结果没有一个国家获得理想的分数，2/3 的国家分数在 50 分以下，表明腐败是一个严峻的全球性问题。贫穷的家庭为了能看上医生或是能喝到干净的水，还要遭到腐败的敲诈，这无疑加剧了人们的痛苦，甚至导致像教育和医疗这样的公共基础服务配置失败。由于腐败分子层层盘剥，基础设施建设变成了"豆腐渣工程"。腐败相当于附加在老百姓头上肮脏的税，而穷人以及最脆弱群体是腐败的主要受害人。[50]

8.1.5　在线资源

- 商业反腐门户网站，http：//www. business-anti-corruption. com/
- 高斯圆桌会议反腐方案，http：//www. cauxroundtable. org/index. cfm？&menuid = 92
- 私营部门的反腐败战争（欧盟，2003），http：//eur-lex. europa. eu/LexUriServ/LexUriServ. do？uri = CELEX：32003F0568：EN：HTML
- 《反腐败刑事公约》（欧洲议会，1999 年）http：// conventions. coe. int/Treaty/en/Treaties/Html/173. htm
- 道琼斯国家反腐败合规调查，http：//www. dowjones. com/pressroom/smprs/djrcsurvey 2012. html
- 天然资源行业透明倡议，http：//eiti. org/
- 1977 年《反海外腐败法》，http：//www. justice. gov/criminal/fraud/fcpa/
- 《美洲国家反腐败公约》（美洲国家组织，1996 年），http：//www. oas. org/juridico/english/treaties/b-58. html
- 我行贿了，http：//www. ipaidabribe. com/
- 欧洲经合组织（OECD）官方网站，http：// www. oecd. org/corruption/
- 英国反贿赂法案指导细则，http：//www. justice. gov. uk/downloads/ legislation/

bribery-act-2010-guidance. pdf

- 世界银行，http：//www1. worldbank. org/publicsector/anticorrupt/
- 追踪国际，http：//www. traceinternational. org/
- 透明国际，http：//www. transparency. org/
- 联合国反腐败公约（2004），http：//www. unodc. org/documents/treaties/UNCAC/ Publications/Convention/08-50026_ E. pdf
- 联合国商业贸易反贪腐公告（1996），http：//www. un. org/documents/ga/res/51/ a51r191. htm

8. 1. 6　正/反方辩论

惩罚腐败使企业处于不利地位，因为不同国家的企业持有的标准不同。

8. 1. 7　问题讨论和回顾

1. 在不同国家和文化中的企业如何在不同的标准下坚持合法化？直到 1999 年，海外行贿在德国都是合法的，更有甚者居然还使贿赂成为一项免税的项目。你认为这是合理的吗？你认为《反海外腐败法》对于美国公司、英国《反贿赂法》对于英国公司，是附加的一个不公平的负担吗？

2. 腐败的含义因人而异，一些人认为政治竞选捐款也是另一种形式的腐败。针对这一说法你怎么看？

3. 腐败在一些国家比在其他国家普遍，你认为这是为什么？你认为在这种环境下运营的公司该如何处理？是遵守当地风俗更好还是试图遵守本国的标准和价值观更可取？

4. 在阅读这篇案例之前，你对《反海外腐败法》有了解吗？你是否想过，当你代表公司利益而采取非法行为时，你也可能要因此承担个人法律责任？尽管你可能只是按命令办事。读过这个案例之后，你对贿赂的看法是如何改变的？

5. 如果让你在通过贿赂得到一个例行交易和丢失业绩目标上做出选择，你会怎么做？为什么？

8. 2　道德消费

> **与企业社会责任关系**：道德消费问题主要探讨消费者的购买决定是基于准则还是基于价格而做出的，以及当企业违反那些准则时，是否会让企业负责。
>
> **利益相关者**：消费者、供应商、公司。

8. 2. 1　问题

一个企业的社会责任能在多大程度上产生销量增长和消费者品牌忠诚度的回报？一个企业是否采取道德行为或对社会负责任行为，很大程度上取决于两件事——一是消费者对企业行为的评估，二是消费者对企业行为的反应，尤其是当企业行为能带来某一产品的价格提升时。

在顾客对企业行为进行评价时，企业品牌就成为了传达组织价值观、组织目标以及企业如何实现它们的主要工具。尤其是消费者会根据他们对品牌的期望来举一反三——他们期望品牌能对他们的需求作出积极响应，同时品牌也是质量的可靠指标：

最初，好名声来自于产品本身。像可口可乐和吉列这样的企业，它们的好名声完全建立在它们的产品之上。在 20 世纪 90 年代中叶，随着市场竞争的日益加剧……［品牌管理］更多地变成了客户导向，市场营销人员也使用了能引起［消费者］情感共鸣的手段……［今天］，名声来自于信任。[51]

因此，公司想要巩固品牌忠诚度，就要依赖于利益相关者对公司的认知和公司生产的产品。公司基于社会而建立，并在其中运营；一个公司被它所处的社会如何看待，在很大程度上决定了这个公司是被社会欢迎还是拒绝。这里说的社会包括当地的忠实消费者、公司雇员、供应商、与当地利益群体的关系、相关的管理当局等等。积极的评价对企业而言意味着一笔有价值的财富，而负面的评价可能会增加消费者举行抵制活动的风险，这些活动一般由激进的非政府机构组织。虽然顾客评价对公司的成功而言非常重要，然而我们还不清楚，企业社会责任和道德能在多大程度上形成消费者积极的品牌认知。

研究显示消费者正变得越来越难以取悦，公司要想保持品牌忠诚度，就需要采用更多元化的手段。简单的市场营销和广告手段已远远不够。随着社会多元化发展，而且变得越来越富足，企业社会责任的倡导者们认为消费者希望自己对他们的社区负责，并且希望能从那些反映他们信仰与价值观的公司购买产品（巴塔哥尼亚的伊冯·乔伊纳德将此称之为"美元民主（dollar democracy）"）。[52]一个有效的企业社会责任目标本身就应当确保公司既受欢迎还能成功运营。这两方面目标的联系日益紧密，不可分割。

企业社会责任时事通讯：道德品牌

当我们注意到金融时报[53]中关于美国和英国的十大道德品牌的两篇文章时，会发现一件很有趣的事，那就是两个国家的十大道德品牌来自于不同类型的企业：

美国	英国
1. 可口可乐	1. 合作社集团·（包括合作银行）
2. 卡夫食品	2. 美体小铺
3. 宝洁	3. 玛莎百货
4. 强生	4. 公众公司
4.（并列）家乐氏	5. 咖啡直达
4.（并列）耐克	5.（并列）伊卡瓦清洁用品公司
4.（并列）索尼	7. Green&blak's 巧克力
8. 福特	7.（并列）特易购
8.（并列）丰田	9. 乐施会——英国民间慈善机构
10. 李维斯	10. 圣百利超市
10.（并列）.星巴克	

美国的 TOP 10 清一色是已经将企业社会责任内化于日常运营中的大型跨国企业，而英国的 TOP10 则包括了好几个宣称为了实现社会责任目标宣言而成立的小型社会活动组织。尽管上述文章中的调查结果清楚表明"道德消费"正在逐渐上升，但并没有告诉我们，公司应该如何应对：

……当商业机构对消费者的消费态度转变进行评估的时候，首当其冲的难题就是广大消费者并不清楚什么是道德品牌。在食品界，食品可以被打上有机、本地生长或是公平交易协定的标签。在化妆品界，化妆品可以被标记上非动物测试或"纯天然"成分。那些号称省油的、可回收利用的、在良好劳工条件下生产的或是与烟草、军火工业没有联系的产品，都可以被标榜为道德的。

另外，当人们宣称他们会选择"道德品牌"的时候，绝不意味着他们会为道德权益买单，因为"言行不一致是常有的事。"显而易见的是，若公司消极应对，那么对公司来说将是十分危险的，因为一般情况下利益相关者在煽动和采取行动方面有很大的力量，他们会将责任归咎于公司：

……除了独立的消费者监察机构外，消费者们自己也会上网去搜索资料以评估企业的道德品牌声明。随着互联网上对品牌的评论越来越多，企业与其让博客们去评头论足，不如自己高调打造道德定位。

就顾客对公司行为的反应来说（通过支持那些符合社会期望的公司，来表示对社会上负责任行为奖励的意愿），我们同时受到消费欲望和价格定位的约束。简而言之，有多少研究表明消费者愿意购买绿色或是体现企业社会责任的产品，就有多少研究能证明消费者往往只是有此意愿，却并不会实际购买。[54]大多数人在被问起道德消费意愿的时候，都愿意塑造自己道德的形象，并努力说服别人相信事实就是那样。然而真到掏钱购买的时候，我们要么是不情愿了，要么就是不知道如何把我们美好的道德愿望付诸实践。我们最好的意愿看起来很容易就被分散了，而且公司过分依赖道德消费者的那一部分市场对公司来说也是有局限的：

起初，美国服饰公司在它的 T 恤上印上了"非血汗工厂"的标签。然而事实证明，性感的图案相比于标榜良好劳工行为来说，更具有卖点。这件事告诉我们的道理是，人们的利他主义是有限的。[55]

抛开像 Seventh Generation 这样的成功品牌不谈，"任一品牌的绿色产品只占整体市场的 2% 不到。"[56]换句话说，道德产品仍然是一个利基市场：

每个人都想买"绿色"产品，难道不是吗？毕竟，我们告诉自己说，我们关爱环境，要把资源留给我们的后代。然而，研究表明，40% 的消费者会宣称他们愿意购买"绿色产品"，但真正会付诸实施的仅有 4%。[57]

在很大程度上，数据并不完全真实，都或多或少存在着欺骗性。这主要是因为信度效度都高的实证性研究实在是太困难了，而且耗时耗力。而走捷径往往就容易多了，特别是当捷径能直接带来你想要的结果的时候：

乐活族（LOHAS）的年度调查估计有 13%～19% 的成年美国人是忠实的绿色产品购买者，这大约相当于 2 900 亿美元的市场。以美国为基础的 cone communications 估计 70% 的美国消费者会考虑他们的消费对环境的影响。英国和欧洲的调查结果与之大同小异。然而，市场营销专家认为上述数字有些夸大其词，数字仅仅反映了消费者的消费态度，而非购买模式。[58]

一方面是公司日益热衷于为树立支持环保的形象而开展公关、捐赠等活动（不管是不是有意为之），另一方面是消费者们情愿被这些"漂绿"行为所欺骗（不管是不是发自内心的），双方心照不宣，乐此不疲：

2008 年，随着绿色热潮在好莱坞达到顶峰———《名利场》杂志在世界地球日发布了年度"绿色环保（Go Green）"，将绿色环保公开宣称为新的黑暗。结果 Muckraked.com 估计这份印制在不可回收纸上的期刊，使用了 2 247 吨木材，制造了 4 331 757 磅温室气体、13 413 922 加仑废水和 1 744 060 磅固体废物。《名利场》杂志在 2009 年销毁了绿色主题刊物。[59]

通过消耗我们自己来达到一个更好的社会的想法只能是空欢喜。即使我们有最好的意图,我们行为的无意识结果往往会使我们的好意图效果微乎其微甚至于完全落空。

企业社会责任时事通讯:杰文斯悖论

《纽约时报》[60]的一篇文章读完后会让你想辞职。这篇文章关注的是能源效率带来的无法预料的后果,尤其是消费品,比如家用电器、轿车。文章并没有质疑使用这些产品能更有效地利用能源,而且还有力地说明了使用这些产品的净能源消耗量常常是 0(比如说未更换产品)甚至是更高效(比如说增加总体能源使用量):

问题在于能源效率的回弹效应。毫无疑问,节能汽车每公里耗油量更少,然而这有可能鼓励人们多开车。还有一种间接回弹效应,司机们会把加油省下来的钱用于购买其他会产生温室气体的产品,比如电子器具或是乘坐更费燃料的飞机出游。

有一个术语可用来描述这些不可预见的后果——杰文斯悖论。它是"以 19 世纪英国经济学家杰文斯命名的",杰文斯观察到一个现象,那就是煤炭燃烧产生蒸汽带来了更高效的能源利用,却也导致了煤炭消耗量的增加。还有一个相关的术语叫"普锐斯谬论",[61]它是指人们试图说服自己,为了避免地球资源过度消耗而枯竭,唯有不断开发可供消耗的新能源。通过用一种(可能)更绿色环保的产品代替另一个,我们实现了一石二鸟的效果——既满足了物质需求,又实现了自我安慰。然后我们却忽略了一个事实,那就是尽管我们在努力革新,但是意料之外的结果往往与期待相反,对环境的影响并没有减少。

虽然今天环保主义者通常不予理会,上述研究仍具有很重要的政策意义:

……如果你的近期目标就是减少温室气体排放,那么指望通过提高能源效率来实现是很难的。至于经济学家担心的回弹效应,更有意义的方法就是寻找新的无碳能源,或是像对来自化石燃料的能源征税一样,直接对温室气体排放处以罚款。人们会因为汽车更节油而多开车、买其他产品,同样也会因为汽油税而少开车。

意外后果是企业社会责任群体必须面对的最重要的问题之一,尤其是在与可持续发展的关系上。无论是对某种特殊的可替换能源的政府补贴或所得税减免,还是因受到多种因素影响(或是未能适当应用)而产生意料之外结果的革新技术,这些事总是不断重复地发生。

简而言之,我们对于能源利用效率这些问题的美好意愿,如果违背自由市场经济规律,往往会导致徒劳一场,甚至适得其反。

为了改变这种行为模式,我们有必要将产品价格与企业成本最小化、成本外化的社会后果联系起来。然后我们再采取行动:

现代社会的科技手段使我们能随时随地以最便宜的价格,在全世界范围内获得质量最高、回报最丰厚的产品……然而这些伟大交易的实现是以我们的工作和工资,还有日益扩大的不平等为代价的……这些伟大的交易也可能导致对环境毁灭性的后果……另一些交易甚至有伤风化。我们能以低价格获得高回报,可能是因为产品制造商通过雇用南亚和非洲的童工,并让他们一周工作七天,每天工作 12 个小时,或是因为让工人们在非人的条件下工作来降低成本。无论是工人还是普通市民,虽然我们中的大多数人并不是有意为之,但我们必须对后果负责。[62]

要纠正道德消费问题,对企业社会责任来说是很困难的,部分是因为我们的社会经济模型是围绕消费和增长而建立起来的（国内产品和服务驱动着 40% 的经济活动），[63]部分原因是我们的消费总量实在是太大了。仅就服装消费一项，"美国人每年就要买 200 亿美元的衣服，相当于人均 64 件。如果中国人以同样的水平消费，那每年的消费量就超过 800 亿美元。"[64]买得多必然导致丢得多：

> 根据美国环境保护署（EPA）的统计，每年，人均丢弃的衣服和鞋子就有 54 磅之多，这加起来相当于每年大约有 900 万吨的衣物和鞋子被丢进了垃圾堆。[65]

一位时装杂志的编辑如此描述：

> 事实是：一件 T 恤就是一件 T 恤，也只能是一件 T 恤……制造一件 T 恤需要耗费的地球资源是一样的，对地球的破坏也是一样的，不管你是花 200 英镑还是 1 英镑买了它。制造一件 T 恤需要 700 加仑的水，产生数加仑的废水，消耗大量的劳动力。但在过去我们一年也就买 3 件 T 恤。现在，我们却需要 30 件。有时我们会有一个错误的认识——丢掉一件旧衣服比洗衣服更划得来。[66]

结果就是，商品数量决定我们在这个星球上的消费习惯，不是质量，也不是价格。

对生态犬儒主义者而言，绿色消费本身就是一个终极矛盾……当然，最简单的解决办法就是少买——显著减少商品和资源的消费量。[67]

与其哀求消费者们少消费，不如同时鼓励公司和顾客的渐进式改革，后者更可行。公司不应期盼着在市场上遥遥领先（这样做无异于商业自杀）。但是，有先见之明的公司应看到利用消费者价值观所产生的与一般有别的商业价值。毕竟，研究显示，虽然消费者的消费习惯大相径庭，但绝大多数的消费者认为公司负有"处理当地社区以外地区的关键性社会问题和环境问题"的责任。[68]这一观点应基于以下三点来理解：

（1）大多数消费者希望做正确的事。他们想要纯净的空气、干净的水、无污染的食品，没有垃圾的公园和长椅，以及维持生活必需的能源。

（2）无论是保持浴缸清洁，为退休储蓄，不超速驾驶还是健康饮食等方面，所有的消费者都有向民意调查人夸大道德行为的冲动。

（3）所有的商品中，大多数消费者只会为那些被证明是真正有附加值的产品支付额外费用。[69]

受市场利益驱动，公司会安排行动来利用上述消费者倾向。消费者在下面三种情况下更有可能进行道德消费：当他们有足够的信息来评估一家公司及其产品的时候；当他们的价值观与企业或产品目标相契合的时候；当他们认为他们的购买行为带来的价值，能或多或少补偿他们付出的额外费用的时候。

企业社会责任时事通讯：道德局限

2012 年，哈佛大学的麦克尔·桑德尔写了一本名为 *What Money Can't Buy: The Moral Limits of Markets* 的书。桑德尔在哈佛大学教授一门广受欢迎的课程，名为"公正"，网上有他整个学期的课程视频可供观看（http://www.justiceharvard.org）。2012 年夏天，桑德尔受邀接受 PBS 电视台 Newshour 栏目记者保罗·苏尔曼的采访。[70]采访跟那本书一样，都很棒，但这里只特别引用他一个观点：

> 在过去的三十年里，我们已经不知不觉地从"市场经济"转变成了"市场社会"。

桑德尔接着解释了他所谓的"市场经济"与"市场社会"的区别：

> 市场经济只是一种工具，一种能有效组织各种生产力要素的有价值的工具。但是，在

市场社会，任何事物都待价而沽；它是一种生活方式，意味着市场价值主导生活的每个角落，广泛延伸的市场逻辑排挤掉了那些重要的非市场价值观。

这一见解引起了广泛共鸣。桑德尔接受了多个采访来推广他的这本书，在采访中，他努力解决从道德上接受和不可接受的界限问题。采访者总是会问"这个行为可以吗？""那么，这个呢？""还有这个呢？"等等这样的问题。值得赞扬的是，桑德尔并非尝试去界定道德适合行为的底线，而是做了如下更广泛的思考：

……困扰我的问题是，当我们社会生活中几乎所有的东西都是价高者得，而不仅仅是先到先得的时候，这个社会就迷失了一些东西。金钱在我们这个社会越来越重要。在日益严重的不公平背景下，公民生活的共同性受到破坏……累积起来的破坏效果让我很担忧。那些值得我们关心的重要的社会产品和公平产品，我们是不是正在贬低它们的价值呢？

然而桑德尔的论断都是相对而言并非绝对而论，这是论证的一个弱点。他的观点并不是一种原则性的论断（比如说一个行为是绝对正确或错误的），更多的是认为一个行为大部分是有害的，但总有一部分合理的因素。这削弱了他观点的力度。采用这种方法，使得在正确与错误之间、可接受与不可接受的行为之间划定界限变得十分困难（这点他在访问中已证明）。更糟的是，当我们认为某个行为是好的，为了使这个观点合理化，我们会主动使用上述方法。此外，由于行为日益变成由个人独立决定，而非由社会福利最大化的群体意识决定，因此划定一项行为的道德界限也就没有什么广泛意义，我们也就不难理解为什么桑德尔会采用相对宽松的判断标准。

另一项批评则直接针对书名。批评者认为桑德尔真正关心的并不是市场的道德限制，而是一切以金钱衡量的价值观，在以前的社会，我们也通过各种方式在运用着这一价值观。比如说，在第一章，桑德尔就关注了我们是如何通过加价来插队的（想象一下，我们可以通过多付费来快速通过机场安检，或是从票贩子那里高价购票）。桑德尔批评经济学家对这种插队行为的辩解，他认为，表明对一种产品的需求，不仅仅需要付钱的意愿，还需要有付钱的能力（穷人显然没有富人那样强的支付能力）。桑德尔辩驳说，排队才是更民主的，进而在道德上是更合理的。

然而，桑德尔不赞同的是，排队是一个以时间来衡量价值的市场，而不是以金钱衡量的。贫穷的学生会说他/她负担不起一场音乐会或是体育赛事的门票的金钱成本，富裕的CEO会以相似的理由（我觉得这里没有反驳之意）说他/她负担不起排队买票的时间成本。排队或是付钱都是为了同一个目的——用稀缺的资源换取限量供应的稀缺产品（对学生来说，金钱是稀缺的，但对CEO来说，时间是宝贵的）。如此而言，那桑德尔所要批评的就不是市场的道德限制，而是金钱的道德限制。市场要素双方（时间和金钱）都有道德限制，对某一市场要素的关注度高于另一方时（比如说金钱高于时间），将会使社会某一团体（有钱人）优于另一社会团体（穷人），但是桑德尔的排队理论似乎更倾向于另一群体（时间多的群体优于时间少的群体）。托马斯·弗莱德曼对桑德尔这本书的评论证明了最后的影响：

纵观我们的社会，过去那些将各行各业的人们聚在一起的场所和机构正在逐渐消弭。桑德尔称之为令人不安的"美国生活空中包厢化"。除非富人和穷人每天都能遇见彼此，否则很难想象，我们如何一起从事一个普通的项目。当某个时刻，为了修复我们的社会，需要我们一起去完成巨大又困难的工作时，公共生活的市场化却会让我们彼此渐行渐远。[71]

当下，我们对社会上一些东西价值的认知，很大程度上取决于那样东西的货币价值量。因此，我们社会唯物主义水平与估价的高低相关，而估价并不总是准确。我们对于货币作为评估工具这一角色的理解，已几经变化。从历史上来说：

> 价格与价值，这两者的概念是彼此相关联的……直到 17 世纪，事物具有道德价值的理念才推动了对价格概念理解的发展……一件物品的价格必须包含劳动力价值……但是这一认知完全忽略了市场价格实际上是交易价格。市场上的买方对物品进行估价，卖方根据买方出价决定是否完成交易。[72]

时代变迁，我们对于价格的理解已经从对"制造的努力"的估价转变为对"付款的意愿"的估价。换句话说，对价值的关注已不再是产品或服务应如何收费（绝对价值某种意义上是由制造过程中消耗的资源量所决定的），取而代之的是消费者愿意放弃什么（市场交易的金钱价值）。然而，桑德尔在书中提醒我们，这种转变尚未完成。一个例子就是我们对类似于血这样的东西进行估价：

> 另外有一些实验表明，付钱让人们去做一些事，会降低人们除了金钱以外的做事动机。最有名的例子就是献血，如果献血是有偿的，献血量就会减少。这恐怕会让经济学家很费解，这是因为人性实际上远比经济学模型里的复杂得多。大多数人喜欢感觉到他们正在自我付出，而且付出的要比期望的多。[73]

另一个例子是一次草根运动，此次运动旨在支持本土独立经营的商店，抵制跨国连锁超市。在诸如韦伯斯特、马萨诸塞这样的小镇，一群居民通过社交媒体聚集在一起，作为"现金快闪族"——一群支持本土商业的居民，在约定的时间里到事先定好的小商店消费。消费多少钱呢？建议是 10 美元。[74]类似地，以饭店为目标的餐具快闪族也应运而生。[75]一些公司，比如英国的玛莎百货就从挖掘顾客潜在的良好意愿中看到了商机，例如玛莎百货公司的 A 计划。[76]该公司已经跟乐施会合作，鼓励回收英国消费者的旧衣服：

> 任何人，只要前往乐施会商店，就能用一袋不要的衣服换 5 英镑的消费代金券。这个针对大众消费的商业创意非常成功。乐施会已经收集了超过 700 万件的衣物——这相当于每 8 名英国居民中就有一人参与了回收计划。[77]

总而言之，除非消费者能像上面的例子一样，愿意把他们的意见主张和偏好转化为实实在在的行动，否则公司就不会改进它们现在的所作所为。消费者必须向公司证明，公司制造出来的商品，按照它们对社会和环境全部的影响定价是有市场价值的。血钻（blood diamonds）和争端矿物这样的事例，是说明最终产品和原材料之间关系的最好例子，消费者们应该要求公司作出改变。

8.2.2 案例研究：争端矿物

"关于塞拉利昂，我们知之甚少，更不要提它与我们所拥有的钻石间的联系"

——肯伊·威斯特[78]

消费者在多大程度上了解他们所购买产品的原产地？又在多大程度上能意识到，他们在家做出的购买决定，会对世界上某个角落的人们产生重大的影响？上述问题非常重要。举个例子来说，有证据表明，西方社会人们对奢侈品（指那些没有实际用途的非生活必需品）的需求，会导致发展中国家人们的贫穷甚至是死亡：

> 世界观察研究所的一份报告引用了被用于手机和其他电子产品的钻石、热带木材和矿石的例子。世界观察研究所宣称那些为了争夺宝贵矿石而进行的战争，"已经造成 2 000

多万人死亡或流离失所，而且全世界范围内的叛军、军阀、专制政府及其他暴力群体每年造成的破坏，损失至少 120 亿美元。"[79]

值得注意的一个例子是国际贸易中被称为冲突钻石，或者说血腥钻石的矿石，联合国的定义是"产自具有国际合法性的政府的对立方所控制地区的钻石。销售钻石得到的高额利润和资金会被投入反政府或违背安理会精神的武装冲突中。"[80]我们很难去准确计算钻石行业中到底有多少这样的血钻。但是钻石行业"推测冲突钻石能占到全部毛坯钻石交易的 4%，然而有人却认为这一数字应当接近 14%"。[81]不管这个数字到底是多少，毋庸置疑的是，所有人都承认非法钻石贸易无论在道德还是商业层面都是很恶劣的问题。

> 冲突钻石……资助了利比亚、塞拉利昂、安哥拉、民主刚果和科特迪瓦这些国家的残酷战争，造成了上百万人的死亡或是流离失所。冲突钻石也为恐怖组织，比如基地组织提供了恐怖活动的经费，并帮助他们达到洗钱的目的。[82]

随着公众日益意识到血钻问题的存在（尤其是威斯特 2005 年发布了单曲"塞拉利昂的钻石"，和 2006 年由莱奥纳多·迪卡普里奥主演的电影《血钻》上映之后），[83]负面的宣传开始对钻石全行业的销售产生了影响，十年间"欧洲钻石销量减少了 15%～20%"。[84]再加上那些足以以假乱真的人造钻石所带来的强有力的竞争威胁，有些钻石行业内的公司决定站出来，在血钻问题上表明立场。这背后的驱动因素是它们认识到核心业务已经受到威胁，而且这些公司相信只有区别经营，才能带来可持续的竞争优势：

> 当 20 世纪 90 年代中期，"冲突矿石"问题逐渐显现的时候，蒂梵尼公司的董事会主席和首席执行官迈克尔·J. 科沃斯基说："感觉就像是我们摧毁了一个行业一样，我们本应该早点意识到这个问题，本应该早点采取行动"……在 1999 年，蒂梵尼公司协助创造了类似于黄金和白银供应链的钻石"监管链"。作为世界钻石协会的发起成员……蒂梵尼公司保证尽力消除钻石交易对发展中国家造成的冲突或剥削，尤其是对儿童的剥削。我们的商业真的需要得到社会许可才能继续下去。[85]

随着来自于行业内以及社会公众的压力的不断累积，钻石生产国也开始意识到肮脏的钻石交易带给它们的威胁，并且推出了"以阻止'血钻'进入世界市场为目的的国际认证体系"。[86]这一国际认证体系在 2000 年变成了金伯利流程认证系统（the Kimberley Process），而后又发展为金伯利进程证书制度（KPCS），该制度是为了对毛坯钻石进出口贸易中的每一个环节都进行监管。2003 年 1 月该制度正式实施。这项制度规定，出口国必须为每一批出口的毛坯和半成品钻石封装，并由出口国政府主管机构签发金伯利进程证书；进口国政府在验明出口国官方证书无误后，方可准予进口。未附有金伯利进程成员签发的证明书的毛坯钻石在国际贸易中都是禁止的。[87]

2000 年 12 月，联合国大会积极推动了金伯利进程证书制度的建立。大会"一致认为，要通过切断非法毛坯钻石交易与武装冲突之间的联系，来停止钻石资助暴动冲突，以达到预防和解除武装冲突的目标（55/56 号决议）。"[88]随着金伯利进程受到越来越多的国际支持，钻石消费量占全球总量 65%～70% 的美国也进行了相关立法，[89]以阻止本国消费者涉足非法钻石交易，这一做法使美国法律与其他国家在钻石交易问题上保持了立场一致。2003 年 4 月 25 日，美国总统乔治·W. 布什正式签署了《清白钻石贸易法案》，标志着美国公司正式加入金伯利进程：

这一立法是为了切断与在塞拉利昂、安哥拉和民主刚果叛军控制区内的毛坯钻石源产地的交易，叛军利用钻石交易的钱来购买武器资助内战，杀害了 370 万人。非法钻石走私据说也是基地组织恐怖网络的重要资金来源之一。[90]

2004 年，为了更精确地规划钻石在供应链上每个环节的运输，美国国家零售珠宝商协会进一步提出了"一个新的企业责任倡议"，[91]包括"供应商行为守则"[92]和一个钻石"公平交易"标识。"长期以来，钻石的质量都用 4C 标准来衡量：重量（carat）、切工（cut）、净度（clarity）和颜色（color）。新的交易标识是钻石的第 5 个标准，即 cleanliness（清洁）。"[93]在 2004 年 7 月 9 日，金伯利进程继续发挥着作用：

> ……刚果（布）因未能为它出口的钻石提供来源证明而受到了惩罚，它从金伯利进程中被除名（首个因违反进程规定而受到指责的国家），而这也成为了首个成功地以抵制"冲突钻石"交易为目的的行业自律案例。结果是，刚果（布）合法的钻石交易也停止了。这件事对钻石行业来说具有重要的实践意义。[94]

尽管金伯利进程最初是作为国际社会对于冲突钻石问题的解决方案而推出的，然而，在 2003 年和 2004 年该进程却被证明并不是那么有效。金伯利进程要求全体一致的投票程序，但各个成员国有各自不同的政治考虑，这导致金伯利进程不愿意实施惩罚，即使是对最严重违规的国家。[95]结果在 2011 年，全球见证组织（Global Witness）以"金伯利进程拒绝改革，而且不能明确处理钻石与暴力恶行之间的联系，使得其日益跟不上时代发展"为由主动退出了金伯利进程。[96]全球见证组织是打击"血钻"的主要社会活动团体之一，也是第一个离开金伯利进程的游说组织。它引用了"极坏的"这个词来形容现在金伯利进程对其框架精神与内容的违背：

> 全球见证组织对金伯利进程的一些运作方式表示担忧；该组织认为金伯利进程做出允许津巴布韦出口马兰吉（Marange）钻矿区钻石的决定，彻底击垮了该进程的公信力。津巴布韦的军队曾被指控在该地区存在严重的侵犯人权行为。[97]

尽管多个国家和公司愿意签署加入金伯利进程（时至今日，金伯利进程已有代表 80 个国家的 54 个成员……这些成员的毛坯钻石产量加起来几乎占到全球产量的 99.8%），[98]但钻石行业似乎仍让人感觉是肮脏的。从塞拉利昂到津巴布韦，从民主刚果到安哥拉，整个非洲都存在着冲突钻石问题，来自于钻石贸易的资金使得冲突永不停止——据说自从 1996 以来，冲突已导致 500 万生灵涂炭。[99]无法查到真正原产地的走私钻石的数量——"可能占全球每年 120 亿美元钻石交易总量的 10%"，证明了一个大规模的不受监管的钻石市场仍在继续繁荣着。[100]

> 金伯利进程的目标……被定义得太狭隘，以至于这一阻击"血钻"的领军组织无论怎样努力，都已不能清理钻石贸易。一个为了规范最高级达尔文产业而诞生的组织，却已经在道德上对它本应去净化的商业领域妥协，正如一名批评家所言，除了做些"让人感觉良好的公关"外一无是处。[101]

像戴尔比斯、蒂芙尼这样的知名公司是否为上述问题担忧，我们不得而知。戴尔比斯公司在它 2011 年社会报告中谈到公司理念时，是如此陈述的——"财务和情感价值是以钻石的伦理诚信为基础的，"[102]蒂芙尼公司也在 2012 年举行了它的 175 周年庆典。缺乏来自消费者的支持被认为是金伯利进程持续无效的主要原因之一：

> 我们默默无闻地做了很多工作，然而消费者是不是真的买账呢？Aber 公司 CEO 鲍

勃·加尼卡说："令人惊讶的是，总体上说人们对钻石的源产地并不感兴趣，"……同时全球见证组织表示："如果消费者提出更多更严的要求，政府再坚决一些，那么金伯利进程可能就会发挥作用。"[103]

除了钻石之外，社会活动家们还将目标锁定在了缅甸的橡胶和翡翠[104]、赞比亚的绿宝石[105]以及很多非洲国家的黄金[106]上。这些珍贵矿石的开采和加工过程，都充满了冲突和对人权的侵犯。尽管发达国家是珠宝消费的主要市场（这也使得侵犯人权的行径得以继续），但具体到个人也就没有如此高的消费量了，这就导致消费者很难注意到珠宝源产地的问题。换句话说，虽然每年钻石的消费量巨大，但就个人而言，并不会经常购买钻石。正因如此，为了让他们的信息引起更广泛的关注，社会活动家开始关注稀土（含有15种镧系元素，以及与镧系元素化学性质相似的钪（Sc）和钇（Y）共17种元素的化学物质）和其他金属材料的开采和加工过程中类似的粗暴行径。这些原料都是构成我们日常产品中的主要成分，比如说手机和其他电子消费品。结果就是，与购买钻石形成鲜明对比，人们会经常并且大量购买那些日常产品（即使他们意识不到）。因此，社会活动家们希望能引起更广泛的社会关注，引发人们意识到现代生活中产品的主要成分，例如稀土，是在什么样的条件下被开采出来的。

2010年，美国通过了"多德-弗兰克华尔街改革与消费者保护法案"（the Dodd-Frank Wall Street Reform and Consumer Protection Act）。虽然该法案的立法初衷是应对金融危机，专注于对复杂金融衍生品的交易进行调整，但是法案中也包含了与冲突矿石有关的一项重要条款。这项特别条款规定"在某一个产品制造或企业承包生产过程中，若冲突矿石在该产品的功能或生产中十分必要，该企业每年都要公开其使用产自刚果民主共和国或相邻国家的冲突矿石的情况。"[107]该规定自2013年1月1日起实行，2014年5月31日首次向美国证券交易委员会报告冲突矿石使用情况。

本质上，这项规定是为了强迫公司对其产品的供应链做到全面负责，以确认哪一家供应商的产品使用了冲突矿石（比如说刚果或相邻国家开采的特定原料）。通过要求公司向美国证券交易委员会报告冲突矿石使用信息，立法机构借机推动消费者去意识到他们定期购买产品的关键组成成分的源产地问题：

包括钶钽铁矿、锡石、黄金和黑钨矿在内的冲突矿石被广泛应用于电子产品，虽然我们并不熟悉它们全部，但你随身携带的手机里可能就正好含有它们。[108]

作为回应，很多公司批评该项立法实施起来成本巨大，而且几乎不可能强制执行。即便那些产品里不含有冲突矿石的公司，也需要费力去证明确实不含有冲突矿石这一点。且跨国公司的产业链极为复杂，牵扯到成千上万彼此独立的公司（就拿卡夫公司来说，就有将近100 000家供应商）。[109]结果就是，美国证券交易委员会估计"一开始达到规定要求需要花费30亿~40亿美元，以后每年的实施成本在2.07亿~6.09亿美元"。行业协会的估计要更高："固定成本在80亿~160亿美元之间。"[110]另一个需要担忧的问题是对冲突矿石的定义：

相关机构必须解决这样一系列问题，例如如何对待可回收冲突矿石，对于一件产品到底什么样的矿石是十分必要的，以及企业为了检查供应链需要付出怎样辛苦的工作。当今情况下我们很难去追踪黄金到底采于何处。本以为遇到的是复杂的问题，但实际上是复杂的规定导致了复杂的问题。美国证券交易委员会对其冲突矿石规定的解释就有356页之多。公司要搞清楚这些规定就得花上数百万美元。[111]

所有这些成本都算到了美国公司头上，与此同时其他国家的公司却没有这项花费。尽管如此，该项立法还是在推动道德供应链的产生上做出了重要贡献，同时将成为道德消费者所必需的信息提供给消费者（尤其是投资者[112]）。[113] 了解我们每天购买产品的来源，理解我们的购买决定如何对这个世界上其他地方的生死存亡产生影响，能帮助我们更深入地洞悉世界经济，更清晰地认识到将这一系列问题置于企业社会责任的视角下去考虑的重要性。当然，在经济决策中掺入政治因素，往往会导致意料之外的后果，如同"严厉的法律规定使得美国公司从 2011 年 4 月起联合抵制购买刚果的矿石，导致数以千计的刚果人无法维持他们的生计。"[114]

8.2.3　CEO 的观点

盖勒斯·朋尼（戴尔比斯公司）

我们所销售的产品代表了人类心灵最深处的情感：爱和承诺。所以我们始终十分骄傲于戴尔比斯和它的伙伴们今时今日所做的一切。我们想让人们知道他们所买的每一颗钻石，作为产品本身不仅对他们意味深长，而且还对非洲作出了积极的贡献。如果我们能把我们的故事告诉全世界，对我们自己，对整个行业，甚至对非洲来说都很具有积极意义。[115]

8.2.4　在线资源

- 广告克星，http：//www.adbusters.org/
- ADiamondisForever.com，http：//www.adiamondisforever.com/
- 快钱族，http：//cash-mobs.com/
- 戴尔比斯公司，http：//www.debeersgroup.com/
- 地球工作组织，http：//www.earthworksaction.org/issues/detail/conflict_ minerals
- 全球见证组织，http：//www.globalwitness.org/conflict-diamonds
- 美国珠宝商协会，http：//www.jewelers.org/
- 金伯利进程，http：//www.kimberleyprocess.com/
- 拒绝肮脏黄金组织，http：//www.nodirtygold.org/
- 责任珠宝委员会，http：//www.responsiblejewellery.com/
- 世界钻石委员会，http：//www.worlddiamondcouncil.com/
- 世界观察研究所，http：//www.worldwatch.org/

8.2.5　正/反方辩论

> **正/反辩论**：公司有责任对公众透明公开，并引导消费者理解他们所做出的购买决定可能引起的后果；与此同时，消费者在做购买决定时，有义务应用他们的价值观和原则，而不仅仅根据价格做出决定。

8.2.6　问题讨论和回顾

1. 你是一个"道德消费者"吗？是和不是的理由分别是什么？

2. 假设有一个你喜欢的企业品牌，还有一个你不喜欢的企业品牌，你认为是什么原因导致了你对两个品牌的不同态度？从根本上说，是跟企业社会责任有关吗？

3. 根据其运营规模，戴尔比斯公司是钻石行业最重要的公司之一。试想一下，金伯利进程的有效运作和失败，对它来说分别有什么利益影响？

4. 现在钻石价格已经很昂贵了。你还愿意为你所买的"清白钻石"付额外的钱吗？会或是不会的理由是什么？

5. 你对下面一段话的反应是什么？

啊，钻石！钻石一定代表着爱情吗？或许向你求婚的人花大价钱买来的只是廉价而又普通的石头？一块被一家成立在英国最大殖民地的公司操纵着价值的石头，一块资助了非洲大陆上最近发生的最血腥暴力冲突的石头，一块所有现代传统都在 20 世纪中期一场代价高昂的市场运动中形成的石头！[116]

8.3 道德采购

> **企业社会责任关系**：这一问题反映出越来越多的消费者，会支持那些被认为拥有健康供应链的公司。从战略视角来看，公平交易能帮助公司保持生产所需主要原材料的稳定供应。
>
> **利益相关者**：供应商，消费者。

8.3.1 问题

尽管许多企业社会责任项目使公司更有效率地运行，从而节约了费用，[117]但此类项目的另一些方面却是在花公司的钱，至少从短期来看是这样的。以对社会负责任的态度运营，就意味着需要以正确的方式做事，但正确的不一定是最简单的或是最省钱的。正因如此，企业社会责任运动就产生了一个重要的争议，那就是消费者对企业社会责任带来的额外价格，愿意支付多少？虽然消费者常常说他们乐意购买道德和对社会负责任的公司的产品，[118]但真正说到做到的又有多少呢？

与这个问题相关，公司对于运行道德供应链又有多大程度的兴趣呢？购买公平价格供应商的产品（这可以确保供应商的中期福利），是否比采购市场价格供应商的产品多一些附加值呢？发达经济体的产品，含有从发展中经济体以公平交易方式采购的成分，这一类型产品市场发展到怎样的程度呢？更具体地说，到底什么是公平交易？[119]

公平贸易关乎更好的价格、体面的工作条件、当地的可持续发展以及与发展中国家的劳动者之间的公平贸易条件。通过要求公司支付可维持价格（这个价格通常不得低于市场价格），公平贸易就解决了传统贸易对最贫穷、最脆弱生产者的歧视问题，帮助他们改善了所处的环境，增强了掌控自己生活的能力。[120]

公平贸易运动发端于"20 世纪 80 年代晚期的荷兰，目的是将制造各种商品的小农们组织起来成立合作社，并通过向买方施压，确保产品能以保证的最低价格卖出，借此提高小农们的收入。"[121]价格保证让小农们免于担心不稳定的产品价格，而这也影响到了一系列的原料。咖啡是西方消费者生活必需品，很容易与公平贸易运动联系起来，而咖啡也正是第一个得到公平贸易标签认证的日用品。[122]虽然公平贸易开始于咖啡，但随着时代发展，已经迅速扩展到许多不同种类的食品，其零售销售额也突飞猛进。图 8-2 列举了从 2001 年到 2011 年，一些公平交易产品在英国的零售销售额。

百万英镑

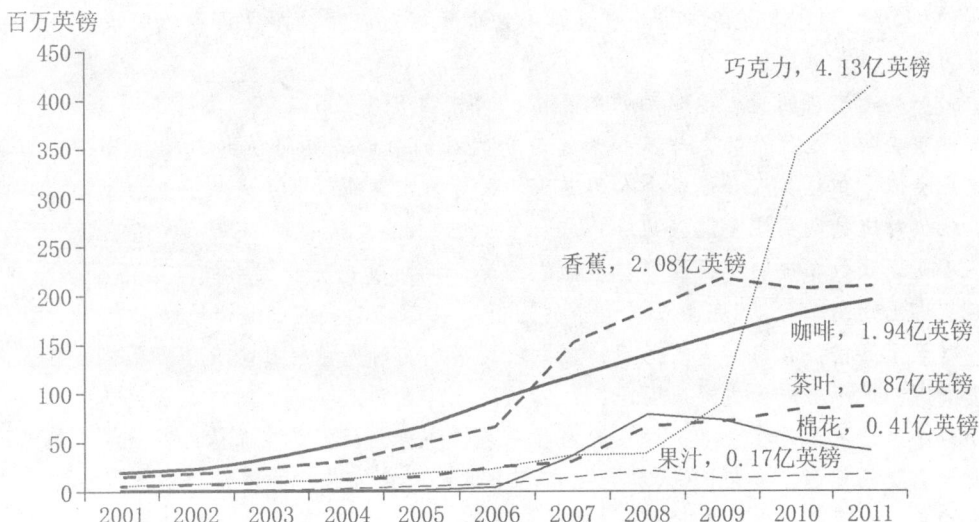

图 8-2　2001—2011 年英国公平贸易产品零售额

资料来源：The Fairtrade Foundation website, January 2013, http：//www. fairtrade. org. uk/what_ is_ fairtrade/facts_ and_ figures. aspx

　　尽管公平贸易的首要目标是改善发展中国家工人的生活标准，但它还有一个目标是教育"发达国家的消费者对那些远在供应链末端的人们给予足够的重视"。[123]可以明确的是，"假如消费者知道多付的价格是为了支付从事种植、采摘和包装工作工人更高的工资时"，会有一部分消费者愿意付钱购买那些"价格比市场价格高的商品，比如咖啡、香蕉和巧克力"。[124]例如，总体而言，英国公平贸易认证产品的贸易量增长很快，2001 年还仅有 5 000 万英镑，到了 2011 年就达到了 13 亿英镑的总规模。[125]

　　英国是世界领先的公平贸易市场，在那里有着比其他任何国家都丰富的公平贸易产品，人们也拥有更强的公平贸易的意识。英国销售的烘焙咖啡和橡胶有 20% 是公平贸易产品。[126]

　　因此，公平贸易不仅仅关乎咖啡，还涉及诸如糖、水果、棉花、棕榈油和巧克力等消费品。哪些能成为公平贸易产品取决于市场支持意愿。在英国，有"超过 4 000 种公平贸易认证产品"。[127]而在竞争性公平贸易认证机制下运行的美国（美国公平贸易组织），[128]也逐渐显现出类似的增长模式：

　　2010 年，美国公平贸易产品销售额仅仅是 13 亿美元，全球也只有 58 亿美元。美国公平贸易组织表示：到 2015 年，美国的公平贸易产品销售额有望翻番。[129]

　　2011 年，美国公平贸易组织认证的咖啡销售量达到了创纪录的 1. 38 亿磅，这些咖啡来自于全球 22 个不同的国家，其中 52% 还得到了有机认证。与 2010 年相比，咖啡进口量总体上增长了 32%，这直接为公平贸易咖啡的生产组织带来了 1 700 万美元的溢价，创下了公平贸易溢价回报的年度新纪录。[130]

企业社会责任时事通讯：道德零售

　　《金融时报》的一篇文章[131]就市场的"道德零售"程度进行了评论。尽管市场主管们普遍认为消费者并不是根据他们最好的目的做出购买决定的，然而越来越多的证据却显示这一情况正在改变，虽然目前公平贸易认证产品"仅相当于乐购年销售额的 2.6% 以及沃尔玛的0.5%。"总体而言，英国的道德零售市场相对成熟，而且研究表明该市场可以被划分为四个彼此独立的部分：

第一类是忠实的受道德驱动的购买者，大概占8%。第二类，大约占到30%～35%，是那些想要购买道德产品，却不知如何着手的人们，第三类同样占30%～35%，与前者感觉也类似，但这类人会怀疑个人的道德购买行为究竟能带来多大改变。余下的是第四类人，他们对道德购买完全没兴趣。

尽管这些数据证明了道德零售市场的进步，但同时也让我们看到了这个市场的局限。从各组占比数据来看，"完全没兴趣"的人至少要是"忠实的受道德驱动"的人数量的两倍，甚至于三倍。考虑所有情况后，在做出购买决定时愿意将社会责任置于传统想法之上的消费者，远不会成为主流。因此，我们强烈地感觉到，现在所取得的任何成果都是在外围小打小闹，更像是在为第一世界的消费者减轻痛苦，而不是在向基础商业模式灌输战略企业社会责任理念。换句话说，"超级市场通过大肆宣传它们的举措，给消费者造成它们已经为世界做了件好事的感觉。"根据这个思路，这篇文章最后引述了一个非常具有启发意义的观点，因为它证明了这个问题对于公司的威胁：

一个聪明的零售商要比消费领先半步。若是领先十步，那你就破产了。

虽然公平贸易产品的市场总量已经增长，但我们不能忽略的是，此类产品对其具有吸引力的整个细分市场是有限的。"2009年，公平贸易产品仅占全球食品和饮料销售额的0.01%"，[132]因此公平贸易产品到底能引起多大程度的市场吸引力，还有待讨论。总体而言：

购买绿色和道德产品的程度是与富裕程度相关联的。对大多数消费者来说，价格因素相比于道德考量，仍然是影响购买决定的关键因素。[133]

除了市场局限外，对于公平贸易主要有三项批评。第一，公平贸易作为一种定价机制，通过鼓励经济不可持续地区的过量生产，使市场扭曲。这一论断忽略了一点，有意愿的消费者只有执行了购买选择，才能成为产品真正的购买者。

购买公平贸易巧克力对巧克力市场的扭曲，不比购买一个路易威登（Louis Vuitton）手袋对手袋市场的扭曲作用大。在这两种情况下，购买者都在发出同样的信号：他们乐意花更多的钱，购买一个名牌包，或是为了能让可可种植者生活得好一些而购买公平贸易巧克力。[134]

一个与批评公平贸易鼓励无效率相对应的观点是，世界市场上很多商品的价格并不是在公开、自由的市场里形成的，因为西方生产商受益于大量的政府配额和补贴。以棉花为例：

现今，西非有1 100万棉花种植者……上百万的黑人农民为约35 000名得克萨斯州和美国南部的农场主（主要是白人）廉价工作着，得克萨斯州在美国南北战争前是实行奴隶制的州。美国中央政府差不多每年都要拿出40亿美元来补贴高成本的美国农民，鼓励他们在国际市场上压低价格，倾销受政府补贴的棉花。[135]

事实上，经济学家对公平贸易的批评，本质上反映的是对自由贸易的支持。很多公平贸易的支持者都希望看到自由贸易，他们相信，相比于任何对公平的人为设计，自由贸易将对全球的农民产生更广泛、更迅速以及更持久的影响：

穷人之所以穷，并不是因为他们在国际贸易市场受到了不公平对待，而是他们根本就没能充分参与到国际贸易体系中去。[136]

贸易补贴和配额使得发展中国家的农民失去了公平竞争的机会。减少国际贸易市场本身无效率的行动要比任何人为公平贸易市场（人为公平贸易市场只是被创造来安抚消费者意识的，它只是一种现象，无法长存）更有影响力。公平贸易的倡导者经常引用亚当·斯密的话来证明他们的论断，发达国家能为发展中国家农民做的，远比摒弃贸易壁垒，放弃对国内生产者的大规模政府补贴要多得多：

在家庭管理中普遍被证明是精明的举措，放在一个大国的管理中也很少会是错的。当他国提供的产品相比于我们自己制作的更廉价的时候，我们应集中生产精力于那些与他国相比具有相对优势的地方，用一部分自己的产品去购买相对廉价产品。[137]

对公平贸易的批评之二是指责公平贸易容易被公司滥用，公司常借助公平贸易来表现其对社会负责任的姿态，因为这更能迎合消费者的善良本性，[138]并使"顾客对他们所购买的食品满意，并且使他们自我感觉良好。"[139]这些谴责多是针对超级市场和西方零售商的。它们会利用公平贸易来获取额外收入，然而却只让生产原料的农民分一小杯羹。这一论断是有依据的，有研究表明只有"10%～25%"的公平贸易价格溢价分到了生产原料的农民手中，且公平贸易认证标准不尽相同，而且还执行不力。[140]类似地，另一些报告指出"每卖出100克公平贸易巧克力，平均售价3.1美元中大概只有9美分流入非洲或其他贫穷国家。"[141]与上述论断对应的是利益相关者（尤其是消费者）警惕（stakeholder vigilance）。一些先进的零售商"意识到当被看做公平贸易奸商时，会对其品牌产生风险"，[142]从而保证不会增加公平贸易产品的利润。然而它们也辩解道，还有一些其他原因，比如建立公平贸易供应链的初始成本，也是造成公平贸易产品价格更高的原因之一：

以玛莎百货的公平贸易棉T恤为例，它的零售价是8英镑，相比传统T恤要贵1英镑。这一较大的差距反映了公平贸易棉花供应有限，以及小批量棉花在供应链上运输时的成本问题。随着公平贸易棉花购买量的增加，玛莎百货期待解决上述问题。[143]

为了抵制这一不好影响，反驳对西方零售商从公平贸易产品上不当得利的批评，社会上逐步兴起了公正贸易（equitrade）这一理念，旨在形成道德零售获益上更公正的经济利益分配。

公平贸易能为相对较少（虽然逐渐增多）的农民提供帮助，而公正贸易却是要努力提高大多数穷人的生活质量，公正贸易鼓励贫穷国家的穷人们自己完成加工操作——大多数利润来自于加工过程。比如说，马达加斯加食品公司（Malagasy Foods）就开始在自己国内种植可可豆并开始加工巧克力。因此，这也就确保了收入的40%留在马达加斯加，还有额外的11%通过税收让国家受益。[144]

另一个类似的例子就是Good African咖啡，这是非洲第一家包装和烘焙咖啡并直接出口到英国的工厂。[145]公平贸易和公正贸易都有各自的优缺点：

公平贸易，通过将满足环境和社会标准与民主分配溢出利润的决策制定结合，明确地帮助了它的目标群体。公正贸易则在更大范围上刺激了经济发展，但是却不够负责，公正贸易理念假设制造商会公平地对待可可豆的种植者、其他农民或是供应商。[146]

最后一个对公平贸易的批评是，对于那些支持履行社会责任的企业和支持此类事业的消费者来说，购买本地生产的产品比购买产自于千里以外的产品要更道德、更具有可持续发展性，那些认为"食物里程"[147]问题很重要的人也是如此认为。上述批评部分正确，因为每个人的偏好不同，最佳选择也就不同。举例来说，西方消费者购买本地农民生产的产品，比起购买非洲农民生产的同样的产品，是不是或多或少地多一点社会价值，这就是仁者见仁智者见智的问题了。

企业社会责任时事通讯：公平交易

据《道德企业》（*Ethical Corporation*）杂志[148]一篇文章报道，在伦敦地铁站报刊亭咖啡经营许可的竞争中，公平交易咖啡公司（AMT）输给了一家未采购任何公平交易咖啡的公司。这件事本身并不足为奇，真正让我们感兴趣的是，AMT公司之所以会竞争失败，要归因于之前该公司做出的一项战略决策——不将道德采购供应链额外增加的采购成本转嫁给顾客，正是该项战略决策直接影响了AMT公司的盈利水平。

我们不清楚的是，做出上述战略决策是一次管理失策，还是对英国消费者负担公平交易咖啡的价格溢价没有信心。无论哪种原因，这对于AMT公司来说都不是一个好消息，对企业社会责任商业模型的建立也有潜在的不利影响。比如，AMT公司大可以说："没关系，我们晚上可以睡个好觉了，因为我们知道，与大街上忙忙碌碌想要赢取全世界的人们相比，那些捡起咖啡豆并将其变成我们杯中咖啡的人得到了照顾。"然而现实是："失去伦敦地铁站报刊亭的咖啡经营许可，一瞬间让AMT公司损失了600多万美元，而它一年的营业收入不过1500万美元。"

一家能将其产品在价格方面（也包括质量、技术、设计等方面）与市场上其他产品区别开来的公司，往往会收取相应的价格溢价，因为一般而言这些产品制造成本更昂贵，而且与价格导向型消费者相比，这些产品的目标客户对价格不是那么敏感。当同样的经济规律运用在那些社会责任导向型企业身上时，往往会导致更高的成本结构。

由于在英国，公平交易品牌的意识觉醒（根据英国环境食品和社会事务部的统计，现在英国4/5的消费者认同公平交易品牌）和每杯咖啡价格小小溢价的可能性，我们认为英国消费者比大多数国家的消费者更重视企业社会责任，并且愿意为不同于一般产品的道德产品付费。但这对于AMT公司来说，也无济于事。

对越来越多的公司来说，公平贸易，无论是在感觉认知上还是在现实情况中都是利大于弊的。这些公司更多地将公平贸易视为好的商业决策，而非慈善行为。除了能改善消费者对企业和它们产品的看法外，公平贸易还是公司与供应商建立长期合作关系的一个手段，公司以此确保更稳定及更高质量的产品供应，而这对于一家公司的生意来说至关重要。

英国的吉百利就是这样的一家公司。2009年，在与公平贸易基金会合作过程中，吉百利做出了一项重要决定——所有用来制造巧克力的可可豆都要来自于公平贸易渠道。[149]好时公司亦是如此，该公司在2012年效仿吉百利公司做出承诺：到2020年，将100%采购公平贸易认证的可可豆，并保证可可豆的种植将执行"最高的劳动力国际认证标准，最高的环境国际认证标准，以及更好的农业实践"。[150]这些举措不仅为特定的公司带来好处，还为全行业的制造商和消费者带来了积极影响：

根据好时公司的数据，公平贸易认证的可可豆目前仅占世界可可豆供应量的5%。作为北美最大的巧克力制造商，好时公司表示它的2020年采购承诺将显著扩大全球公平贸易可可豆的供应量，尤其是对占全球可可豆总产量70%的西非来说，其认证可可豆的供应量将会更上一层楼。[151]

　　最终，像吉百利和好时这样的公司，已决定将它们的最佳利益寄托在与其供应商形成长期合作关系上；而供应商只有得到激励时，才会持续给这些公司提供其核心业务赖以生存的产品。这传递出一个引起共鸣的信息，那就是随着公平贸易逐渐成为道德采购的既定方式，同时公平贸易日益受到消费者欢迎。星巴克就是另一个相信公平贸易市场价值的公司。

8.3.2　案例分析：星巴克

　　作为全球五大咖啡豆采购商之一，[152]星巴克的企业行为会对整个行业产生巨大的影响，这同时也是过去针对星巴克进行负面宣传的原因。在众多负面宣传中，星巴克被指责从依赖于全球咖啡豆市场生存的咖啡豆种植者身上剥削利益，因为星巴克有能力使咖啡豆的市场价低于成本价。[153]

　　咖啡不仅仅是第一个可以广泛买到的通过公平贸易认证的消费品，它还是最受消费者欢迎的产品。在今天，公平贸易咖啡"占英国零售咖啡粉市场份额的20%"[154]以及"美国公平贸易市场全部份额的70%"[155]。由于非政府组织和公司的高调回应，公众对公平贸易的意识也逐渐提高。公平贸易产品除了在欧洲赢得越来越多的欢迎之外，根据美国公平贸易组织的说法，美国的消费者也开始关注它们，尽管相对缓慢：

　　公平贸易组织在欧洲成立了50多年，也赢得了80%的消费者对公平贸易产品的市场意识，然而在美国这个比例却只有34%。[156]

　　一方面公平贸易整体意识日益增强，另一方面，具体来说，公平贸易咖啡越来越受欢迎，其结果就是星巴克吸引了许多公平贸易运动人士的注意，他们开始采取行动力图改变。"在2000年2月，激进的非政府组织——全球交流组织，在星巴克公司年会上举行了抗议活动，要求星巴克销售公平贸易咖啡。"[157]

　　作为回应，星巴克从此以后便成为了美国创建公平贸易产品的先行者。[158]今天，公司通过与供应商密切合作来实现可持续发展，并利用长期采购合同作为激励。这一做法帮助星巴克公司满足了公平贸易行业的要求，同时提高了其出售产品的质量。具体来看，星巴克于2004年成立了咖啡农学公司。[159]这家公司注册于哥斯达黎加并被定位为"星巴克可持续供应链承诺的旗舰公司"。之后星巴克很快又推出了咖啡与种植农公平惯例准则（CAFE）实践指南，"明确了星巴克对它的供应商在经济、社会和环境问题上的要求"。[160]

星巴克的咖啡实践[161]

　　当星巴克开始执行咖啡与种植农公平惯例准则实践的时候，它的计划里有六条准则：

　　1. 提升咖啡行业在经济、社会和环境上的可持续发展性，包括保护和维持物种的多样性。

　　2. 通过经济奖励和优先采购权来鼓励星巴克的供应商去落实C.A.F.E。

　　3. 在2007年C.A.F.E.实践指导下购买星巴克大部分的咖啡。

　　4. 与供应商协商签订双赢的长期合同来支持星巴克的增长。

　　5. 与供应商建立日益直接的互利互惠关系。

　　6. 提高咖啡产业供应链的透明度和经济公平度。

　　星巴克致力于发展咖啡与种植农公平惯例准则是为了与慈善环保组织——保护国际（Conservation International）合作。[161]供应商们遵守指导方针是为了得到星巴克首选供应商认证，获认证的供应商将确保拿到高于现阶段市场价的收购价格。[163]这一内在逻辑使得星巴克的这一举措成为一个明确的运营方针和战略决策：

> 为了支持其高增长率，公司有必要通过大量优质咖啡豆的安全供应来满足日益增长的需求。咖啡豆就是星巴克公司的饭碗，是公司必须确保可持续供应的重要商品。[164]

从宏观来看，这个关于整个咖啡行业的公平贸易的商业案例是非常具有说服力的：

> 当然，通过创造一个更健康的供应链，星巴克可能最终只是启发到了它的一些竞争者。但最终，对整个行业发展而言，是非常有利的。一个更加健康的行业对企业、对消费者、对环境、对所有人都是有利的。[165]

这一结果在欧洲也得以再现。英国著名的零售商玛莎百货就宣布其咖啡店中所销售的所有咖啡将来自于公平贸易。这个决定使英国咖啡店中公平贸易咖啡的销量翻了一番。从2007年起，麦当劳在英国销售的咖啡将全部采购自公平贸易及可持续发展渠道；在欧洲的其他地区，雀巢的奈斯派索品牌定位便是"所用80%的咖啡豆都来自于严格遵守2013年社会与环境标准的种植园"。[166]

作为此次全球咖啡产业巨大改变的结果，近几年，星巴克正面临着激烈变革的市场竞争和巨幅波动的商品价格所带来的双重考验。[167]价格战是星巴克一直不得不面对的问题（人们总能在别处买到更便宜的咖啡），但是现在，公司面对的真正挑战是质量，快餐公司麦当劳和唐肯甜甜圈正在企图分食星巴克在美国本土以及海外的市场。[168]在美国，唐肯从2003年起就在店中只销售公平贸易咖啡，麦当劳也试图增大公平贸易咖啡的市场占有量。[169]

日趋严峻的竞争使得星巴克的商业模型面临着如鲠在喉的困境。最终，什么才是星巴克的产品？——是高质量的咖啡，还是霍华德·舒尔茨（星巴克CEO）在1983年试图从意大利米兰带回美国的"咖啡屋体验"？抑或是家和工作场所之外的第三空间？当经济情况恶化，星巴克还能只凭经验来制定价格吗（如果竞争者在不断提升质量的同时给出更便宜的价格）？无论如何，公司被不断地推上创新的道路，公平贸易咖啡被视为能推动星巴克继续成为行业典范的领域：

> 2009年9月，星巴克在英国和爱尔兰的分店提供的浓咖啡饮品皆采用100%有公平贸易认证和星巴克共爱地球计划认证的咖啡豆。每周有200万人都可享用到公平贸易下的卡布奇诺、拿铁或是摩卡，并同时帮助支持全球发展中国家的小规模种植农和他们的社区。[170]

今天，星巴克的网站凭借其自2000年起开始采购公平贸易咖啡豆这一遵守道德的实践和表现来说明公司的进步：

> 从那时起，我们为公平贸易溢价支付了超过1 600万美元（居绿色咖啡购买价格首位），这1 600万美元被生产组织用于在社区和在组织层面上的社会以及经济投资。星巴克在2011财年买了超过4.28亿磅的咖啡豆。其中86%——相当于3.67亿磅——来自于被C.A.F.E认可的供应商。在2011年采购优质绿色咖啡豆（未烘焙过的）时我们支付了平均每磅2.38美元的价格，而2010年的价格仅是每磅1.56美元……计划覆盖的范围是巨大的，它跨越了20个国家，每年都能影响超过100万的工人，同时在10.2万公顷的土地上鼓励实施负责任的生产。[171]

为了便于理解上述数字，一个有效的办法就是拿绿山烘焙咖啡（Green Mountain

Coffee Roasters）来作参考，它创造了塔利咖啡（Tully's Coffee）和纽曼有机物（Newman's Own Organics）这样的品牌。根据美国公平贸易组织的资料，绿山烘焙咖啡一直以来都被认为是世界百佳企业公民（the World's 100 Best Corporate Citizens）之一，[172]并宣称是"全球最大的公平贸易咖啡豆采购商"。[173]在 2011 年，绿山购入了超过 5 030 万磅的生咖啡，这占到了总量的 24%。[174]然而，相比之下：

全球保护组织和星巴克合作已经超过了 14 年，开发了已应用在采购到道德咖啡上的环境、社会和经济综合指导方针。2011 年星巴克 86% 的咖啡采购量应用了上述综合指导方针——价值 3.67 亿英镑。到 2015 年星巴克所有咖啡都将以 C. A. F. E 实践、公平贸易或是其他外部审查系统为准则进行第三方验证或自我验证。[175]

把自身和公平贸易咖啡紧紧联系在一起是星巴克一个直截了当的决定。这个决定减少了大众对公司的差评，赢得了那些愿意为公平贸易认证标签额外付费的顾客，最重要的是有助于保证优质咖啡豆的持续供应，这才是公司商业模式的核心。简言之，公平贸易作为星巴克有别于其他公司的亮点，能够帮助星巴克开拓更多新的市场。一个很好的例子就是北欧——世界最大的人均咖啡消费市场（在芬兰人均咖啡消费 26.7 磅，接近美国的 3 倍，是英国的 4 倍）。同等重要的是："北欧国家以坚持使用公平贸易物品而感到自豪。"[176]

8.3.3　CEO 的观点

霍华德·舒尔茨（星巴克咖啡）

公司不能只狭隘地关注盈利……需要在商业和社会责任上寻找一个平衡……笃信这一点的将最终获得更多利润。[177]

8.3.4　在线资源

- 道德可可采购承诺，http：//www. laborrights. org/stop-child-labor/cocoa-campaign/resources/861
- 咖啡行业共同准则，http：//www. sustainable-coffee. net/
- 保护国际，http：//www. conservation. org/
- 道德贸易联盟（ETI），http：//www. ethicaltrade. org/
- 公平贸易基金会，http：//www. fairtrade. org. uk/
- 国际公平贸易标签组织（FLO），http：//Tully. fairtrade. net/
- 美国公平贸易委员会，http：//www. fairtradeusa. org/
- 国际可可行动组织，http：//www. cocoainitiative. org/
- 国际劳工权益论坛（ILRF），http：//www. laborrights. org/
- 美国咖啡协会（NCA），http：//www. ncausa. org/
- 美国公平劳动协会，http：//www. fairlabor. org/

8.3.5　正/反方辩论

正/反方辩论：公正贸易要比公平贸易好；自由贸易比上述两者都好。

8.3.6　讨论和复习题

1. 你崇尚公平贸易吗？为什么？在你看来什么是公平？

2. 你乐意为企业社会责任产品的价格溢价买单吗？

3. 你认为应该如何解释"公平贸易认证产品在欧洲的销售额是美国的三倍"这一事实？[178]

4. 你知道公平贸易的标志是什么吗？你能举出一个你最近购买的公平贸易产品吗？你为什么要购买它呢？

5. 你之前知道星巴克涉及公平贸易问题以及售卖公平贸易产品吗？知道后你会不会更多地去星巴克消费呢？你认为公司应该大肆宣传它们在公平贸易方面的成就吗？会不会有什么负面效应？

8.4　金融危机

> **企业社会责任关系**：这一问题从金融危机的视角来审视全球经济体系。这一危机给全球经济和资本主义体系带来了怎样的挑战？企业社会责任在危机中扮演怎样的角色呢？为了应对危机，企业社会责任又该做出怎样的变化呢？
>
> **利益相关者**：消费者、债权人、债务人、投资者、企业、政府。

8.4.1　问题

"我非常赞同建立银行比组建军队更危险的观点，以债券的名义超前消费不过是一场大规模的诈骗。"

——托马斯·杰斐逊[179]

2007 年底一些戏剧性的经济事件开始出现[180]，并被广泛报道为"自 1929 年经济大萧条之后最严重的金融危机"[181]或"大萧条"[182]，于是企业社会责任的综合性质成为了关注的焦点。从个人的贪婪、责任的缺失到组织的欺诈、对资源的管理不善，再到政府对经济体系的监管调节的不到位，这一危机强调了这些连锁因素使得企业社会责任成为一个复杂的问题。然而，通过这次危机也证明了企业社会责任又是如此简单。企业社会责任并不像航天科学一样复杂，它通常是常识与管理决策方法的结合。我们回顾那些关键人物做出的导致金融危机的决策，试图分析其决策的理由，却发现结果是恼人的。正如托马斯·弗里德曼在《纽约时报》中写道：

> 给一个每年只赚 14 000 美元的工人提供两年内不用偿还的抵押贷款，让他去购买价值 750 000 美元的房子，然后通过债券（穆迪公司或标准普尔公司 AAA 级认证）将其与其他 100 人的抵押捆绑在一起，然后把它卖给银行和养老基金机构。你如何看待这一问题？[183]
>
> 从本质上看，金融危机是由许多不负责任个体的错误决策累积效应引起的。[184]
>
> ……怎么会突然有这么多人同时这么愚蠢、无能、自我毁灭。[185]
>
> ……这些大型银行中的愚蠢和贪婪的规模超乎想象。[186]
>
> ……在我们金融链的每一个环节都存在着责任的缺失，而现在我们需要帮助那些使我们陷入困境的人们摆脱困境，否则将会威胁整个经济体系。[187]
>
> ……那些出售这些金融产品的人怎么会如此目光短浅与贪婪？……那些购买这些产品的人怎么会如此愚蠢？[188]

在不同的阶段，那些关键人物曾一度怀疑这一体系无法继续维持下去，但却因为未涉及自身利益而不去改变。正如 2007 年花旗银行的 CEO 查克·普林斯在他卸任之前所说："只要音乐声未停，我们就要起来跳舞。我们现在仍然在跳舞。"[189]

总之，金融危机由三大主要因素推动：第一，是受低利率和低门槛的抵押贷款影响的房地产泡沫；第二，是抑价的风险，尤其是受华尔街投资者的影响；第三，是对流动性日益增强的全球金融体系监管的失败。于是，造成危机的责任可以被广泛分担——从出售抵押贷款以获得大量佣金，却无力偿还贷款的个人，到为了转移风险而允许这样的交易存在并继续的机构，到未履行责任的监管者，到那些开发没人能够真正弄懂的复杂的债券和其他金融产品的投资者，再到那些不确定申请百分百抵押贷款来购买价格日益膨胀不断上涨的房子是否明智，只单纯相信房价还会继续上涨，他们会在几年之后回本的人们。所有的这些决策都是在过度依赖市场的大环境下产生的，这削弱了个人对日常决策的责任。

虽然这次金融危机是美国金融市场的内在产物，然而却需要全球范围的共同调节。如果整个市场是向上的，那么其中的每个个体都会开心。由美国自由主义产生的危机给全世界带来了严峻的挑战（例如放松管制、国际货币自由流动、市场的自我修复、股东利益最大化）：

> 对盎格鲁·撒克逊经济自由主义的质疑打破了政治的边界，右翼的工业家和左翼的劳工工会都反对它……美国的自由主义遭到多方的批评。[190]

然而我们不清楚的是这些批评是否奏效，在经济形态发生转变的同时是否会导致全球政治力量的转变？美国在危机之前经济模式的显著特征就是低储蓄和高借贷的不稳定组合。美国需要过剩的贷款来支撑其消费水平，因为美国一贯都是支出大于储蓄。而这笔钱大部分来自中国。于是，唯一一个现实的、长期的解决方法就是恢复全球经济的供需平衡，从借方到贷方的影响力都会发生转变：[191]

> 这一危机并不仅仅是资本主义的危机，而且关系到美国的经济和在全球的影响力……讨论如何应对金融危机的会议不仅仅关系到七国集团，更关系到 G20 峰会所有成员国……这一危机标志着美国经济实力的下降。[192]

时代在改变，美国的资本主义作为全球化的驱动力，也必须不断改变：

> 甚至连《经济学家》这样的杂志都承认现在的金融很腐败，在资本主义体系下，真正的风险偏好者可能会获得巨额的回报，而纳税人却要为此背上沉重的负担。[193]

我们需要立刻改变。从雷曼兄弟申请破产保护后的五年标志着"自 20 世纪 30 年代大萧条以来国际资本主义体系面临的最大危机"。[194]

雷曼兄弟的破产意义重大，因为它意味着"一切都从此改变"[195]。这值得被铭记，因为它标志着"我们的经济被根源上的问题包围，这些问题我们无法快速、轻松地解决"。最终，企业社会责任成为了这些问题的解决方法：

> 在雷曼之前，我们很容易相信房价只会上涨，我们可以依赖信贷来维持我们的生活水平。我们对于制造业工作的消失以及很难找到好的中产阶级的工作表示很无奈。我们并不去探讨收入不平等问题。我们也并不在乎华尔街制造了唯利是图的交易氛围，只是虚有其表并不能为公司提供资本。到了后雷曼时代，一切经济问题浮出水面。[196]

关于对资本主义未来的内容和形式的转变的讨论开始在企业社会责任群体中出现。例如 CSRwire. com 网站的总编比尔·鲍尔就强调了经济危机和环境危机的相关性：

　　2008 年金融危机发生的同时也发生了由气候灾害引发的环境危机。两者同根同源，企业社会责任团体认为它们应该共同被拯救。在最基本的层面，全球经济的衰退是因为我们相信它可以无限发展、自我调节，最后终于突然碰上了现实的问题。同样地，我们的生态系统正是由于化石燃料和碳排放量的增长。围绕经济和生态问题最佳解决方案是：恢复"绿色"的承诺，即创造好的工作岗位和强大的公司，利用风能、太阳能等可再生资源向低碳能源产业转型。[197]

　　托马斯·弗里德曼在《纽约时报》中向更多的读者提出了一个类似的问题：

　　2008 年金融危机是否意味着比经济衰退更根本性的问题？如果它意味着我们过去 50 年的整个发展模型在经济和生态上是不可持续的，我们在 2008 年的时候撞到了南墙，大自然母亲和市场同时对我们说"不能再多了"，我们又将怎么办？[198]

　　在 2009 年初，开始出现以"资本主义还可以运行吗？"[199]"终结"[200]"我们所了解的金融世界的终结"[201]为标题的文章。其震慑力因为《金融时报》上一系列分析金融危机及其对全球经济秩序的影响的文章而大大增强。一篇名为"资本主义的未来"的文章，位于时报经济专栏榜首，受到知名专家认可，其目的是为了来评估金融危机的影响，提出"20 世纪 80 年代开始围绕市场流行的碎片化假设，政府的范围逐渐扩大，自由金融的时代已经结束"。马丁·沃尔夫在文章的开头评论道：

　　处在这样的节点我们无法知道我们将去向何方……然而经济的崩溃加上巨大的衰退，必将改变世界。市场的合法性将被削弱，美国的信誉将会受损，中国的权威将会提升，全球化自身将会倒塌……金融自由的时代已经终结。然而，不像 20 世纪 30 年代，没有可靠的方法来拯救市场经济……在金融风暴之后，终结之处正是我们需要探寻和下定决心的地方。[202]

　　结合比尔·盖茨所倡导的"创造性的资本主义"[203]与穆罕默德的著作《创造一个没有贫穷的世界》[204]，得到的共识是我们正处于经济历史上的"转折点"[205]。尽管我们也许无法立即发现显著的变化，但无论全球化的模式如何变化，它都将与危机之前的不同。[206]

企业社会责任时事通讯：道德风险

　　《金融时报》上的两篇文章都间接提到了全球金融体系下的企业社会责任。特别是他们关注于衰落的全球股票市场，并探讨造成衰落的可能原因。在第一篇文章里[207]乔治·索罗斯通过引入道德风险来强调纯市场价值观的失败：

　　市场主义者认为市场可以通过允许参与者追求其自身的利益而实现公平和共同利益。这显然是错误的，市场是由于权威的干预和调节才不至于崩溃，而不是因为其自身的调节作用。

　　这篇文章指责政府创造了一个不可持续的体系。为了避免全球金融贸易商对整体经济带来的损害，索罗斯指出政府和中央银行已把它们的注意力从道德风险上移开，而道德风险本就是金融体系的内在组成部分：

　　每当信贷扩张陷入困境时，当权者就会介入，注入流动资产，或用其他方式刺激经济。这会形成不对称的刺激，即产生道德风险，引发更大规模的信贷扩张。

　　在第二篇文章里马丁·沃尔夫[208]提出了更复杂的原因之间的相互作用，诸如"从根本上不完美的金融体系"、"对刺激的合理反应"、"人类本质的目光短浅"、"美国过度宽松的货币政策"、"大量过剩资本的全球流动"。这篇文章也强调了政府在一个可持续体系中的重要性。不幸的是，作者也指出由于人性的弱点（短期的自我保护），那些政治家们不会轻易做出任何改变：

> 那些强调合理性的人们容易让金融部门承受不合理的风险。这是"信息不对称"（即局内人会掌握更多的信息）和"道德风险"（即假如许多金融机构同时陷入困境政府就会出面营救）共同作用的结果。这两个命题都是正确的：例如假如英国政府不得不去拯救一个中型的信贷银行，诸如诺森罗克银行，那么道德风险就会盛行。

当前的经济状况引发了不同形式的保护措施，最显著的便是"占领华尔街运动"（http：//occupywallst.org/），该运动最初是由 Adbusters[209]的一则博文发起的，起源于下曼哈顿区的祖科蒂公园，后来迅速扩展为全球范围。这项运动无力维持其势力但并没有影响其根基。于是改变的显著标志便是运动中那些影响效率市场合法性的知识驱动力是否会为改革提供平台。

沿着这一思路，美联储 1987 至 2006 年的主席艾伦·格林斯潘进一步指出市场自我调节作用的重要性。1963 年，格林斯潘曾指出企业"出售不安全的食品和药品、欺诈性的证券交易、豆腐渣工程最终会自食其果，所以每个商家都会出于自身利益而诚信经营，生产优质商品"。然而到了 2008 年，面对美国国会的监管和政府改革，格林斯潘承认这条思路是存在错误的：

> 那些指望信贷机构会基于自身利益而保护股民的利益的人们如今已深刻怀疑自己……自由市场的模式已经动摇了数十年，整个大厦在去年夏天崩塌。[210]

格林斯潘的转变表明面对打破平衡的刺激因素，自由市场理论（有效市场假说）[211]的局限性日益显露。正如《金融时报》总结的："这场危机的影响力是巨大的，'格林斯潘主义'的货币政策在撤退……金融界已经发生了翻天覆地的变化。"[212]

同样地，金融危机是我们重新开始关注决策者的个人道德，以及那些领导者会出于组织和利益相关者长期的利益而做出最佳决策的组织。同时也关注经济危机会如何影响全球政治力量的平衡以及推动全球化进程的资本主义的形式，以及危机是如何在网络化、全球化环境下影响跨文化交流，比如某个国家的企业的决策会波及整个世界。这场危机也更加强调了企业社会责任问题的重要性：大规模的企业破产带来的社会和经济破坏力对社会来说意味着什么？它会怎样影响我们未来寻找工作、创办企业的大环境？对企业的社会期望会发生怎样的变化，企业又将如何应对？作为个人、组织、政府或社会，为了避免类似的危机再次发生，我们应当承担什么样的责任？

8.4.2　案例研究：全国金融公司

全国金融公司是一个很好的案例，用来说明金融行业内是怎样由于企业不负责任的行为而招致恶果的：

> 全国金融公司的行为比其他信贷公司更加荒诞而导致房地产泡沫。[213]

全国金融公司[214]是由安吉罗·莫兹罗和大卫·戴维在 1969 年建立的，是一个通过"美国住房自有计划"[215]来极力扩大自己的市场份额的抵押信贷机构。然而随着公司越来越成功，尤其是到了 20 世纪 90 年代初，维持成功的外部压力促使其去寻找更多的客户，贷给他们更多的钱。起初，这一发展战略很奏效，到 2006 年，"全国金融公司拥有 800 个客户分支，54 000 员工以及 2 000 亿美元资产。"[216] 但是，随着追求更大的发展变得越来越困难，公司降低贷款资格标准的诱惑也越来越大。于是公司就逐步从只向符合标准的客户贷款，到放宽标准，再到推出高风险的金融产品，这将扩大申请人的潜在储备量：

> 当 2003 年的巨大融资浪潮接近尾声时，全国金融公司通过提供高风险的贷款以及通过鼓励美国人抵押房屋的股权超前消费的方法来维持经营。[217]

在极盛之时，美国的次贷业几乎失去了判断力，例如"在加州贝克尔斯菲市一位不会英语、年收入仅 14 000 美元的墨西哥草莓采摘农民居然贷到了 720 000 美元去购买一座房屋"。[218] 结果导致高额的违约金，最终导致较高的房屋回收率：

> 2005 年至 2007 年是次贷的最高峰，25 大次贷机构共向超过 500 万的客户发放了 1 万亿美元的贷款，其中许多人的房屋都被重新收回。[219]

在全国金融公司的案例中，不考虑社会影响地追求利润导致次级贷款（抵押贷款给资历不足的人）的迅速发展，最终引发了金融危机。受指责的对象范围很广（一些评论家指出美国证券交易委员会在 2004 年改变规则从而扩大了银行的贷款额度，另一些人指出 1999 年美国国会废除了格拉斯–斯蒂格法案，向投资银行敞开大门）。[220] 但终究还是因为这个体系出了问题。个体的贷款中介只响应了鼓励短期利润最大化的刺激，而没有重视长期房地产市场的可持续发展：

> 全国金融机构决心获取更大的市场份额，于是提供高风险的抵押贷款，在 2007 年导致了房地产市场的崩溃……那些经理也相信他们的奖金会不断增加，或者至少只要公司还继续扩张，贪婪与欲望就会随之膨胀。[221]

麦伦·贝克认为在金融业里这种情况比别的行业更容易发生。通常，在需要努力满足顾客的需求而获利的企业里，这种关系会比在出售非必需品且顾客对产品并不完全了解的公司里要弱一些：

> 比如有人想在超市里买一罐豆子，那么他可以立刻查看是否有货，也很容易去货比三家，但是，假如你可以去欺诈消费者，故意去出售不能完全满足其需求的产品，却能从中获得极大的利润，你会怎么做？[222]

贝克阐释了金融部门如此混乱背后的潜在逻辑，也指出其合理性（原则上，人们知道储蓄和投资很重要）：

> 各国的多数银行都会提供基本储蓄账户。当你信用良好时，就可以自由存钱，它们也会提供许多的网点方便你自由支取……除此以外，这个行业的逻辑是很复杂的。[223]

抵押信贷市场的短期战略和迅速扩张导致信任遭到破坏，这对全国金融公司来说需要付出极高的代价，而对于全国和全球的经济体系则是毁灭性的灾难：

> 房利美和房地美（房贷公司）在 30 年内获得 2 万亿美元的抵押和按揭贷款债券。到了 2000 年，它们共拥有 2.1 万亿美元。到了 2005 年这两家政府企业共拥有 4 万亿美元，在短短 5 年内增长 92%。到 2008 年，它们又增长了 24%，已接近 5 万亿美元……评论家估计其中 1 万亿美元为次贷和"骗子贷款"，且几乎都是在 2005 年至 2007 年产生的。[224]

在美国房地产市场上，大量的抵押贷款被贷给无力偿还贷款的人，从而导致大量的取消抵押品赎回权和收回房屋的现象。衰退随着房地产泡沫的破灭而到来。截至 2009 年初，"从 2006 年开始，100 万房主失去了房屋，预计在未来 4 年 590 万人也会如此"。[225] 到 2011 年：

标普公司衡量美国 20 个大城市房价的凯斯－希勒（Case-Shiller）指数已经下降至 2003 年的水平。凤凰城的房价回落至 2000 年的水平，拉斯维加斯的房价则重返 1999 年水平……房屋自有率可能会从 69% 的顶峰水平回落至泡沫前的 64% 的水平……整个国家需要的房屋比现在少 160 万套……3/10 的房屋会被出售。美国房主会拥有相当于房屋价值 38% 的抵押资产净值（市价减去抵押负债），比 2005 年下降 1/3，比 1950 年下降一半。[226]

虽然全国金融公司成为美国抵押贷款导致的资产泡沫的罪魁祸首，但它绝不是唯一的"罪人"。除了 2008 年房利美和房地美公司垄断美国近一半的抵押贷款的情况外，[227]华盛顿互惠银行也面临同样的指控，指责其非法贷款行为导致灾难性的影响：

华盛顿互惠银行，一家几乎向所有申请者提供贷款的银行，它迅速崛起又突然倒闭（在 2008 年），成为美国历史上银行业最大的失败。华盛顿互惠银行因为极其无耻的宽松贷款的行为成为金融业的害群之马。2008 年上半年，不良贷款的价值就达到了 115 亿美元，几乎是一年前 42 亿美元的三倍。[228]

同样的事也发生在诺森罗克银行，即英国金融危机的罪魁祸首。从 1866 年起，诺森罗克银行的倒闭开始推动了英国银行的国有化。到 2008 年 2 月[229]信贷业由英国政府大量投资，最终实现了国有化：

诺森罗克银行为了生存亲眼见证着政府的资本在 2007 年底增加至 296 亿美元，而由于消费者的焦虑导致储蓄存款额在 6 个月内从 140 亿美元收缩至 105 亿美元。[230]

然而在英国不仅仅是诺森罗克银行受此重创。"2008—2009 年英国银行业的损失大致等于 2001—2007 年银行业产生的经济增量（报酬、工资和总利润）的一半。"[231]尽管一些杰出的、有主见的观察家已经发出了预警，但这一切还是发生了：

早在 1993 年，"企业责任中心"（ICCR）就起草过股东决议案，警告掠夺性的次贷行为。[232]

整个行业经历了泡沫化的所有特征，其余波导致出现了诸如"性、谎言、抵押贷款"[233]这类戏剧化新闻标题。作为一个社会，我们应该更早发现问题并扩大宣传。同样地，信贷导致的资产泡沫和金融危机也强调了在如今的商业环境下企业社会责任的核心作用。它可以使荒诞的行为最小化，降低风险，使社会价值最大化。当组织缺乏企业社会责任观念时不仅会危及自身，更会给社会带来巨大危害。例如，全国金融公司和美林证券公司，在其市场领域内都是最大的公司，却因为其不负责任的行为而破产倒闭。缺乏社会导向原则（例如企业社会责任）的短期利润最大化理念，对单个员工个体来说是道德问题，对组织来说却是生存问题：

价格是具有吸引力的，交易是为了赚钱，这是负责任的吗？不，这与我们无关。其他人通过合法的方式赚钱，如果每个人都这样做会对银行体系产生怎样的影响？这也与我们无关。现在我们会为这样轻率的态度付出数万亿美元的代价……负责任意味着要意识到我们的行为会产生怎样的后果。这并不过分，仅仅是一种谨慎的态度。[234]

不道德的个人决策加上高管们放弃保护股东的长期利益的责任，加剧了不负责任的风险水平，最终威胁了许多企业的生存：

2008 年 6 月 25 日，加州青年律师杰瑞·布朗起诉全国金融公司总裁安吉罗·莫兹罗和主席大卫·桑搏，控告他们"进行虚假广告和不公平竞争，在二级市场上以转卖抵押贷款为目的使业主们背上巨额、高风险贷款"……并设计具体的方案来误导和欺诈客户去接受高风险、昂贵的、复杂的次级贷款和可调利率抵押贷款（ARM），这对大多数业主是不合适的。[235]

在股价从 1982 年到 2007 年 8 月不可思议地增长 25 000% 之后，全国金融公司的股价在 2008 年 2 月"骤然下跌 90% 至 4 美元"。在政府官方的压力下，美国银行在 2008 年 7 月以 40 亿美元收购了该公司，每股股价大约 4.25 美元。[236]为了收购全国金融公司，美国银行获得了美联储主席的同意，并且"在 2008 年 10 月 16 日全国金融公司宣布股市停牌"。[237]美国银行收购全国金融公司的原因尚不清楚。此次收购并且承担其坏账的行为弥补了 2008 年第四季度的 17.9 亿美元的损失。[238]同时也将公司从美国政府获得的资助金从 200 亿美元增加至 250 亿美元。[239]在 2009 年 4 月 27 日，美国银行悄悄地摘下了全国金融公司的牌子：

> 美国银行在全国金融公司这一美国最大信贷机构陷入几十亿美元损失之后，以 41 亿美元在 2008 年收购了它。美国银行更换了全国金融公司的名字，成为美国银行住房贷款部的一部分，结束了由前总裁安吉罗·莫兹罗一手创建的经营 40 年的品牌。[240]

企业社会责任时事通讯：高盛投资公司

在一篇博客中，[241]喜剧演员安德鲁·博罗维茨发表了对占领华尔街运动尖锐的评价。按照高盛总裁劳埃德·布兰克费恩的说法，这是对"致投资者的信"的嘲讽：

> 迄今为止，高盛集团都对诸如占领华尔街运动之类的活动保持沉默。然而，这并不意味着我们不曾关注。当成百上千的民众聚集在下曼哈顿区，表达着他们对现状的强烈不满，我们已经开始关注着这些抗议活动。而且我们也开始反思如下的问题：

> 离开了他们我们如何赚钱？

> 答案是高盛公司最近启动了全球愤怒基金，投资目标是使席卷全球的占领华尔街运动货币化。在高盛，我们认识到资本体系就像地下管道循环体系，但在循环过程中会创造出大量的金钱。

这封信里也继续写到了关于公司全球愤怒基金计划的细节，这听起来是一项很好的投资：

> 愤怒基金会寻找在抗议活动中可以增值的投资产品，从警棒、路障到电枪和绷带。而且，随着警方与抗议者之间的冲突越来越暴力化，我们也会向一些公司下注，这些公司大多是生产破碎玻璃和汽车替换件以及生产被焚烧雕塑的原材料的公司。

这封讽刺信的聪明和生动之处正在于我们不难想象高盛公司的人确实会有类似的想法（甚至可能会写出来）。最优秀的喜剧往往取材于现实！

在 2009 年 6 月，美国证券交易委员会指控莫兹罗和他的两位高管涉嫌欺诈，"声称他们误导投资者错误认识当前的信贷机构的经济形势，在几个月内导致美国银行的收购"：[242]

2010 年 10 月莫兹罗先生为此支付了 2 250 万美元的罚款。这是美国证券交易委员会对上市公司高管开出的最大罚单。其中，莫兹罗同意为他的"非法所得"支付 450 万美元的罚款，但他没有承认或否认他的罪行。[243]

由于历史遗留问题，美国银行已在尽力减少受到信贷市场的牵连，但这场收购依然给公司收益带来了损失。[244]由于各种与全国金融公司有关的成本和罚款，美国银行已为银行的信贷和保险业务支付了 177 亿美元的损失，为抵押贷款证券回购业务支付了 220 亿美元，为修正贷款业务支付了 84 亿美元，为养老金业务支付了 6 亿美元，为与联邦贸易委员会合作的业务支付了 1.08 亿美元，并为莫兹罗卷入的欺诈案支付了 6 750 万美元。而且，"美国银行仍然面临美国监管部门关于调查丧失抵押品赎回权方面数以亿计的罚款，这场混战可能价值 74 亿美元"。[245]总之：

"收购全国金融公司是我们做过的最坏的决定。"一位曾投票赞成收购全国金融公司的美国银行高管这样说。[246]

8.4.3　CEO 的观点

安吉罗·莫兹罗（全国金融公司）

全国金融公司曾是这个国家历史上最优秀的公司之一……我为我们所建立的一切感到骄傲……全国金融公司的股价在 25 年里增长了 25 000%——比伯克希尔·哈撒韦公司的沃伦·巴菲特的表现更加优异。这是载入史册的。[247]

8.4.4　在线资源

- Adbusters，https：//www. adbusters. org/
- Countrywide Watch，Center for Responsible Lending，http：//www. responsiblelending. org/mortgage-lending/research-analysis/unfair-and-unsafe. html
- Federal Reserve，Financial Crisis，http：//www. federalreserve. gov/newsevents/ lectures/ about. html
- Federal Reserve Bank of St. Louis，Financial Crisis Timeline，http：//timeline. stlouisfed. org/
- International Monetary Fund—Financial Crisis，http：//www. imf. org/external/np/exr/ key/finstab. html
- Mallen Baker，http：//www. mallenbaker. net/csr
- Martin Wolf，http：//blogs. ft. com/economistsforum/
- Mortgage Bankers Association，http：//www. mbaa. org/
- Occupy Wall Street，http：//occupywallst. org/
- Summit on the Future of the Corporation，http：//www. summit2020. org/
- World Bank—Financial Crisis，http：//www. worldbank. org/financialcrisis/

8.4.5　正/反方辩论

> 辩题：占领华尔街运动是成功的。

8.4.6　问题讨论与思考

1. 你认为造成金融危机的主要原因是什么？

2. 针对第一个问题，你的主要解决方法是什么？我们应当力图创造什么样的全球经济体系？

3. 企业社会责任在危机中扮演了怎样的角色？——企业社会责任的缺失是如何影响危机形成的？我们如何在企业社会责任中寻求解决方法？观看比尔·盖茨在 2008 年达沃斯世界经济论坛上的演讲：http：//www. youtube. com/watch？v＝Ql-Mtlx31e8，说说你的感受。

4. 从员工激励角度谈谈你对信贷机构改革的建议，以免其重蹈全国金融公司的覆辙。你将如何激励信贷机构的销售人员？（因为信贷中介的行为加速了金融危机的发生）公司如何才能激励员工出于客户的利益而不是自身的利益来销售产品呢？

5. 你拥有多少张信用卡？你申请过什么样的贷款？你是否认为改革美国信贷推动的经济模型有利于促进一个更加公平的全球经济呢？你认为美国应当在多大程度上牺牲自己的生活标准来换取世界其他国家的利益才是公平的呢？

8.5 小额信贷

> **企业社会责任关系**：这一问题强调了金融和个人（小额）信贷可鼓励创业精神和产生其他积极社会影响的观点同时也探究了小额信贷商业模式的局限性。
>
> **利益相关者**：债权人、债务人、企业家、政府。

8.5.1 问题

无论在哪，融资渠道都是发展的最大阻碍之一。这一阻碍在发展中经济体和发达国家的贫困地区中尤为突出。这是由于大型金融机构往往忽略经济贫困地区和"金字塔底层"的顾客，[248]这些通常不会被视为有利可图的目标市场。为什么会这样呢？穷人会有更大的信贷风险吗？实施小额贷款涉及的官僚主义更低，因而对信贷机构的利润吸引力更低吗？是否会存在一个市场愿意为世界上偏远地方的、非传统意义的顾客和市场提供小额贷款呢？

一个为经济落后地区提供融资渠道的办法便是"小额信贷"[249]。小额信贷是一个宽泛的概念，包括个人金融服务（例如贷款、个人账户、保险和转账），但是只是小规模地为满足贫困客户的具体需要而提供。因此，小额信贷只是广义的"小额信贷"概念中的组成部分，指的是金融机构提供少量的钱作为"无抵押的且经常无书面合同的"[250]贷款来支持特定的创业项目。然而在现实中，小额信贷已成为了一个宽泛的概念，适用于向传统意义上被主流金融机构忽视的用户提供的金融服务。[251]

8.5.2 案例分析：孟加拉乡村银行（Grameen Bank）

小额信贷由孟加拉农村发展委员会（BRAC）发起，计划为25亿缺少融资渠道的成年人提供服务。[252]孟加拉农村发展委员会是"世界上参与人数最多，帮助人数最多的非政府组织"。1/3的孟加拉人因此获益。[253]此非政府组织的一项重要活动就是为投资创业项目提供非常小额的贷款。

虽然BRAC将小额贷款的概念扩展至帮助社会上的贫困人口，但现在小额信贷行业基本与穆罕默德·尤尼斯及他的孟加拉乡村银行同义。是尤尼斯发现了小额信贷产业的巨大潜力，而他最大的贡献在于引入了有效问责机制。把相互熟识的女性（居住在相同的社区或村落）作为贷款目标群体，每周召开会议为这些需要还贷的群体提供支持，尤尼斯因此创造了很高的贷款偿还率。这一高贷款偿还率就意味着他可以贷款给那些没有抵押资产保证而不被传统金融机构接纳的群体。通过这一商业模式，BRAC和孟加拉乡村银行开始走向兴盛（乡村银行拥有840万借贷者，未偿还贷款超过10亿美元；BRAC 有 500 万借贷者和 7.25 亿美元的贷款[254]），而正是尤尼斯创造了这一全球范围的产业：

最初，小额贷款通过发放小额款项帮助人们经营一些小生意的方式致力于缓解贫困。后来被孟加拉国的经济学家、诺贝尔和平奖获得者穆罕默德·尤尼斯及其 1983 年建立的乡村银行推广普及，小额信贷业现已发展成为在全球范围内服务人群超过 1.5 亿且拥有上百所服务机构的产业。[255]

孟加拉乡村银行的相关数据[256]

一些数据可以直观反映小额信贷的发展范围和规模，也可以显示出乡村银行的成功：

- 超过 800 万客户；
- 从 1976 年开始运营至今已发放 1 030 万美元贷款；
- 历史上贷款偿还率曾达到 97%；
- 乡村银行办事处在过去十年内数量翻倍，超过 2 900 家，雇员数量达到 23 000 人，包括超过 13 000 名的信贷员，且几乎全为女性；
- 平均每位贷款人的贷款余额是 123 美元，摊在每位贷款者身上每年的平均成本徘徊在 8～13 美元；
- 2009 年，乡村银行固定资产为 150 万美元，净资产收益率为 5.64%。

如今，乡村银行已在各地实施了相同的原则，创建了一个全球帝国：

穆罕默德·尤尼斯在 1983 年创建了乡村银行，为贫困的农村妇女提供小额贷款。乡村银行成为了小额信贷业的全球典范。它也衍生出了从纺织业到移动手机通讯业的 48 家企业。乡村银行的体系网里现在拥有价值 16 亿美元的固定资产。[257]

企业社会责任时事通讯：穆罕默德·尤尼斯

《纽约时报》[258]对穆罕默德·尤尼斯的一段访谈向我们揭示了一些关于乡村银行的小额信贷体系是怎样运作的信息，展示了乡村银行的社会的影响力，以及提供了一些有关尤尼斯本人对于公益（诸如慈善）创业的态度的背景信息：

问题：你能告诉我们一些关于非营利方式的小额信贷对比其作为一种商业模式时的优缺点吗？哪种可持续性更强呢？

回答：首先，我不赞成非营利的方式，那是慈善机构要做的，我不参与其中，也并不感兴趣。我要说的是商业的部分，一部分是利润最大化的商业运作，另一部分是社会化商业。我是站在社会化商业这边，如果有人想通过利润最大化方式运作，我们也欢迎。这是一种竞争。我的使命是让人们摆脱贫困而不是创造出多少钱。

小额信贷过去被用于鼓励贫困地区的创业活动，已在很多发展中国家产生了巨大的影响力。最终，小额信贷的目标是在难以获得足够资本的经济区"扶持草根阶层的可持续的经济活动"，例如非洲。

在乌干达，245 000 户家庭会从国际或当地机构建立的村镇银行里贷款。这些钱用来经营从兔子农场到杂货店的一切活动。小额信贷覆盖了比乌干达整个商业银行业更多的人。一家由国际社区援助基金会（FINCA）建立的银行，拥有 36 000 客户，平均每人贷款 137 美元，有 11% 的净资产收益率。[259]

为了提高小额信贷的收益率，鼓励向世界贫困地区提供更多的服务，联合国宣布 2005 年为小额信贷的国际年。[260] 2006 年孟加拉乡村银行和尤尼斯共同获得诺贝尔和平奖，[261]同时还获得《金融时报》的可持续银行年度大奖，其行为受到极大赞扬。然而，小额信贷更快速发展的主要阻碍在于贷款的高利率。这是因为缺少竞争对手以及大量小额贷款带来的高交易成本。然而随着早期小额信贷的成功，一切也在发生着改变，贷款管理体系有效性的提升及高偿还率带来的低风险都导致小额信贷业从主流的金融机构那里获得更大的利润。[262]

或许利润增长最大的原因在于该行业较高的贷款偿还率。行动国际（ACCION）[263]是小额信贷领域非营利运作的先锋，不断达到极高的贷款偿还率。尤其是，"行动国际向全球 23 个国家、470 万人提供的 760 亿美元贷款的偿还率为 97%。"[264]与之相反的是"美国信用卡未偿还贷款的销账率达到了 5%"。[265]

2011 年的行动国际（ACCION）[266]

- 贷款人数　　　　510 万
- 贷款组合　　　　55 亿美元
- 储户　　　　　　210 万
- 储蓄存款　　　　27 亿美元

行动国际（2001—2011）

- 总贷款人数　　　1 320 万
- 小额贷款总量　　5 570 万
- 总贷款金额　　　460 亿美元
- 贷款偿还率　　　97%

如此高的贷款偿还率，使这一商业模型十分有效可行。其高收益率可以与那些商业银行相媲美，"每年收益 6%，而好的基金收益甚至会是其 3~4 倍"[267]：

联合国在印度、肯尼亚和菲律宾的研究数据表明，小额信贷业每年的投资回报率平均在 117% 到 847% 之间。[268]

传统意义上，小额信贷机构需要依赖于救助和政府财政支持。这样，如果收益比商业银行还多则是非常讽刺的，因为正是这些商业银行放弃了这个细分市场（比如像较贫困的借款人提供小额贷款）才导致了供应的缺口，而这是尤尼斯一开始就想努力填补的。[269]特别地，通过一些社会责任投资基金[270]、风险投资[271]和跨国银行[272]的支持，小额信贷的财政支持也越来越充足：

例如，新兴市场的渣打银行在 2008 年 5 月成立了一个 1.8 亿美元的小额贷款投资项目……在 10 月初花旗银行宣布在中国湖北省建立两个小额信贷公司……汇丰银行和渣打银行早在去年就进入了中国的小额信贷市场。[273]

消费品市场上的跨国公司也直接因为小额信贷而受益。通过从小额信贷机构借贷小额的贷款，企业可以利用当地的中介女销售员把产品销往偏远地区，例如联合利华的印度子公司印度斯坦利华公司：

现在，有大约 13 000 名贫困女性在印度 12 个州的 50 000 个村庄销售联合利华的产品，占其在该地区总销售额的 15%。来自农村市场的收益占整个印度斯坦利华收益的 30%。[274]

而且尤尼斯声称小额信贷依靠的是实体经济，因此不受金融危机的影响：

一个简单的原因就是我们根植于实体经济。我们发放了 100 美元的贷款，这 100 美元背后是鸡和牛，并不是一些虚拟的东西。[275]

随着技术的创新，尤其是移动手机的普及，机构更易扩展潜在客户群。有研究显示，在不久的将来，"手机支付系统将服务于全世界无银行账户的 30 亿用户中 15% 的人"。[276] "例如在南非，只有不到一半的人有银行账户，但 9/10 的人都有手机"[277]：

> 移动通讯技术有潜力提供便宜、快捷、低风险的银行服务，因为交易是在通用的、高质量的基础架构里被实时监控的。[278]

与社会进步相关的经济收益的潜力是巨大的。正如《经济学家》写道："在一个典型的发展中国家，每 100 个人增加 10 部手机就会推动 GDP 增长 0.6 个百分点。"[279]然而，除此以外有证据表明小额信贷仍然是供不应求的。不同国家情况不尽相同，在 2009 年，根据国际金融组织的调查："巴西和阿根廷小额金融的市场渗透率为 3%，这意味着每 100 个有资格从事小额信贷的公司，只有 3 个正在从事这项业务。然而这一比率在巴拉圭、智利和秘鲁是在 25% ~ 35% 之间，而在玻利维亚则超过了 160%。"[280]

机遇与挑战总是并存的：首先，随着更大范围的应用，小额贷款的初衷就会渐渐被侵蚀，越来越多的报道指出："小额贷款经常被用于购买耐用消费品或被拿去偿还借款了。"[281]其次，随着越来越多的以盈利为目的的机构进入市场，它们会追求经济利益而不关注社会价值，因而曲解了小额信贷的商业模型：

> 小额信贷正在酝酿着信任危机……"我们担心会出现泡沫……太多的钱，太少的好的申请者。"在印度，根据新德里的产业协会 Sa-Dhan 的统计，截至 2008 年 3 月 31 日，小额贷款的未偿还率达到 72%，共计 12.4 亿美元。[282]

最终这句话被证明是很有预见性的。不久之后，在 2010 年和 2011 年发生的两件事震动了小额信贷界——一个在孟加拉，另一个在印度。这两件事给整个行业蒙上了阴影，威胁了尤尼斯在小额信贷方面的成就。第一个事件涉及尤尼斯自身，他试图成立一个政党来促进国内的改革，而那些顽固旧势力们感受到了这颗高调新星的威胁，因此对他进行了政治上的排挤和反冲。尤其是孟加拉总理谢赫·哈希纳也站出来批判了小额信贷业，尤其批判了尤尼斯：

> 她说："小额信贷者把这个国家的人民变成了他们的小豚鼠，他们以扶贫的名义榨取穷人的血汗。"[283]

这场政治斗争（由指控尤尼斯有偷税漏税嫌疑而引发的）[284]迫使尤尼斯在 2011 年 4 月从乡村银行退位，对外声称超过了法定退休年龄。法院强制性的解雇伴随着对乡村银行进行管理改革的呼吁。特别地，国家任命委员会声称乡村银行已触犯了法律，把一个小额信贷机构发展为"从电信业到太阳能业的商业帝国"，而尤尼斯对此缺少有效地监管：

> 陪审团总结出乡村银行的 12 位董事会成员中，有 9 位是贫困贷款女性选举出的代表，整个董事会不具备监管的能力，因此整个公司都由具有超凡魅力的创始人尤尼斯来掌管。[285]

第二个事件在印度 SKS 小额信贷公司饱受争议的首次公开募股之后，2010 年 8 月首次公开募股时，公司增加了 3.58 亿美元的资产，且 SKS 估价为 15 亿美元，但在此之前公司的创始人阿库拉（Vikram Akula）出售了价值 1 300 万美元的股份。阿库拉的一夜暴富与那些从他公司贷款的大部分人的贫穷形成了强烈的对比，这引起了印度政客们强烈的诟病，指责 SKS 以及其他小额信贷公司"通过过度借贷和'强制'征收策略从穷人那里榨取高额利润。"[286] 随着一系列关于营利公司进入传统非营利领域的公共辩论，印度的收款率直线下降，并引出了一个原则性的问题：小额信贷是否真正有利于穷人。信贷公司被指责为了迅速扩张而降低贷款标准（为了增加贷款人数），提高利率（为了增加盈利），结果导致更高的违约率和欠款。据调查显示，这些问题并非罕见：

在过去两年里，摩洛哥、波西尼亚、尼加拉瓜和巴基斯坦都遭遇了小额信贷还贷危机。世界银行帮助穷人的顾问团正在试图改善这些弱势群体的融资渠道，指责信贷公司忽视贷款人偿还能力而造成信贷的混乱。[287]

由于 SKS 公司的股价下跌[288]，阿库拉被迫从执行总裁的位子上辞职，在他任职期间曾呼吁小额信贷行业和公司的进一步改革：

……向那些贫困的女性收取 30% ～ 65% 的贷款利息。也有证据表明虽然小额贷款确实带给穷人小小的帮助，但通常不能把他们拉出贫困的深渊……而且相当大规模的借贷者负债过度，因为他们太容易从相互竞争的信贷机构中借到钱。[289]

企业社会责任时事通讯：小额信贷

《华尔街日报》[290] 的一篇文章讨论了近期小额信贷行业的迅速扩张所带来的问题。从某种程度上看，小额信贷业是自食其果。总的来说，小额信贷业是因营利公司的大量涌入而发生了变异，那些公司被以高贷款偿还率为基础的商业模式所吸引。由于关注盈利，这些新的小额信贷机构提高了利率，降低了贷款申请标准。这样做的一个后果就是导致传统高利率的信贷机构的兴盛，而打击了小额信贷业的发展。这也证明了高贷款偿还率是小额信贷成功的关键：

一些小额贷款者称他们需要村镇信贷机构帮他们按时还债……偿还小额贷款的同伴压力是极大的，因为机构通常会要求借贷者加入一些小型的、组织严密的群体。一旦一个人违约，群里的所有人都不能再贷款。小额信贷的偿还率几乎为 100%，一些分析者认为这一策略便是隐性原因。

借贷者愿意忍受高利率、为了更容易地获得贷款且避免违约的社会后果：

我们几乎无法辨别信贷机构是否为小额信贷。它们使用过期版本的小额信贷存折，使用与小额信贷相同的每周偿还体系和上门服务。然而不同的是，它们发放贷款更加快捷，不需要像小额信贷机构那样要求妇女们组建团体，相互担保，以确保高贷款偿还率。它们收取的费用是小额信贷机构的四倍。

两场危机引发了许多国家（主要是印度和孟加拉国，因为这两个国家的借贷人数占据了总借贷人数的一半）[291] 关注小额信贷组织的运营实践。尤其是针对过度负债（规定贷款额最高限额）、高利贷（利率封顶）和行业扩张（制定更加严格的规范条例）导致高违约率的改革。然而，从企业社会责任的角度，小额信贷业为我们提供了一个极好的案例来研究在传统意义上不支持竞争市场的产业的盈利动机的局限性。拥有大量股东的国营公司现在面临巨大的发展压力。并不是利润本身限制着小额信贷业中商业公司的角色，而是来自于保持持续的盈利的压力会产生泡沫，并在社会市场上产生特殊的局限性。数十年前，穆罕默德·尤尼斯已经仔细思考过这个问题，并且质疑以盈利为目的的公司可以成为小额信贷商业模式的有效守护者的观点：

小额信贷是任务导向型的银行。当你上市公开募股时说明你在告诉你的投资者这是一个从穷人那里赚钱的好机会。这个信息是错误的，方向也是错误的……市场力量的信徒始终坚信竞争会给人们带来商机。然而经过了几个世纪，这一切也没实现。竞争从来没给穷人带来贷款，它只给富人带来了贷款。这便是上市所走的路线。[292]

我们感到很有趣，我们期待了解未来小额信贷业如何化解商业（公共和私人）、社会和政治力量之间的紧张关系，尤其是期待了解监管部门在试图让该产业从混乱中复兴时会发挥怎样的重要作用。[293]

8.5.3　CEO 的观点

穆罕默德·尤尼斯（孟加拉乡村银行）

当一位穷困的母亲开始赚取收入，她的成功梦想总是围绕着她的孩子。家庭是第二位的，她想要购买餐具，建造更坚固的屋顶，为她自己和家人找一张床。而男人则不同，当一位穷困的父亲获得了一笔额外收入，他更关注于自己。因此钱通过女人进入一个家庭对整个家庭更有益。[294]

8.5.4　在线资源

- Association for Enterprise Opportunity，http：//www. microenterpriseworks. org/
- Community Development Financial Institutions，http：//www. cdfifund. gov/
- Community Investing Center，http：//www. communityinvest. org/
- Community Reinvestment Act，http：//www. ffiec. gov/cra/
- Consul tative Group to Assist the Poor（CGAP），http：//cgap. org/
- FINCA，http：//www. villagebanking. org/
- Goldman Sachs, 10, 000 Women，http：//www. goldmansachs. com/10000women
- Grameen Foundation，http：//www. grameenfoundation. org/
- Hand in Hand，http：//www. hihseed. org/
- Microfinace Gateway，http：//www. microfinancegateway. org/
- Microfinance Information eXchange，http：//www. themix. org/
- Socialfunds. com，http：//www. socialfunds. com/
- SKS Microfinance，http：//www. sksindia. com/
- Women's World Banking Network，http：//www. swwb. org/

8.5.5　正/反方辩论

辩题：考虑到高贷款偿还率，商业金融公司是否有责任进入小额信贷市场。

8.5.6　问题讨论与回顾

1. 访问行动国际网站 http：//www. accion. org/，你对该组织正在从事的工作有什么印象和看法？

2. 为什么小额信贷组织的贷款偿还率（97%以上）会远远高于发达国家盈利银行呢？

3. 你认为发达国家（比如北美和欧洲）会在多大程度上拥有成功的小额信贷的商业模式呢？

4. 你认为诸如高盛集团这样的企业在小额信贷业做出了怎样的努力呢（例如 http：//www. goldmansachs. com/10000women）？

5. 根据你从案例中所得，你对小额信贷业的未来是持乐观还是悲观态度？为什么？

8.6　盈利

> **企业社会责任关系**：这一问题是企业社会责任辩论中的主要组成部分。撇开善良的愿望，一个破产的企业不会给它的利益相关者带来任何益处。盈利对一个企业的生存是至关重要的，因此构成了战略企业社会责任的核心组成部分。
>
> **利益相关者**：消费者、企业、社区。

8.6.1　问题

根据定义，利润是驱使所有营利组织的动力。追求利润是市场经济的基础，它促使企业不断地创新和进步以满足社会发展的需要。利润也被企业领导当做不能追求企业社会责任的借口。从这一角度看，企业有义务把履行企业社会责任带来的成本降到最低，以实现利润最大化和股东投资回报最大化。战略企业社会责任的目标就是调和盈利和社会责任之间的矛盾。

因此，当把企业社会责任作为企业战略运营中的重要组成部分时，一些观点认为盈利和企业社会责任并不是相互排斥的目标。相反，在当今全球化、网络化的世界里，我们认为履行企业社会责任是确保企业长期发展的有效方式。因此，应当将追求利益和履行企业社会责任同时纳入企业战略之中，那种短期的、只以盈利为目的的方式是站不住脚的。如今企业面临的中长期的发展压力越来越大，管理者们需要在贯彻实行公司愿景、使命和战略时更加与时俱进。了解顾客的需求就显得尤为重要。企业通常会在寻找客源方面下工夫：

做好事并不意味着要放弃合理的盈利。你可以用像服务富人那样来服务穷人的方式赚钱。发展中国家的亿万穷人中蕴藏着一个巨大的被忽视的市场。像联合利华和花旗这样的公司开始进入这些市场。联合利华现在开始在印度出售冰激凌，改进的冷藏技术使每个冰激凌售价仅仅 2 美分。花旗银行现在也开始向那些仅仅能投资 25 美元的人提供金融服务。这两个案例中两家公司都是盈利的，但驱使它们这么做的是追求满足被忽视的客户的需求，利润通常来自于进步。[295]

公司从穷人那里赚钱是对的吗？社会使命与新兴市场中同样可以带来社会进步的市场机遇之间的分界线在哪里？我们做出一个明确的划分是否有用？如今，我们是否应该认为所有的企业都有一个社会使命，但传递出社会价值是不同程度的呢？

企业社会责任时事通讯：英特尔公司

《快速公司》杂志[296]上的一篇文章介绍了英特尔公司努力在发展中国家树立企业形象的案例。由于在美国和欧洲的利润下降，英特尔启动了世界领先计划，到发展中国家寻找市场机遇。这一潜在市场的规模对公司发展意义重大：

如今全球一半的中产阶级生活在发展中国家。根据世界银行最新预测，在 25 年内，这一数字将达到 90%。如今被视为奢侈品（包括汽车、冰箱和电脑）的潜在购买者会翻倍，达到 10 亿。

然而同样有趣的是英特尔的策略——目标市场规范越狭窄，成功的潜力就越大：

英特尔寻求的并不是金字塔底端的人，即那些数以亿计的每天靠几美元维持生活的人，而是针对那些比他们境况稍好的人。

这一策略不同于关注底层策略，引发了很多关于企业社会责任的讨论。英特尔在中长期内为那些能够买得起其产品的人提供社会价值。正如英特尔董事会主席克雷格·贝瑞特坦言："我们并不是慈善组织，我们正在试图为我们的产品谋求更长远持续的发展。"

据估计"世界上最富有的2%的人占有全球50%以上的财富，而最贫穷的占到人口总数一半的人只拥有1%的财富"[297]。这意味着世界上65%的人口，即40亿人，在依靠每年2 000美元的收入生存。[298]这些人位于世界人口分层的第四层——人口金字塔最底端，人数最多的那一层（BOP）。因此这些人构成了巨大的市场，他们需要发达国家的帮助，但也可以自己购买一些基本的、价格合理的产品：

从个体的角度看，第四层人的购买力是很有限的……但加起来却是数以万亿的。他们的需求很相似：为孩子提供更好的生活，提高劳动力的价格，保持健康和快乐。[299]

然而，这一被世界银行估价5万亿美元[300]的"巨大潜在市场"[301]仍然被许多公司忽视。[302]企业需要革新方法以把产品传递到原本无法到达的地方，把价格压低到原本无法盈利的程度：

但是为了盈利，企业不能简单地接近市场，微调原本售给富人的产品。相反，它们必须彻底重新设计产品以适应底层人民的需要：小包装、低边际利润、大量。大生意需要以创业家的心态改变传统的方式，需要创造底层市场而不是简单地进入。[303]

跨国公司在"进步利润（progressive profit）"方面做了很多努力，惠普公司提出了"世界e家"[304]的概念，帮助发展中国家跨越数字电子鸿沟：[305]

当惠普启动世界e家计划时，它关注于农村市场，在印度建立了著名的惠普实验室分支机构，专门研发适合这一市场的产品和服务，例如网络的语音接口、太阳能应用以及便宜的联网设备。世界e家计划是一次商业冒险而不是慈善，因为它相信只有制度才能真正从经济上维护制度，强调需求的规模效应，在此规模中便有一次商业机遇。[306]

对于普拉哈拉德（特别坚信世界上穷人很多，潜在的市场很大），[307]这一商业机遇很明确。[308]跨国公司需要做出努力和承诺，但企业在盈利增长、降低成本和激励创新方面会获益：

如果我们不把穷人当做牺牲者或负担，而把他们当做有弹性的、有创造性的创业家和有价值的顾客，那么整个全新的机遇将被开启。[309]

企业社会责任时事通讯：吉百利公司

《华尔街日报》[310]的一篇文章阐释了吉百利公司是怎样在印度底层扩展其糖果市场的：

针对印度低端市场的最新产品是吉百利牛奶巧克力球，是一种豌豆大小的巧克力球，一袋两个5克重，仅仅卖2卢比或4美分，它有一层糖衣保护，所以不易融化。

发展的潜力是巨大的：

这一英国糖果生产商在印度已存在了60年，并垄断了巧克力市场。然而，仅仅有不到印度11亿人口一半的人品尝过巧克力。传统的奶糖和饼干仍然垄断着这个行业，因为这是他们在节日要吃的东西。

虽然普拉哈拉德的底层金字塔观点被企业社会责任的支持者抓住，作为解决发展中国家社会问题的潜在希望（而且这篇文章也坦言宝洁和联合利华也有类似的产品目标），然而鉴于目前印度社会存在的主要问题，我们很难看到巧克力能给社会带来怎样的进步。但是，这一原则很重要——在发展中国家私营部门迎合消费者需求的机会越多，其带来的社会进步就会越大。

普拉哈拉德是值得被铭记的，他于 2010 年去世，他的批评者们[311]质疑底层市场的规模，质疑跨国公司提供附加社会价值的商品的能力（以及意愿）：

低收入市场上许多盈利的生意销售的是诸如手机之类的产品，而不是基础营养品、卫生设备、教育和庇护所……除此以外，也主张不依据外表而选择消费对象。我们也需要考虑改变消费方式的环境影响……而且我们需要去评估，如果越来越多的外企进入低收入市场，会不会渐渐取代本土企业，加剧当地经济资源的流失呢？[312]

然而，毫无疑问的是普拉哈拉德对企业如何认识发展中国家具有重要影响力，也对生活在那里的人们产生了重大影响（正面或负面的）。[313]更重要的是，普拉哈拉德展现了发展中国家不一样的一面，以及发达国家该怎样与其互动合作：

数十年来，援助第三世界国家的主要模式是：建电站水坝、提供食物和医疗设备。在过去的 60 年里西方国家已为此投入了 1.5 万亿美元，但仍然有超过 10 亿人每天依靠不到 1 美元维持生活。然而如果你设计了一样有用的产品而不是单纯做慈善，这一理论就会行之有效，目标人群更有可能需要并使用它。如果把盈利投入在生产上，那么不仅能创造更多的工作岗位，也能让人们在那些做慈善的人失去兴趣时继续有所得。这里是存在暴利的：虽然单个穷人没有钱，但数以万计的穷人加在一起则是很可观的。[314]

有越来越多的证据表明，以盈利为目的的企业正在做着这项工作，比如宝洁（水）[315]、雀巢（食物)[316]、联合利华（个人卫生保健)[317]在实现社会效益（尤其是提升公共健康）的同时，也实现了盈利的目标。

8.6.2　案例研究：联合利华

以盈利为目的的商业与社会进步之间的联系是毋庸置疑的。正如全食超市的 CEO 约翰·麦基所说：

在 1800 年，85% 的人每天依靠不到 1 美元维持生存，而今天只有 17% 的人会这样。按照这样的经济发展趋势，我们可以预见在 21 世纪赤贫状态会完全消失。商业并不是一场零和博弈，而是会把蛋糕越做越大，为所有的利益相关者（消费者、员工、供应商、投资者和社区）创造更大的价值。[318]

其中一个原因是商业生产活动会让更多的人有机会去追求梦想，改善生活。手机便是一个很好的例子，它在发展中国家越来越重要，方便人们的交流沟通和做生意。由于手机是如此重要，"人们愿意不吃饭或者以步代车来省钱买手机"。[319]企业通过生产产品来满足人们的愿望，这也是为什么是经济发展而不是国际援助才会给发展中国家带来巨大的社会进步。[320]而且，由于普拉哈拉德的底层金字塔理论，跨国公司开始意识到那些非传统市场的巨大潜力：

世界上的穷人都住在哪里？答案很明显：在贫穷的国家。然而最近的调查显示这一答案是错的。4/5 的穷人，每天只依靠不到 2 美元维持生存，生活在人均国民收入为 1 000 ～ 12 500 美元的中等收入国家。[321]

这意味着这些人有可支配收入，换句话说，他们是消费者。于是，有远见的公司已开始探索如何更好地服务于这样的市场：

> 例如印度斯坦利华公司，一家由联合利华控股 51% 的印度日用消费品公司，了解到许多印度人无力支付大瓶装的洗发水，于是他们发明了一次性使用的包装（根据头发的长度有三种型号），只卖几分钱，如今每年销售量为 45 亿。[322]

联合利华特别承诺把企业社会责任贯彻于企业战略和日常运营之中，迅速将其产品投入底层市场。作为项目的一部分，联合利华进一步探究在发展中国家盈利目标与非盈利优先之间的矛盾关系：

> 在倡导洗手的工作中，联合利华的合作伙伴认为应当抓紧时间把事情做好，而一些捐赠者和救助者却被自身的繁文缛节牵绊住……联合利华市场专家面临的一个棘手的挑战便是需要说服合伙人相信广播广告和巡回演出达到特定的次数时才会有效，而他们的意见总不能达成一致。[323]

联合利华通过将其品牌肥皂（有救生圈图案）与大众洗手的观念联系起来，来参与乌干达的倡议洗手运动。然而，联合国儿童基金会的目标仅仅是倡导人们洗手，但却随着私营部门的参与而从市场上获益并传播了专业的知识。我们很容易看出这两个组织的目标是如何共存的，虽然也会产生摩擦：

> 西迪贝小姐说，捐赠者绝不会为这种告诉人们用"联合利华的香皂洗手"的商业品牌活动买单。一些人也会介意跨国公司品牌的名字出现在活动赞助商名单上。"但他们也意识到这是唯一让我们对活动感兴趣的方式，让我们的品牌被大众认可熟知是非常重要的，否则就体现不出我们参加此项活动的意义。"[324]

企业社会责任时事通讯：联合利华

2010 年 11 月联合利华启动了"可持续生活计划"，正如 CEO 保罗·波尔曼在发布会上所说，联合利华是一个充满雄心的企业：

> 但是不惜一切代价的发展是不可行的。我们希望发展可持续的商业模式，所以我们启动了"可持续生活计划"，让数以亿计的人提高他们的生活质量，而不影响环境。

这一计划受到企业社会责任群体[325]的一致认可，这归功于联合利华的优先社会责任投资的特定目标。尤其是，公司承诺截止到 2020 年：

> 帮助超过 10 亿人提高他们的健康水平，将产品的环境影响减半，使用 100% 可再生农业原材料。[326]

《金融时报》上的一篇文章[327]强调联合利华把这一计划作为公司商业模式的一部分，这是与其竞争者最大的区别：

> 联合利华通过做善事来盈利已有悠久的历史。早在维多利亚时代，其创始人之一威廉就通过发明品牌肥皂来鼓励人们保持卫生，远离传染病。如今，在发展中国家，350 万孩子死于痢疾和呼吸道感染。教育孩子勤洗手是减少这一现象的方式之一。联合利华抓住了这次机会去拯救生命且销售肥皂。

然而这则公告引人注意的是波尔曼先生行文的框架，并不是向股东证明这一计划会为公司节约多少成本，而是发出了一个挑战：

> 联合利华已经成立了超过 100 年，我们还想再存在上百年，如果你支持这一公平的、共享的、可持续的长期增值模式，那么请加入我们；如果你不支持，那么我尊重你，请你不要为我们公司投资。

更重要的是，即使投资者们反应冷淡，波尔曼先生依然坚持这一路线。在这一公告发布不久之后，"《金融时报》报道公司的股价落后于竞争对手和市场水平"。然而，波尔曼并没有为此找任何借口，而是坚持了现行计划，并停止向股东们寻求支持和指导，因为"我们当然不想吸引那些在计划仅施行 90 天就急于求成的投资者"。这一公告绝对是道德意义上的争论，而不是一次商业讨论，它是如此独一无二，让大家为之一震：

　　最终，联合利华的承诺为商界树立了新典范：经济的增长与负面的社会经济成本是不挂钩的。一个公司，无论多大，也无法改变整个制度环境，但它却可以为大家指引方向。[328]

联合利华许下承诺的一部分原因是看到新兴市场的潜力，而这些市场尚未被西方跨国公司涉足。因此，一个重要的动力就是想走在其他竞争者前面。例如，宝洁也发现了这一市场的潜力，想要探索吸引底层消费者的商业模式。[329]作为宝洁发展战略的一部分，"它想要吸引额外的那 10 亿消费者——大多数是生活在发展中国家的贫穷女性"[330]。然而，对于像宝洁、联合利华这样的日用消费品公司，当它们进入这样的市场时很显然面临着特殊的挑战，它们要适应新的经济和文化环境。这些挑战包括产品的包装（独立包装，而不是家庭装）、店面的设计和布局（较小的店面）以及不同的消费习惯（每天而不是每周购买）：

　　接触到这些消费者并不容易。宝洁估计在新兴市场中，80% 的人从小卖部中买东西……他们不会一次储存足量的商品，这样成本很高，他们通常只在需要时购买小包装的肥皂、洗衣粉和纸尿裤，即使小包装有时更不划算……宝洁称这些当地特有的摊点为"高频商店"，因为消费者会在一天或一周内光顾很多次。[331]

为了进入底层市场，物流（分配和供应链的管理）的改进也是十分重要的：

　　联合利华发动 45 000 名能干的女推销员在印度 15 个州的 100 000 个村庄里推销产品。奈斯派索——雀巢咖啡的零售商，会教它的咖啡供应商如何提高咖啡产量。日用品公司宝洁和零售商沃尔玛都利用"积分卡"来鼓励它们的供应商节约用水、合理处理垃圾以及排放更少的温室气体。[332]

这些改变说明企业需要去了解它们想要进入的那个市场。这需要它们去倾听而不是去指挥，需要它们完善现有的规范而不是试图去改变别人。底层消费者与其他消费者拥有相同的期望，但它们更希望获得公司的尊重。[333]对新兴市场给予一些特殊的对待是有额外好处的：

　　分析家们认为企业在经济困难时期向每天收入少于 4 美元的人出售产品与服务效果会更好。这是因为当经济形势不好时，即使中产阶级开始削减他们在时尚奢侈品方面的开支，消费者们还是需要购买食物、肥皂和其他生活必需品。[334]

然而当企业追求与社会发展有关的目标时，这正是企业在新兴市场内扩张的商业模式：

　　宝洁预测 2012 年发展中国家市场的盈利份额能达到总盈利的 37%，2010 年是 34%，2005 年仅为 23%。联合利华在发展中国家市场的销售额已从 2010 年的 53% 上升为 56%……据预测到 2020 年会达到 70%。[335]

8.6.3　在线资源

- Base of the Pyramid Protocol，http：//bop-protocol. org/

- Executives Without Borders, http：//www. executiveswithoutborders. org/
- Grassroots Business Fund, http：//www. gbfund. org/
- HP Global Citizenship, http：//www. hp. com/hpinfo/globalcitizenship/
- Inclusive Business, http：//www. inclusivebusiness. org/
- Intel, World Ahead Program, http：//www. intel. com/content/www/us/en/company-overview/world-ahead. html
- NextBillion. net—Development Through Enterprise, http：//www. nextbillion . net/
- Unilever's Sustainable Living Plan, http：//www. unilever. com/sustainable-living/
- World Resources Institute, http：//www. wri. org/

8.6.4　正/反方辩论

> **辩题**：在金字塔底层市场经营的企业是以向穷人出售他们本不需要的商品的形式剥削穷人的。

8.6.5　讨论问题与回顾

1. 以盈利为目的的企业可以从穷人那里赚钱吗？

2. 概述金字塔底端存在的市场机遇。你认为一个企业及其现有产品应该做出怎样改变才能在发展中国家中盈利呢？

3. 假设一个企业发现了在金字塔第四层（金字塔底层的 40 亿人）可盈利的市场，这一突破会为企业在金字塔顶层的发达国家市场中的生意带来怎样的好处呢？

4. 查阅联合利华"可持续生活计划"的相关资料（http：//www. unilever . com/sustainable-living/）。在阅读案例之前，你意识到这一概念了吗？你是否对联合利华的印象产生了彻底改变？这一计划是企业社会责任，还是商业战略，还是两者皆是呢？为什么？

5. 你读完联合利华 CEO 波尔曼先生在可持续生活计划发布会上的演讲有什么感想呢？

联合利华已经成立了超过 100 年，我们还想再存在上百年，如果你支持这一公平的、共享的、可持续的长期增值模式，那么请加入我们；如果你不支持，那么我尊重你，请你不要为我们公司投资。[336]

8.7　供应链

> **企业社会责任关系**：这一问题强调了企业社会责任在处理不同文化中相互矛盾的价值观时的复杂性。这对于在不同国家都有市场、要满足所有利益相关者需求的跨国公司尤为重要。
>
> **利益相关者**：供应商、员工、政府。

本章之前提到过的道德采购问题已展现了有道德供应链的公司的战略优势。这一产业链问题中也包括了不道德产业链的危害性。

8.7.1　问题

商业将在多大程度上为其所在社区做出贡献？如今的企业越来越国际化，在不同的国家和文化下都拥有市场。企业迁移意味着国内的工作岗位减少，企业迁入国的工作岗位增多。然而这对于整个社会是好是坏我们尚不清楚。

全球化的一大好处就是企业可以在世界范围内运营。这可以体现在销售物流（市场导向型）和效率（降低成本、减少规制）方面。这些混合的决定因素可产生不同的情形，福特野马大部分是在美国之外制造组装而成，而丰田 Sienna90% 的原料来自美国和加拿大，并在印第安纳州组装完成。[337]而且供应链越长就越复杂——"一件从中国香港进口到美国的衬衫可能是由 10 个国家的工人加工完成的"：[338]

这也是为什么世界贸易组织的主席帕斯卡尔·拉米说"美国制造"、"中国制造"这样的词已经过时了，更合适的是"世界制造"。大多数产品是在不同地区设计、在不同地区制造并且销往世界各地。[339]

如今全球供应链的复杂性体现在 21 世纪跨国公司每天的运营实践中：

沃尔玛拥有 60 000 个供应商，特斯科仅在英国就有 6 000 个，IBM 在 90 个国家拥有 28 000 个供应商，而联合利华拥有巨大的固定的供应网，有 160 000 个公司为其提供产品和服务。[340]

而全球化的负面影响通常体现在员工身上。随着中国蓝领工厂的增多，东南亚白领呼叫中心的发展，印度电脑编程工作的增多，许多发展中国家的工人都被迫亲身体验到了全球化的影响，"截止到 2009 年的 10 年里，美国工厂失业率迅速增长，居高不下，几乎抵消了过去 70 年的成绩，几乎 1/3 的制造业的工作，共计 600 万岗位消失了"。[341]

截止到 2016 年，欧美的企业还要将 750 000 种 IT、金融和其他商业服务的工作转移到印度和其他低成本地区……到那时，共计 230 万个金融、IT、采购、人力资源方面的工作将转移到海外，这几乎占该地区总工作岗位的 1/3。[342]

但这一负面影响不单单局限于本土的员工，媒体中经常会报道关于海外血汗工厂恶劣的工作条件和侵犯人权的事件。[343]而且恶劣的案例往往发生在那些无力自我保护的地区：

国际劳工组织估计亚太地区有 1.22 亿 5～14 岁的童工，其中 4 400 万来自印度，印度是世界上童工最多的国家。[344]

因此，虽然有一些全球化拥护者指出全球化进程使那些发展中国家中因此获得工作岗位的工人获益，但是最终我们并不清楚那些工人到底是获益了（获得工作岗位）[345]，还是受损了（恶劣的工作条件）[346]，甚至我们不清楚这样是否给本国带来了优质的产品与服务[347]。同样重要的是，这一大型的生产物流的转移发生在相对较短的时间里，一个证据便是"美国消费者现在购买的衣服中只有 3% 是本土制造的，而在 1990 年是 50%"。[348]

虽然随着技术进步，一些工作会自然消失，但从企业社会责任角度看，这一迅速变化会对公司产生怎样的影响呢？在拥有不同价值观和规范的外国环境中运营的企业会在多大程度上受到文化矛盾的干扰呢？[349]外包在企业践行社会责任的过程中扮演了怎样的角色？一个道德供应链（从道德采购到废品妥善处理）[350]会在多大程度上有利于企业的发展并带来积极的社会影响呢？[351]

这一论题的另一面是不道德的供应链是否会遭到企业利益相关者的惩罚。当地市场对企业的不平等对待，以本土的价值观和期待而不是外国文化标准来评判企业，会对企业产生怎样的潜在危害呢?[352]同样值得怀疑的是:血汗工厂一定是坏的吗?例如,"西方人通常会指责血汗工厂剥削穷人,而穷人自身却视血汗工厂为一种机遇"。[353]因此,支持血汗工厂的理由便是,相较于发展中国家的人们面临的其他选择,在西方跨国公司的工厂中工作对他们来说是获得进步的机会:

> 贸易协定中劳工标准的拥护者意图反击国外剥削的血汗工厂。但是,当西方人听说对贫穷国家来说最核心的挑战并不是血汗工厂剥削了太多的工人,而是他们剥削得还不够时,他们感到十分震惊。对于那些生活在垃圾场的家庭(以垃圾场为家),能够在血汗工厂里工作是一个可望而不可即的梦想,是摆脱贫穷的阶梯,是家长对孩子不现实的期望。[354]

因此这场讨论的一个重要组成部分便是文化相对主义的概念——对于海外的商业行为应该多大程度上依据母国的道德、伦理和宗教标准来评判,又在多大程度上依据当地的历史、文化环境呢?尤其是西方的非政府组织被指控开展抵制活动,该活动抵制在发展中国家根据西方观念中可接受的工作条件建立跨国公司且一旦公司被撤回就不给当地提供其他投资资源的行为:

> 危地马拉的国际非政府组织培训当地的领导者给少数民族和土著居民"授权",并谴责"新殖民主义"的投资行为。但现实是非政府组织的性质决定了它的影响力有限,它就像一场龙卷风来势汹汹却又去得很快。[355]

企业社会责任时事通讯:供应链

《金融时报》的一篇文章[356]强调了企业对其供应链的责任。文中举了两个英国的例子(普里马克和特斯科),展现了两个公司供应链下的工厂里侵犯人权(童工)和雇用权利(低工资)的制度体系。然后该专栏从四个角度来分析回答了以下的问题:

> 对企业来说有可能保证其在发展中国家的供应商的产品是在道德允许条件下生产的吗?而且什么样的审计制度能够给消费者提供这样的保证呢?

针对第一个问题,当消费者以很低的价格买到衣服时并不应该感到惊讶,这说明生产这件衣服的成本很低:

> 当勇敢的记者揭露出生产者的黑心行为时,消费者通常会展现他们的良知,掉下鳄鱼的眼泪,然而只有在真正购物时才会露出他们的真面目。

针对第二个问题,回答也很令人惊讶,认为当其发展中国家的供应商试图欺骗审计监察人员时,企业应该自责,因为虽然企业也许会说希望供应商们坚持一定的标准,但却是它们在激励供应商将成本最小化。只有当企业真正给予坚持一系列标准的供应商以财政激励,给予违背者以惩戒,它们才会看到它们希望看到的行为:

> 这意味着应该把供应链纳入良好的企业社会责任实践中,而不是依赖于抽查。这意味着应该让供应商自身意识到坚持良好的雇用标准是符合自身利益的,并且应该帮助供应商建立良好的政策与实践,这将让他们成为值得信任的供应商并且与企业建立长期的合作关系。

发展中国家的工人缺乏选择的余地也是很重要的一个因素:

> 印度、巴基斯坦和越南的贫穷的父母无法在送孩子去学校还是去工厂之间做出抉择。真正的抉择是在挨饿还是温饱之间。

虽然这一专栏没有提供十分具体的答案,但至少是反映了供应链上企业、供应商和员工的现实情况。

总之，虽然有很多极端的例子，但这些跨国公司供应链的改变对于每个公司及其员工究竟是好是坏我们尚不清楚。尤其是当没有共同点可以参考的时候：

当一个发达经济体中的企业去发展中国家开展生意时，它也许会建立符合东道国公民标准的公司制度和实践。众所周知的是耐克，在东南亚建立运动鞋工厂，根据当地的传统和实践来支付工人工资，自己管理运营血汗工厂。从本质上看，它会被指责低于企业责任的平均水平。虽然公司抗议说根据当地的标准来管理是正当的，但愤怒的美国消费者很明确地说他们期待耐克能够符合美国公民的劳动标准。[357]

耐克的例子是具有教育性的，它说明了西方企业在发展高效、道德的供应链方面已走了多远。耐克长期受到指责其海外血汗工厂的困扰，最初是反对耐克自己拥有和经营的工厂，或是代表耐克生产鞋和衣服的承包商：

越南超过90%的耐克工人是15～28岁的女孩或年轻女性……一顿包含米饭、几口蔬菜和豆腐的饭需要70美分，一日三餐需要2.1美元，但这些工人每天只赚1.6美元。而且……他们有其他的费用……为了获得报酬，他们需要牺牲一些东西。尽管存在持久性饥饿，但食物常是被牺牲的东西。[358]

今天，相比之下，耐克在社会责任供应链方面是全球最先进的企业之一。一个很重要的原因，却是它过去的错误以及非政府组织持续的攻击。[359]这些攻击主要集中于耐克在南非和东南亚工厂的工作条件上，正如耐克的创始人兼CEO菲尔·耐特所承认的，在20世纪90年代后期为公司"创造了极大的痛苦"。[360]虽然如此，最初耐克仍不愿改革。[361]今天，公司已变得更加积极主动地争论其业务和产品在全球的积极影响。耐克已经设立了一个企业社会责任的副总裁，并发布了企业社会责任报告来说明其公司框架和运营中的企业社会责任，从而保护公司品牌，应对未来的企业社会责任失误。这个重新定位其品牌的社会责任的持续计划，使耐克公司获益匪浅，它重新占据了美国跑步鞋市场55%的份额。[362]同时，在很多企业社会责任的领域，这家公司现在都被认为是"标杆（standard setter）"，由于其为提高供应链状况做出的努力，而且很多其他公司也愿意在企业社会责任方面追随其脚步。[363]

企业社会责任时事通讯

把丑闻放在好消息前面是媒体的一大特点，但美联社[364]的一篇文章是一个证明耐克在企业社会责任方面引人瞩目的鲜活例子。这篇文章被深埋在一家地方报纸的体育版，报道了耐克公司自愿披露其分包商在马来西亚的工厂虐待工人，包括"肮脏的生活条件、低工资，以及被扣留护照的外国人"。耐克的回应令人印象深刻：

耐克公司表示，所有的工人都将转移到被耐克检查、批准的住房中……报销所有工人的任何费用，进一步，费用会由工厂支付。所有的工人将立即获得其被扣押的护照，同时任何想回家的工人都会获得工厂支付的机票。

只要这种积极主动的行为仍无法辨识，那些不认可企业社会责任的主管就很可能仍对企业社会责任持怀疑态度，而那些过错将会被贴在报纸的头条。

这个时代，将所有事物转移出境仍进行得如火如荼，对其价值的重新评估也一直持续着；此时，外包方式的转变正在上演。部分原因是海外劳动成本的上升，"在中国，劳动成本最近以每年大约20%的速度增长"[365]，但是也有另一个原因，即管理者们正在采用这一商业决策的更广阔视角。企业越来越质疑以暴露于长期信誉威胁之下为代价的短期成本节省，以及其他与物流、客户服务和市场灵活性相关的问题：

> 越来越多的美国企业开始意识到它们转移制造工作到海外的决策并不如回归到本国那样可行了。因此，40% 的制造企业认为有必要将制造分厂从中国和印度转移回美国。而且，在一项研究中有 38% 的企业表示它们的直接竞争者已经将制造工作从海外带回了美国。在新兴国家中，上升的劳动成本、高油价以及不断增加的交通成本和全球风险，例如政治不稳定性，都是将制造企业带回本国的激励因素。[366]

尽管有这样的重新评估，但是，很清晰的是回归到本国不会解决所有由全球化所引起的雇用问题（"如果中国电器生产的 10% 转移到美国，中国将会因此丢失 30 万工作岗位。但是，其中只有 4 万份会出现在美国。换一个角度，如果明天所有的中国制造出口都转移到美国的话，再考虑到自动化影响之后[367]，尽管能够帮助企业创造更高的效率和相应的供应链，但美国的失业率只会下降 2.75%"）[368]。

8.7.2　案例研究：富士康

虽然一些企业正在重新考虑它们外包生意的价值，对于另外一些企业来说，外包使得商业观念更加清晰。苹果公司是后者中的一员。产生这一现象的原因是目前全世界最好的电器都在亚洲最高效地制造。而且，特别是这样一家企业，它比其他任何企业都要做得更大更好：

> 富士康（也以其母公司的名字 Hon Hai 而著名）是世界上最大的订单加工厂。在全中国，富士康拥有 28 个工业园区，雇用了 140 万员工。在过去十年间，富士康已经从电器供应链上大量的企业中脱颖而出，成为世界流水加工的冠军。巴克莱银行预测富士康的收入在今年将会超过 3.9 万亿新台币（约合 1 340 亿美元）[369]。

苹果公司以及其他很多重要的消费电器企业高度依赖于富士康。一些报道指出，"在现今世界上售卖的消费电器都是在富士康深圳工业园区生产的。"[370]比如，富士康占据苹果 iPhone 和 iPad 生产的很大一部分。富士康不仅能够生产高质量产品，同时也极其高效：

> 苹果公司在最后一刻重新设计了 iPhone 的屏幕，如此一来使得组装生产线需要重新检修。新的屏幕到达中国组装厂的时候已接近半夜。接到经理指令后，领班立即召集在公司宿舍的 8 000 名工人。每名员工得到一份点心和一杯茶，然后被安排到工作站，在半个小时之内开始了长达 12 小时的将配置玻璃屏移入到斜面框架内的工作。在 96 小时内，这个工厂生产了超过 1 万台的 iPhone。[371]

尽管苹果公司通过外包其大部分生产给诸如富士康这样的企业从而获取了丰厚的经济利益，就如耐克之前一样，苹果公司也因为其在亚洲延伸的供应链而受到一些负面的压力。特别是作为其最大供应商的富士康公司，其工厂的工作条件已经最大程度地引起了媒体的关注[372]，而且报道了一系列如员工罢工[373]、暴乱[374]、自杀[375]、未成年用工和报酬支付不足[376]，以及中毒[377]等事件。

由于新闻报道以及要迎合领导层从史蒂夫·乔布斯到蒂姆·库克的调整，苹果公司已经开始通过采取一些措施来改善富士康工厂工作条件的方式，试图改变利益相关者对其道德供应链承诺的看法。第一，苹果公司发布了一份综合评估企业工作条件的报告——苹果公司公布的最细致的关于供应链的报告：

> 报告发现 62% 的供应商违反了苹果公司每周 60 小时的工作时间标准。苹果公司还说它发现了有 112 项设备没有得到适当的储存、搬运或是涉及危险化学品。接近 1/3 的供应

商没有遵守苹果公司关于工资和福利的标准。审计还发现有五家工厂雇用未成年工人。[378]

第二，富士康公司宣布将会为所有员工改善工作条件——提高工资，减少加班，然后逐渐改善员工的工作条件。[379]第三，宣布了一项承诺，要让所有的供应商工作接受第三方组织公平劳动委员会（Fair Labor Association，FLA）的审查，而且承诺停止与那些"不改善其劳动者和人权标准"的供应商合作。[380]最后，遵循FLA的审计，苹果公司和富士康公司同意完成所建议的改变——特别是关于薪酬和加班的。正如富士康公司所陈述的：

"我们会继续支持苹果公司的行动以保证其商业伙伴遵守所有相关的中国法律以及FLA的工厂操作守则。"其建议包括减少工作时间到每周最多40小时，限制加班时间到每周最多36小时——中国合法的最上限。[381]

可持续供应链——Mallen Baker [382]

Mallen Baker提供了一个宽泛的步骤框架的概述，企业能够运用它建立起一个可持续的供应链：

- 制出一张愿景图，定义其隐藏的潜在事件。
- 优先排序你的承诺（engagement），通过定义存在最大风险的区域来开始。
- 清楚地认识你自己的标准，什么是你希望执行的标准？
- 专注于衡量绩效的方法。什么改变了？你如何知道的？
- 另外，一如既往地达到买入的顶端（get top level buy-in），高级管理者必须用该领域的战略商业案例来将行动排序。

尽管所有关于富士康的负面消息已经出现在西方的报道中，有两点是值得铭记于心的。第一点是关于这些故事对于苹果公司在公众认识中的影响——可以证明，"它们并没有影响苹果公司的信誉"[383]第二点是富士康公司员工的立场，许多是为了追寻经济发展而从中国的农村迁移到大城市。为了回应富士康公司关于遵循中国法律的加班规定的承诺，"允许工人一周的加班时间不超过9小时"，而且改善健康和安全条件（一些担忧会降低边际效率并威胁工作）。员工们开始做出回应：

为跳楼者布置的安全网还一直不吉利地悬挂在鸿海精密有限公司的建筑上。但是在苹果公司供应商工厂发生一系列自杀事件后的两年，工人们更关注的是另一项设计来保护他们的措施：限制加班。在深圳园区超过15名工人在访谈中提到他们每周的加班时间超过了法定的9小时。大部分人说他们的加班时间是10到15个小时，甚至更多。[384]

在这些争论的激励和压力中，苹果公司关于其关键供应商的承诺表现出其真诚。这在随后报道富士康公司工厂取得进步的新闻中得到应验[385]，而且进一步在苹果公司的网站声明中强调：

苹果公司承诺在全球范围内的供应链实现社会责任的最高标准。我们坚持我们所有的供应商提供安全的工作条件，尊重员工，运用对环境负责的制造过程。我们的行动——从通过定点审核到工厂领导培训项目——证明了这一承诺。[386]

在维护其信誉的行动中，苹果公司几乎是最晚从早期先锋如耐克的经验和错误中学习的公司。对于这些企业来说，它们的信誉和其品牌建立所围绕的价值是其核心战略资产。而且，在一定程度上，假设这些供应商合同在零售电子产业比"在服装行业那些三个月周期"的合同要更长，供应链对于苹果公司来说是很重要的战略事务。这必定"给了苹果公司一个将富士康公司作为长期供应商的理由，使得其不会趋向一个更低廉的选择。"[387] 照此，对如今的跨国公司来说，利用透明的可被利益相关者接受的方式来回应其对公司供应链的持续性的关注，为此，无论在国内还是国外，都必须有一个清晰的战略规则：

在 2005 年 4 月，耐克突然发布其全球接近 750 家工厂数据库的举动震惊了其商业群体。没有法律明确地要求一个公司去披露其工厂或是在全球供应链的供应商信息。但是，在 20 世纪 90 年代早期到 2005 年期间，耐克公司从拒绝负责其工厂不人道的工作条件到领导其他企业全方位披露相关信息——一个战略的转变，证明了一个企业如何利用增加其透明度来降低风险和增加其商业价值。[388]

大体上，越来越多的企业接受由独立的第三方来执行工厂监察。尽管存在挑战（"例如，在最后的审计中，惠普公司供应链上的 276 家工厂只有 7 家完全遵守操作手册"）[389]，审计还是被认为是一种有效的解决方法，它能使西方企业继续在低成本环境中运营，使当地员工能够继续从中获利，而且非营利组织也能够得到当地员工没有受到滥用的保证。[390] 诸如耐克和 GAP（现在是苹果）这样的公司所推行的最佳实践表明，当暴动发生时，企业应该与合同方一同改善工作条件，只有在持续抵抗的案例中才因工厂暴动而切断关联。[391] 因此，对于这些依赖于高效供应链的企业来说，潜在的风险预防远比短期成本控制重要：

一些人说苹果公司应该复制亨利·福特的理念——支付其员工足够的钱，使员工能够买得起一辆 T 型车。组装 iPad 的员工有一天是否也可以拥有一个 iPad 的呢？随着工资在中国的上升，这也许不是一个梦。假设工资只是其零售价的 2%，增加工资会几乎不会减少苹果公司利润，而且去掉其"血汗工厂"的臭名会有助于提高其全球声誉。[392]

很清楚的一点是外包不会消失，即使苹果公司试图将一些生产带回美国。[393] 建立一个高效且有用的供应链对于寻求全球市场的企业来说是很必要的。但是，随着供应链变得越来越长，企业将会卷入到复杂性不断增加的利益相关者的争斗中。企业社会责任视角提供了一种应对复杂性的方法，这种复杂问题出现在企业为建立工厂而寻找合适地区的过程中，这些地区要能够提供区位、员工技能和低成本的最佳组合。从企业社会责任视角出发，重要的是保证企业坚持其合法的和社会的义务，而且这是被利益相关者所认可和称赞的最佳实践而非最差实践。

8.7.3　CEO 的观点

蒂姆·库克（苹果公司）

不管是作为一个企业还是作为个人，我们是由我们的价值所定义的。不幸的是，苹果公司的价值如今受到了人们的质疑，我想开诚布公地和你们谈谈这点。我们关注在我们全球供应链上的每一位员工。任何事故都受到关注，而且任何关于工作条件的事务都值得关注。任何关于我们不关心的评论显然是不对的，是对我们的攻击。这不是真正的我们。每一年，我们巡视更多的工厂，增加对我们合作者的监管，而且更加深入到供应链。正如我们这个月早些时候所公布的，我们已经取得了很大的进步，改善了许多工人的工作条件。我们知道在本行业内没有一家企业能够和我们做得一样多，去的地方一样多，接触的人一样多。我们会继续深入，我们会毫不犹豫地找出更多的问题。我们不会做、也从未做过的就是站在那里或是对于我们供应链上的问题熟视无睹。我向你们保证。你们可以在

apple. com/supplierresposibility 看到我们的最新进展。[394]

8.7.4 在线资源

- Apple Supplier Responsibility，http：//www. apple. com/supplierresponsibility/
- China Labor Watch，http：//www. chinalaborwatch. org/
- EICC Code of Conduct，http：//www. eicc. info/eicc_ code. shtml
- Electronic Industry Citizenship Coalition，http：//www. eicc. info/
- Fair Labor Association，http：//www. fairlabor. org/
- Foxconn CSR Report，http：//www. foxconn. com/CSR_ REPORT. html
- Institute for Supply Management，http：//www. ism. ws/
- International Labor Organization，http：//www. ilo. org/
- Labour Behind the Label，http：//www. labourbehindthelabel. org/
- NikeWatch Campaign，http：//www. oxfam. org. au/campaigns/labour-rights/nikewatch/
- Social Accountability International（SAI），http：//www. sa-intl. org/
- Sweatshop Watch，http：//www. change. org/sweatshop_ watch
- Verité，http：//www. verite. org/

8.7.5 正反方辩论

> 辩题：在一个没有福利安全网的国家内，到一个血汗工厂去工作总比失业要好？

8.7.6 讨论与回顾问题

1. 一个企业是否对其供应链负有责任？如果有，在供应链上这份责任的延伸有多远——到最直接的供应商，供应商的供应商，或是更远？

2. 一个企业的海外运营是否应该受到运营国家（法律的、经济的、文化的和道德的）标准评判，还是应该受到母国市场标准的评判？

3. 你买苹果公司的产品吗？如果买了，为什么？如果没有，为什么？为什么苹果公司这么成功？

4. 为什么苹果公司不断地从海外企业如富士康公司获取产品？这样做对于企业会产生什么好处？这么做的缺陷是什么？苹果公司是否应该提前意识到这些威胁，然后避免它们？总的来说，苹果公司的决策是利大于弊吗？

5. 苹果公司是一个好企业吗？为什么是或为什么不是？

学生学习网站

访问学生学习网站 www. sagepub. com/chandler3e 获取更多的学习工具。

8.8 CSR 案例研究

案例研究 1

产品安全

在当前的经济社会体制之下，企业除了为社会提供各种产品和服务并在这个过程中获取利益之外，还必须考虑企业内外部的各种利益相关者的利益。当然，企业是社会中的一个组成部分，作为社会公民的一分子理应在各种日常的经营管理活动之中考虑道德和伦理的基本要求。[1] 中国经济在最近二三十年来出现了持续高速的增长，无论是中国的国有企业、民营企业还是外资企业等都在这一时期蓬勃发展。然而，中国在享受经济发展成果的同时，也不得不面对随之而来的由于企业不负责任的片面追求利润最大化的短期行为而产生的种种问题，其中之一便是产品安全问题。

数量众多的企业为社会源源不断地提供着各种产品和服务，而不同企业所提供的产品与服务当然是不尽相同的。所谓"民以食为天"，企业为社会大众提供的食品及其服务应该说与大家每一个人的生活健康都息息相关，是民生的一个重要方面。然而在中国，食品却屡屡出现重大安全隐患，不少食品生产企业陷入了信任危机，生产出了大量"有毒"食品，比如"毒泡菜"、"毒粉丝"、"陈化粮"、"瘦肉精猪肉"、"假牛肉"、"过期馅月饼"、用工业酒精勾兑的白酒等等。这些危害人们身心健康的食品安全事件频频出现，使得食品安全问题业已成为人们日常生活中面临的一个重大威胁，一方面直接影响到人们的生命和心理健康，另一方面也对企业自身和社会道德舆论产生了很大的冲击和负面影响。

所以，企业履行基本的社会责任，为大众提供安全的产品和服务，事关企业存亡。但是，中国企业目前对于企业社会责任履行的认识还存在着一定的偏差，将企业责任等同于社会慈善。事实上，企业社会责任具有非常丰富的内涵，根据 Carroll 提出的概念分析框架（认为企业社会责任包含四个主要的责任维度：经济、法律、伦理和慈善[2]），企业的慈善捐助属于慈善责任的范畴，但这是一种较高层次的社会责任，是在经济责任、法律责任等基本责任得到很好履行的基础上进行考虑的责任。倘若企业一味追求慈善责任，企图通过"作秀"式的慈善来树立良好的企业形象，却忽视了企业最基本的社会责任，即为大众提供安全、放心、高质量的产品和服务，那么这样的企业必将自食恶果。

事实上，提供安全的产品或服务是一个企业应该履行的基本义务，也是最基本的社会责任。这些年来出现的种种因为产品安全而带来巨大损失的事例说明产品安全意义重大，因为它不仅关系到每一个人的切身利益，而且影响到整体经济的发展乃至于国家民族的进步。因此，无论是政府、企业还是社会都开始意识到产品安全方面的企业社会责任是具有重大理论意义和实践价值的问题。

其实，企业社会责任对于广大企业最为基本的要求就是提供合格、高质量的产品和服务，然而在现实中企业的表现却与社会的期许存在不少差异。一方面许多企业大张旗鼓宣传自身的企业社会责任履行成果，积极进行慈善捐助，另一方面一些所谓的"名优"企

① Wood, D., & Logsdon, J. (2002). Business citizenship: from individuals to organizations. *Ethics and entrepreneurship*, *3*, 59–94.

② Carroll, A. B. (1991). The pyramid of corporate social responsibility: toward the moral management of organizational stakeholders. *Business horizons*, *34* (4), 39–48.

业连最基本的经济和法律方面的社会责任都没有做到①，比如在大米中添加石蜡②，在火腿中添加敌敌畏③，在咸鸭蛋、辣椒酱中添加苏丹红④等。这些现象说明企业在履行基本的社会责任方面存在重大的漏洞和缺失。造成企业无法履行最为基本的社会责任的原因一方面是企业内部自身的产品理念和战略定位错误，另一方面是外部环境的诱导与社会政府监管的薄弱。

如前所述，中国企业在实际的经营管理活动中表现出了社会责任认识上的诸多误区。不少企业把绝大多数精力都放在了追逐短期利润上，忽视了最为基本的产品安全问题，甚至为了利润最大化不惜牺牲消费者的身心健康，这也正是中国企业在品牌价值和竞争实力上和世界知名企业存在巨大差距的主要原因。在产品和市场空间、时间得到无限延伸的新经济时代，一个好的企业必须能为顾客提供优秀的产品和服务。中国企业应该主动勇敢地承担社会责任，从而规范行业秩序，避免低端价格竞争，生产真正安全的、高品质的、能够满足消费者需求、让社会放心的高附加值产品，进而不断发展壮大，增强自身核心竞争优势。

事实上，履行企业社会责任是经济全球化的必然要求，在国际国内法律法规日益健全、竞争逐渐加剧的今天，中国企业更应该以诚信为本，提供高质量的产品和服务，履行基本的社会责任，从而为企业树立良好的社会形象，培育优秀的民族品牌。

同时，中国政府必须从保障人民权益的角度出发，制定科学合理的规范政策和法律法规，维护公共与社会的利益，为企业与社会的良性发展提供有力的制度保障；坚持政府引导、行业推动、企业实施和社会参与相结合来促进企业社会责任的履行，保证提供全面安全有保障的产品和服务；除此之外，政府必须加强企业社会责任的规范化监督，在实际工作中提高执法与依法行政、依法监督的能力。

除此之外，第三方的监督和指导效应也是必不可少的，这种督导有利于企业形成良好的内部审计体系和外部监控环境，按时披露社会责任履行情况尤其是产品安全情况报告，积极建立对企业的外部监控机制，包括产品市场、消费者组织、社会舆论、新闻媒体等外部力量，以便全方位监督企业的产品与服务安全，以此来推动社会责任的发展。下面通过中国的三鹿集团股份有限公司的"婴幼儿奶粉含三聚氰胺事件"（简称"三鹿奶粉事件"）这一案例来说明产品安全这一企业基本社会责任的履行对于企业、社会、消费者和政府等各方主体而言的重大意义。

案例研究：三鹿集团（Sanlu Group）

引言

2008 年对于中国乳制品行业是不同寻常的一年，2008 年之前的三鹿头顶无数光环，是中国本土乳业的领头羊，也是新西兰恒天然公司⑤的合作伙伴，其众多产品也早早得到了"国家免检"的傲人勋章，品牌价值一度高达约 149 亿元。⑥然而，一种化工原料三聚

① 王先知，张凌宁，田刚．"三鹿奶粉事件"引发企业社会责任"大地震"［J］．WTO 经济导刊，2008（10）．
② 具体请参见新华网：http：//news．xinhuanet．com/legal/2011-04/10/c_121286827．htm．
③ 具体请参见人民网：http：//society．people．com．cn/GB/1062/6274403．html．
④ 具体请参见凤凰网：http：//news．ifeng．com/opinion/special/kfc/detail_2011_08/02/8127056_0．shtml．
⑤ 全球最大乳品原料出口商。
⑥ 三鹿集团是 2006 年中国品牌 500 强，该评选结果是由中国管理科学研究院企业发展研究中心和中国品牌资产评价中心联合组织，国家发改委、国资委、商务部等有关部门共同参与，对企业销售收入、资产、产品市场占有率等多项指标进行严格、综合评估而得出的品牌价值。具体请参见搜狐网：http：//news．sohu．com/20061122/n246552967．shtml．

氰胺所引发的食品安全事故，使三鹿集团从一个中国驰名品牌沦为了揭开中国乳业重重黑幕的主角。三鹿集团生产的婴幼儿奶粉中含有"三聚氰胺"事件席卷了 22 家知名品牌的乳制品企业[①]，涉及相关企业范围之广、影响力之大、事态之严重程度令人震惊。由三鹿集团"猝死"所引发的一系列相关事件中可以看到企业在没有履行基本的社会责任对于社会和自身所带来的致命危害。在无数婴儿家庭和个人受到侵害的同时，三鹿奶粉事件的连锁效应更是巨大，甚至引发了中国乳品行业的危机和政府信任危机。中国企业应该如何学会承担最为基本的社会责任，如何有效协调企业利益相关者之间的利益，如何培养、提高和坚守企业的道德操守和伦理水平，又该如何在利益和道德、义务和责任之间做出正确的选择，为社会提供安全、健康、高质量的产品和服务等都是值得深思的问题。接下来我们就从三鹿集团的简要介绍开始，回顾"奶粉事件"的始末。

三鹿集团简介[②]

石家庄三鹿集团是集奶牛饲养、乳品加工、科研开发为一体的大型企业集团，是中国食品工业百强、中国企业 500 强，也是河北省、石家庄市重点支持的企业集团。其前身是 1956 年 2 月 16 日成立的"幸福乳业生产合作社"。企业通过了 ISO9001、ISO14001 认证，GMP 审核和 HACCP 认证，获国家实验室认可证书、国家认定企业技术中心称号，2005 年，"三鹿"品牌被世界品牌实验室评为中国 500 个最具价值品牌之一，2006 年集团实现销售收入同比增长 16.5%，利税同比增长 9.6%。三鹿奶粉产销量连续 14 年实现全国第一，酸牛奶位居全国第二名，液态奶进入全国前四名。三鹿奶粉、液态奶被确定为国家免检产品，并双双再次荣获"中国名牌产品"荣誉称号。2006 年位居国际知名杂志《福布斯》评选的"中国顶尖企业百强"乳品行业第一位。2006 年 6 月 15 日，三鹿集团与全球最大的乳品制造商之一新西兰恒天然集团的合资公司正式运营，标志着三鹿向着"瞄准国际领先水平、跻身世界先进行列"的目标迈出了关键一步。2007 年"三鹿"被商务部评为最具市场竞争力品牌。"三鹿"商标被认定为"中国驰名商标"；产品畅销全国 31 个省、市、自治区。三鹿集团为了培育自己的奶源基地，饲养奶牛 80 余万头，日产鲜奶 6 800 吨，奶牛饲养辐射 130 个县（市、区），5 500 多个村，带动 6 万多农户发展奶业，通过延伸产业链吸纳 80 余万农村剩余劳动力，使其走上了致富、奔小康之路。

"三鹿奶粉事件"经过[③]

2008 年 3 月以来，一些消费者陆陆续续向三鹿集团反映：不少婴幼儿在食用三鹿婴幼儿奶粉后，出现了尿液变色或尿液中有颗粒的状况。[④] 2008 年 6 月 28 日，位于甘肃省兰州市的解放军第一医院泌尿科确诊了第一例婴儿患有"双肾多发性结石"和"输尿管结石"的病症。后来医院发现陆续收治的数例患病婴幼儿，均食用了三鹿集团旗下品牌的奶粉。三鹿集团经过多层次、多批次的检验，在同年 8 月 1 日查出了奶粉中含有三聚氰胺物质。但三鹿集团在查出奶粉中含有三聚氰胺后，并没有及时向社会大众和政府部门通

---

　　① 具体请参见新华网：三聚氰胺处理情况公开 22 家问题奶粉企业均受罚 http：//news. xinhuanet. com/food/2009－07/03/content_11645131. htm
　　② 此处参考维基百科和百度百科内容，详见：http：//zh. wikipedia. org/wiki/% E4% B8% 89% E9% B9% BF% E9% 9B% 86% E5% 9B% A2.
　　http：//baike. baidu. com/link? url = cIi _ 4AhDDgVXsqNAEa9hHCKUr0q4p9V _ SslNqkpJkd5Yjlj92IAqmJkVjqwYJc－lo3GBPmyWd8xFc83kiXgir_.
　　③ 此处参考维基百科条目，有修改：2008 年中国奶制品污染事件 http：//zh. wikipedia. org/wiki/% E4% B8% 89% E9% 9B% BF% E5% A5% B6% E7% B2% 89% E6% B1% A1% E6% 9F% 93% E4% BA% 8B% E4% BB% B6
　　④ 后在法院审判中，公司管理人员证实公司最早接到投诉是在 2007 年底。

告和公布。同年 9 月 8 日，新西兰总理下令新西兰官员越过河北省地方当局通知北京有关部门；9 月 9 日，国家质检总局从有关新闻报道获悉，甘肃省发现有婴幼儿因食用三鹿牌婴幼儿奶粉引发肾结石等疾病。国家质检总局对此高度重视，当日即组织开展调查，并对产品进行抽样检验；9 月 10 日，媒体报道婴幼儿因饮用了三鹿牌奶粉而患肾结石，引起了全社会的广泛关注。

自《兰州晨报》9 月 9 日报道婴儿食用"某品牌奶粉"后患肾结石，大家的目光开始投向三鹿。可是面对媒体、消费者和社会公众的众多质疑，9 月 11 日 19 时三鹿集团传媒部崔彦锋却回应："作为具有 50 多年历史的国家知名企业，三鹿几乎成了我国奶粉的代名词，因此我们具有极高的社会责任感，婴儿奶粉是专门为婴儿生产的，在生产中对理化、生物、卫生等标准也是完全按照国家配方奶粉的标准执行并全面检测的。我们可以肯定地说，我们所有的产品都是没有问题的。"但是，事实胜于雄辩。随着社会舆论压力的增加，三鹿集团终于在 9 月 11 日 21 时 30 分宣布产品召回声明，称经公司自检发现 2008 年 8 月 6 日前出厂的部分批次三鹿婴幼儿奶粉受到三聚氰胺的污染，市场上大约有 700 吨。由此也就引来了中国乳业的一次"大风暴"。

"三鹿奶粉事件"的结果与讨论

"三鹿奶粉事件"无疑引发了中国奶制品行业进而是整个食品行业的又一场地震，令举国震惊，事件涉及到包括蒙牛、伊利等名牌在内的 22 家企业，69 个批次婴幼儿奶粉。据卫生部截至 2008 年 12 月底的统计数据显示，全国累计免费筛查 2 240.1 万人，证实全国已有 29.6 万名婴幼儿喝了被工业原料三聚氰胺污染的奶粉而患上了肾结石，其中有 6 名婴幼儿因此死亡，3 岁以下的患儿占 99.2%，3 岁以上的占 0.8%；住院治疗 52 898 人，已治愈出院 52 582 人[①]。整个事件涉及 27 个省市，全国共有 4 500 余家医疗机构参与开展婴幼儿的筛查工作，同时还落实了免费医疗政策，保障医疗救治工作顺利开展。[②] 与此同时，三鹿集团在 2008 年 12 月 24 日正式破产清算[③]，相关高管和负责人被处分或进入司法程序，2009 年 1 月 22 日原三鹿集团董事长田文华被判处无期徒刑[④]；同年 3 月 26 日，河北省高级人民法院对三鹿系列刑事案件做出二审裁定，原三鹿集团董事长田文华被维持原判[⑤]。品牌价值积累的速度很慢，一旦出现问题价值便会迅速流失，甚至荡然无存。经中国品牌资产评价中心评定，三鹿品牌价值一度达到 149 亿元。正是由于三鹿对客户、对社会的不负责任，三鹿品牌价值瞬间消失殆尽。

人们不禁要问，这样的重大食品安全事故为什么会发生在三鹿这样一个看起来优秀的企业身上。究其原因，第一就是三鹿内部的核心价值体系存在重大问题，三鹿作为一家企业，根本没有履行最为基本的社会责任；作为一家食品提供者，根本没有把消费者的生命健康作为自身存在的使命。且在出现问题之后，三鹿第一时间是推卸责任，将问题奶的责任推到了不法奶农的身上，却没有从自身的经营管理理念和采购生产行为上寻找原因。第二，外部环境和行业人员不但没有起到应有的监督作用，还助纣为虐，甚至在奶制品出现

---

　　① 具体请参见新浪网：http://news.sina.com.cn/c/2009-01-12/142617027779.shtml.
　　② 此处参考维基百科条目，有修改：2008 年中国奶制品污染事件 http://zh.wikipedia.org/wiki/%E4%B8%89%E9%B9%BF%E5%A5%B6%E7%B2%89%E6%B1%A1%E6%9F%93%E4%BA%8B%E4%BB%B6.
　　③ 具体请参见凤凰网：三鹿破产清算进入法律程序 http://news.ifeng.com/mainland/200812/1225_17_938997.shtml.
　　④ 具体请参见腾讯网：http://finance.qq.com/a/20090122/001612.htm.
　　⑤ 具体请参见新浪网：http://finance.sina.com.cn/consume/puguangtai/20090327/19206035518.shtml.

问题后还为了自保而偏袒三鹿集团。国家奶业协会常务理事王丁棉曾经说："三聚氰胺一般是来源于奶粉的包装材料，例如铁罐、软包装。此次事件应该要从原料、环境、生产工艺等层层筛查。在一定条件下，如婴儿体重偏小，喝水少等，也会导致磷酸钙的形成，沉积在肾脏。"[①] 第三是政府监管不力，整个奶制品行业出现这么大的食品安全问题让我们不由得至于政府的质量监督检疫检验部门的标准何在。

显然，不管三鹿集团如何进行所谓的"危机公关"，都难逃公众和法律的惩处，最终三鹿集团的破产原因就在于没有履行基本的社会责任，没有将食品安全作为企业首要考虑的问题。我们前面探讨了很多关于企业社会责任的内涵，但是这样的一个实例表明不管学术上如何去讨论和界定企业社会责任，实践中的标准很简单，就是企业能不能够为社会为消费者提供安全、健康、放心的产品和服务，做不到这一点，其他的一切社会责任都无从谈起。

事实上，企业履行社会责任是存在很多种形式的，但是无论以哪种形式履行，都不能不重视消费者的生命安全。企业的发展和基业常青有赖于消费者的支持，如果连消费者最基本的权益都置之不顾，又怎么能够履行好企业社会责任。道德伦理和基本的社会责任是商业文明的基石，企业要实现长久的进步，就必须积极履行基本的社会责任，为社会和公众提供安全的产品和服务。举例来说，2007 年底，三鹿集团的净资产为 12.24 亿元，到 2008 年 10 月 31 日时净资产为-2.01 亿元，同年 12 月末净资产为-11.03 亿元。三鹿集团在奶粉事件中的结果折射出企业疯狂追求规模扩张和短期盈利的同时，漠视了企业基本的社会责任，最终只能自食恶果。

综上所述，倘若企业没有履行基本的社会责任，那么在损害社会公众利益的同时，也一定会使企业的长期利润遭受重大损害，甚至使企业毁于一旦。中国企业应当以此为鉴，积极主动地奉公守法、善待社会、切实承担好自己的企业社会责任，保证产品和服务的质量安全。只有这样，才能有实力参与国际竞争，提升自身的企业形象和消费者的认可度，从而提高市场占有率，增加长期盈利能力，获得经济上的高绩效，实现"基业长青"的目标。

案例研究 2

利润与战略企业社会责任

由于经济全球化的进一步发展和深化以及企业社会责任运动在全球范围的不断展开，企业社会责任不仅仅维系着企业的形象和地位，而且关乎企业的竞争优势，而企业的竞争优势与企业的利润最大化息息相关。所以中国企业不仅要主动去承担社会责任，还要依照企业自身的特点量体裁衣构建战略企业社会责任（Strategic Corporate Social Responsibility，SCSR）体系。同时，中国企业承担企业社会责任也并不意味着企业放弃了自身的可持续发展。

为了避免履行社会责任成为企业发展的阻碍和负担，有必要促进企业实施战略企业社会责任。而下面四个部分共同组成了战略企业社会责任的定义。第一，公司在制定企业战略规划过程时，应采用一种企业社会责任的视角；第二，公司采取的任何行为都和企业的核心运作相关；第三，这个概念包含利益相关者的视角；第四，这一概念已从原来的短期

---

① 具体请参见东方网：http://news.eastday.com/c/20080912/u1a3864269.html.

化视角下的管理企业资源，以及企业与关键利益相关者关系转为中长期。一个整体的战略企业社会责任包括在企业的战略规划和核心运作中，企业的管理是为了广泛的利益相关者的利益，是为了实现中长期的最大化的经济或社会价值。因此，战略企业社会责任由四个关键部分支撑，企业社会责任的视角、公司的核心运营、利益相关者的视角和中长期规划。四部分的结合对属于战略规划的企业社会责任和组织的日常运作都十分重要。[①]

　　那么，战略企业社会责任对于企业的财务绩效支持情况是怎样的呢？可以通过考察前人的研究来回答这一问题。

　　Preston and O'Bannon 将企业社会责任和财务绩效之间的关系分成了四种类型，分别是正相关、负相关、不相关以及因果序列关系。[②] 并提出了六种影响二者关系的假设：社会影响、可使用资源、交换关系、管理机会主义、协同作用（包括正向和负向的协同作用）。这些假设的理论基础是利益相关者的战略管理模型。这种理论认为企业的财务绩效受到企业战略和利益相关者的共同影响。但是二者的作用方式可能有三种形态：第一种形态是企业战略和利益相关者分别独立作用于企业的财务绩效；第二种是企业的利益相关者直接影响到财务绩效，企业战略则起到调节作用；第三种形态是企业的战略直接影响企业的财务绩效，但是企业的利益相关者作为影响二者关系的调节变量。这三种不同的作用机制衍生出不同的假设。支持二者之间有正相关关系假设的人认为企业社会责任的履行取决于企业有多少可支配的资源数量尤其是流动资金的充足程度。[③] 支持二者之间存在负相关关系的以交易假设和管理的机会主义假设作为理论支撑。交易假设认为企业履行社会责任需要付出现金和其他资源，相对于那些没有或者很少履行企业社会责任的企业来讲会处于不利的竞争地位，因而会影响到企业的财务绩效。管理的机会主义假设认为当企业的财务状况较好时企业的管理者会利用这个机会为自己谋取私利，减少企业社会责任支出。当企业的财务状况不好时企业的管理者可能会故意通过增加企业社会责任行为来为不好的绩效辩解。协同作用假设认为企业社会责任和财务绩效之间是互为因果的关系，良好的财务绩效使得企业增加社会责任行为，通过利益相关者在得到企业社会责任正的外部效应后会通过各种途径支持企业，从而促进企业财务绩效的提高。

　　有学者通过对研究进行综述发现，企业社会责任和财务绩效之间成正相关关系的文献占绝大多数，得到负相关关系结论的文献则相对很少[④]（Pava and Krausz，1996；Margolis and Walsh，2001；Pietervan Beurde and Tobias Gossling，2008）。Bernadette M. Ruf（2001）基于利益相关者的视角研究企业社会责任与财务绩效之间的关系，结果表明企业社会责任和短期销售额成显著正相关关系，进一步的研究发现企业社会责任的履行和其后的第三个

[①] Werther, W. B. & Chandler, D. B. (2011) Strategic Corporate Social Responsibility: Stakeholders in a Global Environment, SAGE Publications, Inc, Second Edition edition, pp. 40.

[②] Preston, L. E., & O'Bannon, D. P. (1997). The corporate social-financial performance relationship. *Business and society*, 36 (4), 419-429.

[③] Allouche, J., & Laroche, P. (2005). A meta-analytical investigation of the relationship between corporate social and financial performance. *Revue de gestion des ressources humaines*, 57 (1), 8-41.

[④] Pava, M. L., & Krausz, J. (1996). The association between corporate social-responsibility and financial performance: The paradox of social cost. *Journal of Business Ethics*, 15 (3), 321-357.
Margolis, J. D., & Walsh, J. P. (2001). *People and profits?: The search for a link between a company's social and financial performance.* Psychology Press.
Van Beurden, P., & Gössling, T. (2008). The worth of values – a literature review on the relation between corporate social and financial performance. *Journal of business ethics*, 82 (2), 407-424.

年度的财务绩效之间存在显著正相关关系，这表明企业社会责任的履行会在长期内得到回报[①]。

企业社会责任和财务绩效之间的负相关或者是不相关的研究多体现在企业慈善责任和财务绩效的关系上[②]（Seifert，Morris and Bartkus，2004；Meijer and Schuyt，2005）。例如，Bruce Seifert（2003）研究了企业慈善与企业财务绩效之间的关系。将企业规模和行业作为控制变量（作者选取的企业来自很多不同的行业），研究发现企业的可支配现金流和慈善捐款之间是正相关关系。但是企业慈善和财务绩效之间并没有显著的相关关系，而且不论财务绩效是用会计指标衡量还是用市场指标衡量，二者的关系都不显著。Rim Makni，Claude Francoeur 和 François Bellavance（2009）对加拿大 179 家企业的研究则表明企业的环境责任和以会计为基础的财务绩效在短期存在显著的负相关关系。这一研究支持了交易理论假设，表明企业社会责任会降低企业利润。

对于企业社会责任问题，国内学者的研究起步较晚，研究结论也存在差异。比如姜启军[③]（2007）通过企业生产函数和效用函数进行的成本-收益分析从理论上说明了在短期履行社会责任的企业的利润不一定超过不履行社会责任的企业的利润，如果是否承担社会责任的企业所生产出来的产品价值不能有效地加以区别，那么企业就会有充足的理由不承担社会责任。温素彬、方苑[④]（2008）运用 46 家上市公司的数据进行研究，结果表明我国上市公司已经开始逐步关注其应当履行的社会责任，但是社会责任信息普遍披露情况不佳；对于大多数企业来说，社会责任的履行会对当期财务绩效产生负面影响；但是从长期来看，企业积极承担社会责任会对其财务绩效产生正面作用。

应该讲，企业作为一个"理性经济人"必然会关注利润最大化的实现问题，关心履行社会责任是否能得到财务上的回报，只有二者之间存在正相关关系，企业才会有履行社会责任的内在动机。西方学者对于企业社会责任和财务绩效之间的关系提出了多种理论和假设并进行了大量研究，虽然现有的研究结论多数表明二者之间存在正相关关系，但是这种关系并未获得学术界的一致认可。有国内学者运用西方企业测量社会责任的方法对中国企业社会责任与经济绩效之间的关系进行了检验，结果发现两者存在弱负相关关系且差异不显著，不能推论总体，这至少说明企业承担社会责任的好坏与其经济绩效关系不大。[⑤]下面就通过中国远洋运输集团公司和中国铝业公司的案例来考察实施战略企业社会责任的理论和实践意义。

案例研究：中国远洋运输（集团）总公司（China Ocean Shipping（Group）Company）和中国铝业公司（Aluminum Corporation of China）

引言

如前所述，企业在履行社会责任的同时不可能不考虑利润与财务回报的问题，当企业

① Ruf, B. M., Muralidhar, K., Brown, R. M., Janney, J. J., & Paul, K. (2001). An empirical investigation of the relationship between change in corporate social performance and financial performance: a stakeholder theory perspective. *Journal of Business Ethics*, 32 (2), 143–156.
② Seifert, B., Morris, S. A., & Bartkus, B. R. (2004). Having, giving, and getting: slack resources, corporate philanthropy, and firm financial performance. *Business & Society*, 43 (2), 135–161.
Meijer, M. M., & Schuyt, T. (2005). Corporate social performance as a bottom line for consumers. *Business & Society*, 44 (4), 442–461.
③ 姜启军. 企业社会责任和企业经济绩效的关系分析 [J]. 生产力研究, 2007 (22): 123–125.
④ 温素彬, 方苑. 企业社会责任与财务绩效关系的实证研究——利益相关者视角的面板数据分析 [J]. 中国工业经济, 2008 (10): 150–160.
⑤ 杨伟国, 黄伟. 中央企业战略社会责任审计报告 [M]. 中国人民大学中国人力资本审计研究所, 2013.

社会责任与利润之间存在正相关关系时，企业才更有动力去履行社会责任。中国铝业公司（以下简称"中铝公司"）和中国远洋运输（集团）总公司（下面简称"中远集团"）在履行企业社会责任方面都走在各个大型央企的前列，但是，两家企业在利润等财务回报层面上的表现却没有体现出履行企业社会责任的正面影响，这从一个侧面反映出实施战略企业社会责任的重要意义。

公司简介①

中国远洋运输（集团）总公司成立于 1961 年 4 月 27 日。经过 52 年的发展，中远集团已经成为以航运、物流码头、修造船为主业的跨国企业集团，多次入选《财富》世界 500 强。中远拥有和经营 700 余艘现代化商船，5 100 多万载重吨，年货运量超 4 亿吨，远洋航线覆盖全球 160 多个国家和地区的 1 500 多个港口，船队规模中国第一、世界第二。中远集团在全球范围内投资经营码头 32 个，总泊位达到 157 个，中远集团所属中远太平洋的集装箱码头吞吐量持续保持全球第五。中远太平洋旗下的佛罗伦公司拥有和代管的集装箱规模达 177 万标准箱，集装箱租赁业务占全球市场份额约 12.5%，位居世界第二。中远集团控制各种物流车辆超过 4 000 台，堆场 77 万平方米，拥有和控制仓库 105 万平方米。中远物流在内地 29 个省、市、自治区及境外建立了 400 多个业务分支机构，物流服务创造多项业界记录。中远集团拥有世界先进水平的造船企业、国内领军的海洋工程装备制造企业和最大的修船企业，在国内多家修造船基地拥有含 30 万吨级、50 万吨级在内的各类型船坞 16 座，年修理改造大型船舶 500 余艘，年造船能力 840 万吨。中远集团始终在参与国际竞争中不断发展壮大，是中央企业实施"走出去"战略最早的企业之一，也是国际化经营程度最高的中国企业之一。目前，中远已形成以北京为中心，以中国香港、美洲、欧洲、新加坡、日本、澳洲、韩国、西亚、非洲等九大区域公司为辐射点的全球架构，在 50 多个国家和地区拥有千余家企业和分支机构，员工总数 13.5 万人，其中境外员工 4 600 多人，资产总额超过 3 300 亿元人民币，海外资产和收入已超过总量的半数以上。

中国铝业公司（以下简称公司）成立于 2001 年 2 月 23 日，是中央直接管理的国有重要骨干企业。公司主要从事矿产资源开发、有色金属冶炼加工、相关贸易及工程技术服务等，是目前全球第二大氧化铝供应商、第三大电解铝供应商和第五大铝加工材料供应商，铝业综合实力位居全国第一。公司目前设有铝业、铜业、稀有稀土、工程技术、矿产资源、海外、贸易、能源和金融等业务板块。公司控股的中国铝业股份有限公司为纽约、中国香港、上海三地上市公司。公司现有所属企业 66 家，业务遍布全球 20 多个国家和地区，公司总资产超过 4 337 亿元，2012 年销售收入超过 2 400 亿元，连续五年跻身世界 500 强企业行列。公司的中长期发展战略是优化发展铝，优先发展铜，整合发展稀有稀土，跨越式发展煤炭和铁矿石，积极发展工程技术，选择性发展新兴产业，加快推进海外开发，拓展全球贸易，确保国防军工和国家重大科技工程材料供应，通过 5 到 10 年的努力，将公司建设成为最具成长性的世界一流矿业公司。

---

① 此部分参考中远集团网站资料：http：//www.cosco.com/col/col21/index.html.
此部分参考中铝公司网站资料：http：//www.chalco.com.cn/.

利润与企业社会责任①

企业社会责任的履行与企业利润等财务回报有没有相关关系，如果有，那么具体是怎样的相关关系？可以通过考察中铝公司和中远集团的情况来探讨上述问题。

中铝公司积极履行企业社会责任，在员工层面，编制出台《中国铝业公司"十二五"人才发展规划纲要》，明确公司"十二五"期间人才队伍的建设目标、主要任务和重大人才工程，为员工开辟绿色发展通道；在社区层面，公司及所属企业继续加强与社区及居民的沟通联系，积极支持社区的经济、文化、教育和公益事业；在行业层面，加强与行业企业间在节能减排技术方面的交流与合作，牵头开展有色行业资源综合利用调查研究，引导行业企业开展赤泥综合利用，推动行业节能减排工作；在政府层面，加强与企业所在地政府的沟通，积极参与地方经济建设，重点在发展循环经济项目上，与西部地区开展合作，推进煤电铝循环经济产业项目建设；在社团层面，加强与非政府组织的联系，积极参加各种社团活动，重点总结公司在海外项目与社团的交流沟通经验；在环境层面，以安全发展、节约发展、清洁发展为主题，以技术进步为支撑，以结构调整、综合利用、风险控制为重点，以强化管理为保障，进一步提高安全水平，努力创建资源节约型、环境友好型企业。

根据中国人民大学中国人力资本审计研究所的中央直属国有企业战略企业社会责任绩效评估报告，中国铝业公司在 41 家央企中排名第一（五星级）②，但是根据中国铝业公司披露的 2012 年度报告③中，中国铝业公司的营业收入，2010 年为 120 994 847（千元），2011 年为 145 874 433（千元），2012 年为 149 478 821（千元），本期比上年同期增加2.47%；2010 年归属于上市公司股东的扣除非经常性损益的净亏损/利润为 112 234（千元），2011 年为 -329 436（千元），2012 年为 -8 679 855（千元）；经营活动产生的现金流量净额 2010 年为 7 103 859（千元），2011 年为 2 489 756（千元），2012 年为 1 122 352（千元），本期比上年同期减少 54.92%；归属于上市公司股东的净资产 2010 年为 51 608 147（千元），2011 年为 51 853 354（千元），2012 年为 43 835 118（千元），本期比上年同期减少 15.46%。从综合营业收入、净利润、现金流和净资产等指标来看，出现了一定程度的亏损和回落。中国铝业公司在企业社会责任履行方面是国有大型企业的典范，但是其利润与财务回报却没有或至少没有在当期体现出来，值得深思。

无独有偶，"企业公民"责任对于中远集团来说并不陌生。2001 年，中远集团就建立起了包括国际环境管理体系、职业安全卫生管理体系在内的综合管理体系。2005 年，中远集团加入联合国所倡导的"全球契约"计划，努力实现可持续发展。2006 年 12 月中远集团首次发布《中远集团年度可持续发展报告》，在这以后连续五年荣登联合国全球契约COP 典范榜，并成为全球契约领导力（LEAD）项目成员。2005 年由中远集团发起成立的中远慈善基金会，是中国第一家由国有企业发起的非公募、非营利性慈善基金会。这标志着中远集团将主动承担和积极履行社会责任正式纳入到企业的发展战略之中，从而构筑起以履行经济责任、环境责任、社会责任为主要内容的企业责任体系。通过中远慈善基金

①　此部分参考《中远集团 2012 年可持续发展报告》：http：//www.cosco.com/col/col69/index.html.
　此部分参考《中国铝业公司 2011 年社会责任报告》：http：//www.chalco.com.cn/zl/web/zrbg_more.jsp？ColumnID=485.
②　杨伟国，黄伟. 中央企业战略社会责任审计报告 [M]. 中国人民大学中国人力资本审计研究所，2013.
③　中国铝业股份有限公司（601600）2012 年年度报告：www.cninfo.com.cn/finalpage/index.html.

会，中远集团在南方雨雪冰冻灾害、四川汶川地震、青海玉树地震等重大自然灾害中累计捐赠资金 3.1 亿元人民币，援助项目 100 多个，多次获得"中华慈善奖"。中远集团的可持续发展报告连续四年被评为典范报告，成为唯一一家连续四年登上全球契约典范报告榜的亚洲企业。中远集团认为社会责任的目标与可持续发展息息相关，因为可持续发展是人类共同的经济、社会和环境目标，可持续发展的目标是确保全社会和地球的可持续性。全社会可持续性的实现，有赖于以整体的方式解决社会、经济和环境方面的问题。可持续消费、资源可持续利用和可持续生活方式与所有组织相关，并事关全社会的可持续性。

然而，根据中远集团控股的中国远洋控股股份有限公司① 2012 年报显示，归属于上市公司股东的净资产 2010 年为 47 779 603 058.25（元），2011 年为 34 695 286 175.10（元），2012 年为 25 136 886 168.71（元），本期比上年同期减少 27.55%；经营活动产生的现金流量净额 2010 年为 11 138 078 791.70（元），2011 年为 -5 011 055 987.72（元），2012 年为 -5 299 280 702.84（元），本期比上年同期减少 5.75%；归属于上市公司股东的净利润 2010 年为 6 767 424 542.30（元），2011 年为 -10 448 856 161.20（元），2012 年为 -9 559 164 008.83（元），本期比上年同期增加 8.51%。根据中远集团控股的另一家公司中远航运② 2012 年报显示，2010 年归属于上市公司股东的净利润为 339 953 999.45（元），2011 年为 151 877 238.14（元），2012 年为 19 149 600.49（元），本期比上年同期减少 87.39%；2010 年归属于上市公司股东的扣除非经常性损益的净利润为 298 641 665.33（元），2011 年为 51 460 442.53（元），2012 年为 15 603 590.08（元），本期比上年同期减少 69.68%；归属于上市公司股东的净资产 2010 年为 4 523 428 052.12（元），2011 年为 6 597 742 706.90（元），2012 年为 6 577 525 412.61（元），本期比上年同期减少 0.31%。综合考虑净利润、现金流和净资产等会计财务指标，中远集团同中铝公司一样出现了一定程度的亏损和回落。

实施战略企业社会责任

事实上，构建战略企业社会责任体系是从企业的战略目标出发，将企业社会责任内化为企业自身战略目标的重要有机组成部分，时刻关注利益相关者并与企业的战略决策和执行决策相整合，企业就可以通过实施企业社会责任提升自身竞争优势，以实现企业长期利益最大化和企业与社会的可持续发展。中国在近三十年来经历了巨大的变化，中国企业也在这一变化进程中从不同角度、范围和程度上实施了企业战略社会责任。诚然，中国企业在战略企业社会责任这一领域需要承担、改变和完善的还有很多。中铝公司和中远集团在履行和实施企业社会责任方面都是央企中的佼佼者，但是，两家企业都没有能够在利润等财务回报方面呈现出和企业社会责任实施相符的结果。当然，利润等财务回报情况的变化受到诸多方面的影响，比如产品市场的波动、重大突发事件的影响、国家宏观政策的调整等。

应当指出的是，企业不仅仅应该履行和实施企业社会责任，而且应该树立战略企业社

---

　　① 中国远洋控股股份有限公司（简称中国远洋）由中远集团总公司于 2005 年 3 月 3 日独家发起设立，2005 年 6 月以全球发售和香港公开发行的方式在境外发行 H 股，于 2005 年 6 月 30 日在香港联交所上市，并于 2007 年 6 月 26 日在上交所挂牌上市。股票代码 601919, 01919. HK。
　　② 中远航运股份有限公司（简称中远航运）是由广州远洋运输公司作为主发起人，联合广州远洋海运服务有限公司、广州外轮代理公司、深圳远洋运输股份有限公司和广州中远国际货运有限公司于 1999 年 12 月 8 日共同发起成立的，公司于 2002 年 4 月 18 日在上海证券交易所挂牌上市（证券代码：600428）。

会责任的观念，实施积极的战略企业社会责任。实施战略企业社会责任是一个管理过程，企业必须思考如何将战略企业社会责任融入到企业的文化、战略以及日常业务中，从而逐步培育起一种勇于承担社会责任的企业文化精神内核。另外，不同类型不同规模的企业在社会责任的履行层面也存在差异，一般来说，大型国有企业应在组织保障和战略管理方面将社会责任与企业经营实现有机结合，并上升到企业文化的水平。① 毕竟，最终检验一个公司的企业社会责任依靠的是企业行动。为了不让这些行动只是做做样子，企业社会责任的实施必须要成为企业更大的战略规划中的一部分。企业要关注的不仅仅是结果，还有使用的方法。这要求企业要尽可能地调整行动来适应企业的不同方面的要求。首先，无论是短期还是长期目标都要在规划进程中转化为行动。其次，规划要转化成为预算，直接配置财力和其他资源。这些行动能够被那些受影响最多的人所接受，显示出社会责任组织成功地将规划和意图与行动和结果相匹配的过程。

8.9　注释和参考文献

1. Bernadette Hearne, 'Analysis: The World Bank and Action on Corporate Corruption,' *Ethical Corporation*, May 20, 2004, http: //www. ethicalcorp. com/content. asp? ContentID = 2079

2. Theodore Gordon, 'An Ethics Report Card,' Ethics Newsline, October 15, 2012, http: //www. globalethics. org/newsline/2012/10/15/ethics-report-card/

3. 'Corruption Perceptions Index 2011,' Transparency International, http: //www. transparency. org/cpi2011/results

4. Andres Oppenheimer, 'Latin America's corruption starts at top,' *The Miami Herald*, February 9, 2013, http: //www. miamiherald. com/2013/02/09/3224326/latin - americas - corruption-starts. html

5. David Luhnow & Jose De Cordoba, 'A Tale of Bribes and Romance Roils Mexican Politics,' *Wall Street Journal*, June 23, 2004, pp. A1 & A10.

6. Homero Aridjis, 'The Sun, the Moon and Walmart,' *The New York Times*, May 1, 2012, p. A21.

7. Mark Magnier, 'India leads the world in—shoplifting?' *Los Angeles Times* in *The Daily Yomiuri*, December 26, 2011, p. 10.

8. Paul M. Healy & Karthik Ramanna, 'When the Crowd Fights Corruption,' *Harvard Business Review*, January-February 2013, p. 125.

9. 'Supply side,' *The Economist*, November 5, 2011, p. 72.

10. Carol Matlack et al. , 'Cracking Down on Corporate Bribery,' *BusinessWeek* online, December 6, 2004, http: //www. businessweek. com/magazine/content/04_ 49/b3911066_ mz054. htm? c = bwinsiderdec3&n = link11&t = email

11. Patrick Bartlett, 'EU Investigates Oil Giants,' BBC News, June 12, 2003, http: //news. bbc. co. uk/1/hi/business/2984006. stm

---

① 姜启军，顾庆良. 企业社会责任和企业战略选择［M］. 上海：上海人民出版社，2007.

12. 'Supply side,' *The Economist*, November 5, 2011, p. 72.

13. 'Show us the money,' *The Economist*, September 1, 2012, p. 14.

14. Samuel Rubenfield, 'OECD Rebukes France for Lack of Bribery Prosecutions,' *The Wall Street Journal*, October 23, 2012, http://blogs.wsj.com/corruption-currents/2012/10/23/oecd-rebukes-france-for-lack-of-bribery-prosecutions/

15. Samuel Rubenfield, 'OECD Slams Australia for Lack of Anti-Bribery Enforcement,' *The Wall Street Journal*, October 25, 2012, http://blogs.wsj.com/dealjournalaustralia/2012/10/26/oecd-slams-australia-for-lack-of-anti-bribery-enforcement/

16. 'Supply side,' *The Economist*, November 5, 2011, p. 72.

17. 'Supply side,' *The Economist*, November 5, 2011, p. 72.

18. 与此问题相关, 2012 年 12 月, 汇丰银行同意向美国政府支付 19.2 亿美元, 作为解决指控的方案的一部分。该指控称在数年的时间里银行都允许罪犯和恐怖分子使用该行账户以洗价值亿万的黑钱。见: Kevin McCoy, 'HSBC will pay \$ 1.9 billion for money laundering,' *USA Today*, December 11, 2012, http://www.usatoday.com/story/money/business/2012/12/11/hsbc-laundering-probe/1760351/

19. Samuel Brittan, 'Worse evils exist than corruption,' *Financial Times*, September 18, 2009, p. 9.

20. *BizEthics Buzz*, December 2002. *BizEthics Buzz* is an online news report from *Business Ethics Magazine*, http://www.business-ethics.com/email_ newsletter/sample.html

21. 'Law's long arm,' *The Economist*, October 6, 2012, p. 34.

22. George L. Priest, 'Supreme Wisdom,' *Wall Street Journal*, June 18, 2004, p. A10.

23. Philip Mattera, 'The New Business Watergate: Prosecution of International Corporate Bribery is on the Rise,' *CorpWatch blog*, December 18th, 2007, http://www.corpwatch.org/article.php? id=14859

24. Philip Mattera, 'The New Business Watergate: Prosecution of International Corporate Bribery is on the Rise,' *CorpWatch blog*, December 18th, 2007, http://www.corpwatch.org/article.php? id=14859

25. Paul Betts, 'Blame for corporate immorality goes beyond the board,' *Financial Times*, February 4, 2011, p. 14.

26. 尽管根据美国法律规定这是正确的, 但在大多数国家中情况并非如此: "除了美国, 仅有一小部分国家允许这种公司使用这种支付, 包括韩国、加拿大和新西兰。" 见: Dionne Searcey, 'Small-Scale Bribes Targeted by OECD,' *The Wall Street Journal*, December 10, 2009, p. A4.

27. Philip Mattera, 'The New Business Watergate: Prosecution of International Corporate Bribery is on the Rise,' *CorpWatch blog*, December 18th, 2007, http://www.corpwatch.org/article.php? id=14859

28. Pratap Chatterjee, 'Chiquita Banana To Face Colombia Torture Claim,' *CorpWatch blog*, March 30th, 2012, http://corpwatch.org/article.php? id=15697

29. 'Going Bananas,' *The Economist*, March 31, 2012, p. 74.

30. 'US Cracks Down On Corporate Bribes,' *The Wall Street Journal*, May 27, 2009, http: //online. wsj. com/article/SB124329477230952689. html

31. Charlie Savage, 'Justice Dept. Issues Guidance on Overseas Bribes,' *The New York Times*, November 15, 2012, p. B10.

32. Alberto Gonzales, Richard Westling & William Athanas, 'Forecasting the Future of FCPA Enforcement,' *Corporate Counsel*, May 9, 2012, http: //www. law. com/ corporatecounsel/PubArticleCC. jsp? id = 1202552821910&Forecasting _ the _ Future _ of _ FCPA_ Enforcement&slreturn = 20130004200529

33. Charlie Savage, 'Justice Dept. Issues Guidance on Overseas Bribes,' *The New York Times*, November 15, 2012, p. B10.

34. 'US Cracks Down On Corporate Bribes,' *The Wall Street Journal*, May 27, 2009, http: //online. wsj. com/article/SB124329477230952689. html

35. Vanessa Fuhrmans, 'Siemens Settles With World Bank on Bribes,' *The Wall Street Journal*, July 3, 2009, p. B1.

36. See: 'The Business of Bribery,' *The Wall Street Journal*, October 2, 2012, p. B1.

37. Samuel Rubenfeld, 'Conviction in Foreign Bribery Case Is First in U. S. Trial,' *The Wall Street Journal*, May 11, 2011, p. B4.

38. Dionne Searcey, 'U. K. Law On Bribes Has Firms In a Sweat,' *The Wall Street Journal*, December 28, 2010, p. B1.

39. Dionne Searcey, 'U. K. Law On Bribes Has Firms In a Sweat,' *The Wall Street Journal*, December 28, 2010, p. B1.

40. 'A tale of two laws,' *The Economist*, September 17, 2011, p. 68.

41. Matthew Valencia, 'Year of the bounty hunter,' *The Economist*: *The World in* 2012, p. 147.

42. 'Too big not to fail,' *The Economist*, February 18, 2012, p. 22.

43. 'Show us the money,' *The Economist*, September 1, 2012, p. 14.

44. http: //www. justice. gov/criminal/fraud/fcpa/guidance/

45. Joe Palazzolo, 'FCPA Guidance is Here!' *The Wall Street Journal*, November 14, 2012, http: //blogs. wsj. com/law/2012/11/14/fcpa-guidance-is-here/

46. See: 'Squeezing the sleazy,' *The Economist*, December 15, 2012, p. 61.

47. C. M. Matthews, 'Companies Say Effects of Corruption Down, Survey Finds,' *The Wall Street Journal*, October 16, 2012, http: //blogs. wsj. com/corruption-currents/2012/10/16/ companies-say-effects-of-corruption-down-survey-finds/

48. C. M. Matthews, 'Foreign Bribery Enforcement Largely Limited to West,' *The Wall Street Journal*, September 6, 2012, http: //blogs. wsj. com/corruption-currents/2012/09/06/ foreign-bribery-enforcement-largely-limited-to-west/

49. 'You get who you pay for,' *The Economist*, June 2, 2012, p. 89.

50. 'Corruption Perceptions Index 2012,' Transparency International, http: // cpi. transparency. org/cpi2012/results/

51. Barbara Kahn, quoted in: 'The Evolution of Reputation,' *BusinessMiami Magazine*, Spring 2010, p. 39.

52. Patt Morrison, 'Yvon Chouinard: Capitalist Cat,' *Los Angeles Times*, March 12, 2011, http://articles. latimes. com/2011/mar/12/opinion/la-oe-morrison-chouinard-031111

53. Carlos Grande, 'Ethical consumption makes mark on branding,' *Financial Times*, February 20, 2007, p. 24 and Carlos Grande, 'Businesses behaving badly, say-ETHICS,' *Financial Times*, February 20, 2007, p. 16.

54. 见: T. M. Devinney, P. Auger & G. M. Eckhardt, *The Myth of the Ethical Consumer*, Cambridge University Press, 2010. 同时，此影响在涉及"变革"时得到强化，因为人天性重视现状并害怕未知："根据一项世界范围的投票结果，投票者几乎总是拒绝改变：如果活动以均衡的意见开始，在80%的案例中现状会胜出。" Rachel Sylvester, 'Voters always know best, that's why it pays not to ask them,' *The Times* in *The Daily Yomiuri*, October 21, 2012, p. 8.

55. Rob Walker, 'Sex vs. Ethics,' *Fast Company Magazine*, Issue 124, April, 2008, pp. 54-56.

56. Stephanie Clifford & Andrew Martin, 'As Consumers Cut Spending, 'Green' Products Lose Allure,' *The New York Times Magazine*, April 22, 2011, p. B4.

57. Elayne Crain, 'Do Consumers Levy a 'Sustainability Penalty' on Certain Goods?' *McCombs Today*, Spring/Summer 2010, p. 5.

58. Jon Entine, 'Eco marketing: What price green consumerism?' *Ethical Corporation Magazine*, September 1, 2011, http://www. ethicalcorp. com/environment/eco - marketing - what-price-green-consumerism

59. Jon Entine, 'Eco marketing: What price green consumerism?' *Ethical Corporation Magazine*, September 1, 2011, http://www. ethicalcorp. com/environment/eco - marketing - what-price-green-consumerism

60. John Tierney, 'When Energy Efficiency Sullies the Environment,' *The New York Times*, March 8, 2011, p. D1.

61. See: http://strategiccsr - sage. blogspot. com/2012/09/strategic - csr - prius - fallacy. html

62. Robert Reich, 'We are all going to hell in a shopping basket,' *Financial Times*, January 16, 2012, http://www. ft. com/cms/s/0/2f0babbe - 3e30 - 11e1 - ac9b - 00144feabdc0. html

63. Michael Mandel, 'Get It Straight: Consumer Spending is * not * 70% of GDP,' *Bloomberg Businessweek*, August 29, 2009, http://www. businessweek. com/the _ thread/economicsunbound/archives/2009/08/get_ it_ straight. html

64. Suzy Hansen, 'How Zara Grew Into the World's Largest Fashion Retailer,' *The New York Times Magazine*, November 11, 2012, p. 35.

65. Susan Carpenter, 'Designers, brands take steps towards sustainable fashion,' *Los Angeles Times*, October 14, 2012, http://articles. latimes. com/2012/oct/14/image/la - ig -

biodegradable—fashion—20121014

66. Masoud Golsorkhi, editor of Tank Magazine, quoted in: Suzy Hansen, 'How Zara Grew Into the World's Largest Fashion Retailer,' *The New York Times Magazine*, November 11, 2012, p. 35.

67. Jon Entine, 'Eco marketing: What price green consumerism?' *Ethical Corporation Magazine*, September 1, 2011, http://www.ethicalcorp.com/environment/eco—marketing—what—price—green—consumerism

68. Stuart Elliott, 'Glad Cuts the Hyperbole for Its New Green Trash Bag,' *The New York Times*, October 19, 2011, p. B6.

69. Jacqui Ottman, 'What Green Consumer Polls Should Really Be Asking,' May 4, 2012, http://www.greenmarketing.com/blog/comments/what—green—consumer—polls—should—really—be—asking/

70. Paul Solman, 'What Money Can't Buy and What it Shouldn't Buy,' June 11, 2012, http://www.pbs.org/newshour/bb/business/jan—june12/makingsense_06—11.html. The second part of the Solman interview can be seen at: http://www.pbs.org/newshour/businessdesk/2012/06/betting—on—death—creepy—or—not.html

71. Thomas Friedman, 'This Column is Not Sponsored by Anyone,' *The New York Times*, May 13, 2012, p. SR13.

72. Eduardo Porter-quoted in 'The price behind the choices we make,' *Marketplace.org*, January 10, 2011, http://www.marketplace.org/topics/business/big—book/price—behind—choices—we—make

73. Richard Layard, 'The case against performance—related pay,' *Financial Times*, April 18, 2011, p. 9.

74. Susan Shalhoub, 'Webster takes 'cash mob' concept to heart,' *telegram.com*, September 23, 2012, http://www.telegram.com/article/20120923/NEWS/109239916/0

75. Nick Leiber, ' 'Dish Mobs' Aim to Benefit Local Restaurants,' *Bloomberg Businessweek*, February 11, 2013, http://www.businessweek.com/articles/2013—02—11/dish—mobs—aim—to—benefit—local—restaurants

76. 玛莎百货于 2007 年开始了 A 计划。该计划被命名为 "A 计划" 因为 B 计划并不存在——也就是，除了在公司全面贯彻企业社会责任的观点，并无其他替代方案。A 计划由一项包括了遍布于 5 个领域 100 条政策的承诺书组成，公司承诺到 2012 年全部实现并允诺将玛莎的运营方式彻底改变一新。尽管最初 A 计划的预算为 2 亿英镑，但到 2009 年初，玛莎宣称 A 计划并没有影响成本。关于玛莎 A 计划及其对公司的影响，详见：David E. Bell, Nitin Sanghavi, and Laura Winig, 'Marks and Spencer: Plan A, *Harvard Business School* [Case # 9-509-029], January 5, 2009.

77. Oliver Balch, 'The M&S Effect: Bin bags, business sense and Barry,' *Ethical Corporation's Management Blog*, May 13, 2011, http://crmanagementblog.blogspot.com/2011/05/m—effect—bin—bags—business—sense—and.html. See also: Mallen Baker, 'Will we shwop til we dwop at Marks and Spencer?' *mallenbaker.net*, May 2, 2012, http://www.

mallenbaker. net/csr/post. php？ id＝437

78. Kanye West, 'Diamonds From Sierra Leone,' 2005.

79. 'News: Summary for December 2002,' *Ethical Corporation*, December 24, 2002, http://www. ethicalcorp. com/NewsTemplate. asp？ IDNum＝477

80. http://www. un. org/peace/africa/Diamond. html

81. Jonathan Clayton & Jan Raath, 'Mugabe's blood diamonds,' *The Times* in *The Daily Yomiuri*, June 6, 2010, p. 7.

82. Global Witness: Conflict Diamonds, January 2013, http://www. globalwitness. org/campaigns/diamonds/

83. Maria Doulton, 'A step in the right direction,' *Financial Times*, November 11, 2006, p. 13.

84. 'Diamonds to Get 'Ethical' Label,' *BBC News*, June 23, 2004, http://news. bbc. net. uk/1/low/business/3834677. stm

85. 'Tiffany & Co.: A Case Study in Diamonds and Social Responsibility,' *Knowledge @ Wharton*, November 2004, http://knowledge. wharton. upenn. edu/article/1074. cfm

86. *Ethical Corporation Magazine*, December 24, 2002, op. cit.

87. *Ethical Corporation Magazine*, December 24, 2002, op. cit.

88. http://www. un. org/peace/africa/Diamond. html

89. Tosin Sulaiman, 'Law Targets "Blood Diamonds,"' *Miami Herald*, May 8, 2003, p. 2A.

90. Tosin Sulaiman, 'Law Targets "Blood Diamonds,"' *Miami Herald*, May 8, 2003, p. 2A.

91. http://www. jewelers. org: 8080/3. consumers/ethics/index. shtml

92. Lisa Roner, 'Jewelers of America Launch Corporate Responsibility Initiative,' *Ethical Corporation*, September 23, 2004, http://www. ethicalcorp. com/content. asp？ ContentID＝2820

93. Ethical Corporation Magazine, June 30, 2004, op. cit.

94. 'Special Report: The Diamond Cartel. The Cartel Isn't Forever,' *The Economist*, July 17, 2004, pp. 60–62.

95. For more on the failures of the KPCS, see: Mallen Baker, 'What can we learn from the dying throes of the Kimberley Process?' *mallenbaker. net*, October 25, 2011, http://www. mallenbaker. net/csr/page. php？ Story_ ID＝2706 and Oliver Balch, 'Kimberley Process: Time to get tough,' *Ethical Corporation's Management Blog*, January 16, 2011, http://crmanagementblog. blogspot. com/2011/01/kimberly-process-time-to-get-tough. html

96. Global Witness: Conflict Diamonds, January 2013, http://www. globalwitness. org/campaigns/diamonds/

97. John Eligon, 'Advocacy Group Quits Coalition Fighting Sale of 'Blood Diamonds,'' *The New York Times*, December 6, 2011, p. A6.

98. Kimberley Process website, January 2013, http://www. kimberleyprocess. com/web/

kimberley-process/kp-basics

99. Horacio Salinas, 'Bloody Shame,' *Fast Company Magazine*, December 2009/January 2010, p. 113.

100. Horacio Salinas, 'Bloody Shame,' *Fast Company Magazine*, December 2009/January 2010, p. 113.

101. Horacio Salinas, 'Bloody Shame,' *Fast Company Magazine*, December 2009/January 2010, p. 113.

102. 'Report to Society 2011,' *DeBeers Family of Companies*, 2011, p. 27.

103. Maria Doulton, 'A step in the right direction,' *Financial Times*, November 11, 2006, p. 13.

104. Raphael Minder, 'Burmese ruby ban likely to be undermined,' *Financial Times*, November 18, 2008, p. 6.

105. Claire Adler, 'Gemfields: Group leads charge for ethical emeralds,' *Financial Times Special Report: Watches & Jewelry*, June 12, 2010, p. 13.

106. See: No Dirty Gold Campaign, http://www.nodirtygold.org/

107. Securities and Exchange Commission, Conflict Minerals Final Rule, November 13, 2012, http://www.sec.gov/rules/final/2012/34-67716.pdf

108. Steven M. Davidoff, 'Humanitarian Effort in Congo Puts S. E. C. in Unintended Role,' *The Wall Street Journal*, August 28, 2012, http://dealbook.nytimes.com/2012/08/28/humanitarian-effort-in-congo-puts-wall-st-regulator-in-unintended-role/

109. Nick Elliott, 'Conflict Minerals Rules Could Reverberate Through Supply Chain,' *The Wall Street Journal*, September 14, 2012, http://blogs.wsj.com/corruption-currents/2012/09/14/conflict-minerals-rules-could-reverberate-through-supply-chain/

110. Steven M. Davidoff, 'Humanitarian Effort in Congo Puts S. E. C. in Unintended Role,' *The Wall Street Journal*, August 28, 2012, http://dealbook.nytimes.com/2012/08/28/humanitarian-effort-in-congo-puts-wall-st-regulator-in-unintended-role/

111. Steven M. Davidoff, 'Humanitarian Effort in Congo Puts S. E. C. in Unintended Role,' *The Wall Street Journal*, August 28, 2012, http://dealbook.nytimes.com/2012/08/28/humanitarian-effort-in-congo-puts-wall-st-regulator-in-unintended-role/

112. Oliver Balch, 'Conflict Minerals-Dodd-Frank Due Diligence,' *Ethical Corporation Magazine*, October 4, 2012, http://www.ethicalcorp.com/supply-chains/analysis-conflict-minerals-dodd-frank-due-diligence

113. Editorial, 'Conflict minerals,' *Financial Times*, August 27, 2010, p. 8.

114. Jason Stearns, 'Digging for the Truth About a Dirty Trade,' *The Wall Street Journal*, August 27-28, 2011, p. C5. For additional insight into the unintended consequences of Dodd-Frank, see 'Digging for victory,' *The Economist*, September 24, 2011, p. 60 and David Aronson, 'How Congress Devastated Congo,' *The New York Times*, August 8, 2011, p. A17.

115. Gareth Penny was CEO of De Beers from 2006 to 2010. He is quoted here in: Vanessa O'Connell, 'De Beers Polishes Its Image,' *The Wall Street Journal*, July 7, 2008, p. B1.

116. Jonathan Clayton & Jan Raath, 'Mugabe's blood diamonds,' *The Times* in *The Daily Yomiuri*, June 6, 2010, p. 7.

117. The cost savings Walmart is able to secure by operating more sustainably that we discussed in Chapter 3 are a good example of this.

118. 例如，品牌顾问金隅集团于 2009 年的意识消费者报告记录道 67% 的美国人同意"即使在经济困难时期，购买有益于社会和环境的产品仍然重要"的观点，同时 71% 的消费者同意他们应"避免购买做法不被他们接受的公司的产品"。Jack Loechner, 'Consumers Want Proof It's Green,' *Center for Media Research*, April 9, 2009, http: // www. mediapost. com/publications/? fa = Articles. showArticle&art_ aid = 103504

119. For information about sustainable certification schemes that rival fair trade (e. g., Rainforest Alliance and Utz Certified), see: John Russell, 'Coffee sourcing: Nespresso points Nestlé towards sustainability,' *Ethical Corporation*, June 29, 2009, http: // www. ethicalcorp. com/content. asp? ContentID = 6518

120. The Fairtrade Foundation website, January 2013, http: //www. fairtrade. org. uk/ what_ is_ fairtrade/faqs. aspx

121. James E. Austin & Cate Reavis, 'Starbucks and Conservation International,' *Harvard Business School Case*, May 1, 2004, [9-303-055], p. 14.

122. Katy McLaughlin, 'Is Your Grocery List Politically Correct?' *Wall Street Journal*, February 17, 2004, pp. D1 & D2.

123. Andrew Stark, 'The Price of Moral Purity,' *The Wall Street Journal*, February 4, 2011, p. A13.

124. Andrew Stark, 'The Price of Moral Purity,' *The Wall Street Journal*, February 4, 2011, p. A13.

125. The Fairtrade Foundation website, January 2013, http: //www. fairtrade. org. uk/ what_ is_ fairtrade/facts_ and_ figures. aspx

126. The Fairtrade Foundation website, January 2013, http: //www. fairtrade. org. uk/ what_ is_ fairtrade/faqs. aspx

127. Deborah Ball, 'U. K. KitKats Shift to Fair Trade As Nestle Burnishes Reputation,' *The Wall Street Journal*, December 8, 2009, p. B6.

128. 为什么在美国会有一个单独的认证机构来管理公平交易产品，并且因此导致了美国公平贸易组织和国际公平贸易组织间的紧张局势，有关讨论见: Jon Entine, 'Ethical branding: Fairtrade laid bare,' *Ethical Corporation Magazine*, February 2, 2012, http: // www. ethicalcorp. com/supply-chains/ethical-branding-fairtrade-laid-bare and also: William Neuman, 'A Question of Fairness,' *The New York Times*, November 24, 2011, p. B1.

129. William Neuman, 'A Question of Fairness,' *The New York Times*, November 24, 2011, p. B1.

130. Katie Barrow, 'Fair Trade USA's 2011 Almanac Shows Impressive Growth in Imports,' *LOHAS blog*, May 6, 2012, http: //blog. lohas. com/blog/fair-trade-usa/fair-trade-usas-2011-almanac-shows-impressive-growth-in-imports

131. Michael Skapinker, 'There is a good trade in ethical retailing,' *Financial Times*, September 11, 2007, p. 15.

132. Michael Skapinker, 'No markets were hurt in making this coffee,' *Financial Times*, November 9, 2010, p. 11.

133. Quote from the 2005 *Green and Ethical Consumer* Report. In, Poulomi Mrinal Saha, 'Ethics Still Not Influencing UK Consumers,' *Ethical Corporation*, March 15, 2005, http://www. ethicalcorp. com/content. asp? ContentID=3557

134. Michael Skapinker, 'No markets were hurt in making this coffee,' *Financial Times*, November 9, 2010, p. 11.

135. Alan Beattie, 'Follow the thread,' *Financial Times*, July 22/23, 2006, p. WK1.

136. John Kay, 'Justice in Trade Is Not Simply a Moral Question,' *Financial Times* (U. S. edition), June 26, 2003, p. 13.

137. Adam Smith, quoted in 'Economic Focus: Too Many Countries?' *The Economist*, July 17, 2004, p. 75.

138. Katy McLaughlin, 'Is Your Grocery List Politically Correct?' *Wall Street Journal*, February 17, 2004, pp. D1 & D2.

139. Parminder Bahra, 'Tea workers still waiting to reap Fairtrade benefits,' *The Times*, January 2, 2009, http://www. timesonline. co. uk/tol/news/uk/article5429888. ece

140. Michael Skapinker, 'No markets were hurt in making this coffee,' *Financial Times*, November 9, 2010, p. 11.

141. John Vidal, 'New choc on the bloc,' *The Guardian*, June, 2005, http://www. guardian. co. uk/world/2005/jun/03/outlook. development

142. Alan Beattie, 'Follow the thread,' *Financial Times*, July 22/23, 2006, p. WK1.

143. Alan Beattie, 'Follow the thread,' *Financial Times*, July 22/23, 2006, p. WK1.

144. Peter Heslam, 'George and the Chocolate Factory,' *The London Institute for Contemporary Christianity*, September, 2005, http://www. licc. org. uk/engaging – with – culture/connecting–with–culture/business/george–and–the–chocolate–factory–203

145. http://www. goodafrican. com/. See also: Daniel Bergner, 'Can Coffee Kick–Start an Economy?' *The New York Times*, April 6, 2012, http://www. nytimes. com/2012/04/08/magazine/can–coffee–kick–start–an–economy. html

146. John Vidal, 'New choc on the bloc,' *The Guardian*, June, 2005, http://www. guardian. co. uk/world/2005/jun/03/outlook. development

147. James E. McWilliams, 'Food That Travels Well,' *New York Times*, August 6, 2007, http://www. nytimes. com/2007/08/06/opinion/06mcwilliams. html and Claudia H. Deutsch, 'For Suppliers, the Pressure Is On,' *New York Times*, *Special Section: Business of Green*, November 7, 2007, p. 1.

148. David Vetter, 'UK Fairtrade-Shunted into a siding,' *Ethical Corporation*, December 14, 2007, http://www. ethicalcorp. com/content. asp? ContentID=5583

149. 'Cadbury Dairy Milk commits to Going Fairtrade,' Cadbury Press Release,

CSRwire. com, March 3, 2009, http：//www. csrwire. com/News/14719. html. See also：Michael Skapinker, 'Fairtrade and a new ingredient for business,' *Financial Times*, March 10, 2009, p. 11.

150. 'Hershey to Source 100% Certified Cocoa by 2020,' *Environmental Leader*, October 8, 2012, http：//www. environmentalleader. com/2012/10/08/hershey－to－source－100－certified－cocoa－by－2020/

151. 'Hershey to Source 100% Certified Cocoa by 2020,' *Environmental Leader*, October 8, 2012, http：//www. environmentalleader. com/2012/10/08/hershey－to－source－100－certified－cocoa－by－2020/

152. "星巴克公司是世界上最大的精选咖啡零售商，在于 2005 年 10 月 2 日结束的财政年度间拥有 64 亿美元的年度收入……到 2005 年底，星巴克……拥有超过 10 000 家门店——10 年前仅有 676 家——烘焙了全世界 2.3% 的咖啡。平均每一天新开店铺 4 家并雇用 200 名员工。"见：'Starbucks Corporate：Building a Sustainable Supply Chain,' *Stanford Graduate School of Business*, Case：GS-54, May, 2007, pp. 1-2.

153. Stanley Homes & Geri Smith, 'For Coffee Growers, Not Even a Whiff of Profits,' *BusinessWeek*, September 9, 2002, p. 110.

154. Michael Skapinker, 'No markets were hurt in making this coffee,' *Financial Times*, November 9, 2010, p. 11.

155. Jon Entine, 'Ethical branding：Fairtrade laid bare,' *Ethical Corporation Magazine*, February 2, 2012, http：//www. ethicalcorp. com/supply－chains/ethical－branding－fairtrade－laid－bare

156. Andrew Downie, 'Fair Trade In Bloom,' *New York Times*, October 2, 2007, p. C5.

157. James E. Austin & Cate Reavis, 'Starbucks and Conservation International,' *Harvard Business School Case*, May 1, 2004, [9-303-055], p. 14.

158. Starbuck's policies regarding fair trade and ethical sourcing can be found at：http：//www. starbucks. com/responsibility/sourcing/coffee

159. 'Starbucks Coffee Agronomy Company Opens in Costa Rica to Help Farmers Improve Their Coffee Quality,' *Starbucks Financial Release*, January 28, 2004, http：//investor. starbucks. com/phoenix. zhtml? c＝99518&p＝irol－newsArticle&ID＝489261

160. Oliver Balch, 'Peter Torrebiarte, Starbucks Coffee Agronomy Company,' *Ethical Corporation*, June 24, 2004, http：//www. ethicalcorp. com/content. asp? ContentID＝2263

161. 'Starbucks Corporate：Building a Sustainable Supply Chain,' *Stanford Graduate School of Business*, Case：GS-54, May, 2007, p. 4.

162. For more detailed information on Starbucks's C. A. F. E. Practices scorecard, see：http：//www. scsglobalservices. com/files/CAFE＿ SCR＿ Genericv3.0＿ 101812. pdf

163. Oliver Balch, 'Peter Torrebiarte, Starbucks Coffee Agronomy Company,' *Ethical Corporation*, June 24, 2004, http：//www. ethicalcorp. com/content. asp? ContentID＝2263

164. 'Starbucks Corporate：Building a Sustainable Supply Chain,' *Stanford Graduate School of Business*, Case：GS-54, May, 2007, p. 2.

165. Peter Torrebiarte, general manager of the Starbucks Coffee Agronomy Company, quoted in Oliver Balch, 'Peter Torrebiarte, Starbucks Coffee Agronomy Company,' *Ethical Corporation*, June 24, 2004, http: //www. ethicalcorp. com/content. asp? ContentID = 2263

166. John Russell, 'Coffee sourcing: Nespresso points Nestlé towards sustainability,' *Ethical Corporation*, June 29, 2009, http: //www. ethicalcorp. com/content. asp? ContentID = 6518

167. Javier Blas & Jenny Wiggins, 'Coffee and sugar prices stirred by shortages,' *Financial Times*, May 11, 2009, p. 13.

168. See: Brad Stone, 'The Empire of Excess,' *New York Times*, July 4, 2008, p. C1 and Jenny Wiggins, 'McDonald's lays the ground to mug Starbucks in Europe,' *Financial Times*, May 27, 2009, p. 13.

169. Andrew Downie, 'Fair Trade In Bloom,' *New York Times*, October 2, 2007, p. C1 and 'McDonald's to Sell Fair Trade Certified Coffee,' Oxfam America Press Release, *CSRwire. com*, October 27, 2005, http: //www. csrwire. com/press/press_ release/21423

170. 'Starbucks Serves up its First Fairtrade Lattes and Cappuccinos Across the UK and Ireland,' *Fairtrade Foundation*, September 2, 2009, http: //www. fairtrade. org. uk/press_ office/press_ releases_ and_ statements/september_ 2009/starbucks_ serves_ up_ its_ first_ fairtrade_ lattes_ and_ cappuccinos. aspx

171. January 2013, http: //www. starbucks. com/responsibility/sourcing/coffee

172. '100 Best Corporate Citizens 2007,' *The CRO Magazine*, http: //www. thecro. com/? q = node/304. Note: Due to a change in methodology, 2007 was the last year that Green Mountain was eligible for inclusion in the rankings: '100 Best Corporate Citizens 2008,' *The CRO Magazine*, http: //www. thecro. com/node/615

173. Andrew Adam Newman, 'This Wake-Up Cup is Fair-Trade Certified,' *The New York Times*, September 28, 2012, p. B3.

174. Andrew Adam Newman, 'This Wake-Up Cup is Fair-Trade Certified,' *The New York Times*, September 28, 2012, pB3. See also: http: //www. gmcr. com/csr/Promoting SustainableCoffee/Statement. aspx

175. 'Coffee and Farmer Equity (C. A. F. E.) Practices,' *Conservation International website*, January 2013, http: //www. conservation. org/campaigns/starbucks/Pages/CAFE _ Practices_ Results. aspx

176. John D. Stoll, 'Starbucks Aims to Invade Nordic Region,' *The Wall Street Journal*, September 27, 2012, p. B8.

177. David A. Kaplan, 'Strong Coffee,' *Fortune Magazine*, December 12, 2011, p. 114.

178. Katy McLaughlin, 'Is Your Grocery List Politically Correct?' *Wall Street Journal*, February 17, 2004, pp. D1 & D2.

179. Thomas Jefferson, 'Letter to John Taylor, May 28, 1816, http: //www. britannica. com/presidents/article-9116907

180. 一些评论员已将 "2007 年 6 月 12 日，即关于两个在抵押担保证券中投机的贝尔斯登对冲基金彻底垮台的新闻爆出的时间”确认为 2007 - 2009 经济危机的起始点：Allan Sloan, 'Unhappy Anniversary,' *Fortune Magazine*, June 8, 2009, p. 14.

181. Lionel Barber, 'How gamblers broker the banks,' *Financial Times Special Report*: *The FT Year in Finance*, *Financial Times*, December 16, 2008, p. 1.

182. David Leonhardt, 'We're Spent,' *The New York Times*, July 17, 2011, p. SR1.

183. Thomas L. Friedman, 'The Great Unraveling,' *The New York Times*, December 17, 2008, p. A29.

184. See *Animal Spirits*: *How Human Psychology Drives the Economy*, *and Why It Matters for Global Capitalism* by George A. Akerlof & Robert J. Shiller (Princeton University Press, 2009) for an excellent description of the varied motivations driving human behavior with respect to economic behavior and the financial markets.

185. David Brooks, 'An Economy Of Faith And Trust,' *The New York Times*, January 16, 2009, p. A27.

186. Luke Johnson, 'A tragedy for champions of free markets,' *Financial Times*, February 4, 2009, p. 10.

187. Thomas L. Friedman, 'All Fall Down,' *New York Times*, November 26, 2008, p. A31.

188. John Kay, 'What a carve up,' *Financial Times*, August ½, 2009, Life & Arts, p. 12.

189. Editorial, 'When the music stops,' The Guardian, November 6, 2007, http://www. guardian. co. uk/commentisfree/2007/nov/06/comment. business

190. David Ignatius, 'Obama's vision of new foundation should reassure summiteers,' *The Washington Post*, in *The Daily Yomiuri*, April 3, 2009, p. 17.

191. See Martin Wolf's excellent discussion of the causes and solutions of the economic crisis in the *Financial Times* at: http://blogs. ft. com/economistsforum/. A typical example: Martin Wolf, 'Choices made in 2009 will shape the globe's destiny,' *Financial Times*, January 7, 2009, p. 9.

192. Seumas Milne, 'Leaders still aren't facing up to scale of crisis,' *The Guardian*, in *The Daily Yomiuri*, April 3, 2009, p. 17.

193. 'Bashing the rich counterproductive,' *The Economist* (April 4 – 10 issue) in *The Daily Yomiuri*, April 5, 2009, p. 8.

194. Samuel Brittan, 'The key to Keynes,' *Financial Times*, August 22 - 23, 2009, Life and Arts, p. 13.

195. Joe Nocera, 'Two Days in September,' *The New York Times*, September 15, 2012, p. A23.

196. Joe Nocera, 'Two Days in September,' *The New York Times*, September 15, 2012, p. A23.

197. Bill Baue, 'Questions remain for CSR in 2009,' CSRwire. com, January 12, 2009, http://www. csrwire. com/press/press_ release/22696

198. Thomas L. Friedman, 'The Inflection is Near?' *New York Times*, March 8, 2009, p. WK12.

199. 'A Question Revisited: Is Capitalism Working?' *Knowledge @ Wharton*, March 4, 2009, http://knowledge. wharton. upenn. edu/article. cfm? articleid=2172

200. Michael Lewis, 'The End,' *Portfolio. com*, December, 2008, http://www. portfolio. com/news-markets/national-news/portfolio/2008/11/11/The-End-of-Wall-Streets-Boom

201. Michael Lewis & David Einhorn, 'The End of the Financial World As We Know It,' *New York Times*, January 4, 2009, p. WK9.

202. Martin Wolf, 'Seeds of its own destruction,' *Financial Times*, March 9, 2009, p. 7.

203. Bill Gates, 'Creative Capitalism: A Conversation with Bill Gates, Warren Buffett, and Other Economic Leaders,' Simon & Schuster, 2008. See also: Text of Gates' speech at 2008 World Economic Forum at Davos, http://www. microsoft. com/Presspass/exec/billg/speeches/2008/01-24WEFDavos. mspx

204. Muhammad Yunus, *Creating a World Without Poverty: Social Business and the Future of Capitalism*, Public Affairs, 2009. See also: Brad Buchholz, 'You may say he's a dreamer…,' *Austin American-Statesman*, March 1, 2009, http://www. martinfrost. ws/htmlfiles/mar2009/yunus-maybe-dreamer. html

205. Thomas L. Friedman, 'The Inflection is Near?' *New York Times*, March 8, 2009, p. WK12.

206. 另一方面，怀疑论者建议谨慎行事并暗示关于改革的讨论是不成熟的："在病榻上许诺的'有良知的资本主义'可能在康复过程中被遗忘。不要妄想新自由主义的心脏已受重创。" Polly Toynbee, 'Brown should spend more to save young people,' *The Times*, in *The Daily Yomiuri*, April 6, 2009, p. 8.

207. George Soros, 'The worst market crisis in 60 years,' *Financial Times*, January 23, 2008, p. 9.

208. Martin Wolf, 'Why the financial turmoil is an elephant in a dark room,' *Financial Times*, January 23, 2008, p. 9.

209. William Yardley, 'The Branding of the Occupy Movement,' *The New York Times*, November 28, 2011, p. B1.

210. Donald Cohen, 'The Education of Alan Greenspan,' *The Huffington Post*, October 31, 2008, http://www. alternet. org/workplace/105414/the_education_of_alan_greenspan/

211. See: Justin Fox, *The Myth of the Rational Market*, Harper Business, 2009 and Richard Thaler, 'The price is not always right and markets can be wrong,' *Financial Times*, August 5, 2009, p. 7.

212. Editorial, 'A survival plan for capitalism,' *Financial Times*, March 9, 2009, p. 8.

213. Eric Lipton, 'Ex-lenders Profit from Home Loans Gone Bad,' *New York Times*, March 4, 2009, p. A1.

214. For more background information on the rise and fall of Countrywide, see: Gretchen Morgenson, 'How Countrywide Covered the Cracks,' *The New York Times*, October 17, 2010, p. BU1.

215. James R. Hagerty, 'Marketing Into a Meltdown,' *The Wall Street Journal*, January 7,

2009, p. A11.

216. Angelo Mozilo in deposition to a Congressional inquiry, September 2010. In: Ben Protess, 'From Ex-Chief, a Staunch Defense of Countrywide's Legacy,' *The New York Times*, February 18, 2011, p. B5.

217. James R. Hagerty, 'Marketing Into a Meltdown,' *The Wall Street Journal*, January 7, 2009, p. A11.

218. Quoting Michael Lewis, in Thomas L. Friedman, 'All Fall Down,' *New York Times*, November 26, 2008, p. A31.

219. Edward Luce, 'Subprime explosion: Who isn't guilty?' *Financial Times*, May 6, 2009, p. .3.

220. David Hechler, 'Risky Business,' *Corporate Counsel*, April 1, 2009, http: //www. law. com/corporatecounsel/PubArticleCC. jsp? id=1202429141994

221. James R. Hagerty, 'Marketing Into a Meltdown,' *The Wall Street Journal*, January 7, 2009, p. A11.

222. Mallen Baker, 'Financial services: Will banks ever treat customers fairly?' *Ethical Corporation*, April 1, 2008, http: //www. ethicalcorp. com/content. asp? ContentID=5807

223. Mallen Baker, 'Financial services: Will banks ever treat customers fairly?' *Ethical Corporation*, April 1, 2008, http: //www. ethicalcorp. com/content. asp? ContentID=5807

224. Karl Rove, 'President Bush Tried to Rein in Fan and Fred,' *Wall Street Journal*, January 8, 2009, p. A13.

225. Brian Gow, 'Bank of America Works Out Countrywide Mortgages,' *BusinessWeek*, February 19, 2009, http: //www. businessweek. com/magazine/content/09_ 09/b4121022492701. htm

226. 'The Housing Horror Show Is Worse Than You Think,' *Bloomberg Businessweek*, July 11-17, 2011, pp. 43-44.

227. Karl Rove, 'President Bush Tried to Rein in Fan and Fred,' *Wall Street Journal*, January 8, 2009, p. A13.

228. Petter S. Goodman & Gretchen Morgenson, 'Saying Yes to Anyone, WaMu Built Empire on Shaky Loans,' *New York Times*, December 28, 2008, p. A1.

229. 'Northern Rock to be nationalized,' *BBC News*, February 17, 2008, http: // news. bbc. co. uk/1/hi/business/7249575. stm

230. Chris Tighe, 'Future looks brighter as the Rock begins to roll,' *Financial Times*, *Special Report: Doing Business in North-East England*, February 27, 2009, p. 2.

231. John Cassidy, 'Lessons from the collapse of Bear Stearns,' *Financial Times*, March 15, 2010, p. 11.

232. Bill Baue, 'CSRwire Reports Top Corporate Social Responsibility News of 2008,' *CSRwire. com*, January 12, 2009, http: //www. csrwire. com/press/press_ release/22696

233. Mara Der Hovanesian, 'Sex, Lies, and Mortgage Deals,' *BusinessWeek*, November 24, 2008, p. 71.

234. Mark Goyder, 'How we've poisoned the well of wealth,' *Financial Times*, February

15，2009，http：//www. ft. com/cms/s/da50a3ae-fa03-11dd-9daa-000077b07658. html

235. See：People v. Countrywide, Los Angeles Superior Court case number LC081846. Company Profile：Countrywide Financial（Subsidiary of Bank of America），*Crocodyl. org*，http：//www. crocodyl. org/wiki/countrywide_ financial_ subsidiary_ of_ bank_ of_ america

236. Angelo Mozilo in deposition to a Congressional inquiry, September 2010. In：Ben Protess, 'From Ex-Chief, a Staunch Defense of Countrywide's Legacy,' *The New York Times*, February 18，2011，p. B5.

237. Company Profile：Countrywide Financial（Subsidiary of Bank of America），*Crocodyl. org*，http：//www. crocodyl. org/wiki/countrywide_ financial_ subsidiary_ of_ bank_ of_ america

238. Marketplace，*National Public Radio*，January 16，2009.

239. William Cohen, 'The tattered strategy of the banker of the year,' *Financial Times*, January 20，2009，p. 13.

240. Saskia Scholtes, 'BofA lays Countrywide brand to rest,' *Financial Times*, April 27，2009，p. 17.

241. Andrew Borowitz, 'A letter from Goldman Sachs—Concerning Occupy Wall Street,' *The Borowitz Report*, October 17，2011，http：//www. borowitzreport. com/2011/10/17/a - letter-from-goldman-sachs/

242. Greg Farrell, 'Mortgage executives charged by SEC,' *Financial Times*, June 5，2009，p1.

243. Angelo Mozilo in deposition to a Congressional inquiry, September 2010. In：Ben Protess, 'From Ex-Chief, a Staunch Defense of Countrywide's Legacy,' *The New York Times*, February 18，2011，p. B5.

244. Jessica Silver-Greenberg & Peter Eavis, 'In Deal, Bib Bank Extends Retreat from Mortgages,' *The New York Times*, January 8，2013，p. A1.

245. Dan Fitzpatrick, 'Banks Haunted by Houses,' *The Wall Street Journal*, June 30，2011，p. C2.

246. Dan Fitzpatrick, 'Banks Haunted by Houses,' *The Wall Street Journal*, June 30，2011，p. C2.

247. Angelo Mozilo in deposition to a Congressional inquiry, September 2010. In：Ben Protess, 'From Ex-Chief, a Staunch Defense of Countrywide's Legacy,' *The New York Times*, February 18，2011，p. B5.

248. C. K. Prahalad & Allen Hammond, 'Serving the World's Poor, Profitably,' *Harvard Business Review*, September 2002，Vol. 80，No. 9，pp. 48-58.

249. 一个相关的术语是 microfranchising（微特许经营）——"一种经济发展工具……旨在通过引进建立在成功特许组织之上但规模缩小的经营理念，为贫困者提供良好的商业机会和服务。"见：'What is MicroFranchising?' *Economic Self-Reliance Center*，*BYU*，http：//marriottschool. byu. edu/selfreliance/microfranchise/

250. Rajesh Chhabara, 'Microfinance-Banking on the poor,' *Ethical Corporation*, December 15, 2008, http: //www. ethicalcorp. com/content. asp? ContentID = 6263

251. 重要的是，要强调小额信贷服务不仅发展中的经济体需要，在诸如美国等发达国家同样需要。在美国，有时会被打上"社区调查"标签的小额信贷在 20 世纪 80 年代开始发展并且仍在扩张，到 2011 年共有 362 所小额信贷机构（MIF）。因为"将近 900 万的美国家庭（或者说大约所有家庭的 8%）没有银行账户，同时另有 2 100 万的家庭未得到充分的金融服务"，人们非常需要更多地获得资本或其他金融工具（如活期存款和信用卡）。诸如安信永国际（成立于 1991 年，"全国最大的小额借贷机构，到 2010 年一月份为止累积大约 19 500 笔小额商业贷款，总价值多于 1. 19 亿美元）和美国乡村银行（2008）等的小额信贷机构应需求而现。2008 年纵观整个美国，"MIF 贷出了 9 100 笔贷款，总价值为 1 亿美元。"见：'American Offshoots: Will Microfinance Ever really Take Root in the U. S. ?' *Knowledge@ Wharton*, June 17, 2011, http: //knowledge. wharton. upenn. edu/article. cfm? articleid = 2797

252. The World Bank website, January 2013, http: //web. worldbank. org/WBSITE/EXTERNAL/NEWS/0, contentMDK: 20433592 ~ menuPK: 34480 ~ pagePK: 64257043 ~ piPK: 437376 ~ theSitePK: 4607, 00. html

253. 'The path through the fields,' *The Economist*, November 3, 2012, pp. 24–26.

254. 'The path through the fields,' *The Economist*, November 3, 2012, pp. 24–26.

255. 'Microfinance's Latest Challenge: Cutting Back on Over – indebtedness Among Its Poorest Clients,' *Knowledge @ Wharton*, December 11, 2011, http: //knowledge. wharton. upenn. edu/article. cfm? articleid = 2895

256. 'The Ouster of Muhammad Yunus: Can Politics Destroy Grameen Bank?' *Knowledge @ Wharton*, April 13, 2011, http: //knowledge. wharton. upenn. edu/article. cfm? articleid = 2753

257. 'Grabbing Grameen,' *The Economist*, January 28, 2012, p. 67.

258. Vikas Bajaj, 'Out to Maximize Social Gains, Not Profit,' *The New York Times*, December 9, 2006, p. A4.

259. Pete Engardio, 'A Way to Help Africa Help Itself,' *BusinessWeek*, July 21, 2003, p. 40.

260. http: //www. yearofmicrocredit. org/

261. See a text and video of Yunus' acceptance Nobel Lecture at: http: //nobelprize. org/nobel_ prizes/peace/laureates/2006/yunus–lecture. html

262. Eric Bellman, 'Entrepreneur Gets Big Banks to Back Very Small Loans,' *Wall Street Journal*, May 15, 2006, p. A1.

263. http: //www. accion. org/

264. http: //www. fastcompany. com/social/2006/statements/accion. html

265. Eric Bellman, 'Entrepreneur Gets Big Banks to Back Very Small Loans,' *Wall Street Journal*, May 15, 2006, p. A1.

266. All data quoted from 'Accion 2011 Annual Report,' January 2013, http: //

www. annualreport. accion. org/

267. Rajesh Chhabara, 'Microfinance-Banking on the poor,' *Ethical Corporation*, December 15, 2008, http: //www. ethicalcorp. com/content. asp? ContentID = 6263

268. *Knowledge@ Wharton*, April 20, 2005, op. cit.

269. Tim Harford, 'Conflicts of interest,' *Financial Times*, Life & Arts, December 6/7, 2008, pp. 1–2.

270. Rachel Emma Silverman, 'A New Way to Do Well by Doing Good,' *Wall Street Journal*, January 5, 2006, p. D1.

271. See Fergal Byrne, 'Matters of faith, hope & charity,' *Financial Times*, March 25/26, 2006, p. W3 and Catherine Holahan, 'Ebay: The Place for Microfinance,' *BusinessWeek*, October 24, 2007, http: //www. businessweek. com/technology/content/oct2007/tc20071023_930086. htm

272. David Wighton, 'Citigroup plans to fund microfinance programme,' *Financial Times*, September 22, 2006, p. 18.

273. Rajesh Chhabara, 'Microfinance-Banking on the poor,' *Ethical Corporation*, December 15, 2008, http: //www. ethicalcorp. com/content. asp? ContentID = 6263

274. Cris Prystay, 'With Loans, Poor South Asian Women Turn Entrepreneurial,' *Wall Street Journal*, May 25, 2005, p. B1.

275. 'Sup–par but not subprime,' *The Economist*, March 31, 2009, p. 82.

276. Ross Tieman, 'Mobile phone operators revolutionise cash transfers,' *Financial Times*, June 3, 2008, p. 14.

277. Richard Lapper, 'A call to South Africa's masses,' *Financial Times*, January 7, 2009, p. 10.

278. Ross Tieman, 'Mobile phone operators revolutionise cash transfers,' *Financial Times*, June 3, 2008, p. 14.

279. 'Calling an end to poverty,' *The Economist*, July 9, 2005, p. 51.

280. Jonathan Wheatley, 'Small is beautiful for Latin America's pioneers,' *Financial Times*, February 27, 2009, p. 18.

281. William Easterly, 'Measuring How and Why Aid Works—Or Doesn't,' *The Wall Street Journal*, April 30–May 1, 2011, p. C5.

282. Ketaki Gokhale, 'A Global Surge in Tiny Loans Spurs Credit Bubble in a Slum,' *The Wall Street Journal*, August 13, 2009, p. A1.

283. Amy Kazmin, 'Cradle of microfinance rocked,' *Financial Times*, December 11/12, 2010, p. 4.

284. See, for example: Lydia Polgreen & Vikas Bajaj, 'Microcredit Pioneer Said to Be Forced Out of Bangladeshi Bank He Founded,' *The New York Times*, March 3, 2011, p. A9.

285. Amy Kazmin, 'Call to overhaul Grameen Bank,' *Financial Times*, April 27, 2011, p. 4.

286. Amy Kazmin, 'Small loan, big snag,' *Financial Times*, December 2, 2010, p. 11.

287. Amy Kazmin, 'Small loan, big snag,' *Financial Times*, December 2, 2010, p. 11.

288. Vikas Bajaj, 'Luster Dims For a Public Microleander,' *The New York Times*, May 11, 2011, p. B1.

289. Vikas Bajaj, 'Amid Scandal, Chairman of Troubled Lender to Quit,' *The New York Times*, November 24, 2011, p. B3.

290. Ketaki Gokhale, 'As Microfinance Grows in India, So Do Its Rivals,' *The Wall Street Journal*, December 16, 2009, p. 8.

291. Vikas Bajaj,' 15 Years In, Microcredit Has Suffered a Black Eye,' *The New York Times*, January 6, 2011, p. B3.

292. 'Capitalism vs. Altruism: SKS Rekindles the Microfinance Debate,' *Knowledge @ Wharton*, October 7, 2010, http://knowledge. wharton. upenn. edu/india/article. cfm? articleid = 4533

293. 'Road to redemption,' *The Economist*, January 12, 2013, p. 65.

294. Muhammad Yunus, *Banker to the Poor: Micro−lending and the Battle Against World Poverty*, Perseus Books Group, re−produced by Accessible Publishing Systems PTY Ltd, 2010, p. 80.

295. Charles Handy, op. cit. , p. 55.

296. David Foster, 'Intel's Amazon Ambitions,' *Fast Company* Magazine, February 2008, p. 86.

297. Chris Giles, 'Half the world's assets held by 2% of population,' *Financial Times*, December 6, 2006, p. 6.

298. C. K. Prahalad & Allen Hammond, 'Serving the World's Poor, Profitably,' *Harvard Business Review*, September 2002, Vol. 80, No. 9, pp. 48−58.

299. Cait Murphy, 'The Hunt for Globalization That Works,' *Fortune*, October 28, 2002, p. 164.

300. David Ignatius, 'World's poor represent huge potential market,' *Washington Post*, in *The Daily Yomiuri*, July 7, 2005, p. 11.

301. 'A market of 4 billion people,' *The Daily Yomiuri*, October 22, 2012, p. 5.

302. 虽然 BOP 的海外市场具有赚钱的潜力, 但在国内穷人中同样有相当大的市场, 且这些穷人可以从行销策略、产品设计和包装, 及公司在海外开发的物流当中受益: "同样的逻辑被应用于最贫穷的西方人身上 (有 4 600 万美国人处于贫困中, 接近 5 000 万的美国人没有医疗保险)。" 见: 'Gold−hunting in a frugal age,' *The Economist*, December 15, 2012, p. 70. 又见: 'The bottom of the pyramid,' *The Economist*, June 25, 2011, p. 80.

303. 'Face Value: Profits and Poverty,' *The Economist*, August 21, 2004, p. 54.

304. See: http://www. hp. com/e − inclusion/en/vision/mission. For HP's e − Inclusion announcement, see: http://www. hp. com/hpinfo/newsroom/press/2000/001012a. html. Note: "HP launched its e−inclusion initiative in 2000 and fulfilled its e−inclusion commitments in 2006, but we are still supporting many of the projects that evolved from this initiative" (http:// h41111. www4. hp. com/globalcitizenship/uk/en/e−inclusion/project/index. html) .

305. 电子包容战略"旨在通过可持续的微型企业，向世界上 40 亿贫穷人民传播计算机和网络科技"。财富杂志作者 David Kirkpatrick 将电子包容称为"在我所见中，一个大型科技公司所采取的最有创见的做法"。Marc Gunther, 'Can One Person Change A Major Corporation,' *Business Ethics Magazine*, Winter 2004, pp. 10-12.

306. Prahalad & Hammond, op. cit.

307. *Fortune*, October 28, 2002, op. cit.

308. C. K. Prahalad outlines his work and ideas in this area in a *Wall Street Journal* article: 'Aid is Not the Answer,' August 31, 2005, pA8 and in his book: *The Fortune at the Bottom of the Pyramid: Eradicating Poverty Through Profits*, Wharton School Publishing, 2004.

309. C. K. Prahalad, quoted in 'Face Value: Profits and Poverty,' *The Economist*, August 21, 2004, p. 54.

310. Sonya Misquitta, 'Cadbury Redefines Cheap Luxury --- Marketing to India's Poor, Candy Maker Sells Small Bites for Pennies,' *The Wall Street Journal*, June 8, 2009, p. B4.

311. See 'Will Corporations Really Help the World's Poor?' *Lifeworth* Press Release, *CSRwire. com*, January 31, 2005, http://www. csrwire. com/News/3483. html and Mallen Baker, 'Is there REALLY a fortune at the Bottom of the Pyramid,' *Ethical Corporation*, September 3, 2006, http://www. ethicalcorp. com/content. asp? ContentID=4458

312. '2004 Lifeworth Annual Review of Corporate Responsibility,' *Lifeworth*, 2005, p. 2.

313. 'Business Prophet,' *BusinessWeek Special Report*, January 23, 2006, http://www. businessweek. com/magazine/content/06_ 04/b3968089. htm

314. Vince Besier, 'Save the Poor. Sell them Stuff. Cheap!' *Miller-McCune*, May/June 2011, pp. 48-50.

315. Sarah Ellison & Eric Bellman, 'Clean Water, No Profit,' *Wall Street Journal*, February 23, 2005, p. B1 and Ellen Byron, 'P&G has big plans for the shelves of tiny stores in emerging nations,' *Wall Street Journal*, July 17, 2007, p. 16.

316. Jonathan Wheatley & Jenny Wiggins, 'Little by little Nestlé aims to woo Brazil's poor,' *Financial Times*, February 20, 2007, p. 6.

317. Barney Jopson, 'Unilever looks to clean up in Africa,' *Financial Times*, November 15, 2007, p. 18.

318. John Mackey, 'To Increase Jobs, Increase Economic Freedom,' *The Wall Street Journal*, November 16, 2011, p. A17.

319. 'Vital for the poor,' *The Economist*, November 10, 2012, p. 52.

320. Howard Sharman, 'Markets can work for development gain,' *Ethical Corporation Magazine*, May 25, 2012, http://www. ethicalcorp. com/stakeholder - engagement/view - middle-markets-can-work-development-gain

321. 'The geography of poverty,' *The Economist*, September 1, 2012, p. 74.

322. *Fortune*, October 28, 2002, op. cit.

323. Barney Jopson, 'Unilever looks to clean up in Africa,' Financial Times, November 15, 2007, p. 20.

324. Barney Jopson, 'Unilever looks to clean up in Africa,' *Financial Times*, November 15, 2007, p. 20.

325. See: Toby Webb, 'Unilever raises sustainability bar, but neglects the markets,' *The Smarter Business blog*, November 15, 2010, http://ethicalcorp. blogspot. com/2010/11/unilever-raises-sustainability-bar-but. html

326. 联合利华提供其与这些目标有关的绩效的定期更新，见: 'Unilever reports on first year's progress against ground-breaking sustainable living plan targets,' *Unilever Press Release*, April 24, 2012, http://www. unilever. com/mediacentre/pressreleases/2012/unilever-reports-slp-progress. aspx

327. Michael Skapinker, 'Long-term corporate plans may be lost in translation,' *Financial Times*, November 23, 2010, p. 13.

328. Oliver Balch, 'Unilever: Sustainable living planned,' *Ethical Corporation Magazine*, December 3, 2010, http://www. ethicalcorp. com/communications - reporting/unilever - sustainable-living-planned

329. For example, see: Jennifer Reingold, 'Can P&G Make Money in Places Where People Earn $ 2 a Day?' *Fortune Magazine*, January 17, 2011, pp. 86-91.

330. Ellen Byron, 'Emerging Ambitions,' *The Wall Street Journal*, July 16, 2007, p. A1.

331. Ellen Byron, 'Emerging Ambitions,' *The Wall Street Journal*, July 16, 2007, p. A1.

332. 'Good business; nice beaches,' *The Economist*, May 19, 2012, p. 76.

333. See: Jennifer Reingold, 'Can P&G Make Money in Places Where People Earn $ 2 a Day?' *Fortune Magazine*, January 17, 2011, pp. 86-91; Erik Simanis, 'At the Base of the Pyramid,' *The Wall Street Journal*, October 26, 2009, p. R7; and V. Kasturi, Michael Chu & Djordjija Petkoski, 'The Globe: Segmenting the Base of the Pyramid,' *Harvard Business Review*, June 2011, http://hbr. org/2011/06/the - globe - segmenting - the - base - of - the - pyramid/

334. Eric Bellman, 'Multinationals Market to the Poor,' *The Wall Street Journal*, July 24, 2012, p. B8.

335. 'Fighting for the next billion shoppers,' *The Economist*, June 30, 2012, p. 65.

336. Michael Skapinker, 'Long-term corporate plans may be lost in translation,' *Financial Times*, November 23, 2010, p. 13.

337. Jathon Sapsford & Norihiko Shirouzu, 'Mom, Apple Pie and ··· Toyota?' *Wall Street Journal*, May 11, 2006, p. B1.

338. Glenn Hubbard, 'Offshoring can benefit workers of all skill levels,' *Financial Times*, September 28, 2006, p. 19.

339. Thomas L. Friedman, 'How Did the Robot End Up With My Job?' *The New York Times*, October 2, 2011, p. SR11.

340. Toby Webb, 'Supply Chain Stats,' *The Smarter Business blog*, October 1, 2012, http://tobywebb. blogspot. com/2012/10/supply-chain-stats. html

341. Thomas L. Friedman, 'Average is Over,' *The New York Times*, January 25,

2012, p. A25.

342. The Hackett Group, '750, 000 Jobs Lost to Outsourcing by 2016,' *Product*, *Design & Development*, March 29, 2012, http：//www. pddnet. com/news/2012/03/750000-jobs-lost-outsourcing-2016

343. For example, see: Declan Walsh, 'Anger Rolls Across Pakistani City in Aftermath of Factory Fire,' *The New York Times*, September 14, 2012, p. A6.

344. Jo Johnson, 'India extends prohibitions on employing children,' *Financial Times*, August 3, 2006, p. 4.

345. See: Andrea Tunarosa, 'What Do NGOs Have Against Poor Guatemalans?' *Wall Street Journal*, July 21, 2006, p. A15 and Glenn Hubbard, 'Offshoring can benefit workers of all skill levels,' *Financial Times*, September 28, 2006, p. 19.

346. See: Sam Chambers, 'China's factories—Exploitation ain' t what is used to be,' *Ethical Corporation*, August 30, 2006, http：//www. ethicalcorp. com/content. asp? ContentID = 4458; 'Secrets, Lies, and Sweatshops,' *BusinessWeek*, Cover Story, November 27, 2006, http：//www. businessweek. com/magazine/content/06_ 48/b4011001. htm; and Richard McGregor, 'We must count the true cost of cheap China,' *Financial Times*, August 2, 2007, p. 7.

347. Tracey Taylor, 'A Label of Pride That Pays,' *New York Times*, April 23, 2009, p. B4.

348. Pia Catton, 'Beware False Thrift,' *The Wall Street Journal*, June 23–24, 2012, pC10.

349. For an interesting example of firms being caught in the middle of a cultural clash, see the scandal that erupted in 2012 following IKEA's decision to delete photos of women from its catalogs in Saudi Arabia (Reuters, 'IKEA slammed for female-free Saudi catalog,' *The Daily Yomiuri*, October 4, 2012, p1) —a decision for which the firm apologized (Anna Molin, 'IKEA Regrets Cutting Women From Saudi Ad,' *The Wall Street Journal*, October 1, 2012, http：//online. wsj. com/article/SB10000872396390444592404578030274200387136. html).

350. Dale Neef, 'Supply chain ethics: The devil is in the details,' *Ethical Corporation*, April 14, 2005, http：//www. ethicalcorp. com/content. asp? ContentID = 3629

351. For example, see: Kris Hudson & Wilawan Watcharasakwet, 'The New Wal-Mart Effect: Cleaner Thai Shrimp Farms,' *Wall Street Journal*, July 24, 2007, p. B1.

352. For example, see the controversy that surrounds the use of forced child labor in the harvesting of cotton: Toby Webb, 'Special Report Cotton: Corporate action on Uzbeki white gold,' *Ethical Corporation*, March 6, 2008, http：//www. ethicalcorp. com/content. asp? ContentID = 5760

353. Nicholas D. Kristof, 'In Praise of the Maligned Sweatshop,' *New York Times*, June 6, 2006, p. A21.

354. Nicholas D. Kristof, 'Where Sweatshops Are A Dream,' *New York Times*, January 15, 2009, p. A27.

355. Andrea Tunarosa, 'What Do NGOs Have Against Poor Guatemalans?' *Wall Street Journal*, July 21, 2006, p. A15.

356. 'Moral maze for retailers reliant on developing world suppliers,' *Financial Times*, July 2, 2008, p. 16.

357. Roger Martin, 'The Virtue Matrix,' *Harvard Business Review*, March 2002, Vol. 80, No. 3, pp. 68-75.

358. Bob Herbert, 'In America: Nike's Boot Camps,' *New York Times*, March 31, 1997, p. A15.

359. 'Sweatfree Communities,' http://www.globalexchange.org/campaigns/sweatshops/nike/; 'Don't Do It,' http://www.dontdoitarmy.com/

360. Debora L. Spar, 'Hitting the Wall: Nike and International Labor Practices,' *Harvard Business School Press*, [9-700-047], September 6, 2002, p. 11.

361. Derrick Daye & Brad VanAuken, 'Social Responsibility: The Nike Story,' July 25, 2008, http://www.brandingstrategyinsider.com/2008/07/social-responsi.html

362. Jane L. Levere, 'New Balance Celebrates Its Homemade Footprint,' *The New York Times*, April 5, 2012, p. B2.

363. Jonathan Birchall, 'Nike to strengthen efforts to combat worker abuse,' *Financial Times*, 31 May 2007, p. 9.

364. Sarah Skidmore, 'Nike finds major violations at Malaysian factory,' *Associated Press*, August 1, 2008, http://www.newsvine.com/_news/2008/08/01/1713691-nike-finds-major-violations-at-malaysian-factory

365. 'The boomerang effect,' *The Economist Special Report: Manufacturing and Innovation*, April 21, 2012, p. 8.

366. Chad Brooks, 'What's Bringin US Jobs Back from Overseas?' *Yahoo! News*, October 2, 2012, http://news.yahoo.com/whats-bringing-us-jobs-back-overseas-154734351.html

367. 'Rethinking Re-shoring,' *Knowledge@Wharton*, January 21, 2013, http://knowledgetoday.wharton.upenn.edu/2013/01/rethinking-re-shoring/

368. Additional evidence to support this reshoring effect can be found in: 'Here, there and everywhere,' *The Economist Special Report: Outsourcing and Offshoring*, January 19, 2013.

369. 'When workers dream of a life beyond the factory gates,' *The Economist*, December 15, 2012, p. 63.

370. Charles Isherwood, 'Moral Issues Behind iPhone And Its Makers,' *The New York Times*, October 18, 2012, p. C1.

371. Charles Duhigg & Keith Bradsher, 'How the U.S. Lost Out on iPhone Work,' *The New York Times*, January 21, 2012, http://www.nytimes.com/2012/01/22/business/apple-america-and-a-squeezed-middle-class.html

372. Charles Duhigg & David Barboza, 'In China, the Human Costs That Are Built Into an iPad,' *The New York Times*, January 26, 2012, pA1 and pp. B10-11.

373. Associated Press, 'Chinese iPhone workers strike at Foxconn plant,' *The Daily Yomiuri*, October 8, 2012, p. 5.

374. Paul Mozur, 'New Labor Attitudes Fed Into China Riot,' *The Wall Street Journal*,

September 27, 2012, p. B1.

375. See: The Daily Show with Jon Stewart, http://www.thedailyshow.com/watch/mon-january-16-2012/fear-factory

376. David Barboza & Charles Duhigg, 'Apple Supplier Accused of Using Forced Student Labor,' *The Salt Lake Tribune*, September 11, 2012, http://www.sltrib.com/sltrib/money/54873765-79/foxconn-students-apple-labor.html.csp

377. David Barboza, 'Workers Poisoned at Chinese Factory Wait for Apple to Fulfill a Pledge,' *The New York Times*, February 23, 2011, p. B1.

378. Jessica E. Vascellaro & Owen Fletcher, 'Apple Navigates China Maze,' *The Wall Street Journal*, January 14-15, 2012, p. B1.

379. David Barboza & Charles Duhigg, 'Pressure, Chinese and Foreign, Drives Changes at Foxconn,' *The New York Times*, February 20, 2012, p. B1.

380. Charles Duhigg & Nick Wingfield, 'Apple, in Shift, Pushes an Audit of Sites in China,' *The New York Times*, February 14, 2012, p. B6.

381. Loretta Chao, James T. Areddy & Aries Poon, 'Apple Pact to Ripple Across China,' *The Wall Street* Journal, March 31-April 1, 2012, p. B3.

382. Mallen Baker, 'Making the sustainable supply chain puzzle simpler-five ways to start,' *mallenbaker.net*, November 14, 2011, http://www.mallenbaker.net/csr/page.php? Story_ ID=2712

383. Mallen Baker, 'The tricky task of measuring a reputation,' *mallenbaker.net*, February 21, 2012, http://www.mallenbaker.net/csr/page.php? Story_ ID=2723

384. Paul Mozur, 'Foxconn Workers: Keep Our Overtime,' *The Wall Street Journal*, December 18, 2012, p. B1.

385. Keith Bradsher & Charles Duhigg, 'Signs of Changes Taking Hold in Electronics Factories in China,' *The New York Times*, December 27, 2012, p. A1.

386. Supplier Responsibility at Apple, January 2013, http://www.apple.com/supplierresponsibility/

387. Eduardo Porter, 'Dividends In Pressing Apple Over Labor,' *The New York Times*, March 7, 2012, p. B5.

388. 'Just Do It: How Nike Turned Disclosure Into An Opportunity,' *Network for Business Sustainability*, January 23, 2012, http://nbs.net/knowledge/just-do-it-how-nike-turned-disclosure-into-an-opportunity/

389. See also: 'When the job inspector calls,' *The Economist*, March 31, 2012, p. 73.

390. James Hyatt, 'China Checkup,' *CRO Magazine*, May, 2008, http://thecro.com/node/672

391. For example, see: Sean Ansett & Jeffrey Hantover, 'Bangladesh factory fires-The hidden dangers of subcontracting,' *Ethical Corporation Magazine*, February 5, 2013, http://www.ethicalcorp.com/supply-chains/bangladesh-factory-fires-%E2%80%93-hidden-dangers-subcontracting and Stephanie Kang, 'Nike Cuts Ties With Pakistani Firm,' *Wall Street Journal*,

November 21, 2006, p. B5.

392. 'iPhones make Chinese eyes light up,' *The Economist*, July 28, 2012, p. 55.

393. 'The boomerang effect,' *The Economist Special Report: Manufacturing and Innovation*, April 21, 2012, p8 and Jessica E. Lessin & James R. Hagerty, 'Apple CEO Says Mac Production Coming to U. S. ,' *The Wall Street Journal*, December 6, 2012, http://online. wsj. com/article/SB10001424127887324640104578162992446387774. html

394. Tim Cook, Internal e-mail to Apple employees, January 26, 2012, *CBS News*, January 27, 2012, http://www. cbsnews. com/8301-501465_162-57367367-501465/apple-cares-about-every-worker-in-its-supply-chain-says-tim-cook/

社会事件与案例研究

9.1 职责

> **企业社会责任关系：**这一问题解决了如何衡量企业社会责任，强调了在一个企业
> 与其利益相关者的关系中责任和透明度的重要性，而且探寻了充分将其所有外部性整
> 合进（生命周期）产品定价的社会结果。
>
> **利益相关者：**社会，消费者，投资者，公司。

9.1.1 问题

你是以一种二分法（即一个企业要么是负有社会责任的，要么不是）来考虑企业社会责任的吗？或者你是以一种持续性的角度（即所有的企业负有社会责任的多少，取决于一系列因素及其发生的范围）来看待企业社会责任？如果是前者的话，那么企业社会责任相对来说比较容易衡量，存在着很多衡量企业社会责任事务的方式。如果是后者的话，企业社会责任则很难全面定义（从很多方面），更别说精确地衡量。

总的来说，采用二分法来衡量企业社会责任对于那些主张更多企业社会责任的企业来说是不利的，主要有两个原因：第一，因为这种方法存在衡量企业的偏见（要排除特殊的行业，例如烟草和军工行业）；第二，因为企业社会责任并非简单的是或不是的问题。所有的企业都有好的一面和差的一面；价值能够精确地捕捉净影响——总而言之，一个企业会比其他企业更好或更差吗？这个问题的难点在于将不同企业的活动范围产生的影响平等化。例如，一个医药行业的负责任的企业能否等同于航空行业的负责任的企业？除非运用一个标准的评价体系，能够衡量所有企业和行业各方面的活动，否则无法有意义地回答这个问题。因此，任何试图运用二分法排序去衡量企业社会责任和整体企业绩效（一个企业支撑企业社会责任的基础）的因果关系的做法是不可能产生可靠且有根据的结果的。因此，对于那些要研究企业社会责任和试图在这一方面评价企业的人来说，用持续性的观点而非二分的观点来看待企业社会责任是非常必要的。

如果要从持续性角度来思考企业社会责任，什么是衡量企业社会责任的最佳方法呢？一个雇用数十万员工且缴纳很多税的烟草企业与一个售卖食品但支付给员工低工资的超市，就企业社会责任而言，孰优孰劣？制造产品以保卫国家安全的军工企业与生产拯救生命的药物但拒绝援助发展中国家的医药企业相比，谁更好谁更糟？综合其好与坏，正是那些拥有正的净增加值的企业能够有效地将社会责任整合到日常运营中。以一种客观的和具有可比性的方法在企业和行业间获取所有可能的指标是非常复杂的。因此，"我们如何衡量企业社会责任"成为了当今有关企业社会责任争论中最紧迫和最具争议的领域之一。

一个企业怎样才能用可以被客观衡量且有经济支持的方式，为其企业社会责任行为负责呢？我们如何才能够发展出一种精确的、持续的企业社会责任衡量方法，让利益相关者评估不同产品和企业的社会环境影响，然后将它们与其他产品和企业比较（如将苹果与橘子就一些共同的指标进行比较）？而且，如果我们不能衡量企业社会责任，我们如何告知企业这么做是否而且何时有用？一份由企业发布的企业社会责任报告可以提供一些答案。一份包含由独立第三方开发的客观标准的企业社会责任审计报告可以提供更多的信息。

　　越来越多的企业认为企业社会责任报告是一种将企业社会责任整合到日常运营和战略框架中的重要工具。它们让企业设置企业社会责任目标（有助于建立预期和内部运营最低标准），评估与这些目标相关的进展，以及通过对目标与进展进行透明的沟通对利益相关者继续负责。在企业社会责任报告方面获得的重要进步包括：GAP 公司 2003 年企业社会责任报告，披露了供应商违反企业行为守则的情况；Nike 公司 2004 年企业社会责任报告公布了其完整的全球供应商名单；Timberland 公司 2006 年《我们的足迹》（Our Footprint）标签方案清晰地列出其每一种产品的生产过程对环境和社会的影响；Stoneyfield Farm 公司 2008 年与非营利组织 Climate Counts 合作监测碳排放量；Patagonia 公司 2009 年的《足迹记录》（Footprint Chronicles）涵盖了以上各个方面。[1]随着企业不断接受除了财务指标之外的内部监管理念，并与外部的审计和评估组织打交道，这一领域逐渐形成一个全球标准：

　　全球报告倡议组织（Global Reporting Initiative，GRI）发布的《可持续发展报告指南》已经成为了可持续报告的默认标准。该标准在 2002 年正式推出后，被 95% 的道琼斯可持续发展指数（DJSI）超级行业领袖、78% 的富时社会责任指数（FTSE4 Good）全球 100 强企业，以及 70% 的全球最具持续发展力 100 强企业所引用。[2]

多方利益相关者企业社会责任报告框架

　　在过去 20 年间，许多组织开始通过企业社会责任报告和审计协助企业促进其与利益相关者之间更透明的关系：

　　AccountAbility（http：//www.accountability.org），一个成立于 1995 年的英国组织，已成为推动建立衡量企业社会责任绩效的客观可信方法的先驱者。其 AA1000 系列标准的基本原则是"选择保证标准。［1000AS］被 26% 的全球最具持续发展力 100 强企业和 26% 的道琼斯可持续发展指数（DJSI）超级行业领袖使用"[3]。

　　碳信息披露项目（Carbon Disclosure Project，http：//www.cdproject.net），一家成立于 2000 年的以减少温室气体为使命的非营利组织。为了实现其目标，它提供了"帮助数以千计的企业和城市去监测、披露、管理和分享环境信息的全球体系"[4]。

　　Ceres 原则（The Ceres Principles，http：//www.ceres.org/about-us/our-history/ceres-principles），创建于 1989 年。这些原则是有关环境的十条行为守则。赞同这些守则的公司将它们视为保护环境的任务宣言或道德准则。遵守这些守则的企业将被要求定期对其环境管理结构及成果进行报告。[5]

　　公平劳工协会（The Fair Labor Association，http：//www.fairlabor.org），成立于 1999 年，鼓励跨国公司让其海外工厂进入到公平劳工协会（FLA）的审查中。有意义的是，公平劳工协会（FLA）的推动使得一些以前经常被企业抵制的年终报告公布于众。这种情况第一次发生于 2003 年 6 月。

全球报告倡议组织（Global Reporting Initiative，http：//www. globalreporting. org/），是该领域的领导者。全球报告倡议组织（GRI）成立于 1997 年，与联合国合作实现了"其关于经济的、环境的、社会的绩效披露与财务报告一样重要，而且对于组织成功极其重要的愿景"[6]。

GMI Ratings（http：//www3. gmiratings. com），成立于 2010 年，由企业图书馆（The Corporate Library）、国际治理标准（GovernanceMetrics International）和诚信审计（Audit Integrity）合并而成。如今，GMI Ratings 宣布提供"影响全球范围内公众企业的环境、社会、管理和会计相关风险绩效的最全面的报告"[7]。

温室气体议定书（The Greenhouse Gas Protocol，http：//www. ghgprotocol. org），在世界资源研究所和世界可持续发展工商理事会的合作下，于 2001 年启动。它宣称会成为"政府和企业领导者理解、量化和管理温室气体排放的使用最广泛的全球评估工具"[8]。

国际劳工组织劳工标准（The ILO Labour Standards，http：//www. ilo. org/global/standards/lang--en/ index. htm），是在 1919 年以"在自由、平等、安全和有尊严的环境中，促进女性和男性获得体面有效工作的机会"[9]为目标而推出的。现在，它们代表"一种工作和社会政策指导的综合体系，依靠为解决在国家层面运用中存在的各种问题而设计的监控体系"[10]。

国际综合报告委员会（International Integrated Reporting Committee，http：//www. theiirc. org），旨在"创造一种将财务、环境、社会和管理信息融入一个持续和可比较的版式的整合性报告框架"[11]。

国际标准 ISO 26000（http：//www. iso. org/iso/iso26000），发布于 2010 年，旨在作为合理行为的指南，不是作为一个认证程序（不像其他 ISO 标准）。但是，ISO 26000 被认为是"领导性的全球多方利益相关者论坛，探讨什么是社会责任的含义及如何在组织的日常运行中履行企业社会责任"[12]。

经济合作与发展组织跨国企业指南（The OECD Guidelines for Multinational Enterprises，http：//www. oecd. org/daf/internationalinvestment/guidelinesformultinationalenterprises），在 1976 年第一次被采用。它们"提供了关于责任企业在例如就业与劳资关系、人权、环境、信息披露、反对贿赂、消费者利益、科学与技术、竞争和税收这些领域应遵守的自愿原则和标准"[13]。

国际社会责任（Social Accountability International，http：//www. sa-intl. org），成立于 1997 年，是审计和认证联合会 ISEAL（国际社会和环境认证与分类组织）的八大创办成员之一。ISEAL 具有国际视野，展示出在认证组织之中进一步推行一系列国际认可标准的意愿。特别是 SA 8000，是"一项为使工作场所更加人性化的全球可认证标准"[14]。

联合国全球契约（The United Nations Global Compact，http：//www. unglobalcompact. org），发布于 2000 年，是一项全球自发性倡议，旨在鼓励企业将其政策与人权、反腐败和环境等领域内的十大原则结合。[15]从 2000 年以来，已经有"超过 1 万参与者，包括 145 个国家的 7 000 多家企业加入"[16]。

联合国商业和人权指导原则（The United Nations Guiding Principles on Business and Human Rights，http：//www. ohchr. org/Documents/Publications/GuidingPrinciplesBusiness HR_EN. pdf），因为鲁杰原则而著名，2011 年获得联合国人权委员会认可。其指导原则为"建议

政府应该如何更好地为企业提供关于人权的清晰的期望以及一致的规则"[17]。

世界人权宣言（The Universal Declaration of Human Rights, UDHR, http: //www. un. org/en/documents/udhr/index. shtml），于1948年被联合国大会采用。该宣言宽泛地定义了"人权的概念，不仅包括政治权利而且包括社会和经济权利。世界人权宣言已经成为世界范围内许多机构的基本原则并在全球范围内被接受。而且世界人权宣言被很多企业社会责任守则和原则所引用"[18]。

维泰（Verité, http: //www. verite. org），成立于1995年，作为与企业合作的非营利组织，在社会审计领域具有主要影响，通过对工厂的监察改善供应链上的工作环境。

在许多不同的多方利益相关者理念和测量工具（包括宏观的多方机构层面和微观的个体品牌层面）中，全球报告倡议组织的贡献是卓越的：

自从启动以来，全球报告倡议组织（GRI）已经成为一个世界范围内的多方利益相关者的工作网络，包括来自企业、公民社会、劳工、投资者、会计师等的代表。通过完备的委员会和附属委员会重新修订框架，全球报告倡议组织（GRI）要求并确保，一个成功的全球框架所必需的信誉和信任。[19]

随着企业社会责任报告从"最好有到必须有"[20]，全球报告倡议组织（GRI）由于其指导基础而获得成功。同样，全球报告倡议组织（GRI）允许企业"追寻它们的进步而后设立目标"。[21]全球报告倡议组织（GRI）已经开始传播这样的观点："许多国家需要它们，要么是因为法律，要么是作为股票上市交易的条件。"[22]尽管评论员已经批驳了全球报告倡议组织（GRI）关于其早期的草案进行的投票实践传递了很多毫无意义的数据，但其最近发布的征求意见稿（G4）代表着巨大的进步。[23]

当这个项目高效地完成后，企业运营的透明性和诚实性允许外部观察者去评估组织、管理者及其政策。但是，一份关于企业活动的报告如果以错误的方式曝光，可能会使组织在其外部利益相关者认知中遭受负面影响。关于英国石油公司和埃克森石油公司在石油行业不同的认知颇具启发性——英国石油公司已经花费大量金钱来重新塑造其"不仅贡献石油"的品牌形象，而埃克森石油公司因为其首席执行官对气候变化长期持怀疑态度而受到企业社会责任相关组织的批评。然而，正如2010年墨西哥湾"深水地平线"漏油事件告诉我们的，就环境影响而言绩效远比品牌重要：

仅仅在1997年到1998年间，英国石油公司就对北极圈的104起漏油事件负有责任。在2008年，英国石油公司接到了美国化学安全和危害调查委员开出的历史上最重的罚单：8 700万美元——为2005年德克萨斯城爆炸事件中没有有效消除安全隐患而埋单。截止到2010年7月，英国石油公司已经收到美国职业安全与卫生管理局等机构开出的760份罚单，都是因为"影响恶劣的，明知故犯的"安全事故。与此同时，埃克森石油公司收到的罚单只有一份。[24]

虽然企业社会责任报告在近些年已经取得了很大的进展，但仍存在被企业利用以掩盖其真实目的的可能性，而且缺乏只有独立审计能够提供的真实性。同样，很重要的一点是，当我们在谈论一个企业负有责任并且应提交企业社会责任报告的时候，我们实际上是在议论三个独立的步骤，其中每一步都要做到清晰且透明，从而使整体有效：

第一，标准——一系列要求，经常采用已经达成共识的方法。第二，认证——提供应对这一标准的合格保证。第三，消费者对其进行分类——进行标注以指明其与标准的一致性。这一模型形成于 30 年以前，而且在那个时代改变微小。[25]

　　随着这一领域的进步，企业意识到报告和承诺作为合法性来源的价值。这一过程的第二步，企业社会责任审计正在迅速变革。因此，该领域正在超越三重底线（衡量企业在财务、环境和社会指标方面的绩效）的基础[26]，进入到能够使利益相关者比较不同行业中不同企业的更细致客观的、可认证的标准。除了对企业运营展现出一个更加完整的企业社会责任视角，建立这些标准还为那些寻求对企业风险进行整体评估的人们展现出一个重要的组成部分：

　　标准普尔公司的 George Dallas 说："我们不是社会活动家，我们是独立的风险评估者。"非财务性报告中的信息"有助于企业风险概况的建立"。"虽然现在还没有令人信服的证据来证明好的环境和社会实践会为股东创造价值，"Dallas 先生说，"但很清楚的是，不好的一面将会破坏利益。"[27]

　　随着这一领域的发展，观察员们不断引进新的工具从企业社会责任的角度来评估不同企业的运营情况。审计师们可用于确认信息质量的一种方法是，通过一个公认的认证程序，由具体的独立主体（例如非营利组织、雨林联合工作网络、绿色和平组织或者是森林管理委员会）来审计，然后认证其特有的产品是以符合已有标准的方式开发和生产的。例如，麦当劳在 2013 年宣布将与海洋管理委员会（MSC）合作"以表明其所用的鱼是以一种环境可持续的方式捕捞的"[28]。与其相似的是：

　　塞恩斯伯里（Sainsbury's）超市是海洋管理委员会（MSC）认证的英国最大鱼类零售商，相较于我们最近的竞争者，我们提供两倍的经海洋管理委员会（MSC）认证的产品。我们的三明治和寿司中的所有金枪鱼将会在今年年底以环保的方式捕捞，我们是经英国皇家防止虐待动物自由食品认证的鲑鱼的最大零售商。[29]

　　近年来最具预示性的发展之一是关于国际标准化组织的企业社会责任志愿标准的协商。关于企业社会责任标准，ISO 26000 的磋商阶段发起于 2005 年，标准于 2010 年在世界范围内发布。[30] ISO 26000 的演变代表着评估企业社会责任的政治和实际挑战。例如，一些评论家虽然支持 ISO 26000，但反对将它作为衡量企业社会责任表现的黄金标准。他们认为企业社会责任不像质量标准或是环境标准那样能够被测量，而是包含了难以量化的重要的定性部分。这就是为什么 ISO 26000 作为指南而非标准的主要原因：

　　本质上，企业社会责任是与各种关系有关的。利益相关者可以改变他们的想法。他们能够因为你今天才完成他们昨天要求你做的事而惩罚你。建立起这些关系——然后一路摆脱这些关系造成的困境不仅是一门科学更是一门艺术。不能使自身简单地适合于一种基于标准的方法。[31]

　　但是，其他评论家和一些政府部门关心的是，从表面上来看，如果一项指南被广泛采用，将迅速变成一个社会可接受的标准：

　　ISO 的品牌认知度和可信度使它有可能为社会责任作出积极的贡献。ISO 标准是自愿性的标准，但是它们经常会成为衡量企业最佳实践的基准。它们经常用于参考制定供应链要求，而且很多被吸收到国家规定和标准中。[32]

　　因为企业社会责任存在定性的部分，虽然全球报告倡议组织（GRI）在广泛传播，在全球范围内能够被广泛接受的企业社会责任标准的推行至多处于保持增长的状态。例如，在 ISO 26000 发布超过两年后，其价值保持着高度争议，其中还有些人认为该指南是一个制造"高尚言论"的政治过程：

我们应该清楚的是：ISO 26000 标准并不像国际标准化组织在其他商业领域所推行的指南。ISO 26000 是比较含糊的，也具有高度的政治性。每部分都有一个令人头疼的社会问题的细目清单，大部分是发展中国家的，紧跟的是非营利组织支持解决的愿望清单，这些都由发达国家买单。美国、印度以及其他三个支持早期 ISO 26000 草案的国家，最后投票时否决了最终的提案。批评家认为这其中包含了关于环境影响、雇员和顾客权利等争议概念的问题性声明，但是没有对股东权利的认同。[33]

批评家认为 ISO 26000 不够完美——它作为一份基本的概览和清单是很好的，而且有助于认清和定义利益相关者，但是就如何实践这一理念而言是缺乏有效性的。重要的是，它缺乏精确性且没有被贯彻执行。此外，因为缺乏能够衡量绩效的全球性标准，企业社会责任报告仍然只是聚焦于过程，而不是聚焦于结果。总的来说，如今的企业社会责任：

……谈论关于企业是否应该设置目标。他们谈论报告是否应该遵循全球报告倡议组织（GRI）指南。他们谈论报告是不是由独立第三方认证。他们唯一不谈论的是企业如何在社会的、环境的以及经济的层面履行社会责任，而且企业社会责任报告——全球报告倡议组织（GRI）的独立认证或是加盖印章的文件是否不被作为有用的证据而接受。[34]

企业社会责任时事通讯：彪马（Puma）

一篇由 Mallen Baker[35]所写的文章中强调仅依靠定量指标去记录一个企业的企业社会责任表现是没有价值的。该评论起初由一个 BBC 的新闻故事所引发，[36]这则新闻报道了"彪马作为世界上第一家大型企业公布其环境影响成本的细节，其 2010 年碳排放和水利用的综合成本是 9 440 万欧元（1.3430 亿美元，8 280 万英镑）"。Baker 试图解构这一数字，他假定代表彪马生产中对环境破坏的数字是创造出来的，并提出了一系列疑问：

让我们假设全球平均气温的改变导致了蓝鲸和亚马孙平原上尚未被发现的昆虫的灭绝。我们应如何定义以及计算蓝鲸的价值？从中获得的产品的潜在经济价值是多少？为保护其生存而进行的支付应当基于什么？这其中可能蕴含一项新医学发现的秘密？也或许，这根本不存在。

然而，就我们对数字的信任意愿而言，Baker 的结论既具有启发性又非常有见地：

所以这些数字是伪造的，无法量化得出。为什么 BBC 不报道这样的故事呢？噢，是啊，这是正确的。因为数据是由普华永道得出的，审计师赋予数据可信性的神奇力量。

既然衡量一个企业在企业社会责任事务方面的实践没有什么效果，是否就意味着我们要举手投降，转向劝服高管们"做一些正确的事情"的道德伦理争论呢？Baker 的观点是，在一个社会之中，我们非常信服数字的表面意义（很少去质疑深层的方法论），正是这些数字使他采取必要的手段去批驳彪马所得出的数据，另一方面，这也提供了继续追寻衡量企业社会责任活动的有效指标的逻辑。

只要我们能够找到一种标准化的方法衡量我们认为应该度量的事物，我们就能够将一家企业的活动与其他企业的进行比较。这些数据是否百分之百的精确并不重要，重要的是任何标准是否公平地运用于所有企业。如果是这样的话，评估代表着绩效的相对评价。几乎所有的评估都包含着主观解释和假设，但是也要包含对事实的客观陈述（即便是被社会构建出的）。对蓝鲸的灭绝估算价值与一项尚未实现的医学发现相比较，总是会包含一些主观的因素（因此，具有争议）。

但是，确定一个衡量企业绩效更好或更差的方法是很有价值的。也就是说，继续对此困难领域进行探究，并在所有企业应用标准化的衡量方法。正如 Baker 所总结的，"重点不是答案——而是你还没有充分完善地定义问题"。

在报告过程中的第三步是对外在利益相关者（特别是顾客）披露目标和进展情况。这通常包含一些分类的产品标签，最好是伴有一位受尊敬的认证审计师的标识，要么是粘贴在产品上，要么是在销售中宣传。其目标是传递标准化的意识，获得金星、A 级、全 5 分，或是其他能够为企业社会责任绩效评级的方法，例如，有机食品超市（Whole Food）的彩色编码评级项目，用来评估和支持具有可持续性的海产品：

这种方法类似于红绿灯，使用绿色、黄色、红色对海鲜评级。绿色级别表明该种类相对充足而且可以以环境友好型方式捕获。黄色级别意味着该种类的地位或是其捕获的方式受到关注。红色级别意味着该种类面临着过度捕捞，或是其捕获方式破坏了海鲜环境或是栖息地。有机食品超市（Whole Food）在一个周一宣布会在 2013 年地球日之前停止红色级别种类的售卖。[37]

正如上面的例子所示，通常这些标签是由一个特别的公司发起的，不一定与行业标准（即使这一标准存在）相符合。同样，这些标签的主要问题不是测评方法的缺乏，而是衡量企业社会责任的努力有待加强。例如，就生态标签（用于测评环境影响）而言，目前估计"有 400 种甚至更多——其中很多越来越趋同（因此没有了差异也就降低了它们的价值），它们的价值明显降低"[38]。问题不是来自于每一个组织的良好意图，而是来自于他们采用的绩效评估方法的不断变化，以及他们将这些信息传递给顾客和其他利益相关者的方式的不断变化。其结果就是令人困惑，不清晰。仅在北美，就有 88 项这样的生态标签。[39]因此，北美贸易委员会已经发布增强这些认证标准价值的指南：

委员会修改了"绿色指南"，警告营销者不许使用那些宽泛定义不可持续生产的产品标签，如"生态友好的"。营销者必须限制它们在产品包装上的宣传，把它们限定在一个明确的效果上，比如这个产品能够被回收的程度。[40]

当然，如果所有的企业都负有社会责任，而且努力从它们的供应链上根除不可持续或是有害的行动，那么这些都是不必要的。为实现这一点，有一种基于市场的方式，就是解释构成产品定价的所有成本——生命周期定价。

9.1.2 案例分析：生命周期定价

正如以上所强调的，要测评企业社会责任的价值对于企业来说有三点：让企业设置目标；让企业测量进展情况；让企业与其各方利益相关者沟通所取得的进展。一个很好的例子是，为了克服各种评估因素的复杂性并通过在工作中沟通一致获得利益，沃马特（以及其他零售商，包括"盖璞公司（Gap）、杰西潘尼（JC Penney）、李维斯（Levi Strauss）、耐克（Nike）、玛莎百货（Marks andSpencer）、阿迪达斯（Adidas）、H&M"，等等）[41]正在做的事情是，为所有产品设计一个标准化的生态标签。[42]其目标是让每个沃马特超市的任何产品拥有一个带有标签的、规范的、能够记录其环境影响（"从一个游戏机的温室气体排放量到制作周末培根需要使用的水的分量"）的评估指标[43]。因此，就企业对其生产产品的负责任范畴而言，这将会改变规则：

超过 200 家服装生产商和零售商已经联合起来发布了一项行业内的可持续评级指标，生态指数会对它们整个生命周期链条上产品的环境影响作出评估。生态指数提供了三类工具——指南、指导和指标，允许任何企业加入，无论它是否有经验。这些工具用来评估产品在六个生命周期阶段的影响：原材料；包装；产品生产和组装；运输和分配；使用和服务；产品生命结束。[44]

可持续服装联盟（Sustainable Apparel Coalition）的目标是将消费者与生产过程的每一个阶段联系起来（"让他们了解更多关于构成他们所购衣服的纺织品、拉链、燃料、线、纽扣和索环的供应，以及这些材料会对人类和地球所产生的影响"），[45]同时也让企业意识到供应链知识的重要性：

> 联盟采用的工具创造了一个能够衡量服装生命周期内所有参与者分数的数据库——这些参与者包括棉花栽种者、混合纤维制造者、燃料供应者、纺织工厂主，还包括包装商、承运商、零售商和顾客——基于一系列社会和环境的测评，例如水和土地的使用、能源效率、产生的废料、化学品的使用、温室气体和劳工实践。[46]

但是，为了使这些努力有效果，生态标签项目必须努力克服产品生命周期定价理念造成的困境。该组织所做的就是试图获得生产过程中供应链上每一步的所有影响，然后对每一步赋予量化价值。虽然如何避免重复计算是一个更加复杂的问题，但他们会加总正面的和负面的价值从而获得每一个产品的净影响分数。总之，这个组织就是要努力测评企业之前总是推向他人的外部成本。

外部性

《牛津英语大词典》将外部性定义为：

> 一个行业或商业活动的副作用或是结果，在不反映其产品和服务成本的情况下对其他人的影响；是一种社会成本或是收益。[47]

因此，产品生命周期定价试图根除外部性的理念，不让它成为一种"不被反映在产品和服务成本中"的影响。产品生命周期定价的目标是整合（或是使其内化）所有成本到产品的最后价格中。这很重要，因为"如果价格反映了所有的成本，包括代代相传的生态成本，这样世界就不会面临可持续的调整，至少在理论上是这样的"[48]。

图9-1展示了生命周期框架的六个阶段：提取→加工→生产→批发/零售→购买/消费→处置/回收。位于每两个阶段之间的是运输和储存，还有能源、原料以及其他所有在生产前后所用到的资源的投入。每一个阶段也产生输出，例如废弃原料和其他形式的污染物。所有的过程应该用三重底线（财务、社会和环境三个方面）以及在整个体系中与决策相关的伦理考虑来评估。

产品生命周期认为，我们需要建立一种不再基于总成本定价的经济模型（类似于庇古税的理念——"当一项活动在社会中产生成本，经济学家一直认为该活动应该被征税"[49]）。换句话说，一件产品的价格不仅应该包括其生产的成本，还应该包括与补充原材料和处置或回收消费后的废弃物相关的成本。对碳排放进行定价的尝试反映了这个过程（通过征收一种碳税或者设定碳排放上限和交易制度）[50]，同时企业发展碳足迹[51]的努力提供了一种实践方法。

有很多企业正在将产品生命周期定价整合到它们的核心商业模型中。耐克是一个很好的例子，其绿色换购活动[52]"公开了其生命周期设计方法的来源"[53]。但是，将生命周期方法融入其整个运营过程中的最佳例子或许是Interface地毯公司，其创立者兼首席执行官雷·安德森（Ray Anderson）解释了他在攀登"可持续山峰"的旅程中面临的八个问题：

每一个阶段的投入：

运输
储存
加工原料和能源

| 原料提取 | 原料加工 | 产品制造 | 批发/零售 | 购买/消费 | 处置/回收 |

废弃原料
污染物

每一个阶段的输出：

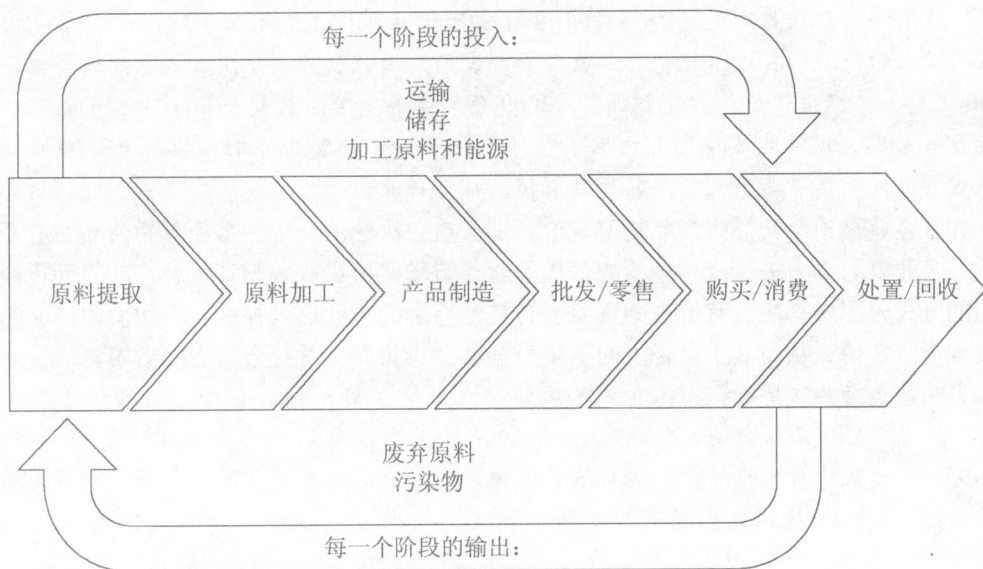

图 9-1　产品生命周期

（1）废弃物；（2）排放量；（3）能源；（4）原料；（5）运输；（6）文化；（7）市场；（8）社会公平。[54]在安德森看来，山峰的顶端代表着可持续性，他将其定义为"不带走，不破坏"。如此，一个在企业价值链上从摇篮到摇篮的闭合回路系统的自然结论就是零污染。在 2009 年 TED 会议上，安德森进一步阐述了他关于可持续性（"零污染项目"会在2020 年之前实现）的商业逻辑。[55]

只有通过一个产品生命周期定价模型来发展行业内标准，我们才能更进一步地理解我们身边的经济体制和商业实践产生的整体影响。我们不清楚的是顾客所需信息以及做出行动的程度。毫无疑问，在这个社会中，我们需要行动，而且要快速行动。我们已经创造了一套基于便捷和浪费的经济体制——我们在不想要也不重要的事情上花费我们本来就不多的钱。[56]因此，"一个人每天要产生 4.5 磅垃圾，但是只有 1.5 磅能够被回收"[57]。尽管回收利用在生命周期框架内不是一个非常重要的目标，但是我们需要对废弃物"升级再造"，变废为宝，因为"几乎所有的产品都只能以低级的基本要素物质的形式回收，而且这一回收过程耗费了大量能源和劳动力"[58]。总而言之，我们需要寻找一种减少对自然资源不可持续开发的方法。

从以上讨论中我们能够清楚地看到，从目前的产品成本构成来看，"市场无法按照商品的真实成本定价"[59]。其原因是我们所建立的市场因为失效而漏洞百出（政治家们所说的补贴、税收减免、薄弱环节等）。这种失效致使产品的最终价格不能反映产品的真实价值（即其总成本）。因此，我们需要改革我们的市场体系。其目标应该是朝着一个消除所有无效行为，使所有包含在价格中的成本能够与产品和服务等值的模式而努力。当经济的外部性被内化和包含在一个道德框架中（见"企业社会责任过滤器"（第4 章）），我们就能够更贴近亚当·斯密在其经典文献《道德情操论》中所憧憬的经济环境[60]——拥有基于价值的企业和警惕性高的利益相关者的真正自由的市场。但是，现实却截然不同：

政府提供的企业福利政策是对特定行业或企业给予的特别优惠——现金补助、贷款、担保、救助和特别税收减免。2006 年美国财政估计有 920 亿美元用于此，远超于美国政府在国防上的花费。在这个提供行业救助和补贴的新时代，此项年度成本可能还将翻倍至 2 000 亿美元。据白宫预算委员会所言，2009 年的经济刺激法案包含 800 多亿美元的"清洁能源"补贴，以及超过百亿美元用于对汽车行业提供救助和"旧车换现金"项目，还有通过再融资或是买断不良贷款的项目来援助抵押行业。[61]

如果企业被迫对其最终产品精确定价，那么在一次性消费中许多便宜的商品会变得更昂贵，企业就有动力去生产可持续的替代品。让市场保持最有效则意味着，以最大化社会产出的方式分配稀有的、有价值的资源。与其为特定的行业提供补贴，不如按照产品的真实成本适当定价，从而减少市场上的不正当竞争，也将产生对社会负责的结果。

当政府支持其立场时，左派和右派均倾向于支持政府干预（例如，左派对于太阳能的资助，右派对于石油公司的税收减免），但是至少左派承认自己希望政府干预。相反，右翼势力一边鼓吹自由市场，一边却违背其主张大力地进行资助。因此，上述有关企业福利的论述，让我们认识到，资助和配额只是我们在西方创造的低效市场体系中的一个部分：

经济学入门课程告诉我们，一个行业强加给第三方的大量成本应该按要求"内部化"……考虑到那些成本，液压破碎法（编者注：液压破碎法是利用高压将水、化学物质和沙打到地下以获取天然气的方法，这样做会污染地下水，从而导致雨水也受影响）还是值得去做的。但是没有哪个行业能够逃避其对环境和国家基础设施造成影响后产生的损害。但是，行业及其捍卫者所希望的当然是逃离它们所造成的损害。为什么？因为我们需要那种能量！[62]

减少政府干预（取消补贴、配额、税收减免等），在定价时将所有外部性内部化，二者相结合才能产生一个真正自由的市场。缺乏其中一项就不是自由的市场。但目前我们二者都没有：

因此，值得一提的是，对液压破碎法的特殊对待成为自由市场原则的笑柄。支持液压破碎法的政治家声称反对资助，但是允许一个行业不支付薪酬而增加成本事实上是一项巨大的资助。他们说他们反对让政府"选出赢家"，但是他们要求对这一行业特殊对待，就是因为他们认为这个行业会成为赢家。[63]

就此而论，一项关于碳排放的政府税收仅仅是一种要求企业对所有石油/天然气开发、加工和销售产生的环境成本负责的方法。换句话说，这是一种为自由市场创造条件的方法。一旦公平的领域出现（对于所有形式的能源，无论是传统型的还是替代型的，都有更加精确的定价），市场就会决定哪种能源资源将推动我们未来的经济发展。最后：

只有当每个人都为其行为支付全价时，市场才是真正自由的。其他的任何事都是一种干预行为。我们未来的发展在很大程度上取决于我们承认有必要并且去终结这种干预行为的能力。这是最基本的经济学课程，也是任何严肃的环境学家应该注意的。[64]

9.1.3　CEO 的观点

星巴克现任董事局主席兼 CEO 霍华德·舒尔茨（Howard Schultz）

【2008 年舒尔茨重新领导星巴克】当时我们的股票在直线下跌。有一天，我在和一个大型机构的股东通话。他强调覆盖我们员工的长期医疗项目耗费了 25 亿美元。他说这是一个对于星巴克和我来说削减医疗保健支出的最佳时机。许多公司当时都在这么做，所以

我不会受到公众的强烈抗议。我试图向他描述我们品牌的内涵是人性化,我们的文化渗透于我们特有的两项主要利益之中:覆盖我们员工的全面医疗保险和优先认股权的平等。我们把这两项利益给予那些一周工作超过 20 小时的员工。我告诉他:"不管从什么层面来说,削减医疗保健支出都是不可能的,因为你不了解我们公司的内涵。如果你认为金融危机应该改变我们的原则和核心目的,也许你应该卖掉我们的股票。我不是在创立一只股票,我希望创造一个更加卓越、持久的企业。"虽然我们是一个绩效导向的企业,但是我们必须以人性化的视角领导企业。[65]

9.1.4 在线资源

- 英国 BS8900 标准(British Standard BS 8900),http://www.bsi-global.com/Shop/Publication-Detail/?pid=000000000030118956
- 可持续创新中心(Center for Sustainable Innovation, CSI),http://www.sustainableinnovation.org/
- 从摇篮到摇篮认证(Cradle to Cradle Certification),http://www.c2ccertified.org/
- Ecolabel 指数(Ecolabel Index),http://www.ecolabelindex.com/
- 欧盟经济管理和审计计划(EU Eco-Management and Audit Scheme),http://www.iema.net/ems/emas
- 国际社会与环境认证和标签联盟(International Social and Environmental Accreditation and Labeling (ISEAL) Alliance),http://www.isealalliance.org/
- 国际标准化组织(International Organization for Standardization, ISO),http://www.iso.org/
  (ISO 14000,http://www.iso.org/iso/iso_14000_essentials and ISO 26000,http://www.iso.org/sr/)
- SustainAbility 公司,http://www.sustainability.com/
- 可持续性服装联盟(Sustainable Apparel Coalition),http://www.apparelcoalition.org/
- 联合国千年目标(United Nations Millennium Goals),http://www.un.org/millenniumgoals/

9.1.5 正/反方辩论

> 正/反的辩论:在法律缺失的前提下,企业应该自愿地将所有外部性/成本整合到其产品的价格中。

9.1.6 问题讨论和回顾

1. 你是以二分法还是以持续性的观点思考企业社会责任?如果是前者,这种方法的优点是什么?如果是后者,这对于那些试图测评企业社会责任的人来说意味着什么?

2. 一个雇用数十万员工且缴纳很多税的烟草企业与一个售卖食品但支付员工低工资的超市,谁更好,谁更差(就企业社会责任绩效而言)?

3. 谁从企业社会责任报告书的发布中获利最多——企业还是其利益相关者?一个企业为了赚取名声而夸大或是歪曲其企业社会责任成就——"漂绿"的危险是什么?

4. 为什么由一个独立组织对一个企业的运营情况进行审计很重要？对于一个企业来说，与非营利组织合作对其运营情况实施社会审计的优点是什么？危险又是什么？如果一个重要的客户要求你证明你们兑现了企业社会责任承诺，你会使用哪种方式？

5. 看一看下面的认证标志（见图9-2）。你认识它们其中的任何一个吗？如果你想购买一件产品，其中一个牌子的产品贴有这些标志中的一个，而另一个牌子的产品没有，这会影响你的购买决策吗？

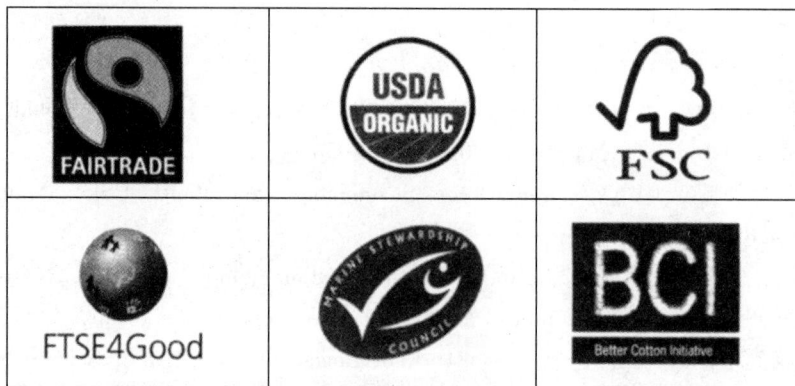

图9-2 品牌标志

9.2 承诺

企业社会责任关系：该问题反映了正在开展的关于企业社会责任的争论——企业应该被迫使或是被鼓励去自愿履行更多的企业社会责任。

利益相关者：政府，社会，企业。

9.2.1 问题

人们普遍认为企业试图追寻其最大利益，而且这些利益被狭隘地定义为利润最大化。但是，引起争论的是，企业在关注利润的同时也使其社会价值水平最大化的程度。具体地说，如果对于利润的追求确实产生了社会价值，那么这种结果应该如何达到呢？企业应该随心所欲地去追逐自身利益，让市场决定它们行为的性质（例如，通过与顾客和竞争者的互动），还是应该让社会来推动企业采取具体行动（通过政府法规和其他强制形式）以达到实现具体的社会成果的目的？简而言之，企业社会责任应该成为一种自愿的还是强制性的行为？

那些支持强制企业采取具体行动的人认为，这是保证企业会以全社会可以接受的方式行动的唯一方法。他们认为形成理想结果的唯一方法就是强制。就鼓励来说，以可持续领域为例，他们认为"每一项重大的环境改善——减少酸雨，改善空气质量，保护臭氧层——都是国家法律和全球条约规制的结果"[66]；就惩罚来说，他们认为，对于公司高管和其他雇员来说，"罚款是无意义的，只有监禁能够改变行为"[67]。

不幸的是，能够支持企业社会责任的商业案例证据很微弱……因此，企业没有充足的动机投入资源去改善企业社会责任所强调的问题。[68]

但是，那些持相反立场（企业自愿行动）的人认为，外加的规定对于那些产生较少最佳社会成果的企业来说是一种干扰和附加的成本。例如，在美国的医疗保健行业，他们指出，关于每小时接待一个病人的过分规定，会导致相应的文书工作时间至少增加一倍。在 2013 年，"联邦规定医院可以要求退款的疾病和伤害种类从 1.8 万种上升到 14 万种。由鹦鹉造成的伤害有 9 种，由燃烧的滑水板引起的烧伤有 3 种"[69]。由于这些规定纷繁复杂，他们认为只有当一个组织真正地认为企业社会责任有其最佳利益的时候才会投入充分的资源去实现目标。否则，企业只会想办法去避开这些规定（"又一次，企业通过财务创新寻找一条从规定中获利的途径"）[70]，使创建这些规定的意图和努力白白浪费。因此，鼓励部分企业采取自愿行动是能够使真正而有意义的变革发生的最有效途径：

> 法律是用来推行最低标准的。企业社会责任是关于最佳实践的……除非能够撤销万有引力定律，否则政府不能够再对最佳实践进行规制。[71]

自愿行动与强制性

一方的观点是支持法律控制企业的不良行为：

> 现有法律没有强制规定一个足够高的社会行为标准。如果企业社会责任活动被认为是一种商业成本，那么除了规定的要求之外，企业不会再做更多。因此，需要用新的更加严格的法律来迫使企业做出更负责任的行为。

另一方的观点是支持通过向企业证明履行社会责任的价值使企业有动机采取自愿行动：

> 企业应该意识到确保得到所在社区的认可是其最大的利益。正是这些社会成员的期望和变化的标准决定了企业的哪些行为是可以或不可以被接受的。企业的最佳实践不能被简单地定义或是强制执行。如果企业的社会责任行为与其成功联系起来，那么企业的谋利动机将会为必要的创新提供理想的动力。

不用说，在这两个极端观点之间还存在着一些灰色地带。

符合利益相关者的期望成为企业社会责任的核心，因为这充分表明了一个企业被社会接受的程度。那些有增加值的企业会受到欢迎，而那些被认为损害了大众整体幸福感的企业会遭到批判甚至是拒绝。于是，当企业和社会存在负面的联系时，对企业行动加以严格规定的情况就会出现。如果企业觉得能够远离这种负面联系，那就离远点，例如，一个运输核废料的企业可能想逃避采取必要但昂贵的预防措施来确保运输全程的安全，但最好不要这么做。但是，正如上述观点所说明的，为了实现其有效性，一个企业必须真正地承诺去履行企业社会责任，而且没有规定能够支配这种承诺。1987—2006 年间担任美联储主席的艾伦·格林斯潘，一直主张金融行业内的企业进行自我调节或是自觉遵守：

> "拥有诚实交易和高质量产品的声誉是每一个商人的自我利益。"他在 1963 年写道。他说过，法律规定通过强制力代替了信誉的竞争，破坏了这种"最至高无上的道德体系"。格林斯潘一直崇尚 19 世纪中期自由放任的资本主义体制。在那个时候，是竞争而不是法规确保了金融市场的真实性。例如，银行发行货币的价值随发行者的信誉浮动。[72]

关于政府监管机构的干预——例如制造一种本国货币以及保证个人存款——格林斯潘认为，这么做减少了"银行家和商人谨慎行动的动机……使存款人较少关注其存款银行的信誉"[73]。不用说，金融危机已经撼动了格林斯潘对于市场自我修正能力的坚定信念。在政府改革委员会就危机发表声明之前，格林斯潘就表明："那些已经看到借贷机构为了保护股东权益采取自利行为的人，包括我自己，已经抱有严重的怀疑态度。"[74]

许多企业社会责任的提倡者认为，自愿改变是定义和清楚理解企业社会责任概念的核心，即企业社会责任是"将环境和社会事项融入企业核心业务运营的超越合法义务的自愿整合，它基于企业与利益相关者之间的对话"[75]。但是，许多企业更愿意基于自身利益决定运营成本（尽可能地低），而不是基于一个对社会最佳的客观评价指标。因此，在具体领域更加严格的立法扮演了维护社会利益的守护者角色：

例如，安然公司（Enron）自豪地将其企业社会责任认证书作为一项重大的公关实践呈现出来，却同时在内部背叛了这些证书。唯意志论者宣称，除非企业真正拥有，否则企业社会责任只是面子工程……展示企业表现良好的最佳办法是企业自愿地履行企业社会责任，并将其内化。[76]

作为普遍规律，人们常常在大多数人拥有最大利益的领域寻求规制。比如在法国，"从 2002 年开始所有的公众公司都被要求将社会和环境信息纳入其年报当中"[77]。然而，如上所说，过度规制的问题在于它的成本非常高。比如在美国，为了遵守《萨班斯-奥克斯利法案》，公众公司的年平均花销估计有 230 万美元。[78]由于成本太高，公司在公众视野下运营的好处就减少了，当公司避开公众的关注时，社会风险也就上升了。比如，在 2012 年：

公众公司的数量在过去 10 年中大幅减少——从 1997 年开始在美国减少了 38%，在英国减少了 48%。在美国，首次公开发行股票（IPOs）的公司数量从 1980—2000 年的年均 311 家减少到了 2001—2011 年的年均 99 家。那些在其 IPOs 之前年销售额少于 5 000 万美元的小公司情况最严重。1980—2000 年平均每年有 165 家小公司首次公开发行股票。这一数量在 2001—2009 年间下滑到年均 30 家。[79]

过多的法规抑制了企业家的能力和激励效率，追求利益最大化的企业应该明白，利益相关者对于可接受行为的定义是动态变化的。如果企业忽视利益相关者的期望，一种潜在的、更具破坏性的、范围更广的反击——惩罚性法规——将影响企业的整个商业环境。往往是那些在过去首当其冲受到企业社会责任运动者关注的公司随后对企业社会活动最积极。这些公司完全明白，积极应对利益相关者的反击、寻求企业社会责任保护以避免未来发生类似问题，对企业自身利益的重要性：

壳牌在尼日利亚与布兰特史帕尔的经历向它证明了应当更严肃地对待与利益相关者之间的关系，这使它成为环境与社会报告实践中的最佳典范。[80]

当然，经常很难分辨，这些事件是否会促使公司真正地重新评价其运营情况并且将企业社会责任（CSR）的重要性融入其战略视角中，还是公司仅仅意识到需要表现出对潜在有害事件的关心。壳牌最近的企业社会责任（CSR）绩效显示这种担心是必要的。比如，在 2009 年一项用石油行业的公众可用数据评估六家主要的石油公司排放报告的调查中，根据"排放情况公开的细致程度、频率和相关性"对企业进行 1（差）到 5（优）的评分，"其中壳牌在其碳排放情况公开上的得分是 1.15 分（满分 5 分）。而其他几家公司中，英国石油公司为 3.05 分，艾克森石油公司为 2.76 分，美国康诺克石油公司为 2.64 分，雪佛龙公司为 2.4 分，所有公司综合为 2.03 分"[81]。关于自愿的胡萝卜和强制的大棒哪个是鼓励企业社会责任（CSR）行为最有效的办法的争论仍在继续……

9.2.2　案例研究：Nudge

鼓励循环利用最有效的办法是什么？诉诸人们的个人利益，宣传建立一个可持续的经济模型的重要性从而最小化我们对地球资源的影响，以保证子孙后代可以在地球上不断繁衍是否是最好的办法？或是说，通过强制一些特定的行动来改变企业的行为才是更好的办法？这些关于战略企业社会责任的争论大多都是基于这样一个假设，即只有公司相信社会责任行为带来的内在自身利益时才会有明显的转变。然而，在个人消费者行为与废物循环利用的关系中，证据表明强制行动是有效的。并且还有证据表明，如果消费者行为有所转变，那么公司会很快适应这一转变。

在公司废物循环利用的案例中，一些公司明白了自主行为的价值——他们可以通过循环利用原材料减少成本因而提升效率。像第 3 章中强调的那样，现在沃尔玛在该领域的工作被认为是最好的。这部分与沃尔玛的运营规模有关，但同时，公司真正将可持续发展项目看做是更有效率的方式，并且将把更低的成本传递给消费者。安海斯–布希是另一个长久以来被认为在促进回收利用方面做得很好的企业。2003 年，这家公司"循环利用了其固体废物的 97%——超过 50 亿磅的材料"[82]。2005 年，它"相比 2002 年，用于制作包装的纸板使用减少了近 2 100 万磅"。2013 年，这家公司回收了"在酿造和包装过程产生的 99% 的固体废物，包括山毛榉材片、铝、玻璃、酿造谷物、废金属、硬纸板和其他材料"[83]。尽管有这些令人印象深刻的企业，美国的总回收率，尤其是与塑料相关的并不景气，在 2009 年使用的 51.5 亿磅塑料瓶中仅有 14.4 亿磅被回收。[84]每年生产出来只用一次然后就被废弃的塑料量预示着问题的严重性：

> 预计每年生产的 6 000 亿磅塑料中的一半都被制成了一次性产品。其中一些无可争议是很有价值的，比如一次性注射器……但是很多一次性用品，比如塑料袋、吸管、包装袋和打火机这些经常在沙滩上发现的垃圾，基本都是一些会造成严重环境损害的垃圾。[85]

既然如此，怎样的行动正在被采取以使得个体消费者在可持续问题上有所行动呢？沃尔玛通过在其商店中大量提供像节能灯泡这样的产品，鼓励了消费者行为的转变。并且，又是由于其经营规模，它可以接触到很大一部分人：

> 这家公司在它的货架之外还改变了很多。比如：将其商店中吊扇上的白炽灯泡全部换掉每年可以节省 700 万美元。现在沃尔玛正在运用店内展示来向消费者推销紧凑型荧光灯泡，并且已经售出了 1 亿个——每个消费者超过 1 个——能够节约费城这样大小的一个城市所需的能量。[86]

尽管如此，如上所述，总的回收利用程度还是很低。比如，根据美国环境保护署所发布的数据，"尽管有 52% 的纸、36% 的金属、22% 的玻璃被回收了，只有仅仅 7% 的塑料被回收利用"。[87]因此，有关回收利用的争论以及消费者保护主义对环境的破坏作用的重要内容，就是如何有效减少个体消费者对塑料袋的使用：

> 在塑料水瓶之后，没有什么比将塑料购物袋作为美国消费者保护主义胡作非为的象征更合适的了。我们每年使用 3 800 亿个塑料袋。估计只有 5.2% 被回收；如果将其填埋可以维持 1 000 年。塑料袋的原料是石油，而我们使用塑料袋的习惯每年将消耗 16 亿加仑石油。[88]

企业社会责任时事通讯：纸还是塑料？

《华盛顿邮报》的一篇文章[89]在纸袋和塑料袋之间做了一个令人沮丧的对比，比较哪一个在生产、消费和处理过程中带来了更大的环境负担，"事实是纸袋和塑料袋都吞噬着自然资源并且带来严重的污染。"虽然存在一些令人惊奇的数据，但是在纸和塑料之间争论的结果是两者都不是好的选择：

生产纸袋相比于生产塑料袋要多消耗 4 倍的能量。生产纸袋比塑料袋多产生 70% 的气体和 50 倍的水污染。而处理和回收利用 1 吨塑料袋要花费 4 000 美元。但在商品市场上它们只能卖 32 美元。

通常，为了循环利用而收集的袋子并没有被循环利用。越来越流行的趋势是将它们运往像印度和中国这样的国家，在这些国家更宽松的环境法律之下，塑料袋可以被更便宜地焚烧掉。

纸是可降解的，但是由于缺少水、光、氧气和其他必要元素，它并不能完全在现代的填埋坑中被分解。

《华盛顿邮报》的一篇社论[90]对在马里兰禁止使用塑料购物袋的提议给出了类似的观点：

这个观点的反对者认为，问题在于纸袋也是有害的：生产纸袋花费更高，在运输过程中消耗更多资源，并且循环利用它们比塑料产生更多的污染。但是，使安纳波利斯居民不使用塑料袋的观点还未诞生。

似乎在纸和塑料之间的争论当中，只有一件事是大部分人都同意的：

任何一种一次性购物袋都是浪费的，重复使用袋子将会给消费者带来最好的结果。

这个问题的严重程度正在促使美国一些需要在袋子被丢弃之后清理的机构采取行动。[91]特别地，加利福尼亚[92]、科罗拉多[93]、得克萨斯[94]和华盛顿[95]的州和地区的监管机构，都声称正在准备采取措施来减少和消除塑料袋的广泛使用。尽管政府不断增加在这一领域内的行动，这种积极主动性的成功还要依赖于循环材料的价格浮动，这些价格下降[96]的速度就跟它们上涨的速度一样快[97]。市场中特定循环材料的价格波动意味着对公司来说有时处理掉它们（来避免储存费用）比把它们在市场上出售更划算。[98]

下面两个有趣的社会实验结果表明强制特定行动的立法会使消费者行为在更短的时间中出现更大的变化。首先，宜家家居引入了一项向消费者使用的任何袋子收费并且将这部分钱捐赠给一个非营利组织的政策：

这项政策（在六个月内）在美国减少了 50% 以上的袋子消耗，远比公司高管想象的要多……在英国，这项政策……减少了 95% 的袋子使用。[99]

在一篇通讯稿中，宜家家居公布了在美国使消费者使用的塑料袋量最小化计划第一年的成果，并且报告了消费者行为的明显改变。因此，公司决定扩大这项政策并且"宜家家居将不再提供塑料袋，并且纸袋也不会再在宜家家居的商店中出售"。[100]

在其首要的"带塑料袋"项目的介绍中，宜家家居定下了第一年在其美国商店中将塑料袋使用量减少 50%——从 7 000 万减少到 3 500 万——的目标……现在项目开展了一年……宜家超过 92% 的消费者都说不再使用塑料袋！[101]

第二个社会实验发生在 2002 年，当时爱尔兰政府通过了一项塑料袋税，要求消费者为他们使用的每个塑料袋支付相当于 33 美分的费用。与宜家的经验十分相似的是，这项税收对消费者的行为有着显著且迅速的影响：

在几周内，塑料袋的使用量下降了 94%。在一年内，几乎每个人都带着可重复利用的布袋，放在他们的办公室里或是汽车后备箱里。使用塑料袋并不违法但是拿着他们变得不被社会所接受——就像穿裘皮大衣或是不清理狗狗的粪便那样[102]。

该网站 http://reusablebags.com/报告称"2008 年 1 月，全球使用了近 420 亿个塑料袋"[103]——这仅仅是一个月！宜家和爱尔兰的实验说明，只要有政治意愿和创新解决问题的能力，巨大的改变是完全可能的。其他的公司正试图在宜家家居的成功的基础上行动：

沃尔玛，长期以来作为环境保护者攻击的对象，正在跟环境保护协会合作进行一个名为全球塑料购物袋垃圾减少的项目，这个项目声称在 2013 年前能够将购物袋的数量减少 900 万。[104]

纽约[105]、新德里[106]、威尔士[107]的市政府都注意到了行为的显著改变并且采取了相似的方案。爱尔兰正计划在其成功的基础上将类似的税收扩大，以影响消费者行为的其他方面，"提议在 ATM 单据和口香糖方面向消费者征收类似的税费……（在 2008 年）政府计划禁止使用传统电灯泡，使人们在市面上只能买到节能长寿命的荧光灯"[108]。一般地，下意识的政府干预应当被避免，但在该事件中的例子表明社会政策在大幅度且迅速使公众行为向积极方向转移方面，潜力巨大。然而，强制行动很明显也是需要限制的。即尽管高压强迫是为了我们的利益，我们在特定环境下遵守规则的时候也不太舒服：

在亚里士多德将人类定义为理性的动物之后，理性便被视为我们这个种族的本质。但是哲学家给我们留下了一些解释的空间。他的意思是人类常年都是理性的，认为自己优于野兽，还是仅仅是具备理性的能力但是不常常表现出来？后者似乎更说得通。[109]

虽然用强制规则来促进企业社会责任的支持者常常关注使用强制激励和严格惩罚的结合来达到他们的目的，激励自愿行为的道路却不那么明朗。这一领域最近的观点是同时使用经济和社会工具。尽管金融激励（经济）常常发挥作用，最新一些关于行为的研究说明同辈压力（社会）也起着很重要的作用。

经济学关于人们怎么做出决策的；社会学是关于人们是如何无选择可做的。

——詹姆斯·杜森贝利[110]

如上詹姆斯·杜森贝利所言，经济学家和社会学家往往在人们行为的驱动因素上意见十分相左。行为经济学作为一个研究领域的出现在这两个学科之间架起了一座桥梁，并且对战略企业社会责任更为重要的是，为强制和自愿之间的争论提供了一个很有希望的解答：

"怪诞经济学"是一本使人们相信沉闷的科学对人们在现实社会中的行为作出有趣说明的书。但是"Nudge"是那本让政策专家十分激动的书。[111]

推动经济能够将那些把我们的决定变为促进最佳社会效用的政策的偏见整合起来，并且保留着选择的错觉：

行为经济学家发现所有心理的和精神的偏见都会导致人们做出与其最大利益相反的决策。推动的想法基于这样一项研究，这种研究说明，如果用不同的方式呈现出选择，就非常有可能刺激人们做出更好的决策。[112]

当明智地采取这一措施的时候，推动（"促进人们做出更好决策的简单微小的提示"）[113]的结果将是强有力的：

在一个试验中，一封寄给非汽车运输税纳税人的信被改为使用平实的语言，比如"交税或者失去你的汽车"。在一些案例中，信件被更加个人化地处理，将这句话变为问句并添加了车的照片。重写的信件使交税的人增加了一倍，而添加照片的信件则使交税的人增加了三倍……一项关于在法国学校中工程制图教学的研究发现,如果这门课被叫做"几何学",男生会学得更好,但是如果叫"画图",则女生做得同样好甚至更好。老师们现在正在被训练使用合适的术语。[114]

因此,关键在于被提供的选择以及这些选择呈现的形式。关键的问题常常是:能够产生最理想结果最有效的方法是什么?以肥胖医疗这一在英国和美国都受到极大关注的事件为例。最佳的政策方针有时是消费税(例如,"对加糖饮料进行每盎司的税收")[115],有时会是对特定事物的禁止(比如过量提供[116]或是过多的反式脂肪酸含量[117]),但是有时它可以仅仅是接触途径和选择。

比如,为了理解孩子(那些倾向于拒绝限制他们食用美味汉堡和薯条的"强制营养政策"的孩子)选择用什么食物作为他们的午餐,研究者研究了学校自助餐厅的选择行为。他们发现,仅仅是将那些营养价值低的食物放在不容易拿取的地方(例如将鲜牛奶放在柜台的前面并且将巧克力牛奶放在后面),就可能很显著地改变孩子们的选择。比如,将花椰菜摆放在一排食物的最开始"将学生的购买率提高了 10%~15%",而鼓励使用餐厅的托盘则带来了更多的蔬菜消费("没有托盘的学生相比而言少吃 21% 的沙拉但是并没有少吃冰激凌")[118]。逆反心理被那些将巧克力和糖果摆放在收银机旁的超市所利用,这样孩子就会在父母最慌乱(在付账走人的时候)而最不可能拒绝的时候请求父母为他们购买[119]。

因此,对人类行动作出行为学解释的目标是用实证检验而非用理论假设来解释它们。现在有很多强调行为经济学对公共政策价值的研究,因为它证明了人类行为如何通过应用其掌握的知识被加以塑造。特别地,它在维持一个开放社会所需的基本个人选择的同时,提供了实现社会受益结果的有效途径。这就是推动经济学成为如此重要且神奇的企业社会责任工具的原因:

当你更新驾照的时候你有机会参加一个器官捐献项目。在类似德国和美国的国家,如果你希望加入的话你需要勾一个选框。大概 14% 的人选择如此。但是行为学家发现如何设定默认值十分重要。在其他像波兰或法国这样的国家,如果你选择不加入的话你需要勾一个选框。在这些国家,超过 90% 的人参与了这个项目[120]。

并且,推动经济学也对塑料袋的使用有作用,这不仅显示了选择的力量,还展示了同辈压力的力量。在 2010 年,华盛顿给一次性塑料袋施加了 5 美分的税:

然而比附加的成本更重要的是一些更琐碎的事:没有人再自动得到袋子了。相反,购物者需要索要购物袋——在其他的顾客面前这么做。结果是什么?根据地区税收和收入办公室,每个季度使用 6 800 万个塑料袋的零售店在今年第一季度中只售出了 1 100 万个,第二季度也不到 1 300 万个。这也许可以解释为什么这个城市四月中旬进行的年度波托马克河分水岭清理项目中,志愿者从阿纳卡斯蒂亚河清理出的塑料袋比去年减少了 66%[121]。

9.2.3 CEO 的观点

米尔顿·弗里德曼

如果你让联邦政府掌管撒哈拉沙漠,五年之后那个地方一定会缺少沙子[122]。

在线资源

- 放弃电影 Bag It Movie, http://www.bagitmovie.com/

- 禁止袋子！Ban the Bag! http：//www. banthebagspdx. com/
- EurActiv, http：//www. euractiv. com/socialeurope/voluntary-vs-mandatoryremain-point-contention-csr/article-128568
- IIED—国际环境发展协会 International Institute for Environment and Development, http：//www. iied. org/
- 国际货物信息系统 ICIS. com, http：//www. icis. com/Articles/2002/04/15/161455/csr-mandatoryor-voluntary-approach. html
- IKEA, 无止境的列表 the NEVER ENDING list, http：//www. ikea. com/ms/en_US/about_ikea/our_responsibility/the_never_ending_list/index. html
- MyDD, http：//www. mydd. com/story/2008/4/20/22529/4708
- Reuseit. com, http：//reusablebags. com/
- Shell's Brent Spar Dossier, http：//www-static. shell. com/content/dam/shell/static/gbr/downloads/e-and-p/brent-spar-dossier. pdf
- 壳牌尼日利亚 Shell Nigeria, http：//www. shell. com. ng/
- 全食超市 Whole Foods Market, http：//www. wholefoodsmarket. com/abetterbag/index. php

9.2.4　正/反方辩论

正/反方辩论：塑料袋比纸袋对环境危害更小。

9.2.5　问题讨论与回顾

1. 你支持哪个观点——说服公司自愿采取企业社会责任战略还是使用立法强制它们改变？为什么？这两种方法哪一种更理想？哪一种更现实？

2. 用谷歌搜索 企业社会责任（CSR），强制性（mandatory），自愿（voluntary）这些词条。简要浏览一些这些搜索提供的相关文件。你对商业世界中上演的争论有什么感觉？公司们希望的平衡点在哪里？是否与参与此争论的非营利组织或非政府机构（NGO）一样呢？

3. 在 2003 年，挪威政府通过了一项意图强制"在册公司的主管有40%是女性"的法律[123]。在那时"仅仅只有6%的主管是女性"。这部法律于 2008 年生效，与宜家家居和爱尔兰政府的社会实验相似，其结果是显著的："现今这个国家有全世界最高的女性董事会成员比例……44%的主管是女性"[124]。你认为在你的国家女性在公司的经理和董事会职位上被代表的情况如何？你是否认为一个类似的法律会使事情有所改善？

4. 观看这个展示了可口可乐"全球最大的瓶对瓶回收工厂"的视频（http：//www. youtube. com/watch? v=0f4Sl804HPM）。你有什么想法？它是否改变了你对这家公司的看法？你是否会由于公司采取了这样的行动而购买它们的饮料？

5. 观看英国报纸《每日邮报》的"驱逐袋子"运动（http：//www. dailymail. co. uk/news/article-519770）。如果你不在英国，你能否想象一家报纸在你的国家从事类似的运动？如果你在英国，你知道这个运动吗？它成功吗？为什么？

9.3　企业责任

> **企业社会责任关系**：这个问题分析了公司的公共目的——由公司法和创立宪章所决定的责任和义务。
>
> **利益相关者**：社会、公司、经理、高管

9.3.1　问题

由创立宪章所决定的公司责任和义务有什么？

公司，作为法人，强迫其经理将其公司和股东的利益置于所有其他人之上。法律则禁止其他一切公司行动的动机，无论是帮助工人，改善环境还是帮助消费者省钱。企业社会责任因此是不合法的——至少在一开始是这样[125]。

在密歇根最高法庭宣判道奇对福特案[126]之后，利益相关者视角被纳入美国的主流观点。在这个案件中，约翰·弗朗西斯·道奇和霍勒斯·埃尔金·道奇两兄弟（总共拥有10%的福特股份）由于亨利·福特将剩余利润通过低价汽车的形式分配给了消费者而不是以分红的形式分配给股东而起诉了他。在决定支持道奇兄弟之后，本案法官称：

> ……应恢复分红并且指责福特——因为福特曾在公开法庭上说"商业是一种服务而不是金矿"，并且公司运营仅仅是"顺便赚钱"——这种言论遗忘了"一家商业公司是为了其股东的利益而组织和运营的"；它不能是"为了仅仅偶尔给股东牟利且主要目的是使其他人受益"而运营。道奇对福特的案件代表了管理者和高层有将股东利益置于其他所有人之上的法律职责，并且没有为其他利益服务的法律权利——这便是众所周知的'公司最佳利益'原则[127]。

然而，这种股东至上的方法与其法律基础是有分歧的。批评者主张这种观点应该随着社会选择支持的价值观的变化而随着时间不断演进，而不是作为一个清楚明晰的企业法而存在。正如林恩·斯托在其对美国法律规定的企业责任的分析中解释的，与广泛的观点和规范相反，经理和高管并没有义务去使公司向着最大化股东价值的目的努力：

> ……股东价值的观点仅仅是——一个观点，并不是法律要求或者现代公司生存的实际需求。美国的公司法现在没有，并且也从来没有过，要求公共企业高管最大化股价或是股东的财富。相反，只要董事会不用职权去养肥自己，法律就会赋予其在很大范围内运营公司实现心中目标的权利，包括扩展公司、生产高质量产品、保护员工和为公共利益服务[128]。

特别地，斯托认为"我们需要停止在大学和商业学校中教授道奇对福特的案件"：

> 在过去的30年中特拉华法庭仅仅在一个未公开审理的案件中作为权威引用道奇对福特的案件——并且不是在公司目标（最大化股东财富）的主题上，而是完全在另一个法律问题上[129]。

尽管有斯托的主张，最大化股东价值的错误看法现今仍紧紧盘踞在商务和会议室中。这一定位与企业被最初设想的以公共目标为创建要求完全不同。早期的企业特许权被立法机构严格的规则所认可——其只在有限的一段时间内施行（当这段时间结束之后公司会很紧张），并且仅仅处理一些由公共需求所制裁的特定事件（比如，在河上建一座桥或

者建设铁路）：

　　早期美国政府使用的特许权，被赋予特殊的垄断权力，从而为新的国家建立重要的基础设施——大学（比如美国最老的企业，哈佛大学，在 1636 年被授予特许权资格）、银行、教堂、运河、政府和公路。在 1848 年，宾夕法尼亚一般制造法为制造业公司设定了 20 年的限制。1903 年，大部分州将企业特许权的权利时长限制在 20 ~ 50 年之间。纵览 19 世纪，当企业被认为没有履行其责任的时候，立法机关会收回其特许权资格[130]。

　　尽管有这些严格的规定，19 世纪企业的发展十分迅速：

　　1607 年到 1790 年间，相比在殖民地最初建立的获得特许权资格的 32 个营利企业，在 1791 年到 1800 年间获取特许权资格的企业数变为惊人的 287 家[131]。

　　相比而言，现今政治家给予企业领导很大的灵活性以便其可以满足股东的期望。将公共目标条款移除出一个企业法人责任（或者公司章程）之外的法律是为了根除滋生于授予特许权的权利之上的腐败而制定的：

　　最早的可识别的现代商业企业是著名的——或者说声名狼藉的——东印度公司。该公司于 1600 年 12 月 31 日获得特许经营权，它的公共目的——"推动贸易进步"——事实上除了为其自身的繁荣赚钱之外无其他可表彰之处[132]。

　　在为了将"19 世纪上半叶在美国的企业仅仅视作另一种每个人都能接触的商业形式——就像一个合作伙伴或者一个未立案的公司那样"，安德鲁·杰克逊故意减少了"保证特定商业组织特权的'公共目标'决定因素。理论上，所有的企业都应该得到同样的特权和豁免"[133]。因此，早期的企业和公司领导能够接受以利润最大化之外的社会责任作为与社会的隐性合同来获取经营权，现今的公司高管将公司理解为一种权利而不是责任。这强调了公司仅仅通过持续存在来对社会做出贡献这一观点，而非强调企业在社会的特许之下存在，所以需要回馈社会的观念[134]。像林恩·斯托的研究所表明的（上述讨论到的），实践证据表明了法庭并没有必要将股东的利益置于高管行动之上[135]，然而，这种地位状况是一种随着时间不断演进的社会结构。因此，如果我们作为一个社会认为它需要改变的话，那么它就会被改变。正如比尔·克林顿所言：

　　当我在 20 世纪 70 年代进入法学院的时候，我几乎是最后一代被教授企业对它们的利益相关者（对其股东、雇员、顾客以及作为其中一个组成部分的社区）有责任（由于他们在法律之下享有特权，比如有限债务责任）的美国法学生和商学生。之后，从 20 世纪 70 年代后期开始，这种惯例逐渐改变了，突然股东就被提升到了今天的位置而利益相关者的地位也相应降低。于是出现了讽刺性的结果，给最能影响公司决策的利益相关者最少的关于企业长期利润的考虑以及最多的关于短期利益的考虑……我们需要保持竞争力，但是我们也需要在美国建立道德，我们需要让雇员、顾客以及社区也能够被代表并且我们需要方便企业再次这样做[136]。

　　为此，佛蒙特州政府由于在 2000 年联合利华收购之前通过了"本杰里法案（Ben&Jerry's law）"而出名。该法案允许佛蒙特州的公司董事会在决定是否接受收购要约时考虑除股东价值之外的因素：

　　……如果"他们认为收购不会使雇员、供应商和州内经济获得最大的好处"，那么允许公司高管拒绝此收购行动。因此，即便一个公司在被收购的情况下能够有最佳的金融保障，其高管也可以以佛蒙特州的最佳利益为由而拒绝[137]。

从企业社会责任的观点来看，用来定义公司需要履行的责任和义务的最好方式是什么呢？什么会阻止公司为了大部分利益相关者而非被宽泛地视为公司所有者的少数股东的最优利益运营呢？

所有者负有责任。如果我拥有一只狗，这只狗咬了一个孩子，那我就负有法律责任。股东为公司提供了资本并且拥有要求获取一部分公司商业利润的权利。他们应该得到公平的回报。但是资本并不是唯一对公司有价值的资产——公司必须保护其员工、它的名誉以及保证它持续受消费者喜爱[138]。

公司对其股东有责任，但是股东仅仅是利益相关者之一。他们的利益很重要，但是在很多情况下他们的利益可能需要（甚至必须要）屈从于其他重要的利益相关者：

……人们忘记了（或者从来没有意识到）股东并非真正地拥有公司；他们拥有的是股票。这使他们在公司解体的时候有资格获取公司剩余资产、在年会上对决议投票以及任命公司高管，但是不是告诉公司应该做什么。公司在法律上是独立的个体，并且总的来说其高管对于公司负有信托责任——也就是，对其工人、顾客以及其投资者负有责任[139]。

公司执照应该是怎样的？（联邦和州政府）谁是规范公司法中该领域的最合适权威？公司的责任应该是什么？为了实现这样的结果什么结构是最合适的？

9.3.2　案例研究：福利企业

在美国，当下公司治理的问题由州政府而非联邦法律规制。支持这种体制的人认为它鼓励了州与州之间的竞争（来促使企业在州内合作），并且因此产生了有效且高效的立法。然而，这个体制的批评者反驳了州与州之间竞争的好处，因为这种体制的结果将是一种州政府为了安抚企业而立法的逐底竞争。无论公司总部在哪儿，州政府都可以从在当地注册的公司身上获取有利可图的收费和税收，因此州政府希望企业在它们的司法权之内：

企业并不需要与总公司所在地合作，或者甚至与它们雇员最多的地方合作。管理者们可以在司法体制中选择，寻找对他们最有利的法律，因为获得公司经营执照比拿到驾照还简单[140]。

因此，想在美国注册的公司倾向于选择特拉华州。这点被特拉华州政府的网站所证实，其网站称：

特拉华州是美国和国际公司的主要注册地。超过 85 万家企业单位选择特拉华州为它们的注册地。美国超过 50% 的公开交易公司在特拉华州注册，其中包括 63% 的财富 500强企业[141]。

特拉华被认为是拥有对公司最有利的规制体系，或者说是规制最少。这个注册公司的数目（85 万家）基本与其人口数量（90 万）相等的州，还提供附加福利，比如"允许甚至比离岸避税港更大的保密性"[142]。我们可以很容易明白为什么：

当很多州都在应对困难的经济形势的时候，2011 年特拉华州从其缺席的公司居民身上收取了大约 8.6 亿美元的税费。这些钱相当于整个州预算的 1/4[143]。

在监管、债务、责任和规制方面，特拉华州被认为是一个对商业很友好的地方，因为这个州"长期以来一直不愿意干扰企业董事会做出的决定"[144]。

当特拉华州自 1792 年建立了其大法官法庭以来，生意就变成了特拉华州的生意。到了 20 世纪早期，该州建立了友好的公司法和税务法以便从纽约、新泽西及其他地方吸引公司[145]。

因此，其他州政府感到被强迫复制特拉华州宽松的法律环境，而这么做仅仅是为了防止目前总部在州内的公司搬向特拉华州：

如果其他州想要更加积极地对抗公司犯罪或者保护利益相关者、雇员或者社区，它就将冒着其公司会重新在特拉华州注册的风险。因此，大部分州最终都模仿了特拉华州的法律[146]。

一个实施有效的公司管制重组的选择是使联邦政府管制这一过程。这么做的权威依据是宪法的商业条款[147]。这么做可以使国会和证券交易委员会（SEC）能够提高对所有公司的要求并且不用担心公司仅为表达反抗而逃至规制最薄弱的州[148]。联邦政府应该立法规定公司必须属于其业务地盘最大地区——也就是说，公司真正的总部所在，它们雇用最多人的地方，或是它们运营最多的地方。这会使公司更直接地为它们对其运营之中的社区的行为负责。引入这个变化之后，政府还需要努力弥补允许公司离岸经营以避免在美国支付更高的公司税的税法漏洞（依然是无论其总部在哪儿）：

仅仅花费 349 英镑（560 美元）你就可以在塞舌尔购买一个公司，没有地方税收、没有对董事或者股东的公开披露，也没有记录账目的要求[149]。

并且不仅仅是小公司试图通过法律操作来避免[150]政府监管和税收：

星巴克，总部位于西雅图的国际咖啡连锁产业，在英国被指控逃税。在 1998 年到 2011 年间，该公司在英国的 735 家店面的销售额为 30 亿英镑，但是仅仅支付了 860 万英镑的税。在过去的三年中，星巴克在那里甚至没有交 1 便士的税[151]。

在这场走向联邦化的运动的第一步中，人们在州政府层面上做了很多努力来建立企业责任法典，这一行为能够改革与扩大高管信托责任的法律。这种法律上简单但是长远的微小改变带来的潜在影响是意义重大的。企业的整体目标将会改变并且新的法律将提供给利益相关者一个使企业为其行为和政策负责的工具。推动这种多选区的策略将会使美国公司越来越像英国或者亚洲国家比如日本的公司那样，将更宽泛也更积极地定义其利益相关者。

明尼苏达和加利福尼亚的群体都已经开始推动这一改变，而缅因州及马萨诸塞州这样的州也对这样的变化表示出兴趣[152]。在 2004 年，加利福尼亚立法使新法典生效。参议院副院内总务，理查德·爱拉康的良好企业公民法案（SB 917）表明，现行法律"要求企业高管善意地履行职责并且为了企业和股东的最大利益工作"以及"赋予股东由于违反这些标准而对公司管理者和高管进行'派生诉讼'的权利"：

这部法案将使高管们履行"不损害环境、公众健康和安全、其运行其中的社区、公司雇员权利以及人权"的职责。

此外，在 2009 年 2 月，明尼苏达参议员约翰·马蒂和众议员比尔·尔蒂向参议院[153]和议会[154]引荐了企业社会责任法案，以建立"另一种供选择的企业形式，承担社会责任的（SR）企业"为目的。2011 年，这部法案作为明尼苏达责任商业企业法出台[155]。

对于这项被提议的法律的实施，也有一些合理的担心。比如，"如果公司将一个工厂转变为使用更为环境友好的设施的工厂，因而对环境有益但是会伤害其之前驻址的雇员和社区，那么将会发生什么"[156]？如果投资者在这种反投资者政策之下卖掉其持股转向其他更为投资者友好的国家将会带来什么后果？还有，对未达到新标准的公司高管会有何种惩罚？他们是否需要为任何损失或者利益相关者的抱怨单独承担责任？然而，现代企业需要强制实现反映更大范围社会责任的公共目的的这一观点受到越来越多的支持。

一个新的"企业最佳利益"原则？

一个商业周刊/哈里斯民意调查调查了人们更喜欢下面那一个选择：

企业只应该有一个目的——为其股东赚取最多的利润——并且追求这一目标将在长期对美国最有利。

-或者-

企业应该有不止一个目标。它们同样对它们的工人、它们运作其中的社区负有义务，并且有时它们需要牺牲一些利润来使它们的工人和社区过得更好。

选择第二个提议的美国人占到了压倒性的95%……当95%的民众支持一个提议的时候，将它写入法律便不是不可能的了[157]。

一个新的正在受到欢迎的公司结构（一种新的企业执照）是福利企业（http：//www. bcorporation. net/）。通过保证组织满足除股东外大范围利益相关者的需求而成为一个福利公司扩大了公司经理和高管的信托责任：

福利企业是一种新的企业：1）对社会和环境产生积极的物质影响；2）将信托责任扩大到在做决策时考虑非经济利益；3）使用公认的第三方标准报告其整体社会和环境绩效。[158]。

CSR 企业社会责任时事通讯：巴塔哥尼亚

《环境领袖》中的一篇文章[159]报道了巴塔哥尼亚决定重组成为福利企业的决定。它是加利福尼亚州首家决定这么做的企业：

这样的法律地位为公司高管提供了将社会和环境收益优先于经济回报考虑的法律保护。

加利福尼亚州是（包括华盛顿在内）通过或出台了允许福利企业立法的12个州之一（http：//www. benefitcorp. net/state-by-state-legislative-status）。在加利福尼亚，这部法律于2012年1月1日生效。一旦该法律在一个州内通过，公司就可以将自身重组为一家福利企业。然而，无论是否在一个有这项法律的州，任何公司都可以申请福利企业认证。这一认证由福利研究室（http：//www. bcorporation. net/）授予给传播广泛的有关信托责任特定标准的福利企业。在其中，福利研究室是一个与"TransFair 认证公平贸易咖啡或者美国绿色建筑委员会（USGBC）认证 LEED 建筑同样方式进行认证"的非营利组织。

因此，成为一家福利企业（无论是法律地位的正式变化还是认证）不是终点，而是推动公司在更高的透明性和责任标准下运行这一过程的起点。为了使这一转变成为可能，福利实验室为公司提出了特定的报告要求，以保证关于公司运营的准确信息被传播给利益相关者：

通过一家公司的公共受益者影响报告，任何人都可以获得公司产品背后的社会和环境绩效数据……因而，个人将拥有更大的经济机会，社会将更靠近实现积极的环境影响，更多人将被雇用到更好的地方去工作，并且我们将在国内以及全世界建立更强大的社区。

尽管受益者研究室仅仅建立了几年，它已经产生了显著的影响。到2013年初，已经有693家公司被认证为福利企业。这些公司的收入总计42亿美元并且横跨60个产业和24个国家[160]：

这些公司包括：第七代，天然家居和个人护理用品的制造者；出售有机、公平贸易咖啡的普拉维达（Pura Vida）；伊迪斯，一个在线手工商品市场；亚瑟王面粉[161]。

福利企业有三重优势：首先，它保护公司免受由于股东认为公司/经理/高管未能最大化其回报而寻求补偿的起诉：

"美国公司法称你们的工作是使股东回报最大化"，杰伊·科恩·吉尔伯特，受益者研究室的联合创始人之一解释说。"因此这是你在法律上一定会去做的事情。如果你们不这样，你们将会被起诉"。除非股东也明确地认可这一更大的目标[162]。

其次，福利企业结构通过建立一个将该使命正式植入可以计量的目标的结构，将广义的利益相关者观点植入了公司结构中。只要采用了福利企业地位，那么公司在法律上就被要求实施利益相关者模型：

一旦一家公司被认证为福利企业，其董事会就承诺在每次做出决策时考虑环境和社会因素并且需要完成特定的社会和环境绩效目标[163]。

最后，福利企业地位在企业建立者退休或者企业将被收购时能够保护企业使命。在这种情况下，保护最初的企业社会责任目标变得十分难以保证。只要有一家社会企业被跨国公司所收购，这个问题总是存在，比如 2005 年[164] 当 Green & Black's 被吉百利（现在是卡夫）收购时和 2006 年美体小铺被卖给欧莱雅时[165]：

乔伊纳德先生认为使一个企业的社会使命清楚地写入其法律结构中将使公司新的老板或所有者将很难废弃它[166]。

恢复企业章程中一些公共目标形式的支持者认为当公司被卖出或者破产的时候福利企业法律结构会产生最大的影响，因为高管会考虑到最大化股东价值（也就是最高的价格）之外大范围的利益。这原本会对本杰里（在 2012 年称自己为福利企业）在 2000 年被卖给联合利华是十分有价值的：

尽管其联合创始人本·科恩和一些高管反对，本杰里家用有限公司……还是在 2000 年卖给联合利华公共有限公司。"有许多来自律师的压力让我们售出企业"，从 19 世纪 80 年代开始就是本杰里高管的杰夫·弗曼说。如果福利企业在 2000 年就存在的话，董事会很可能不会同意与联合利华的交易，弗曼先生说[167]。

本着透明性原则，作为认证过程的一部分，本杰里公司在 2012 年公开了其全部受益人影响评估：

重点消息显示售出产品成本的 45% 都被用来投资和用来通过关心乳制品项目支持小规模供应商；其收入最低的小时工的工资比最低生活工资高 46%，并且其一半到 3/4 的工人在去年都参加了一项有组织的社区项目。其 65% ~80% 的工人在工作中"满意"或"有参与感"，并且最高工资大概在最低工资的 16 ~20 倍之间……在整体绩效方面，本杰里在其治理结构方面获得了 93% 的能够得到的分数，环境方面是 55%，社区方面是 45%[168]。

希望被认证为福利企业的公司数量的上升反映了对改革现状的兴趣和鼓励企业变得更富有社会责任的好处。福利实验室的时效性也被另一个基于类似目标的公司结构的法律替代选择所反映出来：

加利福尼亚的福利企业与一个产生"灵活目标企业"（FlexC）的新法律同时生效，它允许企业采取特别的社会或环境目标，而不是像福利企业那样有广泛的义务。在美国，另外一种选择是低利润有限责任（LC3）公司，它可以在赚取微小利润或者不盈利的前提下为社会公益目标赚钱。这种不将利润作为最重要目标的公司法律框架的想法不仅仅局限于美国。比如，英国从 2005 年开始允许成立"社区利益公司"。欧洲一些其他国家也在酝酿类似的法律[169]。

信托责任可以多大程度地包含宽泛的利益相关者需求这一问题在富尔德律师事务所 2005 年的报告中被全面地讨论[170]。该报告得出了这样一个结论，尽管看起来在很多行政区辖内经理人决策时对大范围相关利益者利益的考虑所做的限制变得相对宽松，但是这些行为依然面临着大范围的法律挑战，尤其是当这些行为被认为会削减公司利润时。尽管将公司建立成一个福利企业能够在某种程度上缓解这个问题，但是那些被认证为福利企业的公司还不是很清楚怎么办。因此，当这一新的组织结构和扩展的信托责任被告上法庭时会发生什么应该很有趣。受益者研究室的目的是使这种企业结构替代现在狭隘的关注股东价值的情况。当公司章程被重组，我们希望这个变化能够引起市场经济大范围的重组：

关键要强调的问题是是否能使社会企业家、福利企业和社区利益公司能够以某种方式在一定规模下运行。以及它们怎样做到这点——是使每一个公司都很大更好，还是有很多小的组织更好[171]？

然而，一个同等重要的问题是：我们是否需要发明一种新的更加有效的建立在企业社会责任原则之上的组织形式，还是我们应该稳固我们现在已成规模的模式——我们现在的企业结构以及中小型的企业？就像上面林恩·斯托（及其他人）的研究所讨论的，在公司法内，股东由于其利益没有得到最大化而起诉公司的先例仍未明确。如果是真的的话，福利企业结构，在有效关注公司责任以及将企业社会责任原则制度化入公司运营的讨论的同时，其本质是概念上的冗余。福利企业承诺为了广泛的利益相关者的利益而行动，但是它同时也承诺普通公司能够（也应该）在现行法律和治理结构之下。换句话说，这不是一种阻止公司变得更对社会负责的组织形式，而是公司经理希望做出这种承诺的意愿。福利企业结构是一种对可能并不存在的问题的解决方式。

受益者企业福利企业被认为是一种反映当代资本主义对最初企业章程中的公益目标背离程度的革新。但是，这并不意味着其深层结构也需要重组；我们目前对这些结构的解释反映了我们的施政不当。如此，如果福利企业能够说服目前并不倾向用企业社会责任来改变其组织结构的 CEO 和经理们，它就会带来十分有意义的变化。相信像巴塔哥尼亚和本杰里变成福利企业（已经是企业社会责任最佳实践范例的公司）并不能拯救地球！当更多不妥协的公司认为改变它们基本的章程文件是有价值的，福利企业才会一直继续下去。

9.3.3　CEO 的观点

伊冯·乔伊纳德（巴塔哥尼亚）

2012 年，巴塔哥尼亚成为了加利福尼亚州第一个福利企业公司：

"巴塔哥尼亚正在试图建立一个可以维持 100 年的公司"，巴塔哥尼亚的创始人伊冯·乔·伊纳德说。"福利企业的立法建立通过将价值观、文化、程序以及创始企业家设定的高标准制度化，使像巴塔哥尼亚这样的目标驱动公司能够在继承、筹资甚至是所有权改变这样的变化中依然保持目标驱动"[172]。

9.3.4　在线资源

- 福利实验室 B-Lab，http：//www.bcorporation.net/

- 福利企业信息中心 Benefit Corporation Information Center，http：//benefitcorp. net/
- 公民作品，企业责任准则 Citizens Works，Code for Corporate Responsibility，http：//www. citizenworks. org/enron/corp_code-text. php
- 新闻中心共同梦想 Common Dreams NewsCenter，http：//www. commondreams. org/
- 20/20 企业 Corporation 20/20，http：//www. corporation2020. org/
- SOCENTLAW，http：//socentlaw. com/
- 明日公司 Tomorrow's Company，http：//www. tomorrowscompany. com/
- 联合国环境项目融资计划 United Nations Environment Programme Finance Initiative（UNEP FI），http：//www. unepfi. org/

9.3.5 正/反方辩论

> **正/反方辩论**：公司应该融入其运营规模最大的地方。

9.3.6 问题讨论和回顾

1. 你怎样看待道奇对福特案件的判决？法官这样判决是对的吗？如果该案件在今天发生，结果会有什么不同吗？
2. 使公司事务由联邦政府而不是州政府管理的理由是什么？你是否支持这些观点？
3. 找出反对公司责任法典的理由——这些理由是否有说服力？
4. 以下两种来自《商业周刊》哈里斯民意测验的观点，你更同意哪一种："企业只应该有一个目的——为其股东赚取最多的利润——并且追求这一目标将在长期对美国最有利。"，或者企业应该"有不止一个目标。它们同样对它们的工人、它们运作其中的社区负有义务，并且有时它们需要牺牲一些利润来使它们的工人和社区过得更好"。为什么？
5. 一个公司成为福利企业的优势和劣势分别有哪些？如果你要创办一家公司，你会考虑成为福利企业吗？

9.4 媒体

> **企业社会责任关系**：这个问题讨论了在允许非政府组织和非营利组织曝光它们认为对社会不负责的企业行为的网络世界中，媒体所扮演的角色。在企业社会责任方面媒体的角色是什么[173]？媒体在多大程度上有责任使公司对其行为负责？
>
> **利益相关者**：媒体/记者、非政府组织

9.4.1 问题

世界传媒集团的扩张和电视的普及极大地改变了我们消费新闻和信息的方式。换句话说，媒体"无时不在无处不在"[174]：

第二次世界大战之前，无线收音机仅仅覆盖了10%的人口，纸质媒体的覆盖面也不超过20%的人口。现在，报纸和电视都覆盖到了90%的成年人，而无线电的覆盖面约在98%。媒体的力量引起了公众态度发展的彻底性变化。作为政治的原材料，公众意见已经变成了这个系统产出信息的唯一反映，系统制造者并不令人信服地坚持遵循他们创造的东

西。在并没有意识到这种情况的前提下，我们正在废弃代议民主并且向着民意导向的民主发展[175]。

网络加大了这种趋势，正在威胁着传统媒体（特别是报纸，还有电视）[176]并且减少了我们获取信息的时间：

我们观看着被加速成30秒的60秒电视广告，甚至同时我们还在查邮件、发短信、刷微博。以前要经历几代人的变化，现在几年就发生了。从2000年开始，我们经历了三次经济泡沫（网络公司、房地产和信贷）、三次股市崩溃、一场毁灭性的恐怖袭击、两次战争以及一次全球流感大流行[177]。

生活现在以一种繁忙的节奏进行着。当一个有新闻价值的事件发生时，我们几乎立即就知道它了。比如，当2009年1月15日一架全美航空公司的飞机紧急降落在纽约哈德逊河时，一位在渡口要去营救飞机上乘客的路过者用他的手机拍下了这架飞机的照片（http://twitpic.com/135xa）并且将其迅速上传到了推特并附言："在哈德逊河有一架飞机。我正在渡口准备去营救乘客。真疯狂。"[178]这个趋势对新闻台十分重要，因为最先爆出新闻的频道能够吸引观众。并且对于现今的媒体来说坏消息是，好消息仅仅是娱乐：

这种速度带来的困扰造成了一些问题——我们带着警告报道了流言，但是还是会犯错……这是一个复杂的世界。媒体有很多话要说但是没有很多时间去说。它们也需要去赢得观众的注意，所以它们敏感而简略。斯大林说每个人的死亡都是一场悲剧；但一百万人的死亡仅仅是一种数据。这也是媒体，尽管是带着不同的动机，运行的方式。[179]

新闻不但扩散得更快了，它的解释方式也根据环境的不同而不同。世界上的各种活动都被用新闻所散播到的地方的标准而不是它发生地的标准看待和评价。比如，当卡塔尔半岛电视台报道美国对中东的行动时，在阿拉伯观众看来它就是如此。尽管总统奥巴马接受的第一次外媒访问就是作为总统接受卡塔尔英文频道的访问，[180]美国也很难控制其自身和它的外交政策在巴格达或者黎巴嫩的街上和咖啡厅里是如何被描述和解释的。就像半岛电视台在《纽约时报》上的一个广告所说：

大胆和无畏的新闻不回避真相。我们将人类放在我们新闻的中心并且将您带到故事的核心。探索通常酝酿了几年、几十年甚至几个世纪的事情。扎根于世界最复杂地域的中心——去获得事件真实的图像，所有视角，所有方面。卡塔尔半岛电视台[181]。

现今新闻传播的速度和其最终的传播方式也应该已成为被媒体负面评价的跨国公司感兴趣和关注的焦点[182]。公司再也不能相信它们能够掌控信息流（见图4-5）。没有什么行为可以被隐藏，并且如果出了什么问题将会被全世界迅速知道。比如，当达美乐披萨的两个员工决定在厨房里拍摄一个恶作剧视频并且上传到YouTube的时候，其迅速地影响到了这两个员工和达美乐公司[183]：

在几天内，感谢社会媒体的力量，这两个员工最终被指控重罪，有超过一百万被恶心到的观众，达美乐总公司面临着严重的公关危机。到周三下午，这条视频在YouTube上被观看了超过一百万次。其索引在谷歌搜索"达美乐"的第一页结果中的十二个条目中占了五项并且关于达美乐披萨的讨论在推特上盛行开来[184]。

现在，公司需要努力去与广泛的利益相关者保持正面联系，无论是内部利益相关者还是外部利益相关者。网络和全球传媒使个人和非政府组织将信息传播开来变得相对容易，有时甚至是在公司都不知道有问题存在的时候。全球品牌重要性的增加以及全球传媒的兴起混合起来，使公司暴露在了任何消费者认为公司行为不可接受或者公司运营与品牌形象不符而带来的麻烦之中。

9.4.2 案例研究：美国全国广播公司财经频道（CNBC）

"四张恶意的报纸比一万把刺刀还可怕。"

——拿破仑·波拿巴[185]

媒体是我们所居住的民主社会的一个重要组成部分。其角色就是告知大众并且使掌权者为他们所服务的大众负责。然而，在信息超载、广告收益由观看者数量决定的当代，信息呈现的内容和方式对产业的完整性至关重要。浓缩广告以吸引公众注意力的诱惑很快催生了取悦观众以保持关注度的需求。今天，全球的新闻都在 30 分钟的片段内被播出，并且被挤压在天气、运动以及个人理财节目中间。CNN 头条新闻成功地将一天内全世界的主要新闻都裁剪进这样一个曾经被称作"全球时刻"的片段中！新闻媒体常常简化信息并且重复公关部门提交给它们的新闻。就像尼克·戴维斯在他的书《单调的地球新闻》中写的那样：

> 最终，研究者发现仅有 12% 的故事（在英国五个全国性报纸——《泰晤士报》、《卫报》、《独立报》、《每日电讯报》和《每日邮报》中）是完全由报纸自己的记者产生的[186]。

现在的二十四小时新闻循环是一个 CNN 的窥探者世界与一个现实电视世界，在这里一个公司的困难或道德过错是其他人喜爱的花边新闻：

> 对非政府组织和媒体给予的难堪的恐惧大力推动了商业道德。公司已经发现了生存在 CNN 世界中的难处，在这里，公司在一个国家的不当行为被当地运动者发现后，可能当天就会被在母国的晚间新闻中播出[187]。

创始于 1980 年 6 月的 CNN 现在已经占据了全世界以及北美很多人家的客厅，特别是在第一次海湾战争期间。挑战一家 24 小时新闻频道的前线记者的极限的意愿，使它在竞争激烈的情况下依然可以持续运营：

> 直到 1991 年海湾战争它作为唯一一家提供巴格达新闻的电视台为止，CNN 都是一项失败的风险投资。这种独家新闻成为可能是因为其他的电视台都让他们的通信员逃走保命。汤姆·约翰逊，那时 CNN 的董事长也想这么做，但是特纳告诉他："如果有任何人死亡的话，我会承担这个责任。如果需要你承担什么后果，那么这些责任都是我的。"。没有人被杀，但是特纳先生用别人的生命打赌的这件事并没有平息[188]。

CNN 在向民众传递信息时所扮演的角色是使美国政府在选择军事目标的时候具有合理性。尤其是当军事目标是在平民地区或者城镇地区时更是如此。在今天社会的各个方面，持续发展的科技都使得更多的事情可以在更短的时间范围内完成。在一场战争中，战地指挥所接受的信息成倍增加，它们需要做出决策的速度也一样大幅增加。当有错误的决定做出或者指挥犯下错误时，CNN 就会将它告诉全世界。[189]

CNN 测试是现在战争时期军事指挥在决定可能的轰炸目标时所采取的评估。这个例子是在筹备第二次伊拉克战争（2003—2011）时许多新闻的焦点[190]：

> 军事指挥一直以来都有法律顾问。但是现在律师比以往任何时候都更多地参与在战略选择中，制定军事目标，甚至是选择使用什么武器。并且法律问题还不是唯一的因素，军事指挥们还要担心"CNN 测试"。军事目标是否比无辜逝去的生命以及不可避免的强烈抗

议更有价值[191]？

公众意见在很大程度上影响着一个国家的对外政策（这些对外政策毕竟都是由需要被重新选举的政客制定的）。并且现今媒体在塑造公共意见中起着关键的作用。人们对看到的图片比读到的文字反应更大。在读到文字的时候，他们需要使用他们自己的想象力，这要求他们付出一些努力；图片通过电视，以及越来越多地通过网络被填鸭式地灌输给公众。并且，当图片很吸引人时，它们会被一遍又一遍的播放直到在公众的意识中根深蒂固——这就是"CNN效应"[192]。从越南到柏林墙的推倒，从纽约世贸中心大楼到福岛海啸再到阿拉伯之春，电视将故事拟人化了，加入了情绪，并且将制定对外政策所必需的大环境忽略。像这样，新闻媒体所传递的故事往往是不完全也不准确的，但是可以更多地被认为是"为了便于传播和消费而包装的"消遣娱乐[193]。

然而，CNN的成功使其竞争对手为了使自身更有竞争力而做出应对。从英国广播电视世界频道到半岛电视台再到福克斯新闻[194]，有线新闻电视台重新塑造了我们看电视以及获取有关全世界的知识的方式。因此，并不令人惊讶的是金融危机可以使其他的有线网络，美国全国广播公司财经频道（CNBC），就像第一次伊拉克战争使CNN奠定其地位一样，也找到自身的位置[195]：

单方面来说，这对CNBC来说就是战争的等价物。就像第一个新闻频道CNN，在1991年海湾战争中异军突起一样，福克斯新闻频道在2002和2003年的伊拉克战争中成为了新闻业的佼佼者之一，CNBC也处于战时状态，其网站的国内观众从2007年8月开始如信用市场掀起的风暴一样激增。他们在2008年3月摩根大通收购贝尔斯登时达到了顶峰……在春天达到一个顶峰之后，在2008年秋天当其他一些投资银行纷纷破产时，其收视率又一次飙升并创下纪录[196]。

这个频道在金融危机的余波中所增加的观众也对其母公司NBC有所帮助，使其当时在美国网络电视的收视率中占优[197]，并保持了2010年"第四年运营利润呈两位数增长"[198]。CNBC的成功是因为其有重大作用——"它始终在做新闻，并且很及时"[199]。然而，这家电视台在报道金融危机中所扮演的角色（包括在金融危机发生前后）也并不是没有被批评：

自从金融危机开始，一场在现在成为美国最有挑战性的新闻评论员的喜剧演员和一个因其喜剧姿态而著名的新闻评论员之间的决战成为了媒体市场占有率中的最亮点[200]。

企业社会责任时事通讯：CNBC

对于那些错过了乔恩·斯图尔特在2009年3月的每日秀节目上痛斥CNBC的人来说，他对吉姆·克莱姆（我为钱狂的主持人）三部分的采访是十分有吸引力的：

http://www.thedailyshow.com/watch/thu-march-12-2009/jim-cramer-pt--1

像往常一样，斯图尔特将喜剧应用得很好。然而，除此以外，他还用现在美国日常电视少有的直接和真诚面对克莱姆。斯图尔特清楚简洁地描述了华尔街直接导致经济危机的行为，然而也批判克莱姆（和CNBC）没有做他们声称的新闻记者的事情，而是成为了问题的一部分。因此，这个采访看起来很有娱乐性但是令人不舒服，因为斯图尔特完全毁灭了让克莱姆每天清晨起床工作的动力。

斯图尔特的分析更加的引人注目因为他挑战了在民主社会一个现代的工作者被认为应该去做的事情。除了因认为其没有有效扮演其监管者的角色而指责CNBC（以及，暗示对商业媒体作为一整个产业的指责）之外，斯图尔特指责 CNBC 是事件的共谋——明明知道正在发生什么，但是过分关注作为局内人的地位而不是保持其作为新闻从业者的操守。新闻工作在多大程度上是这家公司的一部分？记者在多大程度上负有让整个社会制度（比如，政治和商业）对其行为负责的公民责任？两者都很难做到：

> 这里的问题不是个人问题而是态度问题，以及一种让一些人，尤其是在娱乐驱动的电视媒介中，混淆娱乐、好的新闻报道和合理的分析之间界限的媒体文化。只要每个人都在赚钱，就没人想听到坏消息[201]。

乔恩·斯图尔特提倡指责那些被认为没有使政客负责的新闻记者：

> 当今媒体的问题是它们太过被策略的环形高速所包围……当它们需要关心的是它们与处于它们世界以外的我们的关联时，它们却关心的是它们与那个世界的关联。我们才是它们需要在这场左右翼愤世嫉俗的游戏中所保护的人[202]。

像其他评论员所说，媒体也有其缺点，它们只能在事件展开的时候撰写"一份有缺陷的历史的初稿"[203]。然而，是否承担历史责任也是当今媒体制造出来的空头支票，像很多人认为的"不是为了将节目传递给观众而存在；而是仅仅为了将观众传递给广告商而存在"是存在争议的[204]。这种被包装得越来越片面的消息使像 CNN 一样的频道，这些至少宣称是客观的媒体，缺少核心观众提供的坚实基础：

> 福克斯新闻使传统观看者相信民主党的失误代表着不好的意图，而共和党的失误代表着一个误会。MSNBC（微软全国有线广播电视公司），与福克斯新闻正好相反。CNN 努力做到公正。观众很讨厌这样。因此 CNN 的收视率在美国有所下滑，而福克斯和 MSNBC 收视率依然很好[205]。

向党派意识形态和收视率最大化的转变也正是媒体继续重视像吉姆·克拉姆这样寻求注目、大胆放言以赢取注意力的核心人物：

> CNBC 流行金融节目"我为钱狂"的主持人——吉姆·克莱姆只有一个。他在 2009 年 4 月发表的一个引人注意的最新言论："就是现在，就在这里，在这个节目上——我宣布这场不景气已经过去！"他又走得太远了[206]。

由于娱乐和新闻之间的界限模糊了，因此我们理解世界要事以及消费新闻的方式也变化了：

> 当今的讽刺作家是自由社会中强大力量——媒体中的一个重要部分，并且从 20 世纪后半叶开始正在取代新闻……在美国，像乔恩·斯图尔特的每日秀和科尔伯特报道这样的节目已经取代了新闻和纪录片成为年轻观众了解当代要事的主要途径[207]。

这些讨论不是要减少公司需要对失去自由信息控制能力应该有的担心。如果这些讨论是要说明什么的话，现今真相和事实越来越变成了为了迎合特定目的的主观争论，而不是反映事实。当我们之间的相互联系变多并且文字和图片被更加自由分享的时候，我们就失去了控制能力。互联网是这种无管制状态的核心。因此，公司需要尽力去保证它们与大量利益相关者的关系都是尽可能积极的，以保证它们不会变成下一个通信媒介的受害者。

9.4.3　CEO 的观点

鲁伯特·默多克（新闻集团）

世界正在快速变化着。巨大的将不再能打败微小的。以后将变成速度快的打败速度慢的[208]。

在线资源

- 10 × 10, http：//tenbyten. org/10x10. html
- 媒体的精准 Accuracy in Media, http：//www. aim. org/
- BBC 世界新闻 BBC World News, http：//www. bbcworldnews. com/
- 商业与媒体协会 Business & Media Institute, http：//www. businessandmedia. org/
- 美国全国广播公司财经频道 CNBC, http：//www. cnbc. com/
- 美国有线新闻网络 CNN, http：//www. cnn. com/
- 独立媒体中心 Independent Media Center, http：//www. indymedia. org/
- 我为钱狂 Mad Money, http：//www. cnbc. com/id/15838459
- 媒体频道 mediachannel. org, http：//www. mediachannel. org/
- 媒体企业社会责任论坛 Media CSR Forum, http：//www. mediacsrforum. org/
- 乔恩·斯图尔特每日秀 The Daily Show with Jon Stewart, http：//www. thedailyshow. com/

9.4.4　正/反方辩论

> **正/反方辩论**：媒体现今扮演着有价值的角色，它们使我们社会的重要机构（企业、政府等等）对自己的行为负责。

9.4.5　问题讨论和回顾

1. 当今的媒体是 *报道新闻* 还是 *扭曲新闻*？我们是在看 *新闻* 还是 *消遣娱乐*？我们认为 CNN 或者 BBC 的角色应该是什么？半岛电视台呢？当今的新闻报道是客观的还是带有必要的文化歧视性？

2. 军队是否需要对 CNN 或者其他新闻机构作出回应？这不是制定军队实施的战略规划者和政客需要担负的责任吗？在战争时期媒体的力量应不应该被控制？战地记者有助于战地报道还是仅仅将娱乐水平提高到了接近好莱坞特效的级别？

3. 在民主社会中媒体频道的正确角色是什么？它们的存在是为了监督社会机构使它们依据媒体自身的偏见和政治议程负起应负的责任吗？还是它们的存在是为了客观没有偏见地报道新闻？从你知道的关于 CNBC 的事情而言，它们在金融危机之前之中和之后表现得是好还是坏？

4. 乔恩·斯图尔特对来自 CNBC 的“我为钱狂”的吉姆·克莱姆的三部分采访（http：//www. thedailyshow. com/watch/thu-march-12-2009/jim-cramer-pt--1）。你认为斯图尔特的提问是公平的吗？你认为克莱姆的回答怎么样？看完这个采访，你是更相信克莱姆的股票建议还是更不相信？为什么？

5. 你对下面这段话会作出怎样的回应？

事实上，新闻就是娱乐。并且，尽管公众接受新闻的意识形态，但是大部分公众观看或阅读新闻都不是为了了解“事实”，而恰恰是为了娱乐。[209]

9.5　可持续性

> **企业社会责任关系**：这个问题在更广泛的企业社会责任问题之前就上升到公众视野了。比如，以可持续性的形式出现的环境意识，一直是企业社会责任讨论的核心成分。
>
> **利益相关者**：环境、非政府组织、政府、消费者。

9.5.1　问题

　　环境可持续性的问题引发了很多商业和社会都在强调的重要问题：企业是否应对环境负有社会责任？超越法律要求，企业是否应该内化运营中的环境成本（如清理它们生产时产生的污染）？政府应该补贴这些所花费的成本吗？在生产中，一个公司能被允许耗尽地球的资源吗（开发的资源超过它们所能补充的）？企业是否应该支持政府对煤炭规定的最低价格（税收）或者市场价格（一个总量管制与交易机制）？产品的价格，如汽车，是否应该包含消费过程中的环境成本？消费者是否愿意支付溢价来保证产品是以环保的方式生产的？他们是否会支付该溢价或继续回报那些找到方法来避免全部生产成本的公司？换句话说，什么是可持续性？

企业社会责任时事通讯：布伦特兰报告

　　《企业伦理》[210]杂志中一篇颇具深度的文章记录了 1987 年布伦兰特报告的影响，该报告是以其主要作者——挪威首相布伦兰特命名的，他同时也是联合国世界环境与发展委员会的主席。这一报告的主要贡献在于定义了"可持续发展"这一术语，并且明确了可持续发展对企业的重要性：

　　"可持续发展是既能满足当代人需求的同时又不损害子孙后代满足其需求的能力的发展"，这是该报告最常被引用的著名的声明。

　　然而，除此之外，这个报告在构建企业社会责任相关事件的商业案例重要性方面也有先见之明。它在已经出现社会责任和可持续发展问题的争论中形成了一个重要的步骤，特别是对营利性组织社会角色的要求。

　　引发了 1992 年里约热内卢地球峰会《气候变化公约》和《京都议定书》签订的布伦特兰报告承认"许多工业化国家的发展路径显然是不可持续的"。然而，它紧紧抓住它所信奉的将向工业化国家生活标准发展作为解决方案的一部分，而不是问题的一部分。报告显示："如果大部分南半球发展中国家想要避免经济社会和环境灾难，全球经济增长的复兴是至关重要的。"

　　布伦特兰报告推动了可持续性[211]这一术语的广泛使用，而且其定义已经成为一个不可或缺的定义。然而，还是有一些人将这个术语与其他更广泛的企业社会责任相关的术语交替使用，关于可持续发展的讨论起源于应对资源利用率（特别是资源利用的不可持续率）。因此，今天，大多数人用可持续性代表与自然环境有关的问题：

　　可持续性：满足当代人需求的同时不损害子孙后代满足其需求的能力。

　　然而，这个引述被如此广泛接受的原因之一是引述本身就极具广泛性。它的优点在于能够应用于所有组织，并且根据适合它们的环境来解释这一概念。另一种对这种多功能的解读是它的模糊性——因为它可以是特定语境下的，可持续性也必须服从于不同程度的实施的需要。因此，在实践中，可持续性到底意味着什么？并且同样重要的是，为何企业需要如此重视它？

问题的症结在于财务问题是"硬的"，而社会问题是"软的"——意思是说：不重要的，无关紧要的，因为它们不会影响投资者的钱……当社会通过法律或者其他处罚迫使企业把社会成本内部化，社会问题就变成了财务问题——也就是引发其他公司关注的方式。[212]

报告越来越表明企业不断增加的金融风险并没有用一种被当代社会认为是合适的方式来引导商业：

慕尼黑保险，一个大型的德国保险公司，预测截至2050年，气候变化的影响可能在气象灾害、污染、工业和农业损失方面每年给公司带来3 000亿美元的成本……公司还可能面临来源于未来的税收、法规、罚款和限制产生温室气体的产品的生产等方面意想不到的费用。[213]

可持续发展是一种风险管理的手段，因此有很多积极的因素推动企业去实施它。正因如此，并不是等待政府限制它们运作的方式，许多企业为获得这样的溢出自愿选择现在的行动（热情程度不同）。尤其是，碳排放和碳市场已经成为企业活动增加的重要场所。[214]百事与碳信托基金[215]合作，决定通过一个半加仑的纯果乐橙汁的生命周期测量碳足迹只是很多例子中的一个：

百事公司终于计算出了一个数字：一盒半加仑①的橙汁相当于3.75磅②二氧化碳被排放到大气中……百事公司是最早（在美国）向消费者提供产品碳足迹的绝对数字的企业之一，许多人认为这是一个趋势。[216]

图9-3给出了百事公司试图测量纯果乐橙汁碳足迹的细节。大量的排放发生在生产（与分销、包装和消费截然相反）环节是有启发性的。因此，在这方面对公司的价值是对其供应链的更好的理解——甄别效率低下并向利益相关者传递该信息。这些行动反映了公司的早期决策，比如英国的步行者和吉百利，[217]都是在展示这一领域的最佳实践：

倒入吉百利牛奶巧克力棒的半杯牛奶对该产品温室气体排放负有60%的责任。[218]

除此之外，很多公司认识到了环境意识中的经济机遇。比如，在美国，通用电气公司最早支持其可持续性市场重要份额的主张。通用电气公司在2002年任命了自己的第一任企业公民副总裁，2005年在其绿色创想计划的大背景下推出了其发起的商务转移业务：

"世界已经发生改变"，（通用电气CEO杰夫）伊梅尔特说，"如今的商业并不令人钦佩。企业规模未被尊重。贫富之间的差距越来越大。我们是否使用自己的平台成为一个好公民取决于自己。因为这不仅是一个好事，也是商业发展的必然。"[219]

像耐克[220]、德国世家（Dr. Hauschka）[221]以及其他企业，都进行了相当规模的押注，认为它们未来依赖的可持续性的商业模型会成为21世纪商业的必要组成部分。正如沃尔玛[222]已经成功地证明一个有效的可持续性程序是节省而不是消耗金钱[223]，在绝大多数进步的公司，它是"长期战略的核心组成部分"[224]。通用汽车已经启动了"无垃圾填埋"[225]，三星也已经宣布截至2020年投资200亿美元的计划，因为"正如微电子定义了20世纪，公司相信绿色技术……将会成为21世纪的核心"[226]。根据碳披露项目，"超过2/3的世界

---

① 1加仑=4.54609升——编辑注。
② 1磅=0.4536千克——编辑注。

半加仑＝
3.75磅（1.7千克）of CO_2

产品形态

使用和处置，
3%

包装，
15%

分销，
22%

果汁产品，
60%

果汁生产

电，
8%

自然气，
30%

增长，59%

运输，
3%

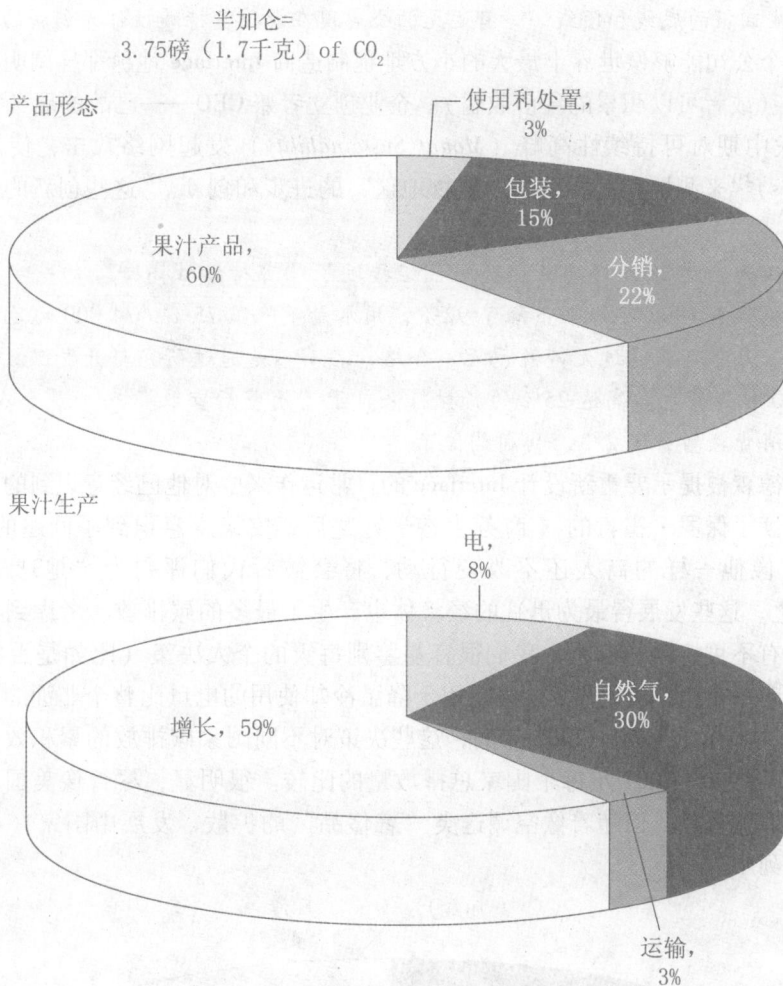

图 9-3　纯果乐橙汁的碳排放量

资料来源：Tropicana. Adapted from：Andrew Martin，'How Green Is My Orange,' *The New york Times*，January 22，2009，p. B1.

五百强企业已经把气候变化作为它们战略的核心焦点了"[227]，同时有 53% 的标准普尔 500 指数和 57% 的财富五百强企业公布了它们 2012 年的可持续性绩效。[228] 比如，在联合利华公司，它们发现可持续性商业模型和经济成功之间几乎没有区别，正如它们的 CEO Patrick Cescau 所说的：

随着环境法规在世界各地变得越来越严格，联合利华必须投资于绿色技术或者发挥其在可能受到波及的包装食品、肥皂和其他商品的领导力。"你不可能忽视你的企业对整个社区和环境的影响"，Cescau 说。CEO 们过去常常像这样在道德环境中构建自己的思想，他补充道。但现在，"这些思想全都是关于增长和创新的。未来，这会成为商业发展的唯一方式。"[229]

2009 年发表在《哈佛商业评论》中的一篇文章指出，从一个更强大的视角来看，对许多公司来说，"可持续性是如今创新的核心驱动力。"

高管们表现得就好像他们不得不在发展可持续性产品或者该过程带来的巨大社会利益和这样做的经济成本之间做出选择。但是这根本不是事实……可持续性是组织和技术创新的主线，他们产生回报的底线和顶线……有远见的公司现在就把可持续性作为创新的前沿。[230]

没有一个公司能够像世界上最大的小方地毯制造商 Interface 地毯那样阐明了转换运作的渐进方式（或者可以积累的经济收益）。企业创立者兼 CEO——已故的瑞·安德森在 20 世纪 90 年代中期对可持续性高峰（*Mount Sustainability*）发起网络攻击，使用生态韵律（Eco-Metrics）[231] 来测量和发展诸如"植物地毯"的进步和创新。[232] 这些创新的价值迅速变得不言而喻：

> ……他认为，到 2007 年为止，公司已经接近了"可持续性高峰"的一半。温室气体排放量绝对吨位自 1993 年以来下降了 92%，用水量下降了 75%，74 000 吨地毯从垃圾场被回收利用。每年可以通过无碎片、无不合格产品而不是通过研究与开发以及生产流程改变而节省 4 000 万美元。高达 25% 的新材料来自于"消费后回收"……最令人满意的是，这次转换后消费额增长了 2/3，利润翻倍了。[233]

瑞·安德森被提示要重新设计 Interface 的日常运作来应对他已经意识到的对地球环境的破坏。在读了保罗·霍肯的《商务生态学》之后，安德森意识到了问题的严重程度，尤其是如果像他一样的商人还不改变行动，将会被后代们评判为"地球的强盗和小偷"[234]。总之，这些发展得最为迅猛的经济体也产生了最多的碳排放。考虑到我们当前的商业模型具有不可持续的特质，我们很容易鉴别每天的个人决策（比如是否打开空调），最终都会走向一个全球的问题："美国用于降温冷却使用的电量比整个非洲的总用电量都大。"[235] 图 9-4 显示了 1950—2007 年间，这些决策对不同国家碳排放的累积效应，同时图 9-5 还显示了 1990—2007 年每个国家总排放量的比较。很明显，尽管像美国、欧洲国家等是以往的罪魁祸首，但随着像空调这类"奢侈品"的扩散，发展中国家（如印度）也加入这个行列中。

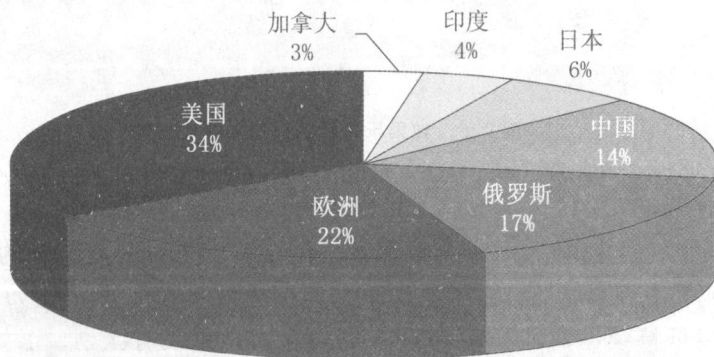

图 9-4　国家/地区碳排放（百分比，1950—2007 年）

资料来源：Fiona Harvey & Sheila McNulty, 'Savings potential scales new heights,' *Financial Times*, August 21, 2009, p. 17.

导致的结果是，"根据上溯到 1880 年的数据看来，地球上 13 个最温暖的年份都出现在 1998 年以后"[236]，2013 年全球气温更是"比以往至少 4000 年都温暖"[237]。但是考虑到不可持续资源的利用，问题的严重性远远超过了气候变化，它还包括"海洋酸化；臭氧层变薄；氮和磷酸盐循环周期被打破（对植物生长至关重要）；荒地变为农场和城市；物种灭绝；化学污染的增加；大气中颗粒污染物增多"[238]。正如托马斯·弗里德曼指出的，"地球已经饱和了"：

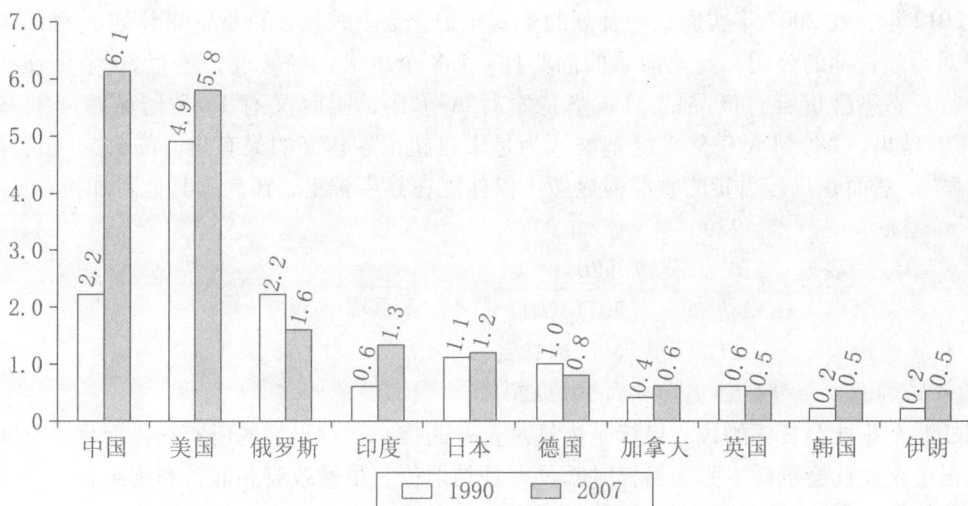

图 9-2　不同国家的碳排放（吨，1990—2007 年）

资料来源：'Counting Carbon,' *The Wall Street Journal*, December 15, 2009, p. A10.

……目前我们使用地球资源的速度不断增加并且远远超过地球持续补充的速度，因此我们实际是在使用未来的资源。现在，全球经济增长在使用 1.5 个地球。"而我们却只有一个地球的现实让这一问题更加严重。"保罗说。[239]

寻求颠覆市场力量的良好意图经常导致完全中性甚至负向的结果。因为 Jevon 悖论，非刻意结果这一概念（见出版物《伦理消费》，第 7 章）被经济学家所熟知，并且它为这一进步设立了重要的障碍。然而，那些意识到需要行动的公司正在努力改变我们的经济模型。一个这样的例子就是英国零售商玛莎百货。与 Interface 一起，像玛莎百货这样的公司表现出了变化的潜力。与一些英国的零售商，比如沃尔玛（在英国叫阿斯达），生产低成本的服装来与其他企业竞争不同，玛莎百货寻求的是另一种方式，即根据质量生产差异化产品并根据它所针对的不同市场制定相一致的溢价价格。2007 年，玛莎百货推出了计划 A。[240]这一计划被命名为计划 A 是因为不会再有一个计划 B——除了在运作中实施可持续业务模型没有一种替代的方法：

我们这样做是因为你想让我们这样做，而且这本身也是正确的事。我们叫它计划 A，是因为我们相信现在这是做生意的唯一方法。[241]

计划 A 包括 100 个点计划，分布在五个承诺地区，公司承诺会使得玛莎百货以前的运营方式"面目全新"。

一百个点计划的首创包含把 460 强与碳中立相联系禁止垃圾掩埋场的大量浪费；使用未售出的过期食品作为回收能量的资源以及从塑料瓶中产生聚酯布料。[242]

尽管最初的计划是花费 2 亿英镑在 5 年之内实现计划 A，[243]但在 2009 年上半年，玛莎百货就已经宣布计划 A 是"成本中立"的了。[244]更重要的是，这个年计划的进度的前一半就已经有了三个很明显的趋势：

企业责任指导和计划 A 承诺已经被系统地嵌入到企业的管理平台中；明确的包装标签和有效地向第三方利益者的拓展正在改变着消费行为；正在向实现计划 A 的五个承诺——碳排放、浪费、可持续资源、道德交易和健康生活方式稳定发展。[245]

2012 年，在 2007 年实施这一计划的 5 周年纪念会上，玛莎百货宣布计划 A 继续表现出"对玛莎长期的公司和商业前景的向心性。138 个承诺已经实现，还有 30 个正在按计划运行。玛莎百货所有产品的 31% 坚持奉行 A 承诺，同时又有 1.85 亿英镑净利润产生"[246]。结果，"计划 A 仍然广泛地被认为是来自超市零售商的最有雄心的公共可持续性声明"[247]。然而，玛莎百货的收益很显然不仅体现在其声誉上，还包含其他附加值：

- 能源效率节省：2200 万英镑/年
- 零废物填埋：630 万英镑（2011/2012）
- 包装精简：1630 万英镑（2011/2012）
- 运输燃料效率：210 万英镑（2011/2012）
- 印刷成本减少：55 万英镑（2011/2012）[248]

战略企业社会责任的核心目标是恢复对企业的信心。对于它的所有缺点而言，公司在实现很多企业社会责任主张的目标时都具有独特地位。虽然政府和非营利组织也充当了一些有价值的社会角色，但公司仍是最有能力通过鼓励创新和社会价值最大化来分配宝贵且稀缺的资源的。那些在各层级运营中都接受企业社会责任并试图吸引它们的利益相关者满足其的预期和需求的公司，在中长期能够更好地生存并茁壮成长。考虑到可持续资源的利用，在没有基于全球的激动人心的政治运动时，营利性公司是我们唯一的希望：

> 无论是否准备好，我们正步入资源稀缺的世界中，公司越来越多地考虑到它们的总回报不仅来自于资产、股市，还来自自然资源。公司不得不计算它们消费了多少水、土壤、其他自然资源以及从中可获得的回报。那些未能计算好这个方程式的公司将发现自己受到价格上涨和波动、监管和社会压力的左右，然而那些掌握了这一方法的公司则会变得更有竞争优势并获得更多市场份额。[249]

如果营利性公司不改变当前的经济模式，很快我们就会面临极有可能是不可逆转的世界气候模式的改变。在这种情况下，我们宁愿不指出科学家最糟糕的预测是否会实现：

> 全球气候变暖并不是一个预测。它正在发生……如果（我们继续开发所有已探明的石油储量），气候就完了……大气中二氧化碳的浓度最终会高于 250 万多年前的新世纪时期，那时海平面至少比现在高 50 英尺①。温室气体的水平会导致冰的解体加速并失控。海平面将会上升并摧毁沿海城市。20%~50% 的地球物种将会走向灭绝。人类文明岌岌可危。[250]

换句话说，尽管像玛莎百货所说的那样，存在一个计划 B，但它并不符合任何人的利益，因此也没有公司会去追求它。

9.5.2　案例研究：电子废弃物

经济模型驱动全球经济发展，但废弃物却是这一经济模型的主要成分。对于大多数营利性企业而言，你买它们的产品越多，它们的绩效越好，经济也发展得越来越迅猛。也就是说，如果你对于自己的物品淘汰得越快，对于生产产品的相关方也就越有利。然而这个经济模型有一个巨大的假设前提是世界的资源是无限的。也就出现了企业提取原材料并将其加工成消费者想买的商品，消费者仅仅支付企业在原材料提取和加工的过程中的成本。对于大部分的原材料，没有向补充的资源收费（举一个例子，造纸需要砍伐的新栽树木的成本）或者在消费中环境的成本（例如，汽车二氧化碳的排

---

① 1 英尺=0.3048 米——编辑注。

放）。这些成本可以被称为具有外部性，即由企业或消费者产生但没有被支付的成本（见 9.1 节"职责"）：

> 在过去的一个世纪中，企业通过增大外部性减少成本来实现收益的大幅增长……直到我们更广泛地将"价格"扩展到生产的所有过程中投资决策的外部性成本的时候，我们才有一个可持续发展的经济和社会。[251]

总之，现在我们的经济是建立在浪费基础之上的，企业和消费者浪费得越多，一个国家的 GDP 就越高，并且它们的经济也越来越强。因此一个值得提出的问题就是我们是否正在屈服于我们所支配的社会的重压[252]？

根据经济合作与发展组织，在法国每人每天平均产生 3.3 磅（1.5 千克）的垃圾，加拿大人则产生 2.7 磅，而日本人产生不多于 2.3 磅的垃圾。通过经济合作与发展组织计算，美国人每人每天平均产生 4.5 磅，并且最近的数据指出，垃圾达到了 7 磅，且少于 1/4 的垃圾可以被回收。[253]

然而，就人均垃圾而言，美国仍然是遥遥领先的："每天 7.1 磅垃圾，我们每个人一生都有望产生惊人的 102 吨废弃物。"[254]总而言之，这种废弃物的产生严重拖累了经济。

比起消防、公园和娱乐、图书馆和教科书等，美国社区平均花费更多的钱在废弃物治理方面。据世界上最大的垃圾处理公司——垃圾管理的首席执行官估计，每年至少有 200 亿美元的宝贵资源被封锁在填埋于垃圾场中的物质里，除非我们能够有一项有效恢复它的技术。[255]

企业社会责任时事通讯：浪费

在美国，每天有大量的食物被浪费并不令人惊奇。然而，一篇《纽约时报》[256]的文章报告的一项试图量化被浪费的食物量的研究表明：

> 1997 年，美国农业部一项对食物浪费的研究估计，在美国，两年前 3 560 亿磅食物中有 964 亿磅可以吃的食物被浪费了。而这仅仅是为数不多的关于食物浪费的研究之一。

这等同于在当时，"大约美国 27% 可以吃的食物"，也就是每一个成人和小孩一天浪费一磅的食物。这还没有计算食品在农场和运输等过程以及批发商中产生的损失。而且，这并不是美国特有的现象：

> 在英国，一项近期的研究表明，人们丢弃他们购买的食物的 1/3，包括 400 万个苹果，120 万支香肠和 280 万个西红柿。在瑞典一项研究发现，有小孩的家庭扔掉了所购买食物的 1/4。

一篇关于一项更新这一数据的研究文章中说，这次研究计算了超市半成品食物的增长。乐观的是，乔纳森·布鲁姆，也就是 wastefood.com 的创始人相信，最近的一些事件表明这种状况正在改善。然而，《金融时报》[257]的一篇文章指出涉及的数量是惊人且令人沮丧的：

> 仅仅英国和美国每天浪费的食物就足够缓解 15 亿人的饥饿——超过了全球营养不良的人数。

最近的数据表明，我们所浪费的食物数量可能会非常多——接近美国所有食物的 40%，预计每年达到 1 650 亿美元。[258]

> 通常美国一个四口之家每年花费 500 到 2 000 美元在那些他们从来没有吃的食物上……食物是继纸和纸板之后美国第二大固体废弃物的来源。一旦纸和纸板被回收利用，

食物就会成为美国垃圾填埋和焚烧炉的首要来源，根据美国环境保护署的统计，这些垃圾在 2010 年达到了 3 300 万吨。[259]

当我们不再需要那些废弃物的时候会发生什么？大多数垃圾会被运至那些环境保护规定不那么严格的国家。即使我们在西方国家改善了自己的产业基础设施和生产过程，但是老旧的工厂和设备被出口到了发展中国家并继续造成污染：

> 使用过的二手工业机械和汽车的世界市场每年大约产生 1 500 亿美元的价值……美国向这一市场提供从 4 吨重的卡车到整个发电厂的各种产品……一个 20 世纪 50 年代的造纸机器被从亚当斯（马萨诸塞州）运到了埃及，一个石材破碎机从佛蒙特州运到哥伦比亚并组装，一个 Turners Falls（马萨诸塞州）的五层火力发电厂正在危地马拉组装。[260]

除了塑料外壳包围着许多这样的产品，各种各样的金属和焊接被用于制造电子设备内部组件。随着生产技术日益成为我们生活的核心组成部分，考虑到这些塑料和金属处理或回收利用的问题，电子垃圾的数量成为一个重要的难题。然而：

> 现在，任何人都可以把一台旧电视（或者其他电子产品）扔进垃圾箱。但是一般的电视都是由上百种化学物质组成的，有些甚至是有毒的。[261]

以消费者为导向的经济模型中，当有新产品出现的时候，我们把一个功能完好的旧手机换成一个新的，甚至不考虑这种换购行为的后果。比如，苹果公司的 iPhone5 一上市，就被估计会取代"数千万的手机……在超过一百个国家里"[262]。当电子消费品变得过时，它们就会被储存起来（据估计"平均一个美国人至少有三个废弃的手机放在家中"[263]，"（全美国）有 9 900 万台电视机被闲置在衣橱和地下室"[264]）。然而，当它们最终被抛弃的时候，会带来很严重的环境成本，因为电子废弃物"含有金属汞等极其有害的物质，如果它们最终被掩埋在垃圾场，就会渗入到地面和水体中"[265]。因此，电子垃圾是 21 世纪以消费为基础的经济模式典型的生态后果，这种模式视资源为无限，并且未能全面考虑在生产过程中的外部性。根据美国环境保护署的最新数据（2010），问题非常严重并且越来越恶化了。仅仅在美国：

- 每天扔掉 142 000 台电脑和超过 416 000 台移动设备。
- 每年一共有 240 万吨（3.84 亿单位）电子垃圾被丢弃。
- 只有（总重量的）27% 和（总单位的）19% 的电子废弃物被回收利用。[266]

图 9-6 展示了根据重量（吨）和总单位量两方面美国不同消费类型的废弃电子垃圾的规模。

随着技术革命的持续，电子垃圾的总量持续增加。这不仅仅对个人消费者是个问题，对公司也是一个困扰。比如 IBM，每天生产 38 000 台电子设备，维持 250 名员工和"上千的附加分包商"，这些分包商在 IBM 全球 22 个回收工厂里单独处理废弃的电子垃圾。[267]由于像 IBM 和苹果这样的公司是全球化的企业，全球消费者对产品的喜好也是全球的，电子垃圾的问题也是全球的，"每年全球会产生 2 000 万到 5 000 万吨电子垃圾，超过了城市固体垃圾的 5%"[268]。这些废弃物中重金属的含量增加得很快，而且带来了一系列人人都要清理的问题：

> 废弃的电视和电脑可以包含多达 8 磅的铅、汞、镉和其他一些在产品中无害但被填埋到垃圾场时却存在健康风险的物质。[269]

总废弃量（重量：吨）

移动设备，
19 500

计算机，
423 000

显示屏，
595 000

电视机，
1 045 000

键盘和鼠标，
67 800

硬件设备，
290 000

总废弃量

显示屏，
35 800 000

计算机，
51 900 000

移动设备，
152 000 000

键盘和鼠标，
82 200 000

电视机，
28 500 000

硬件设备，
33 600 000

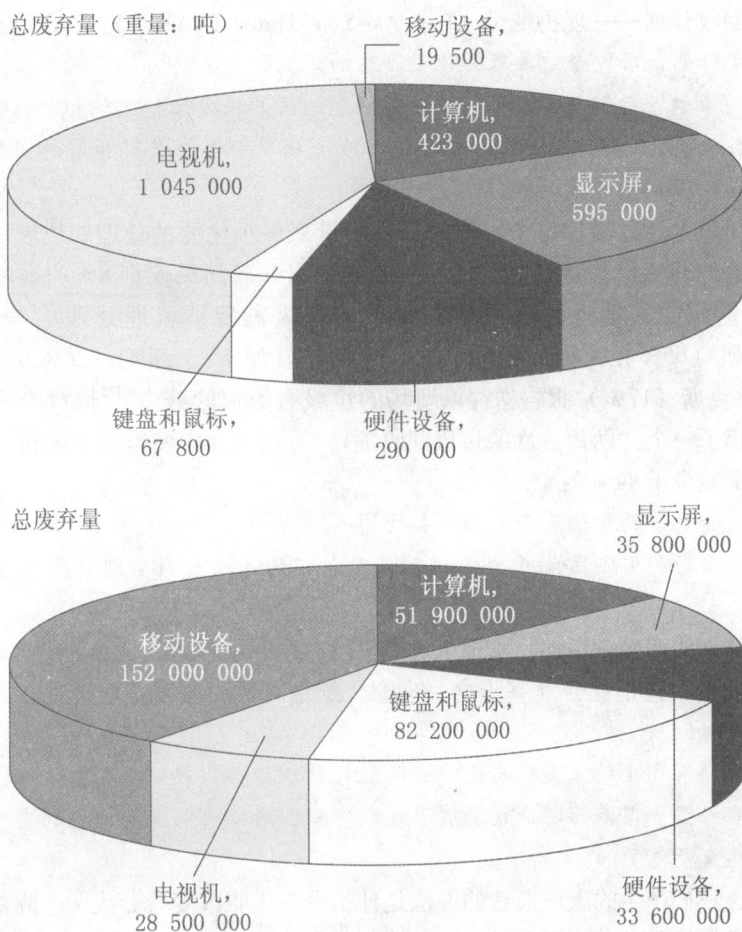

图 9-6　2010 年美国总电子垃圾量

资料来源：EPA data. quoted in：'Fact and Figures on E-Waste and Recycling,' *Electronics TakeBack Coalition*，February 21，2012，p. 2.

目前，大部分西方的电子产品回收外包给中国，这里通常是由低薪的没有防护服装和设备的妇女和儿童手工拆除废旧设备的。因此，那些想要负责任地处理废旧电子产品的消费者有其他的好选择。

如何规范电子废弃物从一个国家运往另一个国家呢？联合国的《巴塞尔公约》和欧盟在废弃电子设备上的立法是两项关于电子废弃物重要的政府层面首发的举措。尽管这些国际监管的努力是广泛的并且能够给工人提供重要的保护，然而，在许多发展中国家，执法仍然是个问题。

由于在不同文化和法律系统执行上的差异，导致了一些评论家认为，按照目前的消耗速度，减少浪费比起回收是一个更加现实的目标。[270]当垃圾填埋场被填满，电子垃圾的危害越来越明显，美国当地和各州政府正在追求一种新的政策，试图改变消费行为并限制我们抛弃废品的数量（或者至少让这些废品能够被正确地回收）。比如，在 2006 年，华盛顿州通过一项法案"要求电子和电脑公司支付旧产品回收的费用……（结果），除非制造商加入到一个已经被批准的电子废品回收计划，没有一个公司能够在本州内销售出一个电子产品"[271]。到 2009 年为止，同样的法律在 31 个州被通过或者等待通过。[272]以下具有创新精神的政府正在尝试一种激进的回收计划——现扔现付（Pay-As-You-Throw（PAYT））：

有了 PAYT 计划，居民会被要求为他们产生的垃圾付费，通常他们被要求为他们的垃圾购买某种特殊的袋子、标签或者罐子。被分离的能回收的垃圾比如玻璃和纸板通常被免费或者以最低价格被运走……美国环保署说，在 2006 年有 7 100 个城市和城镇实施了 PAYT 计划，比 2001 年的 5 200 个有所增加。[273]

明显的动机就是通过增加每个家庭垃圾回收量来最小化要被处理的垃圾。根据这一思路，在马萨诸塞州的楠塔基特岛，严格的回收规则意味着岛民仅把 8% 的家庭废物进行填埋，而马萨诸塞州的其他地区居民则有 66% 的垃圾需要被填埋处理。[274]全国有圣迭戈（68%）、洛杉矶（65%）、芝加哥（45%）、休斯敦（26%）、纽约（26%）、圣安东尼奥（18%）和菲尼克斯（17%）报告送往填埋场的垃圾有类似的减少。[275]同样令人印象深刻的是波特兰，发起了一个"两周一次的垃圾回收项目"，这个计划使得这个城市"送往垃圾填埋场的垃圾总量减少了 44%"：

像开拓者波特兰、西雅图和旧金山一样变得如此善于废物分类以致于很难在这方面再取得改善。旧金山重新利用了巨大的 78% 进入其废物中的东西，而全国平均而言只有 34% 的废物被再利用。[276]

尽管这些计划的明显常识性，实现上可能仍然存在问题。尤其是像污染成本是否应由个人（依据总处理量）还是社会（基于这一理念，综合有效的垃圾处理是对公众有益的）来承担的讨论：

一个国家大约有 3/4 的家庭仍有无限制的垃圾处理服务。在一些社区，他们支付固定的年费。而另一些社区，当地的财产税涵盖了这笔费用，所以他们没有意识到这个成本，使得这样的服务看起来是免费的。[277]

因此，解决我们产生的大量浪费的办法是什么呢？主张改变者分成两个阵营。第一个阵营中的人似乎更理想主义。他们主张我们应该鉴于当前的知识追求一个特定的生活形式，总之，他们要求牺牲：

在这种拯救地球的心态下，需要人们放弃他们的国外度假、汽车，关掉加热器，还有在黑暗中刷牙。从这个角度来说，疼痛是一种美德，它能阻止全球变暖却对消费主义、尤其是唯物主义和任何与市场有关的东西产生了更广泛的攻击。[278]

然而，第二个阵营里的人似乎更实际一点。他们认为试图让发达国家的人减少消费并让发展中国家的人放缓发展速度是没用的。有一些事实支持这一观点，因为即使是治理与可持续发展的最进步的公司，比如英国的乐购，就发现很难在发展业务的同时减少总体碳足迹。[279]因此，在这个视角下，唯一的解决办法就是通过技术创新，这样问题就是：

……一个机会而不是一种负担。技术创新——汽车设计、提高能效、可再生资源和其他方面——是低碳生活方式的最佳辅助。这是其他任何减少二氧化碳积累的计划的重要支柱。坦率地说，除非我们发现一种能够从燃煤发电站捕获排放物的方法，否则这场游戏就会失败。[280]

战略企业社会责任提出了两个极端之间一个折中的立场。这样的立场认识到现状是不稳定的，以及创新和克服人类最棘手的问题的市场力量。简而言之，我们需要综合全面地重新评估资本主义模式，但是其中一个需要保留的是我们要维持市场有效动员和分配稀缺资源的力量来推动创新，从而使社会利益最大化。像 TerraCycle 这样的公司，通过实施"消除浪费的理念"，展示创新的力量和企业精神并依据这一理念来做出改变。[281]TerraCycle

做得很成功，因为它基于利益相关者的视角并在其所有业务和战略计划中进行了全面实施。这种包含了公司所有方面的操作的方式使得企业社会责任的战略优势得以最大化。考虑到规制废物处理和回收利用，企业配合政府部门和非政府组织的工作来致力于寻求明确解决市场调解不充分的情况下的最佳实践解决方案。[282]这个系统范围可持续性的观念是至关重要的——把企业社会责任的焦点维持在最宽泛的解释上。只有通过聚焦于作为一个整体的系统，有意义的并且可持续的改变才能发生。

9.5.3　CEO 的观点

李·斯科特（沃尔玛）

符合社会和环境标准并不是可选择的。我坚信，一个在加班和员工年龄上造假、向河流中排放废料和化学物质、不缴税或不履行合同的公司，最终也会在产品质量上作假。在产品质量上作假和欺骗客户是一样的。在沃尔玛我们不会容忍这样的行为。加强我们和消费者之间的关系——无论在今天还是未来——都与提高我们的供应商工厂及其产品的质量紧紧相连。[283]

9.5.4　在线资源

- C40 Cities, http：//www.c40cities.org/
- Carbon Price Communique, http：//www.climatecommuniques.com/
- Carbon Principles, http：//www.carbonprinciples.com/
- Ceres, http：//www.ceres.org/
- Climate Policy Initiative, http：//climatepolicyinitiative.org/
- Cool Earth, http：//www.coolearth.org/
- Earth911.com, http：//earth911.com/
- Electronic Industry Citizenship Coalition, http：//www.eicc.info/
- Electronics TakeBack Coalition, http：//www.electronicstakeback.com/
- EU Waste Electrical and Electronic Equipment（WEEE）Directive, http：//ec.europa.eu/environment/waste/weee/index_en.htm
- Forest Stewardship Council, http：//www.fsc.org/
- Freecycle, http：//www.freecycle.org/
- GreenBiz.com, http：//www.greenbiz.com/
- International Standards Organization（ISO）, http：//www.iso.org/iso/iso14000
- Marks & Spencer's Plan A, http：//plana.marksandspencer.com/
- Rainforest Alliance, http：//www.rainforest-alliance.org/
- SustainAbility, http：//www.sustainability.com/
- TerraCycle, http：//www.terracycle.com/
- United Nation's Basel Convention, http：//www.basel.int/
- World Business Council for Sustainable Development, http：//www.wbcsd.org/

9.5.5　正/反方辩论

> **正/反方辩论：**不可持续资源的开发（浪费）是当今我们的地球面临的最严重的问题。

9.5.6　问题讨论和回顾

1. 在你购买物品的时候可持续性是你考虑的因素吗？为什么？

2. 看一下这个 20 分钟的录像：http：//www. storyofstuff. org/movies – all/ story – of – stuff/，它会改变你对问题 1 的看法吗？你如何回答视频中的问题：我们怎样才能让一个线性的经济系统更可持续？

3. 你对绿色和平组织的印象如何？你相信这个组织会对商业的环境影响提供准确客观的评估吗？访问这个组织的网站（http：//www. greenpeace. org/）。当今环境的可持续性在商业、政治和社会中是否被给予够高的优先级？为什么？

4. 浏览一下玛莎百货的 A 计划网站（http：//plana. marksandspencer. com/），你的印象是什么？你觉得这是真正的努力还是粉饰？更重要的是，这些够吗？

5. 看一下这个 60 分钟的对中国电子垃圾的报告《荒地》：http：//www. cbsnews. com/ video/watch/？ id=5274959n [284]。你能做些什么来减少你的碳足迹以及你产生的电子垃圾？

9.6　价值观

> **企业社会责任关系**：探索价值观在有道德的企业中所扮演的角色。主要是通过观察道德文化强的企业和道德文化弱的企业，并且考虑这些价值观和道德是否可以传授给未来的领导者。
>
> **利益相关者**：所有的利益相关者。

9.6.1　问题

企业社会责任，以各式各样的形式，已经存在了很长时间了：

……最早追溯到 Thomas Clarkon 发起的第一个对英国奴隶贸易的联合抵制。延续到 19 世纪资本主义时期，到 20 世纪的反垄断和萧条时期，再到 20 世纪 50 年代的美国理论。企业社会责任运动在 1960 年的晚期复苏并且发展到整个社会，1970 年经济开始动荡，到了 1980 年由于垃圾债券的疯狂敛收，在焦点问题上爆发的丑闻再一次使得道德感急剧下降。不久，在 1990 年经济腾飞的中期，美体小铺发布了企业的价值观报告，后来……有了壳牌处理布兰特·史帕尔的储油平台和在尼日利亚对肯·萨罗-维瓦的枪杀事件，在 1995 年这些开创性事件被称作是国际间贸易 [285] 的利益相关者期待改变的一个阶段的开端。

这个历史框架同书中表达的观点展现出来的是企业关于将企业社会责任纳入到公司日常运营和战略决策管理中的强有力的辩论。这个过程中很重要的一个部分是对有着广泛合作关系的团体开放，其中各种团体组成了现在全球化世界中最初的部分。换句话说，利益相关者视角是全面系统地实践企业社会责任方法的一部分。不同的企业在对利益相关者排序的问题上是有差异的。然而，最重要的是企业在做决策时会考虑利益相关者的想法。通过采取有效的利益相关者的政策，企业会有一个普遍的意识（通过重大的企业间的丑闻事件和更多金融危机），这种意识就是商业是一种既好又坏的力量。随着在做重要的企业决定之前考虑和咨询利益相关者的程度加大，这种政策的好处是达成广泛的共识。

采取利益相关者视角是容易说但很难做到的一件事。不同利益相关者的利益和需求也会发生冲突。例如，企业不能一直令所有利益相关者满意——一个务实的做法是必须在足够的时间内满足足够多的利益相关者的需求。在决策过程中，如果把企业利益相关者考虑在其中，将会帮它们更好地做决策，同时把利益相关者从潜在威胁和社会的合理性当中分离出来。目标应该与利益相关者捆绑在一起，这样可以将利益最大化，并将来自利益相关者的威胁最小化。但是只是少数的企业能够很有效地处理好这个关系。有效地处理好这个关系需要对利益相关者付出真诚的承诺。对于这些企业的特征的定义主要涵盖了企业的核心文化以及一系列的价值观，如内部性多于外部性，把利润作为通向终极目标的途径而非终极目标。总而言之，一个企业的商业行为应该是道德的。

商业伦理 VS 企业社会责任

商业道德与企业责任有两点不同。第一，企业责任有着更为广泛的概念并且作为一个整体在一定程度上通过企业行为影响社会和决策的制定。第二，企业社会责任更从外部上贴近和关注一些方面，如市场营销；商业道德关注创造道德环境并服从于法律承诺。[286]

道德 vs 伦理

"当我们在教儿童不去偷的时候，我们教他们的是道德。当道德要求的事情相互矛盾时，那就需要伦理介入了"[287]。

一个重要的问题出现了，是什么驱动企业具有道德感，成为一个良好的企业公民，在企业经营中实施企业社会责任？怎样使外部的利益相关者区分一个真正实施社会责任的企业和仅仅做表面功夫的企业呢？毕竟，很多道德和企业社会责任的公司结构（企业道德/伦理的执行者、行为规范、企业社会责任报告、伦理培训等）的可观察因素在一些情况下从表面上能够表现相同。当利益相关者读到 "95% 的商品是令人厌恶的'漂绿'行为"[288] 时，或者这个企业的 CEO 因为诚信问题[289]被裁，或每天有许多违规行为产生，利益相关者怎样才能辨别这些行为代表了公司的商业实践，还是这些行为只是公司良好运作的一些例外？一般来说，我们应该假设企业是有道德的，而违规行为仅是例外，或者假设企业将尝试并摆脱警醒的利益相关者的约束。

企业社会责任时事通讯：人性

《华尔街日报》[290]中的一篇文章非常有趣，因为它反映了人的本性——人天生就是有性格缺陷的，所以需要与天生的恶习对抗来成为文明的公民？还是人生来是善良的，而恶习不是天生的？

在社会中关于企业社会责任与以营利为目的的关联性总会出现一些争议。企业的执行者一定会犯错误吗？或者在一个组织中个人是很隐秘地去追求短期利益并是以个人为中心的吗？

一篇采访神经学家 Theodore Dalrymple 的文章中讨论了 2011 年夏天在挪威发生的恐怖枪击事件，讨论中分析了人们采取行为的动机。

首先，对于我们来说我们倾向于去解释我们为什么感受不到人们的好意。他解释说是由于差异性增强的原因，"因为 Rousseau 已经赢了"。他的意思是"我相信我们自己是好的，但我们的灵魂是坏的，这与最初而言是相去甚远的"。在人类历史长河中，主流观点在每个时期是不同的。我们最原始的本性是需要被克服的、抑制的，需要变得更加文明的。Rousseau 的观点也认为社会可以改变人类最初的本性。Dalrymple 博士却认为这是错的，并且从社会和态度层面分析了对犯罪和惩罚会产生深层的不好的影响。一方面，这使得我们脱离了我们应尽的义务和责任；另一方面，这使得我们减少了对别人负责的意愿。

　　这与我们的理念有关系，即我们的社会在发生转变。在企业责任的讨论中有很多都涉及推脱责任的行为（对于公司和利益相关者）。我们已经从那些蒙蔽和限制我们行为的价值观的社会体系中走出来了，而这些价值观在过去的很长时间里塑造了我们的文明；我们正在走向一个更加关注个人幸福、个人奋斗和打破束缚的社会体系中。

　　在社会责任的讨论当中，社会的转变和对个人的推崇对企业社会责任的发展进程是阻碍。没有个人比社会更重要的理念，我们就会偏离 Dalrymple 博士所描述的"卓越的目标"，这个目标可以管理我们日常的生活行为，引导人们为了社会去做出牺牲。

　　Dalrymple 博士也谈道："毕竟，持有一个一致的世界观，特别是能给人们一个卓越的目标，可以帮助人们回答这个最难的问题：生活的目的是什么？"

　　让我们来看看这个公司的价值观：交流、尊重、正直、杰出。这些听起来不是很好吗？这些词汇都是强大、简洁而有意义的。或许有些词还与你们公司的价值观雷同呢。如果真是这样，你可能要感到紧张起来。因为这是安然公司 2000 年公司年报中披露出来的公司价值观。而这些价值观的词汇似乎又是毫无意义的。[291]

　　从表面上来看，安然有着很好的企业社会责任实践。但是这也成为公司的企业社会责任政策被虚设的一个最好的例子。如果没有真正的领导力，那么一个公司的企业社会责任政策将会被束之高阁（见第 5 章）。

　　安然公司失败的原因可以追溯到每个公司共有的特性，那就是，对利益和共享价值贪婪地追求，不为其他利益相关者考虑甚至不惜违法。而且我们会发现有些公司会将这种特性发挥到极致。[292]

　　在多大程度上，公司对企业社会责任进行了粉饰？在多大程度上，可以真实地识别并反映全球化背景下消费者市场的转变以及公司对利益相关者和社会的责任？在多大程度上，企业社会责任运动是一个表面性的工作？企业社会责任的倡导者认为，公司总是顾左右言而其他。

　　安然公司的事件给企业社会责任敲响了警钟。安然公司曾在美国百佳公司中榜上有名。在 2000 年，安然公司获得了 6 项环境大奖，并提出了三重底线报告。它在气候变化、人权和反腐败等问题上制定了很多政策。安然的 CEO 在道德大会上发表演讲，并且在演讲中强调交流、尊重和正直的重要性。当其股票贬值时，把很多社会投资共同基金套牢了。最后发现，安然愚弄了我们。[293]

　　当一个公司的企业社会责任公告其实是一种误导时，怎样才能让利益相关者信任公司的行为？正如 Ken Lay 给全体员工写的一个关于安然道德的备忘录："作为公司或子公司的职员和雇员，我们有责任根据法律以及道德来执行公司的事务"[294]。

安然公司道德准则摘录

　　安然公司有着自己的愿景和价值观。每一个员工都受过公司愿景和价值观的教育，并且他们被期望在与其他员工、合作伙伴、承包商、供应商、卖主以及客户的互动中能够践行这些价值观。[295]我们依据安然的愿景和价值观声明所做的一切……我们致力于依据当地的和国际的法律规范来经营我们的业务，并且严格参照最高的职业和道德标准。[296]

　　安然及其子公司、附属公司（统称为"公司"）的员工在工作中必须遵守最高的道德标准。任何员工不能我行我素地做出直接或间接有损公司最大利益的行为，也不能做出因为是公司员工而给个人带来额外的经济利益的行为。公司员工需要公开并及时地履行道德和法律义务，并以一种使公司荣耀的方式来履行义务。[297]

安然的破产，很大程度上是因为哈佛 MBA 毕业生杰弗里·斯吉林（安然的前董事长，目前因其罪行受到 24 年的监禁服刑）。[298]哈佛商学院并没有成功地教会毕业生有关伦理道德的知识，个人道德的丧失也解释了企业的不负责任行为。每当 MBA 毕业生犯罪或者违背道德的时候，对商学院的控诉就会增多。但是，商学院们的教授要承担多少责任还是存在争议的。[299]

换句话说，这些学生在多大程度上挑战着这些根深蒂固的标准和行为模式依然不清楚。存在的证据也是混杂的，一方面，"一项针对美国毕业生的调查表明，56% 的 MBA 承认他们在以往有过欺骗行为。"[300]另一方面，商学院学生中有很大一部分想要处理好市场力量和良好的商业行为之间的关系——"激起社会福祉而不仅仅是经济成功……要服务于社会"[301]。诸如 MBA 誓约这样的计划为此提供了证据，这是一项 2009 年由一群哈佛商学院的学生发起的以建立类似于希波克拉底誓约为目标的运动：

我们现在是一个 MBA 学生、毕业生和顾问的大联盟，代表了全世界超过 250 所学校……我们希望我们的学位超越其现在的意义。这个誓约是我们所认为的一位 MBA 应当代表的原则的表达方式。[302]

MBA 誓约[303]

作为一个商业领袖，我认为自己在社会中的角色是这样的：

- 我的目标是为了引导人们和资源来创造一种个人不能创造的价值。
- 我的决策对内影响着个人的今天和未来的福祉，对外影响着企业的发展。

因此，我作出以下承诺：

- 我要用忠诚和关心管理我的企业，不会为了我的个人利益而牺牲企业或社会的利益。
- 我将衷心地理解并严格依据法律和合同管理我的行为和企业。
- 我将避免腐败、不公平竞争以及对社会有害的商业行为。
- 我将保护所有受我的企业影响的人的人权和尊严，反对歧视和剥削。
- 我将保护后代的权利来改善他们的生活标准并因此能够享受一个健康的地球。
- 我将准确、诚实地报告企业的绩效和风险。
- 我将在自己和其他人的发展上投资，使得管理专业化，以创造出更多的可持续性的价值。

根据这些原则，我将培养我的职业职责，我意识到我的行为应该是正直的、可信赖的。我将按照这些准则对我的同事和社会尽责。

我自愿并以签署本誓约为荣。

但是，这些有关一个人的价值观、道德和伦理标准的特征如何能够转化为行动还不得而知。有大量的证据表明，很多认为自己是道德的人也可能做出很不道德的行为："只要我们愿意把它放到桌面上去想，我们就会做出正确的事——也许有时是很英勇的事，研究发现这通常并不是真的"[304]。真正正确的东西在工作场所也应该是正确的：

当我们忙于关注组织的目标，如季度收益或销售配额时，重要决策的道德意义就会从我们的脑海中隐去。尽管道德衰落，如果我们意识到的话，我们也最终会实施并宽恕本来会谴责的行为。心理学有助于解释为什么在企业中道德缺失看起来如此普遍和棘手。[305]

这很重要，因为有证据表明这些学生能够理解那些等待他们解决并且他们希望去挑战的难题：

52% 的 MBA 学生表示他们希望（在工作中）作出与他们的价值观相违背的决策。[306]

越来越多的公司对它们所处的社会的各个方面持有负责任的态度。但是并不欣赏这一点或者试图用表面的承诺来回避企业社会责任的企业，不愿在这个媒体驱动的世界里冒着被暴露的风险。不同的公司和不同的产业有不同的企业社会责任阈值（见第 5 章）。通过采纳一种有效的企业社会责任视角避免跨越企业社会责任阈值的企业能够有长期生存的机会。而那些像安然这样的忽视社会责任阈值的企业，最终都会为自己的行为付出代价。然而，这些支持它们的利益相关者并通过员工致力于公益行为来实现道德和操守的公司，将会得到市场的回报。

9.6.2 案例研究：Ben & Jerry's

一个基于价值观的商业领袖是 Ben & Jerry's。Ben & Jerry's 于 1981 年在佛蒙特州开设了第一家店铺并于 1984 年上市。[307] 为了把 Ben & Jerry's 打造为一个国际品牌，公司创始人 Ben Cohen 和 Jerry Greenfield 在定义关注的和响应性的雇主时制定了一个新的标准。尽管声明利益相关者的需求和关心的重要性是公司建立其价值观的基础，但他们仍认为把这个作为 1989 年首次委任的具有开创性意义的社会审计的一部分也是很重要的。Ben & Jerry's 是第一个允许对其业务进行独立社会审计的大公司：

这个社会责任审核员建议把它称为"利益相关者报告"（利益相关者的概念存在但是也许这是第一次被报告给利益相关者），并把它分为几个主要的类别：社区（社区服务、慈善捐助、环保意识、全球意识）、员工、客户、供应商、投资者。在 1989 年第一次社会审计后，公司继续发布年度报告，并在它们试图发展这一概念的时候传播给不同的社会审计人员。[308]

Ben & Jerry's 一直将利益相关者的关注作为其商业模式的核心，作为其商业理念，并反映在公司的使命声明中：

Ben & Jerry's 的使命声明

Ben & Jerry's 致力于建立与繁荣相关的可持续的企业概念。我们的使命由三部分组成：

社会使命：通过鼓励创新的方法来改善当地、国内和国际人们的生活质量，并积极地认识到企业在社会中的角色来运营公司业务。

产品使命：公司承诺使用天然的健康的成分来制造、配送和销售质量最好的全天然冰淇淋并促进尊重地球和环境的商业实践。

经济使命：在一个可持续的经济增长的基础上经营公司，增加利益相关者的价值和为员工提供发展和职业晋升的机会。

Ben & Jerry's 最基本的使命是通过寻求具有创造性的方法来实现这三个使命，同时遵守对内尊重个人、对外尊重企业，并把企业作为社区一部分的承诺。[309]

Ben & Jerry's 的商业运作实践中很好的一个案例是高管工资的问题，这对当时 Ben 和 Jerry 建立公司是很重要的。具体地说，公司内没有任何一个员工的工资可以超过最低工资的 7 倍：

CEO 的工资和那些工厂工人的工资差距在不断扩大。比如，在 1973 年，一般的 CEO

是普通工人工资的 45 倍。今天，（在美国）这已经达到了 500 倍……日本管理者的工资
是最低工资的 20～30 倍，而在欧洲，这个比例大约有 40 倍。而 Ben & Jerry's 把最高工资
和最低工资之间的比例控制在 7∶1——尽管 1995 年两位创始者位卸任后，这一政策并没
有持续下去。[310]

正如前面提到的，利益相关者的利益通常会冲突，并且解决这一冲突并不容易：

好市多公司（Costco Wholesale Corp.）认为零售商总是在做对的事情，工资高、福利
好。但是它对 100 000 名收银员、货架装料工和其他工人的善心哲学遭到了华尔街的批
评。一些分析人士和投资者认为，华盛顿州的艾萨卡仓储会员店的经营者对员工太好以至
于使利益相关者受到了损害。[311]

除了最高和最低工资之间的比例，Ben & Jerry's 在其他方面，比如公司的福利（包括
工作场所日托中心）和"不裁员政策"确保了公司核心利益相关群体的承诺和忠诚——
员工：

如果一个职位需要更改或撤除，那么这一职位的员工就会被转移到其他岗位，同时会
根据职责和资格来安排。[312]

当 Ben & Jerry's 变得越来越成功时，它开始吸引其他公司的注意。当人们开始担心
合并或收购的前途时，要保护公司独立性和以利益相关者为核心的商业运作方式的呼声开
始高涨。佛蒙特州政府作出了回应，即通过"如果'他们认为这对他们的员工、供应商
和本州经济不是最好'的话，允许公司管理者拒绝投标"的立法。[313]在佛蒙特州，这条规
定被称为"Ben & Jerry's 定律"：

因此，即使当一个企业在收购时得到了金融溢价，根据佛蒙特州的最有益于管理者的
规定可以拒绝这一提议。[314]

尽管有这项立法的存在，Ben & Jerry's 的董事会仍然同意在 2000 年 8 月以 3.26 亿的
价格被行业巨头联合利华收购。[315]尽管联合利华的管理层向他们保证 Ben & Jerry's 独特的
商业运作方法将会被保留下来，但是公司被业界崇拜的地位由于这次收购而蒙上污点。第
一个例子就是"商业伦理"将 Ben & Jerry's 踢出了 2001 年最佳企业公民的前一百位，因
为其母公司联合利华获得了负面的评估。第二个例子就是在上文中提到的全面薪酬比例
（包括福利和奖金）在 1999 年、2000 年和 2001 年的均值升至 16∶1。[316]

今天，在一些企业网站上，企业经理不断重申一个强有力的消息，声称通过"整个
商业系统中进步的价值观来领导"Ben & Jerry's。[317]另外，Ben & Jerry's 的 CEO 在佛蒙特州
"举世闻名的 Ben & Jerry's 的冰激凌工厂"传播出以下的消息：

……我们承诺对社会和经济正义以及环境的重要性和我们对企业的盈利能力的重要性
一样。它是我们的财富……这并不是一个仅仅为了增加销售额的短期战略。这是整个社会
都需要解决的重要问题。[318]

不过，人们仍在怀疑事情已经发生了改变，公司联合创始人承诺的最初价值观也不如
从前强大了。批评人士指控说，该公司的活动家信息（activist message）已经成为"一个
用来提高利润的圆滑的麦迪逊大道广告"[319]。但考虑到公司最近做出的联合利华在企业社
会责任立场中的行为，这个观点会越来越不容易捍卫。例如，今天在网站上，该公司称，
"我们有进步的、非倾向性的社会使命，旨在通过整合这些在我们的日常经营活动中的问
题，在当地、国家和国际社区满足人类的需要和消除不公"[320]。公司对社会公正和进步的

政治平台的承诺似乎像以前一样强大：

> 资本主义以及它产生的财富并不是给每一个人都提供了平等的机会……我们努力为那些被拒绝的人创造机会，推进一个可持续且可复制的全新的经济公平模式……我们努力把自己对环境的消极影响降到最低。我们尝试寻找并支持一种非暴力的方式来实现和平和正义。我们相信政府资源用在满足人类需求上比用在建立和维持军事系统上更有效……我们努力在企业内外表现出对人类以及我们所生活的社区的尊重。[321]

今天 Ben & Jerry's 显然是一个公司的子公司了，因为联合利华通过 Ben & Jerry's 的操作策略的步骤更紧密地与企业品牌（如收购后立即要求 Ben & Jerry's 遵守"联合利华法律"）匹配。[322]尽管如此，有证据表明，公司最初的纪律使得 Ben & Jerry's 成为一个建立在其最初的成功之上的持续扩大的更稳定的组织。但是，也有证据表明，影响并不是单向的，联合利华也从 Ben & Jerry's 学到一些教训。例如，"在 2005 年，Ben & Jerry 是第一个在世界上使用公平贸易认证的原材料的冰激凌公司；联合利华也有更长远的目标，到2020 年所有农业原材料的采购都是可持续的"[323]。

今天，联合利华被公认为是实施企业社会责任最积极的大型公司（见利润，第 8 章）。而且联合利华在继续推动企业社会责任阈值时[324]，同时也见证了允许 Ben & Jerry's 保留其以利益相关者为核心，以价值为基础的商业模式的价值观。这在 Ben Cohen 涉足华尔街融资[325]中显而易见，还有当公司于 2009 年"通过把 Chubby Hubby 冰激凌改名为 Hubby Hubby 以此庆祝美国同性恋婚姻合法化"[326]时也能体现出来。同样明显的是在 2012 年 10 月的媒体声明中，Ben & Jerry's 宣布公司已收到福利企业的认证（见上文：企业责任）：

> 社会责任商业运动发起后的 20 多年来，Ben & Jerry's 支持日益增长的福利企业运动，福利企业是指满足《公司》杂志提出的"最高标准的社会责任商业"的公司。Ben & Jerry's 是第一个获得福利企业认证的全资子公司。此举受到了 Ben & Jerry's 母公司联合利华的支持，它符合 Ben & Jerry's 的核心价值观和使命，并且完全符合联合利华自身的可持续发展议程。[327]

9.6.3　CEO 的观点

甘地

甘地总结的人类社会七宗罪[328]是被认为会破坏我们的文明社会的七件事：

- 积累财富而不付出劳动（Wealth without work）
- 追求享乐而不关心他人（Pleasure without conscience）
- 拥有知识而没有品德（Knowledge without character）
- 经商而不讲道德（Commerce without morality）
- 研究科学而不讲人性（Science without humanity）
- 膜拜神灵而不做奉献（Worship without sacrifice）
- 搞政治而不讲原则（Politics without principles）

其中的一些现在看来比较中肯，但是不得不承认，我们并不能从各个层面进行验证。当然，许多罪直接关系到企业社会责任的争论。甘地认为最引人注目的是注重过程，而不是结果。而在今天，我们更关注我们在哪，而不是我们如何走到目前这个境地（更不用说我们去哪里）。比如仅思考第一条罪名（积累财富不付出劳动）的意义，就能发现我们的价值观已经在何种程度上发生了改变。

9.6.4 在线资源

- Association for Integrity in Accounting（Citizen Works），http：//www. citizen - works. org/actions/aia. php
- Ben & Jerry's, http：//www. benjerry. com/
- Business Civic Leadership Center, http：//bclc. uschamber. com/
- Corporate Responsibility Officers Association（CROA），http：//www. croas - sociation. org/
- CRO Magazine（formerly Business Ethics Magazine），http：//www. thecro. com/
- Ethics & Enron（ethics online bookstore）has a collection of books, papers, SEC filings, and other docu ments about Enron, http：//www. ethicsweb. ca/ books/enron. htm
- Ethical Leadership Group, http：//www. ethicalleadershipgroup. com/
- Ethics and Compliance Officers Association（ECOA），http：//www. theecoa. org/
- Ethics Resource Center（ERC），http：//www. ethics. org/
- Graduation Pledge Alliance, http：//www. graduationpledge. org/
- Society of Corporate Compliance and Ethics（SCCE），http：//corporatecom pliance. org/
- The Ethics Classroom, http：//www. ethicsclassroom. info/
- The Smoking Gun（TSG, Web site）presents a copy of Enron's in-house Code of Ethics at http：//www. thesmokinggun. com/enron/enronethics1. shtml
- United Nations Principles of Responsible Management Education（PRME），[329] http：// www. unprme. org/

9.6.5 正/反方辩论

> **正/反方辩论：** 向学生（无论是本科生还是研究生）教授伦理知识并不是一个商学院的责任。在他们到达教室的那一刻，他们就已经是一个有成熟价值观和信仰的成年人了。

9.6.6 问题讨论和回顾

1. 什么使一个人比另一个人更有道德或者更没有道德？一个人的个性品质到底从何而来？

2. 对一个组织而言，做一个有道德概念的企业意味着什么？不道德的行为和违法行为的区别是什么？

3. 你认为道德合规官（ECO）的日常工作承担着哪些义务？你认为今天这一职位是否被认为是企业中的重要职位？

5. 在公司范围内有效实现道德或者企业社会责任视角的关键是跨部门的一致性。你认为在这堂课中你所学的知识能否被你在商学院所学习的其他课程所支持？

6. 请学习 Ben & Jerry's 公司的案例（http：//www . benjerry. com/activism/inside-the-pint/）。你是否同意它们所持的立场？它们的立场让你更愿意还是更不愿意购买它们的冰激凌？这是一个营利性企业应该做的吗？

学生学习网站

更多学习工具请访问学生学习园地 www. sagepub. com/chandler3e

9.7　注释和参考文献

1. 'Patagonia Takes Next Step in Corporate Transparency and Accountability,' *CSRwire. com*, March 25, 2008, http：//www. csrwire. com/News/11480. html

2. Paul Hohnen, 'What sustainability reports say about the state of business,' *Ethical Corporation Magazine*, July 12, 2011, http：//www. ethicalcorp. com/communications - reporting/what-sustainability-reports-say-about-state-business-0

3. Paul Hohnen, 'What sustainability reports say about the state of business,' *Ethical Corporation Magazine*, July 12, 2011, http：//www. ethicalcorp. com/communications - reporting/what-sustainability-reports-say-about-state-business-0

4. The Carbon Disclosure Project website, January 2013, https：//www. cdproject. net/

5. Ceres Principles website, January 2013, http：//www. ceres. org/about-us/our-history/ceres-principles

6. http：//www. globalreporting. org/AboutGRI/

7. GMI Ratings website, January 2013, http：//www3. gmiratings. com/home/history/

8. Greenhouse Gas Protocol website, January 2013, http：//www. ghgprotocol. org/.

9. ILO Labour Standards website, January 2013, http：//www. ilo. org/global/standards/introduction-to-international-labour-standards/lang--en/index. htm

10. ILO Labour Standards website, January 2013, http：//www. ilo. org/global/standards/lang--en/index. htm

11. Jason Perks, 'Reporting - Ensuring true assurance,' *Ethical Corporation Magazine*, August 31, 2011, http：//www. ethicalcorp. com/communications-reporting/what-sustainability-reports-say-about-state-business-0

12. Paul Hohnen, 'ISO moves towards a social responsibility standard,' *Ethical Corporation*, October 5, 2005, http：//www. ethicalcorp. com/content. asp? ContentID=3914

13. OECD website (Guidelines for Multinational Enterprises), January 2013, http：//www. oecd. org/daf/internationalinvestment/guidelinesformultinationalenterprises/

14. Deborah Leipziger, 'Codes of conduct and standards：The pick of the bunch,' *Ethical Corporation Magazine*, February 21, 2011, http：//www. ethicalcorp. com/governance - regulation/codes-conduct-and-standards-pick-bunch

15. See：http：//www. unglobalcompact. org/AboutTheGC/TheTenPrinciples/index. html

16. UN Global Compact website, January 2013, http：//www. unglobalcompact. org/ParticipantsAndStakeholders/index. html

17. 'New Guiding Principles on Business and Human Rights endorsed by the UN Human Rights Council,' *UN Human Rights Council*, June 2011, http：//www. ohchr. org/en/NewsEvents/Pages/DisplayNews. aspx? NewsID=11164

18. Deborah Leipziger, 'Codes of conduct and standards: The top ten, partII,' *Ethical Corporation Magazine*, February 21, 2011, http://www.ethicalcorp.com/governance-regulation/codes-conduct-and-standards-pick-bunch

19. Mallen Baker, 'The Global Reporting Initiative (GRI),' January 2013, http://www.mallenbaker.net/csr/gri.php

20. Paul Hohnen, 'The Global Compact and GRI: Nightmare of 'dream team'?' *Ethical Corporation Magazine*, July 21, 2010, http://www.ethicalcorp.com/communications-reporting/global-compact-and-gri-nightmare-or-%E2%80%9Cdream-team%E2%80%99%E2%80%99

21. Paul Hohnen, 'What sustainability reports say about the state of business,' *Ethical Corporation Magazine*, July 12, 2011, http://www.ethicalcorp.com/communications-reporting/what-sustainability-reports-say-about-state-business-0

22. Michael Skapinker, 'Responsible companies need more than words,' *Financial Times*, May 26, 2011, p.14.

23. For a full consideration of the GRI, as well as detailed insight into the G4 consultation document, see: Mallen Baker, 'The Global Reporting initiative is growing up,' *mallenbaker.net*, July 25, 2012, http://www.mallenbaker.net/csr/page.php?Story_ID=2739

24. 'Beyond petroleum: Why the CSR community collaborated in creating the BP oil disaster,' *Ethical Corporation Magazine*, August 2, 2010, http://www.ethicalcorp.com/communications-reporting/beyond-petroleum-why-csr-community-collaborated-creating-bp-oil-disaster

25. Heather Mak, 'Eco-labels: Radical rethink required,' *Ethical Corporation Magazine*, January 17, 2012, http://www.ethicalcorp.com/environment/eco-labels-radical-rethink-required

26. See Chapter 5, Figure 5.3.

27. 'Wood for the Trees,' *The Economist*, November 6, 2004, http://www.cfo.com/article.cfm/3372352

28. David Jolly, 'An Ecolabel for McDonald's Fish Fare,' *The New York Times*, January 27, 2013, http://green.blogs.nytimes.com/2013/01/27/an-ecolabel-for-mcdonalds-fish-fare/

29. Rebecca Smithers, 'Britons want to buy sustainable fish but labels leave us baffled,' *The Guardian*, May 24, 2010, http://www.guardian.co.uk/environment/2010/may/24/sustainable-fish-seafood-supermarkets-labels

30. Additional detail about the ISO 26000 can be found at: http://www.iso.org/iso/iso26000

31. Mallen Baker, 'Labelling the good company,' *Ethical Corporation*, July 5, 2005, http://www.ethicalcorp.com/content.asp?ContentID=3772

32. 'ISO 26000: Social responsibility talks tread on government toes,' *Ethical*

Corporation, May 15, 2009, http：//www. ethicalcorp. com/content. asp? ContentID＝6474

33. Jon Entine, 'ISO 26000：Sustainability as standard?' *Ethical Corporation Magazine*, July 11, 2012, http：//www. ethicalcorp. com/business－strategy/iso－26000－sustainability－ standard

34. Mallen Baker, 'Why CSR reporting is broken—and how it should be fixed,' *Ethical Corporation Magazine*, November 28, 2008, http：//www. ethicalcorp. com/content. asp? ContentID＝6224

35. Mallen Baker, 'PUMA plucks numbers out of the CO2,' *mallenbaker. net*, May 17, 2011, http：//www. mallenbaker. net/csr/post. php? id＝394

36. Richard Anderson, 'Puma first to publish environmental impact costs,' *BBC News*, May 16, 2011, http：//www. bbc. co. uk/news/business－13410397

37. Sarah Skidmore, 'Whole Foods to label seafood's sustainability,' *msnbc. com*, September 17, 2010, http：//www. msnbc. msn. com/id/39156472/ns/business－consumer_ news

38. Heather Mak, 'Eco－labels：Radical rethink required,' *Ethical Corporation Magazine*, January 17, 2012, http：//www. ethicalcorp. com/environment/eco－labels－radical－rethink－ required

39. Tanzina Vega, 'Agency Seeks to Tighten Rules for 'Green' Labeling,' *The New York Times*, October 7, 2010, p. B4.

40. Tanzina Vega, 'Agency Seeks to Tighten Rules for 'Green' Labeling,' *The New York Times*, October 7, 2010, p. B4.

41. Peter Marsh, 'Clothing companies in push for eco－impact labelling,' *Financial* Times, March 1, 2011, p. 15.

42. See：http：//www. ecoindexbeta. org/ and http：//earth911. com/news/2011/03/01/ nike－walmart－target－other－brands－launch－eco－clothing－index/

43. Kate Rockwood, 'Attention, Walmart Shoppers：Clean－up in Aisle Nine,' *Fast Company Magazine*, February 2010, p. 30.

44. Jeni Bauser, 'Eco Index：How green are your clothes?' *Ethical Corporation Magazine*, October 15, 2010, http：//www. ethicalcorp. com/content. asp? ContentID＝7110

45. Tom Zeller Jr., 'Clothes Makers Join To Set 'Green Score,'' *The New York Times*, March 1, 2011, p. B1.

46. Tom Zeller Jr., 'Clothes Makers Join To Set 'Green Score,'' *The New York Times*, March 1, 2011, p. B4.

47. OED website, January 2013, http：//www. oed. com/view/Entry/66996? redirectedFrom＝externality#eid

48. Usman Hayat, 'Future challenges for sustainable investing,' *Financial Times (FTfm)*, February 7, 2011, p. 12.

49. David Leonhardt, 'The Battle Over Taxing Soda,' *The New York Times*, May 19, 2010, pB1. For more information about Pigovian taxes, see：R. H. Coase, 'The Problem of Social

Cost,' *The Journal of Law & Economics*, Vol. Ⅲ, October 1960, pp. 1 – 44 & William J. Baumol, 'On Taxation and the Control of Externalities,' *The American Economic Review*, Vol. 62, June 1972, pp. 307–322.

50. Robert H. Frank, 'Of Individual Liberty And Cap and Trade,' *The New York Times*, January 10, 2010, p. BU7.

51. See: Walkers (http: //www. walkerscarbonfootprint. co. uk/) and PepsiCo (Andrew Martin, 'How Green Is My Orange?' *The New York Times*, January 21, 2009, http: // www. nytimes. com/2009/01/22/business/22pepsi. html)

52. See: http: //www. nikebiz. com/crreport/content/environment/4 – 4 – 0 – case – study – greenxchange. php

53. Natalya Sverjensky, 'A sustainable future: Why Al Gore is wrong,' *Ethical Corporation Magazine*, August 24, 2011, http: //www. ethicalcorp. com/environment/sustainable – future – why–al–gore–wrong

54. See: http: //www. youtube. com/watch? v=l_P_V0jk3Ig

55. http: //www. ted. com/talks/ray _ anderson _ on _ the _ business _ logic _ of _ sustainability. html

56. For a discussion about the limits of our current economic model based around growth and consumption, see: Tim Jackson, 'New economic model needed not relentless consumer demand,' *Guardian Sustainable Business*, January 18, 2013, http: //www. guardian. co. uk/ sustainable–business/blog/new–economic–model–not–consumer–demand–capitalism

57. Rob Walker, 'Wasted Data,' *The New York Times Magazine*, December 5, 2010, p20.

58. Joe Flower, 'Sustainable Goes Strategic,' *strategy+business*, Issue 54, Spring 2009, pp. 7–8.

59. Michael J. Ybarra, 'Free to Choose, And Conserve,' *The Wall Street Journal*, June 11, 2012, p. A11.

60. 亚当·斯密于 1776 年发表了《国富论》，但是他的另一本书《道德情操论》（于 1759 年第一次出版），则令众多读者将其视为道德哲学家而非经济学家。例如，见: James R. Otteson, 'Adam Smith: Moral Philosopher,' The Freeman Ideas on Liberty, Vol. 50, Issue 11, November, 2000, http: //www. thefreemanonline. org/features/adam – smith – moral – philosopher/

61. 'The Corporate Welfare State,' Editorial, *The Wall Street Journal*, November 7, 2011, p. A18.

62. Paul Krugman, 'Here Comes the Sun,' *The New York Times*, November 7, 2011, p. A21.

63. Paul Krugman, 'Here Comes the Sun,' *The New York Times*, November 7, 2011, p. A21.

64. Gernot Wagner, 'Going Green but Getting Nowhere,' *The New York Times*, September 8, 2011, p. A25.

65. Howard Schultz, quoted in: '10 Conversations That Changed Our World: Starbucks

Saves the Modern Organization,' *Fast Company Magazine*, February 2013, p. 7.

66. Sharon Begley, 'On the 40th Anniversary of Earth Day, Let's ⋯ Go Shopping,' *Newsweek*, April 21, 2010, http: //www. thedailybeast. com/newsweek/2010/04/20/on – the – 40th–anniversary–of–earth–day–let–s–go–shopping. html

67. Joe Nocera, 'How To Prevent Oil Spills,' *The New York Times*, April 14, 2012, p. A17.

68. David Vogel, 'The limits of the market for virtue,' *Ethical Corporation*, August 25, 2005, http: //www. ethicalcorp. com/content. asp? ContentID = 3855

69. 在现在的美国医疗保险规定中, 亦有 "21 个 '航天器事故' 的单独分类及 12 个与蜜蜂蛰伤有关。有超过 1.4 亿字的有效联邦法规和规定, 各州和各市又添加了数十亿字的法律法规。" 见: Philip K. Howard, 'Starting Over With Regulation,' *The Wall Street Journal*, December 3–4, 2011, p. C2.

70. Peter S. Goodman, 'Rule No. 1: Make Money by Avoiding Rules,' *The New York Times*, May 23, 2010, p. WK3.

71. Mallen Baker, 'Time to move on from the endless regulation debate,' *Ethical Corporation*, March 27, 2006, http: //www. ethicalcorp. com/content. asp? ContentID = 4170

72. Greg Ip, 'A Less–Visible Role for the Fed Chief: Freeing Up Markets,' *The Wall Street Journal*, November 19, 2004, pp. A1&A8.

73. Greg Ip, 'A Less–Visible Role for the Fed Chief: Freeing Up Markets,' *The Wall Street Journal*, November 19, 2004, pp. A1&A8.

74. Chris Lester, 'Alan, like Atlas, shrugged,' *The Kansas City Star*, November 3, 2008, http: //www. kansascity. com/business/columnists/chris_lester/story/873110. html

75. Alex Blyth, 'EU Multi–Stakeholder Forum Presents Final Report,' *Ethical Corporation*, July 5, 2004, http: //www. ethicalcorp. com/content. asp? ContentID = 2327

76. *The Observer*, November 24, 2002, op. cit.

77. Deborah Doane, 'Mandated Risk Reporting Begins in UK,' *Business Ethics Magazine*, Spring 2005, p. 13.

78. Robert Cole & Reynolds Holding, 'Sarbanes – Oxley Test,' *The New York Times*, November 16, 2011, p. B2.

79. 'The endangered public company,' *The Economist*, May 19, 2012, p. 13.

80. *The Observer*, November 24, 2002, op. cit.

81. Carola Hoyos, 'Emissions disclosure study puts Shell bottom of the big oil class,' *Financial Times*, March 16, 2009, http: //www. ft. com/cms/s/0/d02d7252 – 11a1 – 11de – 87b1–0000779fd2ac. html

82. Lisa Roner, 'Anheuser – Busch Reports Recycling 97% of Solid Waste,' *Ethical Corporation Magazine*, June 21, 2004, http: //www. ethicalcorp. com/content. asp? ContentID = 2228

83. Anheuser – Busch website, January 2013, http: //anheuser – busch. com/index. php/our–responsibility/environment–our–earth–our–natural–resources/reduce–reuse–and–recycle/

84. Mike Esterl, 'Plastic Recycling Falls Short as Too Few Do It,' *The Wall Street Journal*, August 19, 2011, p. B1.

85. Susan Freinkel, 'Plastic: Too Good to Throw Away,' *The New York Times*, March 18, 2011, p. A27.

86. Ann Monroe, 'Wal–Mart: Jolly 'green' giant?' *MSN Money*, January 18, 2008, http://articles. moneycentral. msn. com/Investing/StockInvestingTrading/Wal　　　　–MartJollyGreenGiant. aspx

87. Melanie Warner, 'Green Business: Plastic Potion No. 9,' *Fast Company*, Issue 128, September2008, p. 103.

88. Elizabeth Royte, 'Moneybags: Citywide plastic–bag bans are gaining momentum. But will companies be the ones that force us to change?,' *Fast Company*, Issue 119, October 2007, p. 64.

89. Brenna Maloney & Laura Stanton, 'More than Meets the Eye: Paper or Plastic?' *The Washington Post*, October 4, 2007, http://www. washingtonpost. com/wp – dyn/content/graphic/2007/10/03/GR2007100301385. html

90. 'Paper or Plastic?' *The Washington Post*, July 6, 2007, http://www. washingtonpost. com/wp–dyn/content/article/2007/07/05/AR2007070501806. html

91. See: Carl Bialik, 'A Sack Standoff in the Checkout Aisle,' *The Wall Street Journal*, September 24–25, 2011, p. A2.

92. Elizabeth Royte, 'Moneybags: Citywide plastic–bag bans are gaining momentum. But will companies be the ones that force us to change?' *Fast Company*, Issue 119, October 2007, p64 and 'Banned: Plastic bags on way out in parts of L. A. County,' *msnbc. com*, November 16, 2010, http://today. msnbc. msn. com/id/40221169/ns/today – today _ news/t/banned – plastic–bags–way–out–parts–la–county/

93. Erica Meltzer, 'Boulder's 10–cent fee on disposable grocery bags becomes law in July,' *The Denver Post*, November 15, 2012, http://www. denverpost. com/breakingnews/ci _ 22006596/boulders–10–cent–fee–grocery–bags–becomes–law

94. Kate Galbraith, 'Plastic bags: Ban, tax or let them be?' *The New York Times*, February 9, 2012, p. 18.

95. Lornet Turnbull, 'Plastic–bag ban catches some Seattle shoppers by surprise,' *The Seattle Times*, July 1, 2012, http://seattletimes. com/html/localnews/2018578859 _ plasticbags02m. html

96. Matt Richtel & Kate Galbraith, 'Back at Junk Value, Recyclables Are Piling Up,' *The New York Times*, December 8, 2008, http://www. nytimes. com/2008/12/08/business/08recycle. html

97. Frederik Balfour, 'China's Recycler: Is a Rebound Ahead?, *BusinessWeek*, January 26, 2009, http://www. businessweek. com/globalbiz/content/jan2009/gb20090126_576842. htm

98. For other perspectives on this debate, see: Jeffrey Ball, 'Paper or Plastic? A New Look a the Bag Scourge,' *The Wall Street Journal*, June 12, 2009, p. A11 and Jon Entine, 'Battle of

the Bags: Are Plastic Bags an Environmental Threat?' *Global Governance Watch*, September 2, 2009, http: //www. globalgovernancewatch. org/in _ the _ spotlight/battle – of – the – bags – are – plastic–bags–an–environmental–threat

99. Elizabeth Royte, 'Moneybags: Citywide plastic–bag bans are gaining momentum. But will companies be the ones that force us to change?,' *Fast Company*, Issue 119, October 2007, p. 64.

100. 'The Results are in... Over 92% of IKEA Customers Bagged the Plastic Bag! As of October 2008, IKEA will no longer offer plastic or paper bags,' IKEA press release, *CSRwire. com*, April 2, 2008, http: //www. csrwire. com/News/11588. html For additional results, see: 'The 'No More Plastic Bag' Movement Continues,' IKEA press release, *CSRwire. com*, April 28, 2009, http: //www. csrwire. com/press/press_release/16628

101. 'The Results are in... Over 92% of IKEA Customers Bagged the Plastic Bag! As of October 2008, IKEA will no longer offer plastic or paper bags,' IKEA press release, *CSRwire. com*, April 2, 2008, http: //www. csrwire. com/News/11588. html

102. Elisabeth Rosenthal, 'With Irish Tax, Plastic Bags Go the Way of the Snakes,' *New York Times*, February 2, 2008, http: //www. nytimes. com/2008/02/02/world/europe/02bags. html

103. Elisabeth Rosenthal, 'With Irish Tax, Plastic Bags Go the Way of the Snakes,' *New York Times*, February 2, 2008, http: //www. nytimes. com/2008/02/02/world/europe/02bags. html

104. Jon Entine, 'Battle of the Bags: Are Plastic Bags an Environmental Threat?' *Global Governance Watch*, September 2, 2009, http: //www. globalgovernancewatch. org/in_the_news/battle–of–the–bags–are–plastic–bags–an–environmental–threat

105. Mireya Navarro, 'Seeing a Pitched Battle for Plastic Bags,' *New York Times*, November 18, 2008, p. A20.

106. Heather Timmons, 'Paper or Plastic? At a Trade Show, the Latter Wins Easily,' *New York Times*, February 17, 2009, p. B3.

107. 'Tax plastic bags, says Lib Dem peer,' *The Daily Telegraph*, May 29, 2012, p. 2.

108. Elisabeth Rosenthal, 'With Irish Tax, Plastic Bags Go the Way of the Snakes,' *The New York Times*, February 2, 2008, http: //www. nytimes. com/2008/02/02/world/europe/02bags. html. See also: Elisabeth Rosenthal, 'Carbon Taxes Make Ireland Even Greener,' *The New York Times*, December 28, 2012, p. A1.

109. Greg Davies, 'Is it rational to listen to the Sirens?' *The Daily Telegraph*, June 2, 2012, p. R25.

110. James S. Duesenberry, 'Comment on 'An Economic Analysis of Fertility,'' in *Demographic and Economic Change in Developed Countries*, Princeton University Press, 1960, p. 233.

111. Nudge, nudge, think, think,' *The Economist*, March 24, 2012, p. 78.

112. Nudge, nudge, think, think,' *The Economist*, March 24, 2012, p. 78.

113. Cliff Kuang, 'The Google Diet,' *Fast Company Magazine*, April 2012, p. 48.

114. 'Nudge, nudge, think, think,' *The Economist*, March 24, 2012, p. 78.

115. Beth Terry, 'Will a NYC Ban on Large Sugary Sodas Decrease Obesity or Increase Plastic Waste?' *My Plastic-free Life*, June 19, 2012, http://myplasticfreelife.com/2012/06/will-a-nyc-ban-on-large-sugary-sodas-decrease-obesity-or-increase-plastic-waste/

116. Daniel E. Lieberman, 'Evolution's Sweet Tooth,' *The New York Times*, June 6, 2012, p. A23.

117. Betsy McKay, 'Dramatic Drop in Trans Fat in U.S. Adults,' *The Wall Street Journal*, February 14, 2012, p. D5.

118. Brian Wansink, David R. Just & Joe McKendry, 'Lunch Line Redesign,' *The New York Times*, October 22, 2010, p. A25.

119. Sean Poulter & SusieTaylor, 'Supermarkets are still tempting us with sweets at the checkouts as they claim to be helping shoppers make healthy choices,' *The Daily Mail*, October 24, 2012, http://www.dailymail.co.uk/news/article - 2222785/Supermarkets - tempting - sweets-checkouts.html

120. David Brooks, 'The Unexamined Society,' *The New York Times*, July 8, 2011, p. A21.

121. Stephanie Simon, 'The Secret to Turning Consumers Green,' *The Wall Street Journal Report: Environment*, October 18, 2010, p. R1.

122. Milton Friedman, quoted in: 'The Chicago question,' *The Economist*, July 28, 2012, p. 68.

123. Richard Milne, 'Skirting the boards,' *Financial Times*, June 15, 2009, p. 2.

124. Richard Milne, 'Skirting the boards,' *Financial Times*, June 15, 2009, p. 2.

125. Business Ethics Magazine, Spring 2004, op. cit.

126. *Dodge v. Ford Motor Company*, 204 Mich. 459, 170 N.W. 668 (1919).

127. Joel Bakan, *The Corporation: The Pathalogical Pursuit of Profit and Power*, Free Press, 2004, p. 36.

128. Lynn Stout, *The Shareholder Value Myth: How Putting Shareholders First Harms Investors, Corporations, and the Public*, Berrett - Koehler Publishers, Inc., San Francisco, CA, 2012, pp. 3-4.

129. Lynn Stout, 'Why We Should Stop Teaching *Dodge v. Ford*,' UCLA School of Law, Law & Econ Research Paper Series, Research Paper No. 07-11, 2008, p. 3.

130. John Micklethwait & Adrian Wooldridge, *The Company: A Short History of a Revolutionary Idea*, Modern Library, 2003, p. 43 and p. 46.

131. Thomas K. McCraw, 'Mr. Hamilton's Growth Strategy,' *The New York Times*, November 12, 2012, p. A29.

132. Peter Kinder, 'Public purpose—Corporate history's lesson for companies now,' *Ethical Corporation*, October 3, 2007, http://www.ethicalcorp.com/content.asp? ContentID=5406

133. Peter Kinder, 'Public purpose—Corporate history's lesson for companies now,' *Ethical Corporation*, October 3, 2007, http://www.ethicalcorp.com/content.asp? ContentID=5406

134. 《经济学》人将有限责任（"最伟大的创造财富的发明之一"）描述成"一种特权"和"一种特许"——因其作为一种明确目的而被社会所承认。见：'Light and wrong,' *The Economist*, January 21, 2012, p. 16.

135. 因为公司已经被法院视为一个独立的法人，股东并不拥有所有权（他们仅是可分得未来入息。"更甚者，当董事违反股东的意愿时——即使当一次价值损失记录在案时——法院在绝大多数的时候仍支持董事方。股东似乎面临着这样的情况。过去 20 年里，在大公司中股东试图通过 24 次起诉罢免董事；但只成功了 8 次。总之，董事会在很大程度上是自治的。Loizos Heracleous & Luh Luh Lan, 'The Myth of Shareholder Capitalism,' *Harvard Business Review*, April, 2010, http：//hbr. org/2010/04/the－myth－of－shareholder－capitalism/

136. President Bill Clinton, interviewed on by John Stewart on *The Daily Show*, November 8, 2011（Minutes：19.38 to 20.55）, http：//www. thedailyshow. com/full－episodes/tue－november－8－2011－bill－clinton

137. James E. Austin & James Quinn, 'Ben & Jerry's：Preserving Mission and Brand within Unilever,' *Harvard Business School* [Case # 9－306－037], December 8, 2005, p5. See also：'Ben & Jerry's takes a licking,' *Eurofood*, February 3, 2000, http：//findarticles. com/p/articles/mi_m0DQA/is_2000_Feb_3/ai_59544165/andJohn Tozzi, 'New Legal Protections for Social Entrepreneurs,' *BusinessWeek*, April 22, 2010, http：//www. businessweek. com/smallbiz/content/apr2010/sb20100421_414362. htm

138. Mallen Baker, 'Remuneration－Value society, Mr President,' *Ethical Corporation*, March 11, 2009, http：//www. ethicalcorp. com/content. asp？ ContentID＝6391

139. Charles Handy, 'The Unintended Consequences of Good Ideas,' *Harvard Business Review*, October 2012, http：//hbr. org/2012/10/the－unintended－consequences－of－good－ideas/

140. Kent Greenfield, 'It's Time to Federalize Corporate Charters,' *Business Ethics Magazine*, Fall 2002, p. 6.

141. October 15, 2012, http：//corp. delaware. gov/aboutagency. shtml

142. Kent Greenfield, 'It's Time to Federalize Corporate Charters,' *Business Ethics Magazine*, Fall 2002, p. 6.

143. Leslie Wayne, 'To Delaware, With Love,' *The New York Times*, July 1, 2012, p. 4.

144. Kent Greenfield, 'It's Time to Federalize Corporate Charters,' *Business Ethics Magazine*, Fall 2002, p. 6.

145. Leslie Wayne, 'To Delaware, With Love,' *The New York Times*, July 1, 2012, p. 4.

146. Kent Greenfield, 'It's Time to Federalize Corporate Charters,' *Business Ethics Magazine*, Fall 2002, p. 6.

147. Alex Marshall, 'How to Get Business to Pay Its Share,' *The New York Times*, May 4, 2012, p. A23.

148. 注：当然，在联邦对公司法的监督下，风险将会是：公司将在海外组合，以寻找拥有最有利的税收待遇的地方。即使是拥有现在最有利的监管环境，这种情况也会发生。见：Vanessa Houlder, 'The tax avoidance story as a morality tale,' *Financial Times*, November 22, 2004, p7; Roger Cowe, 'Special Report: Corporate Responsibility and tax,' *Ethical Corporation*, January 3, 2005, http://www. ethicalcorp. com/content. asp? ContentID = 3341; and Mallen Baker, 'In search of the business case for responsible tax,' *Ethical Corporation*, March 27, 2006, http://www. ethicalcorp. com/content. asp? ContentID = 4168

149. 'Shells and shelves,' *The Economist*, April 7, 2012, p. 70.

150. Note: *Tax avoidance* refers to the reduction in tax liability via legal means, while *tax evasion* refers to the criminal non-payment of tax that is owed.

151. Pratap Chatterjee, 'Starbucks: Espresso for Investors, Watery Americano in UK Taxes,' *CorpWatch*, October 26, 2012, http://www. corpwatch. org/article. php? id = 15791. See also: Reuters, 'U. K. committees to examine Starbucks tax strategies,' *The Washington Post* in *The Daily Yomiuri*, October 23, 2012, p. 9.

152. http://www. citizenworks. org/corp/fact/code. pdf

153. Senate File 0510, https://www. revisor. leg. state. mn. us/bills/bill. php? b = Senate&f = SF0510&ssn = 0&y = 2009

154. House File 0398, https://www. revisor. mn. gov/bills/bill. php? b = House&f = HF0398&ssn = 0&y = 2013

155. https://www. revisor. leg. state. mn. us/bin/bldbill. php? bill = S1267. 0. html&session = ls87

156. Susan Wennemyr, 'Code for Corporate Responsibility Considered by Two State Legislatures,' *BizEthics Buzz*, March 2004, http://groups. yahoo. com/group/Babel/message/7873? var = 1

157. Robert Hinkley, 'How Corporate Law Inhibits Social Responsibility,' *Business Ethics Magazine*, Spring 2002, http://www. commondreams. org/views02/0119 - 04. htm

158. http://benefitcorp. net/

159. 'Patagonia Pioneers Sustainability Legal Status,' *Environmental Leader*, January 5, 2012, http://www. environmentalleader. com/2012/01/05/patagonia - pioneers - sustainability - legal-status/

160. http://www. bcorporation. net/

161. 'From Fringe to Mainstream: Companies Integrate CSR Initiatives into Everyday Business,' *Knowledge @ Wharton*, May 23, 2010, http://knowledge. wharton. upenn. edu/article. cfm? articleid = 3004

162. Danielle Sacks, "The Miracle Worker,' *Fast Company Magazine*, December 2009/January 2010, p. 122.

163. Danielle Sacks, "The Miracle Worker,' *Fast Company Magazine*, December 2009/January 2010, pp. 122-123.

164. Craig Sams, 'Why Kraft Must Keep Organic Cacao Farmers Sweet,' *The Guardian*, January 20, 2005, http://www. guardian. co. uk/environment/2010/jan/20/kraft - green - black-cadbury-ethical

165. David Teather, 'Roddick Nets £ 130m from Body Shop Sale,' *The Guardian*, March 17, 2006, http://www.guardian.co.uk/business/2006/mar/18/highstreetretailers.retail

166. 'Firms with benefits,' *The Economist*, January 7, 2012, http://www.economist.com/node/21542432

167. Angus Loten, 'With New Law, Profits Take a Back Seat,' *The Wall Street Journal*, January 19, 2012, http://online.wsj.com/article/SB10001424052970203735304577168591470161630.html

168. Jo Confino, 'Ben & Jerry's: Parent Companies Don't Always Know Best,' *The Guardian*, October 22, 2012, http://www.guardian.co.uk/sustainable-business/ben-jerrys-b-corporation-social-responsibilities

169. 'Firms with benefits,' *The Economist*, January 7, 2012, http://www.economist.com/node/21542432

170. 'A Legal Framework for the Integration of Environmental, Social, and Governance Issues into Institutional Investment,' *UNEP Finance Initiative*, October 2005, http://www.unepfi.org/fileadmin/documents/freshfields_legal_resp_20051123.pdf

171. Toby Webb, 'Alternative capitalism: What's the big idea?' *Ethical Corporation Magazine*, June 4, 2012, http://www.ethicalcorp.com/business-strategy/alternative-capitalism-what%E2%80%99s-big-idea

172. Bart King, 'Patagonia Is First to Register for 'Benefit Corporation' Status in California,' *Sustainable Brands*, January 4, 2012, http://www.sustainablebrands.com/news_and_views/articles/patagonia-first-register-%E2%80%98benefit-corporation%E2%80%99-status-california

173. For example, see: Kaevan Gazdar, 'Special Report: Media responsibility – Making ethics headline news,' *Ethical Corporation*, October 14, 2007, http://www.ethicalcorp.com/content.asp?ContentID=5433

174. Daniel Henninger, 'Perils of the Modern Presidency,' *The Wall Street Journal*, June 24, 2010, p. A19.

175. Michel Rocard, 'Entente *cordiale*?' *Kent Bulletin*, The University of Kent at Canterbury, No. 35, Autumn 2000, pp 10 – 11, http://www.kent.ac.uk/alumni/pdf/kent35.pdf

176. See: Andrew Edgecliffe-Johnson, 'When papers fold,' *Financial Times*, March 17, 2009, p7 and Leonard Pitts Jr., 'As newspapers die, expect no mourning from the crooks,' *Chicago Tribune*, in *The Daily Yomiuri*, March 31, 2009, p. 17.

177. Tom Hayes & Michael S. Malone, 'The Ten-Year Century,' *Wall Street Journal*, August 11, 2009, p. A17.

178. http://twitter.com/jkrums/status/1121915133

179. Mark Laity, 'The Media: Part of the Problem or Part of the Solution?' *Kent Bulletin*, The University of Kent at Canterbury, No. 42, Spring 2004, pp 8 – 10, http://www.kent.ac.uk/alumni/pdf/kent42.pdf

180. Al Jazeera's English channel was launched in November, 2006 (William Wallis, 'Al-Jazeera launches news channel in English,' *Financial Times*, November 15, 2006, p8 and Alessandra Stanley, 'Not Coming Soon to a Channel Near You,' *New York Times*, November 16, 2006, pA22) and on YouTube in April, 2007 (Sara Ivry, 'Now on YouTube: The Latest News From Al Jazeera, in English,' *New York Times*, April 16, 2007, p. C5).

181. Al Jazeera, *New York Times*, January 9, 2009, p. A7.

182. "根据一项（于 2006 年 6 月）由 Business & Media 发表的研究，在电视娱乐节目的世界里，"商人是比恐怖分子，帮派或暴民更为严重的威胁"。见: Review & Outlook, 'TV's Killer Capitalists,' *Wall Street Journal*, July 14, 2006, p. W9.

183. For an additional dimension to this issue, see: Mallen Baker, 'Corporate culture-Crisis management with extra cheese,' *Ethical Corporation*, May 11, 2009, http://www.ethicalcorp.com/content.asp? ContentID=6464

184. Stephanie Clifford, 'Video Prank at Domino's Goes Sour,' *New York Times*, April 16, 2009, p. B5.

185. Quoted in Mark Laity, 'The Media: Part of the Problem or Part of the Solution?' *Kent Bulletin*, The University of Kent at Canterbury, No. 42, Spring 2004, pp. 8–10, http://www.kent.ac.uk/alumni/pdf/kent42.pdf

186. Nick Davies quoted in: John Mecklin, 'Over the Horizon,' *Miller-McCune*, June-July, 2008, p. 7.

187. 'Business ethics: Doing well by doing good,' *The Economist*, April 22, 2000, pp. 65–68.

188. Noah Oppenheim, 'Bookshelf: From Network to Nowhere,' *Wall Street Journal*, October 21, 2004, p. D8.

189. Steven Komarow, 'U.S. Attorneys Dispatched to Advise Military,' *USA Today*, March 10, 2003, http://www.usatoday.com/news/world/iraq/2003-03-10-jags_x.htm

190. National Public Radio, March 15, 2003.

191. *USA Today*, March 10, 2003, op. cit.

192. 'CNN Effect,' *Investopedia*, http://www.investopedia.com/terms/c/cnneffect.asp

193. U.S. Army General Tom Metz (quoted in *Flat Earth News* by Nick Davies) quoted in: John Mecklin, 'Over the Horizon,' *Miller-McCune*, June-July, 2008, p. 7.

194. Website: http://www.aljazeera.net/english and live online at: http://www.livestation.com/aje

195. Bill Carter, 'With Rivals Ahead, Doubts for CNN's Middle Road,' *New York Times*, April 27, 2009, p. B1.

196. Brian Stelter & Tim Arango, 'Business News With Attitude,' *New York Times*, March 9, 2009, p. B6.

197. Bill Carter, 'A Matrix of News Winners Buoys NBC,' *New York Times*, March 9, 2009, pp. B1&B6.

198. Andrew Edgecliffe-Johnson, 'CNBC finds profit from a crisis,' *Financial Times*, January 28, 2010, p. 10.

199. Nik Deogun, quoted in: Brian Stelter, 'Market Ills Give CNBC A Bounce,' *The New York Times*, August 15, 2011, p. B1.

200. Andrew Edgecliffe-Johnson, 'Wall St riveted by comedy clash,' *Financial Times*, March 14/15, 2009, p. 1.

201. Clarence Page, 'A mad comic vs. 'Mad Money,'' *Chicago Tribune*, in *The Daily Yomiuri*, March 24, 2009, p. 17.

202. Jon Stewart interview with Charlie Rose, September 29, 2004, http://www. charlierose. com/view/interview/1252

203. Lionel Barber, 'A flawed first draft of history,' *Financial Times*, April 22, 2009, p. 11.

204. Rushworth M. Kidder, 'Second-Hand TV,' *Ethics Newsline*, October 24, 2011, http://www. globalethics. org/newsline/2011/10/24/second-hand-tv/

205. 'Unbiased and unloved,' *The Economist*, September 22, 2012, p. 72.

206. Stefan Stern, 'Snap out of it and smile: Four reasons to be cheerful,' *Financial Times*, April 14, 2009, p. 12.

207. John Lloyd, 'Has satire lost its sting?' *Financial Times*, September 11/12, 2010, Life & Arts, p. 19.

208. Rupert Murdoch, quoted in: Boyd Farrow, 'Control Freakonomics,' *CNBC Business*, March 2012, http://www. cnbcmagazine. com/story/control-freakonomics/1573/1/

209. Robert Jackall, *Moral Mazes*, Oxford University Press, 1988, p. 173.

210. Bill Baue, 'Brundtland Report celebrates 20th anniversary since coining sustainable development, *Ethical Corporation*, June 18, 2007, http://www. ethicalcorp. com/content. asp? ContentID=5175

211. Michael Hopkins, 'Sustainable development: From word to policy,' *openDemocracy*, April 11, 2007, http://www. opendemocracy. net/globalization − institutions _ government/ sustainable_word_4515. jsp

212. *BizEthics Buzz*, December 2002. *BizEthics Buzz* is an online news report from *Business Ethics Magazine*.

213. *BizEthics Buzz*, December 2002. *BizEthics Buzz* is an online news report from *Business Ethics Magazine*.

214. For an in-depth discussion of this issue, see: Oliver Balch, 'Carbon accounting − Emissions disclosure stacking up,' *Ethical Corporation*, July 21, 2009, http://www. ethicalcorp. com/content. asp? ContentID=6540

215. 'PepsiCo and Carbon Trust Announce Groundbreaking Agreement and Certify Carbon Footprint of Tropicana,' *CSRwire. com*, PepsiCo Press Release, January 22, 2009, http://www. csrwire. com/News/14362. html

216. Andrew Martin, 'How Green Is My Orange?' *New York Times*, January 22, 2009, p. B1.

217. Fiona Harvey, 'Food footprints coming soon to a label near you,' *Financial Times*,

第 9 章 社会事件与案例研究 **403**

Special Report: *Sustainable Business*, October 12, 2007, p. 4.

218. 'Environmental Leaders: Green beacons burning bright,' *Ethical Corporation*, September 3, 2009, http://www.ethicalcorp.com/content.asp? ContentID=6576

219. Marc Gunther, 'Money and Morals at GE,' *Fortune Magazine*, November 15, 2004, p. 178.

220. Sarah Murray, 'The products that never say die,' *Financial Times*, September 18, 2007, p. 12.

221. Carleen Hawn, 'Can't Buy Me Love,' *Fast Company*, December 2007/January 2008, pp. 60-62 and Mark Landler, 'Garden Is a Seedbed For Green Cosmetics,' *New York Times*, June 28, 2008, p. B3.

222. See Chapter 3.

223. Alan G. Robinson & Dean M. Schroeder, 'Greener and Cheaper,' *Wall Street Journal*, March 23, 2009, p. R4.

224. Daniel Vermeer & Robert Clemen, 'Why sustainability is still going strong,' *Financial Times*, *Managing in a Downturn Part IV*: *Sustainable Business*, February 13, 2009, p. 4.

225. John Bradburn, '10 things General Motors learned about going landfill-free,' *GreenBiz.com*, November 16, 2012, http://www.greenbiz.com/blog/2012/11/16/10-things-general-motors-learned-about-going-landfill-free

226. 'The next big bet,' *The Economist*, October 1, 2011, p. 75.

227. Mallen Baker, 'World's largest companies taking action on climate change,' *mallenbaker.net*, October 2011, http://www.mallenbaker.net/csr/page.php? Story_ID=2696

228. 'Environmental Reporting More than Doubles,' *Environmental Leader*, December 18, 2012, http://www.environmentalleader.com/2012/12/18/environmental-reporting-more-than-doubles/

229. 'Beyond The Green Corporation,' *BusinessWeek*, Cover Story, January 29, 2007, http://www.businessweek.com/magazine/content/07_05/b4019001.htm

230. Ram Nidumolu, C.K. Prahalad, & M.R. Rangaswami, 'Why Sustainability is Now the Key Driver of Innovation,' *Harvard Business Review*, September, 2009, p. 57.

231. Padma Nagappan, 'Carpet giant Interface shares pointers on being a green innovator,' *GreenBiz.com*, September 6, 2012, http://www.greenbiz.com/blog/2012/09/06/interface-shares-pointers-green-innovator

232. 'Interface Pioneers Plant-Based Carpeting,' *SustainableBusiness.com*, September 18, 2012, http://www.sustainablebusiness.com/index.cfm/go/news.display/id/24088

233. 'Ray Anderson,' *The Economist*, September 10, 2011, p. 99.

234. Paul Vitello, 'Ray Anderson, a Carpet Innovator, Dies at 77,' *The New York Times*, August 11, 2011, p. B17.

235. 'No sweat,' *The Economist*, January 5, 2013, p. 45.

236. David Leonhardt, 'There's Still Hope for the Planet,' *The New York Times*, July 22, 2012, p. SR1.

237. Justin Gillis, 'Global Temperatures Highest in 4, 000 Years,' *The New York Times*, March 8, 2013, p. A15.

238. 'Boundary conditions,' *The Economist*, June 16, 2012, p. 87.

239. Thomas L. Friedman, 'The Earth Is Full,' *The New York Times*, June 8, 2011, p. A21.

240. For more detail about Marks & Spencer's Plan A and its value for the firm, see David E. Bell, Nitin Sanghavi, & Laura Winig, 'Marks and Spencer: Plan A, *Harvard Business School* [Case # 9-509-029], January 5, 2009.

241. http://plana. marksandspencer. com/about/

242. Simon Bowers, 'M&S promises radical change with £ 200m environmental action plan,' *The Guardian*, January 15, 2007, http://www. guardian. co. uk/business/2007/jan/15/marksspencer. retail

243. Simon Bowers, 'M&S promises radical change with £ 200m environmental action plan,' *The Guardian*, January 15, 2007, http://www. guardian. co. uk/business/2007/jan/15/marksspencer. retail

244. Michael Skapinker, 'Why corporate responsibility is a survivor,' *Financial Times*, April 21, 2009, p. 11.

245. EC Newsdesk, 'Marks and Spencer–A–grade progress,' *Ethical Corporation*, March 2, 2009, http://www. ethicalcorp. com/content. asp? ContentID=6363

246. Rob Bailes, 'Sustainability Commercialized: Marks & Spencer–Helping Suppliers Get With The Plan,' *Ethical Corporation Magazine*, September 5, 2012, http://www. ethicalcorp. com/business–strategy/sustainability–commercialised–marks–spencer–helping–suppliers–get–plan

247. Rob Bailes, 'Sustainability Commercialized: Marks & Spencer–Helping Suppliers Get With The Plan,' *Ethical Corporation Magazine*, September 5, 2012, http://www. ethicalcorp. com/business–strategy/sustainability–commercialised–marks–spencer–helping–suppliers–get–plan

248. Rob Bailes, 'Sustainability Commercialized: Marks & Spencer–Helping Suppliers Get With The Plan,' *Ethical Corporation Magazine*, September 5, 2012, http://www. ethicalcorp. com/business–strategy/sustainability–commercialised–marks–spencer–helping–suppliers–get–plan

249. Knut Haanaes, David Michael, Jeremy Jurgens & Subramanian Rangan, 'Making Sustainability Profitable,' *Harvard Business Review*, March 2013, p. 115.

250. James Hansen, 'Game Over for the Climate,' *The New York Times*, May 9, 2013, p. A25.

251. Al Gore & David Blood, 'For People and Planet,' *The Wall Street Journal*, March 28, 2006, p. A20.

252. 'Made to Break: Are we Sinking under the Weight of our Disposable Society?' *Knowledge@Wharton*, August 9, 2006, http://knowledge. wharton. upenn. edu/article. cfm?

articleid = 1536

　　253 'Talking trash,' *The Economist Technology Quarterly*, June 2, 2012, p. 12.

　　254. Edward Humes, 'Grappling With a Garbage Glut,' *The Wall Street Journal*, April 14−15, 2012, p. C3.

　　255. Edward Humes, 'Grappling With a Garbage Glut,' *The Wall Street Journal*, April 14−15, 2012, p. C3.

　　256. Andrew Martin, 'One Country's Table Scraps, Another Country's Meal,' *The New York Times*, May 18, 2008, p. A3.

　　257. Fiona Harvey, 'Our guilty secret,' *Financial Times*, July 18/19, 2009, Life & Arts, p. 14.

　　258. Bill Briggs, 'Americans throw away 40 percent of their food: Study,' *NBC News*, August 23, 2012, http://www.nbcnews.com/business/americans−throw−away−40−percent−their−food−study−959078

　　259. Sarah Nassauer, 'Leftovers: Tasty or Trash?' *The Wall Street Journal*, March 21, 2012, p. D1.

　　260. Beth Daley, 'Old Equipment Gets New Chance to Pollute,' *The Boston Globe*, August 19, 2007; reported in the *Wall Street Journal*, August 20, 2007, p. B7.

　　261. William McDonough & Michael Braungart, 'The NEXT Industrial Revolution,' *The Atlantic Monthly*, October 1998, p. 88.

　　262. Sarah Finnie Robinson, 'Got iPhone5 Fever? Here's how to recycle your old phone,' *practicallygreen*, September 13, 2012, http://blog.practicallygreen.com/2012/09/got−iphone5−fever−heres−how−to−recycle−your−old−phone/

　　263. Sarah Finnie Robinson, 'Got iPhone5 Fever? Here's how to recycle your old phone,' *practicallygreen*, September 13, 2012, http://blog.practicallygreen.com/2012/09/got−iphone5−fever−heres−how−to−recycle−your−old−phone/

　　264. Leslie Kaufman, 'New Laws Offer a Green Way To Dump Low−Tech Electronics,' *The New York Times*, June 30, 2009, p. A1.

　　265. Sarah Finnie Robinson, 'Got iPhone5 Fever? Here's how to recycle your old phone,' *practicallygreen*, September 13, 2012, http://blog.practicallygreen.com/2012/09/got−iphone5−fever−heres−how−to−recycle−your−old−phone/

　　266. EPA data, quoted in: 'Fact and Figures on E−Waste and Recycling,' *Electronics TakeBack Coalition*, February 21, 2012, pp. 2−3.

　　267. 'What to Do With All Those Old PCs,' *Bloomberg Businessweek*, January 2, 2013, http://www.bloomberg.com/video/ceo−tech−what−to−do−with−all−those−old−pc−s−4nG80QnOS1Kh9HBvUg9ElA.html

　　268. Press Release, 'Basel Conference Addresses Electronic Wastes Challenge,' *United Nations Environment Programme (UNEP)*, November 27, 2006, http://www.unep.org/Documents.Multilingual/Default.asp? DocumentID = 485&ArticleID = 5431&l = en

　　269. Laurie J. Flynn, 'A State Says Makers Must Pay for Recycling PCs and TVs,' *The*

New York Times, March 25, 2006, p. B2.

270. Fiona Harvey, 'Reduction should be the target,' *Financial Times, Special Report*: *Waste and the Environment*, April 18, 2007, p. 1.

271. Laurie J. Flynn, 'A State Says Makers Must Pay for Recycling PCs and TVs,' *The New York Times*, March 25, 2006, p. B2.

272. Leslie Kaufman, 'New Laws Offer a Green Way To Dump Low-Tech Electronics,' *The New York Times*, June 30, 2009, p. A1.

273. Robert Tomsho, 'Currents: Kicking the Cans: Plymouth, Mass., Wrestles With 'Pay-As-You-Throw' Trash Fees,' *The Wall Street Journal*, July 29, 2008, p. A12.

274. Leslie Kaufman, 'Nudging Recycling From Less Waste to None,' *The New York Times*, October 20, 2009, p. A1.

275. David Ferry, 'The Urban Quest for 'Zero' Waste,' *The Wall Street Journal Report*: *Environment*, September 12, 2011, p. R7.

276. William Yardley, 'Cities Get So Close To Recycling Ideal, They Can Smell It,' *The New York Times*, June 28, 2012, p. A14.

277. Robert Tomsho, 'Currents: Kicking the Cans: Plymouth, Mass., Wrestles With 'Pay-As-You-Throw' Trash Fees,' *The Wall Street Journal*, July 29, 2008, p. A12.

278. Philip Stevens, 'Global warming: The way not to mobilize the masses,' *Financial Times*, December 12, 2008, p. 9.

279. Zara Maung, 'Tesco's low carbon supermarket: A new way forward?' *Ethical Corporation*, January 21, 2009, http://www.ethicalcorp.com/content.asp? ContentID=6296

280. Philip Stevens, 'Global warming: The way not to mobilize the masses,' *Financial Times*, December 12, 2008, p. 9.

281. For an overview of the scope of TerraCycle's work and an indication of why their business model is successful, see: Tom Szaky (founder and CEO of TerraCycle), 'Eliminating the Idea of Waste,' 2012, http://blog.lohas.com/blog/lohas-trends/eliminating-the-idea-of-waste

282. See Issue: CSR Compliance.

283. Stephanie Rosenbloom, 'Wal-Mart to Toughen Standards,' *The New York Times*, October 22, 2008, http://www.nytimes.com/2008/10/22/business/22walmart.html

284. 'The Wasteland,' *CBS News*: 60 *Minutes*, August 30, 2009.

285. Editorial, 'Corporate responsibility in modern times,' *Ethical Corporation Magazine*, December, 2005, p. 8.

286. See also: http://strategiccsr-sage.blogspot.com/2012/01/strategic-csr-csr-vs-ethics.html

287. Ken Goodman, 'The ethics of right and wrong,' *The Miami Herald*, March 14, 2004, p. 3L.

288. Gwendolyn Bounds, 'Misleading Claims On 'Green' Labeling,' *The Wall Street Journal*, October 26, 2010, p. D4.

289. Michael J. de la Merced & Evelyn M. Rusli, 'Again Yahoo Loses Chief, This Time In a Scandal,' *The New York Times*, May 14, 2012, pB1 and Amir Efrati & Joann S. Lublin, 'Resume Trips Up Yahoo's Chief,' *The Wall Street Journal*, May 5-6, 2012, p. A1.

290. Brian M. Carney, 'Unraveling the Mystery of Murderous Minds,' *The Wall Street Journal*, 2 August 2011, p. A11.

291. Patrick M. Lencioni, 'Make Your Values Mean Something,' *Harvard Business Review*, Vol. 80, No. 7, July 2002, pp. 113-117.

292. Joel Bakan, 'The Corporation: The Pathological Pursuit of Profit and Power,' Free Press, 2004. Quoted in *Business Ethics Magazine*, Spring 2004, p. 6.

293. 'The Next Step for CSR: Economic Democracy,' *Business Ethics Magazine*, Cover Story, Summer 2002, p. 10.

294. Memorandum from Kenneth Lay to all employees, Subject: Code of Ethics, July 1, 2000.

295. Enron Corp.'s 'Code of Ethics,' p. 5.

296. Enron Corp.'s 'Code of Ethics,' p. 5.

297. Enron Corp.'s 'Code of Ethics,' p. 12.

298. Steven M. Davidoff, 'In Insider and Enron Cases, Balancing Lies and Thievery,' *The New York Times*, June 20, 2012, p. B7.

299. See: Martin Sandbu, 'Business ethics courses skirt main question,' *Financial Times*, May 2, 2011, p10 and 'Is it possible to teach ethics to business school students?' *Financial Times*, October 28, 2009, p. 10.

300. 'A tissue of lies,' *The Economist*, June 9, 2012, p. 75.

301. Melissa Korn, 'B-School Mixes Faith, Finance,' *The Wall Street Journal*, January 8, 2013, p. B9.

302. MBA Oath website, January 2013, http://mbaoath.org/

303. http://mbaoath.org/take-the-oath/

304. Alina Tugend, 'Doing the Ethical Thing May Be Right, But It Isn't Automatic,' *The New York Times*, November 19, 2011, p. B5.

305. Max H. Bazerman & Ann E. Tenbrunsel, 'Stumbling Into Bad Behavior,' *The New York Times*, April 21, 2011, p. A21.

306. Judith Samuelson & Bill Birchard, 'The Voice of the Stakeholder,' *strategy+society*, Issue 32, p. 8.

307. For a detailed history of Ben & Jerry's, see: James E. Austin & James Quinn, 'Ben & Jerry's: Preserving Mission and Brand within Unilever,' *Harvard Business School* [Case # 9-306-037], December 8, 2005.

308. Alice & John Tepper Marlin, 'A Brief History of Social Reporting,' *Ethical Corporation*, March 10, 2003, http://www.ethicalcorp.com/content.asp? ContentID=430

309. Ben & Jerry's website, January 2013, http://www.benjerry.com/activism/mission-statement/

310. Axtman & Scherer, op. cit., http://www.csmonitor.com/2002/0204/p01s01 - ussc.html

311. Ann Zimmerman, 'Costco's Dilemma: Be Kind to Its Workers, or Wall Street?' *Wall Street Journal*, March 26, 2004, p. B1.

312. James E. Austin & James Quinn, 'Ben & Jerry's: Preserving Mission and Brand within Unilever,' *Harvard Business School* [Case # 9-306-037], December 8, 2005, p. 2.

313. 'Ben & Jerry's takes a licking,' *Eurofood*, February 3, 2000, http://findarticles.com/p/articles/mi_m0DQA/is_2000_Feb_3/ai_59544165/

314. James E. Austin&James Quinn, 'Ben & Jerry's: Preserving Mission and Brand within Unilever,' *Harvard Business School* [Case # 9-306-037], December 8, 2005, p. 5.

315. 'Unilever Scoops Up Ben & Jerry's,' BBC News, April 12, 2000, http://news.bbc.co.uk/1/hi/business/710694.stm

316. 如今，其他公司均拥有相似且合适的总薪酬比例限制，比如在全食食品公司中，领取最高工资的员工与领取平均工资的员工数量的比值为 19:1（Leslie Kwoh, 'Firms Resist New Pay-Equity Rules,' *The Wall Street Journal*, June 27, 2012, pB8）。再如瑞士军刀公司，此项比例为 5:1。('How to cope with a slump in demand,' *Financial Times*, December 23, 2010, p.10）.

317. September, 2009, http://www.benjerry.com/activism/mission-statement/

318. Stephen Moore, 'Ice Cream Hangover,' *Wall Street Journal*, October 20, 2005, p. A15.

319. Stephen Moore, 'Ice Cream Hangover,' *Wall Street Journal*, October 20, 2005, p. A15.

320. Ben & Jerry's website, January 2013, http://www.benjerry.com/activism/mission-statement/

321. Ben & Jerry's website, January 2013, http://www.benjerry.com/activism/mission-statement/

322. James E. Austin & James Quinn, 'Ben & Jerry's: Preserving Mission and Brand within Unilever,' *Harvard Business School* [Case # 9-306-037], December 8, 2005, p. 9.

323. Louise Lucas, 'Preserve your unique flavor,' *Financial Times*, February 8, 2011, p. 12.

324. See: http://strategiccsr-sage.blogspot.com/2011/03/strategic-csr-unilever.html

325. Venessa Wong, 'Ben & Jerry's Cohen Repos Occupy Wall Street's 'Batmobile',' *Bloomberg Businessweek*, October 2, 2012, http://www.businessweek.com/articles/2012-10-02/ben-and-jerry-repo-their-occupy-wall-street-batmobile

326. Louise Lucas, 'Preserve your unique flavor,' *Financial Times*, February 8, 2011, p. 12.

327. 'Ben & Jerry's Joins the Growing B Corporation Movement,' *CSRWire.com*, October 22, 2012, http://www.csrwire.com/press_releases/34773-Ben-Jerry-s-Joins-the-Growing-B-Corporation-Movement-

328. For additional insight and commentary on each of the social sins, see this extract from Steven Covey's book*Principle Centered Leadership*：http：//www. mkgandhi. org/mgmnt. htm

329. See also：'The Rio Declaration on the Contribution of Higher Education Institutions and Management Schools to *The Future We Want*：A Roadmap for Management Education to 2020,' http：//www. unprme. org/resource-docs/3rdPRMEGFRioDeclaration. pdf